Peter-Ulrich Wendt
Lehrbuch Methoden der Sozialen Arbeit

Studienmodule Soziale Arbeit

Herausgegeben von
Ralph-Christian Amthor | Ria Puhl | Regina Rätz |
Wolfgang Schröer | Titus Simon | Mechthild Wolff

Die Reihe „Studienmodule Soziale Arbeit" präsentiert Grundlagentexte und bietet eine Einführung in basale Themen der Sozialen Arbeit. Sie orientiert sich sowohl konzeptionell als auch in Inhalt und Aufbau der Einzelbände hochschulübergreifend an den jeweiligen Studienmodulen.

Jeder Band bereitet den Stoff eines Semesters in Lehr- und Lerneinheiten auf, ergänzt durch Übungsfragen, Vorschläge für das Selbststudium und weiterführende Literaturhinweise.

Peter-Ulrich Wendt

Lehrbuch Methoden der Sozialen Arbeit

2., überarbeitete Auflage

BELTZ JUVENTA

Der Autor

Peter-Ulrich Wendt, Dr. disc. pol., ist Sozialwissenschaftler und Professor für Grundlagen und Methoden der Sozialen Arbeit an der Hochschule Magdeburg/Stendal, Landesvorsitzender des PARITÄTischen Sachsen-Anhalt, Mitglied des Bundesjugendkuratoriums und Vorsitzender des Kreisjugendrings Northeim e. V. sowie des Fördervereins Fachinformation Sozialwesen (FFS). Er war von 1983 bis 2009 beruflich in der Kinder- und Jugendhilfe tätig.

MIX
Papier aus verantwortungsvollen Quellen
FSC® C089473

Bibliografische Information der Deutschen Nationalbibliothek

Die Deutsche Nationalbibliothek verzeichnet diese Publikation in der Deutschen Nationalbibliografie; detaillierte bibliografische Daten sind im Internet über http://dnb.d-nb.de abrufbar.

1. Auflage 2015
2., überarbeitete Auflage 2017

www.beltz.de · www.juventa.de
Satz: text plus form, Dresden
Druck und Bindung: Beltz Bad Langensalza GmbH, Bad Langensalza
Printed in Germany

ISBN 978-3-7799-3081-5

Inhalt

Vorwort

Von Johann Wolfgang von Goethe stammt (so berichtet es jedenfalls Johann Peter Eckermann am 12. März 1831) die Einschätzung, es sei

> „mit dem Ratgeben ein eigenes Ding, und wenn man eine Weile in die Welt gesehen hat, wie die gescheitesten Dinge mißlingen, und das Absurdeste oft zu einem glücklichen Ziel führt, so kommt man wohl davon zurück, jemandem einen Rat erteilen zu wollen. Im Grunde ist es auch von dem, der einen Rat verlangt, eine Beschränktheit und von dem, der ihn gibt, eine Anmaßung. Man sollte nur Rat geben in Dingen, in denen man selber mitwirken will."

In diesem Sinne mag es auf den ersten Blick doch ein wenig fraglich erscheinen, ob ein Lehr- und Arbeitsbuch ausgerechnet zu den Methoden – also dem heiklen Bereich der Sozialen Arbeit, bei dem es zum Schwur kommt, ob Hilfen, Unterstützungen oder Beratungen erfolgreich sein werden – nicht tatsächlich nur zur Anmaßung werden kann, kann es dem Verfasser doch niemals vergönnt sein, an den Dingen auch mitzuwirken, zu denen er sich – ein wenig ja immer auch Rat gebend – äußert.

Dennoch: Das Gespräch, das ich im Ende 2011 mit dem Geschäftsführer eines Trägers der freien Kinder- und Jugendhilfe in Sachsen-Anhalt führte, mag als die noch überzeugendere Quelle gelten. Er wies mich, entsprechend befragt, darauf hin, dass das Handwerkszeug, das die Novizinnen und Novizen der Sozialen Arbeit beim Eintritt in die Berufspraxis mitbringen mögen, in erster Linie doch Sensibilität für das Gespräch mit den Adressatinnen und Adressaten sei, auch Beratungswissen und die Fähigkeit, sich zu sich selbst kritisch in Bezug zu setzen, also sich selbst reflektieren zu können – und zwar nicht als *fertiges* Rüstzeug, sondern als Grundlage, an die die Praxis – ihren jeweiligen Vorstellungen, Kulturen und Organisationspraxen entsprechend – anschließen und aufbauen könne.

In diesem Sinne ist dieses Lehr- und Arbeitsbuch verfasst worden. Mehr soll es nicht ein: bloß ein Lehrbuch, das anregt, aber keine umfassende Einführung in die Methoden der Sozialen Arbeit darstellen soll (was im vom Verlag eingeräumten Rahmen ohnehin vermessen wäre). Den Studierenden soll so ein Zugang ermöglicht werden, der sich in der Praxis vertiefen lässt. Die hier vorgestellten Verfahren stellen also nur Modelle dar, die in der

Praxis – unter Berücksichtigung ihrer Regeln und organisationalen Rahmungen – situativ angepasst (modifiziert, verschlankt, erweitert) werden müssen. Damit ist dieses Buch aber auch eine Art Puzzle oder Patchwork, ein Mosaik, das die Studierenden in tätiger Auseinandersetzung untereinander und mit sich selbst kreativ zusammenfügen müssen.

Dass diese Collage zustande kommen konnte, verdanke ich vor allem Elke Petersen-Wendt, der ich für ihre unermüdliche Unterstützung, ihre vielen (durch langjährige Praxis gesättigten) Anregungen und v. a. ihre stets konstruktive Kritik sehr dankbar bin. Sabine Pröschel danke ich für ihre aufmerksame und engagierte Korrektur des Textes.

Abschließend soll erneut besagter Geschäftsführer zu Wort kommen, da er der Meinung ist, dass die Soziale Arbeit „toughe Leute“ brauche, die sich als fehlertauglich erwiesen, was bedeute, dass sie Fehler machten, die sie aber auch reflektierten und entsprechende Konsequenzen daraus zögen! Auch dieses Buch wird nicht frei von Fehlern sein und eben auch nicht frei von Rat (und damit wohl auch nicht frei von der einen oder anderen Anmaßung).

Northeim und Magdeburg, im Juli 2016
Peter-Ulrich Wendt

Hinweise zum Gebrauch dieses Buches

Zum Gebrauch dieses Buches möchte ich Ihnen zunächst einige Hinweise geben:

Konzept dieses Buches: *Handlungsleitende Grundlagen* (1. Kapitel) stellen das „Fundament“ der Darstellung in diesem Buch dar; sie sind relevant für die vier *Schlüsselprozesse:* methodisch handeln, subjektzentriert besprechen, anlassgerecht verstehen und ressourcenorientiert vernetzen (2. bis 5. Kapitel). Alle Schlüsselprozesse sind unterschiedslos bedeutsam für die *Handlungsformen* (6. bis 11. Kapitel) und die *Handlungshilfen* (12. bis 14. Kapitel) sowie die Handlungsgestaltung, die Grundlagen, Schlüsselprozesse, Handlungsformen und -hilfen (was beispielhaft verdeutlicht wird). Die Grafik bildet dies ab.

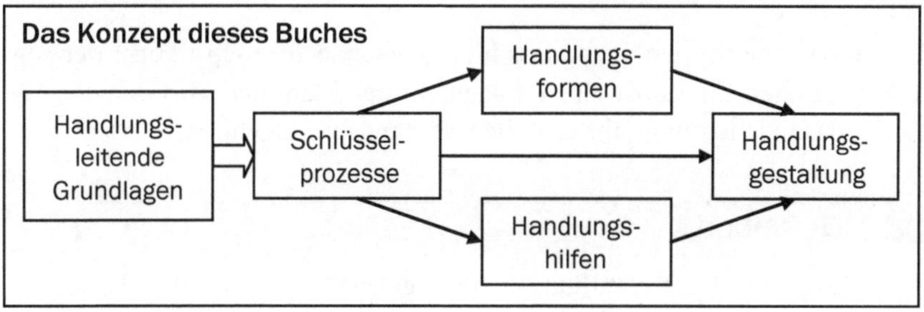

In diesem Buch werden nur wenige Grafiken eingearbeitet; Grafiken schaffen in aller Regel nur eine vordergründige Klarheit und sind meiner Erfahrung nach (leider) eher eine Quelle von Irritation.

Grundbegriffe: In diesem Buch werden einige Grundbegriffe vorausgesetzt, und zwar:

Definition

Verhalten: „Jedes menschliche Verhalten ist eine von außen beobachtbare Handlung. Der Mensch setzt sich durch sein Verhalten mit seiner inneren und äußeren Welt auseinander“. Nach *Abraham*

Maslow wird Verhalten durch spezifische Motivationen bestimmt, z. B. der Befriedigung biologischer Grundbedürfnisse wie Hunger, Durst, Schlaf und psychischer Bedürfnisse wie z. B. Selbstwertgefühl, Zuneigung und Zugehörigkeitswünsche (vgl. Herz 2010: 291, 293).

Sie sehen damit zugleich auch, wie in diesem Buch Begriffsklärungen *(Definitionen)* dargestellt werden.

Definition

(Soziales) Handeln: „Eine Handlung richtet sich immer auf Gegenstände in der Umwelt des Akteurs" (ein Akteur ist ein Individuum oder ein Kollektiv); „soziales Handeln ist dabei definiert als eine durch Beziehungen zwischen Akteuren geregelte Folge von Handlungen" (Fuchs-Heinritz u. a. 207: 261, 25). Angenommen wird hier, dass soziales Handeln immer absichtsvoll (d. h. ziel-/zweckgerichtet) erfolgt.

Der Begriff zeigt Ihnen auch, dass hier Quellennachweise in Form der sog. amerkanischen Zitationsweise erfolgen (in der Klammer wird der/die Autor/in, das Erscheinungsjahr und die Seitenangabe aufgeführt).

Definition

Prozess meint Handlungsketten (geregelte Folgen von Handlungen), d. h. aufeinander bezogenes soziales Handeln von Akteuren.

Wie Sie sehen, wird auch in diesem Buch mit Abkürzungen gearbeitet, die Sie anschließend im Abkürzungsverzeichnis erläutert finden.

Definition

Situation meint den Rahmen, in dem sich Handlungen (soziales Handlen) bzw. Prozesse (Handlungsketten) ereignen.

Verfahren: In diesem Buch werden Ihnen in folgenden Lehreinheiten (LE) ausgewählte Instrumente des methodischen Handelns in der Sozialen Arbeit – die sog. Verfahren – vorgestellt, die Sie mittels der folgenden Übersicht auch einzeln nachschlagen können:

Verfahren	siehe LE	Verfahren	siehe LE
Akte, Aktendokumentation	2.2	Hausbesuch	11.2
Aktivierende Befragung	11.4.1	Hilfeplanung	2.2
Anamnese	4.1	Intermediäres Handeln	13.2.2
Aufstellungsarbeit	8.3.4	Intervision	14.3
Balintgruppenarbeit	14.2	Kollegiale Beratung	14.3
Barcamp	9.3.7	Kommunalpolitik	10.3.1
Bildungsbegriff	9.1	Konfliktgespräch	3.3.5
Biografiearbeit	4.3.1	Konzeptentwicklung	12.2.2
Blitzlicht	9.2.1	Kritikgespräch	3.3.4
Brainstorming	9.2.2	Life-Model	7.2.3
Case Management	12.2.1	Lösungsorientierte Beratung	6.2.3
Coaching	14.2	Mediation	3.3.6
Community Organizing	13.3	Mindmapping	5.2.2
Diagnose	4.2.1, 4.2.2	Mobile Jugendarbeit	11.3
Direktive Intervention (Beratung)	6.2.4	Moderation	9.2.1
Doorknocking	11.4.2	Multiperspektivische Einzelfallarbeit	7.2.2
Ecomap	5.2.1	Netzwerkbrett	5.2.2
Encounter	8.1	Netzwerkkarte	5.2.1
Engagierter Dialog	7.2.1	Öffentlichkeitsarbeit	10.3.2
Erlebnispädagogik	8.3.5	One-to-Ones	11.4.2
Erstgespräch	3.3.2.1	Open Space Technique	9.3.6
Evidenzbasierung	12.2.3	Organisationsentwicklung	12.2.2
Familie im Mittelpunkt	7.3.3	Partizipation	2.2
Familie im Stadtteil	7.3.3	Planspiel	9.3.4
Familienbildung	9.2.3	Planung	2.2
Familienrat	7.3.2	Podiumsdiskussion	9.3.1
Feedback	3.3.3	Projektmanagement	12.2.2
Fishbowl-Diskussion	9.3.2	Psychodrama	8.3.3
Fragen, Fragetechnik	3.3.2.4	Qualitätsentwicklung/-management	12.2.2
Fundraising	12.2.2	Quartiersmanagement	10.2
Genogramm	4.3.2	Reframing	6.2.3
Gesprächsstrukturierung	3.3.2.3	Rollenspiel	8.3.2
Gewaltfreie Kommunikation	3.3.1	Selbsthilfeunterstützung	13.2.1

Verfahren	siehe LE	Verfahren	siehe LE
Selbstorganisationsförderung	13.2.1	Soziometrie/-grafie	4.3.3
Sensitivity-Training	8.1	Supervision	14.2
Solidarität	14.4	Themenzentrierte Interaktion	8.3.1
Soziale Beratung	6.3	Transparenz	2.2
Soziale Gruppenarbeit	8.2	Videogestützte Verfahren	4.3.5
Soziale Netzwerkarbeit	5.3	VIP-Karte	5.2.1
Soziale Trainings	8.1	Wildnispädagogik	8.3.5
Sozialmanagement	12.2.2	World Café	9.3.5
Sozialpädagogische Familienhilfe	7.3.1	Zehn Minuten nach der Beratung	10.3.3
Sozialraumanalyse	4.3.4	Zukunftswerkstatt	9.3.3

Argumentationsweise: Die Darstellung in diesem Buch erfolgt vorsätzlich textnah an für das methodische Handeln in der Sozialen Arbeit bedeutsamen Veröffentlichungen; die jeweils genannte Quelle erschließt Ihnen somit Möglichkeiten zur eigenständigen Weiterarbeit

Veröffentlichungen: Ich habe Wert darauf gelegt, Veröffentlichungen heranzuziehen, die zum Zeitpunkt der Abfassung des Textes (bis auf „Klassiker" der Sozialen Arbeit) fünf bis sechs Jahre alt waren und die, sofern es sich um Zeitschriftenaufsätze handelt, in den einschlägigen Fachzeitschriften (LE 2.4.2) enthalten sind, die sich in jeder wissenschaftlichen Bibliothek finden werden.

Aufgaben als Arbeitsanregungen: Am Ende jedes Kapitels werden Ihnen Materialien und weiterführende Hinweise gegeben, und Sie werden eingeladen, das Thema in selbstorganisierter Arbeit zunächst zu bilanzieren. Außerdem bieten Arbeitsanregungen konkrete Aufgabenstellungen, einzelnen Aspekten in Einzel- oder Kleingruppenarbeit besonders nachzugehen.

Linkverweise: Die in den Hinweisen auf weiterführende Materialien enthaltenen Internetverweise können als Related-Links auf meiner Website abgerufen werden; dort finden Sie auch Hilfen zur Einschätzung Ihrer Kapitelbilanzierungen: www.puwendt.de

Schreibung: In diesem Buch kommt sowohl die neue als auch die alte deutsche Rechtschreibung vor (bei Zitaten, die aus Veröffentlichungen stammen, die vor der Rechtschreibreform publiziert wurden, oder deren Autor/inn/en die neue Rechtschreibung nicht berücksichtigt haben). Ich verzichte in diesem Buch auf eine bestimmte Form gendersensibler Schreibung (z.B. „Berater/innen“, „BeraterInnen“, „Berater_innen“ oder „Berater*innen“), sondern verwende die männliche und die weibliche Schreibweise im *bunten* Wechsel; das mag auf den ersten Blick etwas kurios wirken, trägt aber meines Erachtens eher der alltäglichen Sprechweise Rechnung, als die – sicher auch begründeten – eingeführten neuen Schreibweisen.

Abkürzungen:

bzw.	beziehungsweise
d.h.	das heißt
dt.	deutsch
ebd.	ebenda
f.	folgende Seite
ff.	folgende Seiten
frz.	französisch
gr.	griechisch
ggf.	gegebenenfalls
Herv. i. O.	Hervorhebung im Original
insb.	insbesondere
insg.	insgesamt
Kap.	Kapitel
lat.	lateinisch
LE	Lehreinheit
S.	Seite
SGB I	Sozialgesetzbuch Erstes Buch. Allgemeiner Teil
SGB II	Sozialgesetzbuch Zweites Buch. Grundsicherung für Arbeitslose
SGB III	Sozialgesetzbuch Drittes Buch. Arbeitsförderung
SGB VIII	Sozialgesetzbuch Achtes Buch. Kinder- und Jugendhilfegesetz
SGB X	Sozialgesetzbuch Zehntes Buch. Sozialverwaltungsverfahren und Sozialdatenschutz
sog.	sogenannte, sogenannter, sogenanntes
u.a.	und andere, und anderes, unter anderem, unter anderen
u.Ä.	und Ähnliche, und Ähnliches
u.U.	unter Umständen
v.a.	vor allem
vgl.	vergleiche (siehe)
z.B.	zum Beispiel
z.T.	zum Teil
zit. n.	zitiert nach (zitiert durch)

Teil I
Handlungsleitende Grundlagen

Kapitel 1
Wertschätzen, stärken, abgrenzen: sechs Perspektiven auf Methoden der Sozialen Arbeit

1.1 Vorbemerkungen: Leben in der Gesellschaft von heute

In einer Positionsbestimmung der LIGA LSA, dem Zusammenschluss der Wohlfahrtsverbände im Land Sachsen-Anhalt, heißt es u. a.:

> „Aufgrund der gesellschaftlichen Entwicklung, aber auch individueller Überforderung der Eltern, benötigen viele Familien Unterstützung bei der Erziehung und Alltagsbewältigung. Die Lebenssituation vieler Kinder, Jugendlicher und Familien hat sich in den letzten Jahren … deutlich verändert. Das Armutsrisiko wird durch Langzeitarbeitslosigkeit der Eltern und den Niedriglohnsektor verstärkt. Damit verbunden sind die Chancen auf Bildung, gesundes Aufwachsen und Teilhabe am gesellschaftlichen und kulturellen Leben schlechter geworden. Besonders Alleinerziehende sind von Armut betroffen und bedürfen vielfältiger Unterstützung" (LIGA LSA: 4).

Die Positionsbestimmung skizziert gesellschaftliche Verhältnisse (Armut, ungleiche Bildungszugänge, Erziehungsüberforderung), die so keineswegs auf Sachsen-Anhalt beschränkt, sondern eingebettet sind in Prozesse, die mit dem von Ulrich Beck (1986) geprägten Begriff „Risikogesellschaft" gekennzeichnet werden: Entstandardisierte Lebensentwürfe (mit einer unüberschaubaren Vielfalt von Antworten auf die Frage, was ich aus meinem Leben *machen* will), Pluralisierung der Lebensstile (mit einer nicht minder großen Zahl von Möglichkeiten, mein Leben zu *gestalten*) und die Auflösung stützender sozialer Milieus (die mir helfen, mein Leben *gelingen* zu lassen) sind Kennzeichen einer Gesellschaft, die als individualisiert beschrieben wird und für Menschen zugleich Chance wie auch Risiko ist, sich im Leben zu verwirklichen, sich v. a. aber als (z. T. harte) Konkurrenz um die Chancen eines gelingenden Lebens darstellt. Für Soziale Arbeit bedeutsame Merkmale dieser Gesellschaft sind:

- *Individualisierung:* Früher stabile, aber auch beengende Lebensverhältnisse (die sich aus den Bedingungen des Lebens der Herkunftsfamilie, des Milieus oder der Klasse ergaben, in der Menschen lebten) werden durch im ständigen Wechsel befindliche („fluide“) Verhältnisse abgelöst, in denen die Beziehungen der Menschen untereinander unsicher (die über die zurückliegenden 30 bis 40 Jahre wachsende Zahl der Ehescheidungen, Alleinelternschaft, Patchworkfamilien u. Ä. sind dafür Indikatoren) und durch Nützlichkeitserwägungen (nach der Devise: Was habe ich davon, mich mir dir einzulassen?) charakterisiert werden. Die Bildungs- und Erwerbsbiografie ist durch Instabililtät gekennzeichnet, ein einmal erlernter Beruf stiftet keine Sicherheit, lebenslang Beschäftigung und Einkommen zu sichern. Lebenslanges Lernen heißt, sich auf immer wieder neue Bedingungen der Berufstätigkeit einstellen zu müssen; verlangt wird, sich stets neues Wissen anzueignen, um den Anforderungen noch gerecht werden zu können. Als „klassisch“ bezeichnete Rollenbilder (zwischen Frauen und Männern, zwischen Alten und Jungen) lösen sich (allmählich) auf und werden z. T. durch neue Formen der Lebensgestaltung (z. B. gleichgeschlechtliche oder multiethische Lebensgemeinschaften) und Konkurrenzen abgelöst.
- Dies geht einher mit einer wachsenden *Marktförmigkeit sozialer Beziehungen:* Die Erlangung eines akzeptierten sozialen Status ist zentral, es geht um die im Konsum sich vollziehende Inszenierung des „Ichs“; Konsum(-fähigkeit) wird zum forcierten Muster der Lebensgestaltung, in der Konsum- und Freizeitkultur wird der (v. a. durch vorzeigbaren Besitz erlangte) Status sichtbar bzw. zur unbestreitbaren Orientierungsmarke, was (noch) anzustreben ist, um Status zu erlangen.
- *Ungleichheit:* Während in Deutschland das oberste Tausendstel 22,5 % (bzw. das obere Zehntel 66,5 %) des Vermögens besitzt, halten die unteren 50 % nur 1,4 %. Zwischen 2007 und 2011 hat sich das Bruttoerwerbseinkommen des Bevölkerungszehntels mit dem geringsten Einkommen um 6,2 % verringert, das des Bevölkerungszehntels mit dem höchsten Einkommen ist dagegen um 0,7 % angewachsen. Der Anteil der Kinder unter 15 Jahren an armen Familien (die über weniger als 60 % des durchschnittlichen Einkommens verfügten) betrug im Durchschnitt etwa 16 %, in Haushalten arbeitsloser Eltern aber 48 % und in kinderreichen Familien mit drei und mehr Kindern 19 % (vgl. Armuts- und Reichtumsbericht der Bundesregierung 2013). 1978 betrug das Einkommensverhältnis von Chefgehältern großer Unternehmen zu

den dort verdienten durchschnittlichen Arbeitnehmereinkünften noch 30 zu eins, 2013 bereits 296 zu eins (vgl. Strohschneider 2014; vgl. auch die Beiträge in Dryen/Lauterbach/Grundmann 2009).

- *Exklusion:* Rund 20% der Deutschen gelten als (einkommens-) arm oder sozial ausgegrenzt (Pressemitteilung des Statistischen Bundesamtes 454/14 vom 16. Dezember 2014), sei es aufgrund von Arbeitslosigkeit, Transferabhängigkeit oder Niedrigeinkommen (vgl. DPWV 2012). Damit gehen besondere Formen der Armut von Kindern und Jugendlichen, beengte Wohnverhältnisse u. A. einher. Seit den PISA-Studien ist auch öffentlich anerkannt, dass das bundesdeutsche Schulwesen in höchstem Maße sozial selektiv ist und junge Menschen aus einkommensschwachen bzw. sozial benachteiligten Familien geringere Chancen haben, höhere Bildungsabschlüsse zu erlangen. Armut wird auch durch die Art und Weise fortgeschrieben, wie die Zugänge zu Bildung gewährt werden oder begrenzt sind.
- *Soziale Polarisierung:* Internationale Daten zeigen, dass z. B. ein enger Zusammenhang zwischen geringerer Lebenserwartung oder psychischen Krankheiten einerseits und niedrigem sozioökonomischen Status andererseits besteht. Armut macht zwar nicht zwangsläufig krank, aber Ungleichheit und sozialer Stress, z. B. aufgrund von Armut den eigenen Status nicht angemessen behaupten zu können, können krank machen, wenn (soziale) Scham (d. h., es offenkundig wird, dass jemand nicht mithalten kann) auf dem Markt sozialer Beziehungen wirkmächtig wird. Der Zusammenhang zwischen gesellschaftlichem Status und (psychischer) Gesundheit ist recht augenfällig: Wie z. B. Daten aus dem Kinder- und Jugendlichengesundheitssurvey (und damit vergleichbare Untersuchungen) zeigen, nimmt der Umfang psychischer Erkrankungen zu, je unsicherer (prekärer) die soziale Situation der Herkunftsfamilie ist.
- *Pluralisierung:* Es entwickeln sich immer wieder neue Muster, mit dem Leben in dieser Gesellschaft „klarzukommen", was sich z. B. in einer immer differenzierteren Gestalt von Jugendkulturen, Musikstilen oder Formen der Körpergestaltung äußert, was einerseits als Hinweis auf den Bedarf an Unverwechselbarkeit der eigenen Person (Identitiät) zu verstehen und andererseits zugleich auch als Hoffnung auf Zugehörigkeit zu einigermaßen Sicherheit stiftenden Beziehungssystemen gleicher Kultur, gleichen Stils oder gleicher Gestaltung zu deuten ist.

Die Gefahr, dass Menschen mit ihrem Lebensentwurf scheitern, wächst und die Zahl derer, die mit den Prozessen zwischen Individualisierung und Pluralisierung nicht (mehr) Schritt halten können, nimmt zu. Im Ergebnis wird die Gesellschaft horizontal gespalten: Es entsteht eine integrierte Mehrheit als gesellschaftliches Zentrum und eine ausgeschlossene Minderheit in der gesellschaftlichen Peripherie, ein gesellschaftliches „Innen“ und „Außen“. Gilt „Innen“ als weitgehend konsensuell geordnet und homogen, so werden die im „Außen“ angesiedelten „Überflüssigen“ auch als Ort und Quelle der Unordnung, Desintegration, Pathologie und letztlich als Bedrohung des geordneten „Innen“ wahrgenommen (vgl. Anhorn 2008: 25f., 36).

Im Positionspapier der LIGA der Wohlfahrtsverbände Sachsen-Anhalts heißt es weiter:

> „Sozial benachteiligte Menschen leben in materieller, sozialer, kultureller Armut und sind daher in ihrer Existenz gefährdet. Sie sind aufgrund von Arbeitslosigkeit bzw. prekären Beschäftigungsmöglichkeiten und daraus resultierenden finanziellen Einschränkungen an der gesellschaftlichen Teilhabe gehindert. Ihr Leben ist häufig geprägt durch dauerhafte Überschuldung, Partnerschaftsprobleme, fehlende eigene Wohnung und/oder der Unfähigkeit, alleine selbstbestimmt leben und den Tag strukturieren zu können. Für einen Teil der Menschen kann das soziale Isolation bedeuten, resultierend aus Suchtmittelabhängigkeit, gesundheitlichen und psychische Einschränkungen bzw. Erkrankungen. Es bezieht sich insbesondere auf den Aspekt der Teilhabe am Arbeitsleben mit dem Ziel, von dieser auch ohne zusätzliche Transferleitungen den Lebensunterhalt bestreiten zu können“ (LIGA LSA: 16).

Die Beschreibung deutet auf die Vielfalt der sich daraus ergebenden Schwierigkeiten hin, dass Menschen den Alltag „in den Griff“ bekommen, d.h., den Alltag für sich und ggf. für andere (z.B. die eigenen Familie) organisieren können (vgl. dazu insg. Bien/Weidbacher 2004, Krüger/Herma/Schierbaum 2013, Uhlendorff/Euteneuer/Sabla 2013: 71–94, Lutz 2014). Solche Schwierigkeiten äußern sich z.B. in *gesundheitlichen Mangel- und Risikolagen,* weil keine ausgewogene Ernährung ermöglicht (finanziert) werden kann (Übergewicht, Fettleibigkeit), in Bewegungsmangel oder psychischen Belastungen sowie der Übernahme damit verbundener Bewältigungsstrategien durch die Kinder (vgl. z.B. Bertram 2013), dem *Gebrauch legaler wie illegaler Drogen* (z.B. Nikotin-, Alkohol- oder Betäubungsmittelabhängigkeit), *Essstörungen* (Anorexie, verschiedene Formen von Bulimie, Binge Eating) oder Spielsucht. Schwierigkeiten stellen Gewalt und Vernachlässigung in Familien aufgrund von *Erziehungsüberforderung* dar, z.B. in Form beleidigender Schimpfwörter, Freiheitsentziehung (Haus-/Stubenarrest), körperlicher bzw. seelischer Vernachlässigung bis hin zur Kindesmisshandlung, und *sexueller Missbrauch.* 2013 wurden z. B. rund 116 000 sog. Gefährungseinschätzungen durch Jugendämter erforderlich, weil Sorge um das Wohl der Kinder und Jugendlichen bestand, 2012 mussten 28 200 Inobhutnahmen durchgeführt werden, weil eine akute Gefährdung des Kindeswohls bestand (Pressemitteilungen des Statistischen Bundesamtes 260/13 vom 7. August 2013 und 288/14 vom 14. August 2014).

Solche Beispiele sind als Hinweise auf die Schwierigkeiten der *Lebensführung* unter den angedeuteten gesellschaftlichen Bedingungen zu verstehen. Unter Lebensführung wird allgemein das Alltagsleben und die gezielte Planung der eigenen beruflichen und familialen Biografie verstanden. Der Begriff geht auf den Soziologen Max Weber (1920: 56) zurück, der davon sprach, dass die Lebensführung den gesellschaftlichen Bedingungen (und damit den Forderungen der Gesellschaft an das Individuum) entsprechen müsse, wenn ein Mensch mit seinem individuellen Lebensentwurf nicht scheitern wolle.

Diese ursprüngliche Vorstellung einer einigermaßen „sicheren“ Lebensführung, die zu beachten und zu verwirklichen war, wenn ein Mensch in der Gesellschaft seiner Zeit erfolgreich sein wollte, bleibt auch heute noch gegenwärtig, wenn auch unter den Vorzeichen einer individualisierten und pluralisierten Gesellschaft. Noch immer stellt sich die alltägliche Lebensführung als Abfolge von Tätigkeiten dar, die jeden Tag und immer wieder zu erledigen sind und eine z. T. komplexe Organisation zur Folge haben, z. B. Arbeit, Freizeit, Sport, die Gestaltung der Beziehungen zu anderen bzw. die Selbstdarstellung gegenüber anderen ebenso wie schlichte Aufgaben alltäglichen Lebens (Einkäufe, Körperpflege, Reinigung der Wohnung u. a.) miteinander in Einklang zu bringen (vgl. Voß 1991: 19 f.).

Lebensführung ist damit als Handeln zu verstehen, mit dem der einzelne Mensch sein Leben auf der Grundlage individueller Wertmuster und Präferenzen organisiert und so „ein mit subjektivem Sinn ausgestattetes Ganzes“ (Feldhaus u. a. 2009: 192) schafft, dabei aber zugleich auch auf die Gesellschaft reagiert (indem er gesellschaftlichen Verhältnissen und Ansprüchen entspricht, z. B. sich konsumistisch selbst inszeniert). Dieses „Ganze“ korrespondiert mit der Ausgestaltung von *Lebensstilen,* den Markierungen, mit denen ein Mensch seine Unverwechselbarkeit betont und öffentlich kundtut; Lebensstile bilden historisch (in der Familiengeschichte) und biografisch (dem eigenen Leben) gewonnene Erfahrungen und Überzeugungen ab: Die sichtbaren Zeichen (der Umgang mit dem eigenen Körper, der sich z. B. in Tattoos und Piercings, in der Kleidung, im Hairstyling äußert), die Zugehörigkeit zu stilprägenden Subkulturen (Musik, Automarken, Sportarten u. Ä.) oder die Radikalität des Auftretens in Abgrenzung zu anderen (was sich in betont aggressiver Freizeitgestaltung, z. B. Hooliganismus oder

Besetzung öffentlicher Räume, z. B. Rechtsextremismus, äußern kann) sind nur ausgewählte Hinweise auf Lebensstile, die in die Lebensführung integriert werden, um – in der Regel unbewusst – den herrschenden gesellschaftlichen Bedingungen zu entsprechen: unverwechselbar (individuell) und sichtbar zu sein, *klarzukommen*.

Nicht immer gelingt dies; es ergeben sich dann womöglich Schwierigkeiten in der Lebensführung und im Ausgleich der z. T. widersprüchlichen Erwartungen, das Leben zu führen, die zum Thema Sozialer Arbeit werden (können). Soziale Arbeit bearbeitet dann vordergründig Schwierigkeiten in der Lebensführung ihrer Adressaten, die diese selbst wahrnehmen und mit der Absicht angehen wollen, sie zu bewältigen (z. B. im Falle von Verschuldung), oder sie sind aus der Perspektive des Sozialen selbst (etwa aufgrund von Gesetzesverletzung, z. B. im Falle der Kindesmisshandlung) Gegenstand geworden (vgl. Feldhaus u. a. 2009). Hintergründig aber geht es um das Thema des Versagens in dieser Gesellschaft: Menschen streben danach, in der Lebensführung und der Bewältigung der Schwierigkeiten des Alltags erfolgreich zu sein und sich als Meisterinnen und Meister in der Lebensbewältigung zu erweisen. Gekränkt und beschämt werden diejenigen, die dazu nicht in der Lage sind, die sich nicht behaupten können, die erfahren, dass sie, gemessen an den gesellschaftlichen Ansprüchen, nicht (mehr) mithalten können (vgl. Thiersch 2009b: 165, 169 f.) bzw. mit den Worten von Richard Wilkinson und Kate Pickett (2009: 56):

> „Wir erfahren uns dabei aus der Sicht der anderen, und das Feedback bei dieser sozial bewertenden Betrachtung sind eben Stolz oder Scham … Vielen Menschen ist schon ein kleiner Verstoß gegen die sozialen Normen so peinlich, dass sie am liebsten in den Boden versinken würden … Man fühlt sich dumm, lächerlich, minderwertig, inkompetent, peinlich, ausgeliefert, verwundbar und unsicher“.

Die Bewältigung von Scham, so Hans Thiersch (2009b: 172 f.), zielt daher darauf ab,

> „die Normen, in denen Beschämung begründet wird, aufzubrechen und in Verweigerung, Protest und Neukonstitution von Strukturen zu verändern. (…) Arme und Arbeitslose müssen auch, wenn sie die Strukturen durchschauen und sich in der Perspektive von Veränderungen engagieren, lernen mit ihrem Status zu leben, damit sie sich nicht in der Verbitterung der Scham erreichbare Lebensmöglichkeiten verbauen“.

1.2 Professionsbezogene Perspektive: Was ist Soziale Arbeit?

Vor dem Hintergrund der vorstehenden Skizze der gesellschaftlichen Bedingungen ergeben sich erste Hinweise, welche Bedeutung Sozialer Arbeit zukommt, wenn Menschen z. B. alltäglich damit konfrontiert sind, ihr Leben nur mit Schwierigkeiten leben und bewältigen zu können. Die *International Federation of Social Workers* (IFSW) definiert:

> „Die Profession Soziale Arbeit fördert den sozialen Wandel, Problemlösungen in zwischenmenschlichen Beziehungen sowie die Ermächtigung und Befreiung von Menschen, um ihr Wohlbefinden zu heben. Unter Nutzung von Theorien menschlichen Verhaltens und sozialer Systeme greift Soziale Arbeit an den Punkten ein, in denen Menschen mit ihrer Umgebung interagieren. Prinzipien der Menschenrechte und sozialer Gerechtigkeit sind für die Soziale Arbeit fundamental."

Diese Grundbestimmung, was unter Sozialer Arbeit zu verstehen ist, lenkt den Blick auf drei Aspekte, die im Zusammenhang mit der Frage von Bedeutung sind, was methodisches Handeln in der Profession Soziale Arbeit durch Fachkräfte der Sozialen Arbeit (die hier im Weiteren aber „Soziale" genannt werden) darstellt:

Das sog. Problemlösen: Sehr hervorgehoben ist in der Definition davon die Rede, dass sie *Problemlösungen in zwischenmenschlichen Beziehungen* fördere. Ganz allgemein sagen C. Wolfgang Müller und Michael Galuske (2010: 592), dass Soziale Arbeit gekennzeichnet sei durch ihre Nähe zum Alltag ihrer Zielgruppen und deren Alltagsproblemen; ihr methodisches Handeln müsse sich „am Kriterium der Alltagsnähe bewähren und messen lassen". Hier stellen sich die Probleme, deren Lösung Soziale Arbeit fördern soll.

Dieses Buch dient dazu, das *Problem*lösen zu klären, wobei davon abgesehen wird, weiter vom Problem zu sprechen, denn mit diesem Begriff wird der negative Anteil betont. Zudem wird dieser Begriff nicht jedem Gegenstand (d. h. jedem Thema), mit dem Soziale Arbeit befasst ist, gerecht, und er verstellt womöglich den Blick auf die Chancen, die auch mit einer Schwierigkeit verbunden sind. Stattdessen wird hier vom *Anlass* gesprochen, der sich als ein *Anliegen* oder eine *Notlage* darstellen kann: Menschen haben *Anliegen* (Sorgen, Wünsche, Probleme, Vorstellungen), die mit Aktuellem und Künftigem verbunden sind, oder sie befinden sich in einer *Notlage* (sie sind gezwungen, etwas zu tun). Es gibt nicht nur das Anliegen (den Fall der Hilfe), sondern auch die Notlage (den Fall der Kontrolle, etwa im

Fall der Kindeswohlgefährdung) und des (z.B. gesetzlichen) Zwangs, etwa im Fall der Bewährungshilfe (ganz neu ist der Begriff des Anliegens nicht; vgl. Hege 1974: 77). Anlässe werden z.B. an Familienangehörige, Freundinnen, das soziale Umfeld (etwa die Nachbarn), Polizei, Justiz und Soziale Arbeit adressiert, und zwar im Modus des an jemanden gerichteten Gesprochenen (verbal), des Gehandelten (Tun) oder des (bloß) Angedeuteten (nonverbal). Primärform dieser *Interaktionen* ist die Dyade (Interaktionen zwischen zweien, Zweierbeziehung) als reziproke Interaktionen (sie sind aufeinander bezogen).

Die Ermächtigung und Befreiung von Menschen: Die Rede ist hier von der „Ermächtigung und Befreiung von Menschen, um ihr Wohlbefinden zu heben". Soziale Arbeit ist also aufgerufen, Menschen dabei zu unterstützen, sich selbst von Umständen und Verhältnissen frei zu machen, die ein gutes Leben („Wohlbefinden") be- oder verhindern. Dieser Prozess der (Selbst-)Befreiung wird meist als Mündigkeit oder *Emanzipation* (LE 1.3.3) bezeichnet, die Förderung von Menschen (z.B. durch Soziale Arbeit), sich zu emanzipieren, als Ermächtigung oder *Empowerment* (LE 1.5).

Die Menschenrechte und die soziale Gerechtigkeit: *Menschenrechte* sind subjektive Rechte, die jedem Menschen gleichermaßen zustehen. Alle Menschen sind allein aufgrund ihres Menschseins mit gleichen Rechten ausgestattet. Diese egalitär begründeten Rechte sind universell, unveräußerlich und unteilbar. *Gerechtigkeit* kennzeichnet einen Zustand sozialen Miteinanders, in dem es einen angemessenen, unparteilichen und einforderbaren Ausgleich der Interessen und der Verteilung von Gütern und Chancen zwischen den beteiligten Personen oder Gruppen gibt. *Soziale Gerechtigkeit* formuliert ein Leitbild einer Gemeinschaft, in der die Verteilung ihrer Güter den vorherrschenden ethischen Prinzipien dieser Gemeinschaft entspricht[1].

---

1 Von diesem Leitbild, für dessen Verwirklichung Soziale Arbeit eintreten soll, scheint die gesellschaftliche Wirklichkeit, wie angedeutet, allerdings weit entfernt. Auch stellt sich die Frage, inwieweit die „Beauftragung" zur Verwirklichung von sozialer Gerechtigkeit und Menschenrechten beizutragen tatsächlich zum gelebten Selbstverständnis Sozialer Arbeit zählt. Der These von der „Menschenrechtsprofession" (Verwirklichung von Menschenwürde, Freiheit, Gleichberechtigung, Solidarität, demokratisch-sozialem Rechtsstaat u.a.), die Soziale Arbeit sein soll, steht durchaus die These gegenüber, dass Soziale Arbeit nur das verwirkliche, was gesellschaftlich (und damit politisch) vorgegeben sei (und wenn dieser Zeitgeist neoliberal ist, dann ist auch die Soziale Arbeit neoliberal). Der Diskurs hierüber wird in der Sozialen Arbeit als (wissenschaftlicher) Disziplin freilich intensiver geführt als in der Profession (der beruflichen Praxis). Er füllt Bibliotheken und mag hier einstweilen zurückgestellt

Vor diesem Hintergrund kennzeichnen Soziale Arbeit einige Merkmale, die für das methodische Handeln von Bedeutung sind:

Unklarer Professionalitätsgrad: Es gibt kaum Arbeitsfelder des zwischenmenschlichen Kontakts, in denen keine Sozialen tätig sind; allerdings gibt es auch kaum Tätigkeitsfelder, in denen ausschließlich Soziale zuständig sind. Außerdem haben sie es in vielen Bereichen auch mit *Laien* (Ehrenamtlichen, Freiwilligen) zu tun, was den Status Sozialer als Angehörige einer selbstständigen Profession (gekennzeichnet z.B. durch eine kodifizierte Berufsausbildung, Zuständigkeit und Fachkompetenz) infrage stellen kann, wenn – scheinbar – auch Laien diese Arbeit verrichten können;

Personenbezogenheit: Ihre Leistung kann Soziale Arbeit nur im direkten Kontakt mit ihren Zielgruppen erbringen *(uno-actu-Prinzip)*, weshalb auch davon die Rede ist, dass Soziale Arbeit aufgrund dieser Ko-Produktion als Dienstleistung zu verstehen sei;

Beauftragung: Es besteht eine „starke Abhängigkeit von staatlicher Steuerung und direkter Einbindung in bürokratische Organisationen", d.h., Soziale Arbeit kann nur dort tätig werden, wo sie (in der Regel durch die öffentliche Hand) finanziert wird (vgl. Galuske 2013: 40ff.);

Doppeltes (bzw. Triple-) Mandat Sozialer Arbeit: Im Spannungsverhältnis zwischen anlassgerechten und angemessen fachlichen Maßnahmen und den rechtlich-organisatorischen Rahmenbedingungen, denen Soziale Arbeit unterliegt (z.B. die rechtlichen Ansprüche und Vorgaben, die finanzielle Ausstattung, die je spezifischen Formen, wie die unterschiedlichen Träger Soziale Arbeit organisieren) wird deren professionelle Autonomie eingeschränkt: Sie unterstützt zum einen die Menschen, mit denen sie tun hat, muss aber zum anderen Ansprüche der Gesellschaft auch gegen diese Menschen verwirklichen (und sich an „normalen" Lebensumständen u.a. orientieren, die als gesellschaftlich „angemessen" gelten), die sich v.a. in Form gesetzlicher Vorschriften abbilden (z.B. in konkreten Vorgaben, die das Verhalten von Menschen begrenzen, sei es, wie sich Jugendliche im öffentlichen Raum bewegen können oder welche Schutzrechte Kinder und welche Pflichten ihre Eltern haben). Damit wird das *doppelte Mandat* (Böhnisch/Lösch 1973, insb. S. 28) beschrieben, dem Soziale Arbeit stets ausgesetzt ist: Soziale Arbeit fördert nicht nur das Wohlbefinden von Menschen, sie kon-

---

werden. Methodisches Handeln stellt auf seine Weise, wie sich auch hier zeigen lassen sollte, eine Antwort zur Verfügung.

trolliert zugleich immer auch, inwieweit Menschen das verfolgen, was in der gegebenen Gesellschaft als ein Wohlbefinden beschrieben und als wünschenswert betrachtet wird. Dieses Mandat weist Sozialer Arbeit also einerseits einen Hilfeauftrag zu und stattet sie zugleich andererseits mit einer spezifischen Form von *Macht* aus, gesellschaftliche Verhaltenserwartungen an Einzelne auch durchzusetzen, z.B. in Form von Zwangs- und Schutzmaßnahmen (wie das Beispiel des Kinderschutzes zeigt; vgl. dazu die Beiträge in Thole/Retkowski/Schäuble 2012, insb. Wagenblass 2012).

Definition

Macht „wird verstanden als Chance, den eigenen Willen auch gegen den Widerstand der Betroffenen durchzusetzen (Max Weber). Macht gilt als a) Oberbegriff für die verschieden begründeten Chancen der Durchsetzung, b) als Oberbegriff für jene Teilgruppe der Durchsetzungsansprüche, die keine Anerkennung durch die Betroffenen finden"; dann ist teilweise auch von Gewalt die Rede (Fuchs-Heinritz u.a. 2007: 405).

Silvia Staub-Bernasconi (2007: 199f.) meint sogar, dass die Soziale Arbeit das Doppelmandat zu einem *Triplemandat* erweitern müsse, wobei das dritte Mandat eine *wissenschaftliche Beschreibungs- und Erklärungsbasis* (und damit wissenschaftsbegründete Arbeitsweisen oder Methoden), eine *ethische Basis* (einen von Zeitgeistströmungen unabhängigen Berufskodex mit den *Menschenrechte* als eine Legitimationsbasis) integrieren müsse (vgl. a. Staub-Bernasconi 2014).

Advokatorische Ethik: Nur wenn es Menschen aktuell nicht möglich ist, selbstbewusst und selbstverantwortlich die *eigenen* Interessen wahrzunehmen, dann mag es erforderlich und angemessen sein, dass auch Soziale in diesem Sinne (z.B. als gerichtlich bestellter Vormund) stellvertretend *für sie* handeln. Dies allerdings wird die Ausnahme sein, und sofern diese Ausnahme erforderlich wird, kann sie als durch zwei Imperative einer pädagogisch-advokatorischen Ethik bestimmt werden: *1. Befördere die Mündigkeit Deines Klienten! 2. Vermeide die Beeinträchtigung der körperlichen/geistigen Integrität deines Klienten!* (vgl. Brumlik 1992: 159–169, insb. S. 164 und 169).

Damit sind „strukturelle Konfliktpotenziale" (Herrmann 2013: 238) zwischen dem einzelnen Menschen einerseits und dem gesetzlichen und institutionellen Auftrag, den soziale Arbeit andererseits zu erfüllen hat, angedeutet. Dieses Verhältnis wird immer auch durch Beziehungen zwischen

Macht und Ohnmacht systematisch und wechselseitig bestimmt: Menschen erleben sich Sanktionen ausgesetzt, die soziale Arbeit verursacht (z. B. weil eine Hilfe beendet wird, die als wenig Erfolg versprechend eingeschätzt wird), und Soziale nehmen sich ohnmächtig wahr, wenn Menschen, mit denen sie zusammenarbeiten, sich anders verhalten, als dies zu erwarten wäre oder vereinbart war (zum Machtverhältnis zwischen in der Sozialen Arbeit Tätigen und den Menschen, mit denen sie zu tun haben vgl. z. B. die Beiträge in Huxoll/Kotthaus [2012, insb. Noack 2012a/b, Urban-Stahl 2012], Herwig-Lempp 2009, Gissel-Palkovich 2009; zur Problematisierung des Verhältnisses Sozialer zu Adressaten zwischen Dominanz, Angemessenheit und Selbstdarstellung vgl. Heiner 2005, Wendt, W. 2005c).

1.3 Adressatenbezogene Perspektiven

1.3.1 Orientierung am Subjekt

Damit steht (unbeschadet des schon angedeuteten doppelten Mandats mit seinem Hilfe-Kontrolle-Dilemma) zunächst der *einzelne Mensch* im Mittelpunkt der Sozialen Arbeit. Mit Hans Thiersch ist Soziale Arbeit also „engagiert in Problemen, die Menschen in sich und mit sich selbst haben, also in ihren Entwicklungs-, Lern- und Bewältigungsaufgaben; sie vermittelt zwischen Gesellschaft und Subjekt im Primat des Subjekts – sie ist erst in zweiter Linie engagiert in den Problemen, die die Gesellschaft mit Menschen in Schwierigkeiten hat“ (Thiersch 2002 : 34).

Dieser einzelne Mensch ist höchst eigensinnig, entwickelt sehr eigene und individuelle Vorstellungen davon, was sein „Wohlbefinden“ kennzeichnet, wofür es lohnt, sich einzusetzen, und muss dies in einer als individualisiert beschriebenen Gesellschaft auch zwingend tun. In diesem Eigensinn verwirklichen sich Menschen als *Subjekte,* als Gestalterinnen ihres eigenen Lebens und nicht als *Objekte* fremder Vorstellungen (zu denen sie freilich im Fall des Zwangs und der Kontrolle dann werden *können,* wenn sie zu sehr von gesellschaftlichen Normvorstellungen abweichen sollten). Soziale Arbeit ist damit zunächst verpflichtet, Respekt gegenüber jedem Menschen und dessen eigensinnigen Vorstellungen vom Leben zu entwickeln, was nicht bedeutet, sich als Sozialer nicht auch kritisch (aber eben nicht bevormundend) damit auseinanderzusetzen.

Die Perspektive der Individuen steht also im Mittelpunkt (vgl. z. B. Oelerich/Schaarschuch 2010); das ist keineswegs neu, wie ein Blick in die (sozial-)pädagogischen Grundkonzepte z. B. von Jean-Jacques Rousseau, Maria Montessori, Alexander S. Neill oder Klaus Mollenhauer verdeutlicht (vgl.

dazu die Beiträge in Engelke/Borrmann/Spatscheck 2009a: 65 ff., 365 ff., Böhm 2003: 74 ff., Giesecke 1997: 189 ff.).

Dies soll hier auch begrifflich zum Ausdruck kommen: In Abgrenzung z. B. zu dem weitverbreiteten Begriff des „Klienten“ (wie er in therapeutischen und juristischen Kontexten seine Berechtigung haben mag, der aber latent, insb. auch weil unreflektiert verwendet, immer eine Abhängigkeit mit meint[2]) oder dem (im Sprachgebrauch) immer noch im Versuch der Durchsetzung befindlichen Begriff des „Kunden“ (der auf ein Dienstleistungsverhältnis abstellt, innerhalb dessen Soziale Arbeit gegenüber Menschen mit Hilfe- und Unterstützungsbedarf Leistungen erbringt), wird hier von Menschen die Rede sein, die mit Sozialer Arbeit zu tun haben, z. B. als *Beratene, Unterstützte, Hilfesuchende* – oder als *Adressatinnen* bzw. *Subjekte*[3]. Sie haben eigene Rechte, zu deren Verwirklichung Soziale Arbeit beitragen soll.

1.3.2 Orientierung an den Ressourcen

Soziale Arbeit geht davon aus, dass Menschen immer über eigene Möglichkeiten verfügen, mit ihren Anlässen umzugehen, Anliegen zu klären oder Notlagen zu bewältigen. Es geht dabei immer auch um Ressourcen, die aktiviert werden (müssen), um *Anlässe* bearbeiten zu können.

Definition

Ressourcen meint „Mittel, Gegebenheiten oder Merkmale ..., die Menschen einsetzen, um Aufgaben und Lebensanforderungen zu bewältigen, Veränderungsprozesse umzusetzen sowie individuelle und gemeinschaftliche Bedürfnisse und Ziele zu verfolgen und zu

---

2 Die ehemaligen Soldaten des römischen Kaisers Augustus z. B. verstanden sich (aufgrund ihrer Alimentierung/Bezahlung als Veteranen durch Augustus) als dessen Klienten und den Kaiser als ihren Schutzherren (vgl. Riess 2014: 42, Dietz 2014: 50). Vielleicht ist aber auch nur die Übertragung aus dem Englischen (im Kontext z. B. von „*client*-centered therapy“ im Anschluss an Carl Rogers) die Ursache für das begriffliche Missverständnis; lt. deutsch-englischem Wörterbuch meint „client 1. Recht: Klient, 2. Handel: Kunde, 3. Medizin: Patient“.

3 Zweifelsfrei ist auch der Begriff „Subjekt“ etwas sperrig (und kann selbst auch negative Assoziationen wecken); hier soll er nur als Platzhalter dienen (und meistens auch umschrieben werden, z. B. als Mensch, Individuum, Beratene, Adressat) und den – als Jargon eben in der Sozialen Arbeit weit verbreiteten – Begriff des „Klienten“ problematisieren und ersetzen helfen.

erfüllen. Zudem werden Ressourcen eingesetzt, um andere zu erhalten, zu erweitern oder Ressourcen mit anderen Menschen zu tauschen" (Knecht u.a. 2014: 109).

Ressourcen sind als Potenziale von Menschen oder deren Umwelt zu verstehen, die helfen, Aufgaben oder Lebensereignisse zu bewältigen oder Ziele zu erreichen. Dabei kann es sich z.B. um gegebene Fähigkeiten handeln, Begabungen, angeeignete Fertigkeiten, Geschicklichkeit, Talente, Interessen, Kenntnisse, Erfahrungen, physische Potenziale (z.B. gesunde Konstitution, Kraft, Ausdauer), psychische Ressourcen (z.B. identitätsstiftende Lebensziele, Optimismus, Aufgaben oder die Zukunft bewältigen zu können), kreativ-künstlerische Talente, Bindungen, Kontakte, soziale Beziehungen (einschließlich Kritik- und Konfliktfähigkeit), Zugehörigkeiten, Überzeugungen, Motive, Wertehaltungen, Einstellungen oder Netzwerke. Als Ressourcen kenntlich zu machen sind auch jene Fähigkeiten, Kompetenzen und Hilfen, die sich aus unterschiedlicher Herkunft und Ethnie ergeben (vgl. die Beiträge in Benbrahim 2012: 6–20). Es sind Möglichkeiten, die in der Person selbst liegen, oder solche, die die Umwelt, in der Menschen sich bewegen (der *Kontext*) bereithält, d.h. sozialökologische und ökonomische Ressourcen (soziale Beziehungen und Netzwerke, Organisationen und Institutionen, natürliche oder gestaltete Umwelt). Ressourcen stellen das dar, was für die Lebensführung und -bewältigung gebraucht wird. Fehlen Ressourcen, droht ihr Verlust, steht infrage, dass sie den erhofften Ertrag einbringen oder sind sie verloren gegangen, dann werden Menschen anfällig und verletzlich für psychische und physische Schwierigkeiten (vgl. Nestmann 2004c: 71ff.; vgl. auch Stark 1996: 96, Nestmann 2004a: 728ff., Stimmer 2006: 90ff., von Spiegel 2013: 251).

Soziale müssen dazu eine ressourcenorientierte Haltung annehmen, „die darin besteht, dass ich voraussetze und unterstelle, *dass Ressourcen vorhanden sind*", sowohl bei der Adressatin als auch in ihrem Umfeld, also z.B. „fest zu unterstellen und uns sicher zu sein, dass es natürlich im Leben jedes Menschen wichtige Personen gibt", die Unterstützung geben können (Herwig-Lempp 2007: 216f.).

Definition

Ressourcenarbeit bezeichnet „eine Planungs- und Unterstützungsleistung ..., die sich konsequent an dem Vorhaben orientiert, individuelle und soziale Ressourcen der Adressat/innen vor allem jenseits institutioneller Hilfen zur Problembewältigung zu aktivieren,

> und die hierfür notwendigen Schritte und Prozesse in Absprache mit ihnen zu planen, zu koordinieren und professionell zu begleiten" (Möbius 2010a: 16, 28f.; vgl. auch Nestmann 2004c).

Damit ist eine komplexe professionelle Perspektiveneinnahme und methodisch strukturierende Vorgehensweise angedeutet, nichts, was zufällig erkannt oder beiläufig bzw. beliebig in das berufliche Handeln zu integrieren wäre. Eigene Ressourcen (z.B. die Gelassenheit, Dinge auszuhalten) können, wenn sie wahrgenommen sind und zugänglich werden (insofern als Verborgenes oder Vergessenes durch Soziale *sozialarchäologisch* freigelegt wurden), neu oder anders eingesetzt werden. Forschungsbefunde deuten an, dass auf der Basis vorhandener Ressourcen „sehr viel leichter Neues entsteht als auf der Grundlage von Defiziten: Wir lernen darum neue Verhaltensweisen durch positive Verstärkung (Ermutigung und Belohnung) auch einfacher und nachhaltiger als durch negative Verstärkung (etwas Angenehmes wegnehmen) oder Bestrafung (etwas Unangenehmes hinzufügen)" (Friedrich 2013: 39 und 18; vgl. auch Möbius 2010a: 14f.).

Ressourcenorientierung mündet in Ressourcenaktivierung, z.B. in der Förderung kreativer Lösungswege:

> „Kreativität wird heute meist mit kognitiven Prozessen (Problemlösungsstrategien) und kreativen ‚Leistungen' in Verbindung gebracht. Als solche (im weitesten Sinne) bezeichnen wir in der Sozialen Arbeit Ideen, Verhaltensweisen, Alltagslösungen und künstlerisch-ästhetische Gestaltungen, die für die jeweiligen Produzentinnen neu, wertvoll, befriedigend und identitätsstiftend sind. Die ganzheitliche, sinnliche und zweckfreie Kreativität wird meist als Phantasie bezeichnet, die mit Vorstellungskraft, Einbildungskraft. lmaginationsfähigkeit und Intuition verbunden wird" (Meis 2012: 43).

Es handelt sich also auch um (noch aktivierbare) Potenziale, die nicht unbedingt (voll) ausgeschöpft sein müssen (zur Ressourcenorientierung vgl. auch die Beiträge in Möbius/Friedrich 2010, insb. Möbius 2010, Beushausen 2012a, Knecht u.a. 2014, Friedrich 2010a). Systematisch werden Ressourcen insbesondere im Rahmen der Verfahren Familienrat (LE 7.3.2) und Community Organizing (LE 13.3) neu erschlossen.

1.3.3 Orientierung an der Mündigkeit

In den 1970er Jahren hat Marianne Hege kritisiert, dass Menschen, mit denen Soziale Arbeit zu tun hat, wie Objekte beschrieben und nicht als Subjekte mit eigenem Willen aufgefasst wurden. Dagegen setzte sie den Anspruch, dass die für diese Menschen undurchschaubarer Abhängigkeiten und Zwänge sichtbar gemacht werden sollten. Gegen diese subjektiv erfahrenen Abhängigkeiten und Zwänge seien *Strategien* zu entwickeln und die durch die Abhängigkeit von Sozialen und deren Funktion erfahrbaren Zwänge sollten (auf der *Beziehungsebene*) vermindert werden; das Mittel hierfür sei der kritische und engagierte Dialog zwischen Adressaten und Sozialen, d.h. eine Gesprächsform, die die *Mündigkeit* der Adressatin in den Mittelpunkt stellte (vgl. Hege 1974: 12). Mündigkeit „wird auf Personen angewendet, die bei der Urteilsbildung auf den eigenen Verstand vertrauen können. Sie übernehmen die Maximen ihres Handelns nicht von fremden Autoritäten oder unhinterfragten Konventionen, sondern bilden ihre Urteile durch die kritische Prüfung jener Quellen, die Aussagen mit Anspruch auf Verallgemeinerbarkeit formulieren“ (Rieger-Ladich 2010: 199).

Für Klaus Mollenhauer hat jedes „Erziehungshandeln“ den „Zweck, erkenntnis- und handlungsfähige Subjekte hervorzubringen“ (Mollenhauer 1974: 35); durch angeleitetes Lernen wird der Mensch erwachsen: Das „pädagogische Feld“ ist ein Ort, „an dem ‚bessere‘ Möglichkeiten gesellschaftlicher Existenz hervorgebracht werden können“ (ebd.: 28). Emanzipation „heißt die Befreiung der Subjekte – in unserem Fall der Heranwachsenden in dieser Gesellschaft“ (ebd.: 35); dabei hat die Pädagogik die „Verantwortung für das kritische Potential einer Gesellschaft“ (Mollenhauer 1973: 69). Und mit Hermann Giesecke meint Emanzipation „nicht nur den Prozeß der Ablösung aus der Abhängigkeit pädagogischer Zwänge“ (z.B. der Familie), sondern „aus allen gesellschaftlich verursachten Abhängigkeiten“ (Giesecke 1971: 222f.).

Definition

Emanzipation wird zunächst als das „Ergebnis individueller Bemühung, sich von unbegriffenen Zwängen, Erkenntnisschranken und Verhaltenszwängen zu befreien“, verstanden; und: „Emanzipation als Prozess und Perspektive in der Sozialen Arbeit heißt Erweiterung von Handlungsspielräumen, so dass die Menschen nicht im Zustand der Abhängigkeit von vorgegebenen Lebensbedingungen bleiben müssen, sondern bewusst durch Teilnahme an gesellschaftlichen Prozessen Einfluss auf die eigenen Lebensbedingungen zu nehmen suchen“ (Oelschlägel 2013b: 239, 241)[4].

1.4 Systembezogene Perspektive

Es bleibt nun zu fragen, *wo* Soziale Arbeit stattfindet. Drei historische Bezugspunkte sollen helfen, die Frage zu beantworten:

Erster Bezugspunkt: Angesichts der massiven Einwanderung in die USA und vor dem Hintergrund zunehmender Konflikte zwischen Mitgliedern unterschiedlicher Kulturen und Ethnien haben Anfang des 20. Jahrhunderts Vertreter der sog. *Chicagoer Schule* der Soziologie (z.B. W.J. Thomas, E.W. Burgess oder R. Park) in den schnell wachsenden amerikanischen Städten die Bedeutung des sozialen Umfeldes für die dort lebenden Menschen untersucht. Damit kamen neue Formen der Kommunikation und Kooperation, die Wechselwirkungen zwischen Integration und Desintegration in vernachlässigten Stadtquartieren und deren Bevölkerung und die Herausbildung von Subkulturen abseits gesellschaftlicher Vorstellungen von „Normalität“ in den Blick. Erstmals herausgearbeitet wurden die Bedingungen des sozialen Umfelds, die darüber (mit-)entscheiden, wie Menschen leben (können), ihren Alltag bewältigen, mit dessen Schwierigkeiten umgehen und ob sie gesellschaftlich „dazu gehören“ (bzw. eingeschlossen sind, *Inklusion*), marginalisiert oder ausgeschlossen *(Exklusion)* leben (vgl. Schumm 2011: 813). Es entwickelte sich hier früh ein Verständnis von Lebensbedingungen, denen Menschen also unterworfen sind und mit denen sie sich arrangieren müssen. Dieses sozialökologische Verständnis wechselseitiger Beziehungen zwischen Menschen und ihrer sozialen, biologischen und physischen Umwelt führte dazu, als selbstverständlich zu betrachten, wie sich soziale Schichten, Familienstrukturen, Ethnien und Kulturen in Wohngebieten entwickeln (vgl. Jahn 2011: 833) und sich Menschen den Sozialraum Schritt um Schritt (z.B. Kinder mit wachsendem Alter) aneignen, also ver-

---

4 Dieses Verständnis hat eine lange Tradition, das sich in der Aufklärung begründet; schon Immanuel Kant formulierte: „AUFKLÄRUNG *ist der Ausgang des Menschen aus seiner selbstverschuldeten Unmündigkeit. Unmündigkeit* ist das Unvermögen, sich seines Verstandes ohne Leitung eines anderen zu bedienen. *Selbstverschuldet* ist diese Unmündigkeit, wenn die Ursache derselben nicht am Mangel des Verstandes, sondern der Entschließung und des Mutes liegt, sich seiner ohne Leitung eines andern zu bedienen. *Sapere aude!* Habe Mut, dich deines *eigenen* Verstandes zu bedienen!“ (Berlinische Monatsschrift, Dezember 1784: 481–494, hier S. 481, Herv. i. O.).

fügbar machen (vgl. z.B. Früchtel/Budde/Cyprian 2007: 115–121, Grundmann/Kunze 2008, Miethe 2010).

Zweiter Bezugspunkt: Einen anderen Zugang entwickelte zeitgleich der Psychologe Kurt Lewin, der die Umwelt von Menschen als psychologischen Lebensraum (vgl. Lewin 1963: 273) und als Spannungsfeld bzw. als „dynamisches Feld" beschrieb, in dem „der Zustand jedes Teils dieses Feldes von jedem anderen Teil abhängt" (ebd.: 69). Hier wirken Kräfte, z.B. etwas als attraktiv zu empfinden und zu tun, anderes abzulehnen und zu unterlassen. Lewin nannte diese „Kraftfelder" Valenzen, die dazu „auffordern", etwas zu tun oder nicht zu tun (ebd.: 226). Im Lebensraum wirkten zahlreiche Valenzen auf Menschen, z.T. mit sich widersprechender, gegenläufiger Tendenz (z.B. der beginnende Urlaub [positiv], das Ende der Ferien [negativ]). Dies führe zu Konflikten, die ein Mensch zu bewältigen habe. Im Konflikt „ist das Individuum gezwungen, andere neue Wege zu finden. Es muß ‚lernen'" (Lewin 1963: 124). Solche (im Konflikt verursachten) Lernprozesse, den Lebensraum zu verändern (z.B. durch „aus dem Feld gehen", d.h., sich aus einer schwierigen Momentansituation, etwa durch Verlassen eines Raumes, zurückzuziehen, oder durch Flucht, etwa in die Irrealität, d.h. die Wahrnehmung der Realität wird verweigert), können dazu beitragen, Konflikte zu lösen (und im Lewinschen Sinne ist auch regressives Verhalten, d.h. das Zurückfallen in frühere, z.B. kindliche, Verhaltensmuster eine Form der Problemlösung).

Dritter Bezugspunkt: Der Psychologe Urie Bronfenbrenner knüpfte an diese Überlegungen aus den 1920er und 1930er Jahren an, dass sich Menschen im Laufe ihrer Entwicklung an die Umwelt, in der sie leben, anpassen und diese gleichzeitig durch ihr Handeln gestalten. Er definierte Entwicklung als dauerhafte Veränderung der Art und Weise, wie ein Mensch sich mit ihr auseinandersetzt. Dieser Lebensbereich sei ein Ort, an dem sie direkte Interaktion mit anderen leicht aufnehmen können" (z.B. soziale Nahräume wie die Familie oder die Peergroup), wodurch sie „zu Gestaltern ihres Sozialraums werden" (vgl. Grundmann/Kunze 2008: 172ff.).

Bronfenbrenner unterschied dabei die *mikrosoziale Ebene,* d.h. die erlebte Umwelt von Haus, Schule, Treffpunkt u.a., gekennzeichnet durch direkte menschliche Interaktion (z.B. zwischen Eltern und Kind), räumlichen Gegebenheiten und sozialen Bedeutungen, die *mesostrukturelle Ebene,* d.h. die in der Öffentlichkeit erfolgende, frei wählbare menschliche Interaktion (z.B. in Vereinen), die *exostrukturelle Ebene,* d.h. die (vorgegebene) institutionelle Organisation, in welcher sich ein Mensch bewegt (z.B. Ausbildungs- und Arbeitsverhältnisse, staatliche Verwaltung), und die *makrostrukturelle Ebene,* d.h. die ökonomische, soziale, rechtliche und politische

Kultur und Verfassung einer Gesellschaft, wie z. B. kommunale Vorgaben in Bebauungsplänen (vgl. Bronfenbrenner 1976: 202 ff., Simon 1995: 73, Northoff 2012: 162 f.). Alle Ebenen seien unterschiedlich bedeutsam für die Ausgestaltung des Alltags von Menschen.

Die Lebensbedingungen im Sinne der Chicagoer Schule, der Lebensraum im Sinne Lewins und der Lebensbereich im Sinne Bronfenbrenners bündeln sich heute in einem Verständnis von Lebenswelt, wie es in den zurückliegenden 30 Jahren Schritt um Schritt zu einem Konzept der alltags- bzw. lebensweltorientierten Sozialen Arbeit (vgl. Thiersch 1986b bzw. 1992, 1995, 2002a/b sowie Thiersch/Grunwald/Köngeter 2002) entwickelt wurde. Karin Bock (2012: 183 f.) nennt diese Lebenswelt „die unmittelbar erfahrene, unhinterfragte und sinnhaft strukturierte Welt des alltäglichen Lebens"; insoweit ist sie als der physische wie psychische Lebensraum zu begreifen, der die Möglichkeiten der Lebensführung von Menschen prägt.

Definition

Lebenswelt: „Mit Lebenswelt wird in der sozialen Arbeit heute überwiegend die alltägliche Wirklichkeitserfahrung eines verlässlichen, soziale Sicherheit und Erwartbarkeit bietenden primären Handlungszusammenhangs (Familie, Nachbarschaft, Gemeinwesen, bestimmte Gruppen, soziokulturelle Milieus usw.) bezeichnet. In der Lebenswelt wird in einer stillschweigenden, gemeinsamen Unterstellung bzw. Auslegung der Geltung sozialer Regeln, Strukturen und Abläufe die Grundlage sozialen Handelns gelegt" (Franck 2011: 561).

Lebenswelt ist „der Ort, wo das Individuum oder die Gruppe handelt. Sie ist der Raum täglicher Aktionen der Menschen. Damit ist sie Schnittpunkt von Individuum und Gesellschaft"; es handelt sich um einen „Möglichkeitsraum", also einen Ort, den die dort lebenden Menschen mit den ihnen zur Verfügung stehenden Mitteln (Ressourcen, Beziehungen, Netzwerken) zu gestalten versuchen. Wie dieser Raum gestaltet sein soll, muss sich daher „an den konkreten Subjekten, ihren Erfahrungen und Kompetenzen orientieren" (Oelschlägel 2001b: 40 und 42), innerhalb dieser räumlichen und sozialen Strukturen den Alltag zu bewältigen.

Die Fragen lauten daher, wie Adressatinnen der Sozialen Arbeit ihre aus den Konflikten des Lebensraumes erwachsenden (alltäglichen) Schwierigkeiten bewältigen und welchen Beitrag Soziale Arbeit mit ihren rechtlichen, institutionellen und professionellen Möglichkeiten und Ressourcen leistet, in dieser Lebenswelt einen gelingenderen Alltag möglich zu machen (vgl. Grunwald/Thiersch 2004: 23, 14).

Definition

Alltag „ist die Wirklichkeit der je eigenen, also subjektiven Erfahrung von Raum, Zeit und sozialen Beziehungen und darin von der Unmittelbarkeit von Bewältigungsaufgaben. Alltag meint die Wirklichkeit des Selbstverständlichen, des Vertrauten, der Nähe, in der Menschen sich herausgefordert und zugehörig wissen. Man verlässt sich so auf den Anderen, wie man weiß, dass er sich auf einen verlässt [...] Man agiert in der Wirklichkeit der geteilten, gemeinsamen [...] Erfahrung in pragmatischen Beziehungsmustern und Arbeitsbündnissen" (Thiersch 2009c: 123 f.).

Den Alltag bestimmen (z. B. durch Alter, Geschlecht, Nationalität, Ethnie geprägte) Lebensverhältnisse und Handlungsspielräume, die Individuen Interessenentfaltung und Lebensperspektiven ermöglichen, also die alltägliche Lebensführung bewältigen helfen.

Die für die Soziale Arbeit kennzeichnende *Lebensweltorientierung* bezieht sich „auf die Bewältigungs- und Verarbeitungsformen von Problemen in der Lebenswelt der AdressatInnen, gewissermaßen auf die Spielregeln, in denen die Vorgaben, Themen und Strukturen bearbeitet werden, die sich aus der gesellschaftlichen Situation, den biographisch geprägten Lebenserfahrungen und den normativen Ansprüchen ergeben" (Thiersch 1993: 12); sie

> „zentriert den Blick auf die individuellen Schwierigkeiten, sozialen Konflikte und Probleme im Alltag sowie die verweigerten Partizipationschancen der davon betroffenen Menschen. Dabei wird deren Selbstdeutungen, Problembewältigungsversuchen und Ressourcen wertschätzend begegnet, was allerdings ein wohlwollend-kritisches Provozieren nicht ausschließt" (Stimmer/Weinhardt 2010b: 52).

In der Begleitung dieser Versuche der Lebensbewältigung finden Soziale und Adressaten zusammen: Die lebensweltorientierte Soziale Arbeit bezieht sich sowohl auf das Individuum, dessen soziales Umfeld (Netzwerke) und die gesellschaftlichen Rahmenbedingungen. Für Lothar Böhnisch bedeutet Lebensbewältigung das „Streben nach unbedingter sozialer Handlungsfähigkeit" und „das Streben nach subjektiver Handlungsfähigkeit in kritischen Lebenssituationen, in denen das psychosoziale Gleichgewicht – Selbstwertgefühl und soziale Anerkennung – gefährdet ist", z. B. dann, „wenn die bislang verfügbaren personalen und sozialen Ressourcen für die Bewältigung nicht mehr ausreichen" (Böhnisch 2010: 223; vgl. auch Böhnisch/Schefold 1985, Böhnisch 2003). Hier sieht er spezifische Risiken: die „Erfahrung des *Selbstwertverlusts* und die Suche nach Wiedergewinnung des Selbstwerts", die „Erfahrung des fehlenden *sozialen Rückhalts*", die „Erfahrung der *sozialen Orientierungslosigkeit,* des Sich-nicht-mehr-zurecht-finden-könnens", der „Sehnsucht nach *Normalisierung,* nach der Möglichkeit, aus dem Stress der Handlungsunfähigkeit und Desintegration herauszukommen und eine Balance von Handlungsfähigkeit und Integration zu erreichen" (Böhnisch 2008: 49 f.; Herv. i. O.). So entstehen aus der unvollständigen bzw. be- oder verhinderten Nutzung der im Alltag eines Menschen (noch) gegebenen Spielräume, das Leben anders und gelingender zu führen, die *Anlässe,* die an Soziale Arbeit adressiert werden.

1.5 Grundlegende Perspektive: Empowerment

Empowerment stellt die dazu erforderliche *Schlüsselperspektive* Sozialer Arbeit dar: Damit wird der Prozess bezeichnet, durch den sich Menschen ermutigt fühlen sollen, ihre eigenen Kräfte und Kompetenzen wahrzunehmen und die Bedeutung selbsterarbeiteter Lösungen wertzuschätzen (vgl. Keupp 2013: 248 f.).

Definition

Empowerment „bedeutet Selbstbefähigung und Selbstbemächtigung, Stärkung von Eigenmacht, Autonomie und Selbstverfügung. Empowerment beschreibt mutmachende Prozesse der Selbstbemächtigung, in denen Menschen in Situationen des Mangels, der Benachteiligung oder der gesellschaftlichen Ausgrenzung beginnen, ihre Angelegenheiten selbst in die Hand zu nehmen, in denen sie sich ihrer Fähigkeiten bewußt werden, eigene Kräfte entwickeln und ihre individuellen und kollektiven Ressourcen zu einer selbstbestimmten Lebensführung nutzen lernen" (Herriger 2010: 20).

Seinen Ausgang hat das Verständnis von Empowerment insbesondere mit der Kritik Barbara Solomons (1976: 12 ff.) an der Mittelschichtsorientierung der Sozialen Arbeit und deren Orientierung an den Wertvorstellungen des bürgerlichen Mainstreams in den USA genommen. Angesichts von Hilflosigkeit, geringem Selbstbewusstsein und Selbstzweifeln v. a. der afroamerikanischen Bevölkerung, deren Ressourcenarmut und Schwäche, sich neue Potenziale zu eröffnen, müsse die „Bemächtigung Machtloser" das Ziel Sozialer Arbeit sein (vgl. ebd.: 14ff.). Ihre Aufgabe sei es, Machtanalysen dazu zu betreiben, (Macht-)Barrieren zu identifizieren und zu bearbeiten, die die Bemächtigung verhinderten, z.B. durch Formen der Selbstorganisation, Arbeitsbündnisse, Selbsthilfe. Sozialen falle hierbei die Aufgabe zu, die unterschiedlichen Akteure und Kräfte zusammenzuführen. Empowerment forcierte also den Konflikt der Umverteilung politischer Macht mit dem Ziel, demokratische Partizipation zu ermöglichen.

Empowerment verändert das Selbstverständnis von Hilfeinstitutionen und dort Tätigen: Die in der Sozialen Arbeit in weiten Teilen und lange Zeit verbreitete Vorstellung, es mit Menschen zu tun zu haben, die durch Unvermögen, Unkenntnis, Hilflosigkeit, Problemleugnung, persönliche Schuld und auch Unwillen gekennzeichnet seien (Defizitzuschreibung), und die die Vorstellung rechtfertigten, Soziale könnten als Experten agieren, die wissen, was Menschen *als Klientinnen* zu tun und zu lassen haben, führte zu einer Entmächtigung, d.h. einer Enteignung der Fähigkeit, Schwierigkeiten anzunehmen und ihre Lösung selbst in die Hand zu nehmen. Mit Empowerment verbindet sich das Ziel, diesen Blick auf Mängel und Defizite durch eine Wahrnehmung der Stärken und Kompetenzen zu überwinden und damit eine andere berufliche Haltung herauszubilden, die der Förderung Einzelner und deren Stärkung in Gruppen und politischen Zusammenhängen dient, die Entwicklung von Netzwerken unterstützt und Potenziale der Selbstorganisation und gemeinschaftlichen Handelns fördert (vgl. Stark 1996: 159, Galuske 2001: 264ff., Stimmer 2006: 50f.).

Dabei stellt sich das Grundproblem, dass die Selbstbefähigung der Individuen durch Außenstehende (z.B. Soziale) erfolgen soll, „dass (also) Selbsthilfe durch Fremdhilfe gefördert werden soll" (Röh 2006: 362). Mit anderen Worten: Wie lassen sich überhaupt Menschen dazu befähigen, sich selbst zu befähigen? Ist das „Bild des autonomen und erfolgreichen Individuums, das in der Lage ist, seine Interessen und Vorstellungen gemeinsam mit anderen zu verfolgen" (Stark 1996: 76), überhaupt angemessen? Dies verweist darauf, was Empowerment „stützt". Vor allem vier Konzepte dienen als Referenzen für die optimistische Empowerment-Perspektive:

Bewältigungsoptimismus: Konfrontiert ist Soziale Arbeit durchaus mit Formen einer erlernten Hilflosigkeit, wie sie Martin Seligman (1979) beschrieben hat. Auf der Grundlage des *Thomas-Theorems,* wonach Menschen so handeln, wie sie eine gegebene Situation definieren, ohne dass diese Definition der Wirklichkeit tatsächlich entsprechen muss („If men define situations as real, they are real in their consequences" [Thomas 1928]), kann ein Defizit-Syndrom der Hilflosigkeit („ich kann nichts mehr für mich tun") wahrgenommen werden: negative, stressbelastete biografische Erlebnisse versperren den Zugang zu möglichen Bewältigungsmöglichkeiten. Prozesse von self-fulfilling prophecy („es kommt, wie es kommen muss") verstärken dies (vgl. Idel 2012: 240). Die eingeschränkte Definition der Situation (keine Hilfe – durch andere, Helferinnen – möglich) bewirkt Rückzug mit der Folge, dass die eingeschränkte Definition der Situation tatsächlich zutrifft (z.B. keine Unterstützung durch mögliche Helfer) und sich das Gefühl der Hilflosigkeit wiederholt (und verstärkt). Bestimmte Life-Events, biografische Ereignisse, die mit Stress und einer entsprechenden Anpassungsleistung verbunden sind, sind oft die Basis eines solchen Defizit-Syndroms und können den Blick auf vorhandene Bewältigungsmöglichkeiten versperren. Das heißt im Umkehrschluss: Erlernte Hilflosigkeit kann mit Franz Stimmer folglich „auch positiv gewendet werden, indem die Situation differenziert betrachtet wird"; es können die Defizite ausgeblendet und die Kompetenzen betont werden, und es kann die Situation eine positive Tönung bekommen, so „als ob es schon so wäre" (Stimmer 2006: 52; dies illustrieren auch Beispiele in Handlungsfeldern der Sozialen Arbeit [vgl. ISS 2010], z.B. der Jugendberufshilfe [vgl. Knabe 2010], der Sozialpädagogischen Familienhilfe [vgl. Frindt 2009b] oder in Kindertagesstätten [s. Rönnau-Böse/Fröhlich-Gildhoff 2009]).

Resilienz: Als „Königsweg" gilt daher, so früh wie möglich anzusetzen, um langfristig zu verhindern, dass Kinder und Jugendliche unangemessene Bewältigungsstrategie entwickeln (vgl. Knabe/Schönig 2010: 320): Eine von Emmy Werner durchgeführte Langzeit- und Längsschnittstudie mit 698 Kindern auf der Hawaiinsel Kauai (vgl. Werner 1971) zeigte, dass Kinder, die biologischen/medizinischen und sozialen Risikofaktoren (z.B. Armut, schwierige Familienverhältnisse) ausgesetzt waren, sich im Durchschnitt negativer als Kinder, die solchen Risikofaktoren nicht ausgesetzt waren (z.B. psychisch/körperlich weniger gesund, höhere Delinquenz) entwickelten, sie zeigt aber andererseits auch, dass rund ein Drittel Kinder sich trotz zahlreicher Risikofaktoren dennoch positiv entwickelte und Widerstands- bzw. Schutzfaktoren gegen diese Risikofaktoren (sog. *Resilienz*) ausbildete (vgl. zu zahlreichen weiteren und jüngeren Befunden z.B. die Beiträge in Fröhlich-Gildhoff/Ronnau-Bäse 2009).

Resilienz bezeichnet die Fähigkeit von Menschen, Krisen durch Nutzung persönlicher oder sozial vermittelten Ressourcen zu bewältigen. Sie wird „als bereichsspezifische Kompetenz zur effektiven Mobilisierung von Bewältigungskapazitäten in besonders belastenden Lebenssituationen" definiert (Sturzbecher/Dietrich 2007: 3) und ist damit eine Persönlichkeitseigenschaft des jeweiligen Menschen. Solche *Schutzfaktoren* (protektive Faktoren) sind z.B. ein realitätsnahes Selbstkonzept, die Überzeugung, selbstwirksam zu sein, die Fähigkeit zu entspannen, Optimismus oder körperliche Gesundheit; als unangemessene Bewältigungsstrategien (sog. *Vulnerabilität*) gelten dagegen z.B. mangelndes Sozialverhalten, „Egal-Einstellung" oder die Gesundheit beeinträchtigender/schädigender Lebensstil.

Relevant für die Ausbildung protektiver Faktoren sind danach verlässliche (verfügbare) Bezugspersonen, zu denen (biografisch möglichst früh) sichere, belastbare Beziehungen aufgebaut werden konnten (zur Bedeutung früher Bindungspersonen für die kindliche Entwicklung vgl. z.B. Huber 2011). Andere Konzepte betonen Stärken, Ressourcen und Aspirationen, z.B. das Konzept der Positiven Peerkultur (vgl. Opp/Unger 2006, Opp/Teichmann 2008).

Hintergrund: Positive Peerkultur

„ist ein Stärkenansatz und basiert auf der Überzeugung, dass Kinder und Jugendliche trotz bedrückender biografischer Erfahrungen und dem Aufwachsen in ‚Multiproblemlagen' Verantwortung für sich und andere übernehmen können. Der Kerngedanke dieses Konzeptes ist die Nutzung der positiven Wirkung sozialer Gemeinschaften für erzieherische Zwecke. Dies ist kein grundlegend neues Prinzip. Ähnliche Ansätze fanden sich schon in der Reformpädagogik, vor allem in den sogenannten Kinderrepubliken, zum Beispiel in den Kinderkolonien von Makarenko oder in der Waisenhauspädagogik bei Korczak. In den 80er Jahren entwickelten Vorrath/Brendtro unter Anlehnung an die Arbeiten Fritz Redls ein Arbeitskonzept für die Heimerziehung von delinquenten Jugendlichen in den USA, das sie positive peer culture nannten. Im Sinne einer pädagogisch-therapeutischen Intervention sollten jugendliche Straftäter in regelmäßigen Gruppentreffen lernen, sich gegenseitig zu helfen mit ihren Problemen umzugehen. Vorrath und Brendtro setzten hierbei die Bedeutung gegenseitiger Sorge und Verantwortung dem Trend einer distanzierten und auf Anpassung und Druck ausgerichteten Jugendkultur der ‚Coolness' entgegen" (Opp/Brosch 2013).

Salutogenese: Eine von Aaron Antonovsky durchgeführte Studie zum Gesundheitsstatus von KZ-Insassinnen (1970) kam zu der Feststellung, dass die so drangsalierten und misshandelten Frauen trotz all der täglich zu vergegenwärtigenden Risiken (misshandelt oder getötet zu werden) gesund blieben. Er interessierte sich nicht für die Pathogenes (die Ursachen von Krankheit), sondern nahm nur das Gegenteil, sozusagen die Entstehung und Erhaltung von Gesundheit, in den Blick (Salutogenese). Dabei kehrte er die Frage, was Menschen krank mache, nicht einfach um, sondern er fragte nach den schützenden Faktoren (Ressourcen) und stellte neben genetischen und gesellschaftlich-strukturellen Faktoren v.a. den Kohärenzsinn (die Einstellung eines Menschens, die Ereignisse des Lebens erklärbar und gestaltbar wahrnehmen zu können) als zentrale Widerstandsressource heraus (vgl. Antonovsky 1979, 1997; vgl. auch Stimmer 2006: 53). Kohärenz (bzw. das Kohärenzgefühl: sense of coherence) beschreibt eine subjektive Gewissheit, dass (auch kritische) Lebensereignisse in ihrem Sinn zum größten Teil verstanden werden können (sense of omprehensibility/Verstehbarkeit), die vielfältigen Lebensanforderungen zu bewältigen sind (sense of menageability/Handhabbarkeit) und dass es das Leben wert ist, sich zu engagieren (sense of meaningfulness/Sinnhaftigkeit; vgl. Bamberger 2001: 26f., Hölzle 2011: 71ff.).

Coping: Gegenstand des sogenannten *Coping*-Ansatzes sind individuelle Bewältigungsstrategien gegenüber belastenden Umweltbedingungen und Erlebnissen/Erfahrungen. Solche Bewältigungsstrategien (z.B. Vermeiden, Rückzug, Zuwendung) dienen dem Ziel, interne bzw. externe Belastungen zu tolerieren, zu verringern oder zu meistern. Hierbei spielen v.a. Ressourcen (sozial: z.B. Zugehörigkeit zu Gruppen, soziale Bindungen, Integriertheit in soziale Netze; psychisch: z.B. stabiles Selbstwerterleben, Beherrschtheit) eine wichtige Rolle, die mit dem Bewältigungsverhalten (z.B. Umdeutung des Problems) verbunden werden; auch Abwehrmechanismen (z.B. Verdrängung oder Stresshärte [vgl. Kobasa 1979]) haben eine unterstützende und stabilisierende Bedeutung (vgl. Lazarus/Folkman 1974). Zum Thema werden „die Auseinandersetzungen und die individuellen Bewältigungsstrategien gegenüber belastenden Umweltkonstellationen und Erlebnissen“ (Stimmer 2006: 53).

Es lässt sich also sagen, dass es im Sinne einer *positiven Perspektive* darum geht, als Soziale eine optimistische Sicht (vgl. Auhagen 2004b) auf die Anlässe ihrer Adressaten zu entwickeln, z.B.

- dazu beizutragen, dass Menschen sich aufgehoben fühlen können in *Beziehungen* zu anderen, die entwickelt, gepflegt und vertieft werden können und zu Grundlagen sozialen Austauschs werden (vgl. Mogel 2004: 52–66),
- *Vertrauen* zu haben zu sich selbst, d.h. als Sozialer in die eigene Kompetenz und zugleich in die Fähigkeit der Adressatinnen, mit den eigenen Anliegen und Notlagen weitgehend selbst klarzukommen (vgl. Schweer/Thies 2004), und

- *Sinn* finden, d.h., Ideen von der Entwicklung und Zukunft seiner selbst zu haben und deren Verwirklichung als möglich und anstrebbar zu sehen (vgl. Tausch 2004), z.B. durch zentrale Lebensthemen als Schlüssel zu einem positiv gestimmten Leben (vgl. Auhagen 2004c).

Dieser Zugang soll auf vier Ebenen erfolgen, und zwar als Empowerment

- *mit Einzelnen* mit dem Ziel, Hilfe dabei zu geben, dass Menschen ihr Leben wieder in die eigenen Hände nehmen können, z.B. durch das Verfahren der Sozialen Beratung (LE 6.3),
- *mit Gruppen* mit dem Ziel, Gemeinschaftsarbeit in lebensweltlichen Netzwerken, Selbsthilfe und sozialen Bewegungen zu fördern, z.B. durch das Verfahren der Zukunftswerkstatt (LE 9.3.3),
- auf der *Ebene der lokalen Gemeinschaft* mit dem Ziel, die Selbstorganisation und Partizipation von Bürgern zu unterstützen, z.B. im Verfahren des Community Organizing (LE 13.3), und
- auf der *institutionellen Ebene* mit dem Ziel, Menschen (z.B. Wohnungslose, Suchtkranke, Heimbewohnerinnen) als Expertinnen in eigener Sache und mit eigenen Rechten an den sie betreffenden Entscheidungen und Programmen zu beteiligen (ein Verfahren ist z.B. die ombudschaftliche Interessenvertretung in der Kinder- und Jugendhilfe; vgl. z.B. AGJ 2013, Struck/Hemker 2013, Wolff/Hartig 2013, Urban-Stahl 2014, Jann/Urban-Stahl 2014, Wolf 2014).

Empowerment verändert folglich die Rolle Sozialer. Sie werden z.B. zu „*Netzwerkern und Ressourcenmobilisierern*“, wenn sie neue Kontakte stiften, oder zu „*Normalisierungsarbeitern*“, mit der Aufgabe „beständig für das Recht ... auf unkonventionelle Lebensentwürfe einzutreten und die Toleranzzonen für deren Eigen-Sinn zu erweitern“ (Herriger 2000: 179ff.; vgl. Stimmer 2006: 57f.). Dies verlangt Verstehen und Akzeptieren als den „empathischen Grundvoraussetzungen des Empowerment. (...) Nur wenn man teilnehmen kann und sich dieser Teilnahme am anderen gewahr wird, kann das Vertrauen entstehen, das die KlientInnen ermutigt, es noch einmal mit sich in der Anerkennung durch den Helfer zu versuchen“ (Böhnisch 2008: 316).

1.6 Differenzierende Perspektive: Soziale Arbeit und Therapie

Die Empowerment-Perspektive könnte dazu verleiten, Soziale Arbeit als tätige Therapie zu begreifen, vor dem Hintergrund einer soliden Analyse von Phänomenen der Macht- und Hilflosigkeit, frühen Bindungsstörungen u. Ä. z. B. Verhaltenstherapie zu betreiben. Tatsächlich formulieren insbesondere Außenstehende (und Fachfremde), Soziale Arbeit müsse viel mit Therapie zu tun haben und für störend gehaltene oder als störend empfundene Verhaltensweisen therapieren.

Definition

Therapie bezeichnet „alle Maßnahmen zur Behandlung von Krankheiten und Verletzungen mit dem Ziel der Wiederherstellung der psychosozialen Gesundheit. (…) Aus Sicht der Sozialen Arbeit stehen soziale Therapieformen mit Einzelnen, Familien und Gruppen zur Förderung psychosozialer Kompetenzen im Fokus, die auf Unterstützungs- und Netzwerkinterventionen beruhen" (Gahleitner/Pauls 2011: 905).

Tatsächlich hat die Entwicklung der Sozialen Arbeit in Deutschland bis zur Jahrtausendwende selbst dazu beigetragen, die Grenzen zwischen (psychiatrischer bzw. psychologischer) Therapie und Sozialer Arbeit unklar werden zu lassen: Die Kritik an vereinzelnder Einzelfallhilfe (vgl. z. B. Neuffer 1990: 202 ff.) und (system-)unkritischer Sozialer Gruppenarbeit (vgl. z. B. Müller, W. 2009: 236–270) in den späten 1960er und frühen 1970er Jahren (sog. „Methodenkritik") hinterließ eine Art Vakuum, das nicht durch eigenständige, in der Sozialen Arbeit selbst entwickelte neue methodische Zugänge gefüllt werden konnte; stattdessen konnten sich v. a. therapieorientierte Ansätze als Entlehnungen und Entleihung insbesondere der Psychologie durchsetzen, die zudem statusstiftend wirkten, weil sie auf ihre Weise die Stellung in der Sozialen Arbeit tätiger Fachkräfte als „neuen" Expert/inn/en begründeten, die sich im Umgang mit den therapieorientierten Verfahren und Werkzeugen als versiert erwiesen; die Rede war durchaus von einer „Psychotherapisierung" der Sozialen Arbeit (vgl. z. B. Hege 1981, Galuske 2001: 129 ff.). In der Regel unausgesprochen und undiskutiert etablierte sich damit eine verfahrensgläubige Soziale Arbeit, die durchaus Übereinstimmung mit dem zuvor noch als „Technologie" kritisierten Verfahren der Einzelfallhilfe aufwies.

Soziale Arbeit geht die Anliegen und Notlagen eines Menschen ganzheitlich an und stellt unter Einbezug des jeweiligen sozialen Umfeldes anlassangemessene Unterstützung und Förderung zur Verfügung, z.T. (als psychosoziale Beratung) auch in stationären Einrichtungen im Gesundheitswesen (z.B. psychosomatische und psychiatrische Einrichtungen und Praxen, rehabilitative Einrichtungen). Sie arbeitet in multiprofessionellen Teams, auch mit Ärztinnen, Psychologen, Therapeutinnen, Sozialen und Pflegefachkräften zusammen, die therapeutischen Zielen, Ansätzen und Haltungen verpflichtet sein mögen, was aber an der relevanten Unterscheidung nichts ändert, dass Therapie psychisches Leiden zum Gegenstand hat und ihre *Zielgruppe* die Klientin bzw. der Patient ist, d.h. Menschen mit (psychischen) Problemen („Störungen"), während Soziale Arbeit dagegen die Lebensführung und -bewältigung von Adressatinnen zum Gegenstand hat; ihre *Zielgruppe* ist potenziell jeder Mensch mit Anliegen und Notlagen des Alltags und/oder (sozialen) Rechts- und/oder Versorgungsansprüchen. Darüber hinaus ergeben sich eine Reihe weiterer Differenzierungen, die (in Erweiterung von Galuske 2013: 142; vgl. auch Widulle 2012: 37) mit folgenden Stichworten angedeutet werden können:

	Soziale Arbeit (methodisches Handeln)	**Therapie (Krankheit)**
Gegenstand	Alltag, Alltagsbewältigung	psychisches Leiden
potenzielle Zielgruppe	das Subjekt: potenziell jeder Mensch mit Schwierigkeiten in der Lebensführung oder -bewältigung und/oder (sozialen) Versorgungsansprüchen	der/die Klient/in, der/die Patient/in: Menschen mit psychischen Problemen („Störungen")
generelle Form	lebensweltbezogene Unterstützung zur gelingende(re)n Lebensbewältigung	Hilfe zu einer gelingenderen Lebensbewältigung durch Klientorientierung bzw. -zentrierung
Rahmen	generalistisch: bezogen auf die Vielfalt und Komplexität von Alltagsproblemen	spezialistisch: Reduktion auf Schlüsselprobleme
primäre Orientierung	sachfunktional und personenintentional	personenintentional
Setting	unspezifisch, offen	spezielle Settings erforderlich
Diagnose	anamnestische Verfahren, Kompetenzfeststellung, Ansätze von Biografiearbeit	v.a. medizinisch-psychologische (Test-)Verfahren, Biografiearbeit
Alltagsorientierung	alltagsnah: Einlassen auf den Alltag	alltagsdistanziert: Verfremdung von Alltag im Kontext des konstruierten Settings
Medium des Handelns	z.B. soziale Beratung, lösungsorientierte Beratung, soziales Coaching ([zusatz-]qualifikationsgestützte Beratung, z.B. Schuldnerberatung)	therapeutische Verfahren

	Soziale Arbeit (methodisches Handeln)	Therapie (Krankheit)
Varianz des Handelns	variante, situationsangemessen-flexible Passung der Interaktion und Problembearbeitung	Engführung durch jeweilige Spezifik des therapeutischen Konzeptes bzw. Ansatzes
Netzwerk	netzwerkbezogen (systematisch netzwerkend)	i. d. R. ohne Bezug zu Netzwerken
Gemeinwesen	gemeinwesenorientiert	ohne Bezug zum Gemeinwesen
Ressourcen-ansatz	Ressourcen der Lebenswelt, des Nahraumes berücksichtigend	ressourcenunspezifisch
Zugang	niedrigschwellig, offen	selektiv
faktische Zielgruppe	tendenziell eher sozial deklassiert	eher mittelschichtsorientiert
Methodik, Verfahren	methodisch-gestütztes Handeln: z. B. (soziale) Beratung gekoppelt mit Verfahren der Einzelfall-, Gruppen- bzw. Gemeinwesenarbeit	i. d. R. gesprächsgestützte und/oder verhaltensorientierte Ansätze
primäre Profession	Soziale	Psychologinnen, Ärzte

Während es der Therapie um Anleitung geht, steht im Zentrum der Sozialen Arbeit die Lern- und Klärungshilfe. Daraus folgt nicht, dass Techniken der Therapie nicht auch für Zwecke der Sozialen Arbeit (z. B. im Umgang mit schweren Traumatisierungen in Kindheit und Jugend) adaptiert, umgeformt oder weiterentwickelt werden könnten (vgl. z. B. Bausum u. a. 2013)[5].

1.7 Handlungsorientierende Perspektive: Entwicklung des Arbeitsbündnisses

Mit dem Selbstverständnis Sozialer Arbeit, der Subjekt- und Ressourcenorientierung, dem Anspruch auf Emanzipation und Empowerment als zentraler Haltung sind die Grundlagen beschrieben, auf die sich das berufliche (professionelle) Verhältnis Sozialer zu Individuen, die sich mit ihren Anlässen an Soziale Arbeit wenden, entwickelt werden kann. Damit wird ein personales (individuelles) Verhältnis zwischen Individuum und Sozialer begründet, das allgemein als *Beziehung* (und die Arbeit an der Beziehung als

5 Robert Northoff (2013) z. B. stellt als Beispiele für Nähe zu therapeutischen Zugängen die Familientherapie (S. 230 ff.), die Ergotherapie (S. 242 f.), künstlerische Gestaltungsformen, Musiktherapie, die sog. tiergestützte Therapie (S. 244), die Neurolinguistische Programmierung/NLP (S. 213 ff.), die Soziotherapie (S. 243 f.) oder die Transaktionsanalyse (S. 222 ff.) vor.

Beziehungsarbeit) beschrieben wird. Hiltrud von Spiegel (2013: 247) nennt Beziehungen das „Medium" der Arbeit und bezeichnet dies als einen reflektierten und strategischen Einsatz der *eigenen Person als Werkzeug* (vgl. Hege 1974: 139ff.), der sich darin äußert, dass Soziale ihr gesamtes Wissen, Können und ihre beruflichen Haltungen „fall- und kontextbezogen", d.h. *anlassangemessen*, einsetzen (von Spiegel 2013: 252f.; vgl. auch Thiersch 2002c: 197):

- *Wissen* bedeutet die reflektierte Kenntnis wissenschaftlich begründeten Fachwissens der Sozialen Arbeit, d.h. in Bezug auf die eigenen Grundlagen (Theorien der Sozialen Arbeit), die Handlungsfelder (z.B. Kinder- und Jugendhilfe, Altenhilfe, Behindertenhilfe), die Integration bezugswissenschaftlicher Grundlagen[6] und ihre Methoden bzw. Verfahren.
- *Können* meint den anlassgerechten Einsatz von Wissen und Kenntnissen im Prozess der Gestaltung einer Beziehung und bei der Unterstützung, den Alltag zu bewältigen, z.B. zuhören können, fokussiert (konzentriert) und aufmerksam (achtsam) sein, differenziert wahrnehmen und urteilen können, belastbar und flexibel sein (nicht das Ich und meine Vorstellung von der Welt allein sind relevant), neugierig und respektvoll sein.
- Von *Haltung* ist die Rede, wenn von der inneren Einstellung einer Person gesprochen wird, die nicht ohne Weiteres beobachtbar ist, sich aber im Handeln zeigt, das durch Werte und Normen begründet wird (vgl. von Spiegel 2013: 250). Eine grundlegende Haltung der Anerkennung (als Solidarität mit Menschen und deren Ressourcen), der Achtsamkeit (für die besonderen Bedingungen der Lebenswelt und des Alltags) und die durch eine von Empowerment bestimmte Bereitschaft, Menschen *auf Augenhöhe* wertschätzend wahrzunehmen, gelten hierfür als kennzeichnend, ebenso eine Grundeinstellung, gemäß § 1 Abs. 1 SGB I „zur Verwirklichung sozialer Gerechtigkeit und sozialer Sicherheit" beitragen zu wollen (vgl. Kreft 2013: 426).

6 Solche Grundlagen vermitteln z.B. aus der Perspektive der Soziologie: Böhnisch/Funk 2013 oder Löw 2014, der Politikwissenschaft/Sozialpolitik: Bellermann 2011, der Pädagogik: Raithel/Dollinger/Hörmann 2005, der Psychologie: Schermer 2011, und der Rechtswissenschaft: Wabnitz 2014; Soziale Arbeit ist „von allem etwas": keine „reine" Psychologie, Soziologie oder Pädagogik, womit ihr die „Strenge" der Erkenntnisgewinnung fehlen mag, wie sie die Bezugswissenschaften (jedenfalls theoretisch) kennzeichnet.

Handlungskompetenz beweisen in diesem Zusammenhang Soziale, wenn sie einerseits – im Sinne einer *Befugnis* – berechtigt sind, etwas (z.B. im Rahmen gesetzlicher Bestimmungen) tun zu dürfen (vgl. Urban-Stahl 2012: 143f.), und andererseits – im Sinne einer *Qualifikation* – die Fähigkeit (sowie Bereitschaft/Motivation), Aufgaben zu bewältigen meint (vgl. Gromann 2010: 12). Handlungskompetenz stellt somit die Fähigkeit Sozialer dar, entsprechend „jeweils zeitgemäßen fachlich-methodischen Standards" (Kreft 2013: 423) tätig sein zu dürfen; Soziale sollten z.B. in der Lage sein, Adressaten bei der Entwicklung und (Aus-)Gestaltung neuer Perspektiven eines gelingenderen Alltags zu unterstützen und sie an jedem Unterstützungsprozess aktiv zu beteiligen, d.h. ihre Teilhabe ermöglichen.

In diese besondere berufliche Beziehung bringen auch die Unterstützten Unterschiedliches ein: Da sind zunächst (jedenfalls im Fall der freiwilligen Inanspruchnahme von Hilfe durch Soziale) einmal in der Regel die *Annahmen,* dass Soziale überhaupt befugt (ermächtigt, berechtigt) sind, etwas in ihrem Fall zu tun, und dafür angemessene Kenntnisse besitzen (also wissen, was zu tun ist). Dies wird mit einer (wie auch immer geäußerten) Form der Akzeptanz verbunden sein, sich auf diese Hilfe (und dem, was immer mit ihr verbunden sein mag) überhaupt einlassen zu wollen; dies mag verkoppelt sein mit entweder

- einer *Erwartungsinflation,* d.h. einer überbordenden Vielfalt konkurrierender, widersprüchlicher, konkreter oder nicht-konkreter Vorstellungen, Wünsche, Hoffnungen der Beratenen an die Adresse der Sozialen, oder
- einer *Beziehungszurückhaltung* der Adressaten, denn Hilfe kann auch „Gefühle der Abhängigkeit, des Trotzes und der Wut" (Heiner 2010c: 32) hervorrufen, weil Menschen bereits Gewalt, Vernachlässigung und Missachtung erfahren haben und ihre negativen Erfahrungen auch auf Menschen übertragen, die ihnen (durchaus mit guten Absichten) helfen wollen. Nicht ausgeschlossen ist auch, dass in die Beziehung die Sorge einfließt, dass alles, trotz eines positiven Beginns, wieder in die bekannte negative Entwicklung umschlägt, weshalb „sie lieber selbst für einen Bruch sorgen, als diesen zu erdulden. Entsprechend schwierig ist es für sie, überhaupt neue, positive Beziehungserfahrungen zu machen" (ebd.: 35).
- Unter Umständen bringen Adressaten auch ihren *subjektiven Hilfeplan* in die Beziehung ein, d.h. eine meist recht deutliche Vorstellung davon, wer wie und wie lange ihnen helfen soll (vgl. Schwabe 2010b: 63).

Auch Soziale sind nicht frei von (durchaus vergleichbaren) Gefühlen, die sie in die professionelle Beziehung zu Beratenen einbringen: Angefangen von Gefühlen des ersten Augenblicks (wie sie die noch fremde Person wahrnehmen, welche Erinnerungen ihre äußere Erscheinung auslöst und zu welchen positiven wie negativen Zuordnungen dies führt, die den Beziehungsaufbau fördern oder belasten) bis hin zu Aspekten der Helferpersönlichkeit selbst (die in die Beziehung in aller Regel unbewusste Erwartungen hineinlegt, z. B. des Dankes und der Anerkennung durch die Adressatin [LE 14.1]) sind eine Reihe von Aspekten möglich, die die Beziehung beeinflussen, wenn Soziale sie nicht (im Sinne ihres Wissens um diese Gefühle und ihres Könnens, mit diesen Gefühlen professionell umzugehen) reflektieren und klären.

Womöglich ist der Begriff der „Begleitung“ am besten geeignet, das Beziehungsverhältnis zu bündeln; damit meint Mathias Schwabe (2010a: 19 f.), dass auf der einen Seite „alle Menschen (im Rahmen des gesetzlich Erlaubten) das Recht haben, ihren eigenen Weg im Umgang mit anderen Personen und der Gesellschaft zu finden“; es gehe darum, als Soziale „sie bei ihren Suchbewegungen unterstützen oder ihnen assistieren, ihnen also auch bei der Verrichtung alltäglicher Lebensvollzüge so zur Hand zu gehen, wie diese Menschen es wünschen“. Auf der anderen Seite gehe es immer auch um die Konfrontation der Beratenen „mit den Anforderungen und Normen der Gesellschaft bzw. um die Vermittlung von individuellem Eigensinn und gesellschaftlichen Ansprüchen.“

Beziehung ist damit also Begleitung mit doppeltem Mandat, und gerade deshalb immer eine prekäre Bestimmung des Beziehungsverhältnisses zwischen Adressatin und Sozialem als Arbeitsbeziehung in einem professionellen Kontext. Beziehung ist – kommunikativ (LE 3.1) – auszuhandeln. Der Aushandlungsbedarf zwingt *beide* Seiten, Grenzen der gegenseitigen Erwartungen zu markieren. Für Soziale heißt dies, dicht an der Adressatin zu sein *(Nähe)* und zugleich auch zur (erforderlichenfalls robusten) Abgrenzung *(Distanz)* fähig zu sein, wenn z. B. die Gefahr der Instrumentalisierung (für Interessen und Zwecke des Beratenen) oder die Gefahr der Manipulation (für Zwecke der Sozialen Arbeit oder der Sozialen selbst, z. B. ein bestimmtes Verhalten des Individuums hervorzurufen) vorliegt (was bei letzterem zweifellos ein hohes Maß an selbstreflexiver Kompetenz [vgl. auch LE 14.3] voraussetzt). Für die Adressatin heißt das, durch den Sozialen eingeladen zu werden, ihrerseits zu formulieren, wo Nähe und Distanz erwartet werden.

Beides erst begründet ein Arbeitsverhältnis, das sich allmählich – nach einem Erstgespräch (LE 3.3.2.1) und im Zuge der weiteren (gemeinsam vereinbarten) Schritte der Bearbeitung des Anlasses (z. B. im Rahmen von Sozialer Beratung (LE 6.4) oder Einzelfallarbeit (LE 7.3) – zu einem *Arbeitsbündnis* entwickeln kann.

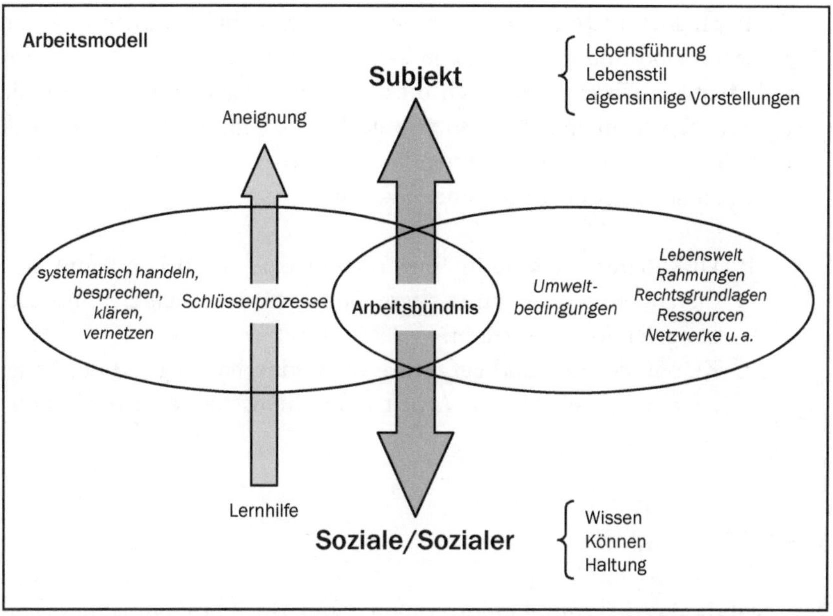

Die hierauf gründende Bearbeitung stellt (da sie z.B. auf einen Menschen in seiner Einzigartigkeit und dessen individuelle Ressourcen bezogen ist) ein unwiederherstellbares *Unikat* dar, einen nicht schematisierbaren Prozess, der immer wieder *(von Fall zu Fall)* neu beginnt und anders ist, da keine der je gegebenen (Ausgangs-)Bedingungen und der Verlauf von Bearbeitung wiederholbar sind.

1.8 Schlussfolgerungen

Ziehen Sie bitte eine erste Bilanz! Welche Schlussfolgerungen ergeben sich für Sie? (Hinweise zur Einordnung ihrer Bilanzierung finden Sie auf meiner Website.)

1.8.1 Anregungen zur Weiterarbeit

Lothar Böhnisch (2008: 246f.) berichtet:

> „Eine Sozialhilfeempfängerin – Alleinerziehende und nicht zu den gängigen ‚Armutskunden' gehörig – gibt jeden Monat ihre Stütze schon in den ersten elf Tagen aus, um sich dann für den Rest des Monats mit allen möglichen Tricks und Schuldenmachen über Wasser zu halten, bis

das dann auch nicht mehr geht, weil die neuen Schulden nicht mehr zu managen sind und die alltägliche Lebensführung zusammenbricht. SozialarbeiterInnen entrüsten sich oft über solche Fälle, meinen, dass die KlientInnen nicht mit ihrer Sozialhilfe haushalten, denn mit Geschick und Verzicht – man würde ihnen ja dabei helfen – müssten solche KlientInnen doch gut über die Runden kommen."

1. Diskutieren Sie bitte in einer Kleingruppe von drei bis fünf Studierenden, wie Sie zu der von Böhnisch dargestellten Einschätzung der Sozialen stehen!
2. Klären Sie, ob – und ggf. was – diese Einschätzung mit der Frage zu tun hat, ob Soziale Arbeit eine „Menschenrechtsprofession" ist!

1.8.2 Materialien

Als „Standardwerk" zum Empowerment kann die Veröffentlichung von Norbert Herriger (Empowerment in der Sozialen Arbeit. Eine Einführung, 4. Aufl. Stuttgart 2010) bezeichnet werden.

Zwei Beispiele außerhalb der Sozialen Arbeit dokumentieren die Macht von Empowerment, wenn Menschen intensiv begleitet, ermuntert und ermächtigt werden, ein (ihr) Projekt zu verfolgen:

- Sir Simon Rattle (seit 2002 Chefdirigent der Berliner Philharmoniker) und v.a. der Choreograf Royston Maldoom haben in einem „Education Project" mit 250 Berliner Jugendlichen (darunter auch solchen, die – wie es in den Medien heißt – aus „sozial schwachen Problembezirken" stammen) Igor Strawinskys Ballett „Le Sacre du Printemps" auf die Bühne gebracht. Jugendliche, die zum ganz überwiegenden Teil noch nie mit klassischer Musik und Ballett zu tun hatten, sind in der Lage, sich in einer öffentlichen Aufführung vor einem begeisterten Publikum in Begleitung der Berliner Philharmoniker zu bewegen und zu tanzen. Der dazu produzierte und 2004 veröffentlichte Film dokumentiert das einzigartige Projekt; Videolink (offizieller Trailer): http://www.rhythmisit.com/de/php/index_flash.php?HM=1&SM=2.
- „Schwerer als Luft" heißt die choreografische Oper, die zwölf Loader (Gepäckabfertiger) des Münchner Flughafens in einer über einjährigen Zusammenarbeit mit dem Regisseur Björn Potulski und der Komponistin Nílida Béjar einstudiert und 2012 uraufge-

führt haben. Die Loader, von denen zuvor niemand persönlichen Kontakt mit einer Oper hatte, setzten unter der Begleitung von Potulski und Béjar Mythen und Möglichkeiten der fliegerischen Fortbewegung in Szene und sangen sämtliche Texte in ihrer Originalsprache (z. B. lateinisch, französisch, englisch). Videolink: http://www.munich-airport.de/de/micro/newsroom/mediathek/filme/filmschwallur480_lang/index.jsp.

Im Webportal Empowerment.de finden sich weitere Hinweise und Arbeitsmaterialien zum Thema Empowerment, z. B. Beiträge Norbert Herrigers zum „Stichwort Empowerment", „Soziale Bewegungen und politisches Empowerment" oder „Empowerment in ausgewählten Handlungsfeldern der Sozialen Arbeit. Forschungsmethodik und Interviewleitfaden".

Teil II
Handlungsprinzipien – Schlüsselprozesse

Gegenstand des 2. Abschnitts dieses Buches sind die für alle Handlungsformen und Verfahren *gleichermaßen* bedeutsamen Schlüsselprozesse des systematischen (d.h. methodischen) Handelns, der Gesprächsführung, des Fallverstehens und der Vernetzung.

Kapitel 2
Systematisch handeln: Methodenbegriff und methodisches Handeln

Fallbeispiel

Nehmen wir einmal an, Sie sind Hobby-Rennradfahrer. Regelmäßig nehmen Sie an so genannten „Jedermann-Rennen" teil. Dazu bereiten Sie sich intensiv vor, trainieren regelmäßig, erhöhen Schritt um Schritt die Trainingsintensität, trainieren gemeinsam mit anderen Radsportlerinnen; sie bringen ihr Material (die Rennmaschine, ihre Bekleidung, den Helm etc.) auf den neuesten Stand, lassen Ihr Sportgerät technisch überprüfen (oder sind in der Lage, dies qualifiziert selbst zu tun). Gegebenenfalls stellen Sie Ihre Ernährung auf die kommenden Rennen ein. Am Tag vor dem Rennen halten Sie einen speziellen Ernährungsplan ein. Vor dem Rennen befassen Sie sich mit dem Streckenprofil; wenn es der Zeitplan zulässt, dann fahren Sie die Strecke einmal ab, registrieren plötzliche Steigungen, schätzen Abfahrten unter dem Gesichtspunkt von Risiken ab, denn am Renntag werden auch ungeübtere Fahrer auf der Strecke sein und womöglich weniger routiniert Gefällstrecken bewältigen.

Den Tag des Rennens beginnen Sie mit leichtem Einrollen. Das Rennen selbst gehen Sie taktisch an, schauen sich als Einzelfahrer nach einer Gruppe um, die zu Ihrem aktuellen Leistungsvermögen passt. Wenn Sie mit Ihrer Trainingsgruppe oder als Vereinsmannschaft starten, dann werden Sie Vereinbarungen getroffen haben, wer und wie „im Wind" fährt, den anderen also Windschatten und damit Erleichterung gibt, ob Sie ein „Kreiselsystem" mit wechselnder Führung wählen und wann die Stärkeren versuchen sollen, sich vorne zu positionieren. Während des Rennens achten Sie auf sich selbst, spüren, wie es Ihnen tatsächlich geht, „lesen" das Rennen, vergleichen Ihre Möglichkeiten angesichts des Verhaltens der übrigen Fahrerinnen. Als Einzelfahrer werden Sie versuchen, sich an eine Gruppe dranzuhängen, möglichst wenig Energie zu verbrauchen, sich Chancen für das Finale zu erhalten. Womöglich werden Sie unterwegs Allianzen mit anderen, fremden Fahrerinnen schließen, die auch „über die Runden“ kommen wollen. Außerdem versorgen Sie sich regelmäßig (nach gefahrenen Kilometern oder nach Zeit) mit Flüssigkeit, Energieriegeln oder -gels. Ihren Schlussspurt ziehen Sie nicht zu früh an.

Auch nach dem Rennen überlassen Sie möglichst wenig dem Zufall: Sie rollen langsam aus, entlasten Ihren Körper, machen Ihre Dehn- und Streckübungen, versorgen sich mit Getränken und anlassangemessenen Nahrungsmitteln. Ihr Training nehmen Sie bald, aber auch behutsam wieder auf; Ihr Körper braucht nach der extremen Belastung des Renntages einige Tage Entspannung und etwas Ruhe, das wissen Sie.

Sie können diese nur knapp geschilderte Situation (in der z.B. von schwierigen Aufstiegen, Ermüdung, rutschigen Abfahrtpassagen, Unkonzentriertheiten, Unfällen oder Pannen noch gar nicht die Rede war) auf vielfältige Situationen übertragen. Jedenfalls haben Sie es, wenn Sie die einzelnen Schritte, die Sie als Radrennsportlerin vergegenwärtigen werden, mit methodischem Handeln zu tun; so oder so ähnlich gehen alle (Amateur-)Radrennsportler vor, wenn sie ein Jedermannrennen bestreiten.

2.1 Einführung: Was sind Methoden? Was ist methodisches Handeln?

Schon etwas anders liegt der Fall beim Wandern in unbekanntem Terrain, wie Marianne Meinhold (1998: 220f.) schildert: „Ein Wanderer, der sich in einem Gelände zurechtzufinden sucht, kann sich an einem Wegweiser orientieren … Nützlich wäre es, wenn er beim ersten Überblicken des Geländes wüßte, wohin er schauen soll und wie das, was er sieht, zu ordnen und festzuschreiben sei. Dabei könnte er sich einer Handlungsanleitung bedienen, die ihn gewissermaßen auf die Fixpunkte im Gelände hin orientiert“. Diese Fixpunkte lassen sich als Rahmen des methodischen Handelns verstehen, mit dem der Wanderer sich im Gelände zurechtfindet. Auch hier wird es einen Plan geben vorzugehen, eine Technik, sich zu orientieren (das Gelände also durchschaubar zu machen), um Umwege oder die (nicht beabsichtigte) Rückkehr zu einem bereits begangenen Weg zu vermeiden (ähnlich wird das sein, wenn ein Gewitter aufzieht; erfahrene Wanderer

„spüren“ es, wenn ein Gewitter aufzieht, ohne dass es dafür sichere Anzeichen zu geben scheint).

In der Sozialen Arbeit verhält sich dies *nicht* grundlegend anders: Wenn hier von systematischem Handeln die Rede ist, dann meint dies die sorgfältige Vorbereitung, Durchführung und Nachbereitung eines Jedermannrennens, einer Wanderung in unbekanntem Terrain ebenso wie die Bearbeitung eines Falls in der Kinder- und Jugendhilfe. Dort freilich wird von *methodischem Handeln* oder *methodisch-abgestütztem Handeln* die Rede sein.

Studierende der Sozialen Arbeit an der Hochschule Magdeburg haben auf die Frage, was sie unter methodischem Handeln verstehen, beispielsweise geantwortet:

> „... ist durchdachtes, planvolles Handeln unter Anwendung von gezielt ausgewählten und flexibel eingesetzten Methoden, die auf der Basis wissenschaftlicher Erkenntnisse entwickelt worden sind. Die gewählten Methoden sollten der Situation, den Individuen, der Institution und den sonstigen Rahmenbedingungen gerecht werden. Indem die Methoden gezielt gewählt, systematisch eingesetzt und Ergebnisse dokumentiert werden, wird professionelles Handeln transparent und damit sowohl nachvollziehbar als auch kontrollierbar. Es stellt sich einer Kritik auf fachlicher Ebene und ermöglicht durch konzeptionelle Verankerung die Weitergabe und Nutzung von Herangehensweisen und den damit verbundenen Erfahrungswerten und Erkenntnissen. Die Reflexion des methodischen Handelns ermöglicht eine bewusste und stetige Weiterentwicklung und Optimierung.“

> „... ist zu verstehen, dass individuelle Falllagen von Personen oder Personengruppen strukturiert, planvoll, auf einen bestimmten Fall (auf eine konkrete Problemlage) spezifisch und zielgerichtet stützend geleitet werden.“

> „Der Begriff ‚Methode‘ beschreibt im ursprünglichen Wortsinn ‚Weg zu einem Ziel hin‘. Bezeichnet wird damit ein zielstrebiges, planmäßiges und systematisches Vorgehen auf bewährtem, erprobtem oder auch neuem Weg. Ziel ist es, Kenntnisse und Erkenntnisse zu gewinnen, darzustellen und sie dadurch zugänglich zu machen. Jeder Methode liegt eine Theorie zugrunde.“

> „Unter methodischem Handeln versteht man ein zielgerichtetes; planmäßiges; person- und sachgerechtes Handeln, welches sich in bestimmten Arbeitsschritten und Prinzipien vollzieht. Es werden verschiedene

Techniken und Verfahren berücksichtigt, welche nach der Ansicht des Experten am besten für das Erreichen des Zieles geeignet sind."

„Eine eindeutige Definition des methodischen Handelns gibt es nicht, es gibt Vorstellungen und Versuche zu einer Definition. Im Wesentlichen stehen Aspekte im Rahmen von sozialpädagogischen Konzepten im Vordergrund. Die Konzepte sollen Rahmungen für ein planvolles, nachvollziehbares und kontrollierbares Gestalten von Hilfsprozessen geben. Dabei ist es wichtig, dass diese immer wieder reflektiert und überprüft werden, ob sie den gesellschaftlichen Rahmenbedingungen, den gesteckten Zielen, den aktuellen Erfordernissen des Einsatzbereiches, den Vorstellungen des Arbeitgebers, der gegebenen Situation und v.a. den beteiligten Personen gerecht werden."

„... schrittweise Abfolge von Hilfen, um dem Hilfesuchenden bei seinem Problem zu unterstützen und ihn dazu befähigt, es zu lösen. Diese Abfolge von Schritten beinhaltet das Planen nachvollziehbarer und damit kontrollierbarer Gestaltung von Hilfeprozessen. Jeder Schritt wird dabei reflektiert, um einen bestmöglichen Plan aufzustellen, um das Problem zu beheben. So könnte eine Abfolge wie folgt aussehen: Kontaktaufnahme, Analyse des Problems, Klärung der Methodik, Zielbestimmung (Aushandlung), wie wird das Ziel realisiert, Bewertung und Abschluss. Die Selbstbefähigung spielt dabei in jedem Schritt eine wichtige Rolle."

Aus den Texten dieser Studierenden wird deutlich, dass methodisches Handeln nicht zufällig, sondern *überlegt* und *absichtsvoll* erfolgt *(Planung)*, Ziele verfolgt und zu deren Erreichung Mittel bestimmt *(Ziel-Mittel-Relation)* und auf Ergebnisse hin überprüft *(Evaluation)* werden. In der Literatur zu den Methoden der Sozialen Arbeit heißt es dazu u.a., dass darunter „mehr oder weniger differenziert planbare, geregelte und zielorientierte sowie konsequent und reflektierend zu verfolgende ‚Wege' des Problemlösens" (Stimmer 2006: 22) verstanden werden; sie haben die „Funktion, Wiederholbarkeit zu konstruieren" (Michel-Schwartze 2007: 10). Methoden stellen also (maximal offen für die Bedingungen und Rahmungen des Lebensraumes und der in ihm handelnden Akteure) Unterstützung als Anregung und Vermittlung bei der Alltags- bzw. Lebensbewältigung (Lernhilfe) der Beratenen zur Verfügung (vgl. dazu weiter z.B. Schmidt-Grunert 2009: 49, von Spiegel 2013b: 609, Galuske 2013: 35; zu den Tendenzen in der Methodenentwicklung vgl. z.B. Krauß 2006: 126ff., Kreft/Müller 2008, Galuske/Müller 2010: 602ff., Barth 2011).

Mit Marianne Hege und Karlheinz Geißler können dabei Konzepte, Methoden und Verfahren unterschieden werden:

- *Konzept* meint „ein Handlungsmodell, in welchem die Ziele, die Inhalte, die Methoden und die Verfahren in einen sinnhaften Zusammenhang gebracht sind. Dieser Sinn stellt sich im Ausweis der Begründung und der Rechtfertigung dar“: Damit stehen theoretische Begründungen (wie z.B. die Lebensweltorientierte Soziale Arbeit) im Mittelpunkt.
- *Methoden* sind „(konstitutive) Teilaspekte von Konzepten. Die Methode ist ein vorausgedachter Plan der Vorgehensweise“: Damit sind die hier im Weiteren geschilderten Ansätze der Handlungsformen (Kap. 6 bis 11) und Handlungshilfen (Kap. 12 bis 14) gemeint.
- *Verfahren* (bzw. Techniken) sind „Einzelelemente von Methoden“ (Geißler/Hege 2001: 23f., 29), z.B. die Themenzentrierte Interaktion (LE 8.3.1) als Einzelelement (Sozialer) Gruppenarbeit.

Was stellt nun vor diesem Hintergrund methodisches Handeln dar? Dazu vier exemplarische Antworten:

Nach Marianne Meinhold umfasst es „alle Tätigkeiten, um die Ereignisse in komplexen sozialen Situationen in einen systematischen Zusammenhang zu bringen“; es „strukturiert den gesamten Prozeß der Wahrnehmung von Arbeitsaufträgen, des Nachdenkens über die Notwendigkeit und Legitimation zum Handeln, des Entwerfens und Erprobens von Handlungsplänen und der Auswertung des Geschehens“ (Meinhold 1998: 221).

Es bedeutet nach Hiltrud von Spiegel, dass Soziale „ihre Handlungen berufsethisch rechtfertigen, *bezüglich ihrer fachlichen Plausibilität unter Zuhilfenahme wissenschaftlicher und erfahrungsbezogenen Wissensbestände* begründen und hinsichtlich ihrer Wirksamkeit bilanzieren“ sollten (von Spiegel 2013: 118). Methodisch zu handeln meint, Aufgaben und Themen Sozialer Arbeit „zielorientiert, kontextbezogen, kriteriengeleitet sowie strukturiert und gleichzeitig offen zu bearbeiten, wobei man sich an Charakteristika des beruflichen Handlungsfeldes sowie an der wissenschaftlichen Arbeitsweise orientieren sollte“ (ebd.: 252).

Für Franz Stimmer (2006: 225) geht es u.a. darum,

> „sozialpädagogisches Handeln überschaubarer und überprüfbarer zu machen, die wichtigsten Eckpunkte einer umfassenden Planung zu benennen und spezifische Basismethoden und -verfahren für die Situationsanalyse, die Situationsinterventionen und die Reflexion des Handelns zu beschreiben“. Methodisches Handeln bezieht sich nach dieser Bestimmung v.a. „erstens auf die antizipatorische Festlegung des Weges … und zwar von einer problematischen Situation ausgehend, die es zu lösen gilt über die Wahl theoretischer Konzepte, die operatives Hinter-

grundwissen vermitteln, bis zur Ermittlung handlungsleitender Konzepte, Handlungsformen, Interaktionsmedien und spezifischer Methoden, Verfahren und Techniken (Planungsphase ...) und zweitens auf die Durchführung mit dem gewählten spezifischen Methodeninstrumentarium ... (Handlungsphase)." Es ist „damit die zirkulär orientierte Planung des Handelns und das konkrete Handeln selbst mit spezifischen Methoden der Situationsanalyse, Intervention und Evaluation" (ebd.: 22).

Auch *Maja Heiner* verweist darauf, dass methodisches Handeln zielgerichtetes Handeln ist; es „folgt bestimmten Prinzipien und vollzieht sich in bestimmten Arbeitsschritten, bei denen Verfahren und Techniken berücksichtigt werden, die nach Ansicht von Experten am besten geeignet sind, das erstrebte Ziel zu erreichen" (Heiner 1995, zit. n. Galuske 2001: 31 f.; vgl. auch Heiner 2010a).

Diese (ältere!) Definition verweist bereits auf ein Problem: Wenn es die „Ansicht von Experten" ist, das erstrebte Ziel zu erreichen, dann zeigt sich hier eine (seinerzeit und auch heute noch – insbesondere auch in der beruflichen Praxis – durchaus verbreitete) Perspektive, methodisches Handeln sei in erster Linie eine Sache der Fachleute (Expertinnen), „die den Weg schon wissen". Was für die Rennradsportlerin (auch nur begrenzt, wenn sie in einer Mannschaft startet) und den Einzelwanderer gelten mag, kann für die Soziale Arbeit so nicht gelten, da das Handeln Sozialer immer auf einen Anlass und ein Subjekt bezogen ist, das den Anlass bestimmt, und insoweit das Handeln immer ein gemeinschaftliches sein muss, folglich auch das methodische Handeln in einen einmaligen Handlungsvorgang *(Unikat)* eingebunden sein wird, der auf die Beteiligung der Beratenen *(Partizipation)* angewiesen ist.

Dies führt zu folgenden begrifflichen *Grundklärungen*, auf die in diesem Buch im Weiteren Bezug genommen wird:

- *Methodisches Handeln* wird hier immer als etwas begriffen, das an eine *Theorie* oder *theorieartige Überlegungen* (als Teil einer Theorie) gestützte Orientierungen (d.h. Konzepte) geknüpft ist, z.B. die Theorie einer lebensweltorientierten Sozialen Arbeit (vgl. dazu insb. Thiersch 1992, Grunwald/Thiersch 2004a/b) oder theorieartige Überlegungen zur Sozialraumorientierung (LE 10.2).
- Aus diesen theoriebegründeten Orientierungen leitet sich der praktische *Handlungsvollzug*, d.h. das methodisch-abgestützte Handeln Sozialer, ab. Als *Handlungsprinzipien* werden die übergeordnete Schlüsselprozesse (Angemessen besprechen [Kap. 3], Klären und deuten [Kap. 4] und Verbinden [Kap. 5]) in Anwendung der handlungsleitenden Grundlagen (z.B. Subjekt- und Ressourcen-

orientierung, Empowerment) verstanden, die die Grundlage für das methodische Handeln (die Handlungsformen [Kap. 6 bis 11] und die Handlungshilfen [Kap. 12 bis 14]) darstellen. Als *Handlungsformen* lässt sich das auf die Adressatinnen orientierte Handeln mit Einzelnen (Kap. 6 und 7), Gruppen (Kap. 8 und 9) oder mit und im Gemeinwesen unterscheiden (Kap. 10 und 11); sie stellen eine erfahrungsgeleitete und wissenschaftlich begründete Klärung des Prozesses systematischen Handelns dar. Gleiches gilt für die *Handlungshilfen,* die aber die Handlungsformen im *Blick auf die Sozialen selbst* ergänzen (z.B. Sozialmanagement [Kap. 12], Formen der professionellen Achtsamkeit [Kap. 14]).

- *Verfahren* sind Teilelemente von Handlungsformen und -hilfen; sie bilden (wie es Magdeburger Studierende gerne formulieren) den „Werkzeugkasten" bzw. „Methodenkoffer" Sozialer, z.B. das Rollenspiel (LE 8.3.2), das Community Organizing (LE 13.3) oder die Biografiearbeit (LE 4.3.1).

Mit dieser begrifflichen Präzisierung zeichnet sich zugleich in den Definitionen auch eine *Phasierung* des methodischen Handelns ab, also eine systematische Abfolge einzelner Handlungsschritte. Methodisches Handeln hat nach Franz Stimmer zwei grundsätzliche Phasen: erstens die *Planungsphase* als die vorweggedachte und vorwegnehmende Festlegung des Weges (u.a. Klärung einer lösungsbedürftigen Situation, Wahl theoretischer Konzepte, spezifischer Methoden und Verfahren), also Planung des Handelns, und zweitens die *Handlungsphase* als praktische Durchführung „mit spezifischen Methoden der Situationsanalyse, Intervention und Evaluation" (Stimmer 2008: 22; vgl. auch von Spiegel 2013: 252).

Auf dieser Grundlage (Planung und Handlung) lassen sich verschiedene Phasierungsmodelle im Grad ihrer inneren Differenziertheit unterscheiden:

Vier Schritte kennzeichnen das Phasierungsmodell, das z.B. E. Jürgen Krauß (Krauß 2006: 123) anbietet: 1. Datenerhebung; 2. (gemeinsames) Ordnen und Beurteilen der Fakten; 3. Aufstellen und Umsetzen eines Handlungsplanes; 4. Evaluation mit Korrektur und Weiterentwicklung oder Abschluss (vgl. a. Krauß 2013).

Schon deutlich differenzierter sind die sieben Ablaufschritte, die Rainer Kilb (ursprünglich in Bezug auf Formen Sozialer Arbeit in und an Schule) entwickelt hat: „geschlechtsbewußte und kulturspezifische Defizit- und potenzial-orientierte Ausgangslage des Gegenstandes: Fallsituation, Problemlage, Situation" – „geschlechtsbewußte und kulturspezifische Analyse der partizipativen, umweltbezogenen und institutionellen Rahmenbedingungen und Potenziale" – „Hypothesenbildung und Hypothesendiskurs" – „Zielorientierte Konzeptentwicklung, Planung, Hilfeplanung, Betreuungs-, Erziehungsplanung“ – „Angebotsrealisierung, lebensweltbezogene und institutionenadäquate Implementierung“ – „Transfer in lebensweltliche Kontexte“ – „Ziel- und maßnahmenorientierte Evaluierung“ (Kilb/Peter 2009b: 33).

Und nochmals differenzierter sind die zehn Schritte, die Franz Stimmer (2006: 32f.) bestimmt: „Kontakt mit dem Problemfeld“/„Komm- bzw. Gehstrukturen“, „Problemanalyse, Situationsdefinition, Bestandsaufnahme, Datensammlung, Anamnese, explizierende (erläuternde, erklärende) Rekonstruktion des Problemfeldes“, „Zielbestimmungen, Zieldefinitionen“, „Arbeitshypothesen“, „Planung unter Einschluss alternativer Möglichkeiten“, „Wahl der Arbeitsformen und Interaktionsmedien“, „Methodenwahl“, „Kontrakt, Vertrag“, „Durchführung, Intervention“ und schließlich „Abschlussbericht, Katamnese, Überprüfung, Erfolgskontrolle, Auswertung, Reflexion, (Selbst-)Evaluation“.

Hier wird ein sozusagen mittlerer Weg der Phasierung vorgeschlagen, was an einem Beispiel aus der Jugendsozialarbeit dargestellt werden soll: Für die Jugendsozialarbeit ist die Arbeit in Jugendwerkstätten durchaus typisch; sie stellen Orte der (Arbeits-)Erprobung dar: Jungen Menschen (Jugendliche, junge Volljährige und junge Erwachsene, in der Regel 15 bis 27 Jahre) soll bei Schwierigkeiten, in Ausbildung und Beruf zu kommen oder zu bleiben, unmittelbare Unterstützung gegeben werden, und zwar unmittelbar auf die Person bezogen (subjektorientierte Einzelfallarbeit), in praktischer Erprobung ihrer Fähig- und Fertigkeiten (z.B. handwerkliches Können), Aneignung (z.B. Erlernen neuer Techniken), Reaktivierung (z.B. „Wiedererinnern“ schulischer Kenntnisse, etwa Rechtschreibung, basale Mathematik) und dem Training arbeitswelttypischer Anforderungen (z.B. Pünktlichkeit, Durchhaltevermögen, Werktreue) sowie kollektiv (in Form von sozialer Gruppenarbeit, z.B. gemeinschaftliche Freizeitaktivitäten oder Erlebnispädagogik).

Hintergrund: Jugendsozialarbeit (§ 13 SGB VIII)

Jungen Menschen, die zum Ausgleich sozialer Benachteiligungen oder zur Überwindung individueller Beeinträchtigungen in erhöhtem Maße auf Unterstützung angewiesen sind, sollen im Rahmen der Jugendhilfe sozialpädagogische Hilfen angeboten werden, die ihre schulische und berufliche Ausbildung, Eingliederung in die Arbeitswelt und ihre soziale Integration fördern.

Soweit die Ausbildung dieser jungen Menschen nicht durch Maßnahmen und Programme anderer Träger und Organisationen sichergestellt wird, können geeignete sozialpädagogisch begleitete Ausbildungs- und Beschäftigungsmaßnahmen angeboten werden,

die den Fähigkeiten und dem Entwicklungsstand dieser jungen Menschen Rechnung tragen.
Jungen Menschen kann während der Teilnahme an schulischen oder beruflichen Bildungsmaßnahmen oder bei der beruflichen Eingliederung Unterkunft in sozialpädagogisch begleiteten Wohnformen angeboten werden. (...)

Als Verfahren kommen z.B. Formen aufsuchender Arbeit (LE 11.1, 11.2) zur Kontaktanbahnung (als Vorbereitung der eigentlichen Handlungssequenz) zum Einsatz. Testverfahren oder Assessments (LE 4.2.1) dienen der Kompetenzfeststellung (Ressourcen des Individuums), durch Reframing wird eine andere Perspektive auf den *Anlass* entwickelt (LE 6.2.3). Angebote sozialer Gruppenarbeit (LE 8.3) bzw. Einzelfallarbeit (LE 7.2) und die lösungsorientierte Beratung (LE 6.2.3) in Form schwellenarmer („niedrigschwelliger") Hilfs- und Unterstützungsangebote erfolgen nah bzw. in der *Lebenswelt* der Menschen. In jeder Phase werden Aspekte einer subjektzentrierten und anlassgerechten Gesprächsführung (LE 3.3) eine Rolle spielen. Wenn eine (Arbeits-)Erprobung (d.h. ein Versuch unter den Bedingungen, die üblicherweise an einem Arbeitsplatz gegeben sind, z.B. 8-Stunden-Tag, Beginn um 6.30 Uhr) z.B. in einer Jugendwerkstatt erfolgen soll, werden dafür (z.T. komplexe) Abstimmungsprozesse mit Schule und Schulverwaltung (z.B. Erfüllung der Schulpflicht an einem anderen Ort als der Schule), Bundesagentur für Arbeit bzw. örtlichem Jobcenter (soweit z.B. Pflichten oder Leistungen aus dem SGB II oder SGB III betroffen sind), Trägern (außer-)betrieblicher Ausbildung und Beschäftigungsangeboten (z.B. bei der Vermittlung in ein berufliches Praktikum, eine Ausbildungsstelle o.Ä.) erforderlich (d.h. Netzwerkarbeit, LE 5.3).

Systematisiert und phasiert wird also nach der Kontaktaufnahme (1.) eine Analyse des Sachverhalts (Exploration und Deutung, LE 4.2) erfolgen, der sich (2.) die Planung des weiteren Weges (methodische Klärung) anschließt. Dies wird (3.) in Form einer Aushandlung mit dem Beratenen erfolgen, d.h. einer Rückbindung im Dialog zwischen Individuum und Sozialem, der sich (4.) die Schritte der Realisierung (konkret: das methodische Handeln in der Jugendwerkstatt in der zuvor angedeuteten Breite) und (5.) Prüfschritte (Evaluation) anschließen, inwieweit vorausgedachter Plan und Entwicklung im Alltag „passen", welche Realisierungsschritte zu welchem Ergebnis geführt haben, ob erneut in den Prozess der Analyse eingetreten werden muss, Anpassungen im Plan oder der praktischen Realisierung erforderlich werden oder die Arbeit in der Jugendwerkstatt beendet werden kann.

Generalisierend heißt dies, dass als methodisches Grundmodell eine Abfolge aus Analyse (Bestandsaufnahme), methodischer (Vor-)Klärung (in Bezug auf mögliche Methoden und Verfahren), dialogische Aushandlung (Vereinbarungen, ggf. nochmalige Anpassung der Verfahren), Realisierung (Vollzug des Vereinbarten), Evaluation (Prüfung des Ertrags) und ggf. Rückspeisung in die Analyse (und Anpassung des Verfahrens) bzw. Abschluss naheliegt. Eingebettet ist dieses Grundmodell in geeignete Verfahren und Techniken der Kontaktaufnahme und (wenn möglich) des Abschlusses.

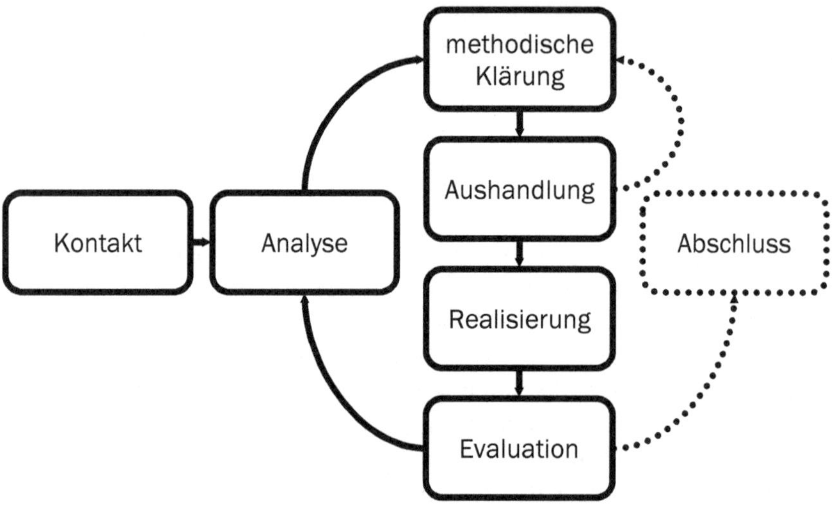

Dies bedeutet keineswegs, dass jedwedes methodische Handeln zwingend diesem Grundmodell folgen muss; vielmehr ergeben sich immer wieder Anlässe, die ein situatives Abweichen erforderlich machen (vgl. a. Kap. 15). Zudem weisen C. Wolfgang Müller und Michael Galuske (2010: 592) darauf hin, dass Soziale Arbeit „es mit einer Vielzahl von Lebenslagen, Arbeitsfeldern und Problemen zu tun (hat). Die Suche nach der ‚Super-Methode', die diesen Facettenreichtum abdeckt, ist weder hilfreich noch sinnvoll. Die Methode der Sozialen Arbeit gibt es nicht und kann es nicht geben." Es bedarf vielmehr „unterschiedlichster Methoden, die unterschiedlichen Personen, Problemen, Situationen, Organisationen und Arbeitsfeldern angemessen sind. Die Frage, welche Methode zu welchem Fall ‚passt', kann nur im Einzelfall geklärt werden".

Insbesondere sieben Merkmale verdeutlichen dabei die Bandbreite, die in diesem Sinne die Formen methodisch abgestützten Handelns *im Einzelfall* und neben den für die Ausgestaltung eines Arbeitsbündnisses typischen Aspekten kennzeichnen werden:

1. einerseits *Methodenpluralismus* in den (methodischen) Handlungsformen und -hilfen als Reaktion auf die wachsende Pluralität der Art und Weise, ein Leben zu führen und zu bewältigen, andererseits *Methodenspezialisierung* als Versuch der Gewährleistung von Professionalität und Solidität im Handlungsvollzug, z. B. durch (teilweise zwischenzeitlich auch in Masterstudiengängen ausgewiesene) Qualifizierungen in (systemischer) Familienberatung/-hilfe, Schulsozialarbeit, Erlebnispädagogik, Psychodrama oder künstlerischen und medialen Verfahren.
2. die *Durchsetzung einer prinzipiell ökologischen Orientierung* auf den Lebensraum, z. B. in Form des Arbeitsprinzips Gemeinwesenarbeit (LE 10.1) oder Sozialraumorientierung (LE 10.2);
3. die Wahrnehmung besonderer Lebenslagen von Frauen und Männern *(Genderperspektive)* und Menschen mit und ohne Migrationserfahrung (Anerkennung kultureller *Diversität*);
4. die Entwicklung von *Einmischungsstrategien*, z. B. um Einfluss auf die Umfeldbedingungen der Lebensführung von Menschen und die (Arbeits-)Bedingungen Sozialer Arbeit auf kommunaler Ebene nehmen zu können (LE 10.3.1; § 1 SGB VIII fordert z. B. die in der Kinder- und Jugendhilfe Tätigen auf, sich für Lebensverhältnisse einzusetzen, die ein gelingendes Aufwachsen junger Menschen ermöglichen);
5. die Integration *institutionalisierter Reflexivität* (z. B. in Form von Super- bzw. Intervision [LE 14.2, 14.3]) in den beruflichen Handlungsvollzug
6. die Berücksichtigung eines für die Soziale Arbeit typischen *(strukturellen) Technologiedefizits*[1]: Geplantes Handeln ist *immer* als ein Vorgang zu verstehen, der auf der Grundlage von Annahmen (Hypothesen) beruht (die stets *nur vorläufig gültig* sind und jederzeit „über den Haufen" *[falsifiziert]* geworfen werden können), was im gegebenen Anlass sein *kann*, wenn bestimmte Schritte verwirklicht werden. Solche Vorgänge haben daher immer den „Charakter von Experimenten" (Freigang 2007: 104), sind doch die Ergebnisse (bedingt durch eine Vielzahl unbestimmbarer Faktoren) stets ungewiss. Ein Zusammenhang zwischen Ursache und Wirkung, zwischen vorweggedachtem Weg, Handlungsvollzug und Wirkung (etwa Erfolg) lässt sich in der Sozialen Arbeit nicht herstellen; auch methodisches Handeln erlaubt nicht, den Verlauf

1 Technologie meint hier „stabile, wiederholbare Entwürfe von Ziel-Mittel-Verbindungen" (von Spiegel 2013: 255).

sozialer Prozesse vorherzusehen (vgl. Galuske/Müller 2010: 593); und schließlich

7. mit E. Jürgen Krauß (2013: 605f.) verfügen Methoden Sozialer Arbeit über eine spezifische Problemerkennungs- und Problembearbeitungskapazität, die nie dem komplexen Alltag der Adressaten „völlig gerecht werden kann. Sie dienen jedoch der Konzentration auf Schlüsselprobleme und Schlüsselressourcen. Die Fokussierung reduziert die Totalität der Wirklichkeit auf bearbeitbare Teilfaktoren des sozialen Problems."

2.2 Strukturierende Merkmale systematischen Handelns

Unabhängig von der Technologiefreiheit bzw. grundsätzlichen Offenheit methodischen Handelns wird es zugleich doch von einigen grundsätzlichen Merkmalen immer strukturiert:

Merkmal Planung: Zunehmend mehr sozialrechtliche Vorschriften setzen eine formalisierte Planung in Form der *Hilfeplanung*, d.h. der Entwicklung und Formulierung individueller und überprüfbarer (z.B. messbarer) Zielvorstellungen (vgl. Schwabe 2010b: 63f., Freigang 2007: 104, 111) und der Beschreibung daraus abgeleiteter konkreter Maßnahmen voraus (zur Hilfeplanung vgl. grundsätzlich z.B. Uhlendorff 2002, Freigang 2007, Schwabe 2005/2010, Universität Koblenz-Landau 2006; zu den rechtlichen Grundlagen der Hilfeplanung im Besonderen vgl. Uhlendorff/Euteneuer/Sabla 2013: 113ff.); die Planung ist also keine Frage von mehr methodischer Versiertheit, sondern ein an Soziale Arbeit herangetragenes (Qualitäts-)Merkmal.

Hintergrund: Hilfeplan (§ 36 Abs. 2 SGB VIII)

Die Entscheidung über die im Einzelfall angezeigte Hilfeart soll, wenn Hilfe voraussichtlich für längere Zeit zu leisten ist, im Zusammenwirken mehrerer Fachkräfte getroffen werden.
Als Grundlage für die Ausgestaltung der Hilfe sollen sie zusammen mit dem Personensorgeberechtigten und dem Kind oder dem Jugendlichen einen Hilfeplan aufstellen, der Feststellungen über den Bedarf, die zu gewährende Art der Hilfe sowie die notwendigen Leistungen enthält; sie sollen regelmäßig prüfen, ob die gewählte Hilfeart weiterhin geeignet und notwendig ist.

Werden bei der Durchführung der Hilfe andere Personen, Dienste oder Einrichtungen tätig, so sind sie oder deren Mitarbeiter an der Aufstellung des Hilfeplans und seiner Überprüfung zu beteiligen.

Neben der Hilfeplanung (bzw. dem Hilfeplan für Hilfen zur Erziehung nach dem SGB VIII) existieren weitere Bezeichnungen, z.B. der „Förderplan" (z.B. in der Frühförderung, auch im Jugendstrafvollzug), der „integrierte Betreuungsplan" (bei Hilfen für Menschen mit psychischer Erkrankung) bzw. der „Eingliederungs-" oder „Integrationsplan" (im Fallmanagement der Rechtskreise SGB II und III).

Prozessual handelt es sich bei der Hilfeplanung um einen Kreislauf, der erforderlichenfalls auch mehrfach wiederholt werden muss (vgl. Schwabe 2005: 11ff.), der in der Zusammenführung der gesammelten Informationen im Rahmen einer fachlichen Einschätzung, z.B. einem Fallbericht (vgl. Uhlendorff 2002: 858f.), und einem schriftlich fixierten Hilfeplan formalisiert wird. Dabei wird auch der Turnus seiner Fortschreibung bestimmt, insbesondere durch Verabredungen über den Zeitpunkt (Einmaltermin oder Intervall?) und die Form (z.B. die Beteiligung Dritter?) der Überprüfung, inwieweit die Vereinbarungen des Hilfeplans umgesetzt werden konnten/können und ob Anpassungen oder Änderungen erforderlich sind. Auch hierbei setzen sich durch den EDV-Einsatz zunehmend mehr standardisierte Verfahren durch (vgl. hierzu Poguntke-Rauer/Mennemann/Löcherbach 2007[2]).

Partizipation: Aus dem Subjektstatus folgen unmittelbare Teilhabe-/Partizipationsrechte im Hilfeprozess, was sich v.a. in der Klärung (Besprechung und Überprüfung) eines Hilfeangebotes (z.B. im Rahmen einer Beratung über einen Hilfeplan) äußert. Hilfeplanung ist auch daher (und aufgrund des bereits angedeuteten strukturellen Technologiedefizits) grundsätzlich verfahrens- und ergebnisoffen: Weder gibt es das konkrete Verfahren, noch stehen die Ziele und Schritte zur Zielerreichung vorher fest.

2 Eine Recherche auf der Website „Social Software" (www.social-software.de) ergab (Stand: Ende Juni 2014) z.B. allein für die Kinder- und Jugendhilfe 93 und in der Behindertenhilfe 67 Programmverweise; selbst in spezialisierten Handlungsfeldern wie z.B. der Schuldnerberatung (fünf Programme) oder der Wohnungslosenhilfe (vier Programme) finden Softwarelösungen Einzug, ebenso im Verfahren Fundraising (27 Programme).

Hintergrund: Partizipation

Wunsch- und Wahlrecht (§ 5 SGB VIII):

(1) Die Leistungsberechtigten haben das Recht, zwischen Einrichtungen und Diensten verschiedener Träger zu wählen und Wünsche hinsichtlich der Gestaltung der Hilfe zu äußern. Sie sind auf dieses Recht hinzuweisen.

(2) Der Wahl und den Wünschen soll entsprochen werden, sofern dies nicht mit unverhältnismäßigen Mehrkosten verbunden ist. (...)

Beteiligung von Kindern und Jugendlichen (§ 8 SGB VIII):

(1) Kinder und Jugendliche sind entsprechend ihrem Entwicklungsstand an allen sie betreffenden Entscheidungen der öffentlichen Jugendhilfe zu beteiligen. Sie sind in geeigneter Weise auf ihre Rechte im Verwaltungsverfahren sowie im Verfahren vor dem Familiengericht, dem Vormundschaftsgericht und dem Verwaltungsgericht hinzuweisen. (...)

Solche Formen der Beteiligung unterstützter Menschen bedeuten damit im Hilfeplanprozess auch den Abbau von Macht zugunsten der Perspektive der Unterstützten, denn das gesamte Verfahren muss schon von Beginn (d.h. schon mit der Kontaktanbahnung) als Aushandlungsgeschehen so organisiert werden, „dass alle Beteiligten prinzipiell gleichwertige Möglichkeiten haben, den Prozess zu beeinflussen" (Freigang 2007: 111). Hilfeplanung stellt damit an alle Beteiligten hohe kommunikative Anforderungen und muss durch Menschen, die die Unterstützung durch Soziale Arbeit in Anspruch nehmen (müssen), erst noch gelernt werden (vgl. Schwabe 2010b: 63). Partizipation bedeutet in diesem Fall, dass Soziale die gegebenen kommunikativen Barrieren sehen und abbauen, z.B. durch die Art der Gesprächsführung: Es sprechen nicht zwei Soziale des Jugendamtes, die für die Finanzierung der Hilfe zuständige Mitarbeiterin und der Mitarbeiter aus der Erziehungsberatungsstelle im Beisein der verantwortlichen Abteilungsleiterin mit der Mutter, die eine Sozialpädagogische Familienhilfe beantragt hat, sondern die Zahl der Akteure aus dem Jugendamt wird deutlich verringert und die Mutter kann eine Vertrauensperson am Gespräch beteiligen (die Ausübung von Macht im Hilfeplanverfahren beleuchtet z.B. Urban-Stahl 2012); auch können neue Verfahren (z.B. der Familienrat [LE 7.3.2]) den Hilfeplanprozess nicht nur subjektorientiert ergänzen, sondern anlassgerecht auch (z.B. durch die Einbeziehung weiterer, „dritter" Akteure) erweitern (vgl. z.B. Hansbauer 2013).

Mathias Schwabe (2010b: 63 f.) sieht dabei auch Grenzen: Komplexe *Anlässe* „lassen klares Denken oft nicht zu; zum Teil überfordern sie sich und/oder andere mit viel zu hochgesteckten Zielen“; emotional erregt tendierten Menschen zu Maßnahmen, die z. B. Konflikte nur weiter anheizten. Hilfeplanung bedürfe daher der Strukturierung durch erfahrene Soziale, die es ermöglichten, dass sie „so weit als möglich ‚informierte‘ Entscheidungen selbst treffen“ können.

Kooperation: Formalisierte Hilfeplanungsprozesse führen Unterstützte, Soziale und andere Dritte (z. B. die im konkreten Fall mitbetroffene Lehrerin eines schulverweigernden Jugendlichen) zusammen; sie „regen die Hilfe gewährenden und Hilfe organisierenden Institutionen dazu an, sich darüber Gedanken zu machen, welche (evtl. neu zu konstruierende) Hilfeform und welche sozialpädagogische Methode für die Problemlagen der KlientInnen möglich und sinnvoll sind“ (ebd.: 64). Dies eröffnet Möglichkeiten zur interdisziplinären Kooperation mit Fachkräften unterschiedlicher Professionen.

Transparenz: Transparenz wird durch Dokumentation hergestellt. Grundsätzlich lassen sich zwei Formen von Dokumentation darstellen: Erstens wird damit die Fähigkeit als „Können“ beschrieben, einen Fall gegenüber Kolleginnen, Vorgesetzten und anderen Berufsgruppen mündlich angemessen darzustellen und Sachverhalte in die „Sprachen“ der Beteiligten zu übersetzen (vgl. von Spiegel 2002: 599). Zweitens macht die kontinuierliche schriftliche Dokumentation des Handlungsvollzuges den Prozess für die beteiligten Beratenen und Sozialen nachvollziehbar und unterstützt reflexive Prozesse (der dokumentierte Sachverhalt kann sich mit etwas zeitlichem Abstand und kritischer Draufsicht noch einmal anders darstellen); sie stellt damit auch eine Hilfe dar, die die Arbeits- und Terminplanung unterstützt, der Selbstkontrolle und Evaluation der eigenen Arbeit dient und (umfassend geführt) Grundlagen für die Anfertigung von Berichten, Gutachten und Anträgen bereitstellt.

Dabei lassen sich wiederum zwei Arten von Dokumenten unterscheiden: 1. *direkt* den Anlass betreffende Dokumente, z. B. Personaldaten im erweiterten Sinn (Grunddaten wie Name, Adresse, wichtige Personen im Umfeld sowie Kontaktdaten: Telefon, E-Mail), die Einschätzung der Ausgangslage und der anzustrebenden Ziele (z. B. Situationserfassung, Problem- und Ressourcenbeschreibung, mögliche Erklärungen sowie Aussagen zur Prognose in Form von Annahmen und Hypothesen, Bestimmung von Zielen), Beratungsplan, Arbeitsabsprachen, Verlaufsnotizen, Zwischenergebnisse oder Fallabschlussdokumentation; und 2. *indirekt* den Anlass betreffende Dokumente, z. B. Gutachten oder Ergebnisse von Assessments oder Kompetenzfeststellungsverfahren und die laufende Korrespondenz (vgl. Geiser 1996: 36 ff.).

Diese schriftliche Dokumentation wird auch als *Aktenführung* bezeichnet, d. h. „das Erstellen, Bearbeiten und Ändern von Akten, also die verschiedenen Tätigkeiten rund um die ‚Datenverarbeitung'" (Geiser 1996: 21 f.); diese personenbezogene Informationssammlung schriftlicher und *vollständiger* Aufzeichnungen (sowohl in „greifbarer" Papierform als auch virtuell (z. B. als EDV-Dokumente oder Einträge in Datenbanken entsprechender Programme, z. B. LäMMKom Mosaik® oder ProSoz®) ist ein wichtiger Bestandteil professionellen Handelns.

Eine Akte stellt eine Art Gedächtnis dar, das unabhängig von dem Sozialen existiert, der sie erstellt und bearbeitet; das wird v. a. bei längeren Unterstützungsprozesse ersichtlich, die eine übersichtliche Dokumentation erfordern, um die Übergabe und die Fortführung der Fallbearbeitung im Rahmen neuer Zuständigkeiten, im Vertretungsfall oder bei Ausscheiden der fallführenden Sozialen sicherzustellen.

Bestandteile einer Akte sind:

- Vorblatt mit relevanten Angaben zur Kennzeichnung z. B. des Falles (Namen, fallführende Sachbearbeiterin),
- Vermerke, d. h. Texte, die z. B. einen Sachstand darstellen, Ergebnisse von Gesprächen enthalten oder zur Information eines Vorgesetzten dienen bzw. ihm eine Entscheidung vorschlagen bzw. diese erbitten,
- Notizen, z. B. Ideen, Entwürfe, Beobachtungen (auch in handschriftlicher Form),
- Protokolle, z. B. von Team- oder Fallbesprechungen,
- Hilfeplan und Fortschreibungen bzw. Aktualisierungen des Hilfeplans und entsprechende Anlagen (z. B. Fallberichte),
- E-Mails und Briefverkehr, z. B. mit anderen Dienststellen oder Behörden, und
- qualitative Dokumente (als selbstverständlich gilt z. B. in der Kinder- und Jugendhilfe, dass Akten auch das Genogramm der Familie [LE 4.3.2] bzw. [sofern angefertigt] eine VIP-Karte des sozialen Umfeldes [LE 5.2.1] oder eine Netzwerkkarte [LE 5.2.1] beigefügt wird).
- Gegebenenfalls kommen als weitere Bestandteile hinzu: z. B. gutachterliche Äußerungen und Stellungnahmen (sowohl eigene [z. B. ein Bericht der Jugendgerichtshilfe an das Jugendgericht] oder fremde [z. B. Arztberichte, psychiatrische oder psychologische Gutachten]), Kostenpläne, Vertragsunterlagen (z. B. mit einer eine Leistung erbringenden Einrichtung) bzw. weitere Doku-

mente, z. B. Fotos, Flyer bzw. Infomaterialien von Einrichtungen (mit denen im Fall zusammengearbeitet wird).

Zur Akte sollte auch ein Inhaltsverzeichnis gehören, d. h. die chronologisch (d. h. im Zeitverlauf nacheinander) geführte Akte sollte paginiert, d. h. seitenzahlnummeriert, sein; das erleichtert die Orientierung und dokumentiert die Vollständigkeit der Akte; herausgenommene Aktenteile, die z. B. einer anderen Behörde oder einem Gericht vorgelegt werden müssen, können anschließend, nach Rückgabe, leicht wieder nummerisch, sachlich und chronologisch korrekt eingegliedert werden (allerdings hat sich die elektronische Akte allmählich durchgesetzt [vgl. Kreidenweis 2014]).

Relevant für die Erstellung von Akten ist der Umgang mit dem Umfang, der Wichtigkeit und der Dringlichkeit von Informationen; helfen können dabei die sog. „W-Fragen", die abgewogenes *Auswählen von Informationen* unterstützen.

W-Frage	Inhalt der Antwort, d. h. Form des Wissens
Was? Wer? Wann?	Fakten-, Problem- und Ressourcenwissen zum Klientsystem
Wo?	Zeit und Ort
Woher?	Wissen zur Vorgeschichte (bis Fallaufnahme)
Warum?	Vorläufige Erklärungen im Sinne von Hypothesen; Beschreibungs- und Erklärungstheorien zu Zuständen und Prozessen von Klientsystemen
Wohin?	Prognose, also Zukunftsbilder unter bestimmten Annahmen (Was wird geschehen, wenn man nichts tut und wenn man etwas tut?)
Wozu?	Wertewissen als Bilder über bevorzugt gewichtete Zustände
Woraufhin?	Ziele, basierend auf Werten: konkrete, überprüfbare Zukunftsbilder über beabsichtigte Veränderungen von Zuständen und Prozessen bestimmter Klientsysteme
Wie?	Handlungstheorien: Verfahren (Methoden), mit denen ein bestimmtes Ziel erreicht werden kann/soll/muss
Womit?	Ressourcenwissen: externe Ressourcen, die für das Erreichen eines bestimmten Zieles notwendig sind
Evaluationsfragen	Aussagen über die Wirksamkeit (Veränderungen in Bezug auf Ziele), Einflussnahme Dritter (förderlich/hinderlich) und Wirtschaftlichkeit (Aufwand/Ergebnis in Bezug auf die Ziele) beiziehen; ergänzt durch die subjektive Stellungnahme der Sozialarbeiterin zur Beziehung zwischen ihr und dem Klientsystem (Geiser 1996: 32).

Akten haben die Funktion eines Beweismittels (v. a. im gerichtlichen Verfahren, aber auch bei Beschwerden) und dienen dem Nachvollzug und der Kontrolle des Handlungsvollzugs; sie stellen eine „Rechenschaftsablage im Sinne eines Nachweises" dar, z. B. für die Berichterstattung gegenüber Geldgebern („Zuwendungsgebern“ oder „Kostenträgern“ bei fremdfinanzierten Maßnahmen). So kann transparent gemacht werden, wofür öffentliche Mittel mit welchem Ertrag verwendet werden (vgl. Schwabe 2010b: 65).

Jede Organisation (ob nun z.B. kommunales Jugendamt oder freier Träger der Wohlfahrtspflege) formuliert mehr oder weniger förmlich (z.T. in entsprechenden Allgemeinen Geschäfts- oder Dienstanweisungen) ihre Regeln für die Aktenführung (als Aktenordnung oder -plan), die Aufbewahrung und Archivierung sowie die Weitergabe an Dritte. Akten sollten wenigstens innerhalb, aber auch unter Organisationen vergleichbar geführt werden, meint Geiser (vgl. Geiser 1996: 40); dies dürfte eher die Ausnahme denn der Regelfall sein. Die Erfordernisse des Datenschutzes werden insbesondere in den SGB I und X (und z.T. auch im SGB VIII) geregelt (vgl. Lukas 2013: 49f.). Kaspar Geiser (1996: 36) weist z.B. darauf hin, dass Informationen über die Umstände der Scheidung für ein Gesuch um einen Beitrag an die Kinderkrippe nicht relevant sein werden.

Eklektizismus: Angesichts vielfältiger Lebenslagen und Anlässe ist, wie bereits erwähnt, die Suche nach einer einzigen und einheitlichen „Super-Methode“ weder hilfreich noch sinnvoll (vgl. Galuske 2013: 57). Welche Methode in welchem Fall als angemessen anzusehen ist, wird nur im Einzelfall zu klären sein, eine individualisierte (subjektorientierte) Herangehensweise ist stets erforderlich: Methodisches Handeln, so Hans Thiersch, muss sich deshalb am „Kriterium der Alltagsnähe bewähren und messen lassen“ (Thiersch 1993: 24), es wird stattdessen durch „strukturierte Offenheit“ gekennzeichnet (Thiersch 2002d). Dies hat u.a. zur Folge, dass methodisches Handeln im Regelfall ein „Methodenmix“ sein wird, was in doppelter Hinsicht eine breite methodische Kompetenz Sozialer erfordert: einerseits als Befugnis, methodisch flexibel und offen für die Anforderungen des Alltags handeln zu dürfen (also nicht, z.B. durch Vorgaben des Trägers, auf eine Methode bzw. wenige Verfahren eingeschränkt zu werden), und andererseits als Fähigkeit, vielfältig methodenkompetent handeln zu können (also angemessene Verfahren einsetzen zu können). Dies mag den Eindruck eines „ausufernden und zufälligen Eklektizismus“ (Eklektik, d.h. aus bereits Vorhandenem auswählend) nahelegen, von dem Franz Stimmer (2006: 225) spricht. Der hier aus den Anforderungen einer Alltagsoffenheit abgeleitete Eklektizismus ist vielmehr natürlich: „Am Fall“ geht es um das Zusammentragen unterschiedlichster Materialien, Quellen oder Daten (aus Akten, E-Mails, Gesprächen mit verschiedenen Personen, kollegialen Rückmeldungen, Hinweisen von Maßnahmeträgern, mit denen kooperiert wird, beteiligten Lehrern, Nachbarn u.a.). Eine (insoweit *ehrliche,* weil transparente) eklektische Konstruktionsleistung, die unterschiedliche theoretische Zugänge, Konzepte, Methoden und Verfahren anlassangemessen zu integrieren weiß, stellt eine Grundfigur des professionellen Handelns dar.

2.3 Schlussfolgerungen

Ziehen Sie bitte eine Bilanz dieses Kapitels! Welche Schlussfolgerungen ergeben sich für Sie? (Hinweise zur Einordnung ihrer Bilanzierung finden Sie auf meiner Website.)

2.3.1 Anregungen zur Weiterarbeit

Die elfjährige Chantal ist im Januar 2012 in Hamburg-Wilhelmsburg in der Pflegefamilie, in der sie seit dem Jahr 2008 lebte, an einer Überdosis Methadon gestorben. Ludwig Salgo (2013) hat dazu eine Stellungnahme verfasst, die zu folgenden Einschätzungen gelangte:

> Die Analyse habe eine mangelhafte Zusammenarbeit zwischen dem Allgemeinen Sozialen Dienst (ASD) und dem Pflegekinderdienst (PKD) des Jugendamtes gezeigt. Die Fallakte sei unvollständig gewesen: Erkenntnisse des ASD zur (bezweifelten) Eignung der Pflegefamilie fehlten ebenso wie ein Genogramm, Entwicklungsberichte und andere wichtige Dokumente. Die Eignung der Pflegefamilie sei auf der „Basis unvollständiger Angaben" entschieden worden (das polizeiliche Führungszeugnis, ärztliche Bescheinigungen sowie Einschätzungen zur Wohn- und Finanzsituation der Pflegefamilie fehlten, ein Hausbesuch bei ihr, der die Wohnsituation [die 4-Zimmer-Wohnung wurde von sechs Personen bewohnt] hätte einschätzen helfen können, hatte nicht stattgefunden).

1. Klären Sie bitte zunächst für sich, wie Sie die Analyse von *Salgo* mit Blick auf die zuvor dargestellten Grundlagen methodischen Handelns einschätzen!
2. Diskutieren Sie anschließend in einer Kleingruppe von drei bis fünf Studierenden, welche Schlussfolgerungen sich für Sie als künftige Soziale ergeben! Haben Sie Vermutungen, was für Gründe vorgelegen haben könnten, die zu dem angedeuteten Handeln der Sozialen im PKD geführt haben?

2.3.2 Materialien

Michael Galuske (Methoden der Sozialen Arbeit. Eine Einführung, 9. Aufl. Weinheim und München 2011) hat den „Klassiker" einer Einführung in die Methoden Sozialer Arbeit vorgelegt; nach seinem Tod haben Karin Bock und Jessica Fernandez Martinez das Buch mit geringfügigen Überarbeitungen und Aktualisierungen (10. Aufl. Weinheim und München 2013) erneut herausgebracht.

Drei weitere, weitverbreitete Grundlagenwerke zu den Methoden der Sozialen Arbeit stammen von

- Karlheinz A. Geißler und Marianne Hege (Konzepte sozialpädagogischen Handelns, 10. Aufl. Weinheim 2001),
- Franz Stimmer (Grundlagen des Methodischen Handelns in der Sozialen Arbeit, 3. Aufl. Stuttgart 2006; diese Auflage ist gegenüber der in diesem Band herangezogenen zweiten Auflage überarbeitet worden),
- Hiltrud von Spiegel (Methodisches Handeln in der Sozialen Arbeit: Grundlagen und Arbeitshilfen für die Praxis, 5. Aufl. München und Basel 2013).

Bei dem von Dieter Kreft und C. Wolfgang Müller herausgegebenen Band (Methodenlehre in der Sozialen Arbeit: Konzepte, Methoden, Verfahren, Techniken, Stuttgart 2010) handelt es sich auf den ersten Blick zwar um eine schmale Veröffentlichung (182 Seiten), doch die zahlreichen Stichworte vermitteln in aller Kürze (die Beiträge sind in der Regel zwei bis drei Seiten lang) einen guten Überblick und helfen bei der schnellen Orientierung.

Auf die Darstellung präziser historischer Aspekte der Methodenentwicklung in der Sozialen Arbeit wird hier verzichtet (vgl. dazu z. B. Müller, B. 2009, Müller, W. 2009 oder Hering/Münchmeier 2003 sowie einschlägige Handbuchbeiträge zu den jeweiligen Stichwörtern, z. B. in Kreft/Mielenz 2013 oder DV 2011).

2.4 Hilfsmittel des methodischen Handelns

2.4.1 Wichtige Informationsquellen

Open Access: Jahrzehntelang reichten Wissenschaftlicher unentgeltlich ihre Beiträge bei Fachzeitschriften ein und die Leser, insbesondere aber Bibliotheken, mussten mit teilweise sehr hohen Abonnementgebühren für den Zugriff bezahlen. Mit der Verbreitung des Internets setzt sich ein anderes Publikationsmodell durch: Open Access bezeichnet den freien Zugang zu wissenschaftlichen Publikationen. Nicht die Leser zahlen, sondern die Autoren tragen die dank des Internets eher geringen Publikationskosten. Frei zugängliche Beiträge werden anbieterübergreifend in Repositories, d. h. spezialisierten Datenbanken, nachgewiesen. Sie sind aber in der Regel auch über gängige Suchmaschinen gut auffindbar.

Wissenschaftliche Arbeiten werden in der Regel staatlich finanziert. Erhebliche Beträge werden für Forschung, Erstellung des Inhalts, Gutachtertätigkeit und Publikation, letzteres oft in Form eines Druckkostenzuschusses, zur Verfügung gestellt. Der Publikationszuschuss sollte im Webzeitalter dazu genutzt werden, die Veröffentlichung im Internet zu finanzieren, sodass die Ergebnisse allen interessierten Personen weltweit, schnell und kostenfrei zur Verfügung stehen. Ein solches Publikationsmodell hat den Vorteil, dass sich wissenschaftliche Erkenntnisse schneller verbreiten und diese ein größeres Publikum erreichen. Durch die geringen Publikationskosten im Internet können auch spezielle Arbeiten für ein kleines Fachpublikum wirtschaftlich tragbar veröffentlicht werden. Zunehmend wird auch gefordert, die den Arbeiten zugrunde liegenden Daten zu veröffentlichen, sodass die Auswertungen überprüft und die Daten für weitere Forschungszwecke genutzt werden können. Links zum Thema:

- socialnet Materialien (http://www.socialnet.de/materialien/) veröffentlicht Fachbeiträge aus allen Feldern Sozialer Arbeit nach dem Open Access Grundsatz.
- Das gesis Leibniz-Institut für Sozialwissenschaften betreibt ein Social Science Repository (http://www.ssoar.info).
- sozialraum.de ist ein Beispiel für ein kostenlos verfügbares Ezine, eine online erscheinende Fachzeitschrift (http://www.sozialraum.de).
- Das Directory of Open Access Journals DOAJ (http://doaj.org) bietet eine Recherche nach Zeitschriften und für etwa die Hälfte der erfassten Zeitschriften auch eine Suche nach Beiträgen an.
- socialnet Rezensionen (http://www.socialnet.de/rezensionen/) bieten mit über tausend frei zugänglichen Fachbuchbesprechungen

im Jahr einen guten Überblick über die Entwicklungen im Sozialmanagement und der Sozialen Arbeit.

- Der Förderverein Fachinformation Sozialwesen e.V. fördert den Austausch über Open Access in der Sozialwirtschaft und konkrete Projekte zur kostenfreien Bereitstellung von Fachinformationen (www.ffs-ev.org).

Soziale Arbeit im Internet (immer auf dem Laufenden bleiben): Dank des World Wide Webs sind beliebig viele Informationen jederzeit verfügbar. Die Schwierigkeit besteht darin, Relevantes aus der Informationsflut zu filtern und neue Entwicklungen frühzeitig mitzubekommen: Sozial.de bietet fast jeden Werktag aktuelle Nachrichten strukturiert nach den wesentlichen Arbeitsfeldern der Sozialen Arbeit (http://www.sozial.de) an. Statt regelmäßig eine Website aufzusuchen, können Informationen auch als RSS abonniert werden. Verschiedene RSS-Feeds können über einen RSS-Reader oder einschlägige Websites wie z. B. netvibes zur individuellen „Zeitung“ zusammengestellt werden (http://www.netvibes.com). Sozial.de bietet z. B. RSS-Feeds zu den einzelnen sozialen Arbeitsfeldern an (http://www.sozial.de/index.php?id=68). Geradezu klassisch ist die regelmäßige Informationsversorgung über Newsletter. Einen breiten Überblick liefert der socialnet Newsletter, der seit dem Jahr 2000 erscheint und mittlerweile über 12 000 Fach- und Führungskräfte der Sozialen Arbeit und Sozialwirtschaft erreicht (http://www.socialnet.de/newsletter/).

2.4.2 Wichtige Fachzeitschriften

Theorie und Praxis der Sozialen Arbeit (tup)	hg. durch Arbeiterwohlfahrt Bundesverband e. V. Berlin Erscheinungsintervall: 6 × jährlich (ISSN: 0342-2275)
Nachrichendienst des Deutschen Vereins für Öffentliche und Private Fürsorge (NDV)	hg. durch Michael Löhr (Vorstand des Deutschen Vereins) Erscheinungsintervall: monatlich (ISSN: 0012-1185)
Sozial Extra	hg. durch den Springer Verlag Sozialwissenschaften Erscheinungsintervall: 6 × jährlich (ISSN: 0931-279X)
deutsche jugend	hg. durch Verlag Julius Beltz (Beltz Juventa) Erscheinungsintervall: monatlich (ISSN: 0012-0332)
neue praxis	hg. durch Hans-Uwe Otto und Hans Thiersch Erscheinungsintervall: 6 × jährlich (ISSN: 0342-9857)
Sozialmagazin	hg. durch Verlag Julius Beltz (Beltz Juventa) Erscheinungsintervall: 6 × jährlich (ISSN: 0340-8469)
WSI-Mitteilungen	hg. durch die Hans Böckler Stiftung Erscheinungsintervall: 8 × jährlich (ISSN: 0342-300X)

Kapitel 3
Angemessen besprechen: Grundzüge subjektzentrierter Gesprächsführung

Fallbeispiel

Die Alltagsszene spielt an einem Ort, der vordergründig mit Sozialer Arbeit nichts zu tun hat: im Bio-Laden meiner Stadt, deren Inhaberin *Anne* zwar sozial durchaus aufgeschlossen ist, aber sicher keine Soziale werden wollte und auch nicht ist. Ich beobachte das Gespräch zwischen ihr und der älteren Dame (die ich *Frau K.* nennen möchte) an einem Dienstag- und Samstagmorgen, weil ich im Bioladen (gefeiert wird dessen zehnjähriges Bestehen) ein wenig aushelfe und neue Eindrücke sammle, die mir als Hochschullehrer Einblick in fremde (Geschäfts-)Welten eröffnen.

Frau K. kommt, wie ich später erfahre, jeden Tag; ein Bio-Brötchen hat sie bestellt, es liegt jeden Tag für sie bereit. Sie wird älter als 70 Jahre sein, vermute ich. Der kleine Einkauf im Bioladen strukturiert so ihren Alltag, den sie alleinstehend verbringt. Sofort ist sie mit Anne im Gespräch, die (wie sie mir später erzählt) auch schon auf sie wartet. Das Gespräch hat keine große Tiefe, es geht um Alltägliches, gerade um ihr Leiden an den Zähnen, das ihr das Kauen so schwer macht. Es sind auch nicht viele Worte, die gewechselt werden, was aber nicht an ihren Zahnschmerzen liegt, wie ich später höre. Es ist ein stiller, verständiger Dialog, in dem Worte nur eine untergeordnete Rolle spielen. Es ist der Ort, den Frau K. aufsucht, ihr Platz vor dem Tresen, der Blickkontakt zwischen beiden, die sparsamen Gesten (mit denen die Dame ihre leisen Worte unterstreicht), der leicht zur Seite geneigte Kopf, die gegenseitige Sicherheit, je spezifisch gehört zu werden: Frau K. als Wahrgenommene, als Gehörte, die Zeit in Anspruch nehmen darf (der Dialog dauert sicher acht, vielleicht auch zehn Minuten), Anne als Gastgeberin und Aufgesuchte, als geschätzte Gesprächspartnerin. Es herrscht ein Grundvertrauen zwischen beiden (nach dem erschwerten Kauen kommt das Gespräch auch auf das schlechte Verdauen – ein heikles Thema, das nicht sogleich angesprochen wird und wohl auch nicht angesprochen werden kann); die Verbindung zwischen beiden wird durch Tonfall, Tempo und den fast schon gewählten Flüsterton aktualisiert und erst dann thematisch fokussiert. Vier Tage später darf ich das Gespräch erneut beobachten; es sind die gleichen – unausgesprochenen – Kommunikationsregeln, die herrschen, das Gespräch hat ein verändertes Thema, mit den Zähnen geht es etwas besser.

Was die beiden Frauen so alltäglich praktizieren – und wohl auch über eine lange Zeit unausgesprochen „eingeübt" und „vereinbart" haben, sich nämlich so miteinander zu verständigen –, das repräsentiert zwar kein professionelles Kommunizieren, aber es bildet die gleichen Anforderungen an professionelles Kommunizieren ab: der Kommunikationsmodus (die Verhältnisse zwischen einerseits dem Gesagten, d. h. dem Thema oder Gegenstand, und andererseits dem gleichsam Mitgesagten und das Gesagte unterstützend, d. h. Gestik, Mimik, Tonfall, Tempo u. a.) bestimmen die Chancen der Kommunikation. Ohne Einübung und unausgesprochene Vereinbarung zwischen Subjekt und Sozialer findet ebenso wenig Kommunikation statt, wie zwischen der älteren Dame und der Inhaberin des Bioladens meiner Stadt.

3.1 Einführung: Was ist Kommunikation?

In der Sozialen Arbeit geht es um „soziales Handeln mit ganz konkreten Menschen in ihrer jeweiligen Lebenswelt" (Stimmer 2006: 44), d. h. um ein Handeln, das auf das Verhalten *anderer* bezogen ist, wobei die kommunikative Verständigung als der Austausch von Informationen und Gedanken durch sprachliche und/oder nichtsprachliche Mittel (z. B. Körpersprache, Gestik) die Grundlage bildet.

Paul Watzlawick, Janet Beavin und Don Jackson nennen diesen Prozess „Manifestationen menschlicher Beziehungen"; sie verwenden die Begriffe *Kommunikation* und *Verhalten* nahezu gleichbedeutend: Danach ist jedes Verhalten Kommunikation, was umgekehrt *(reziprok)* bedeutet, dass jede Kommunikation das Verhalten beeinflusst. Damit fokussieren sie ihre weitergehenden Betrachtungen auf die *„zwischenmenschliche Sender-Empfänger-Beziehung auf der Basis der Kommunikation"* (Watzlawick/Beavin/Jackson 1974: 22 f., zit. ebd., Herv. i. O.; vgl. dazu auch Geißler/Hege 2001: 91 ff.). Dieser „wechselseitige Ablauf von Mitteilungen zwischen zwei oder mehreren Personen wird als Interaktion bezeichnet" (Watzlawick/Beavin/Jackson

1974: 50f.). Dazu stellen sie fünf Grundsätze (sog. *Axiome*) auf, die zwischenmenschliche Kommunikation (bzw. Interaktion) charakterisieren:

1. Man kann nicht nicht kommunizieren. Auch nonverbales Verhalten ist eine Form der Kommunikation: Werde akzeptiert, dass das Verhalten (zwischenpersönliche) Kommunikation ist, „so folgt daraus, daß man, wie immer man es auch versuchen mag, nicht *nicht* kommunizieren kann. Handeln oder Nichthandeln, Worte oder Schweigen haben alle Mitteilungscharakter: Sie beeinflussen andere, und diese anderen können ihrerseits nicht *nicht* auf diese Kommunikationen reagieren und kommunizieren damit selbst" (vgl. Watzlawick/Beavin/Jackson 1974: 51ff., zit. S. 51, Herv. i. O.). Schon die Präsenz von Frau K. in der Tür des Bioladens ist also Kommunikation.

2. Kommunikation hat immer einen Inhaltsaspekt und einen Beziehungsaspekt: „Wenn man untersucht, *was* jede Mitteilung enthält, so erweist sich ihr Inhalt vor allem als Information" (ebd.); zugleich enthält jede Mitteilung einen Hinweis des Senders darauf, wie der Empfänger sie verstehen soll. Neben dem Inhaltsaspekt, der die Information vermittelt, weist der Beziehungsaspekt an, „wie diese Daten aufzufassen sind" (ebd.); das heißt, es ist der Beziehungsaspekt, der letztlich bestimmt, wie eine Mitteilung verstanden wird, nicht der Inhalt der Botschaft selbst (*Paul Watzlawick* wird der Satz zugeschrieben: „Ich bin für das verantwortlich, was ich dir sage, nicht für das, was bei dir ankommt!"). Diese Einschätzung hat weitreichende Folgen für die Soziale Arbeit, denn in Kommunikationsprozessen zwischen Sozialen und Adressatinnen kann nicht darauf abgestellt werden, dass die auf den Anlass bezogenen Inhalte, die dabei kommuniziert werden, für dessen Bewältigung die maßgebliche Rolle spielen (vgl. Watzlawick/Beavin/Jackson 1974: 53ff., zit. S. 53, 55). Die stille Verständigkeit, mit der Frau K. und Anne kommunizieren, verdeutlicht Inhalt und Beziehung zugleich: Frau K. kann wissen, wie Anne ihre leisen Worte deutet, und Anne weiß, dass sie als Kommunikationspartnerin nicht nur den Alltag zu strukturieren hilft, sondern als Person in einer Gesprächsbeziehung verfügbar ist.

3. Die Natur einer Beziehung ist durch die Interpunktion der Kommunikationsabläufe seitens der Partner bedingt: Kommunikation ist immer eine Abfolge der Nachricht und eine wechselseitge Wirkung der Reaktion auf die Nachricht. Kommunikationen ist also *„ein ununterbrochener Austausch von Mitteilungen"*, was (etwas sperrig) als *Interpunktion von Ereignisfolgen* bezeichnet wird (vgl. Watzlawick/Beavin/Jackson 1974: 57ff., zit. S. 57). Darin äußert sich die Überzeugung, dass das, was die Menschen als Realität verstehen, nicht etwas objektiv Vorhandenes ist, sondern erst durch die menschliche Wahrnehmung und Bewertung Wirklichkeit wird. Daraus folgt eine Differenzierung zwischen Wirklichkeit erster und zweiter Ordnung. „Die Wirklichkeit erster Ordnung ist das, was allgemeine Tatsache genannt wird; die [Wirklichkeit, P.-U. W.] zweiter Ordnung entsteht erst durch die Bewertung dieser Tatsachen. Die unterschiedlichen Wirklichkeitskonstruktionen beeinflussen ihre Kommunikation." Menschliche Kommunikation wird so zum offenen System: „In diesem System entstehen stets Rückkoppelungen, sodass die Art und Weise der Kommunikation von Person A nicht nur eine bestimmte Wirkung hat, sondern gleichzeitig die Kommunikation der Person B mitbestimmt. Die gegenseitigen Kommunikationsformen und -inhalte stehen gleichsam in einem reziproken Prozess" (Mund 2011: 525). Das Gespräch zwischen Frau K. und Anne mag thematisch vordergründig belanglos und durch Wiederholung geprägt sein: Es wird immer wieder auch um das eine Brötchen gehen, das sie bestellt hat, zugleich ist es Ausgangspunkt für das weitere Gespräch, die Mühe mit den Zähnen und der Verdauung, die sich auch aus dem Verzehr des Brötchens ergeben.

4. Menschliche Kommunikation erfolgt in analoger (nonverbaler) Form (z. B. Gesten, Zeichen) und digitaler (verbaler) Form (vgl. Watzlawick/Beavin/Jackson 1974: 62 ff.). Mimik, Gesten, Gebärden können als Kommunikation interpretiert werden; darüber muss Verständigung erzielt werden, um Missverstehen vorzubeugen. So gibt es sowohl Tränen des Schmerzes als auch Tränen der Freude, und Lächeln kann Sympathie wie Verachtung ausdrücken: „Diese Unterscheidungen müssen vom Kommunikationsempfänger mehr oder weniger intuitiv beigesteuert werden, während sie in digitaler Kommunikation direkt enthalten sind" (Watzlawick 1974: 64 ff., zit. S. 66 f.). Es ist die unausgesprochene (Körper-)Haltung von Frau K., die die Kommunikation begleitet, der leicht geneigte Kopf, der auch zu signalisieren scheint: Hier bin ich sicher, hier darf ich mich äußern.

5. Kommunikation ist symmetrisch oder komplementär: Damit bestimmen die Autoren die Qualität von Kommunikation; sie sei symmetrisch (gekennzeichnet durch ein „Streben nach Gleichheit und Verminderung von Unterschieden zwischen den Partnern") oder komplementär, wenn sie „auf sich gegenseitig ergänzenden Unterschiedlichkeiten" basiere (vgl. Watzlawick/Beavin/Jackson 1974: 69 ff.). Die Kommunikation zwischen Anne und Frau K. kann beides sein: Aktuell besteht noch keine wahrnehmbare Differenz, es ist ein ruhiges Gespräch am Morgen, das keine Unterschiede betont, es mag sich aber auch zum komplementären Gespräch entwickeln, wenn Anne ihre Kompetenz als Fachfrau für Ernährungsfragen geltend macht.

Marianne Hege sieht – im Anschluss an diese Kommunikationstheorie – entfaltete Kommunikation dann als gegeben an, wenn „der uneingeschränkte, freie, symmetrische Dialog zwischen Menschen, die in diesem Dialog gegenseitige Verständigung und Selbstverständigung über ihre je konkrete Lage, ihre Interessen und über den Sinn und Ziel ihrer Handlungen vollziehen", möglich ist (Hege 1974: 55). In die Gesprächssituation aber werden durch die Sprache der Gesprächspartnerinnen (weitgehend unreflektiert) Handlungs- und Rollenerwartungen eingeflochten, womit dem Beziehungsaspekt in menschlicher Kommunikation eine zentrale Bedeutung zugewiesen wird (vgl. ebd.: 74ff.). Eine ähnliche Übertragung nimmt z.B. Friedemann Schulz von Thun vor; auch er verweist darauf, dass jede Äußerung neben dem Sachverhalt/-inhalt („Wie ist der Sachverhalt zu verstehen?") stets einen Beziehungsaspekt („Wie redet sie mit mir?", „Wen glaubt er vor sich zu haben?"), einen Aspekt der Selbstoffenbarung („Was ist das für eine?", „Was ist mit ihm?") und einen Appell („Was soll ich aufgrund seiner Botschaft tun?") enthält (vgl. Schulz von Thun 2010).

In jedem Fall ist Kommunikation also an *Wahrnehmen* (z.B. von Körpersprache, Gestik und Mimik), *Deuten* (unter Berücksichtigung von Erfahrungen, Einstellungen und Vorstellungen), *Bewerten* (Annahme oder Ablehnung aufgrund eigenen Wissens oder Wertvorstellungen) und (digitales bzw. analoges) *Rückmelden* (als Prozess der Verständigung) gebunden. Damit ist zugleich immer auch eine „Chance für Störungen in der Kommunikation" gegeben (sog. *Rauschen*); Quellen solchen Rauschens sind insbesondere:

- *Übertragungen,* d.h. im Anschluss an Siegmund Freud Prozesse, in denen *Patienten* Gefühle, die ursprünglich anderen Personen gegolten haben (z.B. Mutter oder Vater), auf die Therapeutin richten, weil sie frühere Gefühlsaspekte mit der Hilfe-/Beratungssituation in Verbindung bringen (z.B. das einer Eltern-Kind-Beziehung folgende kindliche Sich-gehen-Lassen, Trotz und Rebellion, überzogene Forderungen an den Unterstützer, alle Probleme lösen zu sollen), während *Gegenübertragungen* den prinzipiell ähnlichen Vorgang auf der Seite der Therapeutin und deren emotional bedingtes Verhalten im Gespräch bezeichnet (oft geht es um den [z.B. in der Kindheit gelernten] Wunsch nach Anerkennung durch und für geleistete Hilfe).
- *Widerstand,* d.h. in der Regel unbewusste Ausweichmanöver, die eine realistische Sicht auf eine Schwierigkeit verhindern,
- angenommener *Zwang bzw. Kontrolle* (Furcht, Angst, Sorge, etwas erfahren oder leiden zu müssen) oder ausgeübter Zwang bzw. Kontrolle (Kommunikation in Zwangskontexten, z.B. als Proban-

din in der Bewährungshilfe, konfrontiert mit richterlichen Auflagen, deren Beachtung die Bewährungshilfe zu kontrollieren hat),

- *objektive Störungen* wie Unterbrechungen (z. B. durch ein Telefonat, eine in den Raum eintretende Person), Zwischenrufe (wenn z. B. ein Kollege in ein Gespräch „platzt", um eine Information weiterzugeben) oder Störgeräusche (z. B. Bauarbeiten vor dem Besprechungsraum),
- *Tempo,* d. h. eine zu hohe (oder zu geringe) Sprechgeschwindigkeit,
- *Versprechen,* d. h. die Verwendung fehlerhafter, falscher Ausdrücke,
- *doppelte Bedeutung,* d. h. Begriffe, Formulierungen, Metaphern bzw. Redewendungen können falsch verstanden werden, weil es für sie keine eindeutige *(klare)* Bedeutung gibt,
- *Filter* (Tabu), d. h., wenn bestimmten Themen (etwa Gewalterfahrungen, Sexualität) ausgeblendet, ignoriert oder nicht zur Sprache gebracht werden
- *Konflikt,* d. h. eine Auseinandersetzung, die im Gespräch geführt werden soll, geführt wird oder geführt werden wird (was mit Sorge gesehen wird),
- *Kritik,* d. h. die Behandlung eines Themas, das mit Beanstandungen und (so erfahrenen) Rügen, Vorhaltungen oder Vorwürfen verbunden ist,
- *Drohung,* d. h. aktive Formen, einen Menschen unter Druck zu setzen, ihn mit einer Konsequenz (gleich welcher Art) zu konfrontieren, zu manipulieren oder zu täuschen, die eintreten werde, wenn ein bestimmten Verhalten nicht erfolgen sollte,
- *Asymmetrie bzw. Expertokratie,* d. h. Belehrungen, Besserwissen und Ratschläge, die gegeben werden und die andere Gesprächspartnerin wissen lassen, dass sie etwas (noch) nicht (oder nicht so gut) weiß, was zu Beschämung führen kann;
- *Vorwissen und Vorerfahrungen:* Hiltrud von Spiegel (2013: 247) weist darauf hin, dass jede berufliche Beziehung von Menschen zu Sozialen (und, wie ich meine, umgekehrt!) jeweils eine Vorgeschichte hat, die Einfluss auf die Motivation zur Kooperation hat, z. B. in Form von Vorerfahrungen mit Sozialen (d. h. den Konstruktionen, wie mit diesen umzugehen ist, was gesagt werden muss, um eine bestimmte Wirkung zu erzielen) bzw. den Erfahrungen Sozialer mit bestimmten Menschen oder Anlässen (d. h. den Konstruktionen, wie bestimmte Anlassgeberinnen grundsätzlich *so drauf* sind, was sie anstellen, um eine bestimmte Wirkung zu erzielen u. Ä.).

- *Missverstehen, Übersetzungsfehler, Unübersetzbarkeit, Dialekt* und *Jargon:* Im Prozess des Gesprächs „spielen wechselseitige Deutungen des Verhaltens eine zentrale Rolle. Sofern diese ihrerseits im kommunikativen Prozess nicht immer wieder selbst überprüft werden, was im Alltag häufig nicht der Fall ist, führt dies zwangsläufig zu vielfältigen Missverständnissen. Bei der Zusammenarbeit verschiedener Professionen wird dies durch die Verwendung unterschiedlicher Fachbegriffe noch verstärkt, da deren spezifische theoriegeleitete Hintergrundskontexte nicht geteilt werden. So ist auch nicht von vornherein davon auszugehen, dass ein einheitliches Problemverständnis bei den zusammenarbeitenden Akteuren vorhanden ist, sondern ein solches erst kommunikativ hergestellt werden muss" (Markowetz/Schwab 2012: 9);
- und schließlich *technische Störungen* (wenn technische Hilfsmittel, z.B. ein Hörgerät, benötigt werden oder ein Gespräch telefonisch geführt werden muss), d.h. Nicht-Verstehen aufgrund technischer Umstände (z.B. Unhörbarkeit aufgrund geringer Lautstärke) oder Maschinenfehler (z.B. setzt das Hörgerät aus).

In jeden Fall ist davon auszugehen, dass der Grad störungs*armer* Kommunikation für das Gelingen von Handeln und Kooperation relevant ist. *Gesprächsführung* stellt damit den Versuch dar, Kommunikation so zu gestalten, dass die Anlässe erhellt, Sichtweisen ergänzt und Handlungsmöglichkeiten in der Bewältigung des Alltags erschlossen werden können (vgl. Keil 2011: 366). Dies wird hier als *anlassgerechte Gesprächsführung* bezeichnet, einer (mit Galuske und Müller [2010: 596]) Schlüsselqualifikation, sozusagen ein *Universalverfahren* für alle Anwendungsbereiche Sozialer Arbeit.

3.2 Grundlagen einer anlassgerechten Gesprächsführung

Grundlegend für die Ausgestaltung einer anlassgerechten Gesprächsführung sind – neben der Beachtung der Kommunikationsgrundsätze – Überlegungen, die mit humanistischen und positiven Perspektiven[3] verbunden sind:

3 In aller Regel werden diese Ansätze als Humanistische bzw. Positive Psychologie etikettiert; dies führt zu einer Engführung, denn diese Ansätze sind weder auf die Psychologie beschränkt noch hat die Psychologie hierauf ein Urheberrecht. Der Begriff der *Perspektive* soll vielmehr deutlich machen, dass es sich um ein sozialwissenschaftliches Verständnis handelt, das in unterschiedlichen Denktraditionen, For-

Die v.a. durch die Arbeit von Abraham C. Maslow, Carl R. Rogers und Charlotte Bühler geprägte *humanistische Perspektive* verneint zunächst, dass Menschen durch genetische Einflüsse und zurückliegende Sozialisationsprozesse wesentlich festgelegt seien; stattdessen geht es um individuelles Leben und subjektives Streben nach Selbstverwirklichung, Selbstentfaltung und Selbstbestimmung als Sinn des Lebens. Sie geht davon aus, dass Menschen zur Freiheit und zum Guten befähigt sind, äußere Einflüsse sie aber an der Verwirklichung dieser Befähigung hindern könnten. Gruppen- und Gesprächserfahrungen (z.B. im Rahmen von Themenzentrierter Interaktion [LE 8.3.1] oder im Psychodrama [LE 8.3.3]) sollen ihnen helfen, zu einem *guten* Selbst zu finden (vgl. Schmidt-Grunert 2009: 210, Gahleitner 2013).

Die *positive Perspektive* spitzt die Überlegungen der Humanistischen Psychologie weiter zu; insbesondere durch Martin Seligmann begründet stellt sie die positiven Momente menschlichen (Er-)Lebens (und deren Erforschung) mit dem Ziel in den Mittelpunkt, „bessere subjektive und objektive Lebensbedingungen für Menschen zu schaffen" (Auhagen 2004: 13). Ihre Themen sind z.B. die Erforschung von Gelassenheit, Geborgenheit, Positivem Denken, Vertrauen, Verzeihen, Lebenssinn, Glück, mitmenschlicher Güte und Solidarität. Positiver Psychologie geht es nicht darum, z.B. „Schwäche zu reparieren, sondern auch Wohlbefinden zu unterstützen, Gesundheit zu fördern und Stärken auszubauen" (Friedrich 2010a: 39). Im Fokus stehen die Stärkung des Wohlbefindens und die Aktivierung positiver Emotionen.

Rogers ging bereits früh (in seinem Buch „Counselling and Psychotherapy", 1942) von der (die humanistische, positive Perspektive kennzeichnenden) grundsätzlichen Autonomie und Kompetenz eines jeden Menschen aus, eigenverantwortlich handeln zu können; zentral ist die menschliche Aktualisierungstendenz, das Bestreben, sich zu entfalten und die eigenen (ggf. noch verborgenen, aber vorhandenen) Potenziale auch zu nutzen. Daher könne es nicht die Aufgabe von Therapeutinnen, Sozialen oder Pädagoginnen sein, sie durch Ratschläge oder Verhaltensvorschläge *(direktiv)* pädagogisieren zu wollen:

> „Die häufigste Definition des Prozesses ist wahrscheinlich die, daß der Berater die Probleme des Klienten findet, diagnostiziert und behandelt, vorausgesetzt, der Klient beteiligt sich aktiv an diesem Verfahren. Der Berater übernimmt gemäß diesem Standpunkt eine große Verantwor-

---

schungszugängen und Handlungspraxen seine Begründung findet und insoweit spezifisch eklektisch ist.

tung für die Lösung des Problems, und diese Verantwortung wird zum Mittelpunkt seiner Bemühungen" (Rogers 2010: 108).

Er war dagegen davon überzeugt, dass sich im Gesprächs-/Beratungsprozess bei den Beratenen Selbsteinsicht und -erkenntnis einstellten (vgl. insg. Rogers 1991). Die Beratene findet im Berater „ein anderes Selbst, das (soweit wie möglich) zeitweise auf seine Eigenständigkeit verzichtet, mit Ausnahme seiner Fähigkeit, den anderen zu verstehen zu versuchen." In der „emotionellen Wärme der Beziehung" findet der Beratene „ein Gefühl der Sicherheit, wenn er merkt, daß jede von ihm ausgedrückte Einstellung fast auf die gleiche Weise verstanden wird, wie er sie wahrnimmt, und gleichzeitig akzeptiert wird" (Rogers 2012: 52). Es gehe darum, dieses Potenzial zur Selbsteinsicht/-erkenntnis zu fördern, die Auseinandersetzung mit Wünschen, Werten und Zielen anzuregen, dadurch einem positiven Selbstgefühl Raum zu geben und so die Selbstheilungskräfte zu stützen, z. B. eine Schwierigkeit in der Lebensbewältigung aus eigenem Antrieb und mit eigenen Mitteln zu beseitigen (vgl. z. B. Gröning 2006: 87 f., Northoff 2012: 29, 220, Seithe 2008: 64 f., Galuske 2013: 183 f.). Dies bewirke eine Art *Katharsis* (Reinigung):

> „Wenn der Klient merkt, dass dieses natürliche Selbst, dieses verborgene Selbst vom Berater akzeptiert wird, ist er imstande, dieses bislang nicht offenbarte Selbst zu akzeptieren. Statt Angst, Sorgen und Gefühle der Unzulänglichkeit zu empfinden, gelangt der Klient zur Akzeptierung seiner Stärken und Schwächen und damit zu einem realistischen Ausgangspunkt für weiteren Fortschritt in Richtung Reife. (…) Der Berater versucht, eine befreiende Atmosphäre zu schaffen, in der das Individuum sich selbst ausdrücken kann"; dieses Sich-Ausdrücken-Können führt auch zur Freisetzung neuer Kräften, „die bislang zur Aufrechterhaltung der Abwehrreaktionen verwandt wurden" (Rogers 2010: 157). Dadurch wird in der Beratungsbeziehung Verstehen möglich (vgl. Rogers 2010: 123).

Im Anschluss an diese Überlegungen können fünf Bedingungen genannt werden, die die Soziale zu verwirklichen hat, damit Kommunikation zu Verstehen führt:

Erste Bedingung: *Kongruenz* (Echtheit bzw. Authentizität) bedeutet, dass Soziale mit ihren Gefühlen, Stärken und Schwächen im Gespräch erkennbar sind und sich nicht hinter einer professionellen „Maske" (Rogers) verstecken. Es zählt, dass das, was die Soziale dem Beratenen gegenüber fühlt, nicht im Widerspruch zu dem steht, was sie zu ihm sagt; d. h., es wird im Gespräch kein Theaterspiel aufgeführt (das Interesse und Verständnis nur vortäuscht), und es regiert keine „Gesprächstaktik“ (es sind keine steuernden „Hintergedanken“ im Spiel), sondern durch die Art und Weise, wie Soziale eigene Empfindungen zeigen und aussprechen, ohne dabei über Beratene zu urteilen, wird „die Grundlage für eine echte personale Beziehung … von Mensch zu Mensch“ geschaffen (Weinberger/Lindner 2011: 64). Dabei handelt es sich um keine plan- oder erlernbare Technik (vgl. Sander 1999: 63), sondern eine innere Haltung, die von grundlegender Bedeutung auch deshalb ist, weil der Mensch dadurch „angeregt wird, auch in seinem Verhalten offener und echter zu sein“ (Weinberger/Lindner 2011: 64). Dies hat auch mit einer gewissen Bereitschaft zum Risiko zu tun, nämlich „das Risiko einzugehen, eigene Hilflosigkeit zu erfahren und durch Gefühle selber stark erschüttert bzw. berührt zu werden“ und sich damit selbst mit seinen eigenen Gefühlen, Bedürfnissen und Gedanken zu akzeptieren (Seithe 2008: 65).

Zweite Bedingung: *Wertschätzung* (bedingungsfreie, vollständige Akzeptanz und Aufmerksamkeit) bedeutet, dass jede den anderen Gesprächspartner in seinem „So-Sein“ akzeptiert und ihm positiv zugewandt ist. Dazu gehören das Interesse an der Meinung des anderen und die Bereitschaft, sich um die Anliegen und Notlagen des anderen zu kümmern, d.h., ihn unabhängig eigener Bewertungen, die eine Soziale zu den Verhaltensweisen des Beratenen haben kann, zu schätzen (vgl. Rogers 1989: 35):

> „Der Therapeut nimmt das Selbst des Klienten wahr, wie der Klient es gekannt hat, und akzeptiert es; er nimmt die widersprüchlichen Aspekte, die vor dem Bewußtsein geleugnet worden sind, wahr und akzeptiert auch sie als einen Teil des Klienten; und beide Akzeptierungen besitzen die gleiche Wärme und den gleichen Respekt. So kommt es, daß der Klient, wenn er bei einem anderen die Akzeptierung dieser beiden Aspekte seines Selbst erfährt, sich selbst gegenüber die gleiche Einstellung einnehmen kann“ (Rogers 2012: 52).

Wenn die Soziale dem Beratenen gegenüber wertschätzend und frei von Bewertungen oder Urteilen in Bezug auf dessen Gedanken, Gefühle und Handlungen ist, dann kann sich der Beratene so angenommen fühlen, wie es (jetzt) ist. Das wird es erleichtern, *Vertrauen* zu fassen und sich dem Sozialen anzuvertrauen.

Definition

Vertrauen „bedeutet: Ein Individuum ist davon überzeugt, dass ihm entstandene Kosten bzw. Investitionen von den Interaktionspartnern bei gegebenem Anlass vergolten bzw. ebenfalls geleistet werden"; es „entwickelt sich in wechselseitigen Beziehungen und wird durch gegenseitige kooperative Verhaltensweisen langfristig vermittelt" (Bierhoff/Schülken 2004: 179). Von Vertrauen kann gesprochen werden, wenn drei Merkmale weitgehend erfüllt sind: 1. Zeit, d.h., notwendig ist eine gewisse Beziehungsdauer und die Möglichkeit des gegenseitigen Tests auf die Vertrauenswürdigkeit; 2. Risiko, stets ist Vertrauen auch mit der Möglichkeit der Enttäuschung verbunden; und 3. Reziprozität, d.h., es muss Gegenseitigkeit gegeben sein, in Vertrauen zu investieren (vgl. Schweer/Thies 2004: 128ff.; vgl. auch Bierhoff/Schülken 2004: 177).

Wertschätzung zu zeigen fällt Sozialen nicht ausnahmslos leicht; sie sind (u.U. durchaus gefühlsmäßig belastet) mit Menschen konfrontiert, die angetrunken zum Gespräch kommen, auffällige Körperstile (durch Tattoos oder Piercings) praktizieren oder die eine Sprache pflegen, die brüsk, laut, frech oder beleidigend sein kann. Es kann sich um Menschen handeln, die sich an keine sozialen und hygiensichen Konventionen halten: Sie können ungewaschen sein, keinen Respekt zeigen, während des Gesprächs mit ihren Smartphones spielen und Kopfhörer aufhaben. Diese Gesprächspartner sind auch Menschen, die es nicht für notwendig halten, den Kaugummi aus dem Mund zu nehmen, die ungefragt und ungebeten zum „Du" wechseln oder persönliche (abwertende) Kommentare zum Aussehen und zur Kleidung der Sozialen abgeben. Sie sind mit Menschen konfrontiert, die aus ihrer Sicht oftmals alles besser wissen und sich, mit Hinweis z.B. auf ihre Lebenserfahrung, ihre Ausbildung oder ihren akademischen Status oder Abschluss, für jeden Hinweis verschlossen (beratungsresistent) erweisen. Schließlich haben Soziale es mit Menschen zu tun, die einen „Tick" haben (z.B. eine auffällige Körperlichkeit besitzen, hektische Bewegungen machen, am Tourettesyndrom leiden und plötzlich schreien). Diese und ähnliche Situationen fordern Soziale heraus, reizen zum „Gegenhalten" und helfen dabei, Widerstand aufzubauen und einen Konflikt heraufzubeschwören. Belastbar zu sein, die Geduld nicht zu verlieren, schon beim Eintreten der Gesprächspartnerin (am Gang, an der Körperhaltung und -spannung, an der Art und Weise, wie die Begrüßung erfolgt, ob ein guter Tag gewünscht wird) zu spüren (oder sich auf eine Ahnung zu verlassen), dass es schwierig mit ihr werden könnte, und sich und die Gesprächsführung darauf einzustellen (z.B. geeignete Fragen verständlich und langsam zu formulieren, geduldig zu wiederholen und ggf. ein drittes und viertes Mal anzubringen), zeichnet wertschätzenden Umgang mit jedem Gegenüber aus (und bedarf immer wieder neuer Übung und [Selbst-]Reflexion über solche Gespräche, ihren Verlauf und die eigenen Gesprächsanteile und -verstrickungen).

Dritte Bedingung: *Empathie* (präzises, einfühlendes Verstehen) bedeutet, dass die Gesprächspartner die Situation und die Gefühle des anderen nachfühlen und mitteilen können, d. h., „den inneren Bezugsrahmen des anderen möglichst exakt wahrzunehmen, mit all seinen emotionalen Komponenten und Bedeutungen, gerade so, als ob man die andere Person wäre", ohne zu vernachlässigen, dass dies immer nur eine gedankliche und emotionale Annäherung sein kann (Rogers 1989: 37). Soziale werden als Menschen erlebt, die sich aktiv zuwenden und Anteil an ihrer Person und ihren Emotionen nehmen; dies kann zugleich als Modell für einen offenen und entspannten Umgang mit Gefühlen gelten (vgl. Weinberger/Lindner 2011: 42). Frei von der Sorge, belehrt, bewertet oder kritisiert zu werden, kann ein Mensch über seine Anliegen oder Notlagen ins Gespräch kommen und sich auf eine Klärung einlassen.

Allerdings besteht auch die Gefahr, dass empathisches Verstehen als rationales Begreifen missgedeutet wird; vielmehr gehe es um ein inneres Verstehen: Empathie bedeutet, dass man „die private Wahrnehmungswelt des anderen betritt und völlig in ihr heimisch wird" (Rogers 1992 zit. n. Seithe 2008: 64). Ruth Cohn (1983b: 142) nennt dies „ein spontanes Gefühl für den andern, ein Gefühl, das mich in die Gefühlswelt eines andern menschlichen Wesens hineinversetzt, ‚als ob ich er wäre', das mich jedoch paradoxerweise ‚in meinem Ich-selbst-Sein unangetastet läßt, so daß ich in mir selbst fühle, was er fühlt'"

Vierte Bedingung: *Akzeptanz* und *Empathie* meinen keineswegs, alles hinzunehmen oder nachgiebig zu sein; es handelt sich um ein „Angebot der Zuwendung und Bereitschaft, sich auf den anderen einzulassen" (Seithe 2008: 64), dessen Sichtweisen zunächst zu respektieren, ohne damit übereinzustimmen oder gutzuheißen, was gesagt wird, aber doch zu versuchen, die Darstellung als eine denkbare anzusehen. Verstehen heißt dann, sich hineindenken und den Standpunkt des Gesprächspartners gedanklich nachvollziehen zu können.

Fünfte Bedingung: Solches Verstehen wird durch *Aktives Zuhören* unterstützt, z. B. durch gezieltes Nachfragen nach Verläufen oder Empfindungen; die Frage, was genau geschehen ist, regt einerseits die Schilderung des Beratenen an und hilft andererseits zu verstehen, was geschehen ist und wie das Geschehene erlebt wurde. Für diese ausführliche Darstellung muss Raum geschaffen werden, d. h. sowohl physisch als auch zeitlich (ein ungestörter Ort, im dem sich Menschen Zeit füreinander nehmen): Der Soziale nutzt alle Kommunikationskanäle, d.h., er achtet auf analoge Kommunikationsweisen (Körpersprache, Gestik, Mimik, Tonfall) bei sich und seinem Gegenüber (und nicht nur auf verbale Äußerungen), hält Blickkontakt und fördert durch Kopfnicken, ein aufmunterndes „Ja!“, kurze bestätigende Äußerungen („hm“) das Gespräch. Anweisungen oder Verhaltensratschläge (auch Aufforderungen, zügig zu antworten oder zum Punkt zu kommen) unterbleiben. Er hat Geduld und unterbricht nicht, er lässt sein Gegenüber ausreden, vergewissert sich, die Gesprächspartnerin inhaltlich und emotional richtig verstanden zu haben, klärt Unklarheiten durch Nachfragen auf, nimmt die sich auch gestisch, mimisch oder in der Körperhaltung ausdrückenden Gefühle des Individuums wahr und gibt sowohl durch seine verbalen Rückmeldungen als auch durch seine eigene Gestik, Mimik und Körperhaltung zu verstehen, dass das Erleben nachgefühlt wird (vgl. Weinberger/Lindner 2011: 43ff.). Johannes Herwig-Lempp drückt dies so aus: „Ich werde meinem Gegenüber Zeit lassen für die Antwort, durch Gestik, Mimik und Worte meine Aufmerksamkeit sichtbar werden lassen und mich auch gelegentlich bedanken“ (Herwig-Lempp 2007: 212).

Zur Kennzeichnung dieser Grundhaltung hat sich der Begriff der *non-direktiven Gesprächsführung* durchgesetzt.

3.3 Formen einer anlassgerechten Gesprächsführung

3.3.1 Gewaltfreie Kommunikation

Das Konzept „Gewaltfreie Kommunikation“ (GFK) wurde in den 1960er Jahren von Marshall B. Rosenberg im Anschluss an Ansätze von Rogers (insbesonders die Konzepte der Kongruenz, Wertschätzung, Empathie), Eugene Gendlin (hier die im Konzept des Focusing beschriebenen Wandlungsprozesse, wenn sich ein Mensch dem inneren Erleben zuwendet) und Wilhelm Reich (v.a. dessen Methoden des körperlichen Zugangs zur Person) entwickelt. In einem aufrichtigen Dialog gleicher Kommunikationspartner sollen individuelle Lösungen für zwischenmenschliche Probleme gefunden werden, wobei deren Gefühle und Bedürfnisse im Mittelpunkt stehen, nicht Wertungen von „richtig“ oder „falsch“. Vorwürfe, Schuldzuweisungen oder Rückzugsstrategien sollen durch eine offene, anerkennende und empathische Kommunikation ersetzt werden.

Ganz Schüler von Rogers, ist auch für Rosenberg Empathie eine Grundvoraussetzung gelingender Kommunikation. Dabei geht er davon aus, dass die Art und Weise, wie Menschen kommunizieren, entscheidend dafür ist, ob sie Empathie für ihr Gegenüber entwickeln und ihre Bedürfnisse erfüllen können.

Lebensentfremdende Kommunikation hindert Menschen daran, ein durch Empathie gekennzeichnetes Verhältnis zueinander zu entwickeln. Darunter versteht *Rosenberg* kommunikative Formen und Inhalte, die die Verbindung zwischen Menschen belasten oder begrenzen: v.a. (moralische) Einschätzungen über Gesprächspartner (z.B. durch abschätzige Beurteilungen, Vorwürfe), ultimative Ansprüche und unaufschiebbare Erwartungen (Forderungen) und die Weigerung, für eigene Gefühle und Handlungen (z.B. unter Hinweis auf Vorgesetzte) persönliche Verantwortung zu übernehmen. Solche Kommunikationsformen können daher zu psychischer und/oder physischer Gewalt beitragen. Dagegen entwickelte *Rosenberg* seinen Ansatz gewaltfreier Kommunikation. Sie soll dabei helfen, sich durch eine klare, wertschätzende und einfühlsame Sprache ehrlich auszudrücken und empathisch zuzuhören. Gewaltfreie Kommunikation ist damit in erster Linie eher eine Kommunikations*haltung* als eine Kommunikations*technik*.

Das Ziel der Gewaltfreien Kommunikation besteht darin, „Beziehungen aufzubauen, die auf Offenheit und Einfühlsamkeit basieren, so daß sich über kurz oder lang die Bedürfnisse jedes einzelnen erfüllen“ (Rosenberg 2012: 106). Rosenberg nimmt an, dass jeder Mensch gern bereit sei, etwas für einen anderen Menschen zu tun, sofern bestimmte Bedingungen erfüllt sind (z.B. die Anfrage als Bitte formuliert ist und nicht als Forderung, er nicht den Eindruck hat, dadurch eine Pflicht abzuarbeiten oder den anderen in eine Pflicht zu nehmen).

Gewaltfreie Kommunikation besteht im Kern aus vier sog. *Komponenten:*

Beobachtungen (beobachten, ohne zu werten): Beobachtung bedeutet, eine konkrete Handlung (oder ein Unterlassen) zu beschreiben, ohne dies mit einer Bewertung oder Interpretation zu vermischen. Es geht darum, eine Bewertung von einer Beobachtung zu trennen (z.B.: „Frau X, Sie haben mich zum dritten Mal unterbrochen“). Beobachtungen sollen auf den jeweiligen Zeitrahmen und auf den Zusammenhang bezogen werden“ (Rosenberg 2012: 51); das heißt: „Zuerst beobachten wir, was in einer Situation tatsächlich geschieht: Was hören wir andere sagen, was sehen wir, was andere tun, wodurch unser Leben entweder reicher wird oder auch nicht? Die Kunst besteht darin, unsere Beobachtung dem anderen ohne Beurteilung oder Bewertung mitzuteilen – einfach zu beschreiben, was jemand macht, und daß wir es entweder mögen oder nicht“ (ebd.: 25).

Gefühle (Gefühle wahrnehmen und ausdrücken): Die Beobachtung löst ein *Gefühl* aus (z.B.: „Ich bin irritiert und auch ein wenig ärgerlich, dass ich nicht ausreden kann"), das im Körper wahrnehmbar ist und mit mehreren oder einem Bedürfnis in Verbindung steht. Wenn es möglich ist, einen Wortschatz zu entwickeln, der hilft, Gefühle klar und deutlich zu beschreiben, dann können Menschen leichter miteinander in Kontakt treten (vgl. ebd.: 65). Es spielt „keine Rolle, mit welchen Worten sich andere Menschen ausdrücken, wir hören einfach auf ihre Beobachtungen, Gefühle, Bedürfnisse und Bitten. Dann möchten wir das Gehörte vielleicht wiedergeben und mit unseren eigenen Worten sagen, was wir verstanden haben. Wir bleiben in der Einfühlung und geben anderen die Gelegenheit, all das, was in ihnen vorgeht, vollständig zum Ausdruck zu bringen, bevor wir uns Lösungen oder Bitten um Unterstützung zuwenden" (ebd.: 125, vgl. auch S. 62 und 25).

Bedürfnisse (Verantwortung für unsere Gefühle übernehmen): Bedürfnisse verweisen auf allgemeine Qualitäten, z.B. Sicherheit, Verständnis, Kontakt oder Sinn (z.B.: „Mir ist es wichtig, dass wir respektvoll miteinander umgehen und einander Aufmerksamkeit schenken"). Gefühle sind Ausdruck dessen, ob ein Bedürfnis gerade erfüllt ist oder nicht. Für den einfühlsamen Kontakt sind Bedürfnisse sehr wichtig, da sie den Weg zu einer kreativen Lösung weisen, die für alle Beteiligten passt. Damit geht es um das Erkennen und Akzeptieren der Bedürfnisse hinter den Gefühlen: „Was andere sagen oder tun, kann ein Auslöser für unsere Gefühle sein, ist aber nie ihre Ursache. Wenn sich jemand negativ äußert, haben wir vier Möglichkeiten, diese Aussage aufzunehmen: (1) uns selbst die Schuld zu geben, (2) anderen die Schuld zu geben, (3) unsere eigenen Gefühle und Bedürfnisse wahrzunehmen, (4) die Gefühle und Bedürfnisse wahrzunehmen, die in der Negativaussage des anderen verborgen sind. Urteile, Kritik, Diagnosen und Interpretationen sind alles entfremdete Äußerungen unserer eigenen Bedürfnisse und Werte. Wenn andere Kritik hören, dann neigen sie dazu, ihre Energie in Selbstverteidigung oder einen Gegenangriff zu stecken. Je direkter wir unsere Gefühle mit unseren Bedürfnissen in Verbindung bringen können, desto leichter ist es für andere, einfühlsam zu reagieren" (ebd.: 81, vgl. auch S. 73).

Bitten (um das bitten, was unser Leben bereichert): Aus dem Bedürfnis geht schließlich eine Bitte um eine konkrete Handlung hervor (z.B.: „Deshalb bitte ich Sie, mich ausreden zu lassen und Ihre Anregungen im Anschluss zur Sprache zu bringen. Ist das akzeptabel für Sie?"). Bitten beziehen sich im Unterschied zu Wünschen auf Handlungen im Jetzt (als *Handlungsbitte,* z.B. eine Aufgabe zu erledigen, oder *Beziehungsbitte,* z.B. um eine Beschreibung der eigenen Empfindungen), während Wünsche sich auf Zustände („sei respektvoll") oder auf Ereignisse in der Zukunft beziehen. Nach

Rosenberg geht es darum, Bitten in einer „positiven Handlungssprache“ zu formulieren, also zu sagen, was man will (nicht: was man nicht will), also vage, abstrakte oder zweideutige Formulierungen zu vermeiden“ (ebd.: 105); es helfe, „*Bitten in positiver Handlungssprache*“, „*bewusst*“ (ebd.: 89, vgl. auch S. 93, Herv. i. O.) und „klar“ zu formulieren (ebd.: 105). „Bitten werden als Forderungen aufgefaßt, wenn die Zuhörer glauben, daß sie beschuldigt oder bestraft werden, sobald sie nicht zustimmen. Wir können andere darin unterstützen, uns zu vertrauen, daß wir bitten und nicht fordern, indem wir deutlich machen, daß wir uns ihre Zustimmung nur wünschen, wenn sie aus freiem Willen gegeben wird“ (ebd.: 106).

Die *eigene Person* wird damit auch hier zum wichtigsten Arbeitsinstrument und damit auch die eigene Wahrnehmung, das eigene Empfinden, die innere „Resonanz“, die sich in der Beziehung zum Gegenüber einstellt. Beobachtungen, Gefühle, Bedürfnisse, Bitten können einerseits „mit Worten oder auf andere Weise“ deutlich ausgedrückt und andererseits von den Mitmenschen aufgenommen werden: „Wir treten mit ihnen in Kontakt, indem wir uns darauf einstimmen, was sie beobachten, fühlen und brauchen, und wenn wir dann den vierten Teil hören, ihre Bitte, entdecken wir, was ihre Lebensqualität verbessern würde“ (Rosenberg 2012: 25).

Mit Gewaltfreier Kommunikation erweitert sich die Kommunikationsperspektive über das von Rogers beschriebene Verhältnis zwischen Beratenen und Sozialen um zwei Aspekte: Einerseits kann sie als von Sozialen moderierte Methode der Gesprächsführung zwischen Personen und deren Interaktionspartnern dienen, die bei der Entstehung, Entwicklung und/oder Bewältigung eines Anliegens oder einer Notlage eine Rolle spielen (z. B. die Familie, die Peergroup, die Arbeitskolleginnen), andererseits kann sie ein Mittel für Soziale darstellen, Menschen zu einer gewaltärmeren/-freieren Kommunikation zu ermuntern und darin zu schulen (vgl. a. Myers 2006, Basu/Faust 2013).

3.3.2 Ermutigende Gesprächsführung

Es zählt zu den wenigen „Selbstverständlichkeiten“ Sozialer Arbeit, dass der erste (persönliche) Kontakt zwischen einem zu unterstützenden Menschen und Sozialer wesentlich bestimmt, ob überhaupt und wie sich die Arbeitsbeziehung bzw. das Arbeitsbündnis zwischen beiden entwickeln wird. Dieser erste Kontakt wird den weiteren Arbeitsprozess nicht vorwegnehmen, aber doch maßgeblich mitbestimmen. Damit sind Veränderungen in der Qualität der späteren Arbeitsbeziehung (begünstigende wie behindernde) zwar nicht ausgeschlossen, doch bestimmt der Grad des im ersten Kontakt entwickelten Vertrauens Gelingen oder Misslingen von Beratung, Hilfe oder Förderung ganz wesentlich.

3.3.2.1 Erstgespräch

Das Erstgespräch klärt nicht nur den Anlass, sondern in erster Linie die Beziehung und damit die Grundlage für das Arbeitsbündnis zwischen Subjekt und Sozialem. Soziale berichten davon, dass dabei in den ersten fünf bis zehn Minuten entschieden werde, wie sich die Arbeitsbeziehung entwickeln werde, manche sprechen sogar davon, dass dies schon durch die erste Kontaktaufnahme (z.B. im Rahmen eines terminvereinbarenden Telefonats, beim ersten Kontakt am Tresen im offenen Bereich eines Jugendhauses) bestimmt werde.

Harro Kähler bezeichnet alle Gespräche zwischen Sozialen und Beratenen bis zum Abschluss eines Arbeitsbündnisses als *Erstgespräche* (Kähler 2001: 48f.; dagegen betrachtet Burkhard Müller die Klärung des Gegenstandes der weiteren Arbeitsbeziehung bereits als Bestandteil des Arbeitsbündnisses, vgl. Müller, B. 1991: 118–150). Vor allem finden Erstgespräche zwischen einer einzelnen Person und einem einzelnen Sozialen statt, gelegentlich auch zwischen Sozialen und mehreren Personen (z.B. Paare oder Familien). Eine Sondersituation wird es schon sein, wenn Dritte (z.B. ein weiterer Sozialer, eine Praktikantin) oder Begleiterinnen des Beratenen an dem Gespräch teilnehmen. Daraus werden sich jeweils besondere Kommunikationsregeln (z.B. in Bezug auf die Gesprächsleitung, die sehr eingeschränkte Mitwirkung der Praktikantin u.Ä.) ergeben.

Kennzeichnend sind für das Erstgespräch zunächst Fremdheit, Unsicherheit und Spannung. Deshalb gelten in der Beziehungsentwicklung zwischen einander unbekannten Personen zunächst v.a. die nicht-sprachlichen Informationskanäle als besonders wichtig; ihre Erscheinung, Alter, Geschlecht, Kleidung, die Einrichtung (z.B. des Beratungsbüros oder der Wohnung, in der das Erstgespräch stattfindet) oder die Art des Auftretens bieten Anhaltspunkte für Interpretationen, die die ersten Wahrnehmungen und Einschätzungen leiten können. Jeder weitere Schritt erlaubt es beiden Seiten, die Situation genauer zu klären und die eingangs noch bestehende Unsicherheit abzubauen (vgl. Kähler 1997: 19).

Hauptfunktion ist der Aufbau eines Vertrauensverhältnisses, was durch die Bereitschaft und Fähigkeit der Sozialen gefördert wird, aktiv zuzuhören und die Sichtweise des Gesprächspartners zu akzeptieren, ohne bereits in die Fallbearbeitung eintreten zu wollen. Diese Abgrenzung beginnt bereits mit der ersten Kontaktanbahnung: „Häufig werden schon bei der telefonischen Anmeldung erste Informationen sichtbar. Zu vermeiden ist auch hier, dass hier schon inhaltlich Stellung genommen wird" (Kähler 2013). Das

Gespräch bleibt so offen, es wird nicht durch vermeidbare Festlegungen eingeschränkt. Kein Zweifel darf allerdings daran aufkommen, dass die zu Beratene *von Anfang an* die Verantwortung für sich selbst hat und auch behält.

Wichtig ist, dass die Soziale ermöglicht, dass der zu Unterstützende „seine Lage unzensiert darstellen“ kann, wofür Vertraulichkeit garantiert wird (allerdings gilt auch, dass bei Hinweisen auf Missbrauch oder Vernachlässigung von Kindern oder alten Menschen bzw. Formen von Fremd- oder Selbstgefährdung diese Vereinbarung außer Kraft gesetzt werden muss, um z.B. andere Behörden zu unterrichten). Dazu zählt auch, zu klären, welche Erwartungen er in Bezug auf den Sozialen (und dessen Rolle) hat (vgl. Hege 1974: 113).

So wird auf der Grundlage der Sicht des Beratenen ein erster Überblick über die Situation und damit auch eine Abklärung der Zuständigkeit möglich. Unter Umständen kommt es an dieser Stelle auch zur Zurückweisung der Bearbeitung (wenn andere Soziale oder Einrichtungen zuständig sind) oder das Erstgespräch verbleibt auf der Ebene direkter Information und Hilfe (z.B. Hinweis auf konkrete Angebote oder die Vermittlung an ergänzende Einrichtungen), womit ein weiteres Gespräch überflüssig wird und der Arbeitsprozess beendet werden kann (vgl. Kähler 2013).

Um das Erstgespräch angemessen führen zu können, sind ggf. auch unkonventionelle Formen sinnvoll: Gute Erfahrungen wurden z.B. in der Jugendsozialarbeit mit ungewöhnlichen „neutralen“ Orten gesammelt, z.B. einem Schnellimbiss, der zwar laut ist, aber eben doch auch anonym genug und „angesagt“ zugleich ist, (kommunikative bzw. interaktive) Barrieren zu umgehen bzw. erst gar nicht besonders entstehen zu lassen.

Darüber hinaus gibt es keine *Einheitsverfahrensweise,* sondern immer nur eine differenzierte Vorgehensweise, die abhängig sein muss vom Anlass oder der Zielgruppe und den unterschiedlichen Schwerpunkten, die sich daraus ergeben; so liegt es auf der Hand, dass fachlich gestaltete (Erst-)Gespräche mit Kindern im Kinderschutz anders geführt werden müssen als Gespräche mit jungen oder älteren Menschen, Straftätern oder Opfern einer Straftat (vgl. Kindler 2012, Northoff 2013: 84). Unterschiedliche Grade der Freiwilligkeit müssen eine Modifikation in der Gesprächsführung zur Folge haben, ist doch von einer größeren Abwehrhaltung und Widerstand auszugehen. Vorhandenes Misstrauen muss als subjektiv berechtigt akzeptiert werden. Kähler rät hier dazu, dass der Soziale vermehrt die Initiative ergreift und die Ausgangssituation, die nicht verhandelbaren Grundlagen des Gesprächs sowie Optionen für mögliche Formen der Zusammenarbeit vorstellt (vgl. Kähler 2001: 92ff.). Häufig ist es daher hilfreich, mit der Beratenen eine Art Probephase von mehreren Sitzungen zu vereinbaren, nach deren Verlauf erst über ein Arbeitsbündnis entschieden wird (vgl. Kähler

2013; zur Gestaltung der Beratungsbeziehung und der Gesprächsführung vgl. z.B. Ansen 2004: 59ff., Ansen 2006: 118f., Schnura 2013).

Generell kennzeichnet eine „Haltung des Einladens" (Kähler 2013) den *Verlauf des Erstgespräches:*

In der Einleitungsphase geht es darum, nach der Begrüßung eine angenehme Atmosphäre zu schaffen, Vertraulichkeit zuzusichern, die Vorgeschichte des Gesprächs kurz anzusprechen, die eigene Rolle zu verdeutlichen, den zeitlichen Rahmen zu erläutern und zu klären, welche Erwartungen und Befürchtungen die Beratenen mit dem Gespräch verbinden. Es sollte schnell Raum für den Anlass des Gesprächs gegeben werden; es geht darum, die Themen auszusprechen, die dem Gesprächspartner wichtig sind, und dabei Hilfen zu geben (z.B. durch die Darstellung fördernde Fragen, Zusammenfassungen oder Paraphrasen, die jeweils mit der Nachfrage verbunden sind, ob der Sachverhalt richtig wiedergegeben wurde). Durch dieses *defensive* Gesprächsverhalten kann vermieden werden, das Gespräch zu dominieren; das heißt, dass die Darstellung des Gesprächspartners „absoluten Vorrang" hat. Intensivere Gesprächsinterventionen mögen bei Gefühlsäußerungen des Gesprächspartners (oder bei eigenen Gefühlsreaktionen) angebracht sein (vgl. Herrmann 2013: 160, Kähler 2013).

Zugleich besteht auch eine Notwendigkeit der Aktivierung des zu Beratenen. Marianne Hege hat dies die *aktivierende Befragung* genannt: Im Erstgespräch werde das Zuhören („das wichtigste Element") durch aktivierende Fragen unterstützt, um Aspekte sichtbar zu machen, die er „selbst nicht zu sehen vermag"; solche Fragen zielen nicht auf möglichst objektive Beschreibungen, sondern auf subjektive Einschätzungen (Hege 1974: 98f.). Inhalte, Kommentare oder auch Schweigen bestimmen die Beratenen, der Soziale nimmt dies „ohne Korrekturabsichten" an; der Versuch einer besseren Selbstinterpretation wird durch verstehende Fragen und die Verbalisierung der emotionellen Situation unterstützt (vgl. ebd.: 113ff.). Person und Kompetenz des Sozialen sind in dieser Phase noch nicht deutlich; der Adressat wird versuchen, durch Fragen Klarheit herbeizuführen, während die Soziale sich darum bemüht, ihrerseits durch Fragen nicht nur das Problem des Beratenen, sondern auch die Beziehung zu strukturieren. Hege rät dazu, in dieser Phase Fragen nach der Meinung des Sozialen „als Fachmann" nicht zu beantworten; eine Antwort wäre in dieser Phase nur „eine Kombination aus Wahrgenommenem, Fremderfahrenem und vagen Vermutungen" (ebd.: 115; vgl. auch S. 122f.; vgl. insg. Kähler 2001: 72–105). Ein vertrauliches Gesprächsklima setzt auch voraus, dass die Soziale ihren Kompetenzen vertraut, aber auch nicht den Eindruck zu erwecken versucht, sie sei allwissend (vgl. Ansen 2006: 118).

Das Erstgespräch kennzeichnet also einen „Gesprächsmix" aus der Einladung zur Selbstdarstellung, offenem Fragen und gezieltem (gelegentlichem) Nachfragen, gestützt auf anteilnehmende Neugier, aktives Zuhören und verständnisvolles Akzeptieren des Anders-Seins. Es geht darum, eine Gesprächshaltung einzunehmen, Anlässe zunächst abzuklären, ohne sogleich Rat zu geben, und Sachverhalte zu prüfen, statt Unterstellungen anzustellen, was der Kern der Notlage oder des Anliegens sein könnte (vgl. Kähler 2011: 106–170, insb. S. 106 ff. und 149 ff.). Dies sorgt meistens bereits dafür, dass auch ohne Verwendung einer Checkliste o. Ä. die für den Gesprächs*anlass* relevanten Kerninformationen ausgesprochen werden (einen Leitfaden für das Erstgespräch bietet Zwicker-Pelzer [2010: 122 f.] an; dies wirkt verführerisch, lädt aber auch dazu ein, das Erstgespräch ggf. nicht mit der notwendigen Ergebnis- und Verlaufsoffenheit anzugehen und stattdessen den Fragekatalog abzuarbeiten).

Ergebnis des Gespräches kann eine erste Zielformulierung für das Anliegen oder die Bewältigung der Notlage sein (vgl. Hege 1974: 76 f., 113). Bis zur Entwicklung des Arbeitsbündnisses können aber auch mehrere Gespräche notwendig sein. Deshalb werden Terminabsprachen für weitere Gespräche zum Abschluss getroffen; geklärt wird dabei auch, was im nächsten Gespräch Thema sein soll (vgl. hierzu Kähler 2001: 106–171).

Themen des Erstgesprächs können nach Siegfried Hutsch (2004) sein:

- *Anlass der Kontaktaufnahme:* Darstellung des Gesprächsanlasses. Weshalb sucht X/Y das Jugendamt auf?
- *Familiensituation:* Zur Darstellung der Familiensituation kann ein Genogramm angefertigt werden. Die Familiensituation umfasst die leiblichen Eltern, Stiefeltern und aktuellen Lebenspartner sowie Geschwisterkinder in unterschiedlichen Konstellationen; je nach Bedeutung (Erziehungskompetenz, Ressourcen im Lebensumfeld) können/müssen die Großeltern benannt werden.
- *Lebenssituation, aktuelle Probleme, Wohnverhältnisse:* Schilderung der Wohnverhältnisse (wie viel Personen leben im Haushalt, welche akuten und dauerhaften Probleme gibt es innerhalb des Familienverbandes, welche mit der Nachbarschaft und dem Wohnumfeld?), aktuelle Konflikte und Streitigkeiten.
- *Soziale Situation, Einkommen, Beruf:* Darstellung der Einkommens- und Berufssituation der Familie. Es sollen die Berufe sowie die momentanen Tätigkeiten aufgeführt werden. Isolation/Integration der Beteiligten.
- *Gesundheitliche Situation:* Die Erfassung der gesundheitlichen Situation erfolgt durch Augenschein; je nach Situation sind ärztliche Gutachten usw. für die weitere Erfassung des erzieherischen Bedarfes erforderlich.

- *Schule, Kita (Ist-Stand):* Der schulische Leistungsstand, die Jahrgangsstufe sowie die Betreuung im Kindergarten/Hort usw. werden erfasst, ebenso das Sozialverhalten gegenüber Mitschülerinnen, anderen Kindern usw.
- *Besondere Ereignisse, Konsumverhalten:* Als besondere Ereignisse sind z.B. Straftaten, aggressives Verhalten, Konfliktsituationen zu bezeichnen. Konsumverhalten bezieht sich auf den Konsum von Drogen und Alkohol im weitesten Sinne.
- *Freizeitaktivitäten, Clique:* Welche Angebote nimmt der junge Mensch in der Freizeit wahr? Welche Hobbies hat die Person? Mit welchem Freundeskreis verbringt die Person ihre Freizeit? Welche Bedeutung hat der Freundeskreis, und welche ideellen Werte hat die Freizeitgruppe? Ist der Freundeskreis einer besonderen Szene zu zuordnen?
- *Vorherige Hilfen:* Welche erzieherischen Hilfen und Beratungsangebote wurden im Vorfeld bereits wahrgenommen (chronologische Erfassung)?

Einschränkend stellt Hutsch (2004) fest, dass im Erstgespräch „nicht alle Punkte erarbeitet werden können".

Agnes Herten und Petra Monshausen arbeiten am Beispiel der Schuldnerberatung (vgl. a. Schruth u.a. 2011) heraus, worin die Besonderheiten eines Erstgesprächs bestehen: Zunächst (1) beginnt das Gespräch mit Informationen zur Arbeitsweise der Schuldnerberatung; daran schließt sich (2) eine Klärung zum Entstehungshintergrund der Verschuldung und die Erfassung der psychosozialen Lebenssituation, die (3) Klärung des Beratungsanliegens des Beratenen, (4) die Überprüfung der Existenzsicherung (d.h. Klärung, inwieweit Existenzgrundlage oder Existenzminimum sichergestellt sind) und (5) eine erste Einschätzung zur finanziellen Situation (z.B. ein erster Überblick über die Verschuldungssituation) an. Das Erstgespräch wird (6) mit Vereinbarungen über die weitere Zusammenarbeit beendet, die klären, wie die Unterstützung des Beraters aussieht und welche Verpflichtungen die Ratsuchende eingeht (vgl. Herten/Monshausen 2012: 25ff.).

Strikter geht der *lösungsorientierte Beratungsansatz* (LE 6.2.3) das Erstgespräch an, da sich der Ansatz durch den Anspruch einer Kurzzeitberatung auszeichnet, also im Erstgespräch die Grundlagen für die Lösung bereits gelegt werden sollen. Günter Bamberger beschreibt drei Phasen des Erstgesprächs: die *Synchronisation* (z.B. sich kennenzulernen, „Problemverstehen"), die *Ressourcenfokussierung/Lösungsvision* (z.B. die Suche nach Ausnahmen zu der vom Adressaten eingebrachten Schwierigkeit) und die *Lösungsverschreibung* (d.h. die Reflexion einer geeigneten Intervention (Bamberger 2011: 31f.). Die Beraterin hält sich „nicht lange mit einer oft deprimierenden Rückschau und mit spekulativen Ursachenerklärungen" auf, sie möchte möglichst direkt den Lösungsprozess in Gang bringen. Daher beginnt sie mit der Wahrnehmung des *Anlasses* und einer biografischen Exploration, allerdings „sehr knapp, um sich eben nicht in ein ‚Jammertal' zu verirren"; vielmehr geht es ihr darum, der Beratenen die Chance zu geben, „einen wichtigen Unterschied einzuführen, nämlich den zwischen Problem und Nicht-Problem", um auf den Weg zu einer Lösung zu gelangen: Damit wird das Erstgespräch zu einer für den Ansatz typischen „Umdenkaufgabe" (Bamberger 2001: 36ff.; vgl. Palmowski 2011: 82ff.).

3.3.2.2 Gesprächsrahmungen

Für das Erst- wie jedes weitere Gespräch gelten einige allgemeine Rahmungen als beziehungs-, vertrauens- und verstehensfördernd:

Vorbereitung des Gesprächs: Die Vorbereitung des Gesprächs beginnt grundsätzlich mit der Klärung des Kontextes (z.B. Zuständigkeit und Befugnis der Sozialen), der Vorgeschichte und des Gesprächsanlasses; wenn möglich erfolgt dies z.B. durch Einblick in eine bereits vorhandene Akte, um sich auf die Gesprächspartnerin einzustimmen. Mit der Klärung eigener Gesprächsziele (z.B. was genau der Soziale in diesem Gespräch erreichen will) ist die Bestimmung der eigenen Gesprächshaltung verbunden (z.B. sich immer wieder daran zu erinnern, mit einer ergebnisoffenen Grundeinstellung dem Menschen gegenüberzutreten). Kähler hat an einem Beispiel aus der Betriebssozialarbeit verdeutlicht, dass sich beide Seiten (Soziale und Beratene) auf das Gespräch vorbereiten und hier im Verhältnis zu alltäglichen Erstkontakten von einer erheblich stärkeren Vorprägung auszugehen sei (vgl. Kähler 1997: 21f.); dies sollte (im Sinne eines Perspektivwechsels) dazu führen, sich in die Gesprächspartnerin hineinzudenken (z.B. welche Erwartungen, ggf. auch Sorgen, sie – voraussichtlich – mit dem Gespräch verbindet). Die Klärung der Gesprächsform und des -ablaufs (z.B. Reihenfolge der Themen, Vergegenwärtigung eigener Arbeitsregeln, etwa zum Umgang mit Widerstand) sowie des formalen Rahmens (z.B. Ort bzw. Raum, Zeitpunkt und -bedarf, Vermeidung möglicher Störungen, Einladung) schließen die Gesprächsvorbereitung in der Regel ab (vgl. Benien 2003, 49ff., Widulle 2012: 82).

Rahmen des Gesprächs: Die Gestaltung des Besprechungsraums sollte nicht zu persönlich sein (Familienbilder o.Ä. können ablenkend wirken), aber auch nicht zu steril (d.h. „kalt" wirken); auch die Bekleidung des Sozialen und die von ihm gewählten Accessoires sollten nicht provozieren bzw. zu abschweifenden Gedanken anregen. Störungen sollten weitgehend ausgeschlossen sein, z. B. indem das Telefon auf einen anderen Apparat umgeleitet und das Smartphone ausgeschaltet wird oder andere (Neben-)Gespräche ausgeschlossen werden.

Phasen professioneller Gespräche: Auch professionelle Gespräche bestehen (wie ein anlassgerechter Vermerk, ein systematisches Gutachten oder eine wissenschaftliche Abschlussarbeit) aus einer Einleitung, einem Haupt- und einem Schlussteil:

1. *Kontaktaufnahme:* Neben der höflichen und persönlichen (d. h. *namentlichen*) Begrüßung (auch der Bitte, ein mitgebrachtes Smartphone auszuschalten) und der wechselseitigen Vorstellung möglicher weiterer Gesprächspartner dient die Eröffnungsphase dem Aufbau neuer oder der Bestätigung bereits bekannter sozialer Kontakte; die Grundstimmung des Gesprächs wird erfasst (mit welchen Gefühlen gehen die Beteiligten in das Gespräch), die (Gesprächs-)Rollen und das Thema („Was ist jetzt das Thema, über das wir sprechen sollen?") werden geklärt (wobei verdeutlicht wird, dass niemand etwas sagen muss, was er nicht sagen möchte). Notwendig ist, dass die Soziale „Ziele und Absichten des Gesprächs verständlich erläutert und möglichst transparent vorgeht" (Ansen 2006: 118) und Vereinbarungen zum Gesprächsablauf und Zeitplan trifft; dabei kann es sinnvoll sein, zu klären, was zu einem erfolgreichen Verlauf des Gesprächs beitragen kann („Was muss heute geschehen, damit Sie hinterher sagen können, das sich das Gespräch gelohnt hat?"). Außerdem wird der zeitliche Rahmen festgelegt, wobei es in der Verantwortung der Sozialen liegt, Pufferzeit für eine erforderlichenfalls auch länger dauernde Beratung einzuplanen. Ihre Sitzhaltung sollte von Beginn an zugewandt und spiegelnd sein, d. h. in etwa in der Haltung des Ratsuchenden (wobei z. B. die Kopie einer angespannten Sitzhaltung des Gesprächspartners nicht hilfreich sein wird; hier wird eine demonstrativ entspanntere Haltung eher auch beim Ratsuchenden entspannend wirken); von Anfang an wird ermunternder Blickkontakt gesucht. Unter Umständen hilft ein informelles Vorgespräch (zu unverfänglichen Themen, die mit dem Gesprächsgegenstand nichts zu tun haben), etwaige Spannungen und Verkrampfungen, die sich aus schlechten Vorerfahrungen oder sorgebeladenen Erwartungen ergeben, zu lösen.
2. *Klärung:* Unter Beachtung der Grundsätze des non-direktiven Kommunikationsstils geht es darum, die Sichtweisen darstellen und am Beispiel erläutern zu lassen, das Gespräch durch Inter-

ventionen und (Nach-)Fragen zu strukturieren, die Gesprächsteilnehmenden (gleichberechtigt) zu Wort kommen zu lassen, Raum für Nachfragen zu geben und als Sozialer dann „eindeutige Informationen" (Ansen 2006: 118) zu geben, wenn dies im Gespräch erforderlich wird.

3. *Bilanz:* Abschließend geht es zunächst darum, zu klären, ob alle wichtigen Dinge besprochen wurden (oder auf ein weiteres Gespräch vertagt wurden). Die gemeinsam unstrittigen Ergebnisse des Gesprächs werden zusammengefasst; herausgearbeitet wird aber auch, worin Meinungsverschiedenheiten oder unterschiedliche Einschätzungen bestehen. Geklärt und vereinbart wird, was nach dem Gespräch erfolgen soll („Welche Aufgaben ergeben sich aus dem Gespräch?"). Es kann der Gesprächsverlauf und das Gesprächsergebnis reflektiert werden (z.B. „Was hat das Gespräch für Sie gebracht?", „Sind Sie jetzt weitergekommen?"). Gegebenenfalls wird ein weiterer Termin vereinbart. Harald Ansen hält es für „ausschlaggebend, dass der Berater Vereinbarungen einhält und sich als zuverlässig erweist" (vgl. Ansen 2006: 118), was auch heißt, dass die Soziale selbst auf die Einhaltung getroffener Vereinbarungen achtet (vgl. dazu auch Benien 2003: 272, Widulle 2012: 100, Stockhausen 2010: 99ff.).

3.3.2.3 Gesprächsstrukturierung

Grundlegende Möglichkeiten einer zur Äußerung ermutigenden und Verstehen ermöglichenden Gesprächsführung (Gesprächsstrukturierung) sind:

- *Individualisieren:* Michael Erler (2003: 39f.) nennt (als erstes der von ihm formulierten „Grundprinzipien, die bei Gesprächen beachtet werden sollten") den „Grundsatz des Individualisierens", d.h., „den hilfesuchenden Menschen als Einzelwesen mit seinen persönlichen Problemen und Bedürfnissen zu sehen".
- *Subjektgerechte Sprache* bedeutet, sich dem Sprachniveau des Gesprächspartners anzupassen und dabei so einfach und klar wie möglich auszudrücken, sodass er sich verstanden und angenommen fühlen kann (vgl. Weinberger 2011: 44f.).
- Das *Verbalisieren anregen* hilft, Gedanken, Gefühle und emotionale Erlebnisinhalte in Worte zu fassen, um sich dieser leichter bewusst zu werden, indem die Soziale beschreibt, welches Gefühl sie herausgehört hat, ohne dies zu interpretieren (z.B. Erzählimpulse setzen: „Erzählen Sie doch einfach mal, ...").

- *Synonyme verwenden:* Es hilft, die Äußerung der Adressatin durch ein Synonym aufzugreifen, um diese abwechslungsreich zu verbalisieren und Wiederholungen zu vermeiden. Sabine Weinberger (2011: 44) meint, dass dies die Adressatin anregen können, ihr psychisches Empfinden zu konkretisieren, z.B. herauszufinden, was es für sie bedeutet, wenn sie sagt, sie habe Hemmungen (Synonyme für den Begriff „Hemmungen haben" können sein: Spannungen verspüren, sich beeinträchtigt fühlen, Angst haben, sich behindert fühlen, belastet sein). Die Annahme ist also, durch die Verwendung eines Synonyms eine Verstehen ermöglichende verdeutlichende Darstellung hervorzurufen.
- *Paraphrasieren* bezeichnet ein sachliches Beschreiben oder Wiederholen von zentralen Punkten des Gehörten, die Wiedergabe dessen, was der Gesprächspartner gesagt hat, möglichst unter Nutzung der Worte, die die zu Beratene selbst verwendet hat. Der Soziale muss Klarheit darüber erlangen, ob er sie verstanden hat bzw. ob sie ihn verstanden hat (z.B. durch Rückfragen, z.B. „Habe ich Sie richtig verstanden, dass …", „Meinen Sie, dass …?"). Die Wiedergabe sprachlicher wie nichtsprachlicher Kommunikation soll Verstehen ermöglichen; da diese Gesprächsform im Alltagsgespräch meist unvertraut ist, bedarf es einer ausdrücklichen Rückmeldung der Beratenen („Ja, das habe ich so gemeint"), um eine Verständigung zu erzielen (vgl. Hege 1974: 78f., 81). Paraphrasieren regt auch dazu an, das „Gesagte noch einmal von außen zu hören": „Das eigene Sprechen und das Hören des Gesprochenen aus einem anderen Mund hat noch die Auswirkung, dass in den Betroffenen eine Distanz zum eigenen Erleben entsteht, die es möglich macht, einen Zugang zur Bedeutung zu finden, die das Erlebte für diejenigen hat, die gerade ihr Erlebtes erzählt haben. Dies eröffnet eine besondere Chance für die Arbeit mit den Betroffenen, nämlich vom Erlebten zum Bedeutungsinhalt zu gelangen" (Erler 2003: 39).
- *Erfragen, rück- und nachfragen* heißt, Fragen als Mittel der dialogischen Verständigung zu begreifen (und sich damit als Soziale zum eigenen Unwissen zu bekennen), wobei es um eine Balance zwischen Erzählen-lassen und Fragen geht, die den Erzählfluss nicht behindert oder ausbremst, zugleich aber bei wichtigen Aussagen bzw. bei Verständnisproblemen eine schnelle (rechtzeitige) Nachfrage erlaubt, damit dem Gespräch weiterhin gefolgt werden kann (z.B.: „Eines habe ich noch nicht so ganz verstanden: … wie soll ich das verstehen?"); solches Nachhaken zeigt Interesse und unterstützt den Reflexionsprozess. Immer handelt es sich um eine

Einladung, mehr über etwas zu berichten oder etwas zu konkretisieren, ohne dabei eine vorweggenommene Bewertung einfließen zu lassen (z.B.: „Das ist Ihnen wichtig? Wollen Sie mir mehr darüber erzählen?“).

- *Verdeutlichen,* d.h. bildhaft sprechen und Beispiele geben; dies bedeutet zugleich auch, dass die Soziale sowohl in ihrer Wortwahl (z.B. durch den Verzicht auf Fremdworte und Fachbegriffe) und durch den Tonfall (z.B. Stimmbetonungen zu Beginn von Fragen) klar und deutlich sprechen muss.
- *Ich-Botschaften senden* heißt, die eigene Person und Reaktionen zum Gespräch dadurch einzubringen, dass sie bewußt in der Ich-Form ausgesprochen werden (z.B.: „Ich bin Ihnen dankbar, dass Sie das so ausgesprochen haben, denn ich finde auch, dass Sie damit zum Kern unseres Gespräches gekommen sind“).

Hintergrund: Das Konzept der Ich-Botschaften

„Eine Ich-Botschaft empfiehlt sich, wenn wir ein Anliegen kommunizieren wollen, das emotional besetzt ist. Das betrifft sowohl die Gefühle in der betroffenen als auch in der angesprochenen Person. Wenn ich möchte, dass mein Wunsch akzeptiert (und vielleicht sogar erfüllt) wird, dann sollte ich mein Anliegen entsprechend vortragen. Eine Ich-Botschaft kann in solchen Fällen gute Dienste erweisen.

Die Ich-Botschaft eröffnet dreierlei: Sie erleichtert den Zugang zum anderen. Zweitens macht sie es einfacher, Gefühle und Ansichten zu formulieren, von denen wir vermuten, dass sie dem Gegenüber nicht gefallen oder ihn gar verletzen könnten. Und drittens erhöht sie die Wahrscheinlichkeit, Gehör für eigene Anliegen zu erhalten. Die Ich-Botschaft leistet dies durch einen Dreischritt:

- Ich beschreibe jene Verhaltensaspekte, die ich beim anderen wahrnehme bzw. wahrgenommen habe. (Beschreiben statt interpretieren und beurteilen!) Selbstverständlich in der Ich-Form.
- Ich benenne die Folgen, die diese Verhaltensweisen für mich haben.
- Ich formuliere die Gefühle, die die Verhaltensweisen in mir hervorrufen.“

„Ich-Botschaften fördern zum einen die Einsichtnahme in ein Problem (Konfliktanlass), das ich anderen mache (den ich anderen gebe). Sie fördern zum anderen, dass eine innere Bereitschaft beim Kritisierten auflebt, sich dem Konflikt zu stellen und ihn zu diskutieren" (Mahlmann 2001: 115f.; vgl. auch Stockhausen 2010: 89ff.).

Eine konfrontierende Ich-Botschaft hat zum Ziel, eine Verhaltensänderung auszulösen, ohne sie zu erzwingen.

- *Spiegeln* heißt einerseits, Körperhaltung, Atmung, Stimme und Gestik der Gesprächspartnerin zu „kopieren", und ihr so neue Erkenntnisse über sich selbst zu vermitteln; andererseits kann auch hierdurch zurückgespiegelt werden, was der Soziale im Gesprächsverlauf beobachtet hat, um zu prüfen, ob er es zutreffend verstanden hat (z. B. „Verstehe ich das richtig, dass Sie ...?").
- *Entdynamisieren,* d. h. eine Pause vorzuschlagen, zu unterbrechen oder zu vertagen, wenn z. B. ein Gespräch nicht vorankommt, sich festgefahren hat oder ein Konflikt sichtbar wird, der im Moment nicht bearbeitet werden kann.
- *Konfrontieren* bedeutet, erforderlichenfalls eine direkte Rückmeldung darüber zu geben, wie Aussagen oder Verhalten auf andere wirken. Die Soziale bringt ihre subjektive Sicht ein (und macht diese so kenntlich); sie konfrontiert den Adressaten durch Fragen nach bestimmten Zusammenhängen, die es in der Gesprächssituation (noch) nicht sehen kann (z. B.: „Ich erlebe die Situation so: ..." (Hege 1974: 80f.).

Weitere Mittel der Gesprächsstrukturierung, die anlassgerecht eine Rolle spielen können, sind z. B. (vgl. u. a. Ruhe 2014: 52ff.):

- *Übersetzen* (bzw. eine Übersetzungshilfe geben), d. h., der Soziale versucht (in Gesprächen mit mehreren Beteiligten), „herauszufinden, auf welche Art die Wahrnehmung bei den Beteiligten funktioniert, um dann wie ein Übersetzer unter Benutzung des jeweiligen Wahrnehmungs- und Repräsentationssystems die Äußerungen des einen Beteiligten an den anderen weiterzugeben" (Northoff 2012: 221f.; z. B.: „Wenn A sich von Ihnen abwendet, heißt das also, dass er sauer auf Sie ist, oder ...?").
- *Entdramatisieren,* d. h., ein Thema durch die Wahl dramatischer, drastischer Begriffe (z. B.: „Das war eine aussichtslose Lage, ohne jede Chance und unglaublich kompliziert") zu übersteigern und dadurch der Gesprächspartnerin die Möglichkeit zu eröffnen, sich hinter dem so angebotenen Drama mit einer eigenen, weni-

ger drastischen Darstellung einerseits zu „verbergen" und andererseits aber doch in eine Schilderung einzutreten.

- *Verflüssigen,* d.h., statische und zunächst unverrückbare Überzeugungen und Zuschreibungen werden in relative Aussagen übersetzt, z.B. in zeitlicher Perspektive (z.B.: „War das schon immer so?") oder in der Beziehungsperspektive (z.B.: „Mit wem kommt Monika am besten zurecht?"); Überzeugungen und Zuschreibungen bekommen relativierende und dynamische Komponenten, sie erscheinen veränderbar und man kann selbst Einfluss auf sie nehmen (vgl. Palmowski 2011: 73ff., Ruhe 2014: 52).
- *Verweisen,* d.h., die Schilderung aufzugreifen, darin bereits enthaltene mögliche Lösungswege oder -hilfen (oder -ansätze) in Erinnerung zu rufen.
- *Unterscheiden,* d.h. (Gesprächs-)Situationen, anderer (früherer) Verhaltensweisen in Erinnerung zu rufen (z.B.: „Was haben Sie damals eigentlich anders gemacht?") bzw. zur Reflexion über *Alternativen* anregen (z.B.: „Wenn Sie den Realschulabschluss gemacht hätten, was wäre dann anders gelaufen?").
- *Zeitlich einordnen* und Sachverhalte in eine zeitliche Abfolge bringen, also die „innere Geschichte" zu Tage fördern, um das Verstehen zu erleichtern (z.B.: „Wann haben Sie …?").
- *Differenzieren,* d.h., verschiedene Möglichkeiten denken und aussprechen lassen (z.B.: „Als Sie damals umgezogen sind: Hatte das eher mit Mut oder Angst zu tun?").
- *Verstärken,* also etwa eine Verhaltensweise zu bestätigen (z.B. in Form einer Ich-Botschaft: „Ich habe mich sehr gefreut zu sehen, wie Sie diese Schwierigkeit gemeistert haben!").
- *Anregen,* indem (konkretere) Denkanstöße in Form offener Fragen gegeben werden (z.B.: „Wie wäre es, wenn Sie zum Beispiel mit dem Rad fahren würden, wenn der Bus so unpünktlich ist?").
- *Projizieren* meint, eine gedankliche Vorwegnahme anzuregen und an Künftiges denken zu lassen (z.B.: „Denken Sie doch einmal darüber nach, was wäre, wenn … Wie würde Ihre Frau reagieren?").
- Beim *Skalieren-lassen* handelt es sich um ein Verfahren, das v.a. in der lösungsorientierten Beratung (LE 6.2.3) zum Einsatz kommt und die Adressatin dazu einlädt, auf einer Skala (z.B. von 1 bis 10) eine Einschätzung vorzunehmen (z.B.: „Wie weit sind Sie bei der Klärung Ihres Themas schon gekommen? Geben Sie eine Zahl auf der Skala 1 bis 10 an, wobei ‚1' dafür steht, dass Sie gerade erst begonnen haben, und ‚10' heißt, dass Sie die Lösung gefunden haben.").

- Schließlich: *Pausen und Schweigen* gilt es auszuhalten, sie können z. B. ein Zeichen für Unklarheiten, Angst oder Ratlosigkeit sein. Rogers schlägt dazu folgende Umgehensweise vor: „In den anfänglichen Interviews sind langes Schweigen oder ausgedehnte Pausen wahrscheinlich eher peinlich als nützlich. In den späteren Sitzungen kann das Schweigen des Beraters jedoch bei grundsätzlich gutem Einvernehmen ein sehr nutzbringendes Hilfsmittel sein. Häufig erreicht der Klient in einem Interview die Grenzen seines Ausdrucks zu einem bestimmten Thema, ... (er) hat alles gesagt, was er zu diesem Zeitpunkt sagen kann. Dann entsteht eine Pause. Wenn der Berater jetzt das Thema ändert und irgendwelche neuen Fragen stellt, läuft er, wie wir bereits erwähnt haben, Gefahr, den Ausdrucksfluß in eine relativ unergiebige Richtung zu lenken. Wenn er dagegen einfach abwartet und der Situation jede peinliche Spannung nimmt, indem er sich beispielsweise Notizen macht oder eine Zigarette anzündet, dann fällt dem Klienten die Aufgabe zu, die Unterhaltung neu zu beginnen. Nicht selten führt das zu einem höchst wichtigen Gespräch. Der Klient hat das Gefühl, etwas sagen zu müssen und wird wahrscheinlich feststellen, daß das Thema, das ihm als erstes einfällt, eine wichtige Beziehung zu seinem Problem hat. Dieses Hilfsmittel ... (wird) vielleicht eine große Hilfe sein, wenn der Klient Schwierigkeiten hat, seine wirklichen Probleme in die Situation einzubringen“ (Rogers 2010: 152).

Gesprächsbehindernd wirken neben den von Marshall B. Rosenberg genannten Formen lebensentfremdeter Kommunikation (z. B. Ursachen aufzeigen, Hintergründe deuten, von sich reden, herunterspielen, ausfragen, nachforschen, warnen, drohen, befehlen, belehren, verspotten, ironisieren oder verallgemeinern) v. a.:

- *Unterbrechen,* d. h., nonverbal (z. B. mit einem sichtbar „genervten“ Blick aus dem Fenster, erkennbares und längeres Blättern in den Unterlagen) oder verbal das Gespräch und die Schilderung des Gesprächspartners stören, weil der Gesprächspartner zu lange braucht (oder zu umständlich ist), um „auf den Punkt zu kommen“.
- *Du-Botschaften* klingen schnell bestimmend, vorwurfsvoll oder belehrend und sollten deshalb nicht (oder nur im Ausnahmefall und dann in einer eher konfrontierenden Art und Weise) verwendet werden; unreflektiert genutzt haben sie sonst eher den Charakter von Vorwürfen (z. B.: „Das hätten Sie besser gelassen!“)

oder Verhaltensanweisungen (z. B.: „Du hättest besser ... getan!"), was dazu führen kann, dass sich Gesprächspartner zurückziehen oder mit einer Gegenkonfrontation reagieren.

- *Ratschläge geben,* d. h. Lösungen anregen oder vorgeben bzw. Verhaltensweisen vorschlagen bzw. erwarten: Lösungsansätze und neue Verhaltensweisen muss der Gesprächspartner selbst entwickeln (auch wenn dies im Einzelfall auch ein schwieriger Prozess mit Umwegen und Rückschlägen sein mag), damit sie nachhaltig sind. Sie dürfen auch deshalb nicht von außen „aufgesetzt" werden, da der Lebensraum und die Lebenswirklichkeit von Sozialer und Beratenem sich wahrscheinlich sehr gravierend unterscheiden, was die Übertragbarkeit solcher Lösungsvorschläge und Verhaltensanweisungen unwahrscheinlich werden lässt.
- *Bewerten und belehren:* Für die Arbeitsbeziehung wenig förderlich bzw. die Gesprächspartnerin womöglich verletzend sind Aussagen (die als Belehrungen wirken werden), dass ein Lösungsansatz oder ein Verhalten als solches falsch ist oder eine Person Auffassungen und Sichtweisen hat, die nicht den eigenen Vorstellungen entsprechen oder für allgemein nicht akzeptabel gehalten werden. Der Umgang z. B. mit gewaltverherrlichenden, sexistischen oder rechtsextremistischen Auffassungen (bzw. Provokationen) mag im Gespräch zwar eine schwere Belastung (bzw. auch Geduldsprobe) für die Soziale darstellen (und auch in einer späteren Phase der Arbeitsbeziehung oder des Gesprächs zu behandeln sein); eine bewertende oder belehrende Reaktion wird jedoch entweder „die Tür zumachen" für das weitere Gespräch oder als Bestätigung gewertet werden, mit ihr könne ja ohnehin kein sinnvolles Gespräch geführt werden. Hier wird ein Vertagen sicher mehr helfen können (d. h. die nicht besprochenen Punkte werden zum Abschluss noch einmal in Erinnerung gerufen und als Thema eines nächsten Gespräches festgehalten).
- *Passivität:* Von Carl Rogers stammt der Hinweis, einige Berater gingen davon aus, ihre Rolle beschränkte sich darauf, „sich passiv zu verhalten, eine laissez-faire-Haltung einzunehmen" (um zu vermeiden, der Beratenen „seine eigene Wertbestimmung aufzudrängen"), was „ein Minimum an Aktivität und emotioneller Reaktion zur Folge hat. (...) Diese falsche Auffassung hat zu beträchtlichen Fehlschlägen in der Beratung geführt – und zwar aus gutem Grund. Erstens erfährt der Klient die Passivität und das scheinbare Fehlen von Interesse oder Beteiligtsein als Ablehnung, da Indifferenz in keiner Weise das gleiche ist wie Akzeptierung. Zweitens beweist eine laissez-faire-Haltung dem Klienten in kei-

ner Weise, daß er als Person von Wert betrachtet wird“ (Rogers 2012: 40). Das macht deutlich, dass eine dem anlassangemessene Gesprächsführung sich nicht auf passives Zuhören beschränkt, sich aber der Grenzen der aktiven Gesprächsgestaltung sehr wohl bewusst sein muss, um insbesondere Manipulationen des Gesprächsverlaufs vorzubeugen.

3.3.2.4 Fragen

Fragen zu stellen, so Marianne Hege, verlangt, dass der Fragende eine Idee von der konkreten Situation hat, in der der Mensch lebt. Da aber die Prozesse im Lebensraum durch eine kaum überblickbare Vielfalt von (zudem für den Sozialen in der Regel auch persönlich und kulturell fremden, andersartigen und ggf. auch abstoßenden) Lebensentwürfen gekennzeichnet sind und differenzierte Versuche der Alltagsbewältigung zur Folge haben, können Soziale über weite Lebensbereiche der Adressatinnen kaum fundiert Bescheid wissen. Ihre Befragung dient dazu, subjektive Erfahrungen zu erschließen, die unbekannt sind oder bislang nicht berichtet wurden, weil sie für unwichtig gehalten oder noch nicht reflektiert wurden. Diese Befragung kann nicht vereinheitlicht werden; es dürfte nur feststehen, dass (vor-) schnelle und ordnende Fragen das Gespräch schnell „engführen“ (d.h. auf bestimmte Aspekte verengen) und damit dem Anlass nicht mehr gerecht werden würden (vgl. Hege 1974: 98).

In Bezug auf die Kunst, Fragen *anlassangemessen* zu stellen, gilt zunächst generell: Es ist nicht sinnvoll, mehrere Fragen gleichzeitig zu stellen. Sie sollten kurz und knapp formuliert sein, d.h. so, dass weitere (lange) Erläuterungen, was mit der Frage gemeint ist, nicht nötig werden. Fragen sollten durch die Intonation (z.B. Stimmhebung) eingeleitet (gekennzeichnet) werden. Die Wahl des richtigen Moments ist wichtig; es geht darum, den Erzählfluss der Gesprächspartnerin anzuregen, aber nicht zu stören, d.h., dann zu fragen, wenn ihre Darstellung erkennbar abgeschlossen ist oder nur eine Zwischenfrage zu stellen, wenn das im gegebenen Moment für die weitere Sachverhaltsklärung unbedingt erforderlich ist (solche Klärungsfragen können sonst auch später noch gestellt werden).

Grundlegend lassen sich geschlossene und offene Fragen unterscheiden: *Geschlossene Fragen* werden auch als reine Entscheidungsfragen bezeichnet, da sie von dem Gesprächspartner fordern, dass er eine klare Position bezieht und damit eine Entscheidung fällt. Damit aber werden mögliche Antworten auf wenige Alternativen (z.B. „ja“ oder „nein“, ggf. noch „vielleicht“) eingeschränkt (was angemessen sein könnte, um herauszubekommen, ob jemand mit seinen finanziellen Mitteln in der zurückliegenden Woche ausgekommen ist [vgl. Ansen 2006: 145]). *Offene Fragen* sind eher geeignet, inhaltlich ausführlichere Darstellungen hervorzurufen (z.B.: „Was ist damals passiert?“, „Von wem können Sie Hilfe erwarten?“), zur Analyse anzuregen (z.B. „Woran könnte es liegen, dass …“), Stellungnahmen zu provozieren (z.B. „Wie stehen Sie zu …“) oder Bewertungen abzugeben (z.B. „Wie beurteilen Sie …“).

Folgende Frageformen spielen in Gesprächen v.a. eine Rolle:

- *Reflexive Fragen* sollen der Gesprächspartnerin die Möglichkeit der Analyse eigenen Verhaltens, eigener Einschätzung oder Erfahrung geben und dienen dazu, vermeintliche oder tatsächlich fixierte Positionen zu hinterfragen (z.B. „Haben Sie je bereut, aufs Land gezogen zu sein?“ [Ruhe 2014: 57f.]).
- *Ressourcenaufdeckende Fragen* zielen darauf, die Aufmerksamkeit der Gesprächspartnerin auf ihre vorhandenen Möglichkeiten zu richten, die vielleicht aufgrund einer gegebenen Notlage nicht mehr gesehen werden. Jürgen Beushausen (2012: 186) macht an einer Reihe Fragen deutlich, worauf es im Blick auf Ressourcen ankommt, z.B. „Was tun oder taten Sie, um hilfreiche Personen zu bewegen, ihnen zu helfen?“, „Was hat Sie im Leben bewegt und inspiriert, wenn Sie sich an Zeiten erinnern, in denen Sie sich gut gefühlt haben?“, „Was würde ein Mensch, der Sie gut kennt, nennen, was Sie besonders gut können oder was Sie auszeichnet?“, „Welche Ihrer Fähigkeiten würden Sie gerne noch weiter ausbauen?“
- *Spekulative, zukunftsorientierte Fragen* regen dazu an, „sich über Alternativen zur bisherigen Wirklichkeit Gedanken zu machen (z.B.: „Sie haben da eine Erklärung, die für Sie sonnenklar ist, aber nehmen wir einfach mal an, Sie hätten noch eine andere, zweite Erklärung, wie könnte die aussehen?“). Dieses „Spekulieren über Möglichkeiten“ (z.B.: „Was würde sein, wenn …?“) ermöglicht es, an (neuen) Lösungen zu arbeiten und „sich auch [zu] trauen, Gedanken zu äußern, die als Formulierung mit Wirklichkeitsanspruch zu brisant erscheinen“ (Palmowski 2011: 81f., vgl. auch S. 87, Stimmer/Weinhardt 2010e: 26).
- *Lösungsorientierte Fragen* lenken die Aufmerksamkeit auf Ausnahmen in Bezug auf Schwierigkeiten (von denen die Gesprächspartnerin berichtet hat) und rufen Situationen in Erinnerung, für die sie bereits selbst eine Lösung gefunden hat (vgl. ebd.: 83f.; z.B.: „Wie war es früher?“, „Erinnern Sie sich an Ausnahmen?“, „Sie haben mir berichtet, dass … War das ein Erfolg versprechender Weg?“, „Was haben Sie in dieser Zeit ohne Schwierigkeiten anders gemacht?“). Damit stehen Veränderungen im Mittelpunkt;

die Verwendung von „Lösungsworten“ sorgt für ein „Lösungsklima“ (Weber 2012: 47; vgl. auch LE 6.2.3).

- Durch *zirkuläre Fragen* werden Einschätzungen zu Sachverhalten erfragt und auf den Kontext bezogen, in dem diese Sachverhalte entstanden sind bzw. aufrechterhalten werden. Es wird darauf verzichtet, Informationen direkt zu erfragen: Es steht weniger ein Thema im Mittelpunkt, sondern die Meinungen der Beteiligten zum Thema (was andere Menschen z. B. denken, fühlen oder erwarten könnten). Es lassen sich so Fragen stellen, „ohne auf die sonst oft übliche Zurückhaltung oder Reserviertheit zu stoßen, da es ja ‚nicht um objektive Fakten‘, sondern ‚nur‘ um die Meinung der anderen geht“ (z. B.: „Was denken Sie, wie Ihr Mann sich in dieser Situation fühlt?“, „Was meinen Sie, was Ihr Mann denkt, wie Sie sich fühlen?“). Zugleich sind mit der Beantwortung Informationen verbunden, die die Sensibilität dafür erhöhen können, dass es nicht nur eine Wahrheit gibt (vgl. Palmowski 2011: 76 f., 80 f., Weber 2012: 46, Ruhe 2014: 51).
- *Strategische Fragen* haben Ähnlichkeit mit den zirkulären Fragen, unterscheiden sich aber in der Intention, denn sie beeinflussen den Gesprächsverlauf so, wie es vom Gesprächsführenden beabsichtigt wird, können also manipulativ wirken (z. B. „Es ist war doch richtig, dass …“, Haben Sie mit den Ausländern in Ihrer Straße auch so schlechte Erfahrungen gemacht?). Gespräche können so eingeengt werden, Schilderungen, die hilfreich für die Bearbeitung des Gesprächanlasses sein könnten, unterbleiben womöglich (ebd.: 56 f.).
- *Provozierend-reflektierende Fragen* fordern zu einer Stellungnahme heraus (vgl. Ansen 2006: 145);
- *Prozessfragen (Metakommunikation):* Eine Kommunikation über die Kommunikation selbst (in Form von Fragen, die sich auf das Gespräch selbst beziehen) ist z. B. dann sinnvoll, wenn das Gespräch „stockt“, weil die Sorge besteht, am Gesprächspartner vorbeizureden, bei Ärger über dessen Reaktionen und Verhalten u. Ä. (z. B.: „Wie könnte die Verständigung wieder besser werden?“, „Ich schlage für unser Gespräch folgende Vorgehensweise vor, sind Sie damit einverstanden?“, „Falls Sie andere Vorstellungen haben, welche sind das?“, „Was kann jeder dazu beitragen?“). Prozessfragen schaffen dann (wieder) Transparenz (und Sicherheit), weil sie dem Gespräch einen Rahmen geben, der der Beratenen Orientierung vermittelt (was gerade passiert, wo „die Reise hingeht“). Zugleich erlauben sie Rückmeldungen auf Prozessfragen, das Gespräch zu verändern oder dem Gesprächspartner die

weitere Gesprächsstruktur zu vermitteln, was noch zu besprechen ist, wie viel Zeit noch benötigt wird, wie es anschließend weitergehen kann (z. B.: „Wir hatten zu Beginn vereinbart, heute über … zu sprechen. Wenn ich Sie richtig verstanden habe, haben Sie gerade noch ein zusätzliches Thema ins Spiel gebracht, oder? Jetzt weiß ich nicht, worüber wir zuerst reden sollten, was meinen Sie?“). Prozessfragen schließen auch die Möglichkeit ein, die Erzählung der Gesprächspartnerin transparenter zu machen, z. B. wenn sie „wie ein Wasserfall“ viel, aber wenig strukturiert, einbringt (z. B.: „Wenn ich jetzt versuche, mir das ganz konkret vorzustellen, wie sähe das dann aus?“), bei Rückzug oder Schweigen („Habe ich mich nicht klar genug ausgedrückt?“), Unterbrechungen („Ich würde gerne verstehen können, was Ihr Mann mir gerade erzählt.“) oder wenn auf eine Frage nicht eingegangen wurde („Ich habe jetzt nicht verstanden, wie sich Ihre Antwort auf meine Frage bezieht, können Sie mir das bitte noch einmal erklären? Meine Frage lautete …“) (Palmowski 2011: 92 ff., 97).

Rhetorische, Verhör- und Suggestivfragen bezeichnet Anke Stockhausen (2010: 78 f.) als „weniger geeignete“ problematische Fragen, da der Frager sie entweder selbst beantwortet, die Frage Gegenwehr hervorrufen oder ein bestimmtes Ergebnis zur Folge haben kann („die Antwort ist schon in die Frage hineingelegt“), das der Auffassung der Befragten nicht entsprechen muss.

3.3.2.5 Widerstand

William R. Miller und Stephen Rollnick (2005: 73 f.) nennen vier Formen des Widerstands, den Gesprächspartner (z. B. aus Angst, Beschämung oder Gegenwehr) entwickeln können: Argumentieren (die Genauigkeit, Expertise oder Integrität des Sozialen wird bezweifelt), Unterbrechen (der Gesprächspartner fällt ins Wort), Negieren (er redet einen Anlass klein, ist also nicht bereit, die Schwierigkeit zu akzeptieren) und Ignorieren (indem er z. B. von einem unangenehmen Thema ablenkt oder das Thema wechselt). Solche Blockaden äußern sich auch in sog. „Killerphrasen“, d. h. grundsätzlich ablehnende Aussagen (wenn z. B. das Alter der Sozialen thematisiert wird und es an der nötigen Lebenserfahrung fehle, einen Anlass beurteilen zu können) bzw. abwertende Einschätzungen (wenn z. B. der Soziale darauf befragt wird, ob er mehr als bloß „graue Theorie“ zu bieten habe, in der Praxis sei das doch ganz anders). Reagiert werden kann hier z. B. mit der Herangehensweise der Gewaltfreien Kommunikation (LE 3.3.1) bzw. dadurch, dass die Kommunikation selbst zum Thema gemacht wird (Metakommunikation; vgl. Kreyenberg 2012: 20, 90f.). Für eine konstruktive Bearbeitung in solchen Beratungssituationen sorgen z.B. offene Fragen, „aktives und reflektierendes Zuhören; Bestätigen und Unterstützen" oder die Zusammenfassung während oder am Ende der Sitzung, wobei v.a. (wörtlich wiedergebende) Äußerungen des Gesprächspartners zur Eigenmotivation betont werden. Als hilfreich gilt auch der *Sokratische Dialog*, bei dem der Berater versucht, durch fortlaufendes einfühlsames Nachfragen in kleinen Schritten das, was in der Ratsuchenden „an Vorbehalten, Vorurteilen, Ängsten, aber eben auch an Wissen, Wünschen, Kompetenzen verborgen angelegt ist, bewusst und damit für ihn und für den Beratungsprozess verfügbar zu machen und ein eigen-sinniges Denken" anzuregen (vgl. Stimmer/Weinhardt 2010d: 98).

3.3.3 Feedback

Feedback bestimmen Karlheinz Geißler und Marianne Hege (2001: 156, 165f.) als „die ausdrückliche und beabsichtigte Mitteilung der Wahrnehmung des Verhaltens und Erlebens von einer Person an eine bzw. mehrere andere Personen", d.h. als Selbstwahrnehmung (z.B. „Ich bin ärgerlich, weil ..."), Fremdwahrnehmung (z.B. „Sie bemühen sich sehr, fehlerlos zu sprechen") oder Wahrnehmung von Gruppenprozessen (z.B. Wahrnehmung, dass zwei Untergruppen miteinander rivalisieren), „um die soziale Fremd- und Selbstwahrnehmungsfähigkeit zu fördern, um die Verständigungsbereitschaft und -fähigkeit von Personen zu verbessern, um soziale Vorurteile sichtbar und revidierbar zu machen, um Fähigkeiten als Gruppenmitglied zu entwickeln, um Gruppen als soziale Einheit erfolgreicher und kohärenter werden zu lassen". Es bezieht sich auf beobachtete Verhaltensweisen jedweder (analoger wie digitaler) Form, also auf Gestik und Mimik, Handlungen, Aussagen, aber auch Schweigen (vgl. a. Vogel 2013: 128–132, Seifert 1999: 112ff.).

Beispiel: Regeln für das *Feed Back*

„Das Feed Back soll sein:

- Beschreibend: Das steht im Gegensatz zu bewertend, interpretierend oder Motive suchend. Indem man seine eigene Reaktion beschreibt, überläßt man es dem anderen, diese Information nach seinem Gutdünken zu verwenden oder nicht. Indem man moralische Bewertungen unterläßt, vermindert man im anderen den Drang, sich zu verteidigen und die angebotene Information abzulehnen.

- Konkret: Das steht im Gegensatz zu allgemein. Beispiel: Wenn man jemandem sagt, er sei dominierend, so hilft ihm das vielleicht viel weniger als wenn man sagt: ‚Gerade jetzt, als wir in dieser Sache zu einer Entscheidung kommen wollten, hast du nicht auf das gehört, was andere sagten, und ich hatte das Gefühl, daß du mich angreifen würdest, wenn ich deinen Argumenten nicht zustimme.'
- Angemessen: Feed Back kann zerstörend wirken, wenn wir dabei nur auf unsere eigenen Bedürfnisse schauen und wenn dabei die Bedürfnisse der anderen Person, der wir diese Information geben wollen, nicht genügend berücksichtigt werden. Angemessenes Feed Back muß daher die Bedürfnisse aller beteiligten Personen in rechter Weise berücksichtigen.
- Brauchbar: Es muß sich auf Verhaltensweisen beziehen, die der Empfänger zu ändern fähig ist. Wenn jemand auf Unzulänglichkeiten aufmerksam gemacht wird, auf die er keinen wirksamen Einfluß ausüben kann, fühlt er sich nur um so mehr frustriert.
- Erbeten: Das steht im Gegensatz zu aufgezwungen. Feed Back ist dann am wirksamsten, wenn der Empfänger selbst die Frage formuliert hat, auf die der Beobachter ihm dann antwortet.
- Zur rechten Zeit: Normalerweise ist Feed Back um so wirksamer, je kürzer die Zeit zwischen dem betreffenden Verhalten und der Information über die Wirkung dieses Verhaltens ist. Es müssen jedoch auch noch andere Gegebenheiten berücksichtigt werden, z. B. die Bereitschaft dieser Person, solche Information anzunehmen, die mögliche Hilfe von anderen usw.
- Klar und genau formuliert: Das kann man nachprüfen, indem man den Empfänger auffordert, die gegebene Information mit eigenen Worten zu wiederholen und dann seine Antwort mit der Intention des Beobachters vergleicht.
- Korrekt: In einer Gruppe haben sowohl der Beobachter als auch der Empfänger des Feed Back die Möglichkeit, die mitgeteilte Beobachtung nachzuprüfen, indem auch die anderen Mitglieder der Gruppe nach ihren Eindrücken befragt werden. Dadurch werden mögliche Fehler und Ungenauigkeiten vermieden" (Antons 1996: 109).

3.3.4 Kritik

Kritik gilt als Basis von Entwicklung: Wer weiß, was er falsch gemacht hat, kann – wenn er kognitiv zugänglich und einsichtig ist – entsprechende Fehler künftig vermeiden. Allerdings ist Kritik, die entwertend oder öffentlich vorgebracht wird, dazu ungeeignet, denn sie kann so nur schwer ertragen werden und löst daher in der Regel Abwehr aus.

In alltäglichen Fällen, die eine schnelle Reaktion erforderlich machen, kann Kritik bzw. ein konfrontierender Zugang geboten sein, wobei Gewaltfreie Kommunikation helfen kann, ein unerwünschtes Verhalten (z.B. eine Beleidigung) zu bearbeiten, d.h., das Verhalten wird benannt, Ärger darüber wird gelassen mitgeteilt („Ich bin sauer, das ist nicht in Ordnung"), Bedürfnisse und Wünsche (z.B. eine Entschuldigung) werden geäußert und eine Bitte wird geduldig und beharrlich wiederholt (vgl. Northoff 2012: 96).

Mechthild Seithe beschreibt in ihrem Konzept des *Engaging* einen Handlungsansatz insbesondere in der Arbeit mit wenig bzw. unmotivierten Menschen, der alltagsorientiert in allen Phasen und thematischen Handlungsangeboten „einen Prozess anstoßen kann, der im Wesentlichen darin besteht, dass die KlientInnen (wieder) beginnen sich für ihr eigenes Leben zu engagieren, dass sie selber tätig werden, Verantwortung übernehmen und aktiv an einer Bewältigung und ggf. auch Veränderung ihrer Lebenswelt (mit) arbeiten" (Seithe 2008: 58). Sie widmet sich auch der Frage, wie Beratene mit „unbequemen Wahrheiten" (z.B. Desinteresse an der Bewältigung von Schwierigkeiten, geringe Bereitschaft, Misserfolge aufzuarbeiten) zu konfrontieren sind. Es sei „nicht einfach, eine Konfrontation so zu formulieren, dass sie wirklich klar und unmissverständlich ist und beim Gegenüber sicher ankommt", auch „gilt es zu verhindern, dass diese Konfrontation ‚die Türen zuschlägt'", sondern das bestehende Vertrauensverhältnis gefördert wird.

Da nach ihrer Einschätzung Beraterinnen dazu neigen, „zu sanft, zu schonend und letztlich nicht eindeutig genug zu formulieren", werden Beratene möglicherweise die Beratungsbotschaft ablehnen, überhören oder nicht so ernst nehmen, also das Gehörte (un-)bewusst so zurechtlegen, wie es der Adressatin „passt". Stattdessen solle eine Konfrontation „mit einfachen, direkten Worten eindeutig und unausweichlich" ausgesprochen werden. Wichtig sei es, dass in der Konfrontation keine „Nebenbotschaften" (z.B. Vorwürfe, Tadel, Schuldzuschreibung) mitgesendet werden (vgl. ebd.: 101ff.).

3.3.5 Konflikte

Konflikte treten in zwischenmenschlichen Beziehungen zwangsläufig auf. Sie werden individuell erlebt und bewertet, aber selten in direkter, verbindlicher Weise angesprochen, schwächen die Motivation, verhindern Kreativität und erzeugen Stress.

Notlagen ergeben sich auch aus Zusammenhängen, die durch Konflikte gekennzeichnet sind. Die kommunikativen Voraussetzungen werden in diesen Fällen mit großer Wahrscheinlichkeit eher durch eine geringe Bereitschaft zur Interaktion gekennzeichnet sein. Dies macht besondere Formen der Gesprächsführung erforderlich.

Beispiel: Raster zur Diagnose und Konfliktbehandlung

Es besteht aus den folgenden vier Fragekategorien:

- *Konflikt-Inhalte:* Um was geht es?
- *Konflikt-Verlauf:* Wie beschreiben die Parteien den aktuellen Stand und die Geschichte des Konflikts?
- *Konflikt-Parteien:* Wer streitet und in welcher Beziehung stehen die Kontrahenten?
- *Grundeinstellung zum Konflikt:* Wie begegnen die Parteien dem Konflikt grundsätzlich? Zu welchen Verhaltensweisen sind sie bereit, um den weiteren Verlauf des Konflikts mitzugestalten? Wie definieren sie das Ende des Konflikts? Was sind (sie) dafür zu tun bereit? (Mahlmann 2001: 153)

Franz Herrmann differenziert als Grundmuster der Konfliktlösung: 1. Flucht aus dem Konflikt, 2. Kampf mit dem Kontrahenten und dessen „Vernichtung", 3. Unterwerfung bzw. Unterordnung, 4. Delegation (z. B. Richten bzw. Schlichten durch Dritte) 5. Kompromiss (als „gemeinsamer Nenner") und 6. Konsens als „Synthese für die Gegensätze auf einer neuen Ebene" (vgl. Herrmann 2013: 146 ff.). Subjektorientiert betrachtet werden die ersten vier Grundmuster kaum als adäquater Weg gewählt werden können. Um Kompromiss oder Konsens zu ermöglichen, bietet sich ggf. das *Harvard-Konzept* (vgl. Fisher/Ury/Patton 2006) an. Grundsätze des Konzepts (ebd.: 96) sind,

- zunächst den Prozess des Findens von Entscheidungsmöglichkeiten (Optionen) von der Beurteilung dieser Optionen zu trennen, d. h. Menschen und Schwierigkeiten getrennt voneinander zu behandeln und Sach- und Beziehungsprobleme unabhängig voneinander zu bearbeiten;

- danach zu trachten, die Zahl der Optionen eher zu vermehren als nach der „einen" Lösung zu suchen: In Konflikten sind die Konfliktparteien mit zunehmender Eskalation immer mehr auf bestimmte Positionen fokussiert und festgelegt, die sie durchsetzen wollen, was sie unverrückbar gegeneinanderstehen lässt. Deshalb geht es bei der Analyse darum, Interessen (Ziele, Absichten) bzw. Bedürfnisse (z.B. nach Sicherheit, Anerkennung, Selbstbestimmung) hinter den starren Positionen wieder sichtbar zu machen und zu klären, ob und wie sie auch auf andere Weise erfüllt werden können;
- nach Vorteilen für alle Seiten Ausschau zu halten und Optionen zum gegenseitigen Vorteil zu entwickeln: Da sich Konfliktparteien oft schnell auf eine Lösungsmöglichkeit fixieren, wird es wichtig, möglichst viele Optionen zu sammeln; es ist „sinnvoll, dass sich jede Seite alternative Möglichkeiten überlegt und ihre „beste Alternative zu einer Verhandlungslösung" entwickelt. So können die Parteien entspannter in die Verhandlungen einsteigen". Dabei hängt die Verhandlungsmacht einer Verhandlungspartei davon ab, „wie attraktiv ihre ‚beste Alternative' bei einem Scheitern der Verhandlungen ist" (Herrmann 2013: 159);
- Vorschläge zu entwickeln, die den anderen die Entscheidung erleichtern, wozu die Anwendung neutraler Beurteilungskriterien hilfreich sein wird. Im Harvard-Konzept werden hierfür Kriterien (z.B. frühere Vergleichsfälle, Gleichbehandlung, Gegenseitigkeit, Auswirkungen, Kosten und moralische Kriterien) vorgeschlagen.

Herrmann (2013: 159) macht allerdings darauf aufmerksam, dass eine Konfliktmoderation auch bei Einhaltung solcher Grundsätze „keine optimale Lösung garantieren" kann (vgl. auch Stockmann 2010: 111ff., Vogel 2013: 119, 121f.).

3.3.6 Mediation

Als freiwilliges Beratungs- und Vermittlungsverfahren dient die *Mediation* dazu, sich anbahnende Konflikte zu vermeiden und zur Klärung bestehender Konflikte durch Vergleich oder Kompromiss (vgl. Kraus 2005: 64) beizutragen.

Definition

Mediation „(zu Deutsch: Vermittlung) ist ein prozessorientiertes, strukturiertes Konfliktregelungsverfahren. In einem auf wechselseitiger Kommunikation und Kooperation angelegten freiwilligen Prozess arbeiten die Konflikt-/Streitpartner selbst und eigenständig an einer einvernehmlichen, außergerichtlichen Konfliktregelung. Hierbei unterstützen sie ein oder zwei (Co-Mediation) neutral und allparteilich den Prozess als steuernde Dritte, die Mediatoren" (Proksch/ Hopfengärtner 2013: 595).

Sie hat den „Charakter wiedergutmachender ‚Beziehungsarbeit'". Einsatzfelder sind – neben Mediation in der Rechtspflege, der Politik, in Wirtschaft und Arbeitswelt, bei Umweltfragen oder im Familienrecht (vgl. Montada/ Kals 2001: 4) – im Bereich der Sozialen Arbeit z.B. der sog. Täter-Opfer-Ausgleich, bei dem eine Straftat durch Vermittlung außergerichtlich gesühnt werden soll, die Vermittlung zwischen Lehrkräften und Schülern oder interkulturelle Konflikte (vgl. z.B. Werner 2013). In Gerichtsverfahren ist Mediation (noch) nicht zwingend als Verfahrenselement eingeführt (vgl. allgemein zu Mediation: Besemer 1993, Montada/Kals 2001, Kraus 2005, Northoff 2012: 85ff., Belardi 2013b; zu Ansätzen der Mediation in der Kinder- und Jugendarbeit vgl. Schmauch 2001).

Idealtypische Phasen einer Mediation sind nach Leo Montada und Elisabeth Kals 1. die Vorbereitung (u.a. zur Zielklärung, Rechtsbelehrung und Regelklärung), 2. die Problemanalyse, 3. die Konfliktanalyse, 4. die Konflikt- und Problembearbeitung, 5. der Abschluss einer Vereinbarung (einschl. Festlegung von Kontrollverfahren und Abschluss des Vertrages) sowie 6. die Evaluation und (zur Kontrolle der Lösungsumsetzung) ein Follow-Up (vgl. Montada/Kals 2001: 178). Nando Belardi spricht allerdings davon, dass Mediation oft ergebnislos verlaufe, wenn sich die Beteiligten „nicht persönlich äußern können, nicht kompromissbereit oder nicht in der Lage sind, die Position des Gegenübers anzuhören und verstehen zu wollen"; sie müssten fähig sein, Person (z.B. Enttäuschung, Ärger auf den Partner) und Sache (z.B. einvernehmliche Regelung für die Kinder) zu trennen und eigene Wahrnehmungen und Positionen infrage zu stellen (Belardi 2010a: 107).

Beispiel: Täter-Opfer-Ausgleich (TOA)

Schlichten statt Richten – Jedem (s)eine Chance

Geschädigte und Beschuldigte können in der gemeinsamen Auseinandersetzung mit der Tat und deren Folgen innerhalb einer

Schlichtung eine Aussöhnung erleben. Sie gelangen dabei zu Wegen, den sozialen Rechtsfrieden wiederherzustellen.
Das Schlichtungsgespräch kann:

1. einen Konsens über das tägliche Miteinander,
2. eine Schadenswiedergutmachung und
3. ein generationsübergreifendes Verständnis ermöglichen.

Ziele:

- Chance der relativ zeitnahen Schadenswiedergutmachung
- Vermeidung eines eventuellen Strafverfahrens
- Stärkung der Opferperspektive im Schlichtungsgespräch

Angebote:

- TOA bietet den Beteiligten die Möglichkeit, über das Vorgefallene zu sprechen, gemeinsam Lösungen des Konfliktes und eine Form der Wiedergutmachung zu finden.
- Innerhalb der Präventionsarbeit werden Fortbildungsangebote für Schulklassen, Institutionen und andere interessierte Gruppen zum Thema TOA gemacht.
- Die Zusammenarbeit mit anderen Projekten des Vereins, Institutionen und anderen Trägern wird organisiert und praktiziert.
- Mediationsangebote im Bereich der Gemeinwesenarbeit (z. B. Nachbarschaft, Schule, Jugendeinrichtungen) sind möglich.

Zugangsvoraussetzungen: Ein glaubhaftes Schuldeingeständnis des Täters, ein personifiziertes Opfer und eine Freiwilligkeit zum Schlichtungsgespräch müssen vorliegen.
Rückenwind e. V., Familienzentrum „Malzmühle" (Am Malzmühlenfeld 43, 39218 Schönebeck)

3.4 Schlussfolgerungen

Ziehen Sie bitte eine Bilanz dieses Kapitels! Welche Schlussfolgerungen ergeben sich für Sie? (Hinweise zur Einordnung ihrer Bilanzierung finden Sie auf meiner Website.)

3.4.1 Anregungen zur Weiterarbeit

Winfried Palmowski (2011: 112 ff.) spricht von einer

> „veränderte(n) Perspektive", sich zu beraten, und zwar „weg von der Dominanz des Expertentums und der Intervention hin zu mehr Kooperation, dem Expertentum des Klienten und einer Position des ‚Nicht-Wissens' auf Seiten der Berater".

1. Reflektieren Sie bitte: Was heißt das für Sie im Allgemeinen?
2. Was bedeutet das für *Ihre* Gesprächsführung?

3.4.2 Materialien

Praxisnahe Hinweise zur Gesprächsführung enthalten die Veröffentlichungen von

- Sabine Weinberger (Klientenzentrierte Gesprächsführung. Lern- und Praxisanleitung für psychosoziale Berufe, 13. Aufl. Weinheim und München 2011),
- Wolfgang Widulle (Gesprächsführung in der Sozialen Arbeit. Grundlagen und Gestaltungshilfen, 2. Aufl. Wiesbaden 2012, insb. S. 73–117), und
- Anke Stockhausen (Gesprächsführung und Verhandlungen, Berlin 2010).

Anregungen und praktische Übungen (z. B. „Einweg-Zweiweg-Kommunikation", „Kontrollierter Dialog") zum „Aufbrechen" z. B. durch Fehlwahrnehmungen gekennzeichnete Kommunikationssituationen nennt Klaus Antons (Praxis der Gruppendynamik. Übungen und Techniken, 6. Aufl. Göttingen, Toronto und Zürich 1996, S. 72–92).

Das Standardwerk zum Erstgespräch hat Harro D. Kähler (Erstgespräche in der sozialen Einzelhilfe, 4. Aufl. Freiburg/Brsg. 2001) vorgelegt. Das von ihm verantwortete Webportal (www.erstgespraeche.de) enthält weitere Informationen.

Vorschläge zum Aufnehmen von Konfliktinhalten und zum Einleiten konstruktiver Maßnahmen zur Beendigung eines Konflikts nennt Regina Mahlmann (Konflikte managen. Psychologische Grundlagen, Modelle und Fallstudien, 2. Aufl. Weinheim und Basel 2001, S. 153 f., 158 f.).

Franz Herrmann (Konfliktkompetenz in der Sozialen Arbeit. Neun Bausteine für die Praxis, München und Basel 2013) formuliert sieben Phasen der Konfliktberatung *mit Einzelpersonen* (S. 160 ff.).

Die besonderen Bedingungen der Gesprächsführung in Zwangskontexten (z. B. der Bewährungshilfe) und der Arbeit mit unmotivierten Menschen können hier (als Sonderformen) nicht weiter dargestellt werden; gute Hinweise hierzu finden sich bei

- William R. Miller und Stephen Rollnick (Motivierende Gesprächsführung, 2. Aufl. Freiburg/Brsg. 2005),
- Mechthild Seithe (Engaging. Möglichkeiten Klientenzentrierter Beratung in der Sozialen Arbeit, Wiesbaden 2008),
- Wolfgang Klug und Patrick Zobrist: Motivierte Klienten trotz Zwangskontext. Tools für die Soziale Arbeit, München und Basel 2013),
- Harro D. Kähler und Patrick Zobrist (Soziale Arbeit in Zwangskontexten. Wie unerwünschte Hilfe erfolgreich sein kann, 2. Aufl. München 2013), und
- Insoo Kim Berg (Familien-Zusammenhalt(en). Ein kurz-therapeutisches und lösungsorientiertes Arbeitsbuch, 9. Aufl. Dortmund 2010).

Kapitel 4
Klären und deuten: Kennzeichen anlassgerechten Fallverstehens

Fallbeispiel

In einer Fallschilderung heißt es: „In der zweiten Klasse einer Grundschule springt Tim, acht Jahre, ganz plötzlich von seinem Stuhl, sieht sich kurz suchend um, rennt durch die Stuhlreihen und nimmt sich von den Tischen der anderen verschiedene Dinge, die er trotz eindringlicher Worte der Lehrerin auf keinen Fall wieder herausrücken will. In Seminaren zur Sozialen Arbeit oder auf Fortbildungen mit Lehrkräften oder Schulsozialarbeitenden erzählt und die Zuhörenden nach spontanen Deutungen gefragt, entsteht oft das Bild eines Jungen, der ein ‚schwieriger' Schüler ist, vielleicht an ADHS leidet, der die ganze Klasse aufmischt, verhaltensauffällig ist, und seine Lehrer wie Lehrerinnen an die Grenzen ihrer Geduld bringt. (…) Möglicherweise ist das so. Es könnte aber auch sein, dass Tim: am Nachmittag zu einem Kindergeburtstag eingeladen ist und noch ein Geschenk braucht, sich in Tina verliebt hat, ein Mädchen aus der Klasse, und ihr imponieren will, den Unterricht langweilig findet und ein bisschen ‚action' in die ganze Sache bringen will, neidisch ist, weil er viele der erbeuteten Dinge nicht besitzt (da zu Hause kein Geld dafür da ist) und sie gern haben möchte, oder dass er darauf abzielt, seine Lehrerin ärgerlich auf ihn zu machen, damit diese dann mit seiner Mutter spricht. Die ist nämlich immer so traurig und braucht Hilfe" (Ader 2010: 159f.).

4.1 Einführung: Was ist der Fall?

Was mit Tim los ist, das ist zunächst noch unklar; wahrgenommen wird nur ein bestimmtes Verhalten *(Beobachtung)*, welche Ursache dieses Verhalten hat, bedarf erst noch der Interpretation *(Deutung)*. Soziale habe es in der

Regel mit Tims zu tun: Sie müssen erkunden, was es mit ihnen auf sich hat *(Exploration).*

Damit ist ein Verhalten gegeben, das zunächst Unklarheit mit sich bringt. Es wird zu klären sein, was der *Anlass* ist. Stellt das wahrnehmbare Verhalten von Tim nun ein Anliegen (z.B. Bedürfnis nach „action") oder eine Notlage (also eine – noch – unerkannte Schwierigkeit) dar? Ist Tim überhaupt jemand, der durch sein Verhalten gegenüber Sozialen (es könnte eine Schulsozialarbeiterin sein) ein Anliegen „formuliert" (auch das Verhalten stellt ja Kommunikation dar, enthält also eine Nachricht bzw. einen Inhalt, wenn auch vielleicht als solcher auch noch nicht verstanden) und damit zum *Fall?*

Fall meint in diesem Sinne nicht die Person, die als Mensch (z.B. durch ihr wahrnehmbares Verhalten) in Erscheinung tritt, sondern den Sachverhalt (die im Verhalten als Kommunikation eingeschlossene Nachricht), der für diesen Menschen von Bedeutung ist.

Ein *Anlass,* der zum Fall wird, muss durch Soziale, unabhängig von der Form, Art und Weise, wie er eingebracht wird (es könnte sich ja auch um ein Telefonat handeln, in dem um ein Beratungsgespräch gebeten wird) *verstanden* werden: Dabei ist es unerheblich, ob es sich um einen Kinderschutzfall im Allgemeinen Sozialen Dienst handelt (der dort aufgrund der Meldung von Nachbarn Einzelfallarbeit zur Folge haben kann); es kann auch ein persönliches Thekengespräch im offenen Bereich eines Jugendhauses sein (das über die Probleme eines jugendlichen Besuchers mit dessen Freundin zu einer Form von Lebensberatung führt) oder es kann das Verhalten in einer Schulklasse sein (als Thema der Schulsozialarbeit, Tim zu helfen, sich in der Schule so zu verhalten, dass es nicht zu Konflikten mit anderen Schülern oder Lehrerinnen kommt).

Professionell wird das Handeln Sozialer erst *dann,* wenn es um die *Deutung* des Falles geht. Die hierfür erforderliche Klärung erfolgt in zwei Richtungen: als Exploration des Anlasses, der zum Fall führte, und als Prüfung der Zuständigkeit, ob der Fall (hier) zu bearbeiten ist:

Die Klärung der *Zuständigkeit* geht der intensiven Exploration voraus. Im Fall des Thekengesprächs im Jugendhaus ist dies noch recht einfach: Der Jugendliche ist vor Ort und nimmt ein informelles Gesprächsangebot wahr, das zu nichts weiter verpflichtet (§ 11 SGB VIII bestimmt, dass die Teilnahme an Angeboten der Jugendarbeit stets freiwillig ist). Alles Weitere liegt in der Hand der Sozialen, z.B. die Weiterverweisung an andere Stellen (Fachdienste, Beratungsstellen, Leistungsanbieter), wenn dies erforderlich werden sollte. Anders wird dies sein, wenn z.B. die Mutter von Tim eine erzieherische Hilfe (§§ 27ff. SGB VIII) in Anspruch nehmen wollte: Interne Regelungen eines Jugendamtes (im Rahmen z.B. einen Geschäftsverteilungsplanes) werden die Zuständigkeit konkretisieren. So kann z.B. die Zuständigkeit einzelner Sozialer für bestimmte Stadtteile, einzelne Quartiere oder Straßenzüge bzw. nach Namen geregelt sein. Die Organisationsstruktur eines Amtes führt außerdem zur Herausbildung spezifischer Dienste (z. B. des Allgemeinen Sozialdienstes/ASD, des Pflegekinderdienstes/PKD oder der Jugendhilfe im Strafverfahren (Jugendgerichtshilfe/JGH), womit weitere Klärungen der Zuständigkeit verbunden sind. Wer den Fall also tatsächlich bearbeitet, wird sich vor diesem Hintergrund erst noch ergeben.

Eine *Exploration* „dient der Analyse des aktuellen Problemstandes (psychische, soziale, somatische Störungen) und soll den Untersucher auch mit den weiteren Beteiligten (Familie, Großeltern, Erzieher, Sozialarbeiter usw.) und der persönlichen Situation im subjektiven Lebensraum bekannt machen" (Northoff 2012: 29). Dabei nähert sich der Soziale dem Fall mit (ersten) Annahmen über den Fall (z. B. zum gegebenen Anliegen oder der Notlage), die sich erst noch bestätigen müssen (Hypothesenmodell), z. B. in dem Sinne der im Beispiel genannten Fragen (es könnte z. B. sein, dass Tim den Unterricht langweilig findet und ein wenig „action" in die ganze Sache bringen möchte).

Definition

Hypothese bedeutet: „empirisch gehaltvolle Aussage, die einer Klasse von Einheiten bestimmte Eigenschaften zuschreibt oder gewisse Ereigniszusammenhänge oder -folgen im untersuchten Bereich konstatiert. Sie gilt stets nur vorläufig" (Fuchs-Heinritz u. a. 2007: 279).

Explorierend könnte *Tim* nun direkt gefragt werden, was „sein Thema" ist; womöglich sagt er frei heraus, was ihn veranlasst hat, sich so zu verhalten. Womöglich aber ist es ihm unangenehm, sich rechtfertigen zu müssen. Vielleicht will er „nur ganz schnell raus aus der Nummer", mit der Folge, dass er irgendetwas sagt. Oder er glaubt zu wissen, was von ihm erwartet wird, was er sagen soll oder in einer gegebenen Situation (im Beisein der genervten Klassenlehrerin) sagen muss *(soziale Erwünschtheit).*

Zudem liegt in der Regel der Fall auch nicht so einfach, und es beschränkt sich der Anlass nicht auf ein gezeigtes Verhalten oder eine direkte Anmeldung um Beratung oder Hilfe; in einem Fall von Kindesmisshandlung greifen viele Verhaltensweisen (z. B. verdecken/verbergen, Abwehr, Schuldgefühle) und Hintergründe der Notlage (z. B. Überforderung, Zwänge, Lust an Gewalt) ineinander, die sich auf den ersten Blick nur schwer erschließen lassen und zu einem unklaren Ersteindruck führen können.

Die ersten (oft zudem widersprüchlichen) Eindrücke verweisen auf das grundlegende Problem, inwieweit *überhaupt* zu erkennen ist, was wirklich ist. Eine Soziale erlebt Ratsuchende nur selten unmittelbar („wirklich"), also dann, wenn sich ein *Anlass* ergibt. Sie ist darauf angewiesen, dass ihr dazu etwas mitgeteilt wird. Sie erfährt also subjektive Geschichten über Geschehenes, die verwoben sein können (in der Regel wohl auch verwoben sein werden) mit den persönlichen Deutungen, Hoffnungen und Wünschen des Erzählenden. Damit entsteht eine „große Projektionsfläche für subjektive Deutungen" angesichts des Wunsches, eine stimmige (konsistente) Geschichte zu präsentieren: „Aus Aussagen werden so oft Einsagen, nämlich dass etwas aus bestimmten Gründen so und nicht anders geschehen sein möge." Dieser Wunsch auf Konsistenz bestimmt nicht nur die Erzählung, „sondern auch die Interpretation des Beraters, der aus dem *erzählten* Leben des Klienten das *gelebte* Leben zu rekonstruieren versucht" (Bamberger 2011: 17ff., zit. S. 18f.).

Konstruktivistisch argumentiert (LE 1.4) ist es unmöglich, eine Aussage darüber zu treffen, was wirklich (umgangssprachlich: „wahr") ist. Ein Mensch kann die Wirklichkeit (sog. *Realität*) immer nur auf die ihm eigene Weise erschließen und aufgrund der Erfahrungen, die er in und mit seiner Umwelt macht, sein Bild von der Realität konstruieren. Wahrnehmungen und darauf bezogene Konstruktionen sind individuell eingefärbt, z. B. durch die subjektiv bevorzugten Themen, und reduzieren in diesem Sinne die Komplexität der Wirklichkeit, die sonst leicht unübersichtlich werden und die Handlungsfähigkeit überfordern könnte. Er wird v. a. solche Konstruktionen für „wahr" halten, die für sein persönliches Wohlbefinden oder die Interaktionen mit anderen dienlich sind, wobei jeder darauf bestehen wird, dass sein Bild von der Welt die Wirklichkeit auch tatsächlich trifft. Daraus kann der Schluss abgeleitet werden, dass das Expertentum eines Menschen, der mit seinem Anlass die Unterstützung Sozialer sucht, sich daraus ergibt, „dass er am besten beurteilen kann, welche Konstruktionen für sein Leben *nützlich* und welche *nicht nützlich* sind" (vgl. Bamberger 2001: 7ff.; Herv. i. O., von Spiegel 2013: 255).

Daraus kann zweierlei abgeleitet werden: Die Deutung des Falls muss 1. zu einem Dialog zwischen Sozialer und Adressat führen und 2. als stets vorläufig angesehen werden, denn im weiteren Dialog können sich immer wieder neue Aspekte ergeben, die die subjektive Konstruktion in einem neuen Licht erscheinen lassen. Jedenfalls wird eine systematische Exploration erforderlich, um einerseits die Oberflächenstruktur (Prozess der *Anamnese*) und andererseits die Tiefenstruktur (*Deutung* [oft auch als Diagnose bezeichnet]) des Falles aufklären zu können. Solches Fallverstehen (gelegentlich auch als *Kasuistik* bezeichnet) hat „die Aufgabe, Welten zu erschließen, indem ein Fall aus den alltäglichen Routinen und Zwängen herausgelöst" wird (Hörster 2010: 679). Es ist ein aufmerksamer Umgang mit Nichtwissen erforderlich und eine Art Fremdheitshaltung einzunehmen: Die Soziale, der Adressat und die anderen am Fall Beteiligten sind sich fremd, denn sie kommen in der Regel aus unterschiedlichen sozialen Welten (vgl. Müller, B. 2012: 100, Rätz 2012: 104, Glinka 2013: 284). Der Soziale weiß zunächst nichts von dem, was die Adressatin als Anlass betrachtet, mit ihm zu tun haben zu wollen oder zu müssen.

Anamnese (griechisch für [Wieder-]Erinnerung) stellt (als strukturierte Exploration und Dokumentation) eine

> „Erfassung der Lebensgeschichte unter besonderer Berücksichtigung eventueller Ursachen eines störenden Erlebens und Verhaltens (dar). Sie dient vor allem der Erkundung der Entwicklung und der Sozialisation, der familiären Eckdaten, der Konflikte und der Ressourcen (z.B. Sozialisation, Erkrankungen, Trennungen, gute Phasen, besondere Ereignisse) der diagnostizierten Person" (Northoff 2012: 29).

Anamnese meint also, Transparenz herzustellen und einen Fall und den Menschen, der den Fall „mitbringt", kennenzulernen. In diese Erfassung der Lebensgeschichte fließen subjektbezogene Informationen ein, z.B. zum biografischen Hintergrund, den familiären und sozialen Beziehungen, der schulischen bzw. beruflichen Situation oder zum physisch-psychischen Status (z.B. gesundheitliche Belastungen, psychische Erkrankungen). Die Ermittlung dieser Informationen wird durch eine offene Fragehaltung (was weiß ich genau und was nicht?) gekennzeichnet, z.B. durch Fragen nach beteiligten Personen (wer?), Sachverhalten und Themen (was?), Zeitabläufen, Terminen (wann?), Orten (wo?) und Ereignissen, Geschehnissen oder Handlungen (was?). Erfahrungen im sozialen Umfeld und auch aus früheren Kontakten werden erfasst, systematisiert und dokumentiert (vgl. dazu die Beiträge in Lawner/Greving/Niehoff 2008). Die Informationen stammen in der Regel von der Gesprächspartnerin selbst, werden durch Einbeziehung Dritter (z.B. Familienangehörige) oder aus ggf. schon vorliegenden Unterlagen (Fallakten) gewonnen.

Dieser möglichst umfassende Einblick birgt zwei Risiken, weshalb mit den erlangten Informationen vorsichtig umzugehen ist: in Bezug auf den Zugriff durch andere (Vertraulichkeit, Datenschutz) und im Blick auf die Bewertung, damit (z.B. unter Bezugnahme auf frühere, vielleicht vordergründig vergleichbar erscheinende Fälle) keine vorschnelle Einordnung erfolgt. Eine Anamnese ist prinzipiell *unvollständig;* sie muss *in jedem Fall neu* erfolgen und kann nur die *Grundlage* für die Entwicklung des weiteren Vorgehens bilden. Das „Hinterkopfwissen" (Müller, B. 2012: 29), das Soziale aufgrund ihres Studiums mitbringen (z.B. pädagogisches Wissen über Kinder und die Bedingungen ihres Aufwachsens) muss in den Hintergrund treten, um offen für die besonderen Aspekte jeden Falles sein zu können.

Im Fall von *Tim* wäre zu klären, weshalb das Anliegen durch Soziale zu bearbeiten ist (z.B. „Welche Rechtsgrundlagen sind zu beachten, welche Rechtsansprüche sind gegeben?"). *Tims* Mutter könnte beim Jugendamt eine Hilfe zur Erziehung beantragen; damit wäre ggf. ein Rechtsanspruch auf eine Hilfe gegeben und die Zuständigkeit (hier beim Jugendamt) geklärt. Dazu gehört auch, zu ermitteln, welche anderen Professionellen mit dem Fall befasst waren; bereits früher könnte die Schulpsychologin einbezogen gewesen sein, oder es könnte auch bereits ein Gespräch in der örtlichen Erziehungsberatung stattgefunden haben.

4.2 Anlässe subjektspezifisch verstehen

Sind der Fall und die Zuständigkeit geklärt, geht es darum, den Fall in seiner Tiefenstruktur zu verstehen und zu deuten. Üblicherweise wird in der Sozialen Arbeit auch von „Diagnose" gesprochen. Der Begriff der Diagnose beschäftigt die Soziale Arbeit seit ihrer Begründung als Profession. Nach Alice Salomon, die sich dabei im Kern wiederum auf das Konzept von Mary Richmond („Social Diagnosis") bezog, gehörte zu einer „sozialen Diagnose" die „Ermittlung aller Tatsachen … aus dem Leben des Bedürftigen und seiner Familie, die dazu helfen können, die besondere Not oder das soziale Bedürfnis der Betreffenden zu erklären und die Mittel zur Lösung der Schwierigkeit aufzuzeigen". Sie forderte, dass bei der Ermittlung des Notstands die Fürsorgerinnen der Außendienste des Jugend- oder Sozialamts die Notlage von Familien im Kontext ihres Umfeldes deuten und bei der Entwicklung des „Hilfsplan" auch die Betroffenen beteiligen sollten (vgl. Salomon 1926: 7). Ihre Vorschläge fanden in der Praxis zunächst kaum Beachtung; erst in den 1970/80er Jahren folgte eine Weiterentwicklung als *psychosoziale Diagnose*, in der Regel bestehend aus 1. einer Familienanamnese, 2. einer Beschreibung der aktuellen Lebenslage, der Befindlichkeiten der Familienmitglieder und ihrer Beziehungen untereinander und 3. einer pädagogischen Interpretation und Prognose, wie die Lebenssituation mittels welcher Hilfeart zu verbessern sei (vgl. Uhlendorff/Euteneuer/Sabla 2013: 171).

Die psychosoziale Diagnose als Grundlage „zur Begründung, Ausrichtung und Steuerung von Interventionsprozessen" (Heiner 2010b: 47) galt in weiten Teilen der Sozialen Arbeit geraume Zeit als zulässiges und zuverlässiges Instrument, Fälle einzuordnen. Erst allmählich setzte sich das Verständnis durch, dass Soziale Arbeit immer ein Handeln unter Bedingungen von Nichtwissen und Unsicherheit sein muss. Als Auffassung setzte sich durch, Diagnostik trage immer noch dazu bei, dass einige der wesentlichen

Bedingungen der Lebensführung und der Problemlösung zur Sprache gebracht werden (vgl. Pantuček 2013: 99).

Definition

Diagnose: „Der Begriff ‚diagnosis' (griech.) bedeutet: ‚unterscheiden', ‚durch und durch erkennen'. Diagnose ist demnach ‚die unterscheidende Erkenntnis'. Diagnostizieren verlangt von der Fachkraft, Informationen und Daten zu sammeln, die sich auf eigene Beobachtungen, aber auch auf Aussagen Dritter beziehen. Diese Informationen und Daten sind zu prüfen, zu vergleichen und schließlich zu bewerten. Hieraus werden Arbeitshypothesen gebildet, die es ermöglichen, Aussagen bezüglich konkreter Hilfeformen zu treffen und entsprechende Entscheidungen in die Wege zu leiten. Diagnose ermöglicht ein strukturiertes Fallverstehen" (Weyrich 2011: 188).

Nun gilt als Standard, dass durch

> „fundierte Beurteilungen von Lebensumständen, Entwicklungspotentialen oder Gefährdungsmomenten … sowohl psychische und soziale Faktoren für Entwicklung und Gefährdung kenntnisreich erkundet als auch Vorstellungen, Wünsche und Ängste der Menschen selbst respektvoll berücksichtigt werden (sollen). Ziel dieser durchblickenden Anstrengungen ist es, zu realisierbaren Vorschlägen für sozialpädagogisches Handeln, also z.B. für geeignete Hilfen oder notwendige Interventionen zu kommen" (Müller, W. 2013d: 205f.).

4.2.1 Diagnostische Zugänge

Nach Maja Heiner „umfasst der diagnostische Prozess zwei Elemente: die Informationssammlung und die Informationsauswertung. Beide müssen begründet, nachvollziehbar und nachprüfbar sein" (Heiner 2010b: 47), es geht also um „beobachten, unterscheiden, beschreibend kategorisieren, analysieren und bewerten" (Staub-Bernasconi 2007: 287). Damit wird zunächst auf den Fall bezogen *Komplexität gewonnen,* z.B. auch durch den Einbezug der Diagnosen anderer Disziplinen, d.h. *medizinisch* (v.a. der gesundheitliche Status), *psychologisch bzw. psychosozial* (z.B. Entwicklungsverzögerungen, wie sie z.B. in Berichten der Jugendgerichtshilfe einzuschätzen sind). Anschließend geht es um die Reduktion von Komplexität, d.h. die Verdichtung der Informationen auf das für die Bearbeitung des Falls notwendige Maß.

Dabei lassen sich grundlegend zwei Ansätze unterscheiden: einerseits der *klassifizierende* Ansatz, der sich durch den Einsatz weitgehend standardisierter Erhebungs- und Auswertungsinstrumente (z. B. psychodiagnostischen Testverfahren) auszeichnet, andererseits der *qualitative (rekonstruktive)* Ansatz, d. h. eine auf das Gespräch mit dem Beratenen (dialogisch) angelegte, wenig vorstrukturierte, situations- und interaktionsabhängige (also: flexible) Informationssammlung:

Klassifizierender Ansatz: *Klassifikationen* sind „begriffliche Kennzeichnungen der Gemeinsamkeiten bestimmter Phänomene“ (Heiner 2013b: 20); sie lassen sich auch als Zusammenstellungen von Wahrnehmungen und Deutungen nach typischen Merkmalen (z. B. „hilfsbereit“ oder „aggressiv“) verstehen. Klassifizierungen sollen erlauben, dass dies „systematisch und nachprüfbar“ geschieht (vgl. dazu auch die Beiträge in Gahleitner/Hahn/Glemser 2013; eine Übersicht zu den diagnostisch zum Einsatz kommenden Klassifikationssystemen gibt Pantuček 2012: 282 ff.).

Ein klassifizierendes Verfahren stellt z. B. das *Person-in-Environment-System* (PIE) dar (vgl. Karls/Wandrei 1994), ein ganzheitliches System für die Situationsanalyse, das sowohl soziale, körperliche und psychische Faktoren zur Diagnose heranzieht. „Probleme in sozialen Rollen“ werden z. B. nach Typ, Schweregrad, Dauer und Coping-Fähigkeiten klassifiziert, „Lebensweltprobleme“ nach ihrem Schweregrad und der Dauer. Psychische und Verhaltensauffälligkeiten sowie körperliche Erkrankungen werden ergänzend durch entsprechende Fachleute aus der Psychologie und Medizin, seltener durch entsprechend ausgebildete Soziale erhoben. Der Einsatz der Erhebungsbögen ist allerdings an eine gründlichen Einführung und an intensive und kontrollierte Trainings (vgl. Stimmer 2006: 124 ff.) gekoppelt. Angesichts der Elaboriertheit und auch Abstraktheit des PIE-Systems ist Peter Pantuček (2013: 98) zuzustimmen, der von „hoffnungslose(r) Überforderung“ spricht, mit der Soziale im Handlungsvollzug konfrontiert wären, würde das Verfahren dort zum Einsatz kommen (zum Verfahren vgl. ebd.: 294 ff.; vgl. auch Gehrmann/Müller 2007: 85–92).

Auch *Kompetenzfeststellungsverfahren* zählen zur klassifizierenden Diagnostik. Dabei handelt es sich meist um pädagogische Arrangements, in denen Menschen geplant Gelegenheit gegeben wird, ihre Kompetenzen externen Beobachterinnen zu zeigen, z. B. im Rahmen handlungsorientierter Verfahren (z. B. der Bewältigung von Übungsaufgaben), bei denen die Verhaltensweise systematisch beobachtet und klassifiziert wird. Solche Testverfahren dienen z. B. in der Jugendsozialarbeit der Feststellung z. B. (beruflicher) Interessen und Kompetenzen; andere Verfahren thematisieren z. B.

die Tendenz, sich mit bestimmten (Tätigkeits-)Bereichen verbundenen (emotional negativ erlebten) Anstrengungen durch geeignete Vermeidungsstrategien aktiv zu entziehen (Anstrengungsvermeidungstest). Beispiele sind „dia-kom“ bzw. „dia-train“, „hamet2“ oder der „Eignungstest Berufswahl“ (Hinweise hierzu am Ende dieses Kapitels; zu Potenzialassements in der Jugendsozialarbeit vgl. auch de Boer/Stumpf/Wagner 2009). Entscheidend ist dabei, dass keine Beschränkung auf nur ein Testverfahren erfolgt, sondern eine Kollektion bzw. Kombination von Testverfahren zur Einschätzung herangezogen wird (zu Fragen der Kompetenzmessung vgl. Erpenbeck 2007, Jude/Hartig/Klieme 2008; Verfahren und Instrumente der Erfassung und Bewertung informell erworbener Kompetenzen zeigen die Beiträge in Flachmeyer u. a. 2010).

Ein anderes klassifizierendes Verfahren ist z. B. der *Fragebogen zur sozialen Unterstützung*, ein Selbstbeurteilungsverfahren, mit dem drei Bereiche subjektiv wahrgenommener bzw. antizipierter Unterstützung aus dem sozialen Umfeld (praktische Unterstützung, emotionale Unterstützung und soziale Integration) erfasst werden (vgl. Fydrich/Sommer/Brähler 2003). Als typisch zu nennendes Klassifizierungsverfahren kann z. B. auch der *Kölner ADHS-Test für Erwachsene* (KATE) gelten, das aus fünf Einzeltests besteht, darunter dem Fragebogen zum Funktionsniveau: Das Verfahren bezieht sich auf die wichtigsten Schwierigkeiten (Dimensionen), mit denen erwachsene ADHS-Betroffene alltäglich konfrontiert sind (z. B. das „Ordnen“, wenn sich die Beratene zwischen verschiedenen Möglichkeiten entscheiden muss oder wenn viele Dinge gleichzeitig zu tun sind). Damit soll das jeweilige Fähigkeitsniveau von ADHS-E-Betroffenen klassifiziert und anschließend in einem „Profilbogen zum Funktionsniveau“ dargestellt werden können.

Mit Hinweis auf das Person-in-Environment-System weist *Heiner* darauf hin, dass „in der Sozialen Arbeit der Konsens über die Notwendigkeit und den Zuschnitt einer Basisdiagnostik, die auf wenigen Seiten eine zusammenfassende Einschätzung aller Lebensbereiche erlaubt“, (noch) fehlt, auch wenn dies in allen Handlungsfeldern der Sozialen Arbeit eine Verständigung über die Lage der Adressatinnen erlauben und auch die Koordination möglicher Interventionen erleichtern könnte (vgl. Heiner 2010b: 49). An anderer Stelle wird vehement dafür argumentiert, dass die Soziale Arbeit eine eigene Diagnostik benötige; allerdings machen solche Hinweise deutlich, dass ein verbindliches Klassifikationssystem, das den Ansprüchen einer praxisgerechten Intersubjektivität entspräche, noch längst nicht in Sicht ist (vgl. Röh 2012; vgl. auch die verschiedenen Diagnosekonzepte in Heiner 2004).

Klassifizierende Ansätze des Fallverstehens deuten also allenfalls etwas an, was in der Sozialen Arbeit noch nicht Praxis ist. Die Kritik ist zudem nachhaltig: Ein *erstes Problem* stellt der Bezugspunkt dar, der Klassifizierungen ermöglicht, d.h. der Maßstab, der vorhanden sein muss, um klassifizieren zu können. Soll z.B. das Verhalten von *Tim* klassifizierend eingeordnet werden, dann müsste es einen Maßstab für Auffälligkeit geben. In der Tat sind klassifizierende Verfahren darum bemüht, solche Maßstäbe von jeder Zufälligkeit zu befreien (vgl. Heiner 2010b: 48) und gleichsam „objektiv“ (sog. *Intersubjektivität*) und damit auch messbar zu machen. Damit aber stellt sich die Frage, wo Verhalten von Menschen im Sinne des Messbarmachens z.B. „auffällig“ wird, wo also an „theoretischen Konzepten für psychische und soziale Normalität“ (Schrapper 2013: 200) bewertetes Verhalten beginnt und endet. Die oben angedeutete Bandbreite der Möglichkeiten, sein Verhalten zu deuten, lässt einen solchen Bezugspunkt, der Messbarkeit erlaubt, nicht zu. Auch klassifizierende Verfahren haben „keinen neutralen Außenstandpunkt“ (Müller, B. 2004a: 45; vgl. hierzu Schmidt-Grunert 2009: 66f., Marthaler 2011: 32, Uhlendorff/Euteneuer/Sabla 2013: 172). Damit besteht die Gefahr reiner Expertinnendiagnostik, die den Lebensbedingungen der Menschen, ihren Schwierigkeiten bei der Lebensbewältigung und ihren Anliegen und Notlagen nicht gerecht wird. Ein *zweites Problem* stellt das Risiko dar, dass der (der psychologischen Diagnostik verpflichtete) klassifizierende Ansatz eher Gefahr laufen könnte, zur Technologie zu werden. Fragebögen, Checklisten und vergleichbare Tools/Werkzeuge suggerieren leichte Handhabbarkeit und (jenseits des angedeuteten ersten Problems) die Verfügbarkeit schneller „objektiver“ Informationen, die einen Fall einordnen und die Schlussfolgerung zügig ableitbar erscheinen lassen. Das würde freilich reine Sozialtechnologie darstellen, womit die alte (doch mit der Methodenkritik der 1970er Jahre überwunden geglaubte) Expertokratie der Einzelfallhilfe eine Wiedergeburt erleben würde. Klassifizierende Verfahren können damit in der Sozialen Arbeit (wenn überhaupt) allenfalls eine unterstützende Funktion im Prozess des Fallverstehens haben.

Qualitative (rekonstruktive) Verfahren: Diese Verfahren stellen dazu im Gegensatz darauf ab, die „Lebenssituation“ (Pantuček 2012: 50) zu erfassen. Ziel ist es, in Form möglichst offener, kaum oder nur zu zentralen Themen durch Fragen strukturierte Erzählungen „solche subjektiven Prozesse und Muster zu rekonstruieren, die im Verlauf der Lebensgeschichte eines Menschen seine Wahrnehmungen, Deutungen und Handlungsorientierungen geprägt haben“ (Schrapper 2013: 200). Hierbei steht der Dialog zwischen Adressatin und Sozialer im Mittelpunkt. Schon das methodische Arrangement kann dabei diagnostische Zwecke erfüllen: Kommen z.B. dialogorientierte Verfahren (z.B. eine Netzwerkkarte [LE 5.2.1]) zum Einsatz, dann wird im Prozess der Datensammlung das Gespräch auch schon als ein Dialog über die Eigendiagnostik erfolgen (vgl. Pantuček 2013: 102). Solche Verfahren tendieren dazu, die Lebenswirklichkeit von Menschen durch einen lebensräumlicher Blick zu erschließen. Sie weichen als lebensräumliche bzw. Lebensweltanalysen von sozialer Diagnostik des ersten Typs „dadurch ab, dass sie nicht nur fallspezifische Merkmale erfassen sondern die AdressatInnen, über den Einzelfall hinaus gehend, fallübergreifend und fallunspezifisch in ihrem Sozialraum erfassen und betrachten" (Spatscheck 2009: 37). Dieses Verständnis einer Orientierung auf den Sozialraum (LE 10.2) folgt der Überlegung, dass im sozialen Raum, in dem Menschen leben (z.B. der Stadtteil, der Straßenzug, das dörfliche Quartier), die Anlässe entstehen, mit denen Soziale Arbeit zu tun haben kann. In dieser Perspektive wird der Fall von einer rein individualisierten Sichtweise gelöst, die allenfalls den sozialen Nahraum (Familie, Peergroup) in die Betrachtung einbezieht, und die sozialen Verhältnisse und Beziehungen im Sozialraum (Nachbarschaften, lokale Versorgung mit Dienstleistungen, Treffpunkte u.Ä.) als für Anlässe relevant akzeptiert.

4.2.2 Prozess und Probleme der Diagnose

An die Überlegungen Christian Schrappers (2013: 202f.) anschließend lassen sich folgende Schritte im Prozess des Fallverstehens bestimmen:

- Zunächst werden mittels subjektzentrierter Gesprächsführung und Fragetechnik, durch offenes Erzählen im Erstgespräch (LE 3.3.2.1), beim Hausbesuch (LE 11.2) bedeutsame Informationen sowie Einschätzungen und Bewertungen zu Lebenssituation und Lebensführung, zu den Ressourcen und zu den Schwierigkeiten der Lebensbewältigung mit ihren Risiken und Gefährdungen (ggf. durch Hinzufügungen von Gutachten anderer Professionen und Institutionen) ermittelt (wobei die [Selbst-]Deutungen des Unterstützten im Zentrum stehen) und Genogramme, Ressourcen- und Netzwerkkarten u.Ä. angefertigt.
- Anschließend wird die „Hilfegeschichte" (die z.B. in Form tabellarischer Gegenüberstellungen von Lebens- und Hilfegeschichte mit wichtigen Stationen, Diagnosen, Interventionen, Konflikten, Erfolgen und Misserfolgen dargestellt werden kann) von den beteiligten Sozialen reflektiert. Es gilt, „Einsichten und Deutungen ‚auf den Punkt zu bringen' und Konsequenzen zu ziehen", d.h. in Form geregelter Verfahren (z.B. Helfer-Konferenz, kollegiale Fallberatung im Fachteam) Einschätzungen vorzunehmen: Diese kollegiale Beratung soll Fehldeutungen insoweit vorbeugen, als in der Gruppe „die affektive Dynamik eines Falles re-inszeniert und einem distanzierenden Deutungsprozess zugänglich gemacht wer-

den“ soll – mit anderen Worten: Der kritische kollegiale Blick der Vielen hilft der fallverantwortlichen Sozialen, eigene Verstrickungen (z.B. und biografisch bedingte „blinde Fecken“) zu sehen, d.h. den eigenen Zugang zum Fall besser kennenzulernen, einen umfassenderen Zugang und damit zum Verstehen des Falles zu finden.

- Zentral ist die Rückmeldung dieser Deutungen und Beurteilungen an die Beratenen, d.h. die Verständigung und Aushandlung und Einbindung der Einschätzungen der Adressaten selbst (was z.B. im Rahmen des Hilfeplanverfahrens [LE 2.2] erfolgen kann). Nun können Fehldeutungen berichtigt und Einschätzungen im Dialog vervollständigt und auch verändert werden.
- Relevant ist auch hier eine gute Dokumentation und Reflexion, welche Einschätzungen und Vorschläge sich als tragfähig erwiesen haben (vgl. a. Schrapper 2008: 203, Northoff 2012: 27).

Deutlich wird damit, dass die diagnostische Kompetenz von der Fähigkeit Sozialer abhängt, Adressatinnen zutreffend einzuschätzen. Fallverstehen ist darauf ausgerichtet, deren Eigen-Sinn, Widersprüche, Spannungen und Brüche in der Lebensgeschichte zu rekonstruieren und zu entschlüsseln (vgl. Schrader 2006: 95, Schrapper 2008: 201). Damit ist immer die Gefahr verbunden, den Fall zu missdeuten. Gründe können z.B. (vermuteter oder tatsächlicher) Zeit- und Ressourcenmangel (der eine achtsame Betrachtung ausschließt), Handlungsdruck (weil eine Notlage im Raum steht, z.B. die Gefährdung des Kindeswohls), die expertokratische Sozialisation der Sozialen (wonach Ausbildung und Qualifikation rechtfertigen, Urteile über Sachverhalte zu fällen und Maßnahmen einzuleiten) oder geringes Vertrauen in die Kompetenz der Subjekte bzw. Klientifizierung statt Subjektorientierung sein. Brigitta Michel-Schwartze (2007c: 125f.) spricht davon, dass die vorherrschenden „Klientenbilder“ (also die durch z.B. eine psychologische Perspektive geprägten Bilder, wie Menschen „so“ sind) tendenziell eher eine „Diagnostizierung von Hilfebedürftigkeit“ zur Folgen haben, die durch die Wahrnehmung von Defiziten gekennzeichnet wird. Die faktische Machtposition Sozialer (die sich z.B. in ihrer Fähigkeit äußern kann, Gespräche *in eine bestimmte Richtung* zu lenken) kann dazu verführen, unter dem (unausgesprochenen) Anspruch wohlmeinender Fürsorglichkeit „die Geschicke der Klientel zu regeln“.

Oft ist dabei der erste Eindruck bedeutsam, der den Blick lenkt, der aber nachhaltig trügen und zu Fehlannahmen und -schlüssen führen kann (vgl. Kähler 2011: 22ff.). Es ist daher erforderlich, Vorwissen und Vorannahmen zum Ausdruck zu bringen, „damit sie für eine gezielte Suche genutzt (werden) und nicht als Vor-Urteile den Blick verengen und verfälschen" (Schrapper 2008: 199). Als Beispiele solcher Verfälschungen gelten:

- Normalitätskonstruktionen Sozialer, die sich in der Regel in den Vorstellungen eines „normalen Lebens" zeigen, bilden für solche Vor-Urteile einen Hintergrund. Damit wird auch ein diagnostisches Problem deutlich, das in der Abweichung der Deutungsmuster der üblicherweise zur Mittelschicht zählenden Sozialen (mit ihren spezifischen Werten und Vorstellungen von „sozialem Profil" bzw. „erwartbarem Verhalten", Bestimmung von „Schamgrenzen", Deutung einer „Kultur der Armut", „gut und böse", „richtig und falsch", „besonders schlimm") im Verhältnis zur eigensinnigen Lebensführung ihrer Zielgruppen besteht und zur Bestimmung ihres Verständnisses z. B. von „Abweichung", „Problem", „Verwahrlosung" und „Handlungsbedarf" führt. Schon Barbara Salomon hat diese Mittelschichtsnormalität bei der Entwicklung ihres Konzepts vom Empowerment der afroamerikanischen Bevölkerung der USA kritisiert (LE 1.5).
- Biografische „Verstrickungen" dieser Art dürften in zahlreichen Fällen eine Rolle spielen: Wie stark das biografisch erworbene Wissen der Professionellen (z. B. eigene Brüche in der Schulbiografie, persönliche Erfahrungen mit Schulsozialarbeit) deren Praxis prägt, zeigt Florian Baier (2013: 90 ff.) am Beispiel der Schulsozialarbeit.
- Problematisch ist für die Diagnose auch die Gefahr der Routinenbildung (bzw. Schematisierung): Routinen werden als Sequenzen koordinierten Verhaltens mehrerer Personen (z. B. eines Teams Sozialer) verstanden, die auf kollektiv geteilten (durch gemeinsame Erfahrung angeeigneten) Wissensbeständen beruhen und der Bewältigung der Arbeitsaufgaben dienen, z. B. Verhaltensweisen, die in bestimmten Situationen von Sozialen einer Organisation für angemessen und notwendig gehalten werden und ihr Verhalten steuern, ohne dass dies detailliert vorgeschrieben wäre (vgl. von Spiegel 2013: 254 f.). Auch die alltägliche (informelle) Kommunikation unter Teammitgliedern kann zur Herausbildung solcher Schematisierungen beitragen, wenn im Gespräch „zwischen Tür und Angel" Fälle angesprochen, das Verhalten von Adressaten besprochen und unausgesprochen Schlussfolgerungen gezogen werden, die für künftige Einschätzungen und Vorgehensweisen von Bedeutung sein werden (zur Bedeutung informeller Kommunikation am Beispiel der Arbeit im ASD vgl. Hübsch 2012).

Dies erleichtert es, dass „Gehörtes sofort mit bekanntem Wissen erklärt" wird (Rätz 2012: 104; vgl. auch Schmidt, F. 2013: 11).

- Auch ist das Verstehen unter Druck erschwert: Soziale setzen u. U. (z. B. aufgrund einer sensiblen und mit persönlichen Sorgen besetzten Wahrnehmung des Themas „Kindeswohlgefährung") beunruhigend wirkende Beobachtungen (z. B. einer familiäre Erziehungsüberforderung, die als Kindeswohlgefährdung gedeutet werden kann) in Bezug zu Vorerfahrungen (die ähnlich gelagert zu sein *scheinen*). Die Fallverdichtung (mögliche Kindeswohlgefährung, ähnliche Vorerfahrungen) erlauben es, einen schnellen Eindruck vom Fall zu erhalten und daraus Maßnahmen (z. B. die Fremdunterbringung in einem Heim) als notwendige, schnelle Konsequenz abzuleiten (vgl. Ackermann 2012: 36; zum Missverstehen bzw. „blinden Flecken" vgl. z. B. Bange 2009a/b, Herwig-Lempp 2009, Rauh 2010, Hensen 2010, Gedik 2011, Retkowski/Schäuble/Thole 2011, Ackermann 2012).
- Friederike Schmidt weist unter Hinweis auf eine eigene empirische Untersuchung darauf hin, dass schon die Blicklogik der wahrnehmenden Sozialen und deren körperliche Blickposition das Bild mitprägt, das sie von der anderen Person haben wird; allein durch diesen Wahrnehmungsfokus werde die Betrachtung ihrer Adressaten (neben ihrem professionellen Selbstverständnis) auf spezifische Aspekte und die Wahrnehmung auf einen Ausschnitt verengt (vgl. Schmidt, F. 2013: 11 f.).
- Aber auch bestimmte Verhaltensweisen des Gesprächspartners, z. B. kontrolliertes Verhalten (etwa Schauspielerei), Verhalten, das sozialer Erwünschtheit entspricht (z. B. angepasstes Verhalten) oder Motivationsstörungen (Desinteresse), beeinflussen den Blick (vgl. Northoff 2012: 27).

In jedem Fall sind es die Sozialen selbst, die den eigenen Verwicklungen mit „sensibler Aufmerksamkeit" begegnen und reflektieren müssen (LE 14.2, 14.3), „mit welchen institutionelle und persönlichen Normen und Werten die Fachkräfte ihren Fällen begegnen und welche eigenen Konflikte und Streitfragen die Helfer ‚auf dem Rücken' der Klienten ‚austragen'" (Schrapper 2008: 201 f.). Dem Problem der Definitionsmacht, dass Soziale bestimmen, was „der Fall" ist, kann (im Anschluss an die Überlegungen von Ulrike Urban-Stahl [2012: 145 f.]) ggf. auch dadurch begegnet werden, dass eine Zweitmeinung (ombudschaftlich) eingeholt wird, um so auch die „fachliche Transparenz" des Handelns Sozialer zu verbessern (ebd.: 152). Im Rückgriff auf Befunde eines Forschungsprojekts lässt sich feststellen, dass solche Formen „systematischer Mehrstimmigkeit" dazu beitragen können, drohende

Schematisierungen durch das Einnehmen einer systematisch skeptischen Haltung zu begrenzen (vgl. Retkowski/Schäuble/Thole 2011: 502). An ihnen liegt es, ein Interesse für die (fremde) Lebenswelt der Adressatinnen zu zeigen und eigensinnige Lebensentwürfe und Praxen der Lebensführung zu akzeptieren. Auf jeden Fall, so Burkhard K. Müller, bleibt das „wichtigste ‚Instrument', ohne das alles andere wenig hilft", die Sozialen selbst: Diagnostische Instrumente helfen dann nicht weiter, wenn die Sozialen selbst nicht über ein „selbstbewusstes, gelassenes und von Überheblichkeit freies Verhältnis zu sich selbst und ihrer Arbeit" verfügen (Müller, B. 2004b: 75 f.).

4.2.3 Kritik der diagnostischen Herangehensweise

Es geht also darum, den Blick für „eine Vielsicht von ‚Wahrheiten'" (Knorr 2004: 17) zu öffnen. Das eher naturwissenschaftlich-psychologisch begründete (klassifikatorische) Diagnoseverständnis hofft auf klare Erkenntnis, was im Fall gegeben ist (was – als naturwissenschaftliche Herangehensweise – naheliegt, zu verstehen, um was es sich – in der Analogie zur Chemie z. B. – für einen Stoff handelt). Dieser „Mainstream von ‚störungsspezifischem Wissen' und ‚Diagnostik von psychischem Leiden'" mag, so hat das Marie-Luise Conen gedeutet, dem „Bedürfnis" geschuldet sein, angesichts der durch Individualisierung und Pluralisierung, Offenheit und Infragestellung des Bisherigen geprägten gesellschaftlichen Verhältnisse „wieder fest gefügte Leitideen und Prinzipien nutzen zu können" und „vor allem den Bereichen, in denen der soziale Konsens erodiert, durch Diagnosetabellen und Schemata eine Struktur entgegen(zu)setzen". Solche Diagnostik sei leicht zu erlernen, schnell anzuwenden und führe zu raschen Ergebnissen; sie verspricht, „treffsichere und wirksame Hilfen zu finden". Diagnostik begründe Hilfemaßnahmen; inwieweit sich diese als „passend" erweisen, das „steht auf einem anderen Blatt" (Conen 2011: 108). Noch schärfer fällt die Einschätzung von Martin Neuffer aus; nach seiner Auffassung bieten Diagnosen zwar Sicherheit für Entscheidungen, aber immer mehr Diagnostik sei mit der Gefahr des Missbrauchs und der Tendenz verbunden, Subjekte „wieder mehr zu Objekten der professionellen Hilfe zu machen". Daher sei Diagnostik eher eine „Herrschaft über KlientInnen" (Neuffer 2012: 28).

Fallverstehen hat damit (im Bild gesprochen) etwas von einem Eisberg, der nur den kleinsten Teil – oberhalb der Wasseroberfläche – von sich zu erkennen gibt. Im Erstkontakt und im Erstgespräch wird zunächst nur eine erste Idee des Falles erkennbar. Die Tiefenstruktur des Falles (sozusagen „unter der Oberfläche") ergibt sich erst im kontinuierlichen Prozess der Zusammenarbeit mit den zu unterstützenden Menschen, im Folgegespräch (oder auch Folgegesprächen, ggf. auch mit Dritten, z. B. Familienmitgliedern), auf der Grundlage verstehensermöglichender Verfahren (die bessere Zugänge zur Lebenswelt, Netzwerken u.a. erlauben), im Prozess der Fallbearbeitung (der Gewährung einer Hilfe o.Ä.) und im kollegialen Austausch (z.B. einer kollegialen [Fall-]Beratung [vgl. auch LE 14.2]).

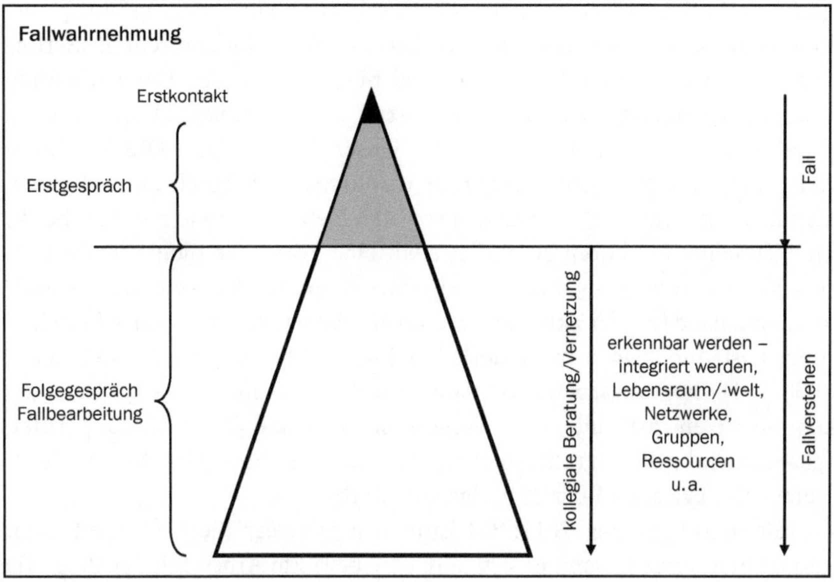

4.3 Verstehensermöglichende (qualitative) Verfahren

Es liegt daher nahe, solche Diagnosen durch offenere (sog. qualitative) Formen einer offenen *Datenerhebung* (Krauß 206: 123) oder *Datensammlung* (Stimmer 2006: 33) zu ergänzen (wozu auch spezifische Verfahren, z.B. Netzwerkanalysen [LE 5.2] zählen).

4.3.1 Biografiearbeit

Im Zentrum der Biografiearbeit steht die subjektive Relevanz der eigenen Biografie, die sich in Lebensgeschichten und -erzählungen äußert. Als Biografie (gr. *bios:* Leben; gr. *grapha:* Schrift) wird „allgemein die Darstellung von Lebensläufen“ bezeichnet (Jordan 2010: 63), während unter *Identität* (lat. *idem:* derselbe, selbst) die Antwort auf die Frage gegeben wird, *„als wer* sich jemand selbst versteht und von anderen erkannt und anerkannt wird“ (Ricken 2010: 130, Herv. i. O.).

Seit den 1970er Jahren fand die Lebenslauf- und Sozialisationsforschung in Deutschland verstärkt Zugang zu den Themen des Lebenslaufes und der sog. „Normalbiografie" in Familie, Schule, Beruf, Familiengründung und Ruhestand und behandelte die subjektive Konstruktion und die gesellschaftlichen Einflüsse (z. B. die wachsende Relevanz der Medien) auf biografische Ereignisse. Damit war auch die Entwicklung von Verfahren verbunden, Biografie zu verstehen, d. h., Sensibilität für biografische Äußerungen zu entwickeln und Techniken einer biografiesensiblen Datenerhebung und -interpretation (auch unter Einbezug von Dokumenten wie Briefen, Tagebüchern u. a.) zu entwickeln (vgl. Jansen 2011a: 17 ff.). Die Auseinandersetzung mit der eigenen Biografie ist durchaus alltäglich und selbstverständlich: So kennen die virtuellen sozialen Netzwerke (wie z. B. Facebook) eine Timeline-Funktion; auch dies stellt eine Form der Biografiearbeit als des Vergegenwärtigens des So-Geworden-Seins in der Zeit dar. Grundannahme ist, dass „der aktuelle Zustand ein Ausgangspunkt neuer Entwicklungen ist und kein unveränderlicher Endpunkt" sein muss (Lindemann 2008: 133). Biografiearbeit kann damit zur Bewältigung des Alltags Ressourcen freisetzen, z. B. alte oder vergessene Kontakte in Erinnerung rufen (grundlegend zur Biografiearbeit vgl. Griese/Griesehop 2007, Miethe 2011, Ruhe 2014; vgl. auch Roer 2010, Jansen 2011b).

Mit Ingrid Miethe (2011: 31) kann von *formeller* Biografiearbeit dann gesprochen werden, wenn es sich „um eine bewußte Arbeit mit der Biografie handelt und die Arbeit an und mit der Biografie explizit als Thema benannt wird (z. B. im Jugendamt mit Pflegekindern oder im Altenheim mit Dementen). Zur Biografiearbeit zählen auch Settings, die einen *informellen* Zugang zur Biografie erlauben (z. B. im Alltag einer Wohngruppe, in der Heimerziehung, nach einem Kinobesuch), wenn z. B. Jugendliche von sich aus vergangene Erlebnisse ansprechen, angeregt durch Fragen wie z. B. „Erzähl doch mal genauer …" (Rätz 2012: 114). Biografiearbeit mit Kindern und Jugendlichen umfasst zunächst Informationen über das familiale, soziale, religiöse und kulturelle Umfeld der Herkunftsfamilie (bei Kindern mit Migrationshintergrund auch Informationen zum Herkunftsland, zur Herkunftskultur, zu Bräuchen und Traditionen), wird vertieft durch Hinweise zu den für das Kind wichtigen Personen und hat Gefühle und Zukunftswünsche zum Thema (vgl. Miethe 2011: 126; andere Einsatzbereiche der Biografieabeit sind z. B. Drogenabhängigkeit [vgl. Giese/Griesehop 2009], die Aufarbeitung sexueller Gewalt [vgl. Loch 2012], die Benachteiligtenförderung [vgl. Raabe 2004] oder die Einzelfallarbeit [vgl. Griesehop/Rätz/Völter 2012]).

Gezielte Biografiearbeit schafft den Rahmen, um verschüttete Erinnerungen und Erfahrungen ausdrücken zu können; so kann die eigene Lebensgeschichte erinnert und erzählt werden, etwa durch die Berücksichtigung „Identität stiftende(r) Elemente", d. h. Erzählungen, Erinnerungsstücke (z. B. abgespielte Kuscheltiere, Kleidung aus einer bestimmten Lebensphase) oder Fotos, in die Erfahrungen und ihre Bewertungen der Erfahrungen einfließen (vgl. Jansen 2011a: 23 ff.).

Zur ressourcenorientierten Biografiearbeit zählen u. a. narrative Verfahren (z. B. im Rahmen eines Interviews „zur Person", bei dem mittels eines Leitfadens die Biografie erfragt wird), autobiografische Schreibverfahren (z. B. ermuntern, die Lebensgeschichte [bzw. Teile davon] aufzuschreiben), visualisierende Verfahren (z. B. der biografische Zeitbalken, der den Lebenslauf chronologisch in Erinnerung zu rufen hilft), kreative, Körper- und Sinnes- sowie meditative und assoziative Verfahren (z. B. Spiel, Farben, Tanz, Collagen, Phantasiereisen, Musik [dazu z. B. Hölzle 2011: 81–84]), die Einbeziehung von Medien (z. B. Fotografien oder Dias, Super18- oder Videofilme [zum Medieneinsatz in der Biografiearbeit vgl. die Beiträge Hölzle/Jansen 2011]) und auch Rollenspiele (LE 8.3.2) sowie – eingeschränkt – Aufstellungsarbeit (LE 8.3.4). Bilder (Malereien, Skizzen) z. B. sind vielen Menschen leichter zugänglich als Schilderungen; emotional und handwerklich eröffnen sie andere Perspektiven (Ruhe 2014: 147). Formen sind auch regelmäßige (z. B. wöchentliche) Gesprächsvereinbarungen, die dabei helfen sollen, „sich aus schwierigen und belastenden Lebenserfahrungen ‚herauserzählen' zu können" (Rätz 2012: 114). Einzelne Verfahren (z. B. der Zeitbalken) eignen sich besonders, den Hintergrund relevanter Kontexte (z. B. Zeitgeschichte, soziale Teilhabe, die Zugehörigkeit zu Szenen, Milieus und Kulturen, den Alltag) einzubeziehen und deren Bedeutung für den emotionalen, kognitiven und sozialen Entwicklungsverlauf der eigenen Biografie sichtbar zu machen (vgl. Jansen 2011a: 20).

Beispiel: Biografischer Zeitbalken

„Der biografische Zeitbalken ordnet die Erzählungsbestandteile in einer Übersicht – einer mehrdimensionalen Timeline – an und fragt auch nach der genauen zeitlichen Verortung, nach dem vorerst Unerzählten" (Pantuček 2012: 226). In der Wahrnehmung des Gesprächspartners relevante Ereignisse werden auf ein leeres Blatt eingetragen; senkrechte Linie markieren Ereignisse, Balken Zeiträume. Im Gespräch dazu (eine Stunde Zeit wird gebraucht werden, möglicherweise wird ein weiterer Termin erforderlich) sind die Dimensionen *Familie* mit den Ereignissen, die das familiäre Setting verändert haben (z. B. Geburt und Tod wichtiger Bezugspersonen), *Wohnen* (z. B. Um- und Auszüge, weitere Personen im Haushalt), *Bildung* (z. B. Schul- und Berufsausbildung), *Arbeit* (d. h. alle bezahlten Tätigkeiten, Arbeitsplatz- und Firmenwechsel), *Gesundheit* (z. B. Erkrankungen), *Behandlung/Hilfe* (z. B. medizinische, sozialarbeiterische, psychotherapeutische oder ähnliche Hilfe) und *Sonstiges* (z.B. freiwilliges Engagement, künstlerische bzw. sportliche Betätigung) relevant (vgl. Pantuček 2012: 229, 231f.). Unterlagen, z.B. Dokumentenmappen, Fotoalben, sollten mitgebracht werden, in Akten verfügbare Daten können durch den Sozialen schon vorbereitet sein.

In der anschließenden gemeinsamen Betrachtung wird z.B. den Leerräumen im Zeitbalken besondere Aufmerksamkeit gewidmet (z.B. das Fehlen von Partnerschaften oder Phasen von Arbeitslosigkeit können prägende biografische Erfahrungen sein); es kann geklärt werden, ob bestimmte Ereignisse zeitlich nahe beieinander liegen, ob es biografische Kontinuitäten „trotz dramatischer Entwicklungen im engsten familiären Umfeld" gibt, und es kann eingeschätzt werden, ob es ähnliche Situationen schon einmal gegeben hat und welche Erfahrungen mit der Bewältigung schwieriger Situationen vorliegen und z.B. Coping-Strategien entwickelt wurden (vgl. Pantuček 2012: 236f.; ein ähnliches Verfahren stellt die *Zeitleiste* dar [vgl. Ruhe 2014: 143]).

Im Anschluss an die Überlegungen von Regina Rätz liegt ein mehrphasiges Vorgehen in der Biografiearbeit nahe: Nach der Kontaktaufnahme bzw. Begrüßung (1) wird das Gespräch über eine zur Erzählung einladende Eingangsfrage eröffnet, die dem Biografen erlaubt, seine Geschichte zu erzählen (2). Erst anschließend kann die Soziale Unklares bzw. offen Gebliebenes nachfragen (3). Daran sollte sich eine Selbstreflexion des Biografen (d.h. seine Deutung des biografischen Geschehens) anschließen (4), worauf nochmals Gelegenheit für die Soziale besteht, nachzufragen (5). Rätz legt anschließend die „Ergebnissicherung im Dialog" (6), den „Abschluss mit konkreter Verabredung" (7) und eine Aktennotiz (bzw. Auswertung nach Verfahren der qualitativen Sozialforschung, d.h. eine sequenzielle Falldokumentation [8]) nahe (vgl. Rätz 2012: 105). Schritt 7 kann sinnvoll sein, wenn das Gespräch fortgeführt werden soll, Schritt 8 verweist auf den empirischen Verwertungszusammenhang, der im Kontext Sozialer Arbeit nicht zwingend gegeben sein muss.

4.3.2 Genogramm

Auch die Arbeit mit dem Genogramm stellt Vergangenes und zugleich noch (gegenwärtig) persönlich Wirksames in den Mittelpunkt der Betrachtung. Ein Genogramm hat die Funktion, die Abstammungsverhältnisse über vier Generationen (von den Großeltern bis zu den Enkeln, einschließlich Partnern) übersichtlich darzustellen und komplexe familiäre Zusammenhänge in der Mehr-Generationen-Perspektive (in der Form eines um zusätzliche Informationen ergänzten Familienstammbaums) transparenter zu machen (vgl. Erler 2003: 35 ff., Belardi 2010b: 153; zu Genogrammarbeit insg. vgl. Kühling/Richter 2007, Beushausen 2012b). Der *Anlass,* weswegen der Kontakt zur Sozialen Arbeit gesucht wird, kann damit ggf. als Konsequenz einer bestimmten Einbindung in die eigene Familie sichtbar und verstehbar gemacht werden. Zugleich eröffnen sich auch neue Zugänge, z. B. für eine hieran anschließende Netzwerkanalyse (LE 5.2), um Ressourcen zur Bewältigung der gegebenen Schwierigkeiten zu erschließen.

Die gewachsenen sozialen, personalen, ökonomischen und politischen Bedingungskonstellationen, innerhalb derer sich Einschränkungen und Entfaltungen individueller Entwicklungsmöglichkeiten ergeben, können in Verbindung mit einem Genogramm analysiert werden, z. B.

- kritische Ereignisse und Lebensphasen der Familie, die sich auf die Emotionen der Familienmitglieder und deren Lebensgeschichte ausgewirkt haben,
- Beziehungsdreiecke, da in Familiensystemen konflikthafte Zweierbeziehungen häufig um eine dritte Person erweitert werden, die den Konflikt verdeckt und das System stabilisiert,
- sich in der Generationenfolge wiederholende Tabus, Familiengeheimnisse, Loyalitäten, familiäre Regeln und Traditionen, Normen und Werte, die erörtert und in einem Gesamtüberblick zusammengeführt werden können,
- die Wiederholung von Beziehungsmustern (z. B. in der Generationenfolge ein jeweils ähnliches Heiratsalter) und
- die Behandlung „ungelebten Lebens" zu Zeiten von Tod, Krankheit, Trennung und Scheidung (vgl. Beushausen 2012b: 96, 101 ff.).

Genogramme werden meist im Rahmen *eines erzählenden Ansatzes,* d. h. parallell zur Erzählung der Beratenen, auf einem ausreichend großen Blatt Papier (DIN-A3-Format), einer Flipchart oder einer Wandzeitung entwickelt; von einer Zeichnung des Genogramms auf einer Tafel kann notfalls auch eine Fotografie gefertigt werden, allerdings kann das Genogramm dann später nicht mehr aktualisiert werden. Unter Umständen, so Peter Pantuček, kann auch ein Computerprogramm zur Erstellung eines Genogramms, (aber auch einer Netzwerkkarte oder Zeitbalken) genutzt werden, wenn dessen Nutzbarkeit durch einfache Befehle sichergestellt ist, also nicht allzu viel Zeit und Aufwand in die Handhabbarkeit investiert werden muss. Kritisch zu sehen ist, dass hierdurch der für die Arbeitsbeziehung charakteristischen Transparenz nicht immer Rechnung getragen werden kann; offen bleibt z. B., was mit den Daten geschieht, wer sie erhält und an wen sie wer weiterreicht. Außerdem: „Die ‚Sterilität' einer VIP-Karte (oder eines Genogramms), die mit einem Computerprogramm erstellt wurde oder in umständlicher Bastelei mit einem Grafikprogramm, reicht nicht an eine spontane Handzeichnung heran" (Herwig-Lempp 2007: 223).

Genogramme sind symbolische „Bilder" der Familie der Beratenen.

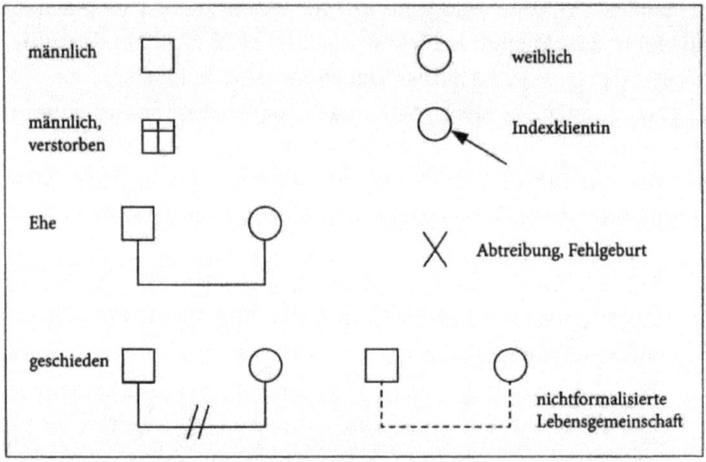

Quelle: Beushausen 2012b: 98

Auf jeweils einer Ebene wird eine Generation mit ihren Beziehungen dargestellt, auf der nächst tieferen die jeweiligen Nachkommen. Quadrate stehen in der Regel für männliche, Kreise für weibliche Familienmitglieder, Lebensgemeinschaften werden durch Linien verbunden. Alle Symbole können durch weitere Informationen und Eigenschaften ergänzt werden, z. B. wie das persönliche Verhältnis von Menschen zu einander eingeschätzt wird: Klare Grenzen zwischen Familienmitgliedern, Verstrickungen, Fusionen, Loslösungen und Ausstoßungen können ebenso wie starke Nähe und Bindungen oder das Überengagement in der Beziehung zwischen Mitgliedern oder Konflikte und Koalitionen durch eigene Symbole kenntlich gemacht werden (vgl. Beushausen 2012b: 109).

Dadurch können persönliche Eigenheiten „als in einer generationenübergreifenden Geschichte verwurzelt interpretiert werden. Dies eröffnet die Möglichkeit, diese bewusst anzuerkennen, sie als Ressource zu nutzen oder sich von ihnen zu distanzieren und neue Entscheidungen zu treffen" (Kühling/Richter 2007: 246). Fokusse der Genogrammarbeit sind v. a.

- *Beziehungen,* denn die subjektive Sicht der geschilderten Beziehungen erlaubt eine Visualisierung der familiären Beziehungsverhältnisse, ihrer Konfliktlinien und Koalitionen und auch die Rekonstruktion der Rollenbeschreibungen etwa gegenüber Geschwistern, Eltern und Großeltern (z.B.: „Wie beschreiben Sie die Beziehungen zwischen den Familienmitgliedern ihrer Herkunftsfamilie?", „Welche Beziehungen möchten Sie verändern?");
- *Herkunft,* denn es wird davon ausgegangen, dass sich in Familien über Generationen hinweg oft immer dieselben Konflikte abspielen;
- *Krankheiten,* z.B. chronische Erkrankungen (z.B. Depressionen, Adipositas, Behinderungen), aber auch Gefühle von Abhängigkeit, Macht, Ohnmacht, Hilfebedürftigkeit und Helfen-Wollen werden Thema; so können auch „die Themen Akzeptanz, Stigmatisierung, Sprachlosigkeit, aber auch der gelungenen Bewältigung, des Familienzusammenhalts und der Zuversicht" besprochen werden (z.B.: „Wie wird mit Krankheiten innerhalb der Familie umgegangen?", „Welche Konflikte zwischen welchen Personen werden durch die Krankheit eines Familienmitglieds wenig thematisiert oder ausgeblendet?");
- *Geld,* z.B. in Verschuldungssituationen;
- *Liebe,* z.B. Trennung, Ehekonflikte;
- *Beruf,* z.B. beim Übergang Jugendlicher von der Schule in Ausbildung und Beruf: Genogrammarbeit kann bei der Orientierung unterstützen; sie können z.B. mit konkreten Vorbildern eingeladen werden, Berufswünsche zu entwickeln (z.B.: „Welcher von einem Familienmitglied ausgeübter Beruf fasziniert Dich?", „Welcher Beruf fordert Dich heraus?") und zu prüfen, ob diese zu ihrem Kompetenzprofil passen (Kühling/Richter 2007: 247ff.).

Hintergrund: Regeln und Leitlinien für die Genogrammarbeit

„Vereinbaren Sie mit den Klienten die Fokusse und Ziele der Genogrammarbeit.

- Handeln Sie nach dem Leitsatz: keine Genogrammarbeit ohne Auftrag und Erkenntnisinteresse des Klienten.
- Machen Sie deutlich, dass es nicht darum geht, die Wahrheit über vergangene Familiensituationen herauszufinden.
- Halten Sie die Erwartungen an die Genogrammarbeit für die Klienten gering.

- Begreifen Sie Ihre Hypothesen als Vorschläge für die Klientin, die sie mit guten Gründen als unpassend und wenig hilfreich ablehnen kann.
- Formulieren Sie kausale Zusammenhänge von Familienereignissen und Schwierigkeiten zurückhaltend.
- Niemals geht es um die eine richtige Interpretation einer Familienkonstellation, sondern um die möglichen Interpretationen nach den Kriterien der Nützlichkeit.
- Orientieren Sie sich bei jeder Genogrammarbeit an erlebten Erfolgen und entwickelten Kompetenzen.
- Ermuntern Sie Klienten, Geschichten zu erzählen, in denen sie stolz auf ihre Leistungen sind" (Kühling/Richter 2007: 255).

Robert Northoff (2012: 143f.) verweist darauf, dass – auch hier – „ein sensibles Vorgehen geboten ist, manchmal können auch scheinbar harmlose Fragen heftige Reaktionen auslösen, dies sollte dann thematisiert werden. Manchmal werden Fragen auch nicht beantwortet, dann sollten die Widerstände behutsam thematisiert werden, sonst sind die Fragen zurückzustellen oder aber auch vorerst offen zu lassen".

Auch für die Anfertigung eines Genogramms sind das für die Arbeitsbeziehung typische Vertrauensverhältnis und die Motivation der Beratenen Voraussetzung. Dies illustriert auch der Hinweis, dass mit dem Ende der Zusammenarbeit Genogramme an sie zurückgegeben werden sollten (vgl. Belardi 2010b: 154f.).

4.3.3 Soziometrie/-grafie

Soziometrische Visualisierungen dienen dazu, z. B. Beziehungen in Gruppen, v. a. aber in Familien, und Einstellungen von Familienangehörigen zueinander transparent zu machen, indem diese schriftlich bzw. zeichnerisch erfasst und in einem Soziogramm dargestellt werden. Es entsteht ein Beziehungssystem, das Verweise auf Strukturen des Einflusses, der Sympathie, der Ablehnung, der Unterstützung, des Vertrauen oder des Konflikts zwischen und unter den Mitgliedern der Gruppen enthält und auf (dahinter liegende) Probleme (z. B. in der Familie) hindeutet. Das so rekonstruierte Beziehungssystem kann als Grundlage für die weitere Bearbeitung sowohl in der Familie (z. B. das Psychodrama [LE 8.3.3]) als auch in der Einzelfallarbeit herangezogen werden (zu den Grundlagen vgl. Moreno 1996; vgl. auch Rosenbaum/Kroneck 2007: 94, Erler 203: 41 ff.; ferner: Stimmer/Weinhardt 2010b).

Das *Soziale Atom* z. B. gilt als ein begrenzteres, leicht handhabbares und aussagekräftiges Verfahren zur Darstellung von Beziehungssystemen. Dabei wird die Beratene eingeladen, so spontan wie möglich ihre „emotional bedeutsamen Beziehungen (vollzogene und gewünschte) auf ein Blatt Papier zu zeichnen"; dabei werden in der Regel Frauen durch Kreise und Männer durch Dreiecke symbolisiert. Bedeutsame verstorbene Menschen, Tiere oder Gruppen können als Rechtecke eingetragen werden. Durchgehende Pfeile verdeutlichen Anziehung, gestrichelte Pfeile Abstoßung, Querstriche Schwierigkeiten der Einordnung (z. B. bei ambivalenten Beziehungen). Die Darstellung (Abstoßung, Anziehung) soll in beide Richtungen erfolgen, also vor Beratenen zu dem verorteten Personen als auch umgekehrt (so wie etwaige Anziehungen oder Abstoßungen eingeschätzt werden). Variationen sind auch hier möglich, z. B durch den Einsatz von Handpuppen oder kleinen Spielzeugfiguren/-tiere, anderen Materialien (Steine, bunte Tücher, Bauklötze, ausgeschnittene Papiersymbole u. a.) oder Gegenständen (z. B. Stühlen). Im Rollentausch kann sich die Beratene in andere Personen hineinversetzen und aus dieser Position über seine Beziehungen zu ihm sprechen (vgl. Stimmer 2006: 137 f.). Das Verfahren kann sowohl selbstständig als auch in Kombination mit anderen explorativen Verfahren (z. B. der VIP-Karte [LE 5.2.1]) angewendet werden.

Die Beteiligung Anderer am Sozialen Atom (etwa im Rahmen eines verständigungsorientierten Gesprächs oder in der Gruppe in der Feedbackphase) erweitert die Reflexionsperspektiven, d. h., damit werden womöglich besondere Aspekte (z. B. Auffälligkeiten) deutlich, die gemeinsam reflektiert werden können (vgl. Stimmer 2006: 140).

Stimmer deutet hier verschiedene Perspektiven an, ein Soziales Atom zu interpretieren (die in dieser Form sicher auch bei der VIP-Karte oder den Netzwerke analysierenden Verfahren ähnlich mitzudenken sind):

- *Nähe und Distanz:* Die Positionierung kann auf Besonderes hinweisen, „wenn etwa nur Distanz oder nur Nähe aufgezeigt wird oder wenn von ihrer Rolle her nahe Personen (Ehefrau, Kinder) auf Distanz gehalten werden und andere, die im Normalfall im Vergleich dazu entferntere Positionen einnehmen (Arbeitskollegin, Fußballtrainer), sehr nahe zugeordnet werden."
- *Kohäsion:* „Frage, ob die Personen des Sozialen Atoms auch miteinander in Verbindung stehen, also auch untereinander ein Netzwerk bilden oder ob im Extremfall nur dyadische Beziehungen zwischen dem Klienten und den einzelnen Personen seines Sozialen Atoms bestehen."

- *Beziehungslöcher*: z.B. „viele nur gewünschte Beziehungen oder Beziehungen zu Verstorbenen oder nicht mehr verfügbaren Menschen"
- *Konnektierung*: Klärung, „ob die Personen des Sozialen Atoms weitere Beziehungen zu anderen Personen außerhalb dieses Beziehungsnetzes haben bzw. wie ausgeprägt diese sind" (vgl. Stimmer 2006: 137 ff., zit. ebd.).

Eine Weiterentwicklung des „Sozialen Atoms" stellt das *Ressourcenatom* dar, ein Verfahren, das sich insbesondere in der Arbeit mit Kindern bewährt hat. In einem ersten Schritt wird dazu eingeladen, Menschen, Tiere und Gegenstände (als Ressourcen) zu nennen, die ihnen wichtig sind. Der Soziale schreibt die Namen auf und bittet darum, die Liste daraufhin zu prüfen, ob sie vollständig ist. Im zweiten Schritt werden unterschiedlich große Holzscheiben oder Münzen zur Verfügung gestellt, wobei die Größe bzw. der (Geld-)Wert die Bedeutung veranschaulichen soll. Holzscheiben bzw. Münzen erhalten (als Fahne o. Ä.) die Namen von Personen, Tieren oder Gegenständen. Im dritten Schritt werden auf einem ausreichend großen Blatt Papier (das durch drei ineinander liegende Kreise gegliedert und der Gesprächspartner als [Atom-]Kern in deren Zentrum platziert ist) Menschen, Tiere und Gegenstände gruppiert, wobei die Entfernung zum Kern den Grad der Verfügbarkeit über die jeweilige Ressource darstellt. In dieser Phase können weitere Ressourcen hinzukommen, die bislang vergessen bzw. nicht gesehen wurden oder (noch) keine Rolle spielten Es entsteht so Zug um Zug ein Ressourcenbild (vgl. Budde/Früchtel 2012).

4.3.4 Sozialraumanalyse

Sozialräumliche Analyseverfahren sollen helfen, das Erleben von Menschen in ihrem Lebensraum zu verstehen und (hierauf aufbauend) Schlußfolgerungen für die Art und Weise der Lebensbewältigung ziehen zu können. Der Blick wird vom Individuum bzw. der Gruppe auf den Stadtteil, auf das Wohngebiet oder Quartier verlagert, in dem das Subjekt lebt und damit den Lebensraum, der den Alltag (mit-)bestimmt (zur Entstehungsgeschichte sozialräumlicher Methoden vgl. z.B. Stock 2013: 370; zu Methoden der Stadtteilanalyse vgl. auch Northoff 2012: 166 ff., Becker 2014: 153 ff.; zu Verfahren der sozialräumlichen Netzwerkanalyse vgl. z.B. Herz 2012):

Stadtteilbegehung und teilnehmende Beobachtung: Die systematische Begehung eines Stadtteils ermöglicht einen unmittelbaren Einblick in die dort gegebenen Lebensverhältnisse (z.B. Wohnformen, Bausubstanz, Grünflächen und Spielplätze und deren Qualität und Zustand, Orte der Kommunikation im öffentlichen Raum (z.B. Kiosk, Park, Marktplatz, Bushaltestelle) und im nicht-öffentlichen Raum (z.B. Gaststätten, Cafés). Im Gespräch mit Vertretern der jeweiligen Zielgruppen (z.B. Jugendliche, Ältere) werden lebensweltliche Handlungsräume und Aneignungsformen (z.B.: „Wie wird der öffentliche Raum von den unterschiedlichen Gruppen genutzt?") sichtbar (vgl. Krisch 2005): Mit einer kleinen Gruppe wird der Stadtteil auf einer von ihnen eingeschlagenen Route begangen; dabei werden ihre Interpretationen der sozialräumlichen Qualitäten mittels Diktiergerät oder MP3-Player sowie fotografisch dokumentiert (vgl. Krisch 2005: 157f.), wobei sich eine anschließende (gemeinsame) Reflexion in einem Workshop anbietet (vgl. Knopp 2009: 157f.). Insgesamt wird ein äußeres Erscheinungsbild des untersuchten Raumes und dessen Kommunikations- und Interaktionsstrukturen möglich. Erkennbar werden auch Zwänge (z.B. Ausschließungen durch Nutzungsverbote) bzw. Nutzungsbarrieren (z.B. viel befahrene Straßen ohne Überwege u.Ä.), und es können sich Hinweise zur sozioökonomischen Situation (z.B. zur Einkommensstruktur) im Stadtteil (z.B. am Verhältnis von Fachgeschäften oder Ein-Euro-Läden) ergeben.

Eine Stadtteilbegehung sollte „stets am Anfang einer Sozialraumanalyse stehen, um möglichst unvoreingenommen von statistischem Datenmaterial und anderen Informationsquellen einen eigenen ersten Eindruck vom Untersuchungsgebiet zu erhalten". Da in der Regel vormittags andere Bedingungen als am Nachmittag oder am Abend herrschen (wenn z.B. Berufstätige einkaufen gehen), muss die Stadtteilbegehung zu verschiedenen Zeitpunkten wiederholt werden (vgl. Stock 2013: 371f.).

Beispiel: Lebensweltanalyse

„Beispiele für Fragestellungen:

- Welche informellen Treffs werden von welchen Cliquen wann genutzt?
- Welche Cliquen gibt es im Einzugsgebiet des Jugendzentrums ‚City'?
- Was machen Jugendliche ohne Migrationshintergrund in Niedergirmes in ihrer Freizeit?
- Wie befähige ich Kinder aus Problemfamilien zur Teilnahme an verbindlichen Angeboten?
- Sind Jugendliche im öffentlichen Raum erwünscht?
- Leben einige Stadtbezirke auf Kosten von anderen Stadtbezirken?

- Wird in Wetzlar in allen Stadtteilen ein ähnliches Angebot für Kinder und Jugendliche gemacht?
- Geheime Orte: Gibt es ein ‚unbekanntes Land'?
- Welches Lebensgefühl haben Kinder und Jugendliche, Mädchen und Jungen in Wetzlar?
- Niedergirmes: Welche Gruppen gibt es in Niedergirmes, wie identifizieren sie sich mit dem Stadtteil?
- Herkules-Center: Welche Gruppen gibt es? Zu welchen Zeiten treffen sie sich? Von wo kommen sie? Wohin gehen sie?" (Deinet 2007: 68 f.).

Eine Variante stellt die Strukturierte Stadtteilbegehung dar, eine systematische Betrachtung des Stadtteils durch Soziale ohne Beteiligung möglicher Zielgruppen.

Kataster: Durch Kataster (z. B. das *Cliquenraster*) wird (z. T. im Zuge einer Stadtteilbegehung, z. T. durch Interviews mit Akteuren aus dem Stadtteil oder der Zielgruppe selbst) versucht, lebensweltliche Aufenthaltsorte (z. B. jugendlicher Cliquen) zu erfassen und die Wechselwirkungen zwischen Clique und sozialem Raum abzubilden (z. B. die durch Verbote und Nutzungsbeschränkungen begrenzten Möglichkeiten, sich als Clique zu treffen).

Institutionenbefragung und Fremdbilderkundung: Durch die Befragung von Akteuren des Stadtteils (d. h. die dort lebenden Menschen, Freiwillige, Professionelle) kann festgestellt werden, welche Auffassungen und Einstellungen zu einem bestimmtem Thema oder einer bestimmten Personengruppe im Stadtteil gegeben sind (Fremdbilderkundung), während durch die Institutionenbefragung Einschätzungen und Wissen darüber aufseiten der Mitarbeiterinnen von Einrichtungen ermittelt werden (vgl. Krisch 2005, Krisch 2009: 71–126). Als Form liegt ein offenes teilstrukturiertes Interview (mit teilweise präzise vorformulierten Fragestellungen und einem einheitlichen Interviewleitfaden) nahe, wobei Anpassungen in Bezug auf die jeweilige Zielgruppe (z. B. Professionelle oder Freiwillige) und deren jeweilige Sprachstile erforderlich sein werden (vgl. Stock 2013: 373).

Subjektive Landkarten: Menschen können mit diesem Verfahren (das auch als kognitive/narrativ Karte, mental map/mapping, Spielweltplan bezeichnet wird) angeregt werden, ihren subjektiven Lebensraum zu zeichnen, persönlich bedeutsame Orte und Räume zu markieren und individuelle Bedeutungen und Wahrnehmungen des Wohnumfeldes (z.B. Spiel- und Aufenthaltsorte, Angsträume etc.) kenntlich zu machen.

Einzelne oder Gruppen werden durch Soziale eingeladen, Stegreifzeichnungen von ihrer Umwelt anzufertigen, d.h. von wichtigen Orten (z.B. der Wohnung, dem Treffpunkt) auszugehen und ihre subjektiven Bewegungs- und Aufenthaltsräume ihres lokalen Raums auf Packpapier/Zeichenkarton einzutragen, anschließend die ihnen wichtigen Orte der Wohnumgebung (z.B. auf dem Weg zur Schule, zur Arbeitsstelle). Anschließend wird/werden die Karte/n betrachtet und Konkretisierungen bzw. weitere Details (z.B. Vernetzungen) geklärt; die subjektiven Landkarten werden aufgehängt, verglichen und mögliche Schlussfolgerungen (z.B. für die Entwicklung der Netze) diskutiert (eine ausführliche Checkliste zur Stadtteilbeschreibung findet sich bei Früchtel/Budde Cyprian 2007b: 131 ff.; vgl. insg. ebd.: 127 ff.; vgl. auch Boeltner 2007).

Solche Karten zeigen die subjektiv bedeutenden Lebensräume von Menschen in einem Gemeinwesen (Sozialraum, Stadtteil); es entstehen „Inselbilder“ einzelner Orte und Räume und ihrer Vernetzungen, die für diesen Menschen von Bedeutung sind (vgl. Deinet 2009c: 75 ff.). Ebenso können bestimmte Orte (z.B. Treff- und Streifräume, „Angsträume“, die nur ungern aufgesucht werden) mittels verschiedenfarbiger Nadeln auf einer großen Stadtteilkarte im Stadtteil markiert werden *(Nadelmethode)*.

Beispiel: „Angsträume“ begehen, Ressourcen erschließen

Exkursion zu Lebensmittelläden im Wohnquartier, die von Familien aus türkischen und arabischen Herkunftsländern betrieben werden
Zielgruppe: Mobile Ältere ab ca. 60 und älter, die aus einem Wohnquartier mit unzureichender ökonomischer Infrastruktur und hohem Anteil von Menschen aus anderen Herkunftsländern kommen.
Ziel 1: Erweiterung des Zugriffs auf individuelle Ressourcen. Überwindung von Ängsten vor Ungewissem und „Anderem“
Ziel 2: Erleben von Sicherheit durch ein Agieren in der Gruppe – Methodischer Schritt 1: Workshop zum Thema unser Wohnquartier. Ermittlung der ökonomischen Infrastruktur durch 300 m Umkreis Begehungen (entsprechend der Wohnlage der Teilnehmenden). Erstellung eines Angebotsverzeichnisses – Methodischer Schritt 2: Vorbereitete Einkaufstour in Kleingruppen, Interview mit den Inhabern – Methodischer Schritt 3: Bericht der Exkursions-

gruppen, Erstellung eines Plans über das Versorgungssystem mit Lebensmitteln und Dingen des alltäglichen Lebens.
Ablauf: Der Düsseldorfer Stadtteil Oberbilk hat ein sehr vielfältiges Angebot an Lebensmittelläden, die jeweils in einem 300 m Radium fußläufig erreichbar sind. Neben der Präsenz einiger weniger Lebensmitteldiscounter ist das Angebot wesentlich durch eine Vielzahl von kleineren und mittelgroßen Lebensmittelläden geprägt, deren Betreiber aus anderen Herkunftsländern kommen. In einem Workshop wird zunächst einmal ermittelt, wie zufrieden bzw. nicht zufrieden die Teilnehmenden mit den Einkaufsmöglichkeiten im nahen Umfeld sind. Danach markieren alle Teilnehmenden ihre Wohnung auf einem Stadtplan mit einem Fähnchen. Es werden Gruppen nach der räumlichen Nähe gebildet (insgesamt 4 Gruppen zwischen 2 und 5 Personen). Die Gruppen werden beauftragt, bis zum nächsten Treffen einen bestimmten Radius (symbolisch: 300 m) abzugehen und genau zu verzeichnen, welche Angebote an Lebensmitteln und Dingen des alltäglichen Lebens vorhanden sind. Die Gruppen bereiten sich auf einen Besuch eines ihnen noch nicht vertrauten Ladens (der günstig liegt) vor und erarbeiten Fragen für eine Recherche (Öffnungszeiten, Angebot, Möglichkeiten, etwas zu bestellen, das abgeholt wird etc.). Hierbei werden sie durch die Prozessmoderation unterstützt.
Das Ergebnis der Recherche wird bei einem weiteren Treffen vorgestellt und in ein neues Verzeichnis eingetragen. Es gibt eine gemeinsame Reflexion.
Auswertung/Kritik: Im Resümee konnten die Ziele im Wesentlichen erreicht werden. Alle Teilnehmenden gaben die Rückmeldung, eine sehr spannende Erkundung vollzogen zu haben. Allerdings gab nur gut die Hälfte von ihnen an, künftig in den besuchten Läden einkaufen zu gehen. Interessant war, dass zwei weitere Teilnehmende künftig gemeinsam dorthin zum Einkauf gehen wollen, „weil man sich dann nicht so fremd fühlt" (Knopp 2009: 160f.).

Auch in Bezug auf sozialräumliche Analyseverfahren gilt, dass auch diese Analysen stets hypothesengestützt und damit nur vorläufig tragfähig sind, d.h., dass sie sich im Laufe der Analyse und der Interpretation von Ergebnissen verändern können und deshalb um- bzw. neu formuliert werden müssen (vgl. Deinet 2007: 68).

4.3.5 Videogestützte Verfahren

Maria Aarts stellte in den 1970er Jahren fest, dass Erziehungsberaterinnen mit der Methode des explorierenden Gesprächs immer wieder an Grenzen stießen, weil für die Erziehung hilfreiche Erkenntnisse und Hinweise kaum vermittelt werden konnten. Sie ging davon aus, dass es schwierig sei, die Bedeutung komplexer pädagogische Begriffe im Alltag einzuschätzen und in die Praxis zu übersetzen. Stattdessen sollten alltägliche Erziehungssituationen und die Kommunikation zwischen Eltern und Kindern anhand von Videobildern aufgezeichnet und anschließend kleinschrittig gemeinsam besprochen werden, wobei (ressourcenorientiert) die Stärken (z. B. gelungene Arbeitsansätze) herausgearbeitet werden sollten, um so *aus eigener Kraft* Zugänge zu anderen Handlungsweisen zu ermöglichen, Erziehungsschwierigkeiten aktiv anzugehen und die Kommunikation untereinander zu verbessern (Marte Meo; lat. *mars martis:* etwas aus eigener Kraft erreichen). Dadurch würden Eltern und Fachkräfte, z. B. Soziale, konkrete Informationen für das Gelingen von Kommunikation und Interaktion erhalten (wie komme ich in Kontakt, wie deute ich die Signale von Personen, wie unterstütze und aktiviere ich deren Entwicklung?).

Ziel ist es also, Schwierigkeiten im erzieherischen Alltag zwar zu sehen, aber Lösungen in den Mittelpunkt zu stellen; orientiert an den individuellen Ressourcen sollen durch Beobachtung und Trainings die Stärken und Fähigkeiten der Eltern aktiviert werden, d. h. eine Kommunikation, die die Bedürfnisse der Kinder erkennt und entsprechend fördert. Dabei steht das Familiensystem im Mittelpunkt der Analyse, nicht das Verhalten des Kindes bzw. der Kinder.

Bei der ressourcenorientierten Rückmeldung der Sozialen zu den einzelnen Videoaufzeichnungen werden jeweils die positiven Momente der Interaktion der Eltern mit ihren Kindern und gelungene Verhaltensweisen in das Zentrum der Reflexion gestellt, also das auszubauende und zu verstärkende Verhalten.

Erstaufzeichnungen (alle Aufzeichungen finden jeweils in der Wohnung der Familie statt) dienen als „Kapazitätenanalyse“ (ca. 5- bis 10minütige Sequenzen von Alltagssituationen, z. B. gemeinsames Essen oder Spielen von Eltern und Kindern). Auf dieser Grundlage kann der Unterstützungsbedarf bestimmt werden, der zwischen Sozialen und Eltern jeweils unter Bestimmung anlassgerechter Ziele und eines angemessenen Zeitplans (sechs bis neun Monate, in denen Aufzeichnungen und Rückmeldungen regelmäßig wiederholt werden) vereinbart werden. Durch solche regelmäßigen Videointeraktionsanalysen wird die Verbesserung der Kommunikation z. B. der Familienmitglider sowie die Unterstützung der Entwicklung durch bewusste Erfahrungselemente in den Mittelpunkt gestellt.

Marte Meo kommt v.a. in den Hilfen zur Erziehung und der Erziehungsberatung zum Einsatz, ist aber nicht für alle Familien anwendbar, z.B. dann, wenn psychische Problemen und Erkrankungen der Kinder oder der Eltern gegeben sind oder mit Familien, deren Kinder zwölf Jahre und älter sind. Ein besonders sensibler Umgang ist bei möglichen traumatischen Vorerfahrungen (z.B. bei sexuellem Missbrauch) erforderlich.

Kritisch angemerkt wird allerdings, dass das Verfahren „stark elternzentriert" ist (vgl. Uhlendorff/Euteneuer/Sabla 2013: 190ff.).

4.4 Schlussfolgerungen

Ziehen Sie bitte eine Bilanz dieses Kapitels! Welche Schlussfolgerungen ergeben sich für Sie? (Hinweise zur Einordnung ihrer Bilanzierung finden Sie auf meiner Website.)

4.4.1 Anregungen zur Weiterarbeit

Hans Georg Ruhe erläutert das biografische Verfahren „Lebensbaum" wie folgt:

> „Der Werdegang eines Menschen wird mit der Metapher des Baumes dargestellt und beschrieben.
> Der Leitende gibt folgende Anweisung: ‚Stellen Sie sich vor, ihr Leben sei ein Baum. Er besteht aus Wurzeln, Stamm, Ästen, Zweigen, Blättern und der Krone. Er wächst auf unterschiedlichen Böden, erhält Wasser, ist Umwelteinflüssen ausgesetzt. Bitte malen Sie Ihren Baum und bezeichnen Sie dessen Teile mit Ihren Lebensereignissen: Was sind Ihre Wurzeln, Ihr Stamm, Ihre Zweige, Ihre Blätter?'
> Verschiedene Malstifte und große Bögen Papier werden zur Verfügung gestellt.
> Nach einer angemessenen Zeit beginnt der Austausch über die Bilder: Wofür stehen die Farben, die Formen, die gewählten Symbole? Dabei wird auf Bewertungen verzichtet.
> Die Blätter verbleiben als Wanddekoration im jeweiligen Arbeitsraum.
> Baum-Gedichte aus der Literatur werden ergänzend oder gesprächsbeendend eingebracht – z.B. das Gedicht von Nazim Hikmet ‚Zu leben, allein und frei wie der Baum, brüderlich unter den Bäumen des Waldes, das ist unser Traum'" (Ruhe 2014: 146f.).

Wenden Sie bitte das Verfahren im Partnergespräch gegenseitig an, und werten Sie Ihre Erfahrungen anschließend im Gespräch mit einer zweiten Gruppe aus!

4.4.2 Materialien

Die Web-Plattform www.Sozialraum.de stellt regelmäßig (in der Regel zweimal jährlich) sozialräumliche Analyseverfahren und Erfahrungen aus der sozialräumlichen Sozialen Arbeit vor, z. B.:

- Herbert Schubert und Katja Veil: Der „Sozialraumgenerator" als Ableitung aus der egozentrierten Netzwerkanalyse (Ausgabe 1/2014); Link: http://www.sozialraum.de/der-sozialraumgenerator-als-ableitung-aus-der-egozentrierten-netzwerkanalyse.php (31. Oktober 2014);
- Andreas Herz: Ego-zentrierte Netzwerkanalysen zur Erforschung von Sozialräumen (Ausgabe 2/2012): Link: http://www.sozialraum.de/ego-zentrierte-netzwerkanalysen-zur-erforschung-von-sozialraeumen.php (31. Oktober 2014).

Unter www.empowerment.de finden sich zwei Texte von Norbert Herriger, die als Hinweise zur Biografiearbeit im Prozess des Fallverstehens hilfreich sein können:

- „Ressourcenorientierte Biografiearbeit"
- „Werkstatt-Seminar Biographieforschung: Kritische Lebensereignisse und ihre biographische Bewältigung. Forschungsmethodik und Interviewleitfaden"

Hans Georg Ruhe (Praxishandbuch Biografiearbeit. Methoden, Themen und Felder, Weinheim und Basel 2014) stellt zahlreiche Verfahren der Biografieforschung vor.

Praktische Hinweise zur Erarbeitung von Genogrammen gibt Jürgen Beushausen (Genogramm- und Netzwerkanalyse. Die Visualisierung familiärer und sozialer Strukturen, Göttingen 2012).

Die nachfolgenden fünf Kompetenzfeststellungsverfahren (Stand: 1. Mai 2014) geben einen ungefähren Überblick, wie und mit welchem Schwerpunkt Kompetenzfeststellungen in der Jugendberufshilfe erfolgen:

dia-kom/dia-train (von INBAS und LE B-KOM)	http://www.inbas.com/projektdatenbank/de-details/d-065-dia-train.html
GFBM-Materialkoffer (GFBM Berlin)	http://sven-walter-institut.gfbm.de/?page_id=1245
Start (AC-Verfahren des IMBSE e. V.)	http://www.imbse-gmbh.de/index.php/schule-beruf
hamet2 (geva-Institut)	http://www.hamet.de/hamet-2.3103.0.html
Eignungstest Berufswahl (geva-Institut)	http://geva-institut.de/berufsinteressen-test-berufsvorbereitung.html

Kapitel 5
Verbinden: Ansprüche einer ressourcenorientierten Sozialen Netzwerkarbeit

Fallbeispiel

Ein Alltagsbeispiel: Der Sportverein „VCN“ besitzt, im Gegensatz zu vielen anderen Vereinen, kein eigenes Vereinsheim, betreibt aber im Stadtviertel (einem Gebiet im Rahmen des Bundesprogramms „Soziale Stadt“) eine kleine Sportanlage, auf der Beachvolleyball (für die Jüngeren) und künftig auch Boule (für die Älteren) gespielt werden kann. VCN versteht sich als Sportverein, der auch für die Menschen aus dem Quartier offensteht.
Die Unterstellmöglichkeiten für das Sportgerät sind in dem Abstellraum in der nahe gelegenen Sporthalle längst an ihre Grenzen gestoßen. Lange schon ist der Gedanke in der Diskussion, eine Hütte zu errichten; sie sollte nicht zu groß, aber doch mehrfach nutzbar sein, z. B. auch für den Getränkeausschank bei Spielen auf der Beachanlage. Das würden VCN-Mannschaften schon gut finden.
Eine solche Hütte sehen Mitglieder des Vereins, als sich die benachbarte Berufsbildende Schule bei einem örtlichen Berufsfindungsmarkt vorstellt. Persönliche Kontakte zu dieser Schule bestehen seit geraumer Zeit, seitdem ein ehemaliger Lehrer in den Vereinsvorstand gewählt wurde. Es wird über diesen „Kanal“ bekannt, dass die Schule die Hütte nicht wieder errichten will. Die Verhandlungen zwischen Schule und Verein führen schnell dazu, das Baumaterial für die Hütte günstig an den Verein abzutreten.
Da eine Hütte auf dem vom Landkreis an den Verein überlassenen Grund nicht einfach errichtet werden darf, ist eine Genehmigung erforderlich. Die guten Kontakte des Vereins zum Hausmeister der benachbarten Halle erleichtern die Gespräche hierzu. Die Genehmigung durch den Landkreis braucht ihre Zeit. Im Übrigen unterstützt der Hausmeister den Verein, wo immer er technische Hilfe

geben kann. Andere Kontakte des VCN-Vorstandes zum Landkreis haben für etwas finanzielle Unterstützung gesorgt, die den Kauf der Hütte und des benötigten Baumaterials ermöglicht.
Die Errichtung der Hütte ist technisch zwar nicht besonders schwierig, hängt aber vom Einsatz vieler helfender Hände ab, die bei der Punktfundamentierung, der Errichtung des Rohbaus, des Dachs und der Wandbekleidung mitarbeiten. Es hilft besonders, dass dem Verein einige Handwerker angehören, die („vom Fach") den Aufbau der Hütte besser unterstützen können. Da der VCN mit seinen rund 200 Mitgliedern aber kein großer Verein ist, sind es meistens die gleichen Mitglieder, die hierbei helfen (und darüber hinaus auch andere Aufgaben im Verein wahrnehmen).

5.1 Einführung: Was sind (soziale) Netzwerke?

Der Begriff des Netzwerkes wird allgemein auf den englischen Sozialanthropologen John A. Barnes zurückgeführt, der im Rahmen einer Feldstudie das Beziehungsgeflecht im norwegischen Bremnes mit einem Fischernetz verglich. In diesem Netzwerk bildeten sich Kommunikationsfaktoren, der Tausch von Ressourcen, gegenseitige Unterstützung und Solidarität unter den Fischern und ihren Familien ab (vgl. Barnes 1954). Der Bau der VCN-Hütte ist dafür ein (weiteres) alltägliches Beispiel: Aus der Perspektive des Vereins realisieren verschiedene Mitglieder (Akteure) ein gemeinsames Projekt und stellen in einem Netz gegenseitiger Beziehungen und Unterstützungen ihre (Frei-)Zeit, Kompetenzen (handwerkliches Wissen und Können) und Kontakte (zu anderen, die hilfreich für die Realisierung sind) zur Verfügung.

Wie das Beispiel zeigt, lassen sich Netzwerke differenzieren in Bezug auf den *Gegenstand* (d.h. Inhalte und deren Komplexheit, hier der Bau einer Hütte), die *Intensität* (d.h. die Stärke bzw. Schwäche der Beziehungen, hier z.B. die Unterstützung durch Hausmeister und Vereinsmitglieder), die *Häufigkeit* (die Regelmäßigkeit der Beziehungen, hier z.B. die gelegentlichen Arbeitseinsätze), die *Beziehung* (d.h. die Ein- bzw. Wechselseitigkeit der Beziehungen, hier z.B. dass Spielerinnen und Verein ein „Geschäft auf Gegenseitigkeit" abschließen: die Errichtung der Hütte, die dem Verein nutzt, und die Schaffung eines Getränkeausschanks, den sich die Spieler wünschen) und die *Dauer* (d.h. den Anfang und das voraussichtliche Ende eines Netzes, hier der Zeitraum zwischen Beginn des Projektes und der Fertigstellung der Hütte).

Auf der Ebene der Netzwerktheorie (die solche und andere Beispiele auswertet und verknüpft) lassen sich (im Anschluss an Überlegungen Urie Bronfenbrenners [LE 1.4]) grundsätzlich drei Netzwerktypen sozialökologisch unterscheiden:

- *primäre Netzwerke* (mikrosoziale, persönliche Netzwerke), d.h. Kontakte und soziale Beziehungen im Wohnumfeld und selbstgewählte Netzwerke (im Beispiel zwischen Vereinsvorstand und engagierten Mitgliedern);
- *sekundäre Netzwerke* (auch makrosoziale oder global-gesellschaftliche Netzwerke), d.h. marktwirtschaftliche bzw. institutionelle Netzwerke (im Beispiel in der Kooperation mit dem Hausmeister der benachbarten Halle);
- *tertiäre Netzwerke* (mesosoziale Netzwerke), die zwischen primären und sekundären Netzwerken liegen und, mit unterschiedlichem Organisationsgrad, eine vermittelnde Funktion haben (vgl. Stimmer 2006: 72f., Friedrich 2013: 29ff.; eine alternative Systematik, die z.B. natürliche und künstliche Netzwerke unterscheidet, nennt Schubert 2008b: 38; zur *Netzwerktheorie* vgl. Stimmer 2006: 68ff.).

primäre Netzwerke	tertiäre Netzwerke	sekundäre Netzwerke
familiale und Verwandtschaftsnetzwerke, nachbarschaftliche Netzwerke, freundschaftliche Netzwerke	Freizeitgruppen Selbsthilfegruppen Bürgerinitiativen Intermedäre	Handwerksbetriebe, Läden
	Professionelle Dienstleistungen (z.B. Steuerberatung, Soziale Arbeit, Krankenpflegewesen)	öffentliche institutionelle Netzwerke (z.B. Kindertagesstätte, [Hoch-]Schule, Kommunen, ÖPNV)

Solche Netzwerke können dann zu *sozialen* Netzwerken werden, wenn sie als Beziehungsgeflecht primär zwischen Personen *anlassgerech*t genutzt und entwickelt werden können, also zur Bewältigung eines Anliegens oder einer Notlage dienlich sind. Dies wurde bereits früh erkannt: Schon in Mary Richmonds Überlegungen zur Theorie der (frühen) Einzelfallhilfe (1917) sind Aspekte sozialer Netzwerke ausgewiesen, wenn *Richmond* z.B. auf die Kräfte der Kernfamilie, von Verwandten und Freunden, Nachbarn, Vereinen oder Selbsthilfegruppen verweist und damit soziale Unterstützung beschreibt, die netzwerkartig zur Verfügung steht bzw. bereitgestellt werden kann.

In sozialen Netzwerken werden Menschen

> „durch Unterstützungen ihrer sozialen Netze in eingetretenen Belastungssituationen vor Streß und gesundheitlichen Streßfolgen ‚abgepuffert'. Zudem wird allein durch das Eingebettetsein in die sozialen Bezüge ein soziales Immunsystem errichtet, welches unabhängig von auftretenden Belastungen existiert und von vornherein, also quasi präventiv, gegen potentielle Beeinträchtigungen von Wohlbefinden und Gesundheit wirkt" (Nestmann 1991: 33, 41).

Soziale Unterstützung *(soziales Kapital)* wird insbesondere im Fall des akuten Bedarfs *(Notlage)* zur Verfügung gestellt (v.a. von Menschen, zu denen es Verbindungen gibt, z.B. Familie, Nachbarn), woraus sich meist eine gegenseitige Verpflichtung ergibt (Grundsatz der *Reziprozität*): Einer Leistung steht eine (ggf. später erbrachte) Gegenleistung gegenüber (vgl. Friedrich 2012: 36, Früchtel/Budde 2011a: 810). Sybille Friedrich (2012: 34) spricht davon, dass dazu (v.a. aufgrund positiver Erfahrungen in der Kindheit) eine „positive Netzwerkorientierung" ausgebildet sein sollte, die in die Reziprozität vertraut. Unterstützung erfolgt

- *direkt* in Form von konkreten Leistungen (z.B. Reparaturen, Hilfe bei der Hausarbeit, Kinder- und Altenbetreuung) und Arbeitshilfen (z.B. Betreuung, Pflege), materieller Unterstützung (Sachleistungen, Geld), Interventionen (z.B. durch Einflussnahme auf außerhalb des persönlichen Netzwerkes stehende Personen), Beratung (z.B. Informationen über den Arbeitsplatz, die Qualität von Ärztinnen usw.), Geselligkeit (z.B. zu Freizeitaktivitäten), alltäglicher Interaktion (deren Verlust erst bei ihrem Wegfall wahrgenommen wird);
- *emotional absichernd* in Form von vermittelter Anerkennung (Wertschätzung, Bestätigung einer Position/Status), Orientierungshilfe (z.B. in Bezug auf Verhalten und Verhaltenserwartungen), Vermittlung von Geborgenheit, Liebe und Zuneigung, emotionale und motivationale Unterstützung, den Ausdruck von Zugehörigkeit (Beteiligung, Gebraucht-Werden); dazu zählt auch die Unterstützung, Zustände zu ertragen; die sich nicht verändern lassen, z.B. bei Krankheit, oder „einfach da zu sein" als mögliche Gesprächspartnerin, durch ihre Lebenserfahrung, als Ideen- und Hinweisgeberin, durch materieller Hilfe oder auch als Vorbild (vgl. Bullinger/Nowak 1998: 99, 102ff., Nowak 2008: 615, Herwig-Lempp 2007: 214f.; eine Typologie sozialer Unterstützung findet sich bei Diewald 1991: 71).

Nach Ressourcen bzw. Sozialem Kapital zu suchen, heißt also, zu fragen, wer im Umfeld Unterstützung bieten kann; soziale Unterstützung erfolgt in *starken* (verlässlichen) Netzwerkbeziehungen (v. a. familiäre bzw. familienartige Bindungen, belastbaren Freundschaften und regelmäßigen bzw. kontinuierlichen Kontakten) und in *schwachen* (unsicheren) Netzwerkbeziehungen (v. a. informellen, gelegentlichen oder schon belasteten Beziehungen, z. B. flüchtige Bekanntschaften, entfernte Verwandte, ehemalige Freundinnen).

Bei aller Berücksichtigung der Möglichkeiten, die soziale Netzwerke bieten, sollten Risiken und negative Effekte nicht ausgeblendet werden: Netzwerke können auch Ausgangsorte für Diskriminierung (z. B. rechtsextremistische, rassistische, sexistische Netze), für Ausbeutung (z. B. kriminelles Handeln, Menschenhandel, mafiöse Strukturen) und Exklusionsprozesse (z. B. kritisch abweichendes Verhalten, etwa Hooliganismus) sein (vgl. Stimmer 2006: 75).

5.2 Netzwerkanalysen

Indem soziale Netzwerke z. B. Beziehungen entwickeln, Belastungen verringern und direkte Unterstützung geben, werden sie für Soziale Arbeit interessant, denn sie *können* eine zentrale Ressource zur Lebensbewältigung darstellen, die Menschen entweder (wieder) zugänglich gemacht oder neu erschlossen werden müssen. Dazu ist eine genaue Kenntnis der im (Einzel-) Fall bereits existierenden Netzwerke erforderlich. Solche *Netzwerkanalysen*, d. h. die genaue Untersuchung vorhandener Netzwerke (wer mit wem wie verbunden ist), stellen eine wichtige Voraussetzung für eine angemessene Netzwerkförderung dar, „die die Erhaltung, die Erweiterung, die qualitative Veränderung, die Neugestaltung des sozialen Netzwerkes sowie die Stärkung umgebender sozialer Netzwerke zum Ziel hat" (Stimmer 2006: 77; vgl. Nowak 2013: 630). Erkenntnisse aus der Netzwerkanalyse erlauben es, anzuregen, z. B. alte Kontakte wiederzubeleben oder neue Kontakte anzubahnen (vgl. zur Netzwerkanalyse insg. Pantuček 2012: 185 ff., v. a.: 192).

5.2.1 Netzwerkkarten

Das zentrale netzwerkanalytische Verfahren ist die Netzwerkkarte:

Netzwerkkarten dienen dazu, Menschen deutlich zu machen, welche persönliche Bedeutung ein Netzwerk (nicht) haben kann, wie wichtig die soziale Unterstützung ist, die in diesen Netzwerken (nicht) zur Verfügung gestellt wird und worin die Stärken und die Schwachstellen des eigenen Netzes bestehen. Anlass kann z. B. ein neuer Fall sein, im Rahmen einer Beratung zu versuchen, die Klage, niemand gäbe Unterstützung, aufzuarbeiten (vgl. Herwig-Lempp 2007: 217 f.). Es geht darum, das aktuell gegebene Netzwerk (z. B. dessen Größe, Umfang und Zusammensetzung, die Intensität, Intimität und Bedeutung des Netzwerkes oder die Wechselseitig- oder Einseitigkeiten der Beziehungen sowie alte Kontakte) sichtbar, Menschen, die von besonderer Bedeutung sind (very important persons, daher auch *VIP-Karte*), erkennbar und das vom Beratenen gewünschte Netzwerk kenntlich zu machen.

Die vier Sektoren einer Netzwerkkarte stehen für vier unterschiedliche Typen von Beziehungen:

- *Sektor Familie,* d.h. Verhältnisse von Verwandtschaft und Verschwägerung (Mutter, Onkel, Großmutter, Cousin u .a.);
- *Sektor Freundinnen/Bekannte,* wobei es sich um Beziehungen handelt, die relativ frei gestaltbar/wählbar sind, z. B. Nachbarinnen, nahe und entferntere Freunde und Bekannte, Paten;
- *Sektor Kollegen* (bzw. Schule), womit die Einbindung in Beziehungen der Arbeitsteilung gemeint ist, was sowohl Erwerbsarbeit als auch die Kooperation in einer Freiwilligenorganisation oder in einem Sportverein bedeuten kann (für Kinder und Jugendliche, die noch nicht berufstätig oder in der Berufsausbildung sind, wird das Feld den schulischen Bereich abdecken); und
- *Sektor professionelle Helferinnen,* d. h. Personen, „die in einer helfenden beruflichen oder paraberuflichen Rolle zur Ankerperson stehen“, z. B. Ärztinnen, Soziale, Pfleger (vgl. Pantuček 2012: 190 ff.).

Nachdem die vier Felder kurz erläutert wurden, spricht die Soziale die Einladung aus, zu erzählen, wer die wichtigsten Menschen im Leben des Beratenen sind (z. B.: „Wen gibt es denn so in ihrem Leben?“, „Wer fällt Ihnen zuerst ein?“, „Wer sind denn die wichtigsten Personen?“ [Pantuček 2012: 192; vgl. auch Friedrich 2013: 68 ff.]). Die Person (die selbst im Zentrum der Karte angeordnet ist und durch einen Kreis für eine Frau oder ein Quadrat für einen Mann dargestellt werden kann) trägt in die Netzwerkkarte *freiwillig* die ihm relevanten Personen ein, ohne dabei den Anspruch zu haben, wirklich alle wichtigen Personen zu erfassen. Die Reihenfolge bestimmt das Individuum, auch die Entscheidung, wer eingetragen wird (z. B. Verstorbene, Tiere). Die Beziehungsqualität (Nähe, Distanz, Bindung und deren Intensität) wird durch das Maß der Entfernung der relevanten Personen von ihm im Zentrum ausgedrückt; Bedeutung und Wichtigkeit legt es selbst fest (im nachstehenden Beispiel etwa ist die Bindung des jungen Karl zu seinem Multiplayer-Clan im Internet am dichtesten, die zu seinem Freund Gerri und Micha, dem Mitschüler [mit der er zusammensitzt] eher locker, und auch zu den „Russen", einer Gruppe Gleichaltriger in seiner Schule, ist das Verhältnis eher offen und ungeklärt [Karl kommt einfach nicht an sie heran]; im Übrigen spielen vier Soziale eine Rolle, offenbar ohne an ihn dichter heranzukommen, und auch die Bezüge zur eigenen Familie [der Vater wohnt nicht mehr zu Hause] scheinen eher schwach).

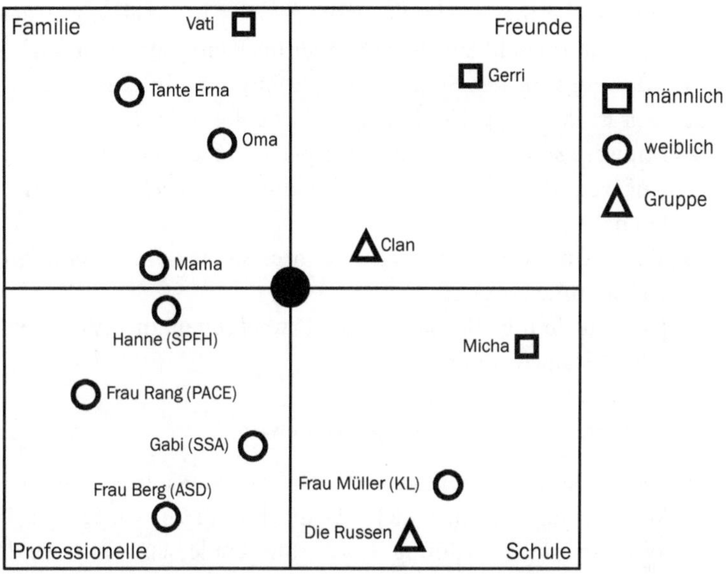

Das Gespräch ist immer mit der Bitte und gelegentlichen Ermunterung verknüpft, mehr über die Lebenssituation und das soziale Umfeld zu erzählen; dabei sind auch hier wieder die Grundzüge der subjektzentrierten/anlassgerechten Gesprächsführung (LE 3.3) zu beachten, z.B. die Aufmerksamkeit durch Gestik, Mimik und Worte sichtbar zu machen und die Äußerungen des Gesprächspartners wertzuschätzen (z.B.: „Das ist ja toll, dass Ihnen das jetzt auch noch eingefallen ist. An wie viel Sie sich erinnern!" [Herwig-Lempp 2007: 216]).

Mit der Erstellung einer Netzwerkkarte wird immer auch eine ressourcenorientierte Perspektive verfolgt, was den Fokus der Nachfragen durch die Soziale bestimmt (z.B.: „Inwiefern ist dieser Mensch wichtig für Sie?", „Über welche Stärken verfügt er?", „Was, denken Sie, schätzt er an Ihnen?", „Welche Form von Unterstützung würde er Ihnen wohl bieten?", „Welche Stärken haben Sie? ... Und welche haben Sie noch?" [Herwig-Lempp 2007: 215f.]).

Beispiel: Fragekatalog

... zum Umfang sozialer Unterstützung:

- „Wer würde sich um Ihre Wohnung und um ihren Wagen kümmern, wenn Sie für eine Weile verreisen müßten?
- Wenn Sie arbeiten – mit wem an Ihrem Arbeitsplatz sprechen Sie häufig über Probleme, die mit der Arbeit zusammenhängen?
- Wer – wenn überhaupt jemand – hat Ihnen in den letzten drei Monaten bei der Hausarbeit geholfen?
- Wen sehen Sie als soziale Freunde an – Leute also, mit denen Sie zusammen in eine Kneipe oder ins Kino gehen würden?
- Mit wem sprechen Sie über Ihre Hobbys und Interessen?
- Wer ist Ihr ‚bester Freund'/Ihre ‚beste Freundin'?
- Mit wem sprechen Sie über ihre persönlichen Sorgen?
- Auf wen hören Sie, wenn Sie wichtige Entscheidungen zu treffen haben?
- Von wem würden sie sich (wenn er/sie es könnte) eine große Geldsumme borgen?
- Nennen sie mir die Namen der Erwachsenen, die mit Ihnen im selben Haus wohnen."

... zur Qualität der Beziehungen zu Personen

- „Wieviele Menschen kennen sie, die Sie jederzeit besuchen könnten und die sich nicht darum kümmern würden, ob Ihre Wohnung in Unordnung ist oder Sie gerade beim Essen sind?
- Gibt es Menschen, an die Sie sich in schwierigen Zeiten anlehnen können und von denen Sie zuverlässige Hilfe erwarten dürfen – persönliche Hilfen, nicht nur praktische Ratschläge?
- Gibt es jemanden, ohne den Ihr Leben unerträglich wäre?
- Wenn Sie bedrückt sind oder in einer schwierigen Situation, gibt es dann einen Menschen, an den Sie sich um Rat oder um Wegweisung wenden?
- Gibt es jemanden, der Ihnen sagt oder Sie fühlen läßt, daß Sie bei den Sachen, die Sie daheim oder bei Ihrer Arbeit oder mit anderen zusammen tun, wirklich gut sind?
- Welche der Leute, die Sie erwähnt haben, kennen sich gegenseitig?" (Murgatroyd 1994: 183).

Dadurch ergeben sich weitere Gelegenheiten für Nachfragen („Was schätzen Sie an Ihrem Kollegen?", „Was sind die Stärken dieser Person?", „Welche Stärken hat diese Person noch?", „Was kann sie besonders gut?"). Es gilt, dabei auch *zirkulär* zu denken, z.B.: „Was denken Sie, würde diese Freundin sagen, was Sie besonders gut können?" [Herwig-Lempp 2007: 212), die immer auch einen Impuls darstellen, mit dem Gesprächpartner zu reflektieren, wie soziale Unterstützung erschlossen werden kann.

Da die Karte „lediglich für den aktuellen Moment gültig ist und nicht etwa dauerhafte, ‚objektive' Verhältnisse darstellt, versehe ich sie am Ende mit dem Datum und unseren Namen." Johannes Herwig-Lempp rät dazu, die fertige VIP-Karte mitnehmen zu lassen und darum zu bitten, eine Kopie behalten zur dürfen.

Die so erstellte Netzwerkkarte wird gemeinsam auf besondere Auffälligkeiten analysiert (z.B. „Welche Veränderungen in meinem Netzwerk haben sich in den letzten fünf Jahren ergeben?", „Welche meiner Sozialbeziehungen müßten intensiviert werden?", „Welche Beziehungen würde ich gern reduzieren [mit welchen Folgen]?"); das Gespräch schafft meist auch Klarheit darüber, welche Bedeutung bislang nicht in Erscheinung getretene (oder vergessene) Personen für die Adressatin haben und welche Erfahrungen, Kenntnisse, Fähigkeiten, Stärken, Beziehungen, Kompetenzen identifiziert werden können (vgl. Bullinger/Nowak 1998: 176f.). Ergänzende Parameter der Netzwerkanalyse können z.B. die Richtung der Beziehung oder die Symmetrie im Austausch (jeweils: einseitig, beidseitig?), das Ausmaß des Austausches/der Nähe/Bindung/Interaktion, z.B. emotionale Intensität, quantitative Intensität des Austauschs (Intensität), die Länge des Bestehens eines Kontaktes/einer Beziehung (Dauer/Stabilität) oder leichte Erreichbarkeit (Akteure in geringer geografischer Entfernung) sein (vgl. Beushausen 2012b: 111f.).

*Anlassgerecht*e Netzwerkkarten müssen nicht zwingend das gesamte Netzwerk analysieren; je nach Anlass sind u.U. Ausschnitte völlig ausreichend (z.B. wenn die Mitglieder eine Peergroup relevant für die Bewältigung von Schwierigkeiten sein können, einen durch eine Jugendberufshilfeberatungsstelle unterstützten junger Mann in Ausbildung zu bringen). Es ist auch nicht entscheidend, Netzwerkkarten möglichst präzise, umfassend und detailreich zu erstellen. Relevant ist vielmehr, dass Informationen nicht verloren gehen, weil sie (sozusagen im *Nebensatz* gesprochen) von der (im *Hauptsatz* formulierten) Botschaft (der dann mehr zeichnerische Aufmerksamkeit zuteil wird) verdeckt werden.

Eine andere Gefahr besteht darin, „dass man sie, sobald man sie erstellt hat, plötzlich für ‚wahr' und objektiv hält" (vgl. Herwig-Lempp 2077: 222f.). Karten stellen immer nur eine subjektive Auswahl dar; bei ihrer Deutung sind deshalb die jeweils sehr unterschiedlichen Bedingungen der Gesprächssituation, in der sie erstellt werden (die „Tagesform" sowohl des Gesprächspartners als auch der Sozialen, die Kreativität, mit der abgebildet wird, die Fähigkeit zum Ausdruck nicht immer einfacher Verhältnisse in der Lebenswelt der Gesprächspartnerin u. a.) zu reflektieren.

VIP-Karten können auch in die kollegialen Fallbesprechung eingebracht werden, um die Expertise der Kolleginnen zum Fall, ihre Beobachtungen und Hinweise einzuholen, wo noch nachgefragt und oder nach weiteren Unterstützungsmöglichkeiten gesucht werden könnte (vgl. Herwig-Lempp 2077: 220).

Im weiteren Verlauf der Beratung können weitere Netzwerk-Karten erstellt werden, um durch Vergleich mit der Ausgangs-Netzwerk-Karte erreichte Ziele oder eingetretene Veränderungen im Netzwerk darzustellen und neue Teilziele festzulegen.

Netzwerkkarten sind nicht auf diese Gestalt beschränkt; Variationen sind z. B.:

- *Abwandlung der VIP-Karte:* Eine direkte Variation des Verfahrens besteht darin, zunächst Münzen für die wichtigen Personen auf das Blatt zu legen und ihre Bedeutung abwägen zu lassen, in dem sie zwischen den Feldern herumgeschoben werden, bevor sie endgültig eingezeichnet werden. Andere Variationen können im Einbezug der weiteren sozialräumlichen Akteure und Ressourcen, in der Differenzierung der professionellen Qualität der Helferinnen (z. B. Soziale, Professionelle aus Gesundheitsberufen), Kennzeichnung der Intensität von Beziehungen und Markierungen der (tatsächlichen) Verfügbarkeit bestehen.
- *Ecomap* (vgl. Pantuček 2012: 220 ff.): Eine Ecomap unterscheidet sich von einer Netzwerkkarte dadurch, dass mögliche soziale Kontakte im Formular bereits vorgezeichnet sind und die Beratenen damit ihre Ecomap in einer Sitzung anfertigen können. Die Bearbeitungsanweisungen lauten: 1. „Kreisen Sie zuerst alles ein, was Teil Ihres jetzigen Umfelds ist." 2. „Ziehen Sie nun eine Linie von Ihnen selbst zu jedem Kreis, der für Sie eine positive und starke Beziehung darstellt." 3. „Nun ziehen Sie eine strichlierte (gestrichelte; P.-U. W.) Linie von Ihnen zu jedem Kreis, der für Sie belastende oder negative Situationen darstellt." 4. „Nun ziehen Sie eine Wellenlinie zu allem, was Sie brauchen würden, das Ihnen derzeit aber nicht zur Verfügung steht." 5. „Sehen Sie sich nun Ihre Zeichnung an. Wie würden Sie sie zusammenfassend beschreiben? Was ziehen Sie daraus für Schlüsse?" (ebd.: 226). Peter Pantuček nennt die Ecomap im Vergleich zur Netzwerkkarte ein „sehr grobes Instrument", das nur einen Bruchteil an Informationen liefere (ebd.: 225; vgl. auch Budde/Früchtel 2009, Budde/Früchtel/Cyprian: 91 ff.).

- *Ressourcenkarte* (vgl. Friedrich 2013: 73ff.): In den Bereichen „Interessen“, „Kompetenzen“, „(Lebens-)Ziele“, „Identität“ sowie „Materielles und Ideelles“ lassen sich Ressourcen eines Menschen durch Fragen (z.B. „Was mache ich, was kann ich, was will ich, was bin ich, was habe ich?“) aufspüren (vgl. Friedrich 2010b: 75f.).
- *Unterstützungskarte* (vgl. ebd.: 73, Friedrich 2013: 70ff.): Die Aussagen zu vier Unterstützungsbereichen – emotionale Alltagsunterstützung (z.B. Zuhören), praktische Alltagsunterstützung (z.B. Hilfe beim Umzug oder Kinderbetreuung, Rat geben), emotionale Krisenunterstützung (insb. Trost, Aufmunterung) und praktische Krisenunterstützung (z.B. Geld leihen) – werden zunächst eingetragen; weitere (leere) Felder können durch individuell relevante Situationen bzw. Unterstützungsbereiche ergänzt werden.

Als Analysekriterien für die Strukturierung von Netzwerken gelten:

- *Quantität,* z.B., wie viele Personen/Rollen (auch bezogen auf: männlich, weiblich, Alter) angegeben werden und ob das Netzwerk als ausreichend empfunden wird oder ob sich die Adressatin mehr Netzwerkpartner wünscht oder weniger;
- *Qualität,* d.h. die Frage der Ausgeglichenheit der Beziehungen (konflikt- oder harmonieorientiert, ambivalent; auch bezogen auf das Geschlecht, das Alter u.a.;
- *Nähe und Distanz:* Lassen sich Auffälligkeiten wahrnehmen, wenn z.B. entferntere Personen (Arbeitskollegen, Vereinsmitglieder u.a.) sehr dicht zum Zentrum angeordnet werden?
- *Kohäsion,* d.h., ob zwischen den Personen auch untereinander Beziehungen bestehen oder ob es sich nur um dyadische Beziehungen zwischen dem Adressaten und den angeordneten Personen handelt; und
- *Konnektierung,* d.h., inwieweit Beziehungen der angeordneten Personen auch über das Beziehungsnetzwerk hinaus bestehen: Ist z.B. der Adressat relativ isoliert und die wenigen Personen im Netzwerk auch, dann entwickelt sich u.U. eine hohe emotionale Abhängigkeit voneinander (vgl. Stimmer/Weinhardt 2010c: 172f.).

5.2.2 Andere Verfahren der Netzwerkanalyse

Andere Verfahren der Netzwerkanalyse sind z. B.:

Netzwerkbrett (Familienbrett): Das Netzwerk- oder Familienbrett hilft, Beziehungen oder Rollen über Spielfiguren zu veranschaulichen, frei auf einem Tisch, auf dem Boden oder auf einem speziellen (etwa 50 mal 50 Zentimeter großen) Holzbrett mit dazugehörigen Figuren, z. B. viereckigen oder runden Holzklötzchen mit verschiedenen Durchmessern bzw. Höhen (mit vereinfachtem Gesichtsschema).

Zunächst werden kurz die grundlegenden Gestaltungsmöglichkeiten vermittelt, wobei die konkrete Ausgestaltung der Phantasie der Beratenen überlassen ist; Gestaltungsmöglichkeiten sind z. B. die Nutzung unterschiedlich großer Figuren, wobei die wachsende Größe zugleich die zunehmende Bedeutung für sie ausdrücken kann; der Abstand zwischen den Figuren kann Nähe und Distanz darstellen, eine Positionierung außerhalb des Bretts kann große Distanz oder den Ausschluss aus einer Gruppe kenntlich machen und Gruppierungen können Untergruppen markieren. Die Einladung, die Figuren (z. B. die Mitglieder der eigenen Familie) auf dem Brett so zu stellen, wie sie „in Wirklichkeit" zueinander stehen, wird anschließend mit der Bitte verbunden, die Aufstellung der Figuren zu erläutern. Zirkuläre Fragen (z. B.: „Was würde der Vater sagen, wenn Sie tatsächlich erfolgreich wären und ihre Berufsausbildung abschließen?") regen die Selbstreflexion und -exploration an. Anschließend können der ersten Aufstellung mögliche Wunschvorstellungen gegenübergestellt und besprochen werden.

Die einzelnen Stadien der Netzwerkentwicklung können durch Fotografien oder Skizzen dokumentiert werden, was es erlaubt, später mögliche Veränderungen im Netzwerk zu vergleichen und zu besprechen (vgl. Bullinger und Nowak 1998: 185 ff.; vgl. auch die Beiträge in Ludewig/Wilken 2000).

Mindmapping: Das auch als Assoziogramm, Gedanken- bzw. Gedächtnis(land)karte, Wissens- oder Netzwerklandschaft bezeichnete Verfahren dient der Erschließung eines thematischen Zusammenhanges, der Visualisierung gedanklicher oder tatsächlicher Netzwerke; es findet auch in der Dokumentation von Gesprächen, Diskussionen, in der Gruppenarbeit und im Projektmanagement Anwendung (vgl. Eipper 1998, Beyer 2002, Buzan 2005). Das Prinzip der Assoziation (der freien Gedankenäußerung) wird mit dem Prinzip der Strukturierung (der Systematisierung z. B. zu themenverwandten Komplexen) verbunden.

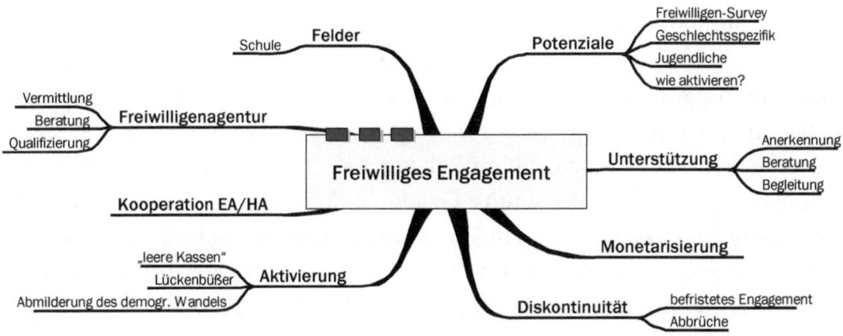

Im Regelfall wird zunächst das zentrale Thema *(Stamm)* bezeichnet (im folgenden Beispiel: „Freiwilliges Engagement"); anschließend werden auf der ersten Ebene (*Hauptäste:* z.B. „Unterstützung") „Schlüsselbegriffe" zu diesem Thema zusammengetragen und auf der zweiten Ebene (*Äste:* z.B. „Anerkennung" – „Beratung" – „Begleitung") konkretisiert, d.h., alle Assoziationen eingebracht, die mit dem Schlüsselbegriff in Verbindung gebracht werden. Ab der dritten Ebene *(Zweige):* werden diese Assoziationen durch Hinweise, Anmerkungen etc. ergänzt. Grundsätzlich ist es möglich, auf weiteren Ebenen diese Hinweise, Anmerkungen noch näher zu spezifizieren (vgl. Buzan 2004: 21). Die Visualisierung erfolgt meist in Form einer Flipchart bzw. Wandzeitung oder unter Nutzung spezieller PC-Programme (z.B. mindmanager® oder freemind®).

Mindmapping in der Netzwerkanalyse kann dabei unterstützen, Vernetzungen assoziativ thematisch zu erschließen; dabei liegt eine Kombination mit anderen Verfahren der Netzwerkanalyse nahe. Auch als Instrument zur Falldokumentation durch Soziale sind Mindmaps gut geeignet, die sachlichen und personalen Vernetzung sichtbar zu machen (vgl. a. Peterßen 2009: 206f.).

5.3 Soziale Netzwerkarbeit

Soziale Netzwerkarbeit *(Netzwerken)* verfolgt vier Perspektiven (vgl. dazu allgemein z.B. Christa 2008, Friedrich 2010b, Fischer/Kosellek 2013):

Erste Perspektive: *Anlassangemessene, fall-/subjektspezifische Netzwerkarbeit* gibt Antwort auf die Frage: Was muss sich in der Lebenswelt der Subjekte entwickeln, damit soziale Unterstützung gegeben werden kann? Damit geht es um die Beeinflussung sozialer Netzwerke, z.B. durch Abbau personabhängiger Barrieren (Menschen glauben z.B., dass sie mit anderen nicht zurechtkommen werden [dass sie mit ihnen nicht „können"] und versuchen es daher auch erst gar nicht) oder Klärung der Schwierigkeiten, Hilfe und Unterstützung anzunehmen (weil es ihnen z.B. unangenehm ist, sie sich schämen, auf andere angewiesen zu sein). In der Beratung wird es aber auch darum gehen, die Reziprozität als Balance zwischen Nehmen und Geben zu betonen, da sonst die Beziehung Gefahr läuft zu zerbrechen. Eine engere Beziehung lässt zwar auch längere Phasen schwerpunktmäßigen Gebens oder Nehmens zu, „irgendwann entsteht jedoch auch hier die Frage nach der Wiederherstellung des Gleichgewichts" (Friedrich 2013: 35).

Zweite Perspektive: *Anlassangemessene, ressourcenorientierte Netzwerkarbeit* gibt Antwort auf die Frage: Wie können Infrastrukturen (v.a. in der Lebenswelt) ermöglicht, entwickelt, stabilisiert und ggf. modifiziert werden, die es Menschen selbst erlauben, soziale Unterstützung zu gewährleisten? Im Zentrum kann dabei zunächst die Beratung von potenziellen Hilfeleistenden stehen, um sie in die Lage zu versetzen, anlass- und subjektgerecht Unterstützung zu geben. Dem Bedürfnis, Unterstützung nicht-beschämend in Anspruch nehmen zu können, kann z.B. durch Selbsthilfe Rechnung getragen werden (wobei Selbsthilfe auch dem Aspekt der Reziprozität entspricht): Hierbei geht es um unterstützende Beratung v.a. in den Selbsthilfekontaktstellen, z.B. Informationen zur Gründung neuer Selbsthilfegruppen, die Förderung der Zusammenarbeit der Selbsthilfegruppen untereinander oder die Kooperation mit unterschiedlichen Fachleuten (vgl. Stimmer 2006: 76). Soziale erbringen dann eine *intermediäre* professionelle Leistung (intermediär, lat.: der Dazwischenliegende [vgl. dazu LE 13.2]), die zwischen Menschen die Schaffung von Selbsthilfe anregt und fördert.

Thomas Möbius regt dazu z.B. ein „Multiplikatorenkonzept" an, das auf die systematische Einbindung von „Schlüsselpersonen" abzielt, d.h. Menschen im Sozialraum, die das Geschehen dort beeinflussen können und über „Schlüssel" verfügen, Kontakte z.B. im Stadtteil herzustellen und für Projekte wie für die Einzelfallarbeit nutzbar zu machen, über die die Soziale selbst nicht verfügt, und deren Engagement einen direkteren und schnelleren Zugang zu potenziellen Ressourcen verspricht. Sie sollen *„kooperative und sozial anerkannte Personen"* sein, die *„ein gutes ‚Standing' haben und in ihrem Umfeld die Idee überzeugend vertreten können"*. Ihre Aufgabe ist auf *„eine Vernetzung der Personen untereinander und eine Weiterentwicklung der Kooperationen ausgerichtet"*: Die so erschließbaren Ressourcen sind umso größer, je umfassender das Netz von Schlüsselpersonen ist. Auch solche Netzwerke müssen gepflegt bzw. immer wieder erneuert werden, wenn Schlüsselpersonen z.B. neue Aufgaben übernehmen und sich damit ihr Zugang zu Ressourcen verändert (Möbius 2010b: 144, Herv. i. O.).

Hintergrund: Zusammenarbeit mit anderen Stellen und öffentlichen Einrichtungen – § 81 SGB VIII

Die Träger der öffentlichen Jugendhilfe haben mit anderen Stellen und öffentlichen Einrichtungen, deren Tätigkeit sich auf die Lebenssituation junger Menschen und ihrer Familien auswirkt, insb. mit 1. Schulen und Stellen der Schulverwaltung, 2. Einrichtungen und Stellen der beruflichen Aus- und Weiterbildung, 3. Einrichtungen und Stellen des öffentlichen Gesundheitsdienstes und sonstigen Einrichtungen des Gesundheitsdienstes, 4. den Stellen der Bundesagentur für Arbeit, 5. den Trägern anderer Sozialleistungen, 6. der Gewerbeaufsicht, 7. den Polizei- und Ordnungsbehörden, 8. den Justizvollzugsbehörden und 9. Einrichtungen der Ausbildung für Fachkräfte, der Weiterbildung und der Forschung im Rahmen ihrer Aufgaben und Befugnisse zusammenzuarbeiten.

Dritte Perspektive: *Anlass/fallunspezifische Netzwerkarbeit* gibt Antwort auf die Frage: Welche Netzwerkstrukturen zwischen professionellen Akteuren bzw. Institutionen müssen entwickelt werden, um eine lebensweltnahe Lebensbewältigung unterstützen zu können? Professionelle Netzwerke (z.B. Arbeitskreise, „runde Tische“, Gemeinwesenarbeitsgruppen) haben die Funktion, als „Brückeninstanzen“ (Früchtel/Budde/Cyprian 2007a: 103), in denen Fachkräfte unterschiedlicher Professionen z.B. Themen des Stadtteils oder spezifischer Zielgruppen bzw. Themenstellungen aufgreifen und bearbeiten, sich (ggf. interdisziplinär) gegenseitig beraten, ihre Kenntnis über das (über-)regionale Angebot sozialer Dienstleistungen weitergeben, Lösungswege klären und vereinbaren (oder neue entwickeln), (sich auch gegenseitig) Ressourcen bereitstellen (oder mobilisieren) und Angebote aufeinander abstimmen können. Ihre Stärke besteht darin, dass sie Gestaltungsfunktion haben, z.B. durch gemeinsame Projekte, Wahrnehmung von Lobby- und Fürsprecherfunktionen. Ihre Verhandlungsposition ist besser als die Einzelner, was gegenüber Kommunalpolitik und Verwaltungssteuerung relevant werden kann (vgl. ebd.: 104ff.).

Vierte Perspektive: *Fachliche Vernetzungsarbeit* gibt Antwort auf die Frage: Wie können unterschiedliche Hilfen anlassangemessen in einen Zusammenhang gebracht werden? Leistungsberechtigte (Personensorgeberechtigte) erhalten anlassangemessene Hilfe und Beratung (Hilfe zur Erziehung), die fallspezifisch ausgestaltet unterschiedlich intensiv sein kann. § 27 SGB VIII regelt hier, dass es sich bei den Hilfen zur Erziehung „insbesondere“ um die in den §§ 28 bis 35 konkretisierten Formen handelt, lässt dabei weitere Formen (und auch geeignete Kombinationen der im SGB VIII genannten Hilfen) zu, womit z. B. eine Verschränkung mit anderen Angeboten der Kinder- und Jugendhilfe, z. B. offene Kinder- und Jugend- oder Jugendverbandarbeit, denkbar wird.

Vanessa Slevogt nennt z. B. (vor dem Hintergrund eigener Erfahrungen mit einem lokalen Netzwerk) als Rahmenbedingungen gelingender Netzwerkarbeit, dass Kooperationspartner sowohl Einzelpersonen (z. B. der örtliche Apotheker) als auch große Institutionen (z. B. das Kreisgesundheitsamt) sind, nicht jede Kooperation auf Langfristigkeit angelegt sein muss, sondern es auch punktuelle und projektbezogene Zusammenarbeitsformen gibt, schriftliche Netzwerkvereinbarungen „gegenseitiges Vertrauen unterstützen" können und Kooperationsbeziehungen „vom Engagement der Beteiligten" leben (vgl. Slevogt 2008: 237 f.). Dies deutet die besondere Bedeutung „sozialer Chemie" (wie vertraut Professionelle miteinander umgehen) auch in Vernetzungsprozessen an, auf die in der Praxis immer wieder verwiesen wird (z. B. die Schulsozialarbeiterin, die den Geburtstag eines Lehrers nutzt, etwas Konfekt vorbeizubringen; auch dies kann zu einem guten Klima beitragen, das der Zusammenarbeit dient).

Beispiel: Koordinationsstelle Netzwerk Kinderschutz Magdeburg

Die Koordinationsstelle Netzwerk Kinderschutz ist die Schnitt- und Anlaufstelle zwischen Fachkräften, dem Gesundheitswesen, der Kinder- und Jugendhilfe sowie allen im Kinderschutz tätigen Akteuren und der Öffentlichkeit.
Die Angebote der Koordinationsstelle

- Unterstützung und Hilfe zu Fragen rund um den Kinderschutz
- Anfragen werden auf Wunsch auch anonym bearbeitet
- Vermittlung von geeigneten Hilfsangeboten der Netzwerkpartner
- Schaffung und Erhaltung von verbindlichen Kooperationsstrukturen
- Fortbildungen für unsere Netzwerkpartner
- Öffentlichkeitsarbeit

Die Aufgaben und Ziele der Koordinationsstelle: Die aktive Zusammenarbeit aller Netzwerkpartner soll sowohl den präventiven als auch den reaktiven Kinderschutz in Magdeburg nachhaltig verbessern. Ziel der Koordinationsstelle ist es, die Fähigkeiten und Synergieeffekte des Netzwerkes für den Kinderschutz zu bündeln, dazu gehört:

- die Sicherstellung eines engen Informationsaustausches
- der Auf- und Ausbau von Kooperationsbeziehungen zwischen allen Netzwerkpartnern
- der Auf- und Ausbau der frühen und niedrigschwelligen Hilfen
- die Organisation der Fachgruppen- und Netzwerktreffen
- der Auf- und Ausbau eines Risiko-, Krisen- und Fehlermanagements

Die Vernetzung der Koordinierungsstelle: Die Fachgruppe des Netzwerkes Kinderschutz Magdeburg (KIMA) setzt sich aus Fachkräften der Jugendhilfe, des Gesundheits- und Sozialwesens sowie aus verschiedenen Institutionen zusammen. Netzwerkakteure können sich in verschiedenen KIMA Themen-Arbeitsgruppen engagieren.
Koordinierungsstelle Netzwerk Kinderschutz Magdeburg (Gerhart-Hauptmann-Straße 46a, 39108 Magdeburg)

Andere Verfahren sind z.B. die Netzwerkkonferenz (vgl. z.B. Quilling u.a. 2013), die Netzwerkmoderation (vgl. z.B. Friedrich 2013) oder das sog. Peer Counseling, d.h. die Beratung von Menschen mit Behinderung durch Menschen mit Behinderung (gemäß Art. 26 der UN-Behindertenrechtskonvention).

5.4 Schlussfolgerungen

Ziehen Sie bitte eine Bilanz dieses Kapitels! Welche Schlussfolgerungen ergeben sich für Sie? (Hinweise zur Einordnung ihrer Bilanzierung finden Sie auf meiner Website.)

5.4.1 Anregungen zur Weiterarbeit

Identifizieren Sie im wechselseitigen Austausch mit einer/einem anderen Studierenden im Partnergespräch Ihr persönliches Netzwerk, in dem Sie eine VIP-Karte anfertigen und anschließend gemeinsam auswerten. Lassen Sie sich dabei von dem folgenden Interviewleitfaden zur Ermittlung von Unterstützungsnetzwerken (Früchtel/Cyprian/Budde 2007: 109) anregen:

> „Ich werde Ihnen gleich eine ganze Reihe von verschiedenen Situationen schildern, in denen irgendein Problem vorkommt – so wie es auch im

täglichen Leben vorkommen kann. Nehmen wir mal ein Beispiel, das Ihnen vielleicht schon mal passiert ist: Sie kommen nach Hause und stellen fest, dass der Schlüssel von innen stecken geblieben ist. Sie alleine kommen nicht weiter. In einer solchen Situation fängt man sofort an zu überlegen, wohin man sich wenden kann, um Hilfe zu erhalten ..."

- „An wen würden Sie sich als erstes wenden?"
- „So ähnlich sind auch die folgenden Situationen. Ich schildere Ihnen ein Problem und werde Sie jeweils fragen, an wen Sie sich wenden würden:
  - Sie fahren in den Urlaub und brauchen jemand zum Blumengießen.
  - Sie haben eine Mikrowelle bestellt, und die wird just dann geliefert, als Sie auf der Arbeit sind. Wer könnte einspringen?
  - Ihr Fahrrad hat einen Platten und Sie müssen dringend in die Stadt. Wo könnten Sie eines leihen?
  - Das Bügeleisen geht plötzlich kaputt, und sie brauchen ein frisches Hemd für eine Beerdigung. Wo kriegen sie Unterstützung?
  - Sie bekommen eine gute gebrauchte Gefriertruhe günstig. Wie bewerkstelligen Sie den Transport?
  - Ihr Sohn hat in der Schule Schwierigkeiten in Mathe. Wer könnte ihm Nachhilfe geben?
  - Sie bekommen die langersehnte Kur bewilligt. Wer würde für 2 Wochen tagsüber auf die Kinder aufpassen?
  - Ihre Tochter steht kurz vor dem Schulabschluss und möchte im Büro arbeiten. Wen ziehen Sie zu Rate bei der Berufswahl?"

5.4.2 Materialien

Obwohl schon etwas in die Jahre gekommen, ist die Veröffentlichung von Hermann Bullinger und Jürgen Nowak nach wie vor grundlegend zum Verständnis von Netzwerken und Netzwerkarbeit (Soziale Netzwerkarbeit, Freiburg/Brsg. 1998).

Zwei Veröffentlichungen ergänzen das Wissen über Netzwerke und Netzwerkarbeit praxisorientiert:

- Elke Quilling, Hans J. Nicolini, Christine Graf und Dagmar Starke: Praxiswissen Netzwerkarbeit. Gemeinnützige Netzwerke erfolgreich gestalten, Wiesbaden 2013; und
- Sybille Friedrich: Ressourcenorientierte Netzwerkmoderation. Ein Empowermentwerkzeug in der Sozialen Arbeit, Wiesbaden 2013.

Beispiele für die Arbeit mit und an professionellen Netzwerken hat z.B. Herbert Schubert (Netzwerkmanagement. Koordination von professionellen Vernetzungen – Grundlagen und Beispiele, Wiesbaden 2008) zusammengestellt, darunter über die Arbeit an einer Offenen Ganztagsschule (Knauf, T.: Netzwerk der Offenen Ganztagsschule in Herford; S. 167–178), in einem Netzwerkmanagement einer „Lernenden Region" (vgl. Spickermann, H.: Netzwerkmanagement in einer „Lernenden Region"; S. 179–187), in einem Netzwerk früher Hilfen (Müller-Brackmann, U., und Selbach, B.: Das „Netzwerk Frühe Förderung" [NEFF]; S. 206–228), einem Netzwerk zur Verbesserung der Bildungs- und Entwicklungschancen von Kindern (Slevogt, V.: Das Mo.Ki Netzwerk – Verbesserung der Bildungs- und Entwicklungschancen des Kindes; S. 229–240) und einer großstädtischen Sozialraumkoordination (S. Birkle, A., und Hildebrand, A.: Sozialraumkoordination in Köln Höhenberg/Vingst; S. 241–252).

Teil III
Handlungsformen

Gegenstand des 3. Abschnitts dieses Buches sind die (praktischen) Handlungsformen; ein Fallbeispiel soll hierbei als Hintergrund der Verdeutlichung dienen:

Fallbeispiel

Karl ist 15; zusammen mit seiner vierjährigen Schwester Nicole lebt er mit seiner alleinerziehenden Mutter Helma in einer Siedlung am Rande der Stadt. Helma arbeitet als Verkäuferin und hat einen zweiten Job als Reinigungskraft[1].

1 *Karl* gibt es vielleicht doch; er mag aber auch Michael, Igor, Hussein, Muzaffer oder Kevin heißen. Und *Helma* wird womöglich Mandy, Natalia, Annika, Aysche oder Jennifer gerufen. Sie sind mir in den über 20 Jahren, die ich in der Kinder- und Jugendhilfe gearbeitet habe, immer wieder begegnet, auch wenn – jedenfalls namentlich bekannt – ein *Karl* nie dabei war.

Kapitel 6
Beraten: anlassangemessene Soziale Beratung

Fallbeispiel

Karl steht vor dem Tresen des Jugendhauses und ist im Gespräch mit Mia, der Jugendarbeiterin, die heute Dienst hat. Das Haus ist gerade erst geöffnet worden; Karl stand schon vor der Tür, hat gewartet, bis – „endlich", wie er sagt – Mia aufgemacht hat. Gerade ist an der Ganztagsschule, die Karl gelegentlich besucht, Mittagspause. Aber er war auch heute Morgen nicht in der Schule. Nach einem 48-Stunden-Raid in den Welten eines Massive-Multiplayer-Online-Rolegames war er einfach zu müde, hat einfach keine Lust auf Schule gehabt und ist wieder einmal nicht hingegangen. Das kommt ja häufiger vor in letzter Zeit. Mia kennt das, Mia wird das schon verstehen. Das Gespräch, das beide beginnen, ist zwanglos. Mia weiß, dass er wirklich auf sie gewartet hat, als sie die Tür öffnet und ihn reinlässt, ihm eine Cola verkauft und sich Zeit für ihn nimmt. Er will halt nur ein wenig reden.

6.1 Einführung: Was ist Beratung?

Zunächst wird sich ganz allgemein sagen lassen, dass Beratung in allen Feldern des Sozial- und Gesundheitswesens eine Dienstleistung für Einzelne, Familien und Institutionen ist, die zur eigenständigen Klärung und Bewältigung von Themen aus dem psychosozialen bzw. materiellen Bereich verhelfen soll, die unterschiedliche Schwerpunkte und Institutionalisierungsgrade aufweist und bezugswissenschaftliche Erkenntnisse und Verfahren nutzt (vgl. Belardi 2005: 40, Belardi 2013a).

Definition

Beratung ist „eine Tätigkeit, die von der ‚Alltagsberatung' durch Laien bis hin zur Anwendung hoch differenzierter und methodisch ausgefeilter Verfahren durch speziell ausgebildete Fachkräfte in der professionellen Beratung reicht" (Stimmer/Weinhardt 2010b: 15).

Sie kann neben der für Soziale Arbeit charakteristischen Individual- bzw. Gruppenberatung auch als *Fachberatung* (z. B. für spezielle Themenstellungen der in Kindertagesstätten tätigen Fachkräfte), *Institutionsberatung* (z. B. im Zuge von Organisationsentwicklungsprozessen, d. h. Veränderungen in der Organisationsstruktur oder den Zielen einer Organisation) oder als *Politikberatung* (z. B. bei der Entwicklung politischer Programme oder Vorhaben) erfolgen. In Weiterführung der Übersicht bei Franz Stimmer und Marc Weinhardt (2012b: 22) lässt sich Beratung wie folgt systematisieren:

Personale Beratung				**Institutionelle Beratung**
für Subjekte		für Soziale		für Organisationen des Profit- und Non-Profitbereichs
Spezialisierte Beratung	Querschnittsberatung	durch Externe	unter Sozialen	
Erziehungsberatung, Suchtberatung, Schuldner- und Insolvenzberatung, Schwangerschaftskonfliktberatung u. a.	Soziale Beratung, Mediation	Supervision, Coaching, Balintgruppen, u. a.	Intervision (z. B. Kollegiale Beratung) Kollegiale Fallberatung	Organisationsberatung und -entwicklung

Gründe für den beobachtbar steigenden Beratungsbedarf finden sich in der Dynamik der gesellschaftlichen Entwicklung (z. B. Individualisierungsprozesse, Auflösung traditioneller Milieus und Bindungen, Veränderung in den Familienstrukturen und Ein-Eltern-Familien) einhergehend mit veränderten Anforderungen an die Alltags- und Lebensbewältigung (z. B. Arbeitslosigkeit, Schwierigkeiten im Übergang von Schule in Ausbildung und Beruf, Isolation, Schulden, Wohnungsverlust, Familien- und Beziehungskonflikte). Unter den Bedingungen wachsender Unübersichtlichkeit im Alltag und in der Lebensbewältigung ergeben sich Anliegen (z. B. konkreter Hilfebedarf, etwa Unterstützung bei der Erziehung eigener Kinder) und Notlagen (z. B. aufgrund von Rechtsverstößen, etwa bei der Bewältigung selbst erlebter oder anderen zugefügter Gewalt), die der Unterstützung Dritter bedürfen, und zwar sowohl in Form der Bereitstellung zusätzlichen (neuen) Wissens, Orientierung oder Lösungskompetenzen (z.B. Verweise auf konkrete Hilfen, Nennung von Ansprechpartnerinnen) als auch durch die Bereitstellung anlassspezifischer Beratungsformen (z.B. der Suchtberatung [vgl. z.B. Reich 2009] oder der Schuldner- und Insolvenzberatung [vgl. z.B. Schruth 2011]).

Menschen suchen Rat, ihr „Thema" einfach zu lösen. Dort, wo dies mit den Mitteln des Alltags nicht erfolgreich möglich ist (z.B. durch den Rat von Freundinnen oder Nachbarn), ergibt sich ein *Anlass* für professionelle Beratung. Anne Frommann (1990: 31) hat dies als „wahrnehmen, ordnen, teilhaben, für möglich halten" charakterisiert: Beraterinnen machen sich ein Bild von der Person des Ratsuchenden, seiner Situation und Umwelt (wahrnehmen), unterstützen ihn, Strukturen und Muster seiner Lage zu erkennen (ordnen), wenden sich ihr als ermunternde Partnerinnen zu (teilnehmen) und helfen ihm, Auswege und Lösungen zu entwickeln sowie Fähigkeiten und Autonomie (zurück-)zugewinnen (für möglich halten). Nicht in jedem Fall sind damit Soziale befasst, die in Bezug auf z.B. Fragen der [auch psychischen] Gesundheit weder die förmliche (gesetzlich bestimmte) noch sachliche (fachliche) Kompetenz besitzen, die in solchen Fällen Mediziner oder Therapeutinnen einbringen können. Nicht jeder Beratungsbedarf führt also zu *sozialer Beratung*.

Im traditionellen (bis in die 1970er Jahre gültigen) Beratungsmodell konnte von einer Phasierung des Beratungsverlaufs gesprochen werden: 1. Eröffnung (d.h. Rollenverteilung zwischen Beratener und Sozialem), 2. Datensammlung (der Berater bestimmt die Beratungsziele und den -verlauf, z.B. durch die Fragen, die er stellt, die Beratene muss Antworten geben und hat selbst kaum eine aktive Rolle), 3. Interpretation (wobei der Berater die Deutungshoheit besitzt, also als Experte Einschätzungen vornimmt und urteilt), 4. Entwicklung von Handlungsoptionen (wiederum durch den Berater), 5. Stellungnahme (als Prüfung der lebenspraktischen Angemessenheit des Handlungsvorschlags durch die Beratene) und 6. Beendigung (d.h. Vereinbarungen des weiteren Verlaufs). Kennzeichnend war der Anspruch der Berater *als Experten* (vgl. dazu z.B. Giese 1978; zur Entwicklung von Beratung vgl. Gröning 2009).

Das in der Kritik und im Kontrast hierzu allmählich entwickelte (alternative) Grundverständnis von Beratung kennt 1. die Orientierung (als gemeinsame Wahrnehmung und Beschreibung, in welcher Situation sich Beratene und Berater befinden und was das Thema der Beratung ist) und Analyse des Beratungsanlasses (ohne Annäherung an eine Lösung), 2. die Zielanalyse, Lösungswahl und -umsetzung und 3. die Lösungskontrolle (als Bewertung aller Beratungsbeteiligten). Zielanalyse, Lösungswahl und -umsetzung verdichten sich in dem von Marianne Hege entwickelten Konzept des „Engagierten Dialogs“ (vgl. Hege 1974), wonach es darum geht, eine veränderungsbedürftige Situation zu öffnen (*unfreezing*, auftauen), Einstellungen und Handlungsweisen aufzulockern (*changing/moving*, verändern/bewegen) und anders zu gestalten und zu sichern (*refreezing*, einfrieren). Sie ist damit auf förmliche Beratungssettings (z. B. eine Beratungsstelle, die Termine für Beratungsgespräche vergibt und ausschließlich auf ihren Beratungsgegenstand, z. B. Schwangerschaftskonflikte, begrenzt bleibt) nicht beschränkt. Beratung erfolgt ebenso funktional (d. h. *nebenher* im „Alltagsgeschäft“, z. B. an der Theke im Jugendhaus) und auch virtuell (zur wachsenden Bedeutung von Onlineberatung vgl. z. B. Warras 2009, Schönknecht 2011).

Beratung heißt also (bildlich gesprochen), Beratenen dabei zu helfen, den Schlüssel zur Lösung ihres Anliegens zu finden, damit sie selbst die Tür öffnen und von dort aus selbstständig weitergehen können (vgl. de Shazer 2012: 203 f.; die Freiwilligkeit der Beratung ist unter den Bedingungen sog. totaler Institutionen, v. a. Gefängnis, Psychiatrie, geschlossene Heime, stark eingeschränkt, womit andere Beratungszugänge zu entwickeln sind; vgl. Widulle 2012: 154).

Beratung stellt *die* primäre Form zielgerichteten Handelns Sozialer dar; sie ist sozusagen *in jeder Interaktion eingeschlossen*, da eine Nicht-Kommunikation (LE 3.1) unmöglich ist; sie ist sowohl als explizite (digital kommunizierte) als auch implizite (analog kommunizierte) Form möglich (so kann Karl z. B. eine Handbewegung von Mia, die in die Richtung der unweit gelegenen Schule deutet, als Hinweis interpretieren, er sollte jetzt besser dort sein; Mia kann ihm dies aber ausdrücklich sagen).

6.2 Verfahren, zu beraten

Die schrittweise Herausbildung eines anlassangemessenen Verständnisses von Sozialer Beratung ist mit Integration von Überlegungen zu drei grundlegenden Aspekten verbunden: der Anschluss an das Konzept der Personzentrierung, die System- und die Lösungsorientierung:

6.2.1 Personzentrierung

Prägend für das hier hinterlegte Verständnis von Beratung ist zunächst die sog. Personzentrierung, die v. a. mit den Überlegungen von Carl R. Rogers verbunden ist (vgl. einführend Tausch/Tausch 1990: 70 f., 80–89, 107 ff., Sander 2004).

Menschen zeichnen sich durch ein Streben nach Selbstverwirklichung aus (das Rogers als *Selbstaktualisierung* bezeichnet). Sie treffen auf eine Umwelt mit spezifischen Erwartungen und Anforderungen. Wie Menschen mit diesen Erwartungen und Anforderungen umgehen, zeichnet ihr Selbstkonzept (ihre Vorstellung, wie sie sein *wollen*) aus. Es ist das Bild, das eine *Person* von sich hat und „umfasst alle Erfahrungen, die ein Mensch bisher mit sich, d.h. mit seinen Wahrnehmungen, Gefühlen und Fähigkeiten gemacht hat“ (Weinberger 2011: 216). *Anlässe* können auch dort entstehen, wo Diskrepanzen zwischen Selbstkonzept und den im persönlichen (subjektiven) Erleben der Umwelt gesammelten Erfahrungen (also subjektiven Interpretationen) bestehen, wenn also Selbstkonzept und subjektive Erfahrung nicht übereinstimmen (für den therapeutischen Zugang Rogers‘ sind dies die bestimmenden Fälle, die zu Beratung – in seinem Verständnis: Therapie – führen).

Professionelle (personzentrierte) Beratung liegt dann dort nahe, wo Ratschläge, Empfehlungen oder Informationen z.B. von Familienangehörigen oder Freunden *(Laienberatung)* an Grenzen stoßen und Schwierigkeiten mit eigenen Mitteln (oder der Unterstützung nahestehender Personen) nicht bewältigt werden können (vgl. Straumann 2004: 645).

Personzentrierung (Rogers spricht von Klientzentrierung) zielt stets

> „direkt auf die größere Unabhängigkeit und Integration des Individuums ab … Das Individuum steht im Mittelpunkt der Betrachtung und nicht das Problem. Das Ziel ist es nicht, ein bestimmtes Problem zu lösen, sondern dem Individuum zu helfen, sich zu entwickeln, so dass es mit dem gegenwärtigen Problem und mit späteren Problemen auf besser integrierte Weise fertig wird. Wenn es genügend Integration gewinnt, um ein Problem unabhängiger, verantwortlicher, weniger gestört und besser organisiert zu bewältigen, dann wird es auch neue Probleme auf diese Weise bewältigen“ (Rogers 1972: 36).

Ein personzentrierter Beratungsprozess muss durch „einen guten menschlichen Kontakt“ zwischen Beratenem und Sozialer gekennzeichnet sein; die Beratenen müssen sich sicher und akzeptiert fühlen, um gesprächsweise Gefühle ausdrücken und in den erlebten Gefühlen ihr spontanes Selbst erkennen und akzeptieren zu können (vgl. Groddeck 2006: 79).

Fallbeispiel

Karl kommt zu Mia v.a. deshalb, weil er sich bei ihr menschlich gut aufgehoben fühlt, von ihr angenommen wird, so wie er eben ist. Er erlebt sie als freundlich, aufgeschlossen, immer für einen Scherz gut; sie hat ihre Meinung, findet nicht alles gut, was er macht, und sie sagt ihm das auch, ohne dass er „gute Ratschläge“ hören muss, die er sowieso nicht hören will.

Auch wenn Soziale Arbeit eben *keine* Therapie ist (LE 1.6), hat sich das für therapeutische Zwecke entwickelte Grundverständnis von personzentrierter Beratung hier durchgesetzt: sich als Beraterin zurückzunehmen, auf Anweisungen zu verzichten und frei von Diskussion, Bewertung, Mitleid und Moral zu sein.

Fallbeispiel

Mia lässt Karl so sein, wie er ist. Sie weiß, dass „das mit der Schule“, seinen häufigen Fehlzeiten, seinem Desinteresse an der Angeboten der Schule, seiner aktiven Verweigerung, sich um seine Zukunft zu kümmern, auf die Dauer nicht gut gehen kann. Sie weiß aber auch, dass Karl „zumachen“ wird, wenn er sich bedrängt fühlt, wenn sie ihm „einen Vortrag“ halten würde, was besser für ihn wäre.

Der Beratung stellen sich damit besondere *Anforderungen* an die Arbeitsbeziehung zwischen Beratenem und Sozialer (die hier stellvertretend auch für die anderen Handlungsformen skizziert werden, da diese Anforderungen auch dort von Bedeutung sind):

Umgang mit Machtaspekten (Distanz-Regel): Auch Beratung kennt Machtverhältnisse, z.B. im Sinne eines „Eltern-Kind-Verhältnisses“, mit dem der Berater die Beratene (wohlmeinend, aber entmündigend) „an die Hand nimmt“ (und Verhaltensweisen nahelegt und deren Umsetzung auch kontrolliert), das Risiko, aus der Arbeitsbeziehung eine persönliche (emotionale, sexuelle) Beziehung zu entwickeln (wodurch die professionelle Balance von Distanz und Nähe aufgehoben wird) oder die notlagebedingten besonderen emotionale Anfälligkeit der Beratenen (und ihre Hoffnung auf [auch emotionalen] Schutz) zu missbrauchen.

Umgang mit Beschämung: Diese kann sich z.B. durch Formen der Belehrung darüber ergeben, dass die Angemessenheit der bisherige Lebensführung bezweifelt oder die Praktiken der Lebensbewältigung abgewertet bzw. als ungeeignet dargestellt werden [vgl. z.B. Thiersch 2009b, Bohn 2007]).

Umgang mit im Gesprächsverhalten begründeten Schwierigkeiten: In einem Beratungsgespräch können sich Situationen ergeben, die das Gespräch hemmen oder erschweren. Dazu zählt *nonverbales* Verhalten (Blickkontakt kann z.B. nicht aufgebaut werden, weil der Gesprächspartner Gesichtsverletzungen hat, die beim Sozialen Unsicherheiten auslösen, wie damit umzugehen ist), *verbales* Verhalten (z.B. ein ungeübter Umgang mit Schweigen, was – während die Beratene noch nachdenkt – zu verfrühten Aufforderungen, zu antworten, oder zu vorschnellen Fragen führen kann) oder *verdecktes* Verhalten (d.h. den *inneren Reaktionen* des Beraters [ein „Film“ vor dem geistigen Auge läuft ab, das alles schon einmal erlebt zu haben, dass etwas nicht anders zu erwarten war], weil blinde Flecken gegeben sind [z.B. wird ein in der eigenen Biografie begründetes, aber unreflektiertes Tabu angesprochen] oder engführende Auswahlentscheidungen, das Gespräch zu führen, getroffen werden [z.B. um die Beratung zu beschleunigen oder zu einem Ende zu bringen]).

Umgang mit Knappheit: Zeitdruck und die der Sozialen Arbeit mehr und mehr zugemuteten finanziellen Einschränkungen führen zu einer Begrenzung der Hilfe und damit einem Erschwernis für Ausgestaltung einer personzentrierten Arbeitsbeziehung. Dies kann zu einer *Flucht in schnelle Lösungen* (eine übereilte Maßnahmeorientierung) führen, womit zu schnelle Ratschläge, Lösungen für jeden Anlass (z.B. durch Weiterverweisung an andere Einrichtungen) oder die Einleitung in weniger kostenintensive Hilfen gemeint sind. Vorschnelle Fragen wie Lösungsvorschläge verhindern eher tragfähige Lösungen, als dass sie dadurch begünstigt werden (vgl. dazu Pantuček 1998). „Früher“, so eine Stimme aus der beruflichen Praxis, gab es zur Klärung eines Anlasses mehrere gründliche Gespräche, heute werde nach zwei, höchstens drei Arbeitskontakten eine Maßnahme eingeleitet. Solche schnellen Lösungen werden auch (z.B. durch die Jugendamtsleitung oder die ASD-Leitung) direkt gefordert, weil sie kostengünstiger seien (so wird aus der Praxis z.B. berichtet, dass Adoptionen [nicht ausdrücklich, aber durch entsprechende Formulierungen verklausuliert verlangt] schnell eingeleitet werden sollen, weil so die Kosten, die dem Träger der Kinder- und Jugendhilfe sonst entstehen würden, für ein Pflegeverhältnis, das sich pädagogisch anbieten würde, vermieden werden können). In diesen Fällen ist eine reflektierte Distanz des Beraters zum Gegenstand (Thema) der Beratung und zum Arbeitsprozess erforderlich, d.h. die Bereitschaft zur Reflexion in Form der Selbst- und Fremdberatung (LE 14.1, 14.2).

Umgang mit Formen der Kolonialisierung: Jürgen Habermas (1997: 496ff.) spricht von der „Kolonialisierung der Lebenswelten“ durch das System, worunter er den bürokratischen Staat und den Markt versteht; „Macht“ und

„Geld“, über das der Staat und der Markt verfügen, zwingen Menschen eine von gemeinsam geteilten kulturellen Werten, Normen und Traditionen weitgehend „befreite“ und von ihrer Lebenswelt unabhängige Handlungslogik auf. Als Beispiel für diese Handlungslogik können die Sanktionen gelten, die das SGB II und das SGB III vorsehen (Einstellung bzw. Einschränkung der geldlichen Leistungsgewährung), wenn Antragstellerinnen ihren gesetzlichen Pflichten nicht (oder nach Auffassung der Behörden nur unzureichend) entsprechen. Zur Kolonialisierung gehören aber auch Formen der Einschätzung von Menschen als „Klienten“ (im Gegensatz zum Verständnis vom autonomen Subjekt; vgl. auch Thiersch 1986a und 2009c), die durch die „Brille“ einer von Vorstellungen des Mittelstands geprägten Sichtweise eingeschätzt und behandelt werden, denen Vorstellungen aufgedrängt werden, wie sie ihr Leben zu leben haben. Stattdessen ist *Respekt* verlangt: So ist das Alltagsleben von Familien von spezifischen eigenen Regeln und Einstellungen gekennzeichnet, die für Außenstehende oft unverständlich sind. Soziale können es sich nicht leisten, solche Einstellungen zu ignorieren: „Vor dem Verstehen kommt zunächst die respektvolle Annäherung an problematisch erscheinende Verhaltensweisen und Haltungen als (mehr oder weniger gelingende) Lösungsversuche des Betroffenen“ (Moch 2004: 130). Es geht darum, subjektive Erfahrungen des Gelingens machen zu lassen (was z. B. dadurch geschehen kann, dass Verhalten anerkannt und verstärkt wird), dass Alternativen im Alltag (wenn auch zunächst durch Anregung und mit Unterstützung von außen) verwirklicht werden können (vgl. auch Dörr/Müller 2012).

Umgang mit den Grenzen der „Methodisierbarkeit“: Soziale Arbeit lässt sich, so Brigitta Michel-Schwartze (2007c: 149f.), „nicht schematisieren oder gar automatisieren. Soziale Arbeit ist Arbeit mit Menschen, nicht mit Automaten“. Sie weist auf zwei Schwierigkeiten hin: einerseits das *Antizipationsproblem,* d. h. die Erwartung, dass sich die planerischen Vorwegnahmen bestätigen, sich ein Fall also linear (geradlinig) weiterentwickelt, während doch tatsächlich viele Faktoren und Einflüsse sich wechselseitig beeinflussen; andererseits die *Erfolgserwartung,* was als Erfolg erwartet und als solcher bewertet werden darf: Es geht „um die Angemessenheit von Veränderungen, und diese müssen nicht ‚groß‘ sein“. Entscheidend sind vielmehr ihre Angemessenheit und ihre positive Bedeutung für die Adressatinnen (vgl. ebd.: 150f.).

Umgang mit subjektiven Konstruktionen oder unklaren Emotionen: Bestimmte Verhaltensweisen bzw. mit Menschen verbundene Merkmale lösen (z. T. auch körperliche) Reaktionen aus, z. B. Abneigung, Verärgerung (z. B. Antipathien [die Beratene hat „etwas an sich“, das den Berater „anspricht", etwa an eine unangenehme Erfahrung erinnert, ohne sich dessen bewusst zu sein) oder auch Sorge (so berichtete z.B. ein auch in der Selbstverteidigung höchst erfahrener Sozialer davon, welche Gefühle der Angst in ihm hochgekommen seien, als ein nahezu völlig mit Tattoos bedeckter, sehr kräftiger Mann sein Büro betreten habe, um nach einem Anti-Aggressionstraining zu fragen, an dem teilzunehmen ihm richterlich aufgetragen sei). Im Kontext Sozialer Arbeit können sich daraus Fehlschlüsse und (unzulässige) Vermutungen ergeben, was es mit dem Adressaten auf sich hat, da diese Annahmen (im Beispiel: Aggressivität, Gewaltbereitschaft, persönliche Gefährdung) nicht zwingend sind (im Beispiel: Das Gespräch verlief konstruktiv und frei von jeder Aggression).

Beispiel: Personzentrierte Leitsätze für die Beratung Jugendlicher

Inghard und Stefan Langer (2011: 84f.) bilanzieren ihre Beratungspraxis, indem sie „auf Jugendliche bezogen und in eine alltäglichere Sprache übertragen" folgende Leitsätze für Berater formulieren:

- „Ein Herz für Jugendliche haben, sie gern haben, sie mögen und schätzen. (...)
- Im Kontakt präsent sowie als Person gegenwärtig und ‚greifbar' sein.
- In gleicher Weise die Gegenwärtigkeit der/des Jugendlichen aufnehmen, sie freundlich-liebevoll als Person achten, schätzen und respektieren. (...)
- Einfühlsam, mit Vergegenwärtigung eigener analoger Erfahrungen begleiten, was die jugendliche Person mitteilt und wie sie es tut. (...)
- Die begleitende und beratende Person hört wirklich zu und antwortet so real, so aufrichtig, wie es ihr möglich ist.
- Eindeutig und klar wird signalisiert: Jede der beteiligten Personen ... hat jeweils eine eigene, innere wie äußere, Erfahrungswelt sowie eine eigene Entwicklungsperspektive, für die jede der beteiligten Personen selbst verantwortlich ist. Jede Person hat die alleinige Expertenkompetenz für ihre Belange."

Fallbeispiel

Mia könnte Karl darauf ansprechen, wie es in der Schule gewesen sei, die er auf ihre Anregung hin am Montag doch besucht hat, obwohl er wieder ein ganzes Wochenende in der virtuellen Gemeinschaft seines Clans abgetaucht war; sie könnte dies anerkennen und ihn darin bestärken, es nach dem nächsten Wochenende wieder so zu machen.

6.2.2 Systemorientierung

Ein zweites Merkmal stellt die Einbindung in Systeme dar – bzw. mit Sylvia Staub-Bernasconi (1998: 106): „Alles, was existiert, ist entweder ein *System* oder Teil eines Systems"; d. h.:

Grundannahme ist die Auffassung, dass Menschen Bedürfnisse haben und diese befriedigen wollen. Bedürfnisbefriedigung in diesem Sinne ist von den Ressourcen des Individuums und seinen Fähigkeiten abhängig, die gegebenen Möglichkeiten zu nutzen und neue zu schaffen. Ressourcen sind das, was Menschen zur Verfügung haben oder sich beschaffen, erschließen oder herstellen können (vgl. Staub-Bernasconi 1998: 109). Es geht folglich darum, dass Menschen in der Bewältigung des Alltags ganz praktischen Schwierigkeiten bei der Bedürfnisbefriedigung gegenüberstehen und sie lernen, im Kontext sozialer Systeme und in Kooperation oder Konflikt mit anderen Menschen Lösungen hierfür zu finden. Die Verfolgung solcher Ziele setzt voraus, dass sie sich ein Bild von der (Um-)Welt machen, sie erfassen, beschreiben, bewerten, erklären und das verfügbare Wissen in Pläne und Verhalten zur Veränderung ihrer selbst oder der Umwelt umsetzen (vgl. Staub-Bernasconi 1995: 128 f.).

Soziale Systeme sind nicht bloße Ansammlungen von Individuen, sondern konkrete Systeme eigener Art. Ihre „Mitglieder" sind (von Geburt an) Menschen, die in unterschiedlichem Maße Bedeutungssysteme (z. B. Menschen-, Gesellschafts- oder Weltbilder, Erklärungen ihrer aktuellen Lebenssituation, Lebensstile, Praktiken der Lebensführung) teilen (vgl. Staub-Bernasconi 1998: 106, Staub-Bernasconi 2002: 248, Bunge 1996: 271, 20 f.); entscheidend ist, wie Menschen sich als zusammengehörig begreifen, wie sie das Netz der Beziehungen untereinander wahrnehmen und wie sie ihre unmittelbare soziale (Um-)Welt, den Lebensraum, die Lebenswelt sehen (vgl. Brunner 1994: 656) und in sie als je spezifische Umgebung eingebunden sind (so ist eine Schulklasse z. B. in das umfassende System Schule einbezogen).

Konstruktivismus: Die menschliche Wahrnehmung ist „beschränkt, unvollständig und fehlerhaft", z. B. weil vieles mehr oder weniger (aufgrund von Vorurteilen, Ideologien, Desinformation) bewusst ausgeblendet, umgedeutet oder verfälscht wiedergegeben wird (vgl. Staub-Bernasconi 1998: 106).

Es gibt damit keine *objektive, wahre* Wirklichkeit: Wie schon mit Hinweis auf das Thomas-Theorem (LE 1.5) dargestellt, kann gesagt werden, dass kein Mensch die Wirklichkeit so sieht, wie sie objektiv sein mag; Menschen machen sich stattdessen ihr Bild von der Wirklichkeit: Sie konstruieren auf der Grundlage dieser subjektiven Deutungen und in der Kommunikation mit anderen Menschen ihre eigene Wirklichkeit, die ihre Zugänge zu Situationen und ihre Handlungen bestimmen. Menschen handeln damit auf Grundlage der jeweiligen Bedeutung, die sie einer Situation beimessen (vgl. Mutzeck 2005: 56f.). Da im Kontakt Einzelner deren subjektive Deutungen aufeinandertreffen, sind Konflikte zwischen ihnen absehbar.

Wirklichkeitskonstruktionen können nicht als „wahr", aber als nützlich bzw. belastend überprüft werden (was sie Menschen bringen, wie sie bei der Alltagsbewältigung helfen oder welche Belastung sie bei der Lebensbewältigung darstellen). Da sie sich im Austausch mit der Umwelt kommunikativ entwickeln, können durch Kommunikation auch Anstöße zu ihrer Veränderung gegeben werden. Allerdings lassen sich Veränderungen nicht instruktiv erzeugen, denn Menschen sind autonom und eigensinnig (und daher auch nicht von außen „steuerbar"). Das Ziel von Beratung ist es daher, dabei Unterstützung zu geben, dass Menschen Wirklichkeitskonstruktionen, die sich für sie als belastend oder einschränkend erweisen (d.h. einen Anlass für Beratung darstellen), so zu verändern, dass sich Möglichkeiten zu einer gelingenderen Alltags- und Lebensbewältigung ergeben (Mia weiß, dass es sicher besser wäre, wenn Karl zur Schule ginge).

Dabei ist eine *Ressourcenorientierung* (LE 1.3.2) bestimmend (statt einer Orientierung an Defiziten, was ein Mensch nicht kann, oder Problemen, von denen angenommen wird, dass er sie habe), z.B.: Wo stecken in Risiken, Belastungen und Verlusten bisher nicht erkannte Ressourcen von Menschen? Welche positiven Erfahrungen stehen in Krisen zur Verfügung? (Mia kann sich z.B. fragen, welche Stärke sich zeigt, wenn Karl sich weigert, unter diesen Bedingungen weiter zur Schule zu gehen). Diese Perspektive verändert den Blick weg von den Schwierigkeiten und Unzulänglichkeiten hin zu den Stärken und Potenzialen von Menschen und deren sozialem System, ohne ein „Ideal des allumfassend ressourcenreichen und handlungskompetenten Menschen in einer allumfassend ressourcenreichen Umwelt" zu beschreiben (vgl. Nestmann 2004a: 730ff.).

In der systemorientierten Beratung werden daher alle für Wirklichkeitskonstruktionen wichtigen Faktoren berücksichtigt und möglichst alle Personen, die von dem *Anlass*, der zur Beratung führt, betroffen sind, in den Beratungsprozess einbezogen. Das Verhalten wird dadurch ganzheitlich betrachtet. Ziel ist die Veränderung der belastenden bzw. beschränkenden Konstruktionen der Wirklichkeit unter Berücksichtigung dieses Systems relevanter Faktoren, Personen und Beziehungen (vgl. Brunner 2004: 656f.,

Hohage 2013: 166). In einem Fall von Schulverweigerung (die durch unentschuldigte Abwesenheit [wie im Fall von *Karl*], Störungen des Unterrichts u. Ä. gekennzeichnet sein mag) wird die Wirklichkeitskonstruktion des Schülers (dass der Schulbesuch nichts bringe, wie Karl sagt, also sinnlos sei), die sein Verhalten bestimmt (nicht zur Schule zu gehen und stattdessen intensiv an einem Massive-Multiplayer-Online-Rolegame teilzunehmen), im Beratungsprozess Gegenstand sein. Ziel wird es sein, unter Einbezug der unterschiedlichen Perspektiven auch seines sozialen Systems (Eltern, Lehrern, Mitschülerinnen, die Peergroup des Schülers u. a.) eine Umdeutung anzustreben und dabei die verschiedenen Ursachen des Verhaltens (z. B. fehlende soziale Kontakte des Schülers, Desinteresse fördernde Lernorganisation, das „Eintauchen" in eine Online-Spielewelt mit einer Einbindung in eine zeitintensive virtuelle Computernetzgemeinde o. Ä.) aufzugreifen.

6.2.3 Lösungsorientierung

Lösungsorientierung in der Beratung greift – als drittes Merkmal – Personzentrierung und Systemorientierung auf, wenn Notlagen und Anliegen von Menschen zu Anlässen Sozialer Arbeit werden, um durch konkrete Handlungsanregungen, Ziel- und Lösungsvorstellungen die Ressourcen der Beratenen und ihres Systems zur eigenständigen Bewältigung des Anlasses zu aktivieren. Grundannahme ist dabei, dass Menschen sich oft selbst bei dem Versuch behindern, Schwierigkeiten zu lösen, weil sie, wie es Steve de Shazer (mit Insoo Kim Berg einer der Begründer des Verfahrens) ausdrückt, „im Innersten" glauben,

> „dass eine Erklärung sowohl möglich als auch unerlässlich ist, um ein Problem wirklich zu lösen. Lösungen zu Problemen werden oft übersehen, weil sie wie bloße Vorspiele aussehen; wir suchen letztendlich nach Erklärungen, in dem Glauben, dass eine Lösung ohne Erklärung irrational ist, und erkennen nicht, dass die Lösung selbst ihre beste Erklärung ist" (de Shazer 2012: 28).

Stattdessen wird angenommen, dass jeder Mensch und jedes System bereits über die Ressourcen verfügt, die zur Lösung eines Problems benötigt werden, diese aber gegenwärtig ungenutzt bleiben (vgl. insg. de Shazer 1986, 1989, 1992 und 2012, de Jong/Berg 2008, Berg 2010, de Shazer/Dolan 2013; vgl. auch Bamberger 2004). Lösungsorientiert beratende Soziale haben ein Vertrauen darin, dass Menschen diese Ressourcen aktivieren können, wobei Soziale lediglich als Experten für die Methoden der Lösungsfindung fungieren (Mia ist sich also sicher, dass Karl über eine Lösung für sein „Schulproblem" verfügt, sie beide aber noch nicht wissen, wie diese Lösung aussieht). Diese *lösungsorientierte Haltung* meint ein höchstes Maß an Respekt vor den zu beratenden Menschen, deren Sicht der Dinge und ihrem Expertentum für die eigenen Ziele und Möglichkeiten. Beraterinnen haben ein vitales Interesse an der Stärkung des Individuums *(Empowerment),* womit sich auch die Beachtung der weitgehenden Unabhängigkeit von Beratern verbindet. Menschen sind so zu behandeln, als ob sie selbst wüssten, in welcher Richtung ein für sie selbst gangbarer („guter") Lebensweg liegt, auch wenn aktuelle Umstände oder Ereignisse zur Desorientierung beigetragen haben. Im Zentrum steht, was Menschen, die soziale Beratung suchen, selbst als Schwierigkeiten ihres Alltags und ihrer Lebensbewältigung sehen.

In der Begrifflichkeit der Lösungsorientierung geht es darum, „ein Passen" zu entwickeln. Passen versteht de Shazer als einen „qualitativen Begriff, der die Beziehung zwischen Klienten und Therapeuten, die Richtung, die das Interview nimmt, und das/die Ziel(e) einbezieht" (de Shazer 2012: 114); es wird als ein gegenseitiger Prozess verstanden, an dem (ganz im personzentrierten Verständnis Rogers') sowohl die Beratene als auch die Soziale beteiligt sind; im Prozess „beginnen sie sich zu vertrauen, schenken einander große Beachtung und akzeptieren die jeweiligen Weltbilder als einleuchtend, wertvoll und bedeutsam" (ebd.: 107). Dieses lösungsorientierte Arbeitsbündnis (ein Begriff, den de Shazer freilich nicht benutzt) wird gefördert, wenn Ziele gesetzt werden, die dazu beitragen sollen, gegenseitig festzustellen, „wann das Problem gelöst ist" (ebd.: 109).

Kennzeichen lösungsorientierter Beratung sind:

Erkennen von Ausnahmen: Wenn der Anlass der Beratung als allein unlösbar erscheint („*Alles* ist schwierig!"), dann werden im Beratungsgespräch Ausnahmen und „die Definition dessen, wie man erkennt, wann das Problem gelöst ist gesucht" und das gefördert, was die Ausnahmen begünstigt (vgl. de Shazer 2012: 115). Es gilt also Ausschau zu halten „nach dem, was funktioniert, und nicht nach dem, was nicht funktioniert" (ebd.: 105). Zentrale Frage dieser Blickrichtung ist: *„Was macht den Unterschied zwischen besser und schlechter aus?"* Mit den im Beratungsgespräch gewonnenen Informationen werden klein(st)e Schritte auf dem Weg zu einer positiven Veränderung erarbeitet; vom ersten Beratungskontakt an erfolgt eine Konzentration auf die Lösungssuche (vgl. ebd.: 21 ff.). Seine Empfehlung hierzu lautet:

> „Stelle fest, welche Dinge die Klienten tun, die gut, nützlich und wirksam sind. Stelle den Unterschied fest zwischen dem, was geschieht, wenn eine Ausnahme vorkommt, und dem, was geschieht, wenn die Beschwerde auftritt. Fördere das Erstere. Wenn möglich, lass dir jede Aus-

nahme Schritt für Schritt beschreiben. a) Finde heraus, was funktioniert, bzw. b) finde heraus, was funktioniert hat, bzw. c) finde heraus, was funktionieren könnte; dann d) verschreibe das Leichteste. Sind Aspekte der Ausnahme (oder der Beschwerde) irgendwie zufällig, dann e) bau etwas Willkürliches oder einen Zufallsfaktor in die Aufgabe ein" (ebd.: 116).

Steve de Shazer argumentiert auch, dass, wenn es darum geht, „nach Ausnahmen zu suchen und danach, sich eine beschwerdefreie Zukunft vorzustellen", der Rahmen „in immer kleinere Stücke" zerbrochen wird, also die belastenden Umstände und Schwierigkeiten *dekonstruiert* werden (Mia hätte also zu fragen, wann Karl gerne zur Schule geht oder gegangen ist, wann es ihm Spaß gemacht hat, dort zu sein, was dann anders gewesen ist). Dem Beratenen wird zunächst durch „aufmerksames Zuhören und rücksichtsvolles Fragenstellen" verdeutlicht, dass er so, wie er ist, akzeptiert wird; zugleich versucht der Berater, „Zweifel an dem globalen Rahmen zu wecken", und „nach einem Stück der Rahmenkonstruktion (zu suchen), auf der eine Lösung aufgebaut werden kann" (ebd.: 118). Ein Mittel dazu ist die sog. „Konfusionstechnik", bei der die Beraterin „nach Punkten innerhalb der Logik (sucht), die logisch nicht bis zu Ende gedacht sind" oder „der *unlogisch* ist, ein Punkt, der die ganze problematische Konstruktion zusammenfallen lässt" (ebd.: 119). Dekonstruieren heißt also, dass der Rahmen als logisch bis zu dem Punkt akzeptiert wird, „wo er problematische Verhaltensweisen, Gedanken, Gefühle und Wahrnehmungen hervorruft." Dies verlangt, dass die Situation des Beratenen gründlich erforscht und ein *Fokus* identifiziert wird, mittels dessen er „die Logik des Verhaltens, der Gedanken, Gefühle und Wahrnehmungen innerhalb des Bezugrahmens des Klienten in Frage" stellen kann; es geht darum, herauszufinden, wann der Rahmen nicht wirksam war und stattdessen das zu fördern, was „brauchbar, wirksam und gut ist und auch Spaß macht" (vgl. ebd.: 130 f.).

Orientierung an realistischen Zielen: Lösungsorientierte Beratung geht davon aus, dass der Wunsch nach Veränderung eine *wichtige Triebfeder* für alle noch folgenden Lösungsschritte darstellt. Zu Beginn eines Beratungsprozesses wird allerdings in aller Regel dessen Ziel nur schwer zu bestimmen und konkretisieren sein (meist wird nur ein Idealzustand bestimmt, in dem es keine Schwierigkeiten mehr gibt). Daher geht es darum, zunächst sehr konkrete, durchaus auch schnell erreichbare Zielvorstellungen zu entwickeln und durch Zwischenschritte mit kleinen Fortschritten zu bestimmen. Solche Ziele sollten durch sog. „Wohlgeformtheitskriterien" bestimmt werden, die das Verständnis fördern, dass Ziele auch erreichbar sind, z.B. als das eigene Ziel (d.h., es wird deutlich, dass die Zielerreichung in der

Hand der Beratenen liegt), unter Bestimmung des Kontextes (was z.B. in der Frage deutlich wird: „Wann und wo und wem gegenüber wollen Sie sich anders verhalten?"), durch eine positive Formulierung, unter Verzicht auf Vergleiche und bezogen auf Verhalten (z.B.: „Was genau werden Sie tun, um Ihr Ziel zu erreichen?").

Wahrnehmung von Einwirkungsmöglichkeiten: Schon Watzlawick, Beavin und Jackson heben hervor, dass „mehr desselben" gelingende Kommunikationsprozesse unterstütze (vgl. Watzlawick/Beavin/Jackson 1974: 51). Wenn das Anliegen oder die Notlage übermächtig erscheint (also Hilflosigkeit oder ein Ausgeliefertsein erlebt bzw. konstruiert wird) , dann geht es darum, durch „mehr desselben" Mut zum Experiment (etwas anderes als das Übliche zu tun) zu machen, das die Beratene spüren lässt, aktiv beteiligt (und nicht ausgeliefert) zu sein, also über Einwirkungs- und Gestaltungsmöglichkeiten zu verfügen. De Shazer geht dies „negativ" an, in dem er dazu rät, jeden Moment des Beratungsgesprächs als Hilfe zu begreifen, mit dem Beratenen darüber zu sprechen, „was nicht getan werden sollte" (de Shazer 2012: 31); zugleich hebt die Beraterin durch ihr Interesse, wie es die Beratene dennoch geschafft hat, die schwierige Zeit durchzustehen und jetzt auch noch aktiv die Sache anzugehen, einerseits auf verborgene Ressourcen ab, die sich z.B. im Durchhaltevermögen zeigen, sich überhaupt auf Beratung und Unterstützung durch Außenstehende einzulassen, andererseits betont sie zugleich auch, dass der Beratene schon in der Vergangenheit Einfluss auf seine Situation gehabt hat.

Orientierung auf Stärken und Ressourcen: Wenn zu Beginn der Beratung v.a. die Schwierigkeiten und Hindernisse Thema der Beratung sind, dann ist es Aufgabe der Beraterin, Veränderungsoptimismus mit Hinweis darauf zu begünstigen, dass Ressourcen „ans Licht" gebracht werden (indem z.B. gelungene Veränderungsprozesse und die damit verbundenen Ressourcen erkannt und durch Komplimente anerkannt werden). Sie werden durch detaillierte Nachfragen geklärt und bewusst gemacht (also „vergrößert"), wodurch auch vermittelt wird, dass Verbesserungen Schritt um Schritt möglich sind. Die Kunstfertigkeit der Beraterin besteht darin, dass Ressourcen oft nur in Ansätzen bewusst sind, bewusst genutzt werden und daher meist ungenutzt bleiben; also muss sie mit der Wahrnehmung „brechen", die die eigenen Ressourcen nicht sieht.

Der lösungsorientierte Beratungsprozess wird durch verschiedene Prozesselemente gekennzeichnet:

Diagnostische Enthaltsamkeit: Im Unterschied zu anderen Beratungskonzeptionen wird „von einer detaillierten Diagnostik abgesehen; stattdessen geht es um die Entwicklung eines Weges, konkrete Lösungsvorstellungen schnell stufenweise verwirklichen zu können“ (Hohage 2013: 167).

Lösungsfokussierte Einfachheit: Zwei Grundsätze lauten: „Beachte und nutze das, was da ist – nicht das Fehlende“, „nutze eine einfache Sprache!“ Entsprechend der Einzigartigkeit des Menschen selbst ist lösungsorientierte Beratung immer einzigartig (also ein *Unikat*); was bei der einen Beratung noch richtig gewesen sein mag, kann beim nächsten Mal schon falsch sein.

Lösungsorientierte Fragen: Lösungsorientierte Beratung arbeitet mit Fragen, die der Zielklärung, der Bestimmung von Zwischenschritten und dem Erkennen von Ausnahmen dienen und dabei helfen sollen, die Aufmerksamkeit der Beratenen auf mögliche Lösungsmöglichkeiten bzw. Aspekte nicht gedachter Lösungswege zu fokussieren und weitere Schritte (was ist das Nächste/Nächstliegende?) bestimmen. Bei der *Zielklärung* geht es darum, ein möglichst konkretes Lösungsszenario zu entwickeln, mit dem deutlich wird, was *der Beratene selbst* anders machen wird, wenn er sein Ziel erreicht hat. Weiter wird systematisch nach Ausnahmen von der Schwierigkeit geforscht, weshalb die Beratung aufgenommen wurde *(Erkennen von Ausnahmen).* Ausnahmen werden für die Entwicklung künftiger Handlungsmöglichkeiten („Was ließe sich dafür tun, dass Ausnahmen wieder und vermehrt eintreten?“) genutzt:

- Die *Wunderfrage* dient dazu, aus dem problemzentrierten Denken des Beratungsanlasses heraus in einen lösungsorientierten Prozess zu führen: „Ich möchte Ihnen jetzt eine ungewöhnliche Frage stellen. Stellen Sie sich vor, während Sie heute Nacht schlafen und das ganze Haus ruhig ist, geschieht ein Wunder. Das Wunder besteht darin, dass das Problem, das Sie hierher geführt hat, gelöst ist. Allerdings wissen Sie nicht, dass das Wunder geschehen ist, weil Sie ja schlafen. Wenn Sie also morgen früh aufwachen, was wird dann anders sein, das Ihnen sagt, dass ein Wunder geschehen ist und das Problem, das Sie hierher geführt hat, gelöst ist?“ (de Jong/Berg 2008: 143).
- *Skalen-/Skalierungsfragen* sollen dabei helfen, Unterschiede in Entwicklungen darstellbar zu machen, weil sich Sachverhalte manchmal nur schwer in Worte fassen lassen; dabei können die Fragen anhand einer Skala (0 bis 10, 0 bis 100 bzw. eine andere Einteilung) beantwortet werden; z. B.: „Auf einer Skala von 0 bis 10, bei der 0 bedeutet, ich habe mein Ziel überhaupt nicht er-

reicht und 10 bedeutet, ich habe mein Ziel vollständig erreicht: Wo befinden Sie sich heute?“ Quantifizierungen bieten die Möglichkeit zur Fortsetzung des Gesprächs, um z. B. über Ziele oder weitere Schritte zu sprechen. Lautet die Antwort z. B. „5“, dann könnte der Berater nachfragen: „Was wäre der Unterschied dazu, wenn Sie auf 6 wären? Was wäre dafür notwendig?“ Die Beratene kann das Ziel genauer einzuschätzen und Teilziele bilden oder über den nächsten Schritt nachdenken und klären, was es zu dessen Erreichung benötigt. Es bieten sich auch Anschlussfragen an (z. B.: „Nehmen wir an, du würdest dich um einen Punkt verbessern, woran genau könntest du das erkennen? Woran noch?“). Es lassen sich auch positive Perspektiven erfragen (z. B.: „Was kannst du gut?“, „Wo hast du dich verbessert?“). Skalierungsfragen kommen häufig im Anschluss an die Wunderfrage zum Einsatz, können aber auch zur Illustration des Beratungsfortschritts genutzt werden (vgl. Hohage 2013: 168 f., Palmowski 2011: 76).

- Mittels *zirkulärer Fragen* zu fragen bedeutet, um die Ecke zu fragen. Ziel ist dabei die Irritation bzw. Unterbrechung gewohnter Denk- und Kommunikationsmuster durch die Wahrnehmung einer Sicht von außen, z. B. die Situation aus der Perspektive („mit den Augen“) Anderer wahrzunehmen, um so Zusammenhänge neu erkennen zu können (z. B. „Wenn Ihre Kollegin hier wäre, was würde sie wohl sagen?“).
- Der Beratung gingen womöglich bereits Versuche voraus, selbst mit eigenen Mitteln zu einer Lösung zu kommen. Darauf Bezug nehmend kann gefragt werden, wie es gelungen ist, diese Schwierigkeiten auszuhalten (sog. *„Überlebensfragen“*), weil in den Antworten (meist unbewusste) Ressourcen erkennbar werden (z. B.: „Ich sehe, dass Sie in einer ganz schwierigen Situation sind. Wie haben Sie das bisher ausgehalten? Wie ist es Ihnen gelungen, hierher, zu mir zu kommen, um über Ihr Problem zu sprechen? Was lässt Sie annehmen, dass unser Gespräch Ihnen etwas bringen wird“?).

Reframing: Durch das (v. a. von Virginia Satir entwickelte) *Reframing* wird dem Beratungsanlass (oder einer Situation im Verlauf des Beratungsprozesses) eine andere Bedeutung zugewiesen; der Anlass wird in einem anderen „Rahmen“ gesehen *(Umdeutung oder Neurahmung).* Es geht darum, hierdurch selbst andere Deutungsmöglichkeiten und mögliche Ressourcen zu entdecken und das Problem als Herausforderung für eine wichtige Neuorientierung bzw. Verhaltensänderung zu erkennen. Mathias Schwabe nennt dazu als Beispiel, dass

„einem Jugendlichen, der andere nötigt und erpresst, bescheinigt (wird), dass er ‚durchsetzungsstark' sei bzw. ‚in der Lage, sich Güter zu beschaffen, die das Leben ihm sonst vorenthalten würde'. Mit dieser sprachlichen Umformulierung versucht man als HelferIn, auf eine im Problemverhalten verborgene Fähigkeit hinzuweisen, die bisher ‚ungeschickt' eingesetzt wurde. Die bereits vorhandene Durchsetzungsfähigkeit muss sich dann ‚nur' noch z.B. gegen den eigenen ‚inneren Schweinehund' richten, der den Jugendlichen momentan davon abhält, am Morgen aufzustehen und in die Schule zu gehen" (Schwabe 2010c: 140).

Das *Bedeutungsreframing* zeichnet sich dadurch aus, dass der Inhalt einer Situation sich nicht verändert, er bekommt lediglich eine neue Bedeutung, indem die Beraterin eine neue Betrachtungsweise ins Gespräch einbringt. Durch ein *Kontextreframing* wird eine Veränderung des Kontextes angeregt und das betreffende Verhalten des Beratenen in einen anderen Zusammenhang gestellt; z.B. kann die Auffassung, etwas sei schlecht, mit Fragen begegnet werden: „Wann, wo, wie und für wen?" In beiden Varianten wird davon ausgegangen, dass sich mit der Bedeutung bzw. dem Kontext einer Situation auch die Reaktion darauf verändert, sich also neue Handlungsoptionen ergeben (vgl. Vogel 2013: 132). Zirkuläre Fragen sind hierbei besondern geeignet, Umdeutungen anzuregen und zu unterstützen.

Auch die sog. *Kontradiktorische Beratung* nutzt das Reframingkonzept, weshalb sich Übertragungen auf die lösungsorientierte Beratung anbieten. Die Kontradiktorische Beratung erfolgt in vier Phasen (1. Hilfen zur Situationsanalyse und Wahrnehmungsveränderung, 2. Umgang mit Grenzen, Erlangung von Situationsunabhängigkeit, 3. Gegenentwurf und kreative Aktivationsplanung sowie 4. Begleitung bei der Umsetzung). Dabei steht „die Analyse der Problemsituation auf Möglichkeiten einer entgegengesetzten Lesart" im Zentrum der Beratung; es geht darum, Interpretationsmöglichkeiten im *Kontra* zur gängigen *Diktion* aufzuspüren und fruchtbar zu machen (vgl. Ellinger 2010: 42). *„Kreativität ist eine übergreifende Kompetenz, die in die Lage versetzt, eine originelle Perspektive ... einzunehmen, bekannte Elemente ... neu und genial zu kombinieren und/oder etwas gänzlich Neues zu erschaffen"* (ebd.: 75; Herv. i. O.). Als Beispiel für eine Lesart *gegen den Strich* (kontradiktorisch) kann die Verärgerung über sauer gewordene Milch gesehen werden; statt sie wegzuschütten, gelte es, sie zum Kochen zu bringen, zwei Esslöffel Joghurtkultur dazu zu geben, bei 42 °C warm zu halten und am nächsten Tag als Joghurt zu genießen (vgl. ebd.: 93 ff.).

Komplimente: Komplimente stellen ein Prozessmittel dar, die Anstrengungen des Beratenen wertzuschätzen und dadurch zu verstärken; sie greifen das auf, wofür er sich einsetzt, und betonen die Aspekte, die einen Bezug zu seinen Zielen haben. Er bekommt statt einer Bestärkung der Schwierigkeiten, um die es (sonst) geht, Anerkennung und Lob und lernt sich dadurch selbst wertzuschätzen. Komplimente sind auch Aussagen, was der Beratene „Nützliches, Wirksames, Gutes oder Lustiges gesagt hat. Es trägt dazu bei, das Passen zwischen Klienten und Therapeuten und damit die Kooperation bei der anstehenden Arbeit zu fördern. Häufig enthalten die Komplimente (in der ersten Sitzung) Aussagen über die Schwierigkeit, das gewünschte Ziel zu erreichen, sowie einige auf den Ausnahmen gründende Aussagen über Fortschritte in Richtung der Ziele und über die allgemeine Realisierbarkeit des Ziels. In späteren Sitzungen betreffen die Komplimente hauptsächlich die Fortschritte in Richtung Ziel“ (de Shazer 2012: 113 f.).

Aufgaben: Gegen Ende der Beratung folgen nach einer kurzen Pause Aufgaben für den Beratenen. Solche Aufgaben (auch „Hausaufgaben“ genannt) folgen dem Grundsatz: „Mehr von dem tun, was funktioniert!“ Sie dienen dazu, Lösungswahrnehmungen und -erfahrungen zu stimulieren. Sie sollen helfen, Gelingendes zu bestätigen, und anregen, über den Erfolg Zug um Zug Neues ausprobieren zu lernen. Die Aufgaben werden so konstruiert, dass sie zu dem Punkt passen, an dem die Beratene auf dem Weg zur Lösung steht. Stellt die Beratene eine positive Veränderung bei sich fest, wird sie daran weiterarbeiten, denn sie ist an ihrer Lösung interessiert. Die „Standardaufgabe der ersten Stunde“ (de Shazer 1989) will die Aufmerksamkeit der Beratenen umlenken: weg von dem, was schwierig und problematisch ist, und hin zu dem, was wertvoll und bewahrenswert erscheint (z. B.: „Wenn man in seinem Leben etwas verändern möchte, ist es wichtig, zunächst auf das zu schauen, was genauso bleiben soll, wie es ist“). Sogenannte *Beobachtungsaufgaben* werden gestellt, wenn die Beratene noch keine bzw. kaum Ausnahmen von ihren Schwierigkeiten entdecken und noch keine eigenen Handlungsmöglichkeiten sehen kann. Ihr wird aufgegeben, z. B. auf positive Aspekte zu achten, von denen sie will, dass sie sich *nicht* ändern. Auch hier geht es in kleinen Schritten und auf eher experimentelle Art und Weise voran. Durch die Aufgaben werden „Schlupflöcher“ in Richtung der Lösung gesucht.

Zeit, zum Abschluss zu gelangen, die Beratung zu beenden ist es, wenn die Beratene sich (selbst) auf dem Lösungsweg sieht, sie eine Vorstellung davon hat, was zu tun sein wird, ihr Problem zu lösen, und sie erkennt, dass bereits klein(st)e Änderungen Lösungen sein können.

Günter Bamberger nimmt eine „idealtypische Präsentation“ des Phasenmodells lösungsorientierter Beratung vor: Im ersten Beratungsgespräch geht es darum, einander kennenzulernen, eine erste Orientierung und das Verstehens der Schwierigkeit sowie den Abschluss der Beratungsvereinbarung *(Synchronisation)*, die Entdeckung und Entwicklung von Ausnahmen, hypothetischen Lösungen und sonstigen Veränderungspotenzialen *(Ressourcenfokussierung/Lösungsvision)* und die Reflexion einer geeigneten Intervention *(Lösungsverschreibung)*. Im zweiten Beratungsgespräch geht es v.a. um evaluative Fragen: Was hat sich verbessert? Wie ist es besser geworden? Wer hat darauf wie reagiert? Welche Veränderungsschritte werden als nächste folgen? Sind Modifikationen des Lösungsvorschlags notwendig? Kann die Beratung beendet werden – und wenn ja, in welcher Form? *(Lösungsevaluation)*. Da ein Beratungsprozess keine konsekutiv-lineare Schrittabfolge in immer derselben Form darstellt, sondern mehr einem „spontankreativen und offen-experimentellen Tanz" gleicht, sind Abweichungen und Anpassungen situativ immer erforderlich (Bamberger 2001: 31f.). Bamberger sieht sechs Funktionen lösungsorientierter Beraterinnen: 1. Entwickler von Möglichkeitssinn, 2. Aktivierer von Ressourcen, 3. Ermutiger für den ersten Schritt, 4. Bewunderer von Autonomie, 5. Supervisor für die Interaktion mit der Außenwelt, 6. Förderer von Normalität und 7. Unterstützer von Selbstwirksamkeit (vgl. ebd.: 25).

Die Fähigkeit, Aufmerksamkeit, Achtsamkeit und Anteilnahme gleichschwebend zu entwickeln, gilt als Schlüsselqualifikationen für (lösungsorientierte) Beratung; Beraterinnen müssen durch nonverbales, aktives und umschreibendes Zuhören (zugewandt, ohne Zwischenfragen, v.a. paraphrasierend) im Gespräch unterstützen und bestärken. Dazu gehört auch hier eine Haltung des „Nicht-Wissens" (de Jong/Berg 2008: 51). Burkhard Müller spricht von einem „aufmerksamen Umgang mit Nichtwissen", d.h., es geht um eine Art *künstlicher Naivität* (womit der Berater versucht, sich von Vor-Urteilen u.Ä. freizumachen). Diese Haltung erfordert „eine hohe Selbstdisziplin in der Gestaltung eines wertschätzenden, von Neugier und Offenheit geprägten Kommunikationsstils" (de Jong/Berg 2008: 163).

Elemente der lösungsorientierten Beratung kommen auch in anderen Beratungskonzepten zur Anwendung, z.B. im Konzept der *kooperativen Beratung*. Auch hier steht die Entwicklung von Lösungen im Zentrum des Ansatzes, der sonst aber durch seine striktere Strukturierung und Prozessabfolge (1. Einführung, 2. Beschreibung des Problems und Rekonstruktion der Innensicht sowie Erkundung von Ressourcen, 3. Perspektivenwechsel, 4. Situationsanalyse und Fokussierung des Schlüsselproblems, 5. Zielentwicklung, 6. Bestimmung von Handlungswegen/Lösungsfindung, 7. Handlungsbewertung und Handlungsentscheidung, 8. Planung und Vorbereitung der Handlungsumsetzung sowie 9. Begleitung und Nachbereitung der Beratung) vom lösungsorientierten Beratungskonzept unterschieden ist (vgl. Mutzeck 2008: 104ff., Mutzeck 2004). Analogien zur Lösungsorientierten Beratung finden sich auch in der Kollegialen Beratung (LE 14.3), Supervision (LE 14.2) und Mediation (LE 3.3.6).

Fallbeispiel

Würde also Mia irgendwann Karl einladen, ein ruhiges Gespräch in ihrem Büro zu führen (wofür der Tresen im Offene-Tür-Bereich des Jugendhauses nicht der angemessene Ort sein kann), dann würde sie dieses Gespräch zugewandt, weitgehend ohne Zwischenfragen, v. a. paraphrasierend führen und ihn ermuntern, von seinen Erfolgen zu sprechen, die er im Clan sammelt (wenn er dort zur Lösung der Teamaufgaben beiträgt). Sie würde nach seinen Gefühlen fragen, die er in Bezug auf die Schule hat, und sich erzählen lassen, wann es ihm dort gut geht, was er dort (wie mit dem Clan) gut kann. Sie würde ihn nachdenken lassen, was das Gute daran war, dass er vor einigen Tagen nach einem dichten Wochenende im Internet doch zur Schule gegangen ist, was es ihm lohnend erscheinend lässt, das noch einmal zu versuchen. Sie könnte ihn daran erinnern, dass es ihm an diesem Montag richtig gut gegangen sei, als er zu ihr kam, um darüber zu berichten. Und sie hätte die Möglichkeit, mit ihm zu vereinbaren, gleich am nächsten Montag nach der Schule wieder zu ihr zu kommen, um zu erzählen, wie es dann gewesen sei; die Cola stehe jedenfalls schon kalt.

6.2.4 Direktive Interventionen

Beratung beschränkt sich nicht auf Zuhören und (Nach-)Fragen, also eher zurückhaltende Hilfen zur (Selbst-)Klärung durch die Beratenenen, oder die Einstimmung auf ein lösungsorientiertes Vorgehen. In bestimmten Situationen (z. B. fehlender Bereitschaft, sich auf offene, lösungsorientierte Gesprächsangebote einzulassen) kann auch ein direkteres, d. h. *direktives,* Vorgehen durch Soziale und eine striktere Strukturierung der Beratung erforderlich werden. Frank Nestmann (2004b: 785 f.) nennt hierfür acht Vorgehensweisen:

- *Amplifizieren* bezeichnet die Erweiterung von Sichtweisen auf eine Schwierigkeit und die Wege, sie zu lösen. Eingefahrenes wird infrage gestellt, zur Entwicklung neuer Perspektiven wird aufgefordert, neue Situationen erprobt und die Bestimmung alternativer Ziele eingefordert.

- *Unterbrechen* von Handlungsketten heißt, z.B. durch intensives Nachfragen oder Konfrontieren rigide und ritualisierte Handlungs- und Gedankenmuster sowie eingefahrene Probleme und Problemverarbeitungen anzugreifen und umzustrukturieren.
- *Vereinfachen* meint, mehrdeutige und komplexe Situationen in einfache, überschaubare und lösbare Aufgaben und Anforderungen zu überführen. Soziale helfen abzugrenzen, auszuwählen, Teilaspekte aufzugreifen, sich schrittweise anzunähern, zu strukturieren etc.
- *Konfrontieren* dient dazu, Vermeidungsverhalten durch eine klare Gegenüberstellung mit den Schwierigkeiten zu verhindern; Diskrepanzen werden direkt angesprochen und Kritik direkt formuliert. Soziale provozieren und überzeichnen das kritisierte Verhalten.
- Beim *Selbstaktivieren* geht es um die Beteiligung des Beratenen bei der Bewältigung von Schwierigkeiten. Beraterinnen fordern z.B. dazu auf, konkrete Aufgaben zu übernehmen.
- *Modellieren* bezeichnet den Einsatz von Vorbildern und Modellen sowie beispielhaften Handlungsweisen, die in begleiteten Übungssituationen neues Denken, Fühlen und Handeln anregen sollen.
- Durch *Rückmelden* erhält der Beratene Hinweise (Feedback) über sich und sein Verhalten; darauf aufbauend kann (z.B. auch in Rollenspiel- und Rollentauschkonstellationen) geübt werden, das Verhalten zu verändern bzw. auszudifferenzieren.
- *Akzentuieren* bezeichnet die gezielte Auswahl einzelner Dimensionen in der Analyse und Bearbeitung von Schwierigkeiten. Der Berater lenkt das Gespräch zu einem wichtigen Punkt (in der Regel die Fokussierung emotionaler Prozesse) und lässt dabei Abschweifungen und Ausweichversuche nicht zu.
- *Attribuieren* meint schließlich die Reflexion und Bereitstellung von Erklärungen für noch unverstandene Konflikte und Schwierigkeiten. Ursachenerklärungen werden geliefert. Es wird zu gemeinsamer Problem- und Hintergrundanalyse angeleitet, individuelle und subjektive Zuschreibungen werden ergänzt.

6.3 Soziale Beratung

Sozialberatung unterstützt (in der Regel sozial benachteiligte, einkommensarme) Menschen, die beim Lösen persönlicher und sozialer Schwierigkeiten scheitern oder zu scheitern drohen, bei der Bewältigung ihres Alltags. Es geht um die „Frage, wie Menschen geholfen werden kann, die wegen unterschiedlich begründeter Notlagen aus eigenen Kräften keinen menschenwürdigen und sozialen Schutz erreichen können. Notwendig ist es, materielle, soziale, gesundheitliche und bildungsbezogene Leistungen zu erschließen und zu befähigen, wieder allein im Alltag zurechtzukommen" (Ansen 2006: 105). Sozialberatung richtet sich nach den individuellen sozialen Problemen, mit dem Ziel diese zu überwinden, resultierende Folgen zu lindern und neue Probleme zu vermeiden", z.B. der Sicherung des Existenzminimums. Sie soll neben der Rechtsverwirklichung (d.h. der Realisierung von Rechtsansprüchen, z.B. geldlichen Sozialleistungen) auch dazu beitragen, dass Leistungsbezieherinnen ihre gesetzlichen Pflichten angemessen erfüllen, um Nachteile oder Sanktionen zu verhindern (vgl. ebd.: 48f., Langhorst/Schwill 2011: 52, 54f., Freitag 2012). Hiebei sind die Auswirkungen der Armut auf die Lebensumstände der Ratsuchenden ausschlaggebend, z.B. die Ausstattung mit Wohnraum, die Verfügung über ausreichendes Einkommen, Bildungs-, Ausbildungs- und Erwerbssituation, die Qualität der verfügbaren Netzwerke, die gesundheitliche Verfassung (vgl. Ansen 2006: 144).

Leistungen einer Sozialberatungsstelle sind 1. (vor allem) die Beratung über gesetzliche Ansprüche und Pflichten, Rechtsmittel- und Klageverfahren, zuständige Behörden u.Ä. (erforderlichenfalls auch die Vermittlung an einen sachkundigen und engagierten Rechtsanwalt), 2. die Sicherung des Existenzminimums (materielle Absicherung), 3. die Hilfe bei der Durchsetzung von Rechtsansprüchen, Unterstützung bei der Abfassung von Anträgen u.Ä., 4. die Beratung auch bei persönlichen Problemen, 5. die Vermittlung an spezielle Beratungsstellen (z.B. AIDS-Beratung, Schuldnerberatung), Ärzte, Therapeutinnen u.a., 6. die Weitervermittlung an Behörden und Institutionen (ggf. auch die Begleitung im Kontakt mit Behörden u.Ä.), sowie 7. die Unterstützung von Selbsthilfegruppen und schließlich 8. Öffentlichkeitsarbeit. Durch Öffentlichkeitsarbeit sollten (neben der Bekanntmachung und Bewerbung des Beratungsangebotes) „bestehende, übergreifende soziale Problematiken und benachteiligende Rahmenbedingungen ebenfalls thematisiert werden, um auch auf struktureller und sozialpolitischer Ebene Einfluss nehmen und Druck ausüben zu können", z.B. durch Zeitungsbeiträge, Fachvorträge (vgl. Langhorst/Schwill 2011: 52ff.; zur Sozialberatung allgemein vgl. die Beiträge in Krüger 2011).

Beispiel: Sozialberatung der Stadtmission Halle

Wir hören Ihnen zu und begegnen auf Augenhöhe!
Erfahrene Fachkräfte beraten Sie während der Öffnungszeiten des Tagesaufenthaltes und darüber hinaus nach Absprache vertraulich und fachkundig zu allen Problemen in Zusammenhang mit dem

SGB II (Hartz-IV) dem SGB XII (Sozialhilfe, Grundsicherung) und den angrenzenden Sozialgesetzen.
Wir bieten Ihnen Unterstützung bei

- der Überwindung von Lebenskrisen
- der Sicherung des Lebensunterhalts
- der Vermeidung und/oder Beendigung von Obdachlosigkeit
- der Regulierung von Miet-, Energie- und sonstigen Schulden

Unsere Angebote

- umfassende Begleitung im Hilfeprozess
- Unterstützung im Kontakt mit Ämtern und Behörden
- Hilfe beim Ausfüllen von Anträgen
- Informationen und Vermittlung zu weiterführenden Fachstellen
- Einrichten einer Postanschrift

Evangelische Stadtmission Halle (Weidenplan 3–5, 06108 Halle/Saale)

Sozialberatung erfolgt deshalb in der Absicht, Wissensrückstände aufzuarbeiten, Alternativen aufzuzeigen, Entscheidungshilfen zu geben und neue Einsichten zu vermitteln, um *Anlässe* des Alltags (besser) bewältigen zu können (wobei sie von der *Rechtsberatung* abzugrenzen ist, die Aufgabe der rechtsberatenden Berufe [Rechtsanwältinnen, Steuerberater] ist). Sie verfolgt (z.B. in der Auseinandersetzung mit individueller Armut) die Entwicklung neuer Bewältigungsstrategien im Alltag, die Verbesserung der sozialen Teilhabe und der gesellschaftlichen Integration. Zu unterscheiden sind Auskünfte (Antworten auf mehr oder weniger präzise Fragen), die Beratung im eigentlichen Sinne (etwa die umfassende Erörterung der Rechtsstellung der Beratenen, ihre Ansprüche auf gesetzliche Leistungen, auch ihre Pflichten, z.B. die aktive Teilnahme an arbeitsvermittelnden Maßnahmen oder die Beachtung besonderer Meldepflichten und -fristen, wie sie im SGB II und III verlangt werden) und die Unterstützung z.B. bei der Erfüllung gesetzlicher Voraussetzungen (vgl. Langhorst/Schwill 2011: 51). Hier liegt die Anwendung eines lösungsorientierten Beratungskonzepts besonders nahe.

Systemorientiert wird dabei in die Beratung einbezogen, was an Unterstützung durch die eigene Familie oder das soziale Netzwerk gegeben werden kann. Systemorientierung hießt hier auch, dass Sozialberatung ganzheitlich für alle Notlagen und Anliegen eines Menschen und seines Systems offen ist; das Beratungsmodell soll damit auch einer Zersplitterung von Hilfen entgegenwirken (vgl. Langhorst/Schwill 2011: 47), ohne sich zum Case Management (LE 12.2.1) zu entwickeln.

6.4 Schlussfolgerungen

Ziehen Sie bitte eine Bilanz dieses Kapitels! Welche Schlussfolgerungen ergeben sich für Sie? (Hinweise zur Einordnung ihrer Bilanzierung finden Sie auf meiner Website.)

6.4.1 Anregungen zur Weiterarbeit

Carl Rogers' Hinweise zu Beratungstechniken lauten:

> „Versuche nicht die Rolle von Gott zu spielen. – Gib keine Anweisungen. – Wenn du versucht bist zu sagen: ‚Wenn ich du wäre'…, solltest du dich erinnern, dass du keine Anweisung geben solltest. Du bist nicht diese andere Person. – Diskutiere nicht mit dem Ratsuchenden. – Bewerte ihn nicht. – Lass dich nicht von Mitleid mitreißen. Mitleid hilft nicht. – Identifiziere dich nicht mit ihm. Wir müssen nicht mit den Menschen in dem selben emotionalen Durcheinander herumwaten, in dem sie sich selbst vorfinden. – Moralisiere nicht. – Sprich nicht zu viel. – Lass es die Stunde des Klienten sein und nicht deine" (Cohen, D.: Carl Rogers. A Critical Biography, London 1997: 117; zit. n. Groddeck 2006: 87).

1. Reflektieren Sie bitte, was das für Sie persönlich bedeutet!
2. Inwiefern helfen die Beratungstechniken *Mia,* wenn *Karl* nach einem weiteren Wochenende am Montag auf die versprochene Cola vorbeikommt und berichtet, dass es ihm doch sehr schwergefallen sei (er sei „hundemüde" gewesen), wieder zur Schule zu gehen?

6.4.2 Materialien

Eine hilfreiche Liste von Anregungen für Schritte im Beratungsprozess nennt Robert Northoff (Methodisches Arbeiten und therapeutisches Intervenieren. Eine Einführung in die Bewältigung sozialer Aufgabenstellungen, Weinheim und Basel 2012: 79 f.).

Beratung „lebt“ von der Überzeugung, durch das beraterische Handeln Unterstützung bei Veränderungsprozessen geben zu können; eine ganz kurze Übersicht über die hierbei einbezogenen Veränderungstheorien gibt Maja Heiner (Personenbezogene Veränderungstheorien; in: diess. [Hg.], Wissensbausteine [Handlungskompetenzen in der Sozialen Arbeit], München 2010: 120–124).

Kapitel 7
Fall bearbeiten: anlassgerechte Einzelfallarbeit

Fallbeispiel

Helma hatte Karl gesucht, um ihn zu erinnern, dass er auf seine kleine Schwester aufpassen müsse. Da sie ihn telefonisch nicht erreichen konnte, hat sie sich auf den Weg ins Jugendhaus gemacht, wo sie hoffte, ihn anzutreffen. Dort ist sie mit Mia ins Gespräch gekommen, die sich die Zeit genommen hat, ihr zuzuhören. Sie hat von Vielem erzählt: von den Problemen mit den beiden Jobs, den Mühen, den Alltag irgendwie zu organisieren, z.B. für Nicole jemanden zu finden, der sie betreut, wenn sie selbst wieder einmal später arbeiten muss. Karl ist da keine wirkliche Hilfe. Häufig ist er weg oder er sitzt am Computer und ist unansprechbar. Mia hat ihr geraten, doch einmal mit Frau Berg zu sprechen, die im Jugendamt arbeitet. Das ist Helma schwergefallen – zum Jugendamt geht niemand gerne. Frau Berg vom Allgemeinen Sozialdienst aber war aufmerksam und hat sich ihre Geschichte angehört. Helma solle einmal schauen, ob sie zu Hause eine sozialpädagogische Unterstützung gebrauchen kann. Sie hat ihr dazu erste Informationen gegeben, wie das aussehen könnte, und sie haben abschließend vereinbart, dass sich Helma bis Ende des Monats bei Frau Berg wieder melden wird, wenn sie meint, dass das eine Hilfe sein könnte.

7.1 Einführung: Was ist anlassgerechte Einzelfallarbeit?

In der Entwicklung zu einer anlassgerechten Einzelfallarbeit lassen sich drei Phasen nachzeichnen (zur Entwicklung der Einzelfallarbeit vgl. z.B. Neuffer 1990, Müller, W. 2009: 165–197, Galuske 2013: 78–86):

Erste Phase: Grundlegende Überlegungen zur *Einzelhilfe* stammten zunächst von Mary Richmond in ihren Veröffentlichungen „Social Diagnosis“

(1917) und „What is Social Work?“ (1922). Danach habe Soziale Arbeit zur Heilung sozialer Krankheiten beizutragen. Soziale seien (als „Soziale Ärztinnen“) einem Handlungsverständnis verpflichtet, das (als Prozess) durch erstens die Ermittlung der Ursachen der Hilfebedürftigkeit (Anamnese, Situationsanalyse), zweitens das Ordnen der erhobenen Informationen (Datenordnung/Diagnose) und drittens den Hilfeplan für den Einzelfall (Hilfeplanung/Behandlung) gekennzeichnet sei (zu Mary Richmond vgl. Braches-Chyrek 2013: 171–212).

Alice Salomon übersetzte (v.a. in ihren Veröffentlichungen „Soziale Therapie“ [1926 mit Siddy Wronsky und Eberhard Giese] und „Soziale Diagnose“ [1926]) diesen Gedanken einer „Sozialmedizin“ auf die deutschen Verhältnisse und trug zur Entwicklung eines ersten Phasenmodells der Einzelhilfe (Erkundigungen einziehen, Ermittlung von Hilfen und Unterstützung in der Umwelt, stellvertretende Deutung, Hilfeplan, Intervention, Überprüfung) bei. Soziale Arbeit wird zur Kunst des Fallverstehens: Soziale Situationsanalysen („Diagnosen“) werden als Grundlage begriffen, einerseits „individualisierte Methoden“ der Hilfe (Scherpner 1927) zu entwickeln und sich andererseits durch Aktualisierung der Erkenntnisse zum Fall (vgl. Reiner 1933) eines immer wieder gültigen Kenntnisstandes zu versichern und die Verfahren zu verfeinern (zu Alice Salomon vgl. Braches-Chyrek 2013: 213–246). Siddy Wronsky z.B. beschrieb Soziale Einzelhilfe schließlich als vierphasigen Prozess: 1. die Anamnese (während der der Bedürftige seine „Notgeschichte“ sozialer Schwierigkeiten berichtet), 2. die Soziale Untersuchung (bei der das Zusammenspiel der Persönlichkeit des Hilfsbedürftigen mit dessen Umfeld, d.h. der Familie, aber eben auch schon Freunden, Arbeitskollegen und Nachbarschaft, in den Blick gerät), 3. die Soziale Prognose (der Darstellung aller Behandlungsnotwendigkeiten und ersten Hinweise zum erwarteten Behandlungserfolg) und 4. die Soziale Therapie (gerichtet auf die wirtschaftliche Selbstständigkeit des Hilfsbedürftigen und dessen Befähigung zu einer verantwortlichen Lebensführung [vgl. Meinhold 2010: 637f.]).

Die Praxis der Einzelhilfe und ihre theoretische Weiterentwicklung waren damit in der Frühphase der Sozialen Arbeit ganz unmittelbar verbunden. So führt z.B. Wronsky (1929) die erste Untersuchung zu den Folgen sozialer Einzelhilfe durch und entdeckte Einzelfallhilfe als stark von der sozialen Umwelt und der Lebenslage der Menschen abhängig: „Persönlichkeit und Umwelt sind die Materie, an der die vorhandenen Kräfte zur Überwindung der Notlage festgestellt werden müssen, die Schwächen, die die Notlage herbeigeführt haben und deren Überwindung hemmen“ (Wronsky/Kronfeld 1932: 32).

Zweite Phase: Mit dem Nationalsozialismus brach 1933 die eigenständige Entwicklung einer deutschen Einzelhilfe in Praxis wie Theorie ab. Die nazistische Fürsorge wurde als Instrument der Naziideologie der „Volksgemeinschaft“ instrumentalisiert und für Kontroll- und Manipulationszwecke bis hin zur Auslese (z.B. im Rahmen der Vernichtung „unwerten Lebens“ etwa im Rahmen der sog. „Euthanasie“) in Dienst gestellt (vgl. z.B. Peukert 1989, Mausbach/Bromberger 1987, Gansmüller 1987, Kuhlmann 1989, Scherer 1990, Schrapper 1993, Müller, W. 2009: 100–118, Amthor 2012: 156–174).

Nach 1945 orientierte sich die Methodenentwicklung zunächst ganz maßgeblich an der Theorie und Praxis des Social Caseworks in den Vereinigten Staaten, die durch die Herausbildung diagnostischer Ansätze (die stark durch ein Expertenurteil gekennzeichnet sein sollten), funktionaler Ansätze (die sich dadurch auszeichneten, Menschen durch *Beziehungsarbeit* in ihren Veränderungsprozessen zu unterstützen) und eher problemlösender Ansätze (die Menschen ermuntern und befähigen sollten, ihre [auch verborgenen] zu entwickeln) gekennzeichnet waren (vgl. Stimmer 2006: 205), wobei (in der Tendenz) eine Ausrichtung dieser Konzepte an der „Anpassung des Individuums“ (Galuske 2013: 83) an die Erwartungen der Umwelt (bzw. eine Einordnung in sie) wahrzunehmen war (vgl. insg. Roberts/Nee 1977).

War in Deutschland die Soziale Einzelhilfe von der Einmaligkeit jedes einzelnen Falles von Hilfsbedürftigkeit ausgegangen (dazu grundlegend Felix Biestek, der die Einmaligkeit jeder helfenden Beziehung formulierte [vgl. Biestek 1968]), so setzten sich nun Überlegungen durch, „unterschiedliche Personen, Maßnahmen und Einrichtungen, die am Hilfeprozess für den ‚Einzelfall‘ beteiligt waren, aufeinander abzustimmen und miteinander zu vernetzen“ (Müller, W. 2009: 316). Eigenständige deutsche Konzepte der Einzelhilfe entwickelten sich allerdings erst in den 1960er und 1970er Jahren, z.B. Herbert Lattke (1969), Ruth Bang (1970) oder Marie Kamphuis (1973), wobei Überlegungen zur Individualisierung (d.h. Menschen in ihrer Einmaligkeit sehen) durch eine Betonung von Selbstbestimmung und -verantwortung der Hilfe in Anspruch nehmenden Menschen, „Hilfe zur Selbsthilfe“, „Ressourcenerschließung“, „Aktivierung des Umfeldes von Hilfsbedürftigen“ (z.B. die Ausweitung des Handlungsrahmens auf die Familie) sowie die Klärung zulässiger gefühlsmäßiger Anteilnahme und der Verschwiegenheit Sozialer neue Aspekte darstellten (vgl. Meinhold 2010: 635, 638, vgl. Kamphuis 1973). Erkennbar wurde eine *Phasierung* des Hilfeprozesses in einem Dreischritt aus *Fallstudie/Anamnese* (d.h. die Sammlung relevanter Daten, Fakten und Hintergründe, die zur Bewertung des Falles notwendig sind), *sozialer Diagnose* (als Deutung der gesammelten Befunde) und *Behandlung* (durch die helfende Beziehung, das Gespräch und z.T. die Erschließung von Hilfsquellen sowie die Einbeziehung anderer Personen, z.B. Familienmitglieder, Arbeitgeber, Lehrer usw.). Da das „helfende Gespräch“ als zentrales Instrument der Einwirkung auf Hilfesuchende charakterisiert wurde, kam der Gesprächsführung eine wachsende Bedeutung zu, wozu entsprechende Anleitungen und Techniken entwickelt wurden (z. B. „Das helfende Gespräch“ [Lattke 1969] oder „Das gezielte Gespräch“ [Bang 1968/1969]), z. B. zur Fragentechnik, der Relevanz einer angemessenen Gestaltung der Gesprächsatmosphäre oder zur Beobachtung des Gesprächsverhaltens (vgl. Galuske 2013: 88 ff.).

Die in den späten 1960er und frühen 1970er Jahren unter dem Einfluss kritischer Studenten und im Kontext der Skandalisierung der repressiven Heimerziehung (vgl. z. B. Homes 1984, Schrapper 1990, Wensierski 2006, Lehning 2006, Kuhlmann 2008, AGJ 2010) formulierte andauernde Kritik an Konzepten der Einzelfallhilfe bezog sich v. a. auf Unzulänglichkeiten der theoretischen Begründung, die Tendenz zur Einpassung von Menschen unter fremdbestimmte Vorgaben und die Instrumentalisierung der Einzelfallhilfe für Zwecke sozialer Kontrolle. C. Wolfgang Müller spricht von der „Problematisierung der Sichtweise auf den ‚Einzelfall‘“, dass „die Hilfsbedürftigkeit des ‚Einzelnen‘ eine kausale Folge seiner Lebensgeschichte, seiner inneren Konstitution und/oder seines beschränkten Zugangs zu wirtschaftlichen und sozialen Hilfsquellen (Ressourcen)“ sei (Müller, W. 2009: 316).

Damit verlagerte sich das Interesse an einer methodisch abgestützten Sozialen Arbeit weg von der Einzelfallhilfe zu einerseits eher therapeutisch interessierten Ansätzen (z. B. in der Beratung) oder andererseits zu Ansätzen, die die gesellschaftliche Einbettung der Sozialen Arbeit betonten (z. B. der Gemeinwesenarbeit). Integriert wurden psychoanalytisch geprägte Ansätze, z. B. Anleitungen zur nicht-direktiven Gesprächsführung nach Carl Rogers: Der Schwerpunkt zur Bearbeitung eines Falles liegt in einer „tragfähigen Beziehung“, die die Soziale „mittels einer akzeptierenden, nicht richtenden Haltung“ aufbaut. Dennoch wurden nur vereinzelt Vorschläge formuliert, die Einzelfallhilfe auf eine neue Grundlage zu stellen.

Marianne Hege z. B. schlug einen Ansatz von (feldorientierter) Einzelfallhilfe vor, der die Mängel der auch von ihr kritisierten (alten) Konzepte in der Fallbearbeitung durch eine Integration der soziologischen, psychologischen, ökonomischen und sozialen Bedingungen und institutionellen Rahmungen bzw. Zwänge, unter denen Soziale zu arbeiten hätten, aufheben sollte (Hege kritisierte, die Einzelfallhilfe sei zu individualisiert, es dominiere eine paternalistische Zweierbeziehung im Prozess der Hilfe, gesellschaftliche Bedingungsfaktoren blieben unberücksichtigt, das Vorgehen sei allein pragmatisch orientiert, Ziel sei die An-/Einpassung von Menschen). Andere Überlegungen tendierten eher für die Einbeziehung familientherapeutischer Ansätze und plädierten für eine Erweiterung des Sichtfeldes über den einzelnen Menschen hinaus hin insbesondere zur Familie und familienartigen

Umfeldern oder waren um eine praktische Integration des klient-/personzentrierten Ansatzes in die Einzelfallhilfe bemüht (vgl. z. B. Gerbig 1977).

Dritte Phase: Seit den 1980er Jahren steht „die Methode als solche" in der Kritik: Bemängelt wird seitdem, dass mit der Entscheidung für Einzelfallhilfe weitere Aspekte des Falles, z. B. in der sozialen Umwelt verortete Gesichtspunkte, ausgeblendet würden, also eine Verengung auf den unmittelbaren sozialen Nahraum erfolge. Soziale Netzwerke oder die Ressourcen des Sozialraumes z. B. spielten kaum eine (oder nur eine sehr untergeordnete) Rolle, es dominiere weiter der *Fallbezug* (und damit ein nur eingeschränkter Blick auf die Schwierigkeiten von Menschen, alltäglich zurechtzukommen), nicht der (vielmehr erforderliche) *Feldbezug*, der die Bedingungen der sozialen Umwelt (Stadt, Quartier, Laiendienste, Nachbarschaften etc.) in den Vordergrund rückte (vgl. Meinhold 2010: 642).

Definition

Einzelfallhilfe „bezeichnet unspezifisch den Handlungsbereich der direkten Sozialen Arbeit mit einzelnen Menschen. Die Betonung liegt hier auf der dienstlichen ‚Hilfe im Einzelfall'. Als spezifischer Begriff bezeichnet Einzelfallhilfe die professionelle Arbeitsform (Methode im Sinne einer planmäßigen Vorgehensweise) in personenbezogenen Sozialdiensten" (Wendt, W. 2013a: 227).

Mit der allmählichen Etablierung der Überlegungen zu einer Alltags- und Lebensweltorientierung in der Sozialen Arbeit hat sich die Kritik zwar nicht grundsätzlich erledigt, aber doch abgeschwächt. Hans Thiersch spricht von der „detektivischen Kunst, die Wahrnehmungsmomente im Alltag – die Momente gelingenden Lebens … – zu entdecken, bewusst und wach zu halten, zu stärken und zu mehren" (Thiersch 1986a: 39). An Soziale wird damit die Anregung ausgesprochen, Phantasie zu zeigen, sich in der Einzelfallarbeit andere Zustände vorstellen zu können, und Flexibilität, situatives Geschick und einen mehrdimensionalen Blick zu entwickeln, sich in Menschen hineinversetzen zu können. Es wird wichtig, zu beobachten, sich Zeit zu nehmen (und zu geben), sich gegenseitig Vertrauen zu geben und zu gewinnen, Grenzen zu setzen, an „gesehenen" Möglichkeiten anzuknüpfen, Interessen zu wecken, „Räume" in der Lebenswelt zu öffnen und zu erweitern, Konflikte anzugehen und Stärken zu stärken. Nun ist eher von (lebensweltorientierter) Einzelfallarbeit die Rede, ohne dass damit ein geschlossenes theoretisches Modell vorläge, das Allgemeinverbindlichkeit beanspruchen könnte. Kennzeichnend ist auch hier ein reflektierter Eklektizismus, der sich in unterschiedlichen theoretischen Begründungen und der Nutzung von Verfahren zeigt, die für die Einzelfallarbeit neu sind, z. B. die deutlich stärkere Berücksichtigung sozialer Beziehungen und Netzwerke (LE 5.1).

Mit Norbert Herriger und Harro D. Kähler lassen sich drei Felder (bzw. Ziele) beschreiben, die verdeutlichen, dass Einzelfallarbeit an einer Verbesserung sozialer Beziehungen interessiert ist und die isolierte (von eher therapeutischen Zugängen geleitete) Betrachtung des einzelnen Falls überwunden hat:

1. *Stabilisierung von partnerschaftlichen und familiären Bindungen,* die im Alltag hilfreich sind, z. B. indem an alte, aber nicht gepflegte Beziehungen angeknüpft wird oder Kommunikationsstile eingeübt werden, die es Menschen möglich machen, eigene Bedürfnisse, Anliegen und Interesse zu artikulieren.
2. *Schaffung informeller Netzwerkstrukturen,* d. h. Unterstützung außerhalb von Familie oder Partnerschaft zu ermöglichen, indem Menschen (z. B. durch Feste) miteinander in Kontakt gebracht und durch diese „initiale Vernetzung das Fundament für wechselseitigen Austausch und Freundschaft" gelegt wird.
3. *Schaffung neuer Bindungen,* also Mut zu machen, sich auf neue Beziehungen einzulassen, soziale Nähe und gemeinsame Interessen neu zu entdecken, Freundschaft zu stiften und Menschen neue Möglichkeiten sozialer Bindung zu eröffnen; denn dann ergibt sich ggf., dass Menschen neue personale Ressourcen erschließen, die die Lebenszufriedenheit ermöglichen (vgl. Herriger/Kähler 2003/2009).

Die Stabilisierung und Schaffung von Bindungen bzw. informeller Netzwerkstrukturen stützt die Entwicklung von Schutzfaktoren (LE 1.5), z. B. durch die Gestaltung stabiler emotionaler Beziehung zu anderen Bezugspersonen (z. B. Elternteil), soziale Unterstützung durch Personen außerhalb des eigenen Kontextes (z. B. der Familie), Übertragung dosierter sozialer Verantwortlichkeit, Gestaltung von Situationen, die Selbstwirksamkeit erfahrbar machen, das Training aktiven Bewältigungsverhaltens in Belastungssituationen, auch durch Vermittlung von Rollenvorbildern für ein konstruktives Bewältigungsverhalten (vgl. Lösel/Bender 2007, Frindt 2009). Damit ist im Kern der Handlungsrahmen beschrieben, in dem sich anlassgerechte Einzelfallarbeit bewegt.

7.2 Grundsätze anlassgerechter Einzelfallarbeit

7.2.1 Engagierter Dialog

Bereits 1974 hat Marianne Hege einen Vorschlag für eine anlassgerechte Struktur einer an der Emanzipation von Menschen interessierten Einzelfallarbeit (sie spricht noch [in der Tradition der Sozialarbeit] von Einzelhilfe) entwickelt. Soziale Arbeit hat es nach ihrer Auffassung mit Menschen zu tun, die subjektiv an einer Notlage leiden (die als persönliches, individuelles Unvermögen erlebt wird), womit sie außerhalb der „normalen Möglichkeit", am Rande stehen. Diese Gefahr, als „randständig" stigmatisiert zu werden, provoziert subjektiv erlebte Schuldgefühle (vgl. Engelke/Borrmann/Spatscheck 2009b: 386f.). Für ihren Zugang, mit solchem individualisierten, subjektivem Leiden umzugehen, greift sie auf das von Kurt Lewin konzipierte Dreistufen-Modell des Lernens zurück, wobei auch sie von dem Sachverhalt ausgeht, dass Menschen zunächst alte Verhaltensweisen und Einstellungen verlernen müssen, bevor sie Neues lernen können (vgl. Hege 1974: 90ff.):

Unfreezing (Auftauen): Durch einen Menschen (Hege spricht in der Sprachregelung dieser Jahre vom „Klienten") werden Grenzen (Barrieren) oder Dissonanzen zu bisherigen Erfahrungen wahrgenommen, z.B. Misserfolgserlebnisse, Erwartungen bleiben unerfüllt. Damit besteht einerseits ein Konflikt zwischen unterschiedlichen Kräften und andererseits ein *Anlass* zur Beratung bzw. Unterstützung im Rahmen der Einzelfallarbeit (Hege: „Jeder Prozeß der Veränderung bedarf eines Anstoßes") und damit auch die Möglichkeit zur Begründung eines Arbeitsbündnisses mit Sozialen (das auf den „Ausgleich von Kräften", die zum Konflikt führen) zielt. Durch eine Form der aktivierenden Befragung (vgl. Hege 1974: 98f.) im Erstgespräch (LE 3.3.2.1) wird der Sachverhalt Schritt um Schritt erhellt (vgl. ebd.: 112–122).

Moving bzw. Changing (Bewegen bzw. Verändern): Innovatives (neues, anderes) Verhalten (Einstellungen, Reaktionsweisen) kann auf der Grundlagen neuer Informationen ausprobiert werden; der Soziale macht z.B. auf Alternativen und andere Auffassungen aufmerksam und regt (z.B. durch Reframing oder im Rahmen lösungsorientierter Beratung [LE 6.2.3]) eine Neudefinition der Situation bzw. eine Erweiterung der Wahrnehmung an. Mit der später entwickelten Begrifflichkeit der systemisch inspirierten Sozialen Arbeit handelt es sich dabei um eine Einflussnahme durch *Perturbation,* d.h. eine Verstörung (vgl. Michel-Schwartze 2007c: 150/Fußnote 20). Hege sieht in dieser Phase „Tendenzen auf einen Wunsch nach Veränderung … wenn auch utopischer Vorstellungen"; da aber gelte, „Phantasien kosten nichts", stelle die Vorgehensweisen des Sozialen darauf ab, „akzeptierend eine solche Erprobung zu ermöglichen". Damit neu gegebene Handlungsalternativen werden im Gespräch mit dem Sozialen verdichtet und es wird erwogen, welche Konsequenzen sich damit im Lebensraum ergeben. Werden Schwierigkeiten berichtet oder Klagen vorgebracht, sei es angezeigt, das Subjekte mit der „Dissonanz zwischen erlebter Ruhe und Hoffnung auf Veränderung" (also dem Beharren im bequemen Zustand des Gewohnten, wenn auch Schwierigen, im Verhältnis zu dem gewünschten Besseren, das mit Mühen zu erreichen ist) anzusprechen, z.B. mit der Frage, „wie der Klient die als schwierig beschriebene Situation zu ändern gedenkt" (vgl. Hege 1974: 124–135).

Refreezing (Stabilisierung der Verhaltensweisen): D.h. die Eingliederung neuer Einstellungen und Verhaltensweisen in den (auch durch alte Verhaltens- und Einstellungsmuster geprägten) Alltag. Diese Phase ist gekennzeichnet „durch größere Differenzierung und Flexibilität auf der kognitiven Ebene, größere Tragfähigkeit auf der emotionalen Ebene". Das (von Hege freilich nicht so bezeichnete) Arbeitsbündnis kann nun neu formuliert (z.B. durch Fortführung in einer Form Soziale Gruppenarbeit) oder eben auch beendet werden (vgl. Hege 1974: 135ff.; vgl. insg. auch Geißler/Hege 2001: 150ff.).

7.2.2 Multiperspektivische Einzelfallarbeit

Unter dem von ihm so bezeichneten multiperspektivischen Vorgehen versteht Burkhard K. Müller (2012) in der Einzelfallarbeit eine Betrachtungsweise, wonach sozialpädagogisches Handeln bewußte Perspektivenwechsel zwischen unterschiedlichen Bezugsrahmen erfordert (d.h., wer wie auf einen Fall schaut), womit sich unterschiedliche Dimensionen eines Falls erschließen: als „Fall von" (z.B. ein Fall von Kindesvernachlässigung), als „Fall für" (z.B. das Jugendamt, therapeutische Dienste, Einrichtungen) und als „Fall mit" (d.h. allen Beteiligten mit ihren je unterschiedlichen Sichtweisen, Wahrnehmungen, Deutungen); damit erschließt sich ein Fall jeweils – multiperspektivisch – neu (vgl. ebd.: 50, 56, 63, 99):

Vor diesem Hintergrund sieht Müller drei Phasen im Prozess professioneller Fallarbeit:

1. Klärung der Frage „Was ist?" (Anamnese und Diagnose): Anamnese versteht er als eine „Rekonstruktion der Vorgeschichte", die dazu „dient, den Gegenstandsbereich einer Fallbearbeitung abzugrenzen, aber auch für vergessene Zusammenhänge zu öffnen" und stellt eine offene Sammlung von Vorinformationen (z.B. Lebensgeschichte, Familienhintergrund, kritische Lebensereignisse, Krankheiten, Vorstrafen) dar (ebd.: 71, 76), ohne vorab (vorschnell) festzulegen, wie diese Daten zu bewerten sind (zum Prozess der Anamnese vgl. näher S. 100–116). Die Diagnose hat den Zweck, „in komplexen und nur begrenzt überschaubaren Fallkonstellationen konkrete Schritte der Bearbeitung zu entdecken", um klären zu können, welche Hilfen „geeignet" sein können (ebd.: 73, 91), um im Prozess der Hilfeplanung (ebd.: 80–87) Interventionen vorbereiten zu können die Ermittlung der Fakten des Falles, um sie „auf die Folie eines Bekannten bzw. Allgemeinen zu legen und zu prüfen, ob sie dazu passen" (zum Prozess der Diagnose vgl. näher S. 117–139). Anamnese und Diagnose sind nicht scharf voneinander getrennt, sie gehen oft ineinander über.

2. Klärung der Frage „Was tun?" (Intervention): *Müller* nennt Intervention „Einmischung" (140) im Sinne eines „Dazwischen-Tretens" zwischen eine Person und ihre Schwierigkeiten (68); es handelt sich dabei um (mit Machtausübung verbundenen) Eingriffe z.B. zur Abwendung von Eigen- oder Fremdschädigung (die nicht von der Zustimmung des Unterstützten abhängen), Angebote (d.h. Vorschläge, auf die er eingehen kann oder nicht), und gemeinsames Handeln, das durch aktive Kooperation und Aushandlung unter Berücksichtigung seiner Vorstellungen, Wünsche und Bedürfnisse entsteht (zur Phase der Intervention vgl. näher S. 140–160).

3. Klärung der Frage „Was hat's gebracht?" (Evaluation): Müller spricht in diesem Zusammenhang davon, dass „Instrumente der Selbstkontrolle" (z.B. Berichte, Dokumentationen, Reflexionen im Team) zum Einsatz kommen sollen, denn Evaluation sei „primär Selbstevaluation" (ebd.: 161, 181); dadurch sollen in der Rückschau die eigenen Einschätzungen, Entscheidungen und Interventionen in Bezug auf ihre Angemessenheit und Effektivität überprüft werden (zur Evaluation vgl. näher S. 161–181; vgl. auch insg. Galuske 2013: 191–199).

7.2.3 Sozialökologischer Zugang: Life-Model

Bleibt der Ansatz Heges noch auf die unmittelbare Interaktion zwischen Subjekt und Sozialer beschränkt, hat die Theoriediskussion in den 1970er und 1980er Jahren das Handlungsfeld der Einzelfallarbeit zunehmend *sozialökologisch* geöffnet. Insbesondere der von Carel B. Germain und Alex Gitterman (Germain/Gitterman 1999) entwickelte Ansatz (Lebenslaufkonzept) zeichnet sich durch eine umfangreiche Einbeziehung der Ressourcen der Nachbarschaft, des Sozialraums und des gesamten sozialen Systems, also auch Hilfen anderer Professionen und Institutionen, aus. Germain/Gitterman gehen davon aus, dass auch schwierige Lebensbelastungen (life stress) und -faktoren (life stressor) bewältigt werden können (Coping), dass Menschen kompetent sind, ihre Schwierigkeiten zu bewältigen, z.B. durch Hilfen, die in „sozialer Zugehörigkeit“ begründet sind. Dazu gelte es, einerseits die Stärken und Potenziale der Menschen zu wecken und andererseits die Umwelt so zu verändern, dass das Wohlbefinden der Menschen verbessert wird (Germain/Gitterman sprechen von optimierten „Person:Umwelt-Beziehungen“ [in dieser Schreibweise]).

Der Zugang wird durch drei Phasen des Handelns Sozialer beschrieben:

1. In der *Eingangsphase* („Beginnen“) geht es um die Herstellung einer Arbeitsbeziehung, d.h. Beziehungsaufbau, Klärung des Anlasses und der Vorgehensweise sowie gemeinsame Falleinschätzung (Assessment) angesichts der gesammelten und analysierten Informationen zur Person:Umwelt-Beziehung (vgl. ebd.: 69ff., insb. S. 95–162).
2. Die *Arbeitsphase* („Auf Ziele hinarbeiten“) unterscheiden Germain/Gitterman in Bezug auf die Zielgruppen der Hilfe: Einzelpersonen, Familien und Gruppen, wobei der für den Ansatz fließende Übergang der Einzelfallarbeit zur Sozialen Gruppenarbeit deutlich wird (vgl. ebd.: 73–87, insb. S. 164–499).
3. In der *Ablösungsphase* („Die gemeinsame Arbeit und die Beziehung zu einem Abschluß bringen“) wird nicht nur die Hilfe bewusst abgeschlossen, sondern auch evaluiert (vgl. ebd.: 87f.).

Das besondere Kennzeichen des Ansatzes sind die weitreichenden und detaillierten Handlungsempfehlungen („professionelle Methoden und Fertigkeiten“), die Germain/Gitterman insbesondere in Bezug auf die Eingangs- und Arbeitsphase formulieren: In Bezug auf die Lebensbelastungen, schwierige Lebensübergänge und traumatische Ereignisse sprechen sie z.B. von Befähigen („Verwenden Sie kleinste ermutigende Responses; halten Sie Schweigen aus; ermitteln Sie Fakten; verbalisieren Sie Gefühle“), Explorieren („Entwickeln Sie einen Fokus; spezifizieren Sie die Probleme, erfragen Sie die Hintergrundinformation; klären Sie Ambivalenz ab“) oder Erleichtern („Kommentieren Sie Vermeidungsmuster, sprechen Sie Illusionen bezüglich der wechselseitigen Übereinstimmung an; wecken Sie Angst, um Bewegung in Gang zu bringen“) oder in Bezug auf umweltbezogene Aufgaben (was als Netzwerkarbeit bezeichnet werden kann) ist von externer Vermittlung („Stellen sie Kontakte zum System her bzw. nutzen Sie vorhandene Kontakte; zeigen Sie Verständnis für die Perspektiven anderer“), externer Fürsprache („deuten Sie an, daß Sie weitere Schritte ergreifen werden“, „organisieren Sie Proteste“, „berichten Sie anderen Organisationen und den Medien“), Innovation („Schätzen Sie den Bedarf ein; entwickeln Sie ein darauf abgestimmtes Programm; gewinnen Sie Unterstützung durch Organisationen und Gemeinschaften“) oder Beeinflussen („Bilden Sie Koalitionen, beziehen Sie Stellung, formieren Sie sich als Lobby …“) die Rede (ebd.: 78 f.).

Von zentraler Bedeutung für den Ansatz ist die Verschränkung von Einzelfallarbeit (die auch Aspekte von Sozialer Gruppenarbeit einbezieht) und Gemeinwesen, Organisationen und politischer Ebene, wird doch die Gemeinde als „der Hauptkanal“ betrachtet, „durch den Ressourcen verteilt, formelle und informelle Systeme sowie politische, soziale und ökonomische Kräfte ihren Einfluß auf Individuen, Familien und Nachbarschaften ausüben“ (ebd.: 502). Germain/Gitterman sehen deshalb auch die Funktion Sozialer Arbeit darin *„aktivierende Gemeinwesenarbeit“ zu leisten, „die den Bewohnern von Gemeinden und Nachbarschaften hilft, selber aktiv zu werden, um die wechselseitige Abstimmung der vorhandenen und der benötigten formellen und informellen Ressourcen zu verbessern“* (ebd. 506, Herv. i. O.); dazu haben sie z. B. Bedarfseinschätzungen durchzuführen (LE 11.4.1), sich „mit Unzufriedenheiten und Spannungen zwischen den Gruppen“ und „formellen und informellen Führern“ im Gemeinwesen zu befassen, ggf. Aktionsgruppen zu bilden, in denen sich Menschen für ihr Belange engagieren können (ebd.: 508 f.) oder – ganz im Sinne von Community Organizing (LE 13.3) – wechselseitige Unterstützung zu organisieren, Hilfen bei der Austragung öffentlicher Konflikte mit „dominanten Gruppen und Machtstrukturen“ zu geben, starke Partnerinnen („natürliche Helfer“) mit Ressourcen (Unterstützung, Rat, Einfluss) zu gewinnen oder Selbsthilfegruppen (LE 13.2.1) aufzubauen (vgl. ebd.: 518–534).

Fallbeispiel

Helma könnte sich nach einem weiteren Gespräch mit Frau Berg vom Jugendamt entschließen, eine Sozialpädagogische Familienhilfe als Hilfe zur Erziehung zu beantragen, die ihr gewährt würde, wenn die Hilfe gemäß 27 SGB VIII als notwendig eingeschätzt und im Zuge eines Hilfeplanverfahrens (LE 2.2) gemäß § 36 SGB VIII vereinbart würde.

7.3 Verfahren anlassgerechter Einzelfallarbeit

7.3.1 Sozialpädagogische Familienhilfe

Familienergänzende Erziehungshilfen stellen Leistungsangebote der Kinder- und Jugendhilfe dar, in denen Kinder und Jugendliche in ambulanter, teilstationärer oder auch mobiler Form betreut werden.

Hintergrund: Vorschriften zur Ausgestaltung familienergänzender Hilfen

§ 30 SGB VIII – Erziehungsbeistand, Betreuungshelfer: Der Erziehungsbeistand und der Betreuungshelfer sollen das Kind oder den Jugendlichen bei der Bewältigung von Entwicklungsproblemen möglichst unter Einbeziehung des sozialen Umfelds unterstützen und unter Erhaltung des Lebensbezugs zur Familie seine Verselbstständigung fördern.

§ 31 SGB VIII – Sozialpädagogische Familienhilfe: Sozialpädagogische Familienhilfe soll durch intensive Betreuung und Begleitung Familien in ihren Erziehungsaufgaben, bei der Bewältigung von Alltagsproblemen, der Lösung von Konflikten und Krisen sowie im Kontakt mit Ämtern und Institutionen unterstützen und Hilfe zur Selbsthilfe geben. Sie ist in der Regel auf längere Dauer angelegt und erfordert die Mitarbeit der Familie.

§ 32 SGB VIII – Erziehung in einer Tagesgruppe: Hilfe zur Erziehung in einer Tagesgruppe soll die Entwicklung des Kindes oder des Jugendlichen durch soziales Lernen in der Gruppe, Begleitung der schulischen Förderung und Elternarbeit unterstützen und dadurch den Verbleib des Kindes oder des Jugendlichen in seiner Familie sichern. Die Hilfe kann auch in geeigneten Formen der Familienpflege geleistet werden.

Mit Michael Erler (2003: 11) lassen sich als Ziele solcher familienergänzender bzw. -unterstützender Hilfen („Familienarbeit“) die Begleitung bei der Bewältigung lebenspraktischer Aufgaben (z. B. Unterstützung bei der Organisation und Führung des Haushaltes, beim Finden geeigneten Wohnraums), die Arbeit an den innerfamilialen Beziehungen (z. B. Hilfe bei der Klärung von Partnerschaftskonflikten, Anstöße zur Bearbeitung rigider Kommunikations- und Beziehungsmuster oder zur Entdeckung eigener Bedürfnisse) und Netzwerkarbeit (z. B. die Förderung neuer Kontakte und Beziehungen, Unterstützung bei der Kontaktaufnahme mit Angeboten im Gemeinwesen) bestimmen.

Das von Hege entwickelte Verfahren lässt sich auch in der von Astrid Woog formulierten Darstellung einer Lebensweltorientierten Arbeit mit Familien in Form der Sozialpädagogischen Familienhilfe (vgl. dazu insg. Helming/Schattner/Blüml 2005, Fröhlich-Gildhoff 2014) erkennen, deren Anspruch es ist, Familien im Alltag ihrer Lebenswelt längerfristig zu begleiten und so zu unterstützen, dass gegebene Schwierigkeiten bewältigt, ihre Leistungsfähigkeit wieder hergestellt und der familiale Lebensraum für die Kinder erhalten werden kann (vgl. Woog 2004: 87). Auch sie sieht drei Phasen einer Sozialpädagogischen Familienhilfe:

1. Vorbereitung: Zunächst ist es vorrangig, die Sichtweisen, Besonderheiten und den Eigensinn der Familienangehörigen kennenzulernen (Woog nennt dies *beobachten*), d. h. abzuwarten, ohne zu werten und eine neutrale Position einzunehmen (vgl. Woog 2004: 100, Woog 2010: 186 f.). Vertrauen herzustellen, sei ein kontinuierlicher Prozess *(Gewinnen von Vertrauen).* Woog lässt die Familienangehörigen zunächst „tun, was sie für richtig halten"; dadurch erlebt die Familie, dass sie sich in die Gestaltung ihres Familienlebens „nicht als ‚Expertin'" einschaltet: „Diese stillschweigende Anerkennung sichert mir nach einigen Wochen ein Basisvertrauensverhältnis". Die „Orientierung an den Stärken der Familienmitglieder" hilft „bei der Vertrauensbildung": Das „Bemühen" wird anerkannt und Stärken (z. B. Geschick in der Handarbeit, die sorgsame Pflege von Zimmerpflanzen) wertgeschätzt; dies hilft, „Vertrauen zu den eigenen Fähigkeiten" zu gewinnen. Wichtiger noch sind Transparenz und Offenheit; die Soziale „muss für die Familienmitglieder einschätzbar bleiben und ihnen durch eindeutiges Verhalten Orientierung geben" (vgl. Woog 2004: 100 f., Woog 2010: 187 ff.). Das Einlassen auf die Formen, mit der Menschen ihren Alltag organisieren, „erfordert auf Seiten der Mitarbeiter ebenso sehr ein hohes Maß an Einfühlungsvermögen, Toleranz und Bereitschaft zum offenen, manchmal auch konfrontativen Austausch", insbesondere in der Anfangsphase einer Zusammenarbeit (vgl. Moch 2004: 129).

2. In der Interaktion: Zunächst geht es 1. darum, den „Wunsch des ‚Wiedergebendürfens'" zu achten *(Wahren von Gegenseitigkeit):* Damit wird den Familienmitgliedern „das unangenehme Gefühl" genommen, der Sozialen „verpflichtet, unterlegen oder gar ausgeliefert zu sein", z. B. dadurch, dass Kaffee angeboten wird und im Gegenzug zwischen Sozialer und Mutter Pflanzenableger ausgetauscht werden (vgl. Woog 2004: 101 f.; vgl. Woog 2010: 190 f.). 2. Nicht alles, was in der Familie geschieht, muss durch die

Soziale hingenommen werden, sondern es geht auch darum, Grenzen abzustecken *(Setzen von Grenzen);* z.B. sei die Erwartung zurückzuweisen, sie als „gute Tante oder Freundin“ wahrnehmen zu dürfen, und die professionelle Aufgabenstellung zu erläutern. Stattdessen geht es um „gelingende Nähe“; es geht darum, gegenseitig Grenzen zu sehen, zu akzeptieren und so die „Grundlagen für ein freundliches Zusammenleben“ zu entwickeln, z.B. um einem Familienmitglied „die Bedeutung einer Intimsphäre zu vermitteln, klopfe ich an die Zimmertür und warte auf seine Erlaubnis, eintreten zu dürfen“ (vgl. Woog 2004: 102f., Woog 2010: 191ff.). Zugleich ist erfahrenen Sozialen bewusst, wie heikel diese Phase ist; sie spüren, dass „etwas in der Luft liegt“, das den Prozess gefährden kann, Grenzen zu ziehen und doch zugleich auch Nähe zu entwickeln (ohne dabei immer zu wissen, warum sie dies ahnen). Die Lebenswelt und deren Ressourcen werden 3. zum „Auslöser für Lernprozesse“ *(Anknüpfen an Möglichkeiten),* z.B. mit Fotografien Erlebnisse aus der Kindheit oder Reisen anschaulich zu machen und zu reflektieren (vgl. Woog 2004: 103f., Woog 2010: 194), also mit Ansätzen von Biografiearbeit (LE 4.3.1) zu arbeiten. Es geht 4. darum, Künftiges vorzubereiten *(Wecken von Interessen),* z.B.: Kinder, die im Alltag der Eltern „nebenher gelaufen sind und nur wenig Anteilnahme erfahren haben“, werden in den Mittelpunkt gerückt; ein Kind z.B. „braucht Abstand von den Eltern und Freiraum. Ich sehe eine Chance, ihm über das Fahrrad fahren mehr Selbständigkeit zu ermöglichen. Als begeisterte Fahrradfahrerin ist es leicht, sein Interesse zu wecken“ (vgl. Woog 2004: 104, Woog 2010: 196f.). Wenn 5. die „von der Umwelt abgeschottete kleine Welt“ (mit ihren anregungsarmen Bedingungen) zur „Sackgasse“ geworden ist, dann kann der Außenraum durch die Einladung, ins Freie zu gehen, neue Beziehungs- und Erfahrungsräume eröffnen *(Öffnen und Erweitern des Raumes),* z.B. durch eine gemeinsame Radtour (vgl. Woog 2004: 105, Woog 2010: 198f.). Anlassgerecht müssen schließlich 6. auch Konflikte provoziert werden *(Angehen von Konflikten),* z.B. indem gezielt Familienmitglieder befragt werden und sie so gezwungen sind, eine Meinung zu bestimmten Aufgaben zu formulieren, Vorstellungen und Einstellungen zu äußern und zu überprüfen (vgl. Woog 2004: 105, Woog 2010: 199ff.).

3. Stabilisieren von Stärken: Mit den abschließenden Besuchen in der Familie werden allmählich die Bindungen gelockert und der Ausstieg aus der Hilfe vorbereitet: „Das Erlernte soll soweit stabilisiert werden, dass es in Zukunft als motivierende Kraft einwirken kann. In dem Maß, wie es wächst, nehme ich mich zurück. Die Unterstützung und Förderung treten zugunsten der Begleitung in den Hintergrund. In die Angelegenheiten der Familie mische ich mich immer weniger ein, dafür lasse ich mir umso mehr erzählen“ (vgl. Woog 2004: 106, Woog 2010: 201f.). Dabei gilt „die alte Sozialarbeiterregel, bei den Stärken der Familienmitglieder anzusetzen und zu versuchen, diese Schritt für Schritt zu erweitern und zu festigen. Die Bereitschaft, Stärken zu beachten, aufzugreifen und ihr Wachstum zu fördern, heißt, vorhandene Schwächen zwar zu sehen, aber nicht aufzugreifen" (vgl. Woog 2004: 98).

Fallbeispiel

Hanne, die im Rahmen der SPFH einmal in der Woche nachmittags Helma zu Hause unterstützt, könnte anregen, alte Beziehungen zu reaktivieren, z. B. zu Tante Erna Kontakt zu suchen (die – bis es zu einem Streit um Nichtigkeiten kam – immer wieder bei Helma zu Hause war und auch mit Karl viel unternahm). Auch ihre Mutter kommt nur noch selten zu ihr; auch hier könnte eine gemeinsame Feier, z. B. der fünfte Geburtstag von Nicole, wieder für mehr Kontakt sorgen, Hanne könnte Helma auch vor Augen führen, dass Karl sich Begegnungen mit seinem Vater wünscht (ohne darüber mit ihr sprechen zu wollen) und ihr vermitteln, dass dies nach ihrer Auffassung auch helfen könnte, dass Karl weniger vor dem Computer sitzt. Und sie könnte anregen, dass Karl einmal eine Beratung durch PACE, die örtliche Jugendberufshilfestelle, in Anspruch nehmen könnte, um zu erfahren, welche Wege es noch in Ausbildung und Beruf gibt.

7.3.2 Familienrat

Marie-Luise Conen kritisiert, die Praxis (auch der Einzelfallarbeit) kennzeichne nach wie vor, dass oft versucht werde, „durch ‚Überreden' und ‚Überzeugen' Klienten für ein Hilfeangebot zu gewinnen. Es tritt eher Ratlosigkeit ein, wenn sich Klienten den ‚Vorgaben' entziehen, v. a. wenn sie zwar diesen zunächst (formal) zustimmen, aber daraus keine entsprechenden Handlungen resultieren". Wenn Adressaten dagegen (z. B. aufgrund ihres „subjektiven Hilfeplans" für sich selbst) andere Vorstellungen äußerten, dann setzten professionelle Helfer oft „auf lange Motivationsarbeit" (Conen 2011: 96). Zu sehen ist aber, dass – wie durch Formen der Belehrung – auch hierbei ein nachhaltiges Risiko besteht, Menschen dadurch emotional zurückzuweisen, was gelingende Prozesse der Einzelfallarbeit infrage stellen und die auch hier erforderliche Eigentätigkeit der Unterstützten lähmen kann.

Im Sinne einer nachhaltigen Mobilisierung möglicher Ressourcen des sozialen Nahraums ist stattdessen das Konzept des Familienrates (auch: Familiengruppenkonferenz, family group conference, Verwandtschaftsrat) zu sehen. Das Verfahren basiert auf tradierten Formen, wie sie z. B. die Maoris in Neuseeland seit Jahrhunderten praktizieren, und kommt mittlerweile in verschiedenen Ländern zum Einsatz, zunächst in den Niederlanden, in skandinavischen Ländern, Großbritannien und Polen seit der Jahrtausendwende, in Deutschland etwa seit 2005 (vgl. Plewa/Picker 2010; zu ersten europäischen Erfahrungen vgl. Straub 2009).

Verfolgt wird dabei das Generalziel, dass (wenn die Erziehung von Kindern in der Familie gefährdet erscheint) die Familie und ihr soziales Netzwerk durch eine Konferenz dabei gestärkt werden soll, die Schwierigkeit einer Lösung näherzubringen, damit Kinder in ihrer Familie bleiben können und hierbei Verwandte und soziales Umfeld in die Hilfe miteinbezogen werden (vgl. Uhlendorff/Euteneuer/Sabla 2103: 177 f.).

Teilnehmer, Ort, Zeit, Dauer und Ablauf des Verwandtschaftsrates werden von der Familie bestimmt; wichtig ist, dass die Familiengruppe „ausreichend groß" ist und „genügend Leute aus dem Netzwerk der direkt Betroffenen für den Verwandtschaftsrat mobilisiert werden" (Früchtel/Cyprian/Budde 2007: 35 f.).

Hintergrund: Basisprinzipien neuseeländischer Family Group Conferences

„Die Familiengruppe muss bei allen Maßnahmen des Jugendamtes beteiligt werden.
Die Beziehung eines jungen Menschen zu seiner Familiengruppe muss erhalten bleiben.
Bei jeder Entscheidung ist zu erwägen, wie diese sich auswirkt auf das Wohl des jungen Menschen und auf die Stabilität der Familie und Familiengruppe.
Die Wünsche des jungen Menschen sollen berücksichtigt werden.
Anstrengungen sollen unternommen werden, um die Ressourcen der Eltern und anderer Personen, die sich an der Erziehung beteiligen, sowie die Ressourcen des jungen Menschen selbst zu nutzen.
Das Handeln der Jugendhilfe soll sich am Zeitempfinden des jungen Menschen orientieren" (Früchtel/Cyprian/Budde 2007b: 38).

Für Frank Früchtel, Gudrun Cyprian und Wolfgang Budde ist „selbstverständlich", dass ein Familienrat in der Sprache der Familie stattfindet; sie sprechen sich dafür aus, dass Dolmetscher „auch zweisprachige Familienmitglieder sein können", die den Fachkräften „das Nötige übersetzen" (Früchtel/Cyprian/Budde 2007b: 42f.). Dieser Zugang mag grundsätzlich sinnvoll sein, vernachlässigt jedoch, dass Familienmitglieder als Teil des Systems eingebunden sind, das sich zur Lösung einer Schwierigkeit auf den Weg macht. Aus der praktischen Erfahrung mit Übersetzungen durch Familienangehörige ist durchaus bekannt, dass bei solchen Übersetzungsversuchen eigene Wertungen einfließen, Verkürzungen vor dem Hintergrund erlebter Erfahrungen, die zu „Wissen" geworden sind (und deshalb Dritten gegenüber nicht mehr ausgesprochen werden müssen), und Probleme der adäquaten Wortübersetzung üblich sind, die den Sinn und Gehalt von Aussagen nachhaltig verändern. Daher dürften berufsmäßig bestellte Dolmetscherinnen der bessere Weg sein, dem Gebot der muttersprachlichen Kommunikation Rechnung zu tragen.

Nach dem SGB VIII ist es Aufgabe der Fachkräfte des Jugendamtes, einerseits Familien zu beraten, andererseits aber zugleich das (staatliche) Wächteramt wahrzunehmen und das Wohl von Kindern zu schützen. Der Familienrat splittet diese Aufgaben systematisch auf (vgl. ebd.: 37):

Die *Familie,* d.h. die beteiligte Familiengruppe einschließlich Verwandten und Freunden, Bekannten, Nachbarn und anderen (ganz so, wie es die Familie selbst bestimmt), muss genau wissen, was im Familienrat geschehen wird und was von ihr erwartet wird. Wichtig ist, dass schon die mit dem Fall befassten Sozialen (sobald das Verfahren zum Einsatz kommen soll) vermitteln, dass es (positiv formuliert) nur darum geht, eine brauchbare Lösung zu entwickeln und Helferinnen zu aktivieren, die Lösung auch umzusetzen; weder geht es um die Klärung einer Schuldfrage, noch muss die Familien alles akzeptieren und hinnehmen. Die Familie entscheidet neben der Zusammensetzung des Familienrates (wer wird beteiligt?) auch den Ort (wo wird beraten?); entscheidend für die Wahl des Ortes (die Wohnung der Familie oder eines Nachbars, ein Saal im Vereinsheim oder einer Kirchengemeinde u.Ä.) ist allein, dass sich die Familie dafür bewusst entscheidet, weil sie davon ausgeht, den Familienrat am besten planen und durchführen zu können. Familientraditionen und Rituale (Essgewohnheiten, Begrüßungsformen u.a.) spielen eine wichtige Rolle, weshalb sie in der Vorbereitung (z.B.: „Wie sehen Festessen oder Mahlzeiten an Festtagen in Ihrer Familie aus?") bereits eine Rolle spielen (vgl. ebd.: 41ff., Uhlendorff/Euteneuer/Sabla 2012: 178).

Die *fallverantwortliche Soziale* (z.B. die für die Familie zuständige Mitarbeiterin im Allgemeinen Sozialdienst des örtlich zuständigen Jugendamtes) hat die Aufgabe, einen Familienrat anzuregen, dafür einen Koordinator zu gewinnen und zu beauftragen, die Familie genau darüber zu informieren, was „Sorge macht", d.h., genau zu definieren, für welchen Anlass die Familie im Familienrat einen Lösungsplan erarbeiten soll (vgl. Früchtel/Cyprian/

Budde 2007: 37). Dazu ist ein besonders nachhaltiger Musterwechsel zwingend erforderlich, der deutlicher den Wechsel von der „klassischen“ Einzelhilfe zur modernen Einzelfallarbeit nicht illustrieren kann: Die fallverantwortliche Soziale muss einen wichtigen Teil ihrer fachlichen Verantwortung an die Familie „in dem Moment abgeben, wo die Familien und ihr soziales Umfeld selbst für sich Verantwortung übernehmen. Die Professionellen agieren hier eher als Initiatorinnen und Initiatoren der Konferenz, liefern Informationen über mögliche Hilfearten und begleiten unterstützend den administrativen Prozess der Konferenz“ (Uhlendorff/Euteneuer/Sabla 2013: 179). Soziale sind (entgegen jedem sonst üblichen Verfahren und beruflichem Selbstverständnis) an der Lösungsentwicklung nicht unmittelbar beteiligt (weshalb sich davon sprechen lässt, dass hier ein Grundverständnis von Empowerment maximal realisiert und in die Ressourcen der Akteure im Familienrat vertraut wird). Ihre (neue) Funktion ist es, die Sorge hervorrufenden Fakten darzulegen und die erwartbaren Konsequenzen aufzuzeigen, wenn keine Änderung eintritt, bzw. es wird von ihnen erwartet, dass sie konkret begründen können, wo Nachbesserungen erforderlich sind, sollten sie den Lösungsvorschlag des Familienrates nicht akzeptieren können (vgl. Früchtel/Cyprian/Budde 2007: 36 f.).

Dafür müssen Soziale über sozialen Optimismus, d. h., „einen ausgesprochenen Stärkeblick verfügen. Sie können die Lösungsversuche in Verhaltensweisen erkennen, die von anderen Menschen oder Organisationen als Defizit markiert werden. Sie sehen eine Familiengruppe als Ressourcen- und Kompetenzpool und trauen ihr tragfähige Lösungen zu“; es geht nicht um ihre Lösungsideen, sondern die der Familie. Sie müssen fähig sein, die Aspekte zu dem im Familienrat zu klärenden Fall verständlich (frei von Fachbegriffen u. Ä.) darstellen zu können. Zweifellos sind dafür in einer sozialräumlichen Analyse (LE 4.3.4) gewonnene Kenntnisse über den Lebensraum der Familie und dessen Ressourcen erforderlich (vgl. ebd.: 49 f.).

Diese zurückgenommene Funktion im Hilfe(plan)prozess erfordert zugleich eine besonders gute inhaltliche Vorbereitung der Sozialen, um z. B. zu erläutern, was das Jugendamt bislang unternommen hat, worin die Sorge besteht; dazu ist eine Darstellung ohne Fachjargon und Fremdworte erforderlich, die durch konkrete Beispiele verdeutlicht wird. Die Soziale muss ihre Einschätzungen belegen können. Sie muss andere Fachkräfte (z. B. die Hausärztin, den Klassenlehrer, einen beteiligten Polizisten, Soziale anderer Dienste) bereits im Vorfeld darauf aufmerksam machen, dass deren Aufgabe nicht darin bestehen wird, Lösungen zu empfehlen, sondern sie darauf vorbereiten, dass sie „nur“ ihre Erfahrungen und ihr Wissen einbringen sollen, nicht aber ihre Vorschläge, wie die Familie es besser machen könnte. Schließlich muss die Soziale über die notwendigen Kenntnisse und Beziehungen verfügen, um dabei helfen zu können, ggf. vorhandene Netzwerklücken der Familie schließen zu können (vgl. ebd.: 36, 44).

Der *Koordinator* ist Moderator des Familienrates, selbst dann, wenn er in der (der Familie allein vorbehaltenen) Beratungsphase weitgehend unbeteiligt ist. Seine Aufgabe ist es, von Anfang an deutlich zu machen, dass es darum geht, die Familie stark zu machen und Bedingungen zu entwickeln, die zu einer Lösung des Anlasses für den Familienrat führen. Seine Aufgabe ist es, alle, die teilnehmen sollen, vorher kennenzulernen, für deren Teilnahme zu werben, sie mit den Grundsätzen und Vorgehensweisen des Familienrates (brieflich, persönlich) vertraut zu machen und den Familienrat auch organisatorisch vorzubereiten. Der Familie macht er deutlich, dass sie jede Idee, die von Sozialen vorgeschlagen wird, ablehnen kann, und dass sie festlegt, wer am Familienrat teilnimmt (vgl. ebd.: 38 ff., 43). Schließlich bereitet er die am Familienrat beteiligten Fachkräfte darauf vor, dass deren Lösungsideen nicht gefragt sind, ist ihnen doch „die Vorstellung in der Regel fremd, nur Informant und nicht Lösungsexperte zu sein und während der Lösungsfindung nicht mittun zu dürfen“ (ebd.: 44).

Hintergrund: Profil von Koordinatoren am Beispiel der Eigenkracht-Konferenzen in den Niederlanden

„Ein Koordinator ist eine unabhängige Person, die nicht für eine soziale Organisation oder die Justiz tätig ist. Der Koordinator organisiert eine Konferenz und bietet dadurch der Familie die Möglichkeit, ihre Probleme bei der Versorgung und Erziehung des Kindes/der Kinder zu lösen. Ein Koordinator

- glaubt an die Stärke und die Möglichkeiten einer Familie und ihres sozialen Umfeldes.
- hat genügend Lebenserfahrung.
- begleitet gerne einen Prozess und möchte nicht professionelle Hilfe anbieten.
- ist hartnäckig
- ist kreativ und flexibel
- respektiert andere.
- bevorzugt klar begrenzte Aufgaben
- ist bereit, außerhalb von Bürozeiten zu arbeiten
- kann selbständig arbeiten.
- kann von zu Hause aus arbeiten
- kann organisieren.
- kann gut zuhören.

- kann offene Fragen stellen und eine Fragenkette erstellen, ist vorurteilsfrei und respektiert andere.
- ist in der Lage, als neutrale Person aufzutreten und dabei die Schlussfolgerungen den anderen zu überlassen, nicht zu interpretieren, nicht etwas in Frage zu stellen oder zu kontrollieren, Raum zu bieten für die Entwicklung eines Planes, ohne dabei den Inhalt zu kontrollieren" (zit. n. Früchtel/Cyprian/Budde 2007b: 52).

Als Zeitaufwand für einen Familienrat (der selbst ca. vier bis sechs Stunden dauert) sind in der Vorbereitung zwischen 15 und 25 Arbeitsstunden anzusetzen (vgl. Früchtel/Cyprian/Budde 2007b: 38).

Der Professionalisierungsgrad von Koordinatoren ist unklar: Es kann eine ehrenamtlich arbeitende Person" sein (Uhlendorff/Euteneuer/Sabla 2103: 179), für Früchtel, Cyprian und Budde ist es eine hauptamtlich tätige Fachkraft, die allerdings nicht aus dem Jugendamt stammt (Früchtel/Cyprian/Budde 2007b: 36). Jedenfalls wird es sich um eine Person handeln müssen, „die vertrauenswürdig und unparteiisch die Interessen der Familie vertreten und gleichzeitig mit der fachverantwortlichen Fachkraft kooperieren soll" (Uhlendorff/Euteneuer/Sabla 2013: 179) und gewährleistet, „dass die Prinzipien des Verfahrens eingehalten werden, insbesondere das Recht der Familie, ihre eigene Lösung zu finden" (Früchtel/Cyprian/Budde 2007b: 37).

In der *Vorbereitung* wird der Koordinator zunächst die Frage klären lassen, wer am Familienrat teilnehmen soll, z. B. durch eine offene Frage an die direkt Betroffenen („Wer in Ihrer Familie und in Ihrem Bekanntenkreis ist für Sie wichtig? Mit wem verstehen Sie sich gut? Wen fragen Sie normalerweise um Rat? Wen würde Ihre Tochter um Rat fragen?") oder durch Befragung einer zentralen Person, wer für den Familienrat wichtig sein könnte, um dann alle von ihr genannten Personen auf weitere potenzielle Teilnehmerinnen anzusprechen (womit auch sichergestellt wird, dass verschiedene Personen mit ihren Perspektiven zur Zusammensetzung des Familienrates beitragen können. Wenn sich herausstellen sollte, dass wichtige Teilnehmer nicht kommen wollen (oder können), dann sollte ihre Botschaft als Brief, Video oder durch einen Vertreter eingebracht werden. Zu klären ist nicht nur, wer aus der Familie teilnimmt, sondern welche Personen aus ihrem sozialen Netzwerk einbezogen werden können (vgl. Früchtel/Cyprian/Budde 2007b: 40 ff., Uhlendorff/Euteneuer/Sabla 2013: 179).

Den Familienrat kennzeichnen folgende Phasen:

Informationsphase: Zu *Beginn* wird ggf. eine Tasse Kaffee oder Tee gereicht oder etwas gegessen, die Plätze sind durch Tischkarten markiert (was ggf. auch verhindert, dass Menschen nebeneinander sitzen, die besser [noch] nicht [wieder] so dicht beieinander sitzen), oder es sind besondere Gäste (z.B. die Pfarrerin oder der Imam) zur Begrüßung eingeladen worden. Die Koordinatorin begrüßt die Anwesenden und lädt alle zu einer kurzen Vorzustellungsrunde ein. Anschließend erklärt sie die Funktion des Familienrates (v.a., dass es um Lösungen, nicht um Schuldklärungen geht) und macht die Gesprächsregeln deutlich (nur eine spricht zur selben Zeit, Wortmeldungen sind erforderlich)

Zunächst bittet der Koordinator alle beteiligten Fachkräfte, ihre Sorge vorzutragen (dass z.B. das Wohl des Kindes gefährdet ist); anschließend fragt er die Familiengruppe, ob die Sorge geteilt wird, und sie bereit sind, eine Lösung zu finden. Wenn wichtige Familienmitglieder jetzt erklären, dass sie die Sorge des Jugendamtes für unbegründet halten und den Sinn des Familienrates nicht einsehen, kommt der Familienrat nicht zustande (vgl. Früchtel/Cyprian/Budde 2007b: 45, 47; Uhlendorff/Euteneuer/Sabla 2013: 179).

Ist das Einvernehmen hergestellt, dass eine Lösung gemeinschaftlich gefunden werden soll, trägt die für den Fall zuständige Soziale den *Anlass* genau vor (warum das Wohl des Kindes gefährdet ist) und andere Fachkräfte (z.B. eine Ärztin) ergänzen aus ihrer fachlichen Sicht. Sie tragen vor, was sie wissen. Der Koordinator unterstützt die Familiengruppe, ihre Fragen zu stellen. Er muss darauf achten, dass sich die Fachkräfte verständlich ausdrücken, zum Thema sprechen und keine Lösungswege unterschwellig anbieten (vgl. Früchtel/Cyprian/Budde 2007b: 46). Die Fachkräfte beantworten Fragen der Familie. Sie bringen weitere Informationen ein, die einen Lösungsvorschlag unterstützen können.

Der Koordinator formuliert den Auftrag für die Familie und stellt ihr Hilfsmittel (z.B. Flipcharts, Stifte, Metaplankarten und -wände u.Ä.) zur Verfügung. Aufträge können z.B. sein: „Wo können die Kinder in den kommenden sechs Monaten leben?“, „Was muss getan werden, damit das Kind regelmäßig zur Schule geht?“, „Was muss getan werden, wenn die Mutter zu krank wird, um sich um die Kinder kümmern zu können?“ (ebd.: 51f.).

Family-only-Phase: Nachdem der Koordinator und die Fachkräfte den Raum verlassen haben, berät die Familiengruppe alleine über einen Lösungsplan (exklusive Familienzeit). Der Koordinator wird dennoch ein- oder zweimal den Raum betreten, z.B. um zu fragen, ob etwas zu trinken gewünscht ist, und kann so auch einen Einblick gewinnen, ob die Familiengruppe Unterstützung braucht (vgl. ebd.: 45). Ein Familienrat scheitert, wenn in der Familienzeit keine Einigung über einen Lösungsvorschlag erzielt werden kann.

Entscheidungsphase: Wenn diese Beratung erfolgreich abgeschlossen ist, werden die nun noch benötigten Fachkräfte von der Familiengruppe wieder zurückgeholt; anschließend stellt sie ihren Lösungsplan vor, der z.B. folgende Elmente haben kann: „Ziele und Aufgaben der Eltern und des jungen Menschen", „Welche Unterstützungsleistung erbringt welches Familienmitglied? Welche Unterstützungsleistung erbringt das Jugendamt und/oder andere Träger?" Auch kann (sollte) geklärt sein, was geschieht, wenn ein Teil des Planes nicht funktioniert (vgl. ebd.: 46f.). Die Fachkräfte können Fragen zu dem Lösungsplan vorstellen und Bedenken bzw. (neue oder alte) Sorgen formulieren. Erforderlichenfalls muss eine zweite exklusive Familienzeit stattfinden, wenn der fallzuständige Soziale bestimmte Aspekte noch nicht gelöst sieht (vgl. Uhlendorff/Euteneuer/Sabla 2013: 179).

Der Koordinator hat nun die Aufgabe, der Familie dabei Hilfestellung zu geben, den Lösungsplan abzusichern. Der Plan wird durch ihn in Zusammenarbeit mit den Teilnehmerinnen schriftlich konkretisiert, d.h., es wird verbindlich geklärt, wer wofür zuständig ist (und wer deren Einhaltung überprüft), z.B. auf einer Flipchart; auch ein zweiter Familienrat zur Evaluation der erzielten Ergebnisse ist möglich (Früchtel/Cyprian/Budde 2007b: 38, 47).

Wenn die fallzuständige Soziale trotz Nachbesserungen in einer zweiten exklusiven Familienzeit nicht überzeugt ist, dass der Lösungsplan das Wohl des Kindes sieht, dann wird der Koordinator genau klären, ob wirklich ein Scheitern vorliegt oder noch Chancen für einen einvernehmlichen Plan bestehen; ggf. wird er die fallzuständige Soziale einladen, flexibler zu sein, oder die Familiengruppe im Bemühen um eine Lösung stärken. Führt auch die Suche nach Kompromissen zu keiner Lösung, dann wird er gemeinsam mit allen Anwesenden feststellen, dass der Familienrat erfolglos ist. Dann wird die fallzuständige Soziale „die Lösung, die sie für angemessen hält, gegebenenfalls familiengerichtlich durchsetzen" (ebd.: 47).

Überprüfungsphase: Schließlich beginnen die Teilnehmerinnen mit der Umsetzung des Plans, was durch den Koordinator und die fallzuständige Soziale überprüft wird (vgl. Uhlendorff/Euteneuer/Sabla 2013: 180; zum Ablauf vgl. ebd.: 177ff., Früchtel/Cyprian/Budde 2007b: 48, 45ff., Pantuček 2012: 317ff.; über praktische Erfahrungen mit dem Verfahren berichten z.B. Piewa/Pickert 2010 und 2011).

Der Familienrat verwirklicht damit in radikaler Form die Rechte und Verantwortlichkeit von Betroffenen im Hilfe(plan)verfahren (LE 2.2). Damit wird auch der Erfahrung Rechnung getragen, „dass klassische Hilfeplanungsverfahren wegen ihrer Expertenlastigkeit zu oft zu Ergebnissen führen, die besser zu den Hilfsorganisationen und Fachkräften passen als zu den Betroffenen“ (Früchtel/Cyprian/Budde 2007b: 35; vgl. weiter Budde/Früchtel 2008, Früchtel/Straub 2011a/b, Früchtel/Hinte 2012).

Ergebnisse aus wissenschaftlichen Begleitforschungsvorhaben deuten darauf hin, dass das Verfahren positiv bewertet wird: Befunde aus Berlin zeigen, dass es die beteiligten Familien überwiegend zustimmend bewerten, wohl auch, weil es sicherstellt, „dass das familiale Netzwerk seine eigenen Problemsichten, Prioritäten und Erwartungen im Verfahren angemessen zum Ausdruck bringen und auf den Ausgang von Hilfeentscheidungen Einfluss nehmen kann“ (Hansbauer 2013: 106). Das Verfahren zeigt „die Schwächen der herkömmlichen Hilfeplanung auf: Beteiligungsmangel von Kindern, Jugendlichen, Eltern, Verwandten, Bekannten und Freunden“, allerdings hält sich die fachliche Resonanz noch in Grenzen: So sind „die Meldungen zum Familienrat als Hilfeplanungsprozess … ausgesprochen spärlich“ (Früchtel/Hampe-Grosser 2010: 490).

7.3.3 Andere Verfahren

Seit Mitte der 1990er Jahre werden Verfahren entwickelt, Familien intensiv(er) zu betreuen, um eine Fremdplatzierung von Kindern (z.B. durch Unterbringung in einer stationären Einrichtung der Kinder- und Jugendhilfe oder in einer Pflegefamilie) durch eine kurzfristig verfügbare, zeitlich befristete Intervention zu vermeiden, z.B. *Familie im Mittelpunkt/FiM* (Gehrmann/Müller 2013) oder das *Familienaktivierungsmanagement/FAM* (vgl. Klein/Römisch 1997), die an (in den 1970er Jahren in den USA entwickelten) Konzepte (z.B. „Homebuilders“- oder „Families First“-Programme) anschließen. Das „Homebuilders Model“ entstand dort als Angebot an Familien, in denen ein Sorgerechtsentzug und damit eine Fremdunterbringung von Kindern unmittelbar notwendig erschien, um schnell und auf eine kostengünstige Art die Familie so zu unterstützen, dass die Kinder doch weiter zu Hause leben können. Anschließend an das positive Menschenbild der humanistischen Psychologie und in der Tradition von „Hilfe zur Selbsthilfe“ ist einerseits die Überzeugung grundlegend, dass Menschen aktive Gestalterinnen ihres Lebens sind und ständig (dazu-)lernen können, und andererseits die Überzeugung, dass Soziale auch gegenüber solchen Familien positive Gefühle entwickeln können, die zunächst durch ihr Verhalten (Gewalttätigkeit, robuste verbale wie körperliche Abgrenzung, ungepflegtes Äußeres, mangelnde Köperpflege, schlechte hygienische Bedingungen in der eigenen Wohnung u.a.) einen negativen Eindruck machen. Solche Überzeugungen äußern sich in (non-)verbalen Kommunikations- und Verhaltensweisen, die die Entwicklung von Vertrauen und Partnerschaft unterstützen. Positiv wird angenommen, dass jeder das Beste beiträgt, zu dem er in der Lage ist. Missverstehen, Fehler, Misstrauen, emotionale Verletzungen gelten als „normal“; es ist Aufgabe der Sozialen, deren Bearbeitung zu ermöglichen. Interventionen finden in der familiären Umgebung statt, da auf diese Weise alle Familienmitglieder einbezogen sind, auch wenn sich einzelne nur im Hintergrund aufhalten und nicht aktiv mitarbeiten (vgl. Kinney/Haapala/Booth 1991).

In Deutschland kommt das Verfahren bei einer schweren Krise in Familien zum Einsatz, die ohne eine besondere Hilfe (jenseits der z. B. schon in der Familie tätigen Sozialpädagogischen Familienhilfe) nicht zu bewältigen sind (drohende oder akute Fremdplatzierung von Kindern). Voraussetzung ist, dass die Kooperationsbereitschaft mindestens eines Elternteils gegeben ist und die Kinder in ihrer Familie bleiben wollen; bei massiver Gefährdung des Kindes (z. B. sexueller Missbrauch, Gewalt), akuter Suizidgefahr oder schwerer Erkrankung kommt das Familienaktivierungsmanagement nicht zum Einsatz (vgl. Klein/Römisch 1997).

Solche Programme (von vergleichbaren Ansätzen berichten Kitty Cassée u. a. [2010]) werden durch die Überzeugung geprägt, dass auch sog. „Multiproblemfamilien“ über ausreichende Ressourcen verfügen, um eine krisenhafte Situation auch kurzfristig so bewältigen zu können, dass eine Fremdplatzierung eines Kindes oder der Ausschluss eines Familienmitgliedes (meist des gewalttätigen Vaters) und damit die Trennung der Familie abgewendet werden kann. Ressourcenorientiert soll die Familie „dazu befähigt werden, die alltägliche Selbststeuerung wieder zu übernehmen“, auch wenn vorher gravierende Verletzungen des Wohls und der Rechte von Kindern (Gewalt an Kindern, deren Vernachlässigung, sexueller Missbrauch) erfolgt sind. Eine Trennung der Familie stelle keine Alternative dar und sorge nur für neue Traumatisierungen (vgl. Gehrmann/Müller 2001: 22, 27 ff.; vgl. Uhlendorff/Euteneuer/Sabla 2013: 193, 195). Gleichzeitig geht es um „Gewaltdämpfung“, d. h. die Einflussnahme Sozialer im Familiensystem durch Formen der Gesprächsführung, Unterstützung des Alltagshandelns und Beachtung vorgegebener (u. U. auch vereinbarter) Regeln, dass sich krisenhafte Ereignisse (z. B. Gewalthandlungen) abschwächen und vermeiden lassen.

Hintergrund: Grundauffassungen des Programms „Familien im Mittelpunkt“

„Kinder und Jugendliche wachsen am besten in einer Familie auf. – Die Sicherheit des Kindes/Jugendlichen innerhalb der Familie steht im Vordergrund. – In jeder Familie gibt es Möglichkeiten zur Veränderung. – Das Verstärken der positiven Kräfte in der Familie ist das Ziel der Hilfe. – Die Normen und Werte, mit denen die Familie lebt, werden respektiert. – Die Familienmitglieder haben den Willen zur Veränderung. – Die Krise bietet Chancen zur positiven Veränderung" (BAG FiM 2014).

Für FiM ist also kennzeichnend, dass auch in einer gravierenden Notlage ein respektvoller Umgang mit Familien und den in Familien für Notlagen Verantwortlichen entwickelt wird (Grundsatz: Verurteile die Tat, nicht aber den Täter). Der Handlungsvollzug gilt als eklektisch und radikal pragmatisch, d. h. gekennzeichnet durch einen Methodenmix, der der Devise folgt „Hauptsache, es hilft":

Übernahme bzw. Engaging und Intake: Im Krisenfall erfolgt die Beauftragung eines FiM-Dienstes durch das Jugendamt (Allgemeiner Sozialer Dienst) innerhalb eines Tages. Das Erstgespräch dient der Einschätzung, ob die Familie für eine intensive Intervention geeignet ist, den Familienzusammenhalt zu wahren. Die Familie muss sich i. d. R. innerhalb von 72 Stunden entscheiden, ob sie die Hilfe in Anspruch nimmt. Es werden Verhaltensregeln vorgegeben, „die einen respektvollen Umgang mit der Familie sicherstellen und einen freundlichen und gleichberechtigten Umgang miteinander ermöglichen sollen." Verdeutlicht wird, „dass sie als Familie und Personen mit ihrem Lebensstil respektiert werden". Tätige Unterstützung und Hilfe wird gewährt, damit eine bessere Zukunft gemeinsam möglich wird und sich innerhalb der Familie keine weiteren Gewalthandlungen, Vernachlässigung u. Ä. ergeben.

Verfügbarkeit der Sozialen: Die ständige telefonische Abrufbereitschaft (rund um die Uhr) ist das zentrale Mittel des Krisenmanagements, um die Gefährdung für die Kinder zu mindern und um in einer aktuellen Krise (z. B. akuter Gewaltausübung) schnell handeln zu können.

Konfliktdämpfung und Stärkenassessment: Zentral ist es, durch positives Feedback und Ich-Botschaften Krisen kennzeichnende Ausbrüche und aggressive Äußerungen „so umzuformulieren, dass dahinterliegende Verhaltensweisen und Bedürfnisse kenntlich werden" (z. B. durch Einsatz des „Krisenthermometers" zur Wut- oder Depressionskontrolle: Hier „wird eine individuelle Skala des Wutempfindens bzw. der Depressivität entwickelt und der kritische Wert gesucht, an dem eine sich selbst steigernde Eigendynamik in Gang gerät. Gleichzeitig werden alternative Handlungsmöglichkeiten festgehalten, wenn der kritische Punkt erreicht wird.") Mittels eines Stärkenassessments (als Fragen und Techniken, um den *Anlass* zu analysieren) dienen auch dazu, „vorhandene Stärken im Umgang mit der Krise … bewusst werden" zu lassen.

Zielplanung und -umsetzung: Anschließend werden mit der Familie persönliche und gemeinsame Ziele (z.B. durch Einsatz von Moderationstechniken, vgl. LE 9.2.1) entwickelt und deren Umsetzung vorbereitet und begleitet, wobei die Vereinbarung von (Verhaltens-)Regeln sowie die Anerkennung bei Verhaltenspassung bzw. Sanktionierung bei unangemessenem Verhalten eine wichtige Funktion hat.

Beendigung und Evaluation: Während des Hilfeprozesses werden die Ziele darauf überprüft, ob, wie und ggf. in welchen Teilen sie verwirklicht werden (vgl. Uhlendorff/Euteneuer/Sabla 2013: 194f.).

„Familien im Mittelpunkt" zeichnet sich durch eine starke Orientierung auf das lebensräumliche Umfeld aus (sozialräumliche Analyse [LE 4.3.4]) und versucht, die Ressourcen des sozialen Nahraums (Familie, Nachbarn, Freunde) in die Hilfe einzubeziehen.

Hintergrund: Durchführungsstandards FiM

- Innerhalb von 24 Stunden nach Auftrag durch das Jugendamt findet der erste Hausbesuch statt,
- Zielgruppe: Familien oder familienähnliche Systeme in akuten Krisen, bei denen die Fremdunterbringung eines Kindes aktuell droht; bei denen zumindest ein Elternteil zur Mitarbeit bereit ist, aber die Sicherheit des Kindes nach fachlichen Gesichtspunkten gewährleistet werden kann.
- ein Familienarbeiter betreut max. zwei Familien gleichzeitig,
- die Hilfe dauert in der Regel 28 Tage und kann im Einzelfall um 2 mal 7 Tage verlängert werden,
- der Familienarbeiter oder seine Vertretung ist an 24 Stunden täglich und 7 Tage in der Woche erreichbar,
- die Hilfe ist an den Tagesrhythmus der Familie angepasst. Sie wird auch am Wochenende und in den Abendstunden durchgeführt. Ausschlaggebend ist der Bedarf der Familien,
- der Familienarbeiter wird durch eine Teamleitung beraten, die ebenfalls rund um die Uhr erreichbar ist (BAG-FiM: Organisation und Standards vom 16. September 2009).

Charakteristisch ist weiter die umfassende Verfügbarkeit der Sozialen für die Akuthilfe (ca. 30 bis 40 Stunden in der Woche, erforderlichenfalls bei akuten Krisen bzw. Krisenschüben auch rund um die Uhr). Die Akuthilfe ist von vorneherein in der Regel auf vier, bei Bedarf bis zu sechs Wochen befristet; insoweit stellt sie keine Alternative zur Sozialpädagogischen Familienhilfe dar, sondern allenfalls eine Ergänzung; die anschließende Nachbetreuung durch andere soziale Dienste wird als weniger intensiv beschrieben.

Uhlenorff, Euteneuer und Sabla merken kritisch an, dass sie die Gefahr sehen, „dass Familie hier idealisiert wird". Sie sprechen (mit Hinweis auf Galuske) von einer „Fokussierung auf den Familienerhalt": Der Versuch, die Familie zusammenzuhalten, bei Gewalt- oder Missbrauchfällen den Täter in die Lösungsfindung einzubeziehen, sei „ab einem gewissen Punkt rechtlich nicht haltbar und auch fachlich bedenklich" (Uhlendorff/Euteneuer/Sabla 2013: 196).

Eine Variante ist das Verfahren „Familien im Stadtteil" (FiS); während FiM als Form der Akut-Intervention konzipiert wurde, will FiS „präventiv wirksam werden und frühzeitig die Erziehungskompetenz der Eltern unterstützen" (vgl. Gehrmann/Müller/Säuberling 2008: 32). Überlegungen der Netzwerk- und Freiwilligenarbeit, d.h. die Verknüpfung von ehrenamtlicher nachbarschaftlicher Hilfe mit informellen nachbarschaftlichen Netzen, standen bei der Entwicklung dieses (in Bremerhaven bereits erprobten) Konzepts von Stadtteilarbeit Pate: Durch die Einbindung von Freiwilligen aus dem Stadtteil soll (präventiv wirksam) Unterstützung in lebenspraktischen Dingen (z.B. Hilfe bei Behördengängen) und eine Ansprechsperson für alltägliche Nöte gegeben ein, um schon auf nachbarschaftlicher Ebene feststellen zu können, ob sich Schwierigkeiten abzeichnen, die ggf. auch professionelle Hilfe bei ihrer Bewältigung erforderlich machen (vgl. Gehrmann/Müller/Säuberlich 2008).

7.4 Schlussfolgerungen

Ziehen Sie bitte eine Bilanz dieses Kapitels! Welche Schlussfolgerungen ergeben sich für Sie? (Hinweise zur Einordnung ihrer Bilanzierung finden Sie auf meiner Website.)

7.4.1 Anregungen zur Weiterarbeit

In einem Praxisbericht heißt es:

> „Dieses Erlebnis stellte für mich eine wesentliche Herausforderung dar. Das Jobcenter des Landkreises meldete dem ASD, dass es einer jungen alleinerziehenden Mutter eine Totalsanktion verhängt hatte und ihr damit keinerlei Leistungen mehr zahlte. Da eine Alleinerziehende ohne jegliche finanzielle Mittel Probleme darin haben könnte, die Grundbedürfnisse eines minderjährigen Kindes zu decken, ist an dieser Stelle ein sofortiger Hausbesuch unverzichtbar gewesen. Vor Ort begegnete ich gemeinsam mit dem zuständigen Kollegen einer verschlossenen Haustür, die nicht geöffnet werden wollte. Hinter dieser Tür waren jedoch Stimmen eines Kleinkindes und einer Mutter zu hören. Nach einiger Zeit der Diskussion öffnete die Kindesmutter die Tür und entschuldigte sich bereits im Vorfeld für das, was wir darauf hin zu sehen bekamen. Eine vollkommen unzumutbare und verwahrloste Wohnung, die keine Wege zum Begehen, zum Verweilen oder auch für sonstige Tätigkeiten bot. Ein einprägender Gestank, Kot an den Wänden und Essenreste in jeder Ecke zeichneten die Wohnung. Eine Inobhutnahme im Sinne des § 42 SGB VIII ließ sich trotz allem vermeiden, da etwas später die Eltern der jungen Frau hinzukamen und sich bereit erklärten, ihren Enkelsohn auf unbestimmte Zeit zu sich aufzunehmen. (…) Gemeinsam mit der Kindesmutter wurden verschiedene Auflagen besprochen, die sie zu erfüllen hatte (Regelung der finanziellen Situation, Grundreinigung der Wohnung und Terminwahrnehmung im Jugendamt). Es fand sich eine innerfamiliäre Lösung, mit der die Kindesmutter einverstanden war und die letzten Endes dem Kind zu Gute kam. Durch die Kooperation der Kindesmutter konnte das Einschalten des Familiengerichts vermieden werden. Dieses Erlebnis, das Kind aus der häuslichen Umgebung, wenn auch nicht in Obhut, zu nehmen, nahm ich als einschneidendes Erlebnis für meine Praxiserfahrungen wahr.“

Diskutieren Sie bitte (am besten in einer Gruppe zu dritt), ob und welche Möglichkeiten sich für Formen der Einzelfallarbeit hätten ergeben können, die Mutter bereits im Vorfeld zu unterstützen!

7.4.2 Materialien

Das Buch von Carel B. Germain und Alex Gitterman (Praktische Sozialarbeit. Das „Life Model“ der Sozialen Arbeit. Fortschritte in Theorie und Praxis, 3. Aufl. Stuttgart 1999) schreckt auf den ersten Blick vielleicht durch seinen Umfang (738 Seiten) ab. Bei näherer Betrachtung ist der Band sehr praxisnah gestaltet; die zahlreichen Beispiele aus den Vereinigten Staaten (sog. „Praxisillustrationen“) lassen sich gut reflektieren und auf die Verhältnisse in Deutschland übertragen.

Zur Arbeit mit unmotivierten Adressaten nehmen Gerd Gehrmann und Klaus D. Müller in dem von ihnen herausgegebenen Band (Aktivierende Soziale Arbeit mit nicht-motivierten Klienten, 2. Aufl. Regensburg und Berlin 2007) zunächst grundsätzlich Stellung (Charakteristika einer motivierenden Sozialen Arbeit, S. 93–105) und stellen anschließend eine Reihe von „Hilfen für die Arbeit mit nicht motivierten Klienten“ vor (S. 165–197).

Christian Gilbert und andere stellen in einem Praxisleitfaden die wichtigsten Aspekte des Familienrates vor (Familienrat in der Praxis, Berlin o. J. [ca. 2011]).

Als „Klassiker“ für das Verfahren *Familie im Mittelpunkt/FiM* gilt der von Gerd Gehrmann und Klaus D. Müller herausgegebene Band (Praxis Sozialer Arbeit: Familie im Mittelpunkt. Handbuch effektives Krisenmanagement für Familien, 3. Aufl. Regensburg 2013).

Weitere Informationen finden sich auf der Website der Bundesarbeitsgemeinschaft Familien im Mittelpunkt: www.BAG-FiM.de.

Kapitel 8
Mit Gruppen arbeiten: Soziale Gruppenarbeit

Fallbeispiel

Mia weiß, wie wichtig Karl die Zugehörigkeit zu seiner Online-Community ist; sie weiß aber auch, dass sein Medienverhalten zu intensiv ist. Die Teilnahme an einem online gespielten Rollenspiel über zwei Tage, das hat er oft genug betont, ist für ihn „kein Problem", ob er zur Schule gehen müsste, das ist dann für ihn gleichgültig. Immer wieder berichtet er davon, wie intensiv er einen Raid vorbereitet, sich auf das neue Scenario einstellt und wie genau er selbst Details plant, bevor er im nächsten Wochenende abtaucht.

8.1 Einführung: Gruppen und ihre Dynamik

Zwar kann behauptet werden, dass die Soziale Gruppenarbeit ihre historischen Wurzeln auch in der deutschen Jugendbewegung des späten 19. und frühen 20. Jahrhunderts und in der Reformpädagogik hat (zur Geschichte der Sozialen Gruppenarbeit vgl. z.B. Geißler/Hege 2001: 171–185, Behnisch/Lotz/Maierhof 2013: 17ff., 50–71, Schrapper 2009: 193–200, Schmidt-Grunert 2009: 57–74, Müller, W. 2009: 120–164), gleichwohl hat sich der Ansatz als „social group work" (auch aufgrund der Forschungsergebnisse zur Gruppendynamik etwa durch Kurt Lewin und beeinflusst durch die Wissensbestände aus der Kleingruppenforschung, z.B. zur Struktur und Entwicklung von Positionen und Rollen innerhalb von Gruppen und über den Einfluss des Erziehungsstils auf das Sozialverhalten von Kindern) zunächst in den USA etabliert. Das von John Dewey und anderen formulierte Konzept einer *progressive education* wies der Gruppenentwicklung und -pädagogik eine besondere Bedeutung zu und konnte sich in den 1930er Jahren auch im amerikanischen Social Work (z.B. durch Grace Longwell Coyle 1946) als eigene Methode durchsetzen. Nach dem Zweiten Weltkrieg kam der Gruppenarbeit die Aufgabe zu, als Methode einen aktiven Beitrag zur

Erziehung der deutschen Jugend im Sinne eines angloamerikanischen Freiheits- und Demokratiebegriffs zu leisten und demokratische Normen und Werte durch die Erfahrungen in der Gruppe zu vermitteln. Eigenständige theoretische Abgrenzungen und Begründungen lieferten dafür z.B. Magda Kelber (Zur Begriffsklärung [Gruppenpädagogik], 1959 [weiter Kelber 1977 und 1978]), Herbert Lattke (Sozialpädagogische Gruppenarbeit, 1962), Heinrich Schiller (Gruppenpädagogik, 1966) und Gisela Konopka (Soziale Gruppenarbeit, 1969), ohne dass sich damit ein verbindlicher Begriff oder ein Konzept von Gruppenarbeit verband oder durchsetzen konnte (vgl. dazu eine Übersicht verschiedener Definitionsversuche durch Galuske 2013: 94ff.).

Trotz dieser theoretischen Unschärfe ergaben sich durch die Gruppenpädagogik neue pädagogische Möglichkeiten: Die Spannbreite zwischen einer nicht defizit-orientierten pädagogischen Arbeit mit Gruppen in der Jugendarbeit, der Freizeitpädagogik, der Erwachsenenbildung und der Stadtteilarbeit auf der einen Seite und „einer explizit ‚heilenden', fürsorgerischen Hilfe für benachteiligte, desintegrierte, hilfsbedürftige Individuen, im Rahmen derer die Gruppe zum Ort und Medium der Hilfe und Unterstützung wird, auf der anderen Seite, kennzeichnet bis zum heutigen Tag das Verständnis von Gruppenarbeit" (Galuske 2013: 101).

Als gemeinsames Leitmotiv der Sozialen Gruppenarbeit kann angesehen werden, dass *Anliegen* und auch *Notlagen* nicht nur individualisiert angegangen, sondern in Gruppen kollektiv einer Lösung (Bewältigung) zugeführt werden können. Dabei nutzt sie die Ressourcen der Vielen, die sich in einer Gruppe zusammenfinden und in ihr zusammenarbeiten: „Soziale Gruppenarbeit ist eine Methode der Sozialarbeit, die den Einzelnen hilft, ihre soziale Funktionsfähigkeit durch zweckvolle Gruppenerlebnisse zu steigern und ihren persönlichen, Gruppen- oder gesellschaftlichen Problemen besser gewachsen zu sein" (Schiller 1966: 89). Soziale Arbeit nutzt dabei die Gruppe als „Ort" pädagogischer Inszenierungen, gemeinsame Lernerfahrungen zu ermöglichen, in dem (ggf. problematische) soziale Situationen aufgegriffen, thematisiert und behandelt werden und die Gruppenmitglieder so Anregungen erhalten, diese Situationen künftig (besser) bewältigen zu können. Soziale fungieren hierbei als Motivatoren (die die Gruppenentwicklung durch Anregungen fördern), als Moderatoren (die z.B. unter Gruppenmitgliedern vermitteln, wenn die Selbstorganisation der Gruppen an ihre Grenzen gestoßen ist), als Hilfs-Ich (das sich z.B. als Kontrahent einzelnen Gruppenangehörigen anbietet) und auch als Kontrolleure (wenn z.B. auf die Einhaltung von Vereinbarungen zu bestehen ist).

Definition

Gruppe bezeichnet einen „Zusammenschluss von mindestens drei Menschen, wenn folgenden Merkmale gegeben sind: 1. Eine Zusammengehörigkeit zwischen Gruppenmitgliedern liegt vor, 2. ein gemeinsames Ziel wird verfolgt, 3. eine Differenzierung von sozialen Rollen tritt ein, 4. Normen werden unter den Mitgliedern geteilt und 5. es erfolgt eine Interaktion unter den Mitgliedern untereinander" (Bierhoff/Herner 2002: 92).

Das Merkmal, dass mindestens drei Menschen eine Gruppe bilden, ist keineswegs unbestritten. Robert Northoff z. B. spricht von einer Gruppe, „wenn *mindestens zwei Personen durch Kommunikation für eine gewisse Dauer in Beziehung zueinander treten*" (Northoff 2012: 125, Herv. i. O.). Wichtiger als die Größe sind aber die Leistungen, die eine Gruppe für ihre Mitglieder erbringt. Peter R. Hofstätter (1990) geht in seinen kritischen Betrachtungen der Gruppendynamik vom Vorhandensein einer sozialen Gruppe aus, wenn sich die Lebens- und Erlebenslinien mehrerer Individuen mehr oder weniger fest und dauerhaft miteinander verbinden; wichtig sind dabei die direkte Interaktion zwischen Mitgliedern, die physische Nähe, die Wahrnehmung als Gruppe und die Identifikation mit ihr, die gemeinsamen Ziele, Werte und Normen sowie die Rollen und der Status, die die Gruppe ihren Mitgliedern zuweist.

James Garland, Herbert Jones und Ralph Kolodny sehen fünf Entwicklungsstufen, die zur dauerhaften Verbindung in der Form einer Gruppe führen (vgl. Bernstein/Lowy 1971: 43–102):

1. Voranschluss: Es gibt zunächst ein (vergleichendes) Kennenlernen untereinander, wie man selbst im Verhältnis zu den anderen dasteht und wie das Verhalten der anderen einzuschätzen ist.

2. Machtkampf und Kontrolle: Auf der Grundlage ersten Vertrauens wird um Einfluss in der Gruppe gerungen; Ergebnis dieses Machtkampfes ist sowohl die Herausbildung unterschiedlicher Rollen als auch die Entwicklung einer Ranghierarchie in der Gruppe; Cliquen und Bündnisse bilden sich, Rollenzuweisungen werden angenommen. Gemeinsame *Ziele* werden nun vereinbart; sie und die *Kommunikation* (Interaktion) untereinander verlangen Regeln und *Normen,* die die Beziehungen untereinander klären und so *Strukturen* herausbilden helfen, die der Erreichung der Gruppenziele und einer zweckdienlichen Interaktion untereinander dienen sollen, und deren Einhaltung die Gruppe verlangt.

3. Vertrautheit oder Intimität: Alle Mitglieder der Gruppe kennen ihren Platz in der Gruppe und sind sich bewusst, was sie selbst in der Gruppe leisten und von ihr erwarten können. Das Gefühl der Zugehörigkeit zur Gruppe äußert sich auch gegenüber Außenstehenden in *Identifikation* bzw. Wir-Gefühl. Dieser Gruppenzusammenhalt *(Gruppenkohäsion)* wird v.a. durch freundschaftliche Interaktionen untereinander, die Erreichbarkeit persönlicher Ziele in der Kooperation mit der Gruppe und die Möglichkeiten der Einzelnen übersteigenden gemeinsamen Aktivitäten begünstigt (vgl. Northoff 2012: 126, 132). Diese Phase lässt das Entstehen sowohl *formeller* Gruppen als bewusst geplante und einem bestimmten (Lern-)Zweck dienende Gruppen zu, die durch eine Gruppenleitung (mit-)gestaltet werden, als auch *informeller* Gruppen unabhängig von formellen Gruppen (gelegentlich auch als Teil von diesen), die als unverbindlicherer Zusammenschluss bestehen, ein weniger formelles Ziel verfolgen und ohne Leitung auskommen.

4. Differenzierung: Trotz Zufriedenheit mit der Interaktion in der Gruppe, den Ergebnissen des gemeinsamen Handelns und einem starkem Wir-Gefühl können die ursprünglich geschätzten und geteilten Ziele durch Gruppenmitglieder als erneuerungsbedürftig, überholt oder bereits als negativ bewertet werden; der von Teilen der Gruppe so angestoßene Prozess kann zu Konflikten führen, ein Scheitern der Gruppenarbeit wird möglich.

5. Trennung: Einzelne sind mit der Klärung der Gruppenziele nicht einverstanden oder der Gruppenprozess beginnt sie zu langweilen; sie suchen neue Erfahrungen, die die Mehrheit der Gruppe aber nicht zulässt. Andere Gruppenmitglieder weigern sich, das sich darin abzeichnende Ende der Gruppenarbeit zu akzeptieren und reagieren z.B. durch Rückfall in alte Verhaltensweisen (Regression) oder durch Verweis auf zurückliegende Gruppenerfahrungen (vgl. Schmidt-Grunert 2009: 173ff.; Northoff 2012: 126, Galuske 2013: 99). Die Gruppe löst sich dann auf, Teile finden sich u.U. zu neuen Bedingungen wieder zusammen.

Ein von Richard L. Moreland und John M. Levine (1982) vorgestelltes Modell verfeinert dieses Konzept; Phasen der Gruppenentwicklung sind 1. die Erkundung (Gruppensuche und -findung), die 2. Sozialisation (Zielfindung, Entwicklung von Gruppennormen und -regeln), 3. die Aufrechterhaltung (Rollenentwicklung), 4. die Resozialisierung (Entwicklung des Ein- und Ausschlusses in der Gruppe) und 5. die Erinnerung (Rückblick nach Austritt bzw. Ausschluss; vgl. Stürmer/Siem 2013: 21ff.). Andere Modelle gehen von sechs Phasen aus, z.B. die Gruppenentwicklung nach dem (erweiterten)

Tuckman-Modell (vgl. Stahl 2002: 47, 49ff., Geißler/Hege 2001: 149, von Ameln u.a. 2004: 326–352).

Solche Modelle beschreiben die Gruppenentwicklung *idealtypisch* (d.h., das gesammelte Wissen über Sachverhalte und Prozesse wird möglichst vollständig in die Erklärung eines Prozesses eingeführt, ohne damit der sozialen Wirklichkeit im Einzelfall immer gerecht werden zu können); auch wenn sich solche Gruppenprozesse eher selten in dieser Reinform vollziehen, so stellen sie doch einen Anhaltspunkt dar, sie für soziales Lernen zu nutzen. Vor allem Prozesse der *Orientierung* (unter für einander noch fremden Menschen), der *Identifizierung* mit gemeinsam entwickelten und geteilten Ideen (Binnensolidarisierung) oder als Gruppe nach außen gegenüber anderen Gruppen *(Außensolidarisierung)* bieten Lernchancen in der Gruppenarbeit.

Ähnlich idealtypisch ist die Herausbildung gruppendynamischer *Rollen* einzuschätzen.

Definition

Rolle bezeichnet ein „Bündel von Verhaltenserwartungen, die von Individuen, Gruppen oder einer Gesellschaft an den Inhaber einer sozialen Position gerichtet werden“ (Griese 2010: 242).

Nach Eberhard Stahl beschreiben gruppendynamische Rollen „das Ausmaß, in dem ein Mitglied die in der Gruppe durchsetzbaren Ziele und Werte, Themen, Umgangsformen und Argumentationsweisen prägt“. In Abhängigkeit davon, für welche Themen und Qualitäten sie mit ihrer Art bzw. der von ihnen verkörperten psychologischen Rolle stehen und welcher Stellenwert diesen Themen und Qualitäten angesichts der gegebenen Aufgaben aktuell zukommt, lässt sich sagen, wer welche Position in einer Gruppe hat:

- Den *inoffiziellen Führer* kennzeichnet die „Tatsache, dass die von ihm verkörperten Themen von der Gruppe ‚gewünscht‘ werden und hoch im Kurs stehen“; er personifiziert den Willen der Gruppe und kann daher als ihr Sprecher fungieren.
- Der *Mitläufer* lässt sich im „thematischen Strom“ mit treiben, wirkt v.a. durch seine Zurückhaltung und bringt keine zusätzlichen markanten Themen ein; sein Ziel besteht in der Zugehörigkeit zur Gruppe.
- Der *Außenseiter* repräsentiert randständige Themen und hält sich am thematischen und interaktionalen Rand der Gruppe auf.

- Den *Sündenbock*, der das Gegenstück zum inoffiziellen Führer ist und an den die „Tabuthemen der Gruppe" delegiert werden (z. B. indem er anders als die restliche Gruppe auftritt, Dinge sagt, die sonst niemand sagen will, andere Ziele formuliert, „Prügel einsteckt", wenn etwas misslungen ist); damit und durch seine Ausgrenzung trägt er dazu bei, die innere Sicherheit der Gruppe zu gewährleisten (vgl. Stahl 2002: 317 ff.).

Wie die Entwicklung gruppendynamischer Rollen kann auch die Herausbildung bestimmter *Gruppentypen* als Lernoption begriffen und durch die Gruppenleitung genutzt werden, z. B. Formen gelingender Kooperation erfahrbar zu machen. Idealtypisch lassen sich vier Gruppentypen kennzeichnen:

- Insbesondere die *Gemeinschaft* wird durch ein starkes Zusammengehörigkeitsgefühl gekennzeichnet und gilt als das gesellschaftliche Gruppenideal im Privat- und Sozialbereich (z. B. als Theatergruppe, Sportverein, Betriebsrat, Selbsthilfegruppe und Familie); Zuverlässigkeit und Berechenbarkeit, Wir-Gefühl und Solidarität, gegenseitige Umsorgung und emotionale Wärme stehen im Mittelpunkt, individualistische und exzentrische Verhaltensweisen gelten als Bedrohung, weil sie zu unerwünschter Konkurrenz führen.
- Das *Team* charakterisiert eher einen lockeren Umgang, der „Einzelkämpfern" (die ihre eigenen Interessen betonen) oder „Betonköpfen" (die zu wenig Flexibilität zeigen) wenig Raum lässt. Das Team ist stets bereit, immer neue Aufgaben (unter beachtlichem Einsatz) zu bewältigen; wesentlich ist, dass keine Langeweile aufkommt und es lebendig bleibt. Verlässlichkeit, Prinzipientreue und Pflichtbewusstsein haben hier keinen Wert an sich. Das Team repräsentiert im Bereich der Wirtschaft ein Gruppenideal, d. h. eine hohe Identifikation mit der Gruppe, maximale Flexibilität (in Bezug auf Themen, Prozesse und gemeinsames Handeln) und eine hohe Einsatzbereitschaft *für* die Gruppe;
- Den *Haufen* prägt eine distanzierte wie unverbindliche Umgangsweise der Gruppenmitglieder miteinander; Ziel ist es, ihnen als Interessengemeinschaft auf Zeit Freiheit und individuellen Spielraum zu ermöglichen: „Unabhängigkeit der Einzelnen, Effizienzdenken und Sachorientierung verbinden sich mit Nonkonformismus, Flexibilität und einer Mentalität, die Veränderungsdruck als Herausforderung begreift". Solidarität, Vertrautheit und Emotio-

nalität, Planung und Hierarchie werden als gruppenfremd wahrgenommen.

- Die *Truppe* schließlich zeichnen klare Hierarchien, Orientierung an materiellem Erfolg, Leistungsbereitschaft, ein sachlich-förmlicher Umgangsstil, Korrektheit, Rollenbewusstsein, Prinzipientreue, Pflichtgefühl und Traditionsbewusstsein aus; Emotionen sind hier fehl am Platz. In übersteigerter Form besteht dabei die Tendenz zu zwischenmenschlicher Kälte, Intoleranz gegenüber Neuerungen und ein Klima von Gnadenlosigkeit gegenüber den Schwachen." Eberhard Stahl spricht von einer „Schablone, anhand derer sich in unserer Kultur vor allem männlich dominierte Gruppen in der Arbeitswelt (Militär, Bankenwesen, Verwaltung) zusammenfinden" (Stahl 2002: 256; vgl. ebd.: 254–258).

Gruppenarbeit wird dadurch gekennzeichnet, dass die gemeinsame Arbeit an einem bestimmten Thema (als gemeinsames Lernen) unter Berücksichtigung von Prozessen der Gruppenbildung bzw. der Herausbildung von gruppendynamischen Rollen und Gruppentypen erwarten lässt, „gesetzte Ziele schneller zu erreichen, also den Weg zu effektivieren und zu optimieren" (Schmidt-Grunert 2009: 57). Die Gruppe kann lernen, dass bestimmte Prozesse kooperationsfördernd sind, andere die Zusammenarbeit eher behindern.

Definition

Soziales Lernen bedeutet

„(1) das Erlernen sozialer Verhaltensweisen und sozialer Handlungsfähigkeit. Hier geht es klassisch um den Erwerb akzeptierten Sozialverhaltens und um Fragen der Sozialerziehung, also der Vermittlung von Normen, Werten und Moral. Aktuell wird die Perspektive auf das Erlernen sozialer Kompetenzen fokussiert. (…)

(2) das Lernen in sozialen Situationen, in dem eine Verbindung des fachlich-inhaltlichen Lernens mit dem sozialen Lernen hergestellt wird. In der Verknüpfung der beiden Aspekte wird der Erwerb sozialer Kompetenz Gegenstand von Lernarrangements des ‚Lernens mit anderen Menschen zusammen'" (Rätz-Heinisch 2011: 811).

Menschen in Gruppen können „von einer Gruppe lernen“: Wenn die Gruppe und die Einzelnen an ihren Themen arbeiten, dann „werden soziale oder psychische Realitäten dem handelnden Bewusstsein zugänglich und lassen sich – so die Annahme – bewusst gestalten“; dabei wird die jeweils rückmeldende (Feedback gebende) Person „zum Garanten der Deutung der Wirklichkeit“, es entstehen damit gemeinsam geteilte Konstruktionen der Wirklichkeit. Das Credo lautet: „praktizieren statt predigen“, d. h.: „Je differenzierter, reichhaltiger und attraktiver die Modelle sind – oder sich verhalten – ‚desto besser, größer und differenzierter sind die Lernchancen aller Teilnehmer und Teilnehmerinnen“ (Brosius 2009: 274, 277 f.).

Solche Lernprozesse sind nicht auf die Handlungsfelder Sozialer Arbeit beschränkt, wie z. B. die Gruppenarbeit in betrieblichen Organisationen, der Erwachsenenbildung, im Freizeitbereich, und im zivilgesellschaftlichen Engagement insgesamt zeigen (zur Arbeit mit Gruppen vgl. die Beiträge in Edding/Schattenhofer 2009).

Heinrich Schiller nennt fünf Prinzipien der Gruppenarbeit: 1. Individualisieren, 2. anfangen, wo die Gruppe steht, 3. sich entbehrlich machen, 4. Hilfe durch Programmgestaltung, und 5. erzieherisch richtig Grenzen setzen (vgl. Schiller 1966: 138 f.). Ebenso charakteristisch ist das Hier-und-Jetzt-Prinzip, nachdem Lernen aus der Betroffenheit durch eigene Erfahrungen resultiert. Erst durch unmittelbares Erfahren können „abstrakte Erklärungen sowie Bezüge zu vergangenen oder zukünftigen Alltagssituationen als hilfreich und sinnvoll erfahren werden“ (Geißler/Hege 2001: 153 f.).

Definition

Gruppenpädagogik „ist der umfassende Terminus und bedeutet Erziehung und Bildung von Gruppen, Initiierung von Lernprozessen in Gruppen sowie … die darauf bezügliche Wissenschaft und Theorie der Gruppenerziehung und der Bildungs- und Lernprozesse in Gruppen“ (Pfaffenberger 1993: 432), „bei der Kenntnisse, Meinungen und Verhaltensweisen von Individuen in Kleingruppen zum Gegenstand und gleichzeitig zum Medium sozialpädagogischer Einflußnahme gemacht werden“ (Müller, W. 2013b: 419).

Die Leistungen einer Gruppe bestehen z. B. in der Bewältigung von Aufgaben, deren Umfang und Schwierigkeit die Bearbeitung durch Einzelne kaum zulässt, wobei auf die (soziale) Intelligenz und Kreativität der Vielen abgestellt wird, ist doch damit eine (individuelle wie kollektive) Leistungssteigerung zu erwarten. Ein wichtiges Kriterium für die Beurteilung der Effizienz von Gruppenarbeit resultiert aus dem Vergleich des Gruppenpotenzials (bestimmt als beste Leistung eines Gruppenmitglieds, wenn es individuell eine Aufgabe bewältigen würde) mit der tatsächlichen Gruppenleistung. Möglich ist eine tatsächliche Gruppenleistung unterhalb bzw. oberhalb des Gruppenpotenzials (Prozessverluste bzw. -gewinne):

- *Koordinationsverluste* in einer Gruppe treten ein, wenn es ihr nicht gelingt, die individuellen Beiträge ihrer Mitglieder zur Zielerreichung so zu koordinieren, dass z.B. deren individuelle Stärken und Schwächen bei der Zuweisung von Aufgaben berücksichtigt werden. Prozesse, die zu *Motivationsverlusten* beitragen, sind z.B. *soziales Faulenzen* (wenn die individuellen Beiträge der Gruppenmitglieder zur Zielerreichung nicht identifizier- bzw. bewertbar sind, können sich einzelnen Gruppenmitglieder weniger anstrengen), *soziales Trittbrettfahren* (wenn sich Einzelne stark für das Gruppenziel einsetzen, kann das dazu führen, dass andere weniger Einsatz zeigen, weil das Ziel auch ohne ihre eigene Mitarbeit erreicht werden wird) oder *Trotteleffekte* (wenn Gruppenmitglieder davon überzeugt sind, dass sich andere kaum einsetzen, dann kann sie das veranlassen, sich selbst weniger zu engagieren, um nicht als ausgenutzter „Trottel" zu erscheinen).
- Dagegen können *Motivationsgewinne* dazu führen, dass die tatsächliche Leistung der Gruppe über dem Gruppenpotenzial liegt, z.B. aufgrund von *sozialem Wettbewerb* (wenn die individuellen Leistungen der Gruppenmitglieder wahrnehmbar sind, kann dies zu Wettbewerb darüber führen, wer besser als andere abschneidet, was dazu führt, dass sich alle mehr einsetzen), *sozialer Kompensation* (wenn sich leistungsstärkere Gruppenmitglieder mehr einsetzen, um Leistungsdefizite schwächerer Gruppenmitglieder auszugleichen) oder dem sog. *Köhler-Effekt* (nach dem sich schwächere Mitglieder der Gruppe mehr engagieren, um nicht für eine schlechte Gruppenleistung verantwortlich gemacht zu werden), d.h., es ergeben sich Prozessgewinne (vgl. Stürmer/Siem 2013: 37ff.).

In den 1970er und 1980er Jahren erlebten Trainings sozialer Kompetenz als *angewandte Gruppendynamik* einen starken Aufschwung. Dabei wurde die individuelle und situative Motivation an den Anfang von Lernprozessen und die Entwicklung der Gruppenmitglieder in den Mittelpunkt gestellt (etikettiert z.B. als „Raum geben"). Zugleich wurden (ressourcenorientiert) die Fähigkeiten und Stärken der Gruppenmitglieder („Stärken stärken") und Teamwork bzw. Teamfähigkeit statt Konkurrenz und Durchsetzung auf Kosten anderer betont (vgl. Müller, W. 2013: 419f.; zur Entwicklung gruppendynamischer Trainings vgl. Brosius 2009: 262 ff.). Trainingsgruppen dienen unter Anwendung von Erkenntnissen der Gruppendynamik dem Training sozialer Kompetenz („T-Gruppen-Arbeit").

Definition

Teamfähigkeit: Darunter „werden eine Reihe sozialer Fähigkeiten und Haltungen zusammengefasst, wie Empathie, Menschenkenntnis, Kritikfähigkeit, Selbstdisziplin, Toleranz, Sprachkompetenz, Kommunikationsfähigkeit, emotionale Intelligenz und vieles mehr. Im Bereich der Führungsqualitäten sind es: Verantwortung, Durchsetzungsvermögen, Flexibilität, Konsequenz, Vorbildfunktion, Selbstbewusstsein" (Brosius 2009: 260).

Vorrangige Arbeitsprinzipien von Trainingsgruppen sind:

Selbstreflexion: D. h. die eigene Person, das eigene Verhalten und dessen Wirkung auf andere stehen im Zentrum der Aufmerksamkeit;

Training statt Vermittlung: „Kognitives Wissen über soziales Verhalten allein verändert die Praxis nicht. Erst ein anderes Verhalten führt zu wirklichen Veränderungen im sozialen Miteinander. Deshalb liegt der Schwerpunkt in Trainings auf dem emotionalen Erleben, Erfahren und Erproben" (Brosius 2009: 262).

Experimentelle Haltung: Neue Wege einzuschlagen heißt, alte Verhaltensweisen aufzugeben und sich in neuer, ungewohnter Weise zu verhalten; eine experimentelle Haltung in sozialen Situationen (d. h. der Versuch, neue Verhaltensweisen auszuprobieren) soll dies fördern.

Gruppe als Resonanzraum: Ohne ein oder mehrere Gegenüber ist die Entwicklung (neuer) sozialer Kompetenzen kaum vorstellbar; daher soll das eigene Verhalten von der Gruppe gespiegelt werden.

Das Hier-und-Jetzt-Prinzip: „Die Arbeit in der Gruppe bezieht sich auf das aktuell Wahrnehmbare, Sichtbare, gemeinsam Erlebte. Informationen aus der Vergangenheit, über den eigenen Status, Herkunft, Ausbildungen oder Beziehungen sind unwichtig. Statt um Absichten geht es um Wirkungen, statt um Übertragungsbeziehungen um die Realebene" (ebd.: 266 f.).

Prozessanalyse und Metakommunikation: D.h. eine Trainingsgruppe stellt ein reflexives System dar, das den eigenen Entwicklungs- und den Gruppenprozess untersucht (z.B. Stimmungs- und Meinungsunterschiede zwischen den Mitgliedern und ihre Bedeutung für die Situation in der Gruppe) und daraus Schlussfolgerungen über die Funktionsweise von Gruppen allgemein und der Trainingsgruppe konkret ableitet; Kernfragen bei der Analyse des Gruppenprozesses sind z.B.: „Was ist hier gerade los? Wie ist es zu dieser Situation, zu diesem Ergebnis beziehungsweise zu diesem Konflikt gekommen?" „Wie fühle ich mich in dieser Gruppe?" (ebd.: 267; vgl. insg. dort: 262–267).

Feedback als Artikulation von Wahrnehmungen zum Verhalten und Erleben (vgl. Geißler/Hege 2001: 156, 165f. [LE 3.3.3]).

Thematische Offenheit: D.h. die Leitung der Trainingsgruppe gibt kein Thema vor; sie fordert von der Gruppe (und fördert sie dabei z.B. durch Ermunterung), dass es ihre Aufgabe sei, ihr Thema zu finden, selbst am Thema zu arbeiten und ihren eigenen Prozess selbst zu erforschen.

Beispiele sind:

Encounter: Das Verfahren stellt „das affektive Erleben und den Austausch von stark emotionalen Momenten menschlicher Interaktion wie z.B. Freude, Aggression, Begegnung, Echtheit, Liebe, Angst u.a.m. als Inhalte in den Mittelpunkt. Die Lernziele sind weitgehend auf intrapsychische Erlebnisse und Veränderungsprozesse ausgerichtet, im Sinne der Vertiefung individueller Erlebnismöglichkeiten." Es handelt sich dabei um „ritualisierte (häufig nonverbale) Übungen, die sehr stark das körperliche Ausdrucksverhalten ansprechen". In Marathon-Gruppen (die 18 bis 32 Stunden ohne Unterbrechung dauern können) „wird der Effekt psychischer Ermüdung und ununterbrochener räumlicher Nähe zum beschleunigten Abbau von Abwehrhaltungen genutzt, um elementaren Gefühlen zur Entfaltung zu verhelfen" (Geißler/Hege 2001: 159f.).

Sensitivity-Training: Mit Sensitivity wird die Fähigkeit bezeichnet, Kommunikationssignale und -inhalte situations- und personadäquat wahrzunehmen und zu beantworten (und dies zu reflektieren); im Prozess der Reflexion geht es z.B. um die Verbesserung der Kontakt- und Durchsetzungsfähigkeit (Welche sind meine effektiven, welche meine ineffektiven Methoden der Konfliktvermeidung und -bewältigung? Was kann ich zur Verbesserung tun?). Die Inhalte einer Sensitivity-Trainingsgruppe werden durch die Erfahrung der Beziehungsqualität zwischen den Personen in kleinen Gruppen (ca. sieben bis zwölf Personen, ein bis zwei Trainer) bestimmt, die in einem engen wechselseitigen Beziehungsverhältnis stehen, das durch die Unterstützung der Trainer immer wieder gezielt in seiner qualitativen Entwicklung intensiv thematisiert und interpretiert wird (das Training dauert in der Regel bis zu einer Woche). Es entsteht so ein intensiver Prozess der Kommunikation über (gelingende, misslingende, dysfunktionale) Kommunikation und Kommunikationsstile, wobei insbesondere Feedback das zentrale Verfahren darstellt (vgl. ebd.: 158 f.).

Soziale Trainings: Als Soziale Trainingskurse werden in der Regel ambulante Angebote für straffällig gewordene Menschen (insb. junge Menschen bis zu 21 Jahren) verstanden, die auf eine mittlere Dauer von drei bis sechs Monate ausgelegt sind. Sie verfolgen das Ziel, (neben einer aktiven Auseinandersetzung mit der Straftat, d. h., die Hintergründe und Ursachen des eigenen straffälliges Verhalten zu klären und die Opferperspektive einnehmen zu können), neue Muster gewaltfreier Problemlösung zu entwickeln (z. B. neue Konfliktlösungsstrategien kennenzulernen), sich in der Gruppe als kooperations- und gruppenfähig zu erweisen (wozu neue Kooperationsformen erarbeitet und erprobt werden), durch die Entfaltung von Initiative, Kommunikation, Selbststeuerung und Selbstverantwortung Verhaltensänderungen anzuregen (d. h. Reflexion des eigenen – auch geschlechtsspezifischen – Verhaltens, Förderung der Selbst- und Fremdwahrnehmung, eigene Stärken erkennen und entwickeln zu können) und eine eigene Lebensperspektive zu bestimmen (Auseinandersetzung mit der aktuellen Lebenssituation, Bestimmung neuer Ziele), so weitere Delinquenz zu verhindern.

Soziale Trainings bestehen sowohl aus Elementen der Beratung bzw. Einzelfallarbeit (v. a. der individuellen Lebensberatung und zur Entwicklung einer persönlichen Perspektive und insb. in Form von Einzelgesprächen mit Eltern, Sozialen aus der Bewährungshilfe und der Kinder- und Jugendhilfe, ggf. Lehrerinnen und Arbeitgebern) und der Sozialen Gruppenarbeit, in deren Rahmen verschiedene Verfahren und Instrumente (z. B. Rollenspiele, erlebnispädagogische Einheiten) zum Einsatz kommen. Tages- und Wochenendaktivitäten werden in der Gruppe geplant, vorbereitet und durchgeführt.

Beispiel: Soziale Trainingskurse (Soziales Lernen mit und durch die Gruppe)

Gerichtlich angeordnetes Gruppentraining für straffällig gewordene Jugendliche und junge Heranwachsende

Ziele:

- Verbesserung des Freizeitangebotes zur Veränderung des Freizeitverhaltens
- Leben mit und in Konflikten
- Verbesserung des Selbstwertgefühls und der Motivationslage
- Erlangung von Selbständigkeit und eigenverantwortlicher Entscheidungsfindung
- Erhöhung der Toleranzfähigkeit

Angebote:

- Gemeinsame Organisation erlebnisorientierter Aktivitäten
- Handlungs- und erlebnispädagogisch orientierte Gruppenarbeit
- Hilfe bei durch Straftaten entstandenen Konfliktlagen
- Krisenintervention bei aktuellen Anlässen
- Themenorientierte Gruppenarbeit

Zielgruppe: Straffällig gewordene Jugendliche und junge Heranwachsende

Zugangsvoraussetzungen:

- richterliche Entscheidungen (Urteil) oder auf Veranlassung der Staatsanwaltschaft
- Bereitschaft zur Veränderung der Lebenssituation der/des Betroffenen

Rückenwind e.V., Familienzentrum „Malzmühle“ (Am Malzmühlenfeld 43, 39218 Schönebeck)

Kritisch wird allerdings gesehen, dass ein Transfer aus dem gruppendynamischen Training heraus in den Alltag als nur schwer möglich betrachtet bzw. ganz bezweifelt wird (vgl. z.B. Brosius 2009: 269f.).

8.2 Soziale Gruppenarbeit

8.2.1 Anforderungen an die Gruppenleitung

Während im Encounter- und Sensitivity-Training die Rolle des Gruppenleiters stark zurückgenommen ist, lässt sich generell sagen, dass ihm in der Sozialen Gruppenarbeit eine wichtige (den Gruppenprozess, Lernphasen bzw. die Bearbeitung eines Themas strukturierende) Funktion zukommt. Nach Gisela Konopka (1971: 77) muss er

> „die Gruppenbildung verstehen. (...) Er muß über die Stellungen der Mitglieder als Isolierte, Führer oder Mitglieder von Untergruppen Bescheid wissen, denn die Rolle eines jeden Mitglieds hängt ab von den Erwartungen der Gruppe, ihren Wertmaßstäben und ihren Normen. Er muß die Bindung als lebenswichtig für jede Gruppe erkennen und wissen, daß der Grad der Bindung in innerer Beziehung steht zum Gruppenleben und zum Gruppenziel. Und er muß wissen, daß eine spezifische Funktion der Gruppe darin besteht, Konflikte zu lösen und Entscheidungen zu treffen, was wiederum einen starken Einfluß auf die individuelle Entwicklung ausübt."

Am Beispiel des von Tuckman entwickelten Modells lassen sich die Interventionsansätze der Gruppenleiterin wie folgt bestimmen:

Forming (Gründungsphase, d.h. Entwicklung eines ersten gemeinsamen Nenners und einer Grundlage für die weitere Gruppenarbeit): Sie muss die „Konventionsstruktur" (d.h. die Art und Weise, wie die sich noch fremden Gruppenmitglieder künftig miteinander umgehen wollen) entwickeln helfen und dabei unterstützen, langsam vorangehend die offiziellen Ziele (als Grundlage, über die wirklichen Ziele in der Streitphase zu sprechen) bestimmen.

Storming (Streitphase, d.h. Aushandlung der unterschiedlichen Erwartungen und Ziele): In dieser Phase muss sich die Gruppe selbst organisieren. Die Gruppenleiterin hat (wie in allen anderen Phasen, dieser aber besonders) die Funktion eines Katalysators: Ohne auf die Inhalte der Gruppe Einfluss zu nehmen bringt sie den notwendigen Prozess voran; sie fungiert in dieser Phase als „Klärungshelfer", indem sie z.B. ihre Moderation (d.h. Themen formulieren, Ideen sammeln und strukturieren, Ergebnisse zusammenfassen, Verhandlungsführung) anbietet, unterschiedliche Diskussionsfäden zusammenführt, sich aber Wertungen und Stellungnahmen enthält.

Norming (Vertragsphase, d.h. Klärung tragfähiger Regelungen für die Zusammenarbeit): Auch hier nimmt die Gruppenleiterin v.a. die Rolle einer Moderatorin wahr, die die Gruppe dabei unterstützt, Gruppenregeln zu vereinbaren und für bestehende Zielkonflikte eine angemessene Übereinkunft zu entwickeln.

Performing (Arbeitsphase): Wenn die Gruppe sich eine angemessene Struktur gegeben hat und weiß, wie zusammengearbeitet werden kann; kommt der Gruppenleiterin eine weitgehend passive Rolle zu, die sich auf die Teilnahme an der Gruppe, ggf. auch als Fachfrau zu inhaltlichen Fragen, beschränkt.

Re-Forming (Bilanzphase, d.h. Bewältigung von sich neu entwickelnden unterschiedlichen Interessenlagen): In dieser kritischen Phase ist die Gruppenleiterin gefordert, den Austausch unter den Gruppenmitgliedern trotz aller Differenzen sicherzustellen, also Gespräche zu initiieren, zu organisieren, einen offenen Austausch zu ermöglichen, Konfliktgespräche zu moderieren und Ergebnisse zusammenzuführen (zu bilanzieren, Unterschiede kenntlich zu machen (vgl. Stahl 2002: 47, 88ff., 117ff., 144ff., 166f., 189–208).

Diese Handlungsaufforderungen im Gruppenprozess markieren erneut idealtypische Prozesselemente, die nicht in jedem Fall so gegeben sein müssen. Genauso wenig gilt dies für die Art und Weise, wie eine Gruppenleiterin eine Gruppe führt; auch hier lassen sich idealtypisch verschiedene Stile herausarbeiten:

- im *autoritären Stil* übt sie strikte Kontrolle, gibt Anordnungen, setzt Ziele und überwacht die Durchführung der Arbeit;
- im *Laissez-faire-Stil* führt sie die Gruppe nachgiebig und passiv, ohne weiter einzugreifen oder den Gruppenprozess zu strukturieren;
- im *demokratischer* bzw. *kollegialen Stil* behält sie zwar die Führung, unterstützt die Gruppe aber mit Anregungen und praktischen Hilfen, Aufgaben oder Schwierigkeiten weitgehend eigenständig zu bewältigen; und
- als *Führung durch die Gruppe* wird Führung nicht mehr als ihre Aufgabe wahrgenommen, sondern als eine Funktion der Gruppe selbst (vgl. Antons 1996: 92ff.).

Solche Rollen, Gruppenprozesse und Leitungsstile stellen (empirisch abgeleitete) Abstraktionen dar, die in der Praxis in dieser Reinform nur selten so vorkommen; vielmehr ist auch hier davon auszugehen, dass eine Kombination bzw. anlassgerechte Integration der Art und Weise notwendig ist, eine Gruppe durch die Passagen ihrer Entwicklung zu leiten.

8.2.2 Soziale Gruppenarbeit in der Kinder- und Jugendhilfe

Soziale Gruppenarbeit wird im Kinder- und Jugendhilfegesetz nur an wenigen Stellen angedeutet: Sie wird in den (gemäß §§ 27–35 und 41 SGB VIII) näher bestimmten *Hilfen zur Erziehung* als Verfahren ausdrücklich genannt und mit der Gruppenpädagogik verknüpft (vgl. Pluto/von Santen 2014; auch Geißler 2014); in der Familienbildung (§ 16 SGB VIII) spielt Soziale Gruppenarbeit nur eine untergeordnete Rolle.

Hintergrund: Soziale Gruppenarbeit (§ 29 SGB VIII)

Die Teilnahme an sozialer Gruppenarbeit soll älteren Kindern und Jugendlichen bei der Überwindung von Entwicklungsschwierigkeiten und Verhaltensproblemen helfen. Soziale Gruppenarbeit soll auf der Grundlage eines gruppenpädagogischen Konzepts die Entwicklung älterer Kinder und Jugendlicher durch soziales Lernen in der Gruppe fördern.

Vor allem in der Kinder- und Jugendarbeit bzw. Jugendverbandsarbeit (§§ 11, 12 SGB VIII), der Jugendsozialarbeit (§ 13 SGB VIII) spielt die (Soziale) Gruppenarbeit ein herausgehobene Rolle:

Charakteristisch für die *Kinder- und Jugendarbeit* sind die Freiwilligkeit der Teilnahme, die starke Orientierung an den (Freizeit-)Interessen junger Menschen, die sich in Mitwirkung, Mitgestaltung und Mitverantwortung (d. h. Partizipation) äußert, und die offene thematische Struktur, zu der z. B. kreative und selbstbestimmte Angebote der Jugendkulturarbeit als Sozialer Gruppenarbeit (u. a. in Form aktiver Medienarbeit) gehören.

Jugendliche verbinden mit ihrer Mediennutzung zunächst v. a. Erleben und Gemeinschaft, z. B. durch Zugehörigkeit zu einem sozialen Netzwerk (Facebook, Xing, What's up u. a.). Aktive (gruppenbezogene) Medienarbeit mit ihnen (gemäß § 11 Abs. 3 SGB VIII) besteht darin, dass „in sozialen Lernprozessen Erfahrungen und Erkenntnisse über die thematisierten Inhalte, die verwendeten Medien, die Prinzipien und Wirkungen ästhetischer Gestaltungsmittel, über das eigene Handeln und die (öffentliche) Wirkung dieser Aspekte“ (personale Medienkompetenz) vermittelt werden, was sie über die Entwicklung eigener kreativer Fähigkeiten auch zur sozialen Kommunikation durch Medien bewegen und befähigen soll, sich aktiv in (die eigene und soziale) Lebensgestaltung einzumischen (vgl. Hoffmann 2012: 133 f.; vgl. auch Hoffmann 2010). Praktische Felder solcher Medienarbeit sind z. B. die Arbeit mit digitaler Fotografie, Audio-Podcast (Radio aus dem Jugendhaus) oder die Herstellung von (Musik-)Videos, die jeweils in Teamarbeit mit Rollendifferenzierung in der Gruppe (d. h. der Verteilung spezifischer Aufgaben an einzelne Gruppenmitglieder) als auf die Gruppe bezogenes Projekt geplant und produziert werden. Gruppenspezifische Prozessgewinne bzw. -verluste bilden sich in aller Regel in den Produkten ab.

Fallbeispiel

Mia möchte die Fertigkeiten, die Karl im Gespräch immer wieder andeutet, nutzen und einen Schritt weitergehen: Er könnte sich in die Medienarbeit des Jugendhauses einbringen; seine guten Kenntnisse im Umgang mit Onlinespielen könnte er dort den anderen zur Verfügung stellen. Womöglich ergeben sich dort auch neue Kontakte für ihn, denn er macht auf sie doch den Eindruck, kaum Freunde zu haben (selbst Gerri, den er seinen Freund nennt, hat nur selten mit ihm zu tun). Zugleich besteht für die Jugendarbeiterin die Möglichkeit, mit ihm über seinen intensiven Medienkonsum ins Gespräch zu kommen.

Hintergrund: Jugendarbeit (§ 11 SGB VIII)

(1) Jungen Menschen sind die zur Förderung ihrer Entwicklung erforderlichen Angebote der Jugendarbeit zur Verfügung zu stellen. Sie sollen an den Interessen junger Menschen anknüpfen und von ihnen mitbestimmt und mitgestaltet werden, sie zur Selbstbestimmung befähigen und zu gesellschaftlicher Mitverantwortung und zu sozialem Engagement anregen und hinführen.

(2) Jugendarbeit wird angeboten von Verbänden, Gruppen und Initiativen der Jugend, von anderen Trägern der Jugendarbeit und den Trägern der öffentlichen Jugendhilfe. Sie umfasst für Mitglieder bestimmte Angebote, die offene Jugendarbeit und gemeinwesenorientierte Angebote.

(3) Zu den Schwerpunkten der Jugendarbeit gehören: 1. außerschulische Jugendbildung mit allgemeiner, politischer, sozialer, gesundheitlicher, kultureller, naturkundlicher und technischer Bildung, 2. Jugendarbeit in Sport, Spiel und Geselligkeit, 3. ar-

beitswelt-, schul- und familienbezogene Jugendarbeit, 4. internationale Jugendarbeit, 5. Kinder- und Jugenderholung, 6. Jugendberatung.

(4) Angebote der Jugendarbeit können auch Personen, die das 27. Lebensjahr vollendet haben, in angemessenem Umfang einbeziehen.

Als *Jugendsozialarbeit* werden die Maßnahmen und Angebote der Kinder- und Jugendhilfe verstanden, die sich vorrangig an sogenannte sozial bzw. individuell benachteiligte oder beeinträchtigte Jugendliche und junge Erwachsene richten und der beruflich wie sozialen Integration dienen, z.B. die Arbeit mit jungen Migranten, geschlechtsspezifische Sozialarbeit (v.a. Mädchensozialarbeit), Schulsozialarbeit oder die Jugendberufshilfe. Unter „sozialer Benachteiligung" werden dabei solche gesellschaftlichen Faktoren und Bedingungen verstanden, die die Chancen auf gleichberechtigte Teilhabe an der Gesellschaft beschränken, z.B. Armut, fehlender, schlechter oder unzureichender Schulabschluss, Schwierigkeiten im Übergang von Schule in Ausbildung und Berufstätigkeit, Lernbehinderung, eine frühere Drogenabhängigkeit (vgl. Galuske 2004: 235). Die Angebote der Jugendsozialarbeit richten sich daher v.a. an Jugendliche, die im Übergang von der Schule in Ausbildung und Beruf besondere Unterstützung, Beratung und Förderung benötigen. Formen sind neben Beratung (z.B. Lebens- und Berufswegeberatung) auch die praktische (Arbeits-)Erprobung in einer Jugendwerkstatt, deren Tätigkeit in aller Regel auf zentrale Ansätze der Sozialen Gruppenarbeit zurückgreift (Arbeit in der Gruppe/Teamwork, Beteiligung der Jugendlichen an den Planungen der Werkstatt, praktisches Lernen im Rahmen theoretischer Einheiten, Einbindung erlebnisorientierter Elemente, z.B. in der gemeinsamen Freizeitgestaltung). Auch hier wird an den für die Soziale Arbeit prägenden Grundüberlegungen angeschlossen, z.B. Ressourcenorientierung und Empowerment (Ansetzen an den Stärken statt Fokussierung der Defizite), Unterstützung der sozialen Netzwerke junger Menschen oder Verortung in deren Lebenswelt sowie Netzwerkarbeit (z.B. die Vernetzung mit anderen Einrichtungen, etwa einer Suchtberatungsstelle, oder die Kooperation mit Dritten, etwa dem örtlichen Jobcenter).

Immer mehr werden dabei die Formen Sozialer Gruppenarbeit mit Beratung und Einzelfallarbeit (z.B. bei besonderen Anlässen, etwa Verschuldung) zu neuen Verfahren verbunden *(ganzheitliche Hilfe);* Ähnliches gilt z.B. für Formen einer lebensweltorientierten Schulsozialarbeit, in der Soziale Gruppenarbeit mit beraterischen Verfahren, Einzelfall- und Gemeinwesenarbeit verknüpft ist (vgl. Bolay 2004).

Fallbeispiel

Wenn also Karl keinen Zugang zu einem Besuch der Regelschule mehr findet, dann könnte – so der Vorschlag von Frau Rang, der in der Jugendberufshilfesstelle tätigen Sozialen – im Rahmen einer Jugendwerkstatt der Versuch gemacht werden, dort die Schulpflicht zu erfüllen; beratende Angebote und eine Zusammenarbeit (Vernetzung) mit dem Jugendhaus (das er besucht) und der dort tätigen Jugendarbeiterin (der er sein Vertrauen schenkt) würden sich anbieten. Frau Rang schlägt Karl auch ein „Intensives Einzelfallcoaching" vor, das durch einen ihrer Kollegen erfolgen und Karl bei allen weiteren Schritten (z.B. Gesprächen mit der Schule, der Startphase in der Jugendwerkstatt) begleiten würde.

Andere Beispiele finden sich insbesondere in der (politischen) Jugendbildung (vgl. die Aufsätze in Coelen/Gusinde 2011; zur politisch inspirierten Gruppenarbeit vgl. schon Karas/Hinte 1980); weitere Anwendungsfelder sind z.B. geschlechtsspezifische Gruppentrainings (vgl. Backhaus/Hampel 2010).

8.3 Verfahren in der Sozialen Gruppenarbeit

8.3.1 Themenzentrierte Interaktion

Bei der Themenzentrierten Interaktion (TZI) handelt es sich um ein maßgeblich von Ruth Cohn in den 1960er und 1970er Jahren entwickeltes Verfahren der Sozialen Gruppenarbeit, das im Unterschied etwa zum Sensitivity-Training oder einer Encounter-Gruppe nicht die Selbsterfahrung, sondern die *Themenzentrierung*, d.h., die Teamarbeit, das kollektive Arbeiten und das lebendige Lernen am Thema der Gruppe ins Zentrum rückt (vgl. insg. Langmaack 2009, Northoff 2012: 136f., Behnisch/Lotz/Meierhof 2013: 155–205). Die Themenwahl und -bearbeitung soll allen Teilnehmerinnen einen persönlichen Bezug zum Hier und Jetzt erlauben. Der Gruppenleitung fällt dabei die Rolle zu, durch ihr Handeln als Modell zu fungieren, wie eine Atmosphäre gefördert werden kann, frei von Ängsten und (falschen) Rücksichtnahmen an einem Thema zu arbeiten. Ihre Aufgabe ist die Themensetzung bzw. -formulierung und -einführung. Sie ist selbst Teilnehmerin und soll sich durch ein Nicht-Leiten und Nicht-Dozieren auszeichnen (vgl. Schmidt-Grunert 2009: 211f., Hedtke-Becker 210: 186f.).

Kennzeichnend für Themenzentrierte Interaktion sind zunächst die Grundannahmen, sog. *Axiome*, d.h. unbewiesene Annahmen, die den Kern (die Substanz) und das Menschenbild formulieren:

1. „Der Mensch ist eine psycho-biologische Einheit. Er ist auch Teil des Universums. Er ist darum autonom und interdependent. Autonomie (Eigenständigkeit) wächst mit dem Bewußtsein der Interdependenz (Allverbundenheit). Menschliche Erfahrung, Verhalten und Kommunikation unterliegen interaktionellen und universellen Gesetzen. Geschehnisse sind keine isolierten Begebenheiten, sondern bedingen einander in Vergangenheit, Gegenwart und Zukunft."
2. „Ehrfurcht gebührt allem Lebendigen und seinem Wachstum. Respekt vor dem Wachstum bedingt bewertende Entscheidungen. Das Humane ist wertvoll; Inhumanes ist wertbedrohend. Freie Entscheidung geschieht innerhalb bedingender innerer und äußerer Grenzen. Erweiterung dieser Grenzen ist möglich. (…) *Bewußtsein unserer universellen Interdependenz ist die Grundlage humaner Verantwortung*" (Cohn 1983a: 120f., Herv. i. O.).

Zwei *Postulate* stellen die mit den Axiomen verbundenen ethischen Grundeinstellungen der TZI dar:

1. „Sei dein eigener Chairman und bestimme, wann du reden willst." Damit wird eine Einladung ausgesprochen, zunächst einen Zugang zur eigenen inneren Welt zu finden: „die körperlichen Empfindungen, die wechselnden Gefühle und die tief verankerten Grundstimmungen, die Wahrnehmung im Gruppengeschehen, die gedanklichen Eingebungen, Phantasien, Intuitionen, Urteile, Wertungen, Absichten" (Cohn 1983a: 121). Damit sei die gelassene Anerkennung dieser gegebenen inneren Welt möglich. In der TZI-Gruppe geht es darum, „die eigene Wahrnehmung auch auf andere Gruppenmitglieder zu richten, diese in ihrer psycho-physischen Individualität ebenso zu respektieren wie in ihrer Selbstverantwortlichkeit"; damit werden alle Mitglieder der Gruppe für die erfolgreiche Arbeit der Gruppe mitverantwortlich, nicht allein die Gruppenleitung (vgl. Schmidt-Grunert 2009: 214).
2. „Störungen haben Vorrang": Störungen in der Gruppenarbeit (z.B. Frustrationen über das Auftreten anderer, ihre Art zu sprechen und ein Thema zu behandeln löst Gefühle des Widerstands aus) sind Teil der Gruppenarbeit; sie sollen in der Gruppe geäußert werden, denn das Thema könnte auch andere Gruppenmit-

glieder interessieren, die Gruppe könnte insgesamt daran lernen (vgl. Cohn 1983a: 122f.). In diesem Sinne formuliert Cohn als Hilfsregel ergänzend: „Seitengespräche haben Vorrang. Sie stören und sind meist wichtig. Sie würden nicht geschehen, wenn sie nicht wichtig wären (Vielleicht wollt ihr uns erzählen, was ihr miteinander sprecht?)" (ebd.: 126); auch hier geht es darum, zu versuchen, die Gruppe am Gespräch zu beteiligen.

TZI charakterisiert schließlich die Annahme, dass vier Wirkfaktoren (Ich, Wir, Thema/Es und Globe) die Lern- und Arbeitsprozesse in Gruppen bestimmen und dabei ein System (das TZI-Dreieck) bilden (vgl. Cohn 1983c: 113ff.), das in ein Gleichgewicht (Balance) geführt und gehalten werden muss.

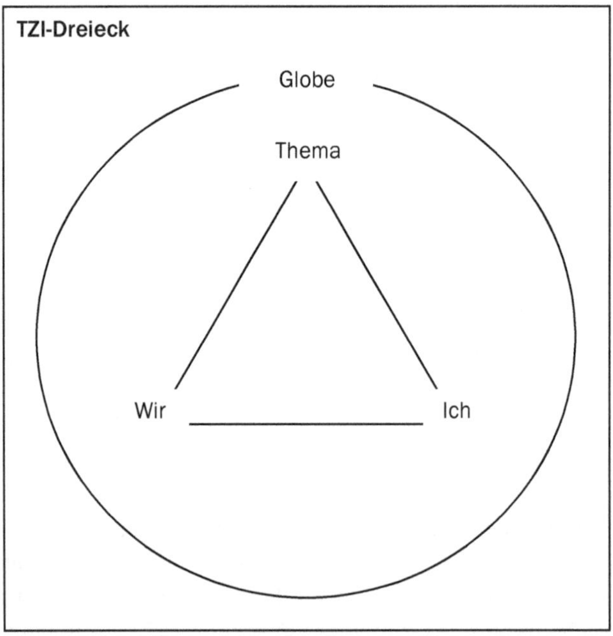

ICH steht für die einzelnen am Gruppenprozess Beteiligten und wird durch die Aufforderung zum „Ich"-Sagen gekennzeichnet: „im ‚Ich'-Sagen sprechen wir ausdrücklich von uns selbst als ganzem Individuum und alle Selbstaussagen kommen nur dem Sprecher als seine ureigensten Gefühle und Wünsche, Absichten und Gründe zu". *WIR* steht für die Beziehungen zwischen den Gruppenmitgliedern und entsteht durch die gemeinsame Beschäftigung z. B. mit Themen, Inhalten oder Aufgaben *(ES);* durch diese gemeinsame Beschäftigung entstehen Beziehungsdynamiken, gelingende und auch misslingende Kommunikationsprozesse. *ES* betont die Bedeutung des Inhaltlichen und kann jeden Sachverhalt aus Natur, Umwelt oder Gesellschaft umfassen; es kann „mehr oder weniger vorgegeben sein (Unterricht), gemeinsam gesucht werden (Beratung), innerhalb eines Spielraums ausgestaltet (Strategie-Entwicklung) oder durch Kommunikation ‚hergestellt' werden". *GLOBE* lenkt den Blick auf einwirkende bzw. zu beeinflussende Kontexte und meint z. B. das unmittelbare Umfeld einer Arbeitsgruppe, den institutionellen Rahmen, in dem Interaktionen stattfinden, aber auch den aktuellen sozialen, politischen und ökonomischen Hintergrund (vgl. Behnisch/Lotz/Maierhof 2013: 91 ff., zit ebd.; vgl. auch Galuske 2013: 264 ff.).

Mit der *Gleichgewichtsannahme* wird verlangt, dass der autonome Mensch (ICH), die Interaktion mit anderen in der Gruppe (WIR), das Thema, die Aufgabe bzw. die Zielstellung der Gruppe (ES) und die Umwelt (das Universum) der Gruppe im TZI-Dreieck in dynamischer Balance gesehen werden (Cohn 1983c: 113 ff.). Aufgabe des Gruppenleiters ist es, „die dynamische Balance von Ich, Wir und Es anzustreben" (ebd.: 117) und bei Störungen durch geeignete Interventionen wiederherzustellen (wobei diese Balance als Idealzustand zu sehen ist und damit der Orientierung dient); Aufgabe des Gruppenleiters ist es auch, nach einigem Training der („erfahrenen") Gruppe die Leitung selbst zu überlassen (vgl ebd.: 115).

Beispiel: Merkmale des adäquat formulierten Themas:

- „kurz und klar formuliert"
- „nicht abgedroschen und langweilt deshalb auch nicht"
- „auf Sprache und Wissensanforderungen auf die Teilnehmenden zugeschnitten"
- „so gefaßt, daß es niemanden ausschließt und niemandes Gefühle verletzt"
- „eng (konkret) gefasst"
- „nicht so weit (abstrakt) gefaßt, daß es alles zulassen und nichts fokussieren würde"
- „hat auch gefühlsmäßigen Aufforderungscharakter"
- „eröffnet und begünstigt neue Horizonte und Lösungswege"
- „nicht so einseitig formuliert, als daß es andere Möglichkeiten ausschlösse und dadurch manipulativ wäre"
- „verstößt nicht gegen die Wertaxiome der Menschenrechte und die Wertaxiome der TZI"
- „begünstigt den Prozeß der Gruppe, insofern es, sowohl logisch als auch psychologisch, in die Sequenz der zu bearbeitenden Themen passt"

- „beachtet die verbale Ausdrucksfähigkeit und die Sprachgewohnheiten der Gruppenteilnehmenden“ (Galuske 2013: 270 f., nach Cohn und Matzdorf 1992).

Da die Erfahrungen der Gruppenarbeit freilich zeigen, dass die Teamarbeit und die Bearbeitung eines Sachthemas durch aktuelle Schwierigkeiten in der Beziehung zwischen einzelnen Gruppenmitgliedern gehemmt, erschwert oder ausgeschlossen werden können, förderte Cohn den Gruppenprozess durch einige (für alle Gruppenangehörigen verbindliche) *Hilfsregeln,* die die Postulate ergänzen, z. B.: „Sprich nicht per ‚man‘ oder per ‚wir‘, sondern per ‚ich‘“, „Sei authentisch und selektiv in deinen Kommunikationen. Mache dir bewußt, was du denkst und fühlst, und wähle, was du sagt und tust“, „Unterbrich das Gespräch, wenn du nicht wirklich teilnehmen kannst“, „Sei zurückhaltend mit Verallgemeinerungen“, „Beachte Signale aus deiner Körpersphäre und beachte Signale dieser Art bei den anderen Teilnehmern“ (Cohn 1983a: 124 ff., Cohn 1983c: 115 f.).

Kritisch wird gegen die Themenzentrierte Interaktion v. a. zweierlei eingewendet: Karlheinz Geißler und Marianne Hege (2001: 163) sehen in der TZI ein Verfahren, das weitgehend entpolitisiert durch eine Konzentration auf das Individuum die Bedeutung gesellschaftlicher Prozesse vernachlässige, also unpolitisch sei. Marianne Schmidt-Grunert (2009: 221) führt noch Stärkeres ins Feld: Die Postulate machten die Gruppenentwicklung von der Bedürfnislage Einzelner abhängig, da sich die Gruppe aufgrund von Störungen, die die Einzelne empfinde, vorrangig und umgehend als Gruppe mit dieser Störung zu befassen habe („Störungen haben Vorrang“); dies empfindet sie als ein Plädoyer für die geistig-inhaltsleere Anerkennung eines Subjekts mit der Konsequenz, dass die Bearbeitung eines Themas „nur mehr als Ausnahmebeschäftigung“ stattfindet.

Diese Argumentation vernachlässigt allerdings die Kompetenz des Einzelnen zu einer verantwortungsvollen Handhabung der TZI-Postulate und der damit gegebenen Chance, dass die Einzelne im TZI-Prozess lernen kann, sich als „Ich“ zu Gunsten des „Wir“ auch erfolgreich zurückzunehmen. Insofern ist TZI damit zugleich auch sehr politisch, weil der Kontext einer TZI-Gruppe zum Lernort kooperativen und solidarischen Handelns in einer Gruppe werden kann, an dem die „Spielregeln“ einer individualisierten und auf Konkurrenz orientierten Gesellschaft *eben nicht* reproduziert werden. Misserfolge im Prozess solcher Gruppenarbeit, die es zwingend geben muss, sprechen nicht gegen die Konzeption des Verfahrens.

8.3.2 Rollenspiel

Ein Rollenspiel kann verschiedene Funktionen haben, z.B. um bestimmte soziale Fähigkeiten zu trainieren (Verbesserung der Kooperations- bzw. Konfliktfähigkeit), die Kreativität anzuregen, die Wahrnehmung zu verbessern oder um schwierige Situationen und ihre Veränderungsmöglichkeiten, alternative Handlungsmöglichkeiten und Problemlösungen erkennen und bewerten zu können. Einsatzfelder sind z.B. die Beratung (im Vier-Augen-Gespräch), die Kleingruppenarbeit (z.B. als Übungsfeld zur Bewältigung schwieriger Situationen) oder die Gruppenpädagogik (um z.B. Gruppenkonflikte erfahrbar zu machen). Differenziert werden Inhaltsaspekte, die auf gesellschaftliche Handlungsfelder wie Familie, Schule, Freizeit, Einkauf, Verkehr usw. bezogen sind, und Verhaltensaspekte, die die Wechselbeziehung der unterschiedlichen Rollen in diesen Handlungsfeldern betrifft.

Rollenspiele sind z.B. Lern- und Lehrspiele, gruppendynamische Spiele oder Simulations- und Planspiele, die es ermöglichen, aus einer aktuellen Rolle (z.B. als Studierende) und den an sie geknüpften Erwartungen (z.B. lernen zu sollen) herauszutreten und das Rollenverhalten in der Auseinandersetzung mit anderen Rollen im Spiel sichtbar und einer Beobachtung durch Dritte (Beobachterinnen) zugänglich zu machen. Die Beobachtungssituation ist zwar nicht authentisch; sie kann aber zu Anregungen führen, die in einer Diskussion oder im Gespräch ohne den Erfahrungshintergrund aus dem Rollenspiel kaum möglich sind. Ein Rollenspiel, so C.W. Müller, kann also

> „klärende Wirkungen auf mich und meine Interaktion haben: Indem ich nicht über eine Situation spreche, sondern mich in ihr bewege, kann ich zu einer größeren Klarheit darüber kommen, was wirklich geschehen ist und wie ich es erlebt habe. Indem ich die Rolle eines Anderen (vielleicht sogar meines Konfliktpartners) spiele, eigne ich mir dessen Argumentation und vielleicht sogar dessen Sichtweise an und kann sie deshalb eventuell besser verstehen. Indem wir dieses Rollenspiel vor anderen Beteiligten spielen, geben wir ihnen die Möglichkeit, besser zu verstehen, was geschehen ist, und gegebenenfalls moderierend in das Geschehen einzugreifen“ (Müller, C.W. 2010: 157f.).

Kennzeichnend ist der Bezug zum Alltag und zu zurückliegenden Erlebnissen und Erfahrungen der Teilnehmer bzw. zu absehbaren künftigen Anforderungen, deren Bewältigung so erprobt werden kann:

Vorbereitung: Ein Rollenspiel „lebt“ davon, dass die Teilnehmerinnen bereit und in der Lage sind, einen Rollenwechsel vorzunehmen und sich selbst in den Mittelpunkt der Beobachtung anderer zu stellen. Da diese öffentliche (Selbst-)Präsentation oft mit Hemmungen verbunden ist, kann eine Warming-up-Phase zu Beginn helfen, die Spielerinnen auch emotional auf die Spielphase einzustimmen, der Motivation dienen, aktiv mitzuspielen, und zu einer möglichst großen Gruppensicherheit beitragen. Ein „Blitzlicht", in dem das aktuelle Befinden der Teilnehmer zur Sprache gebracht wird, was sie im Moment bewegt und wie sie sich fühlen, hilft dabei, im Rollenspiel „anzukommen". Dabei werden in der Regel auch gemeinsame Themenaspekte sichtbar, die in das Spiel einbezogen werden können. Formen kreativer Visualisierung solcher thematischer Knoten (z.B. durch schnelle Zeichnungen, Gestaltung durch Requisiten wie Kisten oder Seile) helfen zugleich, in die spielerische Situation hineinzufinden (vgl. von Ameln u.a. 2004: 138). Auch ein Stegreifspiel, bei dem der Gruppe ein grobes Szenario vorgegeben wird, das sie in freier Interaktion ausspielt, kann aufwärmend wirken (vgl. ebd.: 549f.).

Die direkte Spielvorbereitung erfolgt anschließend durch das Szenario, d.h. die Darstellung des Ausgangsproblems (Situationsbeschreibung, Handlungsrahmen: um was und wen geht es warum, wo, wie, wann?) und die Bestimmung der daraus folgenden Rollen und deren Verteilung unter die Spieler bzw. (die am Spiel direkt nicht beteiligten) Beobachterinnen. Während die Spielerinnen die Rollen einstudieren, werden die Beobachterinnen mit den Beobachtungskriterien vertraut gemacht, d.h., wer die Szene unter welchem Gesichtspunkt (z.B. in Bezug auf einen Konflikt verschärfendes oder deeskalierendes Verhalten) betrachten soll.

Durchführung: Das Rollenspiel selbst sollte auf höchstens zehn bis fünfzehn Minuten begrenzt sein; eine längere Dauer würde z.B. die Beobachtung durch die Zuschauerinnen erschweren.

Auswertung: In der Auswertung werden die Spieler und die Beobachterinnen zu ihren unmittelbaren Eindrücken befragt, das Rollenspiels auf der Grundlage der Beobachtungskriterien reflektiert und Schlussfolgerungen und Übertragungsmöglichketen denkbarer Wahrnehmungs- und Handlungsalternativen diskutiert, wobei es zur Wiederholung einzelner Sequenzen kommen kann, um den Effekt möglicher Handlungsalternativen sichtbar zu machen (vgl. Geißler/Hege 2001: 204ff., Müller, W. 2010: 157ff., Peterßen 209: 257–261).

8.3.3 Psychodrama

Das Psychodrama wurde in den 1920er Jahren durch Jakob Lewin Moreno zunächst als neue Form des Theaters (Stegreiftheater) entwickelt, in dem keine vorgeschriebenen Texte gesprochen werden sollten. Schauspieler und Publikum sollten improvisieren und spontan spielen, was ihnen gerade einfiel und woran sie Spaß hatten. Allerdings konnte sich diese Form des improvisierenden Theaters im (traditionelle Formen gewohnten) Wien nicht durchsetzen. Moreno entwickelte sein „verrücktes“ Theater allerdings weiter, indem er psychisch Kranke ihre Probleme darstellen ließ und das Verfahren psychoanalytisch geprägt weiterentwickelte. Leitend war die Beobachtung, dass ein Theaterspiel (z.B. ein Drama) starke emotionale Regungen auslösen kann. Durch das Nachspielen belastender Situationen sollte eine heilende Wirkung *(Katharsis)* erreicht werden (zum Psychodrama vgl. insg. Moreno 1993; vgl. auch die Beiträge in Wittinger 2005, Soppa 2009, Stadler/Kern 2010, Schwinger 2014).

Definition

Katharsis (griech. = Reinigung, Befreiung der Seele): „Innerer Prozess beim Protagonisten und den Mitspielenden, der durch handelnde Erfahrung im Spiel ausgelöst wird. Durch das Erleben einer (belastenden oder gefürchteten) Situation werden Gefühle ‚befreit‘. Diese Befreiung stellt im psychodramatischen Prozess die Grundlage für den Entwurf und die Integration neuer Handlungskonzepte des Protagonisten dar“ (Rosenbaum/Kroneck 2007: 93).

Ziel ist es, durch das Spiel und die Rückmeldungen beim Protagonisten eine Art „Reinigung“ dergestalt zu bewirken, dass er sich *aktiv* und *kreativ* (selbst-)kritisch mit seinem Rollenverhalten, seinen Erwartungen und Projektionen auseinandersetzt. Durch spontane szenische Darstellungen können zurückliegende und aktuelle Erfahrungen oder Schwierigkeiten (z.B. der Konflikt mit einer anderen Person, eine Belastung in der Interaktion mit anderen) belebt werden, um sie einer Bearbeitung zugänglich zu machen und Veränderungsprozesse anzuregen. Die Teilnehmerinnen können so eine Standortbestimmung ihrer aktuellen Lebenssituation vornehmen und sich damit auseinandersetzen, wo sie jetzt stehen, wohin sie in der Zukunft gelangen wollen und über welche Mittel und Möglichkeiten sie verfügen.

Die Realisierung eines Psychodramas kennzeichnet:

Die oft gegebene Schwierigkeit, ein Thema einzubringen, macht in der *Vorbereitung* Unterstützung durch die Spielleiterin erforderlich, z.B. konkrete Vorschläge, die sich aus Kenntnis der Situation einzelner Gruppenmitglieder ableiten lassen, oder Warming-Up-Szenen zu einem Thema (analog zum Rollenspiel), das die Spielleiterin anregt und aus dem sich für die Gruppenmitglieder eigene Themen ergeben (vgl. von Ameln u.a. 2004: 136ff.).

Eine *Protagonistin* bringt ein Thema (z.B. Konflikte, Vergangenes, Wünsche, Träume, Ängste u.a.) ein, das mit Unterstützung der Spielleiterin inszeniert wird. Als *Mitspieler* (sog. *Antagonisten* [gr. = der Gegenhandler]) helfen andere Gruppenmitglieder, die Handlung zum Thema in Gang zu bringen und den Konflikt darzustellen, in der Szene zu bearbeiten und dabei neue Lösungen zu suchen. Sie stellen (nach den Vorgaben des Protagonisten) reale (ggf. auch angenommene/fiktive) Personen dar *(Hilfs-Ich)*. Im Spiel dürfen alle Spieler improvisieren; die Gruppenmitglieder greifen situativ in das Spiel ein und ermöglichen erst durch ihre Beteiligung dem Protagonisten eine (empathische, ggf. auch kritische) Rückmeldung. Andere Teilnehmerinnen, die im Spiel keine Rolle wahrnehmen, bilden das Publikum, das sich anschließend in die Reflexion einbringen kann *(Zuschauerinnen)*.

Die *Spielleiterin* (Soziale, Gruppenleiterin u.a.) unterstützt die Spieler bei Schwierigkeiten, die Rolle auszufüllen (z.B. durch Handlungsanregungen) und „steuert mit ihren Vorschlägen und Interventionen sowohl den Prozess der Gruppe als Ganzes wie den der einzelnen Gruppenmitglieder" (Rosenbaum/Kroneck 2007: 93).

Verhaltensregeln sind Zuhören, Ausredenlassen, Ernstnehmen und Verschwiegenheit (die Mitglieder der Gruppe verpflichten sich, die Inhalte vertraulich zu behandeln).

Die Protagonistin kann sich zunächst durch einen anderen Mitspieler doppeln *(Technik des Doppelns* bzw. *Doubelns)* lassen, um sich so selbst handeln zu sehen und ihre eigene Wirkung einschätzen zu können. Ein Doppelgänger kann dabei zunächst hinter der Protagonistin agieren und deren Körperhaltung, Bewegung, Gestik und Mimik einnehmen, wodurch er sich aktiv handelnd und gefühlsmäßig in sie hineinversetzt (vgl. ebd.: 79f.); er spricht dabei die gefühlsmäßigen Inhalte und Botschaften aus, die von der Protagonistin nicht ausgesprochen werden oder die sie nicht zu erkennen glaubt (vgl. ebd.: 93, von Ameln u.a. 2004: 547); wenn sie offensichtlich in starren, eingefahrenen oder anderen unangemessenen Verhaltensmustern gefangen ist, dies aber selbst nicht zu bemerken scheint, kann auch der Spielleiter ein Doppel anregen. Das Doppeln wird nach der Einnahme unterschiedlicher Perspektiven unterschieden: So kann beim „stützenden Doppeln" der Doppelgänger auch über einen längeren Zeitraum die Protagonistin begleiten, beim „deutenden Doppel" übernimmt der Spielleiter diese Rolle (vgl. ebd.: 71ff.).

Eine andere Möglichkeit besteht darin, dass eine Mitspielerin die Rolle der Protagonistin einnimmt, um sie spiegelbildlich darzustellen *(Technik des Spiegelns)*, indem sie deren Eigenheiten, Handlungsweisen und Äußerungen übernimmt (vgl. Rosenbaum/Kroneck 2007: 83), d.h., eine bereits gespielte Szene wird erneut durchgespielt, wobei Protagonistin und Leitung das Geschehen vom Bühnenrand aus betrachten (vgl. von Ameln u.a. 2004: 550). Dies geschieht in der Regel (durch einen Eingriff der Spielleiterin) dann, wenn die Protagonistin in Verhaltensmustern „eingefahren" ist, ohne dies selbst zu bemerken. Auch hier treten Spielleiter und Protagonistin an den Bühnenrand: Die Protagonistin soll durch ihre Beobachtung Distanz zu ihrem Verhalten gewinnen können (vgl. ebd.: 79).

Wenn die Protagonistin z.B. einen Beziehungskonflikt bearbeiten will, dann übernimmt sie die Rolle des Gegenspielers *(Technik des Rollentauschs)*, was es ermöglicht, sich selbst durch die Perspektive des anderen mit den Augen des anderen zu sehen (vgl. Rosenbaum/Kroneck 2007: 94) Ein Rollentausch wird durch die Spielleitung unmittelbar nach einer Äußerung der Protagonistin angeregt: „Wichtiger als eine exakte Kopie aller Details ist jedoch, dass das Hilfs-Ich typische Ausdruckselemente der Rolle wiedergibt, z.B. wichtige Aussagen (Kernsätze) oder besondere Gesten" (von Ameln u.a. 2004: 67; vgl. auch S. 65–70). Der Rollentausch trägt dem Umstand Rechnung, „dass Rollen, die Menschen eigentlich schon selbst eingenommen haben, die ihnen also im Grunde bekannt sind, rasch in Vergessenheit geraten können, sobald sich die soziale Rolle eines Menschen verändert. Auch hier hilft der Rollentausch dabei, das ursprüngliche Wissen darum, wie man sich in einer bestimmten Rolle fühlt, wiederherzustellen und dadurch angemessene Verhaltensänderungen einzuleiten" (ebd.: 86). Rollen als Verhaltensmuster, die in bestimmten sozialen Zusammenhängen gegeben sind oder deren Verwirklichung erwartet wird (z.B. die Rolle des gestrengen Vaters), werden im szenischen Spiel anschaulich; sie können in einem kontrollierten, geschützten (vertraulichen!) Setting nachgespielt werden und werden so bearbeitbar, stets nach dem Grundsatz: „Nicht erzählen, einfach zeigen!" Der Einsatz von Hilfsspielern und die Technik des Rollentauschs erlauben neue Einsichten (Northoff 2012: 228f.).

Eine weitere Technik ist die *Zeitlupe*, bei der der Spielleiter die Handlung verlangsamt ablaufen lässt, indem er der Protagonistin Zeit gibt, sich auf die aktuellen Gefühle und Gedanken zu konzentrieren und diese zu verbalisieren (vgl. von Ameln u.a. 2004: 82).

Nach dem Spiel bildet die Gruppe in der *Auswertungsphase* zunächst einen Kreis mit der Protagonistin. Alle Gruppenmitglieder teilen ihr mit, ob und welche ähnlichen Situationen und Empfindungen sie aus ihrem eigenen Leben kennen *(Sharing)*. Zuschauer und Mitspielerinnen bringen ähnliche Erfahrungen ein, um zu verdeutlichen, dass die Protagonistin mit ihren Erfahrung nicht alleine ist. Die Mitspieler werden nach ihren Emotionen und Gedanken gefragt, die sie in der Rolle erlebt haben. Sie geben der Protagonistin Rückmeldungen darüber, wie sie sich in ihren Rollen während des Spiels gefühlt haben, wie das Verhalten der Protagonistin auf sie wirkte und welche Gefühle, Erinnerungen und Themen durch die gespielte Rolle in ihnen angesprochen wurden (vgl. Rosenbaum/Kroneck 2007: 93 f.).

Die Protagonistin berichtet über ihre emotionale Reaktion und die der Mitspieler auf ihr Verhalten. Sie wird darauf befragt, ob sie ihr Verhalten ändern möchte. Die Gruppe erarbeitet dann in einem Brainstorming (LE 9.2.2) mehrere Lösungsvorschläge, von denen die Protagonistin einen (oder auch mehrere) favorisiert (da dies schwerfallen kann oder die Anregungen nicht positiv bewertet werden, wird der Umgang mit diesen Schwierigkeiten thematisiert). Der für die Protagonistin schließlich akzeptable Vorschlag wird anschließend durchgespielt, um die Reaktionen der Mitspieler auf das veränderte Verhalten zu beobachten. Sie reflektiert, ob diese Reaktionen ihren Erwartungen entsprechen, meldet dies an die Gruppe zurück und zieht Schlüsse daraus, und sie spielt zum Schluss sich selbst (ggf. auch nach weiteren Wiederholungen) mit dem veränderten Verhalten.

8.3.4 Aufstellungsarbeit

Grundannahme ist, dass es in jedem *System* (z.B. in der Familie, am Arbeitsplatz) Ordnungen und daran geknüpfte Erwarungen gibt, die eingehalten werden müssen, damit es allen Beteiligten gut geht. Werden diese Ordnungen (z.B. durch Trennung) verletzt oder gestört, können Probleme entstehen (z.B. in der Beziehung zwischen Menschen, wenn Familienmitglieder übersehen, ausgeschlossen oder „vergessen" werden). Aufstellungen (z.B. als Rekonstruktion des Familiensystems) sollen dabei helfen, diese Verletzungen der Ordnung (erlebbar und damit bewusst) sichtbar zu machen, um sie bearbeiten zu können.

Im Unterschied zum Psychodrama geht es nicht um die Gestaltung einer Szene, sondern um das Festhalten von Beziehungen und Verhältnisse in einem „Bild": Verhältnisse werden (nach-)gestellt, Personen in ihren subjektiv wahrgenommenen Beziehungen (z.B. zu- oder abgewandt, nah oder fern) dargestellt, wobei das Verhältnis zueinander durch die Körperhaltung (z.B. aggressiv) oder den Gesichtsausdruck (z.B. freundlich) unterstrichen werden kann. Die Darstellung von Empfindungen und Gefühlen erfolgt durch *körperliche Positionierungen* (so kann z.B. Distanz zwischen Personen durch Positionen am Rande oder in der Ecke des Spielraums ausgedrückt werden). Abwesende werden, wie im Psychodrama, durch Teilnehmerinnen aus der Gruppe vertreten. Regelmäßig werden die Beteiligten zur

Äußerung ihrer Empfindungen eingeladen, um Erkenntnis und Verständnis zu erleichtern und die Situation (u. U. auch durch Einsatz externer Beobachterinnen) zu reflektieren. Durch diese Rückmeldungen ergeben sich neue Erkenntnisse; die Soziale kann „beobachten, analysieren und Veränderung anregen“, muss aber auch bei Bedarf (schützend) eingreifen (vgl. Northoff 2012: 144ff.).

Konflikte können so in einem geschützten und kontrollierten Setting (das Gespielte, Erlebte und Reflektierte muss vertraulich behandelt werden) nachgespielt werden, wodurch die Beziehungen der Beteiligten deutlich werden. Durch veränderte Positionen, Körperhaltungen oder einen Rollentausch können neue Gesichtspunkte eingebracht werden.

Als (sehr viel einfachere) Variation kann die Aufstellung auch auf einem sog. Familienbrett mit kleinen Holzfiguren vorgenommen werden. Allerdings lassen sich körperliche Positionierungen hier nicht vornehmen und in der Regel entfällt auch die Rückmeldung durch die anderen.

Deutlich wird zwar, dass in der Aufstellungsarbeit eine therapeutische Ausrichtung überwiegt, dennoch können Aufstellungen für die Soziale Arbeit zur Identifikation von anlassrelevanten Verhältnissen durchaus hilfreich sein. Allerdings muss die Gefahr einer psychologisierenden Interpretation gesehen werden (zu [Familien-]Aufstellungen vgl. z. B. Tillmetz 2005, de Philipp 2008). Aufstellungen können psychische Reaktionen hervorrufen, die mit den Mitteln der Sozialen Arbeit situativ nicht zu bewältigen und therapeutisch nicht aufzuarbeiten sind. Damit ist nur ein sehr enger Einsatzrahmen im Kontext Sozialer Arbeit überhaupt denkbar und Aufstellungsarbeit nur durch ausgebildete Fachkräfte zulässig.

8.3.5 Im Besonderen: Erlebnis- und Wildnispädagogik

Im Zusammenhang mit den um die Wende vom 19. zum 20. Jahrhundert entwickelten Überlegungen zur *Lebensreform* mit ihren Vorstellungen, auch in der Industriegesellschaft natürlich zu leben (z. B. Vegetarismus), und im Rückgriff auf reformpädagogische Konzepte (vgl. Giesecke 1997: 173–187) hat John Dewey Anfang der 1920er Jahre das Handlungslernen (als „Learning by Doing“) wissenschaftlich begründet, das schließlich durch Kurt Hahn zur Erlebnispädagogik als gruppenbezogenen und handlungsorientierten Bildungsansatz weiterentwickelt wurde, um den Mängeln der Zivilisation zu begegnen. Im körperlichen Training (Übungen und Natursportarten), im Projekt (als thematisch wie zeitlich abgeschlossener Aktion mit handwerklich-technischen oder künstlerischen Anforderungen), in der Expedition (mehrtägige Touren in herausfordernden Naturlandschaften mit intensiver Planungs- und Vorbereitungsphase) und im sozialen Dienst (z. B.

Erste Hilfe, Berg- und Seenotrettung) sah er praktische Ansätze kind- und jugendgemäßer Charakterbildung (vgl. Fischer/Ziegenspeck 2009: 203, Stüwe 2013: 258). Nach diesem Konzept lernen junge Menschen in einer Gruppe und im Rahmen außergewöhnlicher Erlebnissituationen dann am besten, wenn sie eigene Erfahrungen machen können und die Inhalte nicht nur aus der passiven Übernahme fremden Wissens und Könnens bestehen (wobei kognitive, soziale und motorische Lernfelder notwendig ineinandergreifen müssen). Erlebnispädagogische Angebote beteiligten die jungen Menschen aktiver an ihrer Lerntätigkeit, das kopforientierte Lernen werde um soziales und praktisches Lernen ergänzt; dies lasse erwarten, dass junge Menschen ihre so erworbenen Kompetenzen später auch umsetzten (vgl. Fischer/Ziegenspeck 2009: 203 f.).

Definition

Erlebnispädagogik „ist eine handlungsorientierte Methode und will durch exemplarische Lernprozesse, in denen junge Menschen vor physische, psychische und soziale Herausforderungen gestellt werden, diese in ihrer Persönlichkeitsbildung fördern, sie dazu befähigen, ihre Lebenswelt verantwortlich zu gestalten" (Heckmair/Michl 2012: 115).

Auf der Grundlage der Überlegungen Hahns wurde die Erlebnispädagogik seit den 1970er Jahren weiterentwickelt, ohne dass dabei bisher eine eigenständige *Theorie* (Stüwe 2012: 257) formuliert wurde (zur Ergebnispädagogik vgl. weiter Fischer/Ziegenspeck 2008a/b, Heckmair/Michl 2012):

Als allgemeines *Ziel* kann gelten, dass die erlebnispädagogischen Inhalte „für ein zukunftsorientiertes und ökologisches Bewusstsein" sensibilisieren und zu einem „Problembewusstsein für kreative Handlungsstrategien ermutigen" sollten, wozu Fertigkeiten erforderlich sind, die selbstbestimmtes Denken und Handeln fördern, d. h.:

- *Soft Skills,* d. h. Fähigkeiten, die z. B. für Leitungsaufgaben, die Gruppendynamik oder die Konzeptentwicklung hilfreich sein können, z. B. Wissen im Bereich Reiseorganisation, Erfahrungen und Können im Bereich Krisenmanagement, projektspezifisches praktisches Können;
- Meta Skills, d. h. Anpassungen in der Bewusstseins- und Handlungsstruktur, die durchaus in andere Lebenszusammenhängen übertragen werden können, z. B. effiziente Kommunikationsformen, Konfliktfähigkeit, ein aktiver und kreativer Umgang bei der

Lösung von Schwierigkeiten oder die Herausbildung einer positiven Haltung gegenüber einem Leben unter Wahrung der natürlichen Lebensgrundlagen;

- *Hard Skills,* d.h. Techniken, Fähigkeiten und Fertigkeiten, die zum zweckgebundenen und zuverlässigen Umgang mit Instrumenten, Ausrüstungen oder Medien beitragen können, z.B. Kletter- oder Segelkenntnisse, Knotenkunde, Wetter- oder Lawinenkunde (vgl. Fischer/Ziegenspeck 2009: 204ff.).

Um (auch emotional) intensive Erfahrungen („Grenzerfahrungen") zu ermöglichen, dienen Natur, Sport, Reisen und andere Erfahrungsräume als Medium. Erlebnispädagogische Angebote stellen pädagogische Inszenierungen dar, ohne dass der Verlauf sicher vorhergesagt werden kann (bei einer Wanderung ist z.B. eine Wetterveränderung denkbar und zu berücksichtigen, aber nicht vorhersehbar): Unmittelbare Erfahrungen (einerseits z.B. die Grenzen der eigenen körperlichen Leistungsfähigkeit wahrzunehmen, andererseits die Konsequenzen des eigenen Handelns für die Umwelt zu erleben) und die Einbindung in eine Gruppe (soziales Lernen, Rollenverteilung, aufeinander Angewiesensein, Verlässlichkeit) heben darauf ab, Aufgaben (u.U. auch Grenzerfahrungen) gemeinschaftlich zu bewältigen und Lernprozesse zu ermöglichen, die der Entwicklung und Entfaltung von Gemeinschaftsfähigkeit und (aufgrund starker emotionaler Erfahrungen) der Entfaltung der Selbstbildungskräfte dienlich sind (vgl. Schmidt-Grunert 2009: 82f., Fischer 2010: 86, Stüwe 2013: 258).

Die Praxis der Erlebnispädagogik kennzeichnen Gruppenangebote für Jugendgruppen zur Förderung der sozialen Kompetenz insbesondere im Umgang mit Konflikten, z.B. gemeinsamer Lager- und Feuerstellenbau, Felsklettern, Höhlentouren, (Wildwasser-)Rafting und Segeln, Sammeln von Nahrungspflanzen im Wald, Mountain- und Downhillbiking oder Hoch- und Niedrigseilgärten (vgl. Klawe/Bräuer 2001, Brosius 2009: 272f.).

Outward Bound fühlt sich von der Aussage *Hahns* inspiriert, die Natur sei die größte Lehrmeisterin: Die Teilnehmer sollen sich als Teil der Natur erfahren, dabei die wechselseitige Bedingtheit von Natur und Kultur erkennen und sich im Sinne einer ganzheitlichen Ökologie wahrnehmen. Ein respektvoller Umgang und aktiver Naturschutz sei die logische Konsequenz dieser Haltung, die an die Teilnehmerinnen der Projekte weitergegeben wird; dabei wird Natur als Lernraum genutzt. Die Teilnehmerinnen werden dabei an Entscheidungen über die natursportlichen Aktivitäten und Projekte als Gruppe beteiligt (Gruppenselbststeuerung), d.h. die Outward-Bound-Trainer nehmen eine Moderatoren- oder Beraterrolle ein, während die Dynamik in der Gruppe das Geschehen bestimmt. Weil die Teilnehmerinnen ihre Handlungen selbst steuern, erleben sie sich als aktive Gestalter von

Ereignissen. Das eigene Handeln mit den dazu gehörigen Grundannahmen wirkt sich unmittelbar auf die persönliche und die Gruppensituation aus. Erfolge und Misserfolge lassen sich direkt auf eigenes Verhalten zurückführen und zeigen Perspektiven für weitere Entwicklungen auf (vgl. Outward Bound 2014).

Dagegen befindet sich bei *City Bound* das Aktionsfeld in der Stadt: Das Verfahren arbeitet mit größeren und kleineren Störmanövern, die den Sinn haben, Irritationen auszulösen, um damit über eigene eingefahrene Wahrnehmungs-, Orientierungs- und Handlungsmuster nachzudenken und sie ggf. problemangemessen zu verändern. Formen sind z.B. modifizierte Stadtrallyes, Interviews mit Persönlichkeiten des öffentlichen Lebens (z.B. der Bürgermeisterin), Spiele im Verkehrssystem einer Stadt, ein Frühstück im öffentlichen Raum, die Lösung eines Kriminalfalls, die Animation von 20 Personen nach vorher festgelegten Kriterien, sich für ein Foto aufzustellen (vgl. BSJ 2014).

Auch in anderem Zusammenhang kommen erlebnispädagogische Ansätze zum Tragen, z.B. bei intensiven Einzelmaßnahmen für junge Menschen (Soziale Gruppenarbeit im Rahmen erzieherischer Hilfen), um durch eine Kontrasterfahrung (meist im Ausland) wieder zu sich selbst zu finden (vgl. z.B. Kaiser 1996), bei freizeitpädagogischen Maßnahmen in der Heimerziehung und sonstigen betreuten Wohnformen (vgl. z.B. Freigang 1996, Rens 2014), in Form von Schulprojekten (Gewaltprävention als Gruppenarbeit mit erlebnispädagogischen Schwerpunkten; vgl. z.B. Klawe 1996), in der Jugendsozialarbeit (z.B. im Rahmen von Ausbildungs- und Berufsvorbereitungsmaßnahmen; vgl. Pollak 1996, Koch/Vieth 1996). Insbesondere in der Kinder- und Jugendarbeit, z.B. bei Freizeiten bzw. anderen Kurzzeitmaßnahmen (vgl. z.B. Zinnecker 1996), haben sich erlebnispädagogische Elemente etabliert: Erlebnispädagogik kann lebensräumliche Engführungen überwinden helfen: So gelang es z.B. in der aufsuchenden Jugendarbeit mit jungen Skinheads stufenweise, eine Gruppe zunächst den engen Wohnort durch Besuch der benachbarten Großstadt mit ihren Unwägbarkeiten, unbekannten Ecken verlassen zu lassen, dann den Handlungsraum durch eine selbstorganisierte Fahrt in einen entfernt gelegenen Freizeitpark zu erweitern und schließlich Grenzerfahrungen im Rahmen einer erlebnispädagogischen Freizeit in Wales sammeln zu lassen.

Einen ähnlichen Zugang wählt auch der Ansatz der *Wildnispädagogik*, die im Unterschied zur Erlebnispädagogik aber auf Inszenierungen und Animationen, die zu besonders intensiven Erlebenssituationen führen sollen, verzichtet und ein Einlassen auf Natur und die „innere Wildnis" als Medium des Erfahrungslernens bestimmt (vgl. insg. Wendt, P. 2012c).

Hintergrund des Ansatzes ist die Erfahrung, dass Natur als Handlungs- und Erfahrungsraum mehr und mehr aus dem Alltag junger Menschen verschwindet. So haben z.B. viele Kinder noch nie einen Käfer oder Schmetterling auf der Hand gehabt oder ein Reh in freier Wildbahn beobachtet. In der ökologischen Jugendbildungsarbeit tätige Fachkräfte machen dafür auch die „Reizüberflutung der Hightechwelt" verantwortlich (vgl. Röll 2010), die keinen Platz für Naturerfahrungen mehr lasse. Dagegen stehe das Wissen, dass in der Kindheit vielfältige Erfahrungen in der Natur gemacht werden können (vgl. Halves 2010: 10). Der Ansatz der Wildnispädagogik (auch als „Wildnisbildung" bezeichnet) steht für den Versuch, diese Erfahrungen auf intensive Art und Weise zu erschließen.

Definition

Wildnis ist „reale, mental erfahrbare, wilde, transzendental erfassbare, faszinierende, Angst oder Ehrfurcht hervorrufende Natur und sie ist naturwissenschaftlich unerklärbar und unberechenbar, technisch nicht reproduzierbar oder als Massenartikel zu erwerben. Wildnis ist der Gegenbegriff zur Zivilisation schlechthin und bietet außerordentliche persönliche Naturerfahrungen und -begegnungen" (Trommer 1999 nach BUND 2002: 5).

Wildnis „entsteht als zunehmend positiver Wert vor dem Kontrast der zunehmend nervenden, stressenden Zivilisation. Wildnis wird zu einer mental wertvollen Erholungsressource"; in ihr sollen sich Menschen als vorbeiziehender Besucher/innen der Wildnis und als Gast der dort lebenden Tiere und Pflanzen begreifen (Plate 2012: 2).

Das wildnispädagogische Arrangement bedeutet, dass sich Gruppen in z.B. drei- bis fünftägigen „Wildniscamps" der Natur (z.B. in deutschen Nationalparken) unter Zurücklassung der üblichen zivilisatorischen „Errungenschaften" (ein sicheres Dach über dem Kopf, fließend Warm- und Kaltwasser, rund um die Uhr verfügbare Lebensmittel, Computer, neue Kommunikationsmittel, Unterhaltungsmedien u.a.) unmittelbar aussetzen (Übernachtung unter freiem Himmel, einfache Ernährung, Verweilen am Ort, Einnehmen von Sitzplätzen und intensives Beobachten der direkten Umwelt u.a.). Wildnispädagogik regt so dazu an, „das vertraute, behauste und versorgte Leben" zu verlassen und „in ein noch unbekanntes, zivilisationsfernes Gebiet" aufzubrechen: Mit dem Rucksack gehe es hinter die „Brotgrenze", wie es Gerhard Trommer (2012), einer der frühen Konzeptgeber des Ansatzes, ausdrückt. Damit werde deutlich, dass

> „sich Zivilisierte kaum mehr aus der Wildnis versorgen können, jedenfalls nicht wie ein wildlebender Bär oder Dachs. (…) Der Inhalt des

Rucksacks begrenzt ihren Aufenthalt und macht sie zu Durchzüglern auf Zeit ... Mit dem Rucksack müssen wir uns bescheiden. Bescheidenheit ist schon lange eine wichtige Voraussetzung für einfaches Unterwegssein. Denn wir können nicht alles mitnehmen. Vieles brauchen wir draußen auch gar nicht" (Trommer 2013: 5).

Wildnispädagogik kann also verstanden werden als die „handlungsorientierte Verknüpfung von Naturerleben und ökologischer Bildung anhand konkreter Wildnis-Phänomene mit dem Fokus der Reflexion des Verhältnisses von Mensch und Natur" (Langenhorst 2007: 8). Sie ist damit weder „einfache" Umweltpädagogik (die naturkundliche Kenntnis vermittelt) im Bereich der Wirtschaft noch Erlebnispädagogik und erst recht nicht Überlebenstraining *(Survival)*. Ihre zentrale Funktion besteht darin, durch die Kontrasterfahrung von Zivilisation (Versorgtheit) und Wildnis (Unmittelbarkeit) einen Perspektivwechsel anzuregen, „der die Gesellschaft und jeden Einzelnen zum Nachdenken über das Verhältnis Mensch – Natur und einen nachhaltigen Umgang mit unseren Lebensgrundlagen" bringt (Plate 2012: 3) und der dazu animiert, „die wilde Natur nur als Gast zu erleben und nicht verändernd in sie einzugreifen" (Langenhorst 2013: 9). Dieses „therapeutische Nichtstun" (Trommer 2001) ist hierbei ein wesentlicher „verstörender" Lernfaktor (vgl. Langenhorst 2007: 8).

Hintergrund: Wildnispädagogische Zielperspektiven

1. Das intensive Erleben von verwildernder, eigensinniger Natur zwischen Harmonie und Chaos, um Naturvertrautheit und ein realistisches Naturverständnis entwickeln zu können.
2. Das leibliche Erspüren der eigenen empfindlichen und lebendigen Natur des Menschen durch elementare Naturerfahrungen.
3. Das eingehende Nachdenken über Sinnfragen mit dem Blick auf den eigenen Lebensstil und die Begrenzung eigener materieller Ansprüche.
4. Das konkrete Erfahren der ökologischen Wechselwirkungen zwischen Mensch und Mitwelt als Grundlage kompetenter Urteilsbildung im Alltag.
5. Das Entdecken und Erkunden der wilden biologischen Vielfalt mit ihrer Bedeutung für den Menschen.
6. Die individuelle Erfahrung des kulturellen Konzepts ‚Wildnis' und die Auseinandersetzung mit ihm als Ergänzung zur Zivilisation.

7. Das inspirierende Erleben der Wildnis als Ort der persönlichen Freiheit in einer demokratischen Gesellschaft (Langenhorst 2007: 8f.).

Gruppendynamische Prozesse in der Wildnisgruppe (z.B. Kooperation und Teamarbeit, Unterstützung bei der Bewältigung erlebter Belastungsgrenzen, Lösung von grundlegenden Versorgungsaufgaben wie Feuermachen, gemeinsames Kochen) begünstigen diesen Prozess. Wildnisbildung fördert somit „den ganzen Menschen mit Körper, Geist und Seele in seiner Gesamtheit und in Zusammenhang mit seinem Umfeld" (vgl. Halves 2010: 14). Damit ist die Anschlussfähigkeit der Idee der Wildnisbildung an das Setting Sozialer Gruppenarbeit z.B. der Kinder- und Jugendarbeit unmittelbar gegeben, denn wildnispädagogische Konzepte können als Aspekt einer generellen (für dieses Handlungsfeld spezifischen) Herangehensweise begriffen werden, die der Vorstellung dient, durch alltägliches Handeln und Erfahren den Horizont junger Menschen erweitern zu helfen: Junge Menschen begreifen sich als Teil des Mensch-Umwelt-Systems und erleben sich (im Einzelfall vielleicht erstmalig so) als wahrgenommen, an- und ernst genommen und wichtig (Welterleben). Sie erleben die Wechselwirkungen in diesem System, nehmen dessen Vernetzungen wahr (ganzheitliches Erleben). Sie begreifen ihre eigene Rolle und Verantwortung in diesem System (Verantwortungslernen). An dieser Stelle geht es um Wissen über Umwelt, Naturschutz, Pflanzen und Tiere sowie die Stellung des Menschen im Ökosystem (Erfahrung und Kennen). Der Lebensraum junger Menschen ist nicht durch das Quartier allein bestimmt, auch der Lebensraum eines Nationalparks (z.B. des Harzes) zählt dazu, wodurch sich der Lebensraum schrittweise vergrößert und der Mut wächst, auch anderes zu erleben (Raumorientierung). Hier geht es um direktes, kleinschrittiges und damit auf Grundlage der persönlichen Erfahrung nachhaltiges Engagement für den Schutz der natürlichen Lebensgrundlagen (Teilhabe). Wichtig ist nicht nur abstrakt über „Umwelt" zu sprechen, sondern Natur direkt und unmittelbar zu erleben und Freude daran zu haben (Befriedigung). Insgesamt eröffnen sich Felder und Räume für Persönlichkeitsstärkung: Der in der Wildnisbildung erfahrene Soziale (so die Erwartungen des Konzepts) nimmt den jungen Menschen in seiner Ganzheit wahr (zeigt also Wertschätzung und Respekt), ermutigt ihn, die offene, fremde und auch mit Sorgen wahrgenommene Situation anzunehmen und (persönlich und v.a. in der Gruppe) Wege zu finden, damit umzugehen (Empowerment) und Neues zu erfahren (und empathisch für die Natur und den Gruppenprozess zu werden). Durch soziales Lernen in der Wildnis gestärkte Persönlichkeiten können mit den Anforderungen, Problemen und Friktionen des Alltags souverän/er umgehen (vgl. Wendt, P. 2007).

8.4 Schlussfolgerungen

Ziehen Sie bitte eine Bilanz dieses Kapitels! Welche Schlussfolgerungen ergeben sich für Sie? (Hinweise zur Einordnung ihrer Bilanzierung finden Sie auf meiner Website.)

8.4.1 Anregungen zur Weiterarbeit

Seit 2005 werden im Nationalpark Harz wildnispädagogische Programme mit drei- und fünftägigen Wildniscamps realisiert. Die folgenden Statements (aus der Evaluation des Projekts „Wildnis macht stark!") illustrieren das Erleben durch die Teilnehmer:

> „Die Zeit alleine mal die Natur zu erkunden, war gut, als ich alleine ging, habe ich mich voll erschrocken, weil irgendein Tier durch die Wildnis gelaufen ist. Ich fand es interessant, mich umzuschauen, um welches Tier es sich handelte. Früher wusste ich nie, wie die Muster in die innere Baumrinde kamen, heute weiß ich, es sind die Buchdrucker. Ich war krank und durch die frische Luft des Nationalparks wurde ich gesund."

> „Es ist nicht langweilig, oder man wird nicht gleich als schüchtern und still bezeichnet, wenn man nichts erzählt, sondern schweigt. Es ist auf jeden Fall eine Erfahrung wert, fünf Tage komplett draußen zu leben, ohne Strom, Dusche, Herd usw. Selbst beim Campingurlaub hat man meist Strom und/oder Sanitäranlagen. Es ist schon eine Überwindung für einige, sich fünf Tage nicht zu duschen, aber ich finde, dass man merkt, dass es in der Natur wichtiger ist, mit anzupacken, als immer frisch und sauber rumzulaufen."

> „Ich war schlafen gegangen, lag in meinem Schlafsack und konnte nicht schlafen. Nach einer Weile hörte ich hoch oben in den Bäumen einen Vogel schreien. Vielleicht eine Stunde später knackte es. Ich hörte, wie ein Tier in das Zelt ging, dabei immer mal wieder kleine Ästchen von den kleinen Buchen, die hinter unserem Zelt standen, abgebrochen wurden. So als ob sie abgebissen würden. Das Tier verweilte kurz und ging den Weg zurück, aus dem es gekommen war."

Reflektieren Sie bitte, was dies für Karl bedeuten könnte! Sehen Sie Möglichkeiten, dass sich seine Einstellung zur Schule und sein Verhalten, der Schule fernzubleiben, aufgrund einer wildnispädagogischen Maßnahme verändern könnte? Und wenn ja, in welcher Weise?

8.4.2 Materialien

Gute Einführungen in die Gruppenpädagogik enthalten die Veröffentlichungen von

- Marianne Schmidt-Grunert (Soziale Arbeit mit Gruppen. Eine Einführung, 3. Aufl. Freiburg/Brsg. 2009) und
- Eberhard Stahl (Dynamik in Gruppen. Handbuch der Gruppenleitung, Weinheim, Berlin und Basel 2002)

Eine kurze und lesenswerte Einführung in die Gruppendynamik findet sich in der Veröffentlichung von Falko von Ameln, Ruth Gerstmann und Josef Kramer (Psychodrama, Heidelberg 2004: 326–352).

Hilfreiche Arbeitsmaterialien zur Entwicklung von Normen, Vorurteilen, Abwehr sowie der Herausbildung von Führungsstilen in Gruppen finden sich bei Klaus Antons (Praxis der Gruppendynamik. Übungen und Techniken, 6. Aufl. Göttingen, Toronto und Zürich 1996: 92–97 und 176–178).

Zum Verständnis der Themenzentrierten Interaktion hilfreich sind zwei Aufsätze von Ruth Cohn, die in einer Aufsatzsammlung mit Texten von ihr (Von der Psychoanalyse zur themenzentrierten Interaktion, 6. Aufl. Stuttgart 1983) enthalten sind:

- Das Thema als Mittelpunkt interaktioneller Gruppen: 111–119.
- Zur Grundlage des themenzentrierten interaktionellen Systems. Axiome, Postulate, Hilfsregeln: 120–128.

Im Band von Michael Behnisch, Walter Lotz und Gudrun Maierhof (Soziale Gruppenarbeit mit Kindern und Jugendlichen. Theoretische Grundlage – methodische Konzeption – empirische Analyse, Weinheim und Basel 2013) findet sich eine sehr dichte Einführung in der Themenzentrierte Interaktion.

Eine umfassende Einführung in das Psychodrama und das Verfahren begleitende Aspekte (z. B. Gruppendynamik, Leitungshandeln, Konfliktmoderation) werden im Buch von Falko von Ameln, Ruth Gerstmann und Josef Kramer (Psychodrama, Heidelberg 2004) dargestellt.

Die Veröffentlichung von Michael Kramer (Das praktische Rollenspielbuch, Wuppertal 1981) wirkt zwar schon etwas in die Jahre gekommen, bietet aber immer noch gute Anleitungen zum Umgang mit Rollenspielen.

Kapitel 9
Gruppen bilden: Bildung als Methode

Fallbeispiel

Helma hat den Eindruck, dass ihr die Dinge über den Kopf wachsen: zwei Jobs mit nur schlechter Bezahlung, die Vierjährige, die in der Kita nur bis 17.45 Uhr betreut werden kann, Karl, der schlecht in der Schule ist und oft gar nicht hingehen möchte. Nun hat Hanne von der Familienhilfe ihr den Tipp gegeben, es mal mit einem Seminar der Familienbildungsstätte zu versuchen. Nach reichlichem Zögern und nochmaligen Besprechen mit ihr hat sie sich ein Herz gefasst und dort angemeldet.

9.1 Einführung: Was heißt Bildung?

Im Unterschied zu (Sozialer) Gruppenarbeit als alltagsorientierten, die unmittelbare Erfahrung fördernden Prozessen, die den Emotionshaushalt durch Erleben (z.B. Rollenspiel), Spüren (Emotionen wecken, z.B. durch kreative Verfahren) oder erfahrendes Bearbeiten (Konfrontation, Reflexion, Feedback) anreichern, wird an dieser Stelle ein Verständnis von „Bildung" als Arrangement hinterlegt, das (im Kontext Sozialer Arbeit) auf aktive Aneignungsprozesse abstellt, die auch mit dem Begriff „Wissen" verbunden werden. *Wissen* bezeichnet etwas, über das ein Mensch nicht aufgrund seiner organischen Ausstattung verfügt, sondern das er durch Lernen erwirbt und immer wieder aktualisieren muss (vgl. Wiegerling 2010: 303, 306).

Schwierigkeiten, in diesem Zusammenhang den Begriff „Bildung" zu bestimmen, ergeben sich, so Heinz Sünker (2001: 162), nicht nur aus dessen Allgegenwart, sondern auch aus dessen „Degeneration zur Leerformel"; auch Yvonne Ehrenspeck (2006: 65) nennt ihn „zumeist inflationär und mehrdeutig und … unbestimmt gebraucht", er werde alltagssprachlich untheoretisch genutzt, verschieden ausgelegt und aus unterschiedlichen (z.B. bildungstheoretischen oder philosophischen) Perspektiven entsprechend vielgestaltig thematisiert. Für Peter Vogel (2008: 125) ist Bildung „kein neutraler Begriff, der Zustände beschreibt, sondern er sei normativ aufgeladen:

Bildung impliziert immer Höher-Bildung", was mit einem „optimale(n) Verständnis" der Umwelt und der eigenen Rolle in der Welt, der Reflexion hierüber und der damit einhergehenden aktiven Auseinandersetzung verbunden werde.

Ehrenspeck unterscheidet fünf Dimensionen des Bildungsbegriffs: Bildung als

- *individueller Bestand,* d.h. Eigenschaften des Gebildeten, die als Resultat eines individuellen Bildungserwerbs zu verstehen sind;
- *individuelles Vermögen,* wobei auf Kräfte, Kompetenzen, Qualifikationen, Vermögen, Fähigkeiten, Fertigkeiten und Verfahren gesetzt wird, „die es dem Individuum ermöglichen sollen, sich zu bilden";
- *individueller Prozess* (begrifflich auch als Entfaltung, Entwicklung, Genese oder Gewinnung von Ich-Identität gefasst), d.h. im Sinne eines lebenslangen Lernens eine individuelle Bewegung, den gegebenen Bestand stets hinter sich zu lassen, also zu überschreiten, mehr und qualitativ neue Bildung anzusammeln;
- *individuelle Selbstüberschreitung* (bzw. Höherbildung der Gattung Menschen), d.h. durch individuelle Bildung wird Höherbildung (Fortschritt) nicht nur der Gesellschaft, sondern der Gattung Menschen möglich; und schließlich
- *Aktivität bildender Instititionen oder Personen,* d.h. die Teilhabe von mit Bildungsaufgaben betrauten Einrichtungen und Akteuren (vgl. Ehrenspeck 2006: 67ff.).

Bildung und die Ermöglichung von Bildungsprozessen stellt nur einen weiteren Aspekt des Handelns im Kontext Sozialer Arbeit dar. Sie begründet ihre Bildungspraxis auf der Grundlage eines selbst bestimmten Bildungsbegriffs, der sich von den Bildungsvorstellungen anderer Institutionen (z.B. von Schule) absetzt. Bildung zielt danach auf die am Subjekt orientierte Erschließung von Welt (LE 1.3.1) und ist auf die Entwicklung von bewusstem und (selbst-)gestaltetem Leben (z.B. im Umgang mit anderen Menschen, im Verhältnis zur eigenen Lebensführung und -bewältigung, in der Beziehung zum Lebensraum und in der Auseinandersetzung mit den dort herrschenden [gesellschaftlichen, sozialen, politischen] Bedingungen) ausgerichtet. In Bildungsprozessen muss Soziale Arbeit daher Menschen Raum dafür geben, in ein aktives und kritisches Verhältnis zu den sie umgebenden gesellschaftlichen Lebensbedingungen zu treten.

Zu sehen ist aber auch, dass Bildung soziale Differenz zum Ausdruck bringt, indem sie – in Form von Zeugnissen bestätigt (zertifiziert) – einerseits Karriere- und Lebensmöglichkeiten eröffnet oder verschließt (z.B. ein

Studium ermöglicht) oder andererseits als Investition, die – als Folge hoher Kosten und nur gering eingeschätzten Nutzens – z. B. von Menschen mit geringen oder gebrochenen Bildungserfahrungen wenig geschätzt und kaum genutzt wird (vgl. Vogel 2008: 125, Meulemann 2008: 40).

Die Bedeutung kontinuierlicher Bildungsprozesse ist in den vergangenen Jahren mehr und mehr in den Vordergrund gerückt, denn umfassende und fortwährende (lebenslange) Bildung (als Aneignung von Wissen und Kompetenzen) wird als wichtige Voraussetzung für Erfolg auf dem Arbeitsmarkt bezeichnet. Damit ist eine schleichende Ökonomisierung der Bildung verbunden, die auf die Aneignung von „verwertbarem" Wissen (verbunden mit formalen Bildungszertifikaten über den Qualifikations- bzw. Wissenserwerb) abzielt: Es geht immer mehr darum, das fachliche Wissen beständig zu erweitern und sich neue Kompetenzen anzueignen, die zur *Beschäftigungsfähigkeit* (employability [LE 12.1]) beitragen.

Definition

Kompetenzen sind „die bei Individuen verfügbaren oder durch sie erlernbaren kognitiven Fähigkeiten und Fertigkeiten, um bestimmte Probleme zu lösen, sowie die damit verbundenen motivationalen, volitionalen (willentlichen) und sozialen Bereitschaften und Fähigkeiten, um die Problemlösungen in variablen Situationen erfolgreich und verantwortungsvoll nutzen zu können" (Schlüter: 161).

Diese Prozesse der allmählichen und schleichenden Umdeutung des hergebrachten (wenn auch diffusen) Bildungsbegriffs in ein Verständnis die persönliche Beschäftigungsfähigkeit sicherndem Wissenserwerbs fordern die Soziale Arbeit heraus, ihren eigenen subjektorientierten Bildungsbeitrag klarer auszugestalten. Bildung als *formelle* Bildung (z. B. durch institutionelle Bildungsangebote der Volkshochschulen) wie *informelle* Bildung (z. B. außerhalb von Schulen) ist in diesem Sinne durch vielfältige partizipative Elemente bzw. Zugänge, eine Wandlung von fremdgesteuerten hin zu selbstorganisierten Lernprozessen an neuen Bildungsorten (z. B. der Treffpunkt einer Clique Jugendlicher) ortsnah und niedrigschwellig (d. h. ohne besondere Zugangsvoraussetzungen) gekennzeichnet; sie dient dazu, individuelle Lösungsstrategien für alltägliche Situationen und Herausforderungen erwerben zu helfen: Soziale Kompetenzen (z. B. Kommunikationsfähigkeit, Respekt und Toleranz zu entwickeln), die Fähigkeit zur Zusammenarbeit (Teamfähigkeit) und selbstorganisierter Wissenserwerb (mit der Kompetenz, Wissen einordnen und Erfahrungen reflektieren zu können) haben für diese Bildungsprozesse eine vorrangige Bedeutung. Ziele gruppenbezogener Bildungsprozesse bleiben aber auch „das Erfahren von Solidarität, die Stärkung des Gruppengefühls der Einzelpersonen, die Überwindung von Ohnmacht und die Entwicklung kollektiver Handlungsfähigkeit" (Runge 2013: 398).

9.2 Grundlegende Verfahren der Bildungsarbeit

Im Unterschied zur Gruppe in der Sozialen Gruppenarbeit handelt es sich bei der Gruppe in der Bildungsarbeit um ein kurzzeitiges und ergebnisorientiertes Arrangement, das einem bestimmten Thema verpflichtet ist (ohne dabei eine TZI-Gruppe zu sein). Hieraus ergeben sich einige Schlussfolgerungen, die im Bildungsprozess eine Rolle spielen:

9.2.1 Moderation

Bildungsprozesse werden in aller Regel moderiert, d. h. durch Außenstehende (z. B. Soziale) angeleitet.

Definition

Moderation: „Bei der Moderation handelt es sich um eine Methode, mit der Gruppen in ihrem Willensbildungs- und Entscheidungsprozess von einem Moderator so unterstützt werden können, daß sie die Inhalte, die Richtung und die Ergebnisse des Prozesses selbst bestimmen" (Bullinger/Nowak 1998: 203).

Die Moderatorin

- ist (als methodische Helferin, die weiß, wie Kommunikation zwischen Menschen erfolgt) eine Geburtshelferin für die Lösung einer Fragestellung, mit der sich die Gruppe befasst, und dabei inhaltlich unparteilich und gegenüber den Gruppenmitgliedern und deren Positionierungen neutral.
- fungiert als Begleiterin des Arbeits- oder Klärungsprozesses (die Gruppe bleibt für Inhalte, Ziele und Ergebnisse selbst verantwortlich) und konzentriert sich dabei auf den Ablauf des Klärungsprozesses, z. B. durch eine fragende Position, um Unklarheiten zu markieren, die vorhandenen Meinungen sichtbar zu machen, (Zwischen-)Ergebnisse zu sichern.

- visualisiert Ergebnisse auf einer Flipchart, bündelt auf Pinwänden Aussagen mithilfe von Metaplankarten (d.h. Notizen, Schlüsselbegriffe, Ideen o.Ä. auf verschiedenfarbigen rechteckigen, runden und ovalen Karten, die unter neue Oberbegriffe zusammengefasst werden) oder ermittelt Rankings zu Vorschlägen mittels Klebepunkten o.Ä.
- regt an, Unter-/Arbeitsgruppen zu bilden, wenn der Klärungsprozess das ihrer Meinung nach erfordert. Notfalls schlägt sie eine Modifizierung des Ablaufs oder auch der Zielstellung vor, wenn sich abzeichnen sollte, dass das angestrebte Ergebnis auf dem ursprünglich vorgesehenen Weg nicht erreicht werden würde. Dazu zählt auch die Verantwortung für das Zeitmanagement, damit das Arbeitsergebnis in dem zuvor vereinbarten Zeitrahmen erreicht werden kann (vgl. Bullinger/Nowak 1998: 203ff., Seifert 1999: 22–31, Stimmer 2006: 199f.).
- ist sensibel im Umgang mit „Störungen", d.h. sie spürt die meist kaum wahrnehmbaren Zeichen (die sich in der Gestik oder Mimik äußern oder der Art und Weise, wie Diskussionsbeiträge formuliert werden), dass Teilnehmerinnen unzufrieden mit dem Diskussionsverlauf oder den bislang erzielten Arbeitsergebnissen sind.
- ist aufmerksam und ermöglicht ausreichend Pausengespräche (z.B. in Kaffeepausen), denn diese Nebengespräche regen die Teilnehmerinnen i.d.R. besonders an, sich informell offen auszutauschen und neue Gedanken zu entwickeln, die anschließend in die Gruppenarbeit einbezogen werden können (vgl. Seifert 1999: 117f.).

Das Standardmittel der Moderation ist die Kartenabfrage, bei der die Teilnehmer eingeladen werden, innerhalb einer vorher bestimmten Zeit auf Metaplankarten zu einem Thema oder einer Frage ihre Überlegungen, Ideen oder Assoziationen zu schreiben (nur eine Seite, ein oder wenige Stichworte). Anschließend werden die Karten entweder persönlich vorgestellt oder durch die Moderatorin auf einer Pinnwand zusammengestellt. Die zuvor angefertigten Karten können geclustert (geklumpt) werden, indem sie thematischen verbindenden Komplexen (Oberbegriffen, [ggf. vorgegebenen] Themen, Themenfeldern, Überschriften u.Ä.) zugeordnet werden.

Möglich ist auch eine Abfrage einer vorgegebenen oder zuvor erarbeiteten Themenliste; ein Votum ergibt sich dadurch, dass die Teilnehmer/innen entsprechend ihrer persönlichen Gewichtung Punkte (ein oder mehrere Klebepunkte [Mehrpunktabfrage]) vergeben, wodurch eine Rangfolge und damit eine thematische Prioritätenliste entsteht (vgl. Sperling/Stepelfeldt/Wasselveld 207: 167–224, Peterßen 2009: 207–210).

Ein Blitzlicht dient der Moderatorin dazu, entweder schnell ein Meinungsbild zu einem Thema zu erhalten oder um eine kurze Zwischenbilanz durchzuführen (z. B. wenn Unruhe, Müdigkeit, unterschwellige Spannung u. Ä. auftreten), indem sich jede Teilnehmerin kurz in einem bis zwei Sätzen zu einer Frage (z. B.: „Was gefällt mir bis jetzt?") in Form einer Ich-Botschaft (z. B.: „Ich finde es gut, dass ...") äußert. Alle übrigen Teilnehmer sind während der Äußerung nur Zuhörer; lediglich Verständnisfragen sind möglich. Ein Blitzlicht kann zu jedem Zeitpunkt eingesetzt werden (vgl. Seifert 1999: 101–111).

Neben der Moderation ergeben sich folgende Aufgaben in (Klein-)Gruppen der Bildungsarbeit:

Dokumentation: eine Schreiberin visualisiert die Diskussionsergebnisse (vgl. Bullinger/Nowak 1998: 204 f.), indem sie die (Zwischen-)Ergebnisse der Gruppe (z. B. auf einer Flipchart) aufschreibt, wobei sie sich möglichst nah an die jeweiligen Aussagen hält und die Teilnehmerinnen bittet, (zu) lange Aussagen kurz zusammenzufassen;

Zeitmanagement: ein Teilnehmer macht die Gruppe und die Moderatorin auf die verbleibende Zeit aufmerksam; und

Präsentation: eine Sprecherin präsentiert im Plenum den Bericht (innerhalb der vorgegebenen Zeit) und bezieht ggf. andere Mitglieder der Gruppe mit ein.

9.2.2 Brainstorming

Unter Brainstorming wird eine Methode der Informationsgewinnung verstanden, „bei der alle Beteiligten ihre Ideen, Gedanken, Vorstellungen zu einem bestimmten Thema verbalisieren, ohne dass diese Ideen bewertet werden. Es kommt lediglich darauf an, dass möglichst viele Vorschläge produziert werden. Erst nachdem hinreichend viele Alternativen gesammelt worden sind, werden die einzelnen Vorschläge nach vorzugebenden Kriterien bewertet" (Weinberger 2011: 214). Brainstorming kommt insbesondere dann zum Einsatz, wenn die Beratung in einer größeren Gruppe zum Stocken gekommen ist. Eine kleinere Gruppe (etwa fünf bis acht Teilnehmerinnen) wird eingeladen, im Brainstorming einen neuen Weg, neue Ideen, neue Vorschläge zu entwickeln, die der größeren Gruppe zur Verfügung gestellt werden.

Während des Brainstormings sollten die Teilnehmer (Unbekannte sollten sich zunächst einander vorstellen) nebeneinander (z. B. im Halbkreis) sitzen und das Thema auf der gegenüberliegenden Seite (z. B. auf einer Flipchart) notiert sein. Zu den von Roger Fisher, William Ury und Bruce M. Patton favorisierten Regeln gehört auch das *Verbot der Kritik*. Wenn dagegen „alle denkbaren, auch wilde Ideen" angeregt werden (auch solche, die wohl kaum realisiert werden können), kann die Gruppe Optionen erkennen und entwickeln, die dann tatsächlich möglich sind und auf die sonst niemand gekommen wäre.

Die Aufforderung zu Beginn lautet z. B.: „Lassen Sie Ihrer Phantasie freien Raum, sobald der Zweck der Sitzung allen klar ist. Legen Sie möglichst viele Ideen vor. Gehen Sie die Frage von jeder nur möglichen Seite an." Die Visualisierung aller Gedanken erfolgt auf einer Tafel, Pinnwand oder auf Bahnen aus Zeitungspapier; damit „bekommt die Gruppe einen sinnlichen Eindruck von der gemeinsamen Leistung". Außerdem werden so unnötige Wiederholungen ausgeschlossen und weitere Ideen provoziert.

Beispiel: Brainstorming-Regeln

1. Jede noch so absurde Idee ist zugelassen
2. Die Idee muß nicht realisierbar sein (oder realisierbar scheinen)
3. Quantität an Vorschlägen geht vor Qualität
4. Jede Idee darf und soll von anderen abgewandelt oder ergänzt werden
5. Es gibt keinen Besitzanspruch für eine Idee
6. Kritik an den Ideen ist verboten
7. Logik und Vernunft kommen später

Nach dem Brainstorming werden zunächst die aussichtsreichsten Ideen herausgefiltert, wozu auch das strikte Kritikverbot etwas gemildert wird. Benannt werden nur Ideen, „die für die weitere Entwicklung geeignet sind". Anschließend wird nach Wegen Ausschau gehalten, diese Ideen weiter zu verbessern und realistisch zu machen. Ziel ist es, „die Idee so attraktiv wie nur möglich zu machen". Dazu zählt nun auch die Mobilisierung konstruktiver Kritik (z. B. „Könnte man das nicht noch verbessern, indem …?"); es geht darum, die Ideen bis zum Schluss durchzudenken. Schließlich muss entschieden werden, „wann die Ideen bewertet werden und wann über sie entschieden werden soll", um sie im weiteren Prozess der großen Gruppe weiterzuverarbeiten (vgl. Fisher/Ury/Patton 2006: 98 ff., zit. ebd.).

Stefan Stürmer und Birte Siem (2013: 39) weisen auf Forschungsergebnisse hin, die vermuten lassen, dass durch Brainstorming „weniger (und auch weniger unterschiedliche) Ideen generiert werden, als dies der Fall wäre, wenn die gleiche Anzahl an Personen ihre Ideen alleine generiert hätte", was auch auf die „Produktionsblockierung" zurückzuführen sei: Da die Ideen spontan laut in den Raum gerufen würden, seien andere Teilnehmerinnen daran gehindert, dies zu tun, was dazu führen könne, dass solche Idee vergessen würden, oder sie würden aus anderen Gründen nicht geäußert. Dieser Einwand macht deutlich, dass auch in diesem Verfahren sehr viel davon abhängt, ob die Moderatorin ein Gespür dafür entwickelt, wer sich z.B. noch nicht geäußert hat, oder registriert, wer sich eigentlich äußern wollte, aber im Gespräch nicht zu Wort kam (vgl. Peterßen 2009: 157–160, 52f.).

9.2.3 Familienbildung als Beispiel der Bildungsarbeit mit Kleingruppen

Ursprünge der Familienbildung finden sich in den sog. „Mütterschulen" Anfang des 20. Jahrhunderts, die sich bis in die 1920er Jahre hinein zu einer Form der Mütterbildung (als Unterweisung von Frauen in Kenntnissen zu Schwangerschaft, Geburt, Pflege und Erziehung des Säuglings und Kleinkindes) weiterentwickelte und im Programm auch der frühen Jugendhilfe durchsetzte; nach dem Ende des Nazireiches erfolgten in den 1950er Jahren (geprägt vom Leitbild der „mütterlichen Persönlichkeit") Wieder- und weitere Neugründungen. Dieses Leitbild änderte sich in den 1960er und 1970er Jahren grundlegend, und die Mütterschule wurde durch die Familienbildungsstätte abgelöst, die sich konzeptionell auf das gesamte Familienleben orientierte.

§ 16 SGB VIII nennt Familienbildung als ein Angebot der Allgemeinen Förderung der Erziehung in der Familie, das die Bedürfnisse, Interessen und Erfahrungen von Familien in unterschiedlichen Lebenslagen berücksichtigen und auf die damit verbundenen Erziehungssituation eingehen soll (z.B. Eheschließung, Geburt eines Kindes, Gewalt und Missbrauch, Kommunikation und Freizeitgestaltung in der Familie, Krankheit oder Tod von Familienangehörigen, Trennung und Scheidung). Auch die Selbst- und Nachbarschaftshilfe soll dazu angeregt und junge Menschen auf Ehe, Partnerschaft und das Zusammenleben mit Kindern vorbereitet und spezielle Zielgruppen (z.B. Großeltern) zur Unterstützung junger Familien angeregt werden (vgl. Uhlendorff/Euteneuer/Sabla 2013: 142ff.; zu Formen der Familienbildung, -beratung und -hilfe vgl. z.B. Tschöpe-Scheffler 2003 und 2005, Reischach/Straub 2007, Petermann/Petermann/Franz 2010).

Seit den 1980er Jahren haben sich die Praxiskonzepte der Familienbildung ausdifferenziert und tragen insbesondere der Pluralisierung der Familienformen, dem Wandel der Geschlechterverhältnisse und dem Anspruch Rechnung, Familie und Beruf miteinander zu vereinbaren. Die Schwerpunktsetzungen einzelner Programme führen zu unterschiedlichen Verfahren: Beim Systematischen Training für Eltern und Pädagogen/STEP z.B. stehen Kommunikationstechniken (z.B. das Aktive Zuhören) und Verfahren zur familiären Konfliktregulation (im Anschluss an die Familienkonferenz nach Thomas Gordon [„Parent effectiveness training"; vgl. Gordon 1989]) im Mittelpunkt, während andere Programme die Stärkung von Selbsthilfepotenzialen und die Förderung des Erfahrungsaustausch betonen (z.B. Eltern Stärken) oder ein erfahrungsorientiertes gemeinsames Lernen von Eltern und Kindern in direkter Interaktion (z.B. FuN/Familie und Nachbarschaft) fokussieren (vgl. Uhlendorff/Euteneuer/Sabla 2013: 188f.; zur Elternbildung als Hilfe zur Rückgewinnung elterlicher Erziehungskompetenz vgl. Habura 2005).

Fallbeispiel

Helma hat am Wochenende an einem STEP-Training der Familienbildungsstätte (Systematisches Training für Eltern und Pädagogen) teilgenommen, das sich an Eltern mit Erziehungsproblemen richtete. Das zu ermöglichen, ist ihr nicht leicht gefallen, weil sie für die Kleine eine Betreuung organisieren musste und der Große nun wieder allein zu Hause war. Im Training war viel von der Entwicklung eines konsequenten, aber liebevollen und demokratischen Erziehungsstils die Rede. Es ging um gegenseitigen Respekt und darum, dass alle in der Familie gleichwertig sind. Ein Teamer hat das Programm erläutert, es gab kurze Videoclips und einige Übungen, ansonsten viel Gespräch. Helma hat dabei zwei Mütter kennengelernt, denen es wohl ähnlich geht. Das Gespräch mit den beiden hat ihr mehr gebracht als das ganze Seminar, meint sie. Das war viel zu verkopft. Aber mit den Frauen hat sie sich für die kommende Woche zum Kaffee verabredet.

9.3 Verfahren in der Bildungsarbeit mit Großgruppen

Die Bildungsarbeit in *Großgruppen* (d.h. Kollektive mit mehr als 20 Teilnehmern) erfolgt regelmäßig freiwillig und mit einer klaren Zeitstruktur (Beginn und Ende sind bestimmt und bekannt, aber situativ flexibel, d.h., die Leitung muss versiert sein, um spontan Planänderungen ermöglichen zu können. Die Großgruppe ermöglicht zwar Multiplikation, fördert Dynamik in der Begegnung mit (noch) Unbekannten und stellt Öffentlichkeit für Vorschläge und Anregungen her, die die Gruppe entwickelt hat, ihre Arbeitsergebnisse können aber auch durch geringen Zusammenhalt bzw. Unverbindlichkeit, Unübersichtlichkeit oder komplizierte Organisation eingeschränkt werden. Um Zugkraft für ein Verfahren in der Arbeit mit Großgruppen zu entwickeln, ist es Voraussetzung für die Teilnahme und das Engagement Vieler, dass das Generalthema *dringend* (es brennt den Teilnehmern unter den Nägeln), *breit angelegt* (mit Raum für neue Ideen und kreative Lösungen), *komplex* (unterschiedliche Ideen und Lösungswege sind möglich) und *wichtig* (d.h. von erheblicher Bedeutung für die Betroffenen, in dem z.B. auf Verhältnisse im Lebensraum oder Anlässe der Lebensbewältigung Bezug genommen wird) ist (vgl. Troxler 2013c: 408, Ruhe 2014: 133).

9.3.1 Podiumsdiskussion

Im Rahmen einer Podiumsdiskussion (auch: Podiumsgespräch, Streitgespräch, Forumsdebatte) kommen Experten, Vertreterinnen von Berufs- oder Interessengruppen, politische Akteure oder Betroffene zum Gespräch vor einer größeren Zuhörerschaft zusammen, um (i.d.R. räumlich abgegrenzt, z.B. in Form eines erhöhten Podiums) ihre Auffassungen darzustellen, zu vergleichen und kritisch zu beraten. Grundlegend ist der Gedanke, dass die Teilnehmerinnen einer Podiumsdiskussion ihre Argumente vorbringen, Fragen klären, Meinungen diskutieren und im Ertrag des Gesprächs einen Beitrag leisten, das Thema der Piodiumsdiskussion zu beleuchten und zur Klärung im Publikum (und untereinander) beizutragen.

Aufgabe des Moderators ist es, das Thema und den Ablauf der Diskussion zu erläutern, die Teilnehmer vorzustellen, die Beiträge zuzuweisen und dafür zu sorgen, dass die Teilnehmerinnen aussprechen können bzw. nicht unterbrochen werden. Er soll einzelne Darlegungen zusammenfassen und in einer Schlussbilanz zusammenführen können. In aller Regel soll er auch das Publikum beteiligen, das meist in der zweiten Hälfte (manchmal auch nach einer Pause) Gelegenheit hat, Fragen zu stellen; hier kommt dem Moderator auch die Aufgabe zu, sicherzustellen, dass die Fragen (da sie oft nicht direkt beantwortet werden) in den weiteren Beiträgen der Podiumsteilnehmerinnen berücksichtigt werden.

Die Podiumsdiskussion galt lange Zeit (neben dem Einsatz in politischen Prozessen [LE 10.3.1]) als das „Standardformat" der Bildungsarbeit mit größeren Gruppen; insbesondere die Medialisierung des Verfahrens (in Form einer großen Zahl von TV-Talkshows) hat dessen Schwächen und Grenzen deutlich werden lassen: die Gespräche verselbstständigen sich als Vorbringen von Auffassungen, die weitgehend unabgewogen bleiben; entscheidend ist die mediale Inszenierung, nicht der inhaltliche Austausch und die Abwägung von Argumenten. Zu beobachten ist, dass dieses Verhalten auch den Verlauf von Podiumsdiskussionen mitprägt, die zwar nicht medial vermittelt werden, bei denen aber die medialen Talkshowrituale reproduziert werden.

9.3.2 Fishbowl-Diskussion

In der Regel führt das tradierte Verfahren der Podiumsdiskussion dazu, dass sich durch die eingeschränkte Zahl der Teilnehmerinnen und die in der Regel nur begrenzten Möglichkeiten des Publikums, auf die Diskussion Einfluss zu nehmen, eine thematische Einseitigkeit bzw. Engführung ergibt: Diskussionsstarke Teilnehmerinnen bestimmen den Meinungsaustausch, die Beratung bleibt auf die Argumente und Sichtweisen der (wenigen) Teilnehmer beschränkt.

Das Verfahren der Fishbowl-Diskussion (auch Aquariumsverfahren/-methode) versucht, diese Mängel kreativ aufzulösen, indem die Möglichkeiten des Publikums, an der Diskussion teilzunehmen, erweitert und die Stellung der Podiumsteilnehmer sinnvoll geschwächt wird. Die Sitzordnung ähnelt einem Aquarium, um das die Teilnehmerinnen herum die Fische beobachten: Eine Gruppe von Teilnehmern diskutiert im Aquarium („Innenkreis") zu dem gegebenen Thema (für das die Moderatorin einige Leitfragen vorbereitet hat, um die Diskussion anzuregen), während die übrigen Teilnehmer die Diskussion verfolgen („Außenkreis"). Auch hier stellt die Moderatorin den Ablauf der Fishbowl-Diskussion sicher.

Die Teilnehmerinnen des Außenkreises können an der Diskussion teilnehmen, indem sie entweder einen leeren Stuhl im Innenkreis nutzen und mitdiskutieren (bis sie ihren Beitrag geleistet haben bzw. jemand anderes einen Beitrag leisten möchte), ein Teilnehmer des Innenkreises seinen Platz räumt, damit eine Teilnehmerin aus dem Außenkreis mitberaten kann, oder ein Teilnehmer des Außenkreises ein Mitglied des Innenkreises bittet, den Innenkreis zu verlassen. Die Form der Beteiligung von Teilnehmerinnen wird vor einer Fishbowl-Diskussion geklärt.

Als Vorteil des Verfahrens gilt, dass das Thema intensiver und verdichteter beraten wird, da immer nur wenige Teilnehmerinnen gleichzeitig mitdiskutieren können, sich aber, im Rahmen der Regeln, die Zusammensetzung der Teilnehmer (und damit auch die Perspektive auf das Thema) ändern kann. Dadurch kommen unterschiedliche Blickwinkel und Anschauungen zu Wort. Auch wird niemand gezwungen, an einer Diskussion weiter teilzunehmen, zu der er nichts mehr beitragen kann oder will (vgl. Peterßen 2009: 38 ff.).

9.3.3 Zukunftswerkstatt

Bei einer Zukunftswerkstatt handelt es sich um ein Verfahren, bei dem Großgruppen angeregt werden, in der strikten Struktur eines dreiphasigen Prozessmodells Phantasie und Mut aufzuwenden, kreative Ideen zu entwickeln, die mit dem Althergebrachten und Gewohnten in aller Regel wenig zu tun haben, die in ein Projekt münden sollen. Ausgangspunkt ist meist eine konkrete Fragestellung (z.B. die Umgestaltung einer heruntergekommenen Freifläche zwischen den Wohnblocks eines Stadtteils), die die Teilnehmer unmittelbar betrifft (weil sie z.B. Bewohnerinnen der Wohnblocks sind). Das Verfahren gilt insbesondere in der Gemeinwesenarbeit bzw. dem Quartiersmanagement als hilfreich zur Aktivierung Betroffener.

Zunächst geht es darum, sich in das besondere Setting einer Zukunftswerkstatt hineinzufinden: Es gibt keine Experten, die sagen, wo es langgeht, was zu tun ist. Es werden keine Eingangsreferate gehalten und Gruppen zu bestimmten Themen werden auch nicht gebildet. Nur das Thema ist bekannt. Der Rahmen ist betont informell (z.B. gibt es Kaffee, die Sitzordnung ist offen, es gibt keine Stuhlreihen, Tische fehlen).

In ihrer (kurzen) Einführung anerkennt die Leitung der Zukunftswerkstatt (z.B. eine Soziale aus dem örtlichen Quartiersmanagement) die Mitwirkung der Teilnehmerinnen, die sie (z.B. in Form von einfachen Partnerinterviews) sich kennenlernen lässt. Anschließend erläutert sie kurz das Konzept einer Zukunftswerkstatt und den Ablaufplan in drei Phasen (vgl. Jungk/Müllert 1989: 77–80, Stracke-Baumann 2013: 421, Stimmer 2006: 201):

1. Beschwerde- und Kritikphase: Die Zukunftswerkstatt beginnt zunächst mit einer rückwärtsgewandten Betrachtung in der Regel wenig zufriedenstellender, meist kritischer Erfahrungen zu dem Thema der Zukunftswerkstatt, z.B.: Was stört? Wo ist ein Problem? Was ist schlecht gelaufen? Was nervt? (Dabei könnte z.B. zur Sprache kommen, warum die Freifläche so heruntergekommen ist oder wie sie früher ausgesehen hat). Die Teilnehmerinnen werden eingeladen, ihre Kritik, Ängste und Befürchtungen zusammenzustellen. Anschließend finden nach dem sog. „Trichterprinzip" zunächst eine Sammlung der wichtigsten Punkte und dann eine Auswahl der hierbei gesammelten Themen statt (vgl. Jungk/Müllert 1997: 59, Stracke-Baumann 2013: 421, Stimmer 2006: 201), indem die Hauptkritikpunkte herausgearbeitet werden.

2. Phantasie- und Utopiephase: Die Hauptkritiksätze aus der ersten Phase bilden die Ausgangslage für die Phantasie- und Utopiephase (vgl. Jungk/Müllert 1989: 104). Hier „können tabulos und frei phantasierend (auch völlig unrealistische) Wünsche und Träume geäußert werden, beispielsweise harmonische Vorstellungen eines paradiesischen Zusammenlebens aller Bevölkerungsgruppen in der Gemeinde" (Stimmer 2006: 201). Konstruktives tritt an die Stelle des Kritisierten (Jungk/Müllert 1989: 79f.): So können Hauptkritiksätze z.B. „positiv umformuliert und anschließend in Form eines ‚Kunstwerkes' dargestellt" werden (Stracke-Baumann 2013: 421)

Grundlage für die Entwicklung des phantasievollen (phantastischen) Neuen stellt zunächst also das Ergebnis der Kritik dar, das in eine positive Form umgewandelt wird (sog. „Umgekehrt-Sehen"), d.h., die Kritiken und Beschwerden werden in positive Formulierungen umgewandelt (z.B. werden die „Schrauber", die am Samstag an ihren Autos gebastelt und dabei die Freifläche nach und nach verdreckt haben, nicht als „Problem", sondern als engagierte Bastler begriffen).

In einer Brainstormingphase (LE 9.2.2) werden vor diesem Hintergrund spontane, realistische oder unrealistische Vorschläge entwickelt, deren Realisierbarkeit keine Rolle spielt (z.B. für die „Schrauber" eine eigene Werkstatt zu errichten). Kritik an diesen Ideen („das ist sowieso unmöglich!") ist in dieser Phase unerwünscht. Es zeigt sich immer wieder, dass das Festhalten von Zwischenergebnissen auf Wandzeitungen immer neue Assoziationen und Ideen auslöst. Ergebnisse soll der Moderator überspitzen, Übertreibungen sind jetzt wichtig, weil sie zum Nachdenken anregen. Artverwandte Ideen können zusammengefasst (geclustert) werden. Das Ergebnis des Brainstormings wird durch Punktvergabe bewertet: Die Teilnehmer können den Ideen, die auf einer Wandzeitung o.Ä. festgehalten sind, eine festgelegte Zahl von Klebepunkten zuordnen. Die höchstgepunkteten Ergebnisse werden weiterverfolgt (die übrigen werden in einem sog. „Ideenspeicher" bzw. „Ideenbank" dokumentiert, da sie zu einem späteren Zeitpunkt und für weitere Überlegungen noch einmal wichtig werden können).

Anschließend werden die höchstgepunkteten Ergebnisse in Kleingruppen „rund gewünscht", d.h., die Teilnehmerinnen formulieren Wünsche an die Idee (z.B. „Ich wünsche mir, dass ..."); daraus formt sich ein Schwerpunkt (eine Charakteristik der Idee), der als Grundlage für die folgende Diskussion des „utopischen Entwurfs" dienen kann. Der *utopische Entwurf* führt schon zu einem konkreten Projekt hin; die neue Idee wird weitergedacht: Geklärt wird z.B., was für Voraussetzungen und Folgen sich daraus ergeben. Die in den Kleingruppen erarbeiteten Entwürfe werden im Plenum der Zukunftswerkstatt dokumentiert (z.B. als Wandzeitung oder als Präsentation in Form eines kleinen Theaterstücks). Nach- und Verständnisfragen aus dem Plenum werden geklärt.

Die Auswertung der Entwürfe erfolgt unter dem Gesichts- und Bewertungspunkt, was sich Phantastisches bzw. Utopisches ergeben hat (was ist packend, neu, anders, unkonventionell, quergedacht ...?). Durch eine erneute Punktvergabe als Schnittstelle zur Verwirklichungs- und Praxisphase wird der Schwerpunkt festgelegt, welche Idee (welcher Entwurf) weiterverfolgt werden soll.

Die kreativitätsfördernden Methoden der Phantasiephase können einigen Teilnehmern (trotz der Darstellung ihrer Funktion im Verfahren) durchaus als wirklichkeitsfremd erscheinen (z.B. wirkt das Brainstorming, das keine Kritik zulässt, auf Menschen, die gewohnt sind, analytisch eine Situation auf ihr Für und Wider zu betrachten, also systematisch Kritik zu äußern, zunächst einmal fremd). Die Gefahr einer Überforderung einzelner Teilnehmerinnen in dieser Phase besteht durchaus; die Erfahrungen mit Zukunftswerkstätten zeigen aber, dass die Gruppendynamik und der Gruppenprozess in der Phantasiephase auch hier zu einer Entspannung beitragen können.

Auch Blockaden (z.B. „Mir fällt rein gar nichts mehr ein!“) sind im Laufe dieses durchaus anstrengenden Arbeitsprozesses nicht ungewöhnlich. Notwendig ist es dann, durch einen Wechsel der Arbeitsform oder Tätigkeit (z.B. durch körperliche Bewegung) Interesse und Aufmerksamkeit neu zu fokussieren. Hilfreich sind zudem Pausen oder der Wechsel der Tätigkeit (z.B. ein Spaziergang, verbunden mit der Bitte, beim Gehen zu zweit über das Thema *nicht* nachzudenken [was oft dazu führt, dass über das Thema *ganz anders* gesprochen wird]) und eine kurze Wiederholung der eingangs bereits gegebenen Erläuterungen zum Verfahren und zur Bedeutung dieser Phase.

3. Verwirklichungs- und Praxisphase: Nach der intensiven Phantasiereise werden in der Verwirklichungs- und Praxisphase die tatsächlich gegebenen Bedingungen wieder berücksichtigt und die in der Phantasiephase entwickelten Ideen auf ihre Umsetzungsperspektiven geprüft; ab jetzt steht die Planung des Künftigen im Vordergrund, und aus einer Idee wird ein konkretes Projekt entwickelt (vgl. Stimmer 2006: 201, Stracke-Baumann 2013: 421).

Elemente dieser Phase sind z.B. die Prüfung des Schwerpunkts auf aktuelle Realisierbarkeit (unter den gegebenen Umständen), die Entwicklung von Strategien zur Umsetzung (müssen Abstriche gemacht werden? Wer sind ggf. Bündnispartner?) und die Entwicklung von Schritten zu einer konkreten Aktion. Geprüft wird, wer was an Erfahrungswissen einbringen kann (z.B.: Welche Expertinnen stehen zur Verfügung? Was steht in der Fachliteratur?), geklärt wird, was in der Politik dazu gesprochen wird (z.B.: Kann ein Gespräch mit Politikern sinnvoll sein?). Als hilfreich erweist sich dabei oft eine Auswertung der Entwürfe in Tabellenform (welche Unterstützung bzw. Hemmnisse gibt es für die einzelnen Entwürfe, was ist schnell, was umständlich, was ist aufwendig, was einfach zu erreichen?).

Gegen die Sorge, die Ideen könnten nicht neu sein, lässt sich einwenden, dass es lohnen kann, auch (Alt-)Bewährtes neu zu sehen, da es in einer veränderten Situation innovativ sein und Neues bewirken wird. Verbreitet ist die Befürchtung, dass in einer Zukunftswerkstatt geborene neue Ideen nicht ernst genommen werden könnten; dagegen lässt sich durch die Leitung einer Zukunftswerkstatt einwenden, dass jeder neuen Idee zunächst einmal Skepsis entgegengebracht wurde (z.B. sollte die Fahrgeschwindigkeit der ersten Eisenbahnen von mehr als 30 km/h den Fahrgästen die Atemluft nehmen und sie ohnmächtig werden lassen, weshalb ein Eisenbahnsystem der heutigen Ausdehnung um 1850 für vollkommen ausgeschlossen galt), sie sich aber dann doch durchsetzen konnte.

Schließlich muss eine Auswahl erfolgen, welche Idee weiterverfolgt werden soll; dabei gilt die Maxime: Nicht verzetteln, zunächst ein Projekt angehen! Das heißt: Welches Projekt soll angegangen werden? Dies kann z.B. durch eine Punktvergabe entschieden werden, die ein Ranking zur Folge hat.

Dieser Projektvorschlag muss darauf untersucht werden, ob und ggf. wie ähnliche Projekte schon begonnen und welche Erfahrungen damit gemacht wurden (aus Fehlern anderer kann gelernt werden). Daraus ergeben sich konkrete Forderungen und ein Projektumriss (was? wie? wer? wo? wann?). Hilfreich für alle künftigen Schritte ist eine Ergebnisdokumentation, die z.B. Verlaufsprotokolle, Protokolle von Kleingruppen, Fotografien von Wandzeitungen, Projektskizzen, Forderungskataloge umfasst; auch die Ideen, die nicht sofort umgesetzt werden können, sind wertvoll und sollten daher auch in der Dokumentation in einem „Ideenspeicher" festgehalten und so für künftige Vorhaben gesichert werden.

Claudia Stracke-Baumann (2013: 421 ff.) weist darauf hin, dass zur Nachbereitung eine *schnelle* Dokumentation der Zukunftswerkstatt gehört, um den Beteiligten „die Vergegenwärtigung des gesamten Werkstattprozesses zu ermöglichen"; vier bis sechs Wochen später sollte ein Nachtreffen mit allen Beteiligten stattfinden, damit die Umsetzung der Projektidee weiter geplant werden kann. Bei umfangreichen bzw. längerfristigen Projektideen kann eine Projektleitung (bzw. ggf. eine Steuerungsgruppe) erforderlich werden. Spätestens nach einem Jahr sollte ein Evaluationstreffen mit den Teilnehmerinnen der Zukunftswerkstatt stattfinden.

Das Verfahren ist unkonventionell und löst daher gelegentlich auch (starke) Impulse aus, sich darauf nicht einlassen zu wollen. In der Regel lassen sich Berührungsängste zu der zunächst sehr ungewöhnlichen Vorgehensweise einer Zukunftswerkstatt durch eine sachliche Darstellung der Arbeitsweise, ihrer Regeln und Effektivitätsvorteile bereits in den Startphase schnell entkräften. Bei bleibender Skepsis oder Ablehnung durch einzelne

Teilnehmerinnen empfehlen sich gelegentliche Seitengespräche in der Pause und auch die gezielte Übertragung von Verantwortlichkeit (z.B. Präsentation des Arbeitsergebnisses im Plenum), was meist einen positiven Beteiligungseffekt zur Folge hat. Diskussions- und Arbeitsergebnisse auf Wandzeitungen, Flipcharts o.Ä. gegenständlich zu machen, führt außerdem dazu, dass alle in kurzer Zeit viel schreiben und auch unter Zeitdruck Arbeitsergebnisse vorlegen. Auch das führt zu einer dichten Arbeitsatmosphäre, die fast alle Teilnehmer einbindet und „mitnimmt" (vgl. insg. zum Verfahren Koch 1994, Stracke-Baumann 2009, Peterßen 2009: 292–297).

Fallbeispiel

Wenn Helma sich auf eine Zukunftswerkstatt einließe (die das Stadtteilmanagement einberufen könnte, um Vorschläge für die weitere Entwicklung des Stadtteils zu sammeln), dann könnte sie ihre Idee zur Diskussion stellen, dass im Stadtteil eine Hausaufgabenbetreuung eingerichtet werden soll, die es gegenwärtig nicht gibt (Kritikphase). Sie wünscht sich eine qualifizierte Betreuung, die den Schülern wieder Spaß macht, zur Schule zu gehen und zu lernen; gut wäre auch ein Freizeitangebot von Leuten, „die es auch draufhaben", mit Jugendlichen umgehen können und auch mal sagen, „wo es langgeht" (Utopiephase). Wie das gehen könnte, würde in der Großgruppe beraten werden; ein Plan dazu könnte das Ergebnis sein.

9.3.4 Planspiel

Planspiele sind offene Verfahren, bei denen aus einer Gesamtgruppe gebildete Teilgruppen auf der Grundlage einer gemeinsamen Spielsituation (Ausgangslage) und gruppenspezifischen (Teil-)Aufgaben durch Spielhandlungen (Interaktionen) zwischen den Gruppen (Verhandlungen, Austausch von Informationen u.a.) ein Ziel erreichen sollen. Es kann z.B. darum gehen, eine Aufgabe (thematisches Ziel) zu bewältigen oder neue Formen der Verhandlungsführung auszuprobieren (methodisches Ziel). Planspiele unterscheiden sich im Zeitaufwand und im Grad ihrer Komplexität: Kurzzeit-Planspiele haben eher den Charakter eines Rollenspiels (LE 8.3.2), komplexere Planspiele können auch mehrtägig oder in Etappen verlaufen.

Fünf Phasen strukturieren ein Planspiel:

1. Vorbereitung: Zunächst klärt die Spielleitung, welchem Ziel das Planspiel primär dient (thematisches oder methodisches Ziel), welchen Zeitrahmen es haben soll, welche Ausgangslage gegeben ist und welche (Teil-)Aufgaben (bzw. Teil-Ziele) wie viele Gruppen verfolgen sollen. Hierbei können fiktive Umstände oder tatsächlich gegebene (den Teilnehmern dann auch bekannte) Situationen den Hintergrund bilden. Ausgangslage und Aufgaben werden schriftlich verfasst, ebenso die Regeln des Planspiels (z.B. wie die Interaktion zwischen den Gruppen erfolgen soll: brieflich, per PC-Netzwerk, persönlich).

2. Einleitung: Zu Beginn eines Planspiels begrüßt die Spielleitung die Teilnehmerinnen und vermittelt das Ziel des Planspiels, z.B. die Lösung einer fiktiven oder tatsächlich gegebenen Aufgabenstellung. Anschließend geht sie auf das Planspiel als (spielerisches) Verfahren ein, das in einem bekannten Zeitrahmen durchgeführt wird. Die Ausgangssituation wird den Teilnehmerinnen vorgestellt und Nachfragen dazu werden beantwortet. Die für alle Teilnehmer verbindlichen Spielregeln eines Planspiels werden vorgestellt. Geklärt wird, welche Funktion die Spielleitung hat (Koordination des Planspiels, Ansprechpartnerin für die Gruppen) und welche Rollen in den Gruppen verteilt werden müssen (jede Gruppe muss einen Sprecher bestimmen, der für die Kommunikation mit anderen verantwortlich ist, und sie muss klären, wer Ergebnisse in der Gruppenberatung dokumentiert, z.B. zu den Zielen der Gruppe, ihrer Strategie und der Vorgehensweise). Abschließend werden die einzelnen Gruppen mit ihren individuellen (den anderen Gruppen jeweils unbekannten) Aufgaben ausgestattet und einem Gruppenraum zugewiesen.

3. Initiierung: Zunächst arbeiten die Teilnehmerinnen in ihren Gruppen die Vorgaben des Planspiels (Rollenklärung, Ausgangslage), wobei die Spielleitung in jeder Gruppe offene Punkte klärt, die sich aus den gruppenspezifischen Anweisungen in aller Regel ergeben. Anschließend wird jede Gruppe für sich ihr spezifisches Ziel klären, die möglichen Interessen und Strategien der anderen Gruppen einschätzen, das Vorgehen planen (Taktiken bestimmen) und erste Schritte (z.B. Kontaktaufnahme mit einer bestimmten anderen Gruppe, die ein ähnliches Interesse haben könnte) vorbereiten (und jeweils dokumentieren).

4. Interaktionsphase: In der Handlungsphase werden Kontakte zu den anderen Gruppen aufgenommen (v.a. durch schriftliche Botschaften, persönliches Gespräch oder virtuelle Kommunikation mittels PC-Netzwerk). Charakteristisch für das Verfahren ist, dass die Spielleitung über jeden Schritt der Kontaktaufnahme informiert ist (*alle* Botschaften laufen über sie, persönliche Gesprächswünsche werden registriert und Orte zum Gespräch zugewiesen, ohne dass davon andere Gruppen erfahren). Das Planspiel entwickelt sich dynamisch auf Basis der unterschiedlichen Interaktionen, den Schlussfolgerungen, die die Gruppen daraus ziehen, und den Schritten, die sie daraus ableiten. Sie verfolgen ihre Strategien, aktualisieren diese womöglich im Laufe des Planspiels, verhandeln und reagieren auf die Handlungsweisen der anderen Gruppen. Auch die Spielleitung kann durch Interventionen (z. B. Veränderungen in den Ausgangsbedingungen) Einfluss auf die Entwicklung nehmen; sie kann z. B. die Sprecherinnen der Gruppen zu einer Beratung, Konferenz o. Ä. zusammenrufen (wobei sie als Konferenzleitung tätig wird). An allen direkten Gesprächen zwischen den Sprecherinnen einzelner Gruppen nimmt die Spielleitung teil.

5. Reflexion: Die Spielleitung beendet das Planspiel (entweder weil das Spielziel erreicht wurde oder aufgrund des Ablaufs der vereinbarten Zeit). Der Spielverlauf wird ausgewertet, indem vor dem Hintergrund der eingangs geschilderten Ausgangslage die (Teil-)Aufgaben der einzelnen Gruppen, ihre individuellen Zielvorstellungen, Strategien und Vorgehensweisen miteinander verglichen und in Beziehung zum Spielergebnis gesetzt werden. Diskutiert wird, welche Vorgehensweise sich als wirksam erwiesen hat, aufgrund welcher Taktik welche Ergebnisse erzielt werden konnten.

Günter Leuschner hat einige Instruktionen für das Beobachten von Planspielen formuliert:

Arbeit innerhalb der Gruppe: Gelingt es der Gruppe, sich mit den zugewiesenen Rollen zu identifizieren? Gibt es Über- oder Unteridentifikation, Abweichungen? Wird zu Beginn eine gemeinsame Taktik oder Strategie abgesprochen oder herrscht stillschweigend Konsens über die Vorgehensweise? In welchen Begriffen zeigt sich die Einstellung der Spielgruppe zu der Gruppe, die sie zu spielen hat (Stereotype)? Sind die Aktivitäten der Gruppenmitglieder eher auf solidarische Handlungsstrategien abgestellt oder überwiegen Intragruppenkonflikte? Wird eine Aufgaben- und/oder Rollenverteilung vorgenommen, wenn ja, wie? Bilden sich Schlüsselfiguren heraus, Randfiguren, Außenseiter, steigt jemand aus? Ist die Gruppe eher reaktiv durch das Verhalten der anderen Gruppen bestimmt oder selbst engagiert? Wie verhält sich die Gruppe gegenüber dem Beobachter (indifferent, fügsam, aggressiv, ironisch …)?

Beziehungen zwischen den Gruppen: Wie häufig interagierten die Gruppen untereinander? Welche Bemerkungen werden bei der Kommunikatio, z.B. beim Überbringen der Briefe (bei der Spielleitung und der Empfängergruppe) gemacht? Welche Einschätzung anderer Gruppen spiegelt sich darin? Ist der lnteraktionsstil eher durch Kampf oder Versöhnung geprägt? Gehen die Gruppen genau auf die Inhalte der an sie gerichteten Kommunikation ein? In welchen Begriffen zeigt sich die Einstellung der Spielgruppen zu den anderen Spielgruppen? Wie wird allgemein die Spannung zwischen Kooperation und Wettbewerb bewältigt? (vgl. Antons 1996: 140).

Erkennbar wird, dass die Reflexion eines Planspiels sich nicht nur auf den Grad der Zielerreichung einzelner Gruppen beschränkt (thematische Ebene), sondern auch eine Auswertung der Verhandlungsweisen und -stile und des Grades der Kooperation (methodische Ebene) erfolgt (zum Aspekt der Kooperation im Planspiel vgl. Antons 1996: 113f.). Damit eröffnet ein Planspiel vielfältige Möglichkeiten, Wissen über Taktiken und Kompetenzen der Verhandlungsführung zu erlangen (vgl. insg. Antons 1996: 113f., insb. 135–140, Wenzl 1995).

9.3.5 World Café

Die World-Café-Methode stellt eine Alternative zu Tagungen dar, die eher rezeptionsorientiert (organisiert nach dem Muster *Vortrag – Diskussion – Arbeitsgruppen zu vorher festgesetzten Themen*) nur selten systematisch den Austausch zwischen den Teilnehmern fördern (und deren Ergebnisse daher in den vorgegebenen Strukturen des Tagungsmusters verhaftet bleiben).

Entwickelt von Juanita Brown und David Isaacs gründet die Methode v.a. auf der Annahme, dass es kollektives Wissen gibt; daher sollen Menschen miteinander in ein konstruktives Gespräch gebracht werden zu Themen, die für die Teilnehmerinnen relevant sind. Im Gespräch wird gelernt, die Realität in vielen unterschiedlichen Facetten zu sehen und (z.T. neue) Netze zu spinnen. Das Neue entsteht aus einem Flechtwerk aus Gedanken, Ideen, Erkenntnissen und im Gespräch neu gesehenen Optionen. Es geht also darum, v.a. in Veränderungsprozessen (z.B. Organisations-, Konzeptentwicklung) möglichst viele Beteiligte zu Wort kommen zu lassen und ihnen so Möglichkeiten zur nachhaltigen Selbstentwicklung, Selbststeuerung und Selbstorganisation zu geben.

Ein World Café gilt als besonders wirkungsvoll für Gruppen unterschiedlicher Teilnehmerinnen (von zwölf bis weit über 100 Personen), die an einem gemeinsamen Thema interessiert oder von diesem betroffen sind. Es ist sinnvoll, wenn das Wissen, die Intelligenz und Kreativität größerer

Gruppen für ein komplexes Thema genutzt, außergewöhnliche Lösungen zu einem Thema gefunden und die Sicht aller zu einem Thema deutlich werden. Das Verfahren bietet sich an, um große Gruppen miteinander ins Gespräch zu bringen, das Wissen und die Erfahrung von großen Gruppen zu nutzen, neue Ideen und Konzepte mit vielen Akteuren zu erarbeiten, Meinungen zu erheben und zu differenzieren oder Konfrontationslinien zu verflüssigen. Ein World-Café dauert etwa 45 Minuten bis drei Stunden:

Elemente eines Cafés sind die *Speisekarte* (Diskussionsanregungen, Fragen), der *gedeckte Tisch* (bestehend aus einer beschreibbaren *Tischdecke* (zum Fixieren von Gedanken und Stiften als Tischgesteck) und *Getränke* (Kaffee, Tee, Mineralwasser) und kleine *Snacks* (Kekse, Gebäck, Kuchen), um die Kommunikation zu fördern.

Zunächst wird eine bestimmte Zahl von Café-Tischen eingerichtet, die sich nach der Zahl der Teilnehmer bzw. den Themen richtet (je Tisch wird eine Gastgeberin benötigt). In der Mitte des Tisches sind gut lesbar die (Leit-)Fragen (Speisekarte) ausgelegt, die an diesem Tisch zur Gesprächsanregung durch die Gastgeberin formuliert wurden. Diese (Leit-)Fragen sind ein wichtiger Faktor für den ertragreichen Verlauf eines World Cafés. Diese Fragen animieren zum Gespräch; sie sind einfach formuliert und sollen auf den Dialog neugierig machen. Bei der Formulierung der Speisekarte sollten daher folgende Überlegungen kritisch mit einbezogen werden: Welches konkrete Thema/Themengebiet soll behandelt werden? Welche Themen sind am ehesten sinnvoll und wichtig und erzeugen einen kreativen Austausch? Sind die Café-Fragen unmissverständlich, aussagekräftig und diskussionsfähig formuliert?

Die Moderatorin führt zu Beginn in die Arbeitsweise ein, erläutert den Ablauf und die Verhaltensregeln.

Zu Beginn des World Cafés ordnen sich die Teilnehmerinnen (Cafébesucherinnen) einem der vorbereiteten Tische (vier bis 15 Personen) zu. An allen Tischen soll eine möglichst gleich große Zahl von Cafébesuchern mitwirken (worauf die Gastgeber freundlich aufmerksam machen). Bei der Zusammensetzung der Tischgruppen ist eine heterogene Zusammensetzung sicherlich wünschenswert (z. B. Männer *und* Frauen, Vertreter freier Träger *und* öffentlicher Träger, beruflich tätige Fachkräfte *und* freiwillig Tätige).

Im Verlauf werden unterschiedliche Fragen in aufeinanderfolgenden Gesprächsrunden von 15 bis 30 Minuten an allen Tischen bearbeitet, indem die Teilnehmer die gestellte/n (Leit-)Frage/n diskutieren. Die Gastgeberinnen achten darauf, dass eine offene, klare und freundliche Atmosphäre entsteht. Die Gespräche sollen in einer entspannten Atmosphäre ermöglichen, die in der Gruppe vorhandenen Gedanken (Ideen, Fragen, Wissen) sichtbar werden zu lassen, um damit neue Perspektiven oder Handlungspläne zu entwickeln. Die Gastgeber bleiben in allen Runden an ihrem Tisch und verabschieden in den Übergängen die Gäste, begrüßen die Neuen und fassen die Kerngedanken und wichtigsten Erkenntnisse der vorherigen Runde zusammen. Im Verlauf des Gesprächs sorgen sie dafür, dass sich alle beteiligen können und dass wichtige Gedanken, Ideen und Verbindungen von allen auf die Tischdecken geschrieben und/oder gezeichnet werden.

Danach wechseln die Cafébesucherinnen die Tische und finden sich in der nächsten Runde entweder in einer neuen Konstellationen an einem anderen Tisch zusammen oder sie wechseln als geschlossene Tischgruppe zum nächsten Tisch. Die Überlegungen der Vorgängergruppe/n liegen der jeweils neuen Gruppe auf den Tischen vor (das Tischtuch wird nicht gewechselt); an diese Gedanken kann die neue Gruppe anschließen, sie verändern oder ergänzen. So „befruchten" sich die Teilnehmer gegenseitig mit neuen Ideen und Perspektiven.

Die so entstandenen Arbeitsergebnisse der Tische werden schließlich in einer Art Posterschau bzw. „Vernissage" für alle Teilnehmer ausgestellt. Eine Diskussion nach der Besichtigung liefert ein Destillat der Erkenntnisse, welches dann als schriftlich aufbereitetes, gespeichertes Wissen zur Verfügung steht. Dienen die Arbeitsergebnisse als Grundlage für weitere Diskussionen in einem anschließenden Prozess, so können sie von den Gastgebern zunächst im Plenum zusammengefasst werden, um anschließend verschriftet allen Cafébesucherinnen zur weiteren Bearbeitung zur Verfügung zu stehen.

Das World-Café schließt in der Regel mit einer Reflexionsphase ab.

Durch die Wiederholung der gleichen (Leit-)Fragen an mehreren Café-Tischen erzielen die Cafébesucher einen Erkenntnisgewinn aus einer breiten Palette von Wissensressourcen. Durch ihre Unterschiedlichkeit werden viele verschiedene Blickwinkel möglich. Das Verfahren des World Cafés strukturiert und befördert dabei Klärungsprozesse und erzielt innerhalb kurzer Zeit verwertbare und konzentrierte Ergebnisse (vgl. Brown/Isaacs 2007, Scholz/Vesper/Haussmann 2007).

Eine Variante ist das Knowledge-Café, ein Verfahren aus dem Wissensmanagement, das im Unterschied zum World-Café insbesondere durch eng gefasste Themenplätze sehr viel stärker strukturiert ist. Die Teilnehmer/innen arbeiten in der Regel alle Themen ab; Lernen und Lehren stehen hier im Vordergrund.

9.3.6 Open Space Technique

Bei der Open Space Technique handelt es sich um einen Verfahren, das zunächst in den USA entwickelt wurde und seit den 1990er Jahren auch in

Deutschland (zunächst in der politischen und Erwachsenenbildung, im Kontext von Organisationsprozessen, seit einigen Jahren auch in der Sozialen Arbeit) eingesetzt wird, um v.a. mit Akteursgruppen zu einem Generalthema (z.B. die Entwicklung einer Konzeption für die Kinder- und Jugendarbeit einer Stadt) zu arbeiten und dabei deren Phantasie zu nutzen, selbstbestimmt die Facetten dieses Themas zu reflektieren. Dies erlaubt es, Aspekte des Generalthemas auf der Grundlage der selbstbestimmten Ideen der Teilnehmerinnen zu diskutieren, ohne dabei an thematische Vorgaben und Überlegungen einer Tagungsleitung gebunden zu sein. Dies erlaubt einen offenen Diskurs, dessen Ausgang *nicht* vorbestimmbar ist. Darüber hinaus wirkt das Verfahren meist gemeinschaftsbildend, denn die Teilnehmer lernen sich (z.T.) neu und auch näher kennen, als dies in ihren üblichen Zusammenhängen, z.B. an der Arbeitsstelle, sonst möglich ist.

Der Ablauf einer Open Space-Konferenz wird durch vier Phasen strukturiert, nachdem der Moderator die Konferenz mit der Einführung in das Verfahren eröffnet hat:

Die Themen der Beratung folgen den Interessen, Ideen, Anregungen, Wünschen etc. der Teilnehmerinnen. Alle können ein Thema einbringen. Auf dem Marktplatz (ein zentraler Raum, i.d.R. mit Metaplanwand, einer Wand mit Packpapier o.Ä.) kann jeder Teilnehmer sein Thema bekannt geben (z.B. in Form eines Stichwortes oder eines kurzen Textes, worum es gehen sollte); damit wird sie zur *Einladerin.* Auf dem Marktplatz wird neben dem Thema auch der Arbeitsraum vermerkt, in dem das Gespräch zu diesem Thema stattfinden kann. Jede trägt sich bei dem Thema ein, das sie interessiert.

Die Teilnehmer bearbeiten ihr Thema im angegebenen Arbeitsraum selbsttätig und -organisiert, bestimmen also selbst, wie sie die Regeln ihres Gespräches aufstellen wollen. Sie bleiben so lange in einer Gruppe, wie sie es für sinnvoll erachten: solange das Interesse da ist, solange es noch mitzudiskutieren lohnt, solange es noch etwas zu lernen gibt. Jeder Teilnehmer entscheidet, wann der Zeitpunkt gekommen ist, dazu zu kommen oder zu gehen (sog. „Gesetz der zwei Füße"); jede kann sich entscheiden, an einer anderen Gruppe teilzunehmen, zu pausieren, selbst ein Thema anzubieten (gut geeignet sind z.B. Pausen am Kaffeeautomat, an dem sich die Teilnehmer treffen und Neues ausdenken) oder wieder in die Gruppe zurückzukehren. Alles ist möglich. Es gelten dabei nur vier *Prinzipien: Wer auch immer kommt, es sind die richtigen Leute* – es ist vollkommen unerheblich, ob einer kommt, zehn oder zwanzig: Alle sind wichtig und engagiert. *Was auch immer geschieht, es ist das Einzige, was geschehen konnte* – Ungeplantes und Unerwartetes gilt als kreativ und hilfreich. *Es beginnt, wenn die Zeit reif ist* – wichtig ist das Engagement (nicht das Einhalten von Formen und die Wahrung der Pünktlichkeit). *Vorbei ist vorbei, nicht vorbei ist nicht vorbei* – wenn die Energie erschöpft ist, dann ist die Zeit herum.

Wichtig ist, dass der Einlader für eine (möglichst aussagekräftige/bildreiche) Dokumentation des Arbeitsergebnisses sorgt, damit alle Teilnehmerinnen der Open Space-Konferenz am Ergebnis teilhaben können. Die Ergebnisse werden auf dem Marktplatz ausgehängt und können von allen eingesehen werden. Der Einlader steht vor der Abschlussphase für Fragen und Erläuterungen zur Verfügung.

Die Moderatorin beendet die Konferenz, indem sie die Ergebnisse vermerkt und ggf. Vereinbarungen trifft, z.B. zur weiteren Bearbeitung (vgl. insgesamt Owen 2001, Rogge 2000, Maleh 2001).

Erfahrungsgemäß bringt das Verfahren zahlreiche und kontroverse Ideen für Maßnahmen hervor; gerade dies fördert die Motivation von Gruppen, an deren Umsetzung auch praktisch mitzuwirken. Wie bei anderen Verfahren auch, steht und fällt die Realisierung von Ergebnissen einer Open Space-Konferenz mit den Ressourcen zur Umsetzung; ungeachtet der Qualität ihrer Ergebnisse kann sich die in solchen Konferenzen spürbare Motivation, nun auch etwas bewegen zu wollen, schnell in Enttäuschung umkehren. Unsicher ist auch, ob das Verfahren wirklich begünstigt, dass „heikle Themen" angesprochen werden (vgl. Troxler 2013c: 409f.).

9.3.7 Barcamp

Das (seit 2005 bekannte) Verfahren Barcamp (gelegentlich auch als Un- oder Nicht-Konferenz bezeichnet) folgt dem schon bei der Open Space Technique oder dem Verfahren World Café erkennbar gewordenen partizipativen Grundverständnis für kollektive Bildungsprozesse und kompiliert Elemente beider Verfahren. In der Regel finden sich Menschen aufgrund von Einladungen (die auf Internetplattformen, in Blogs oder sozialen Netzwerken kommuniziert werden) an einem Ort zusammen, um zu einem (meist weit gefassten) Thema (wie z.B. das „BleibGesundCamp" der Volkshochschule Esslingen) entweder selbst einen Vortrag zu halten, zu organisieren oder sich an einem Vortrag (organisatorisch oder inhaltlich) zu beteiligen. Barcamps dienen damit einem maximal offenen inhaltlichen Austausch und der Diskussion: weder die Inhalte noch die Formen (Arbeitsgruppen, Arbeit in virtuellen Netzwerken, Vortrag, Podiumsdiskussion) sind vorgegeben oder zuvor abgestimmt (vgl. z.B. die Schilderung durch Richter 2008).

Die Arbeit besteht aus *Sessions* (den Vorträgen, Gesprächsrunden u.a.), die in *Grids* (Stundenplänen) angezeigt durch die Teilnehmerinnen selbst koordiniert werden. Damit lehnt sich das Verfahren an die Open Space-Methode an; auch hier melden die Teilnehmerinnen ihr Thema an und gestalten dazu eine Arbeitsgruppe, und auch hier werden (Teil-)Ergebnisse zum Schluss gesammelt, allerdings in der Regel online (z.B. in Form von Blogs oder Internet Relay Chats) dokumentiert (bei Internet Relay Chats handelt es sich um ein textbasiertes Chat-System, das Mitteilungen unter vielen Teilnehmern *[Channels]* oder Mitteilungen zwischen zwei Teilnehmern *[Query]* ermöglicht). Aufgabe eines Moderators ist es v.a., zu Beginn das Barcamp-Plenum und ein Abschlussplenum zu organisieren.

Barcamps werden bislang meist kostenfrei ermöglicht, da angestrebt wird, die Kosten der Veranstaltung durch Mitveranstalter (z.B. Bildungsträger, Volkshochschulen) oder Sponsoren (bei Gesundheitsthemen z.B. Krankenversicherungen) tragen zu lassen.

9.4 Schlussfolgerungen

Ziehen Sie bitte eine Bilanz dieses Kapitels! Welche Schlussfolgerungen ergeben sich für Sie? (Hinweise zur Einordnung ihrer Bilanzierung finden Sie auf meiner Website.)

9.4.1 Anregungen zur Weiterarbeit

Helmas Idee einer Hausaufgabenhilfe ließe sich auch in einer Fishbowl-Diskussion bearbeiten. Wen würden Sie dazu einladen, welchen Fragen würden Sie vorbereiten?

9.4.2 Materialien

Eine komplexe Arbeitshilfe zu Moderationsverfahren (mit CD-ROM, die die im Buch vorgestellten Tools als Kopiervorlage bereitstellt und Tipps zur Konfliktlösung in Moderationsprozessen enthält) haben Jan Bodo Sperling, Jacqueline Stapelfeldt und Ursel Wasselveld (Moderation, Planegg 207) zusammengestellt.

Zwei praxisnahe und im Internet verfügbare Anregungen zur Durchführung von Zukunftswerkstätten stammen von Peter Weinbrenner:

- Link 1: http://www.zzda.de/schwerpunkte/veranstaltung/zukunftsforen/dokumentation/weinbrenner.pdf (27. Oktober 2014), und

- Link 2: http://www.smv.bw.schule.de/berichte/zuwe09/Zukunftswerkstatt-Weinbrenner.pdf (27. Oktober 2014).

Die Bundeszentrale für Politische Bildung unterhält online eine Datenbank mit vielfältigen methodischen Hinweisen zur Durchführung von Planspielen; Link: http://www.bpb.de/lernen/unterrichten/planspiele/65585/planspiel-datenbank (27. Oktober 2014).

Die aktuelle Barcamp-Liste für Deutschland, Österreich und die Schweiz findet sich unter: http://www.barcamp-liste.de/ (27. Oktober 2014).

Kapitel 10
Lokal arbeiten: Gemeinwesenarbeit und Quartiersmanagement

Fallbeispiel

Das Stadtteilmanagement hatte vor drei Tagen eingeladen: Jugendliche hätten ab 14.00 Uhr Zeit, sich zu äußern, wie sich ihr Stadtteil verändern sollte. Elf 12- bis 15jährige, unter ihnen Karl, stehen vor dem wenigstens doppelt so großen Gremium, das aus dem Leiter des Stadtplanungsamtes, Kommunalpolitikern und dem Geschäftsführer der örtlichen Wohnungsgesellschaft besteht, und wissen nicht so recht, was sie sagen sollen. Einen Platz hat man ihnen nicht angeboten, Cola gibt's auch nicht. Nach 15 Minuten ist der Spuk vorüber. Die Jugendlichen hätten aber schon ein bisschen mehr sagen können, bilanziert der Leiter des Stadtentwicklungsamtes das Gespräch, es sei gut gewesen, dass sie da waren – es könne nun so weitergehen, wie ohnehin schon geplant.

10.1 Einführung: Was ist Gemeinwesenarbeit?

Gemeinwesenarbeit hat Ende des 19., Anfang des 20. Jahrhunderts ihren Ursprung in England und den Vereinigten Staaten:

In London zielte der Ansatz des Ehepaars Barnett in den 1870er und 1880er Jahren auf die Verbesserung der Lebensumstände der Arbeiterbevölkerung durch eine soziale und auf Bildung und Gesundheit bezogene Infrastruktur; das Arbeitsprinzip war die gemeinschaftliche Hilfe. In der „Toynbee-Hall" entstand eine Außenstelle der Oxford University; Studierende sollten im Elendsviertel im Sinne von Felderfahrung lernen und gleichzeitig ihr kulturelles und fachliches Wissen an die dort lebenden Menschen weitergeben (vgl. Kilb 2009: 264f.).

In Chicago gründete Jane Addams (vgl. Pinhard 41ff., 55ff., Braches-Chyrek 2013: 131–170, Staub-Bernasconi 2013) in Chicago *Hull House*, eines der ersten amerikanischen *Settlements* (zu den Modellen der Social

Settlement Movement zählten neben Hull House auch das Henry Street Settlement und Greenwich House in New York). Im Stadtviertel um Hull House lebte eine Vielzahl von Immigranten verschiedenster Herkunft unter teilweise katastrophalen Bedingungen zusammen (Kinderarbeit, extreme Ausbeutung der Arbeiter, erbärmliche und unhygienische Wohnverhältnisse ohne Formen eines sozialen Netzes). Addams sammelte gut gebildete, berufserfahrene und sozialpolitisch engagierte Frauen (darunter Julia Lathrop, Florence Kelley, Grace und Edith Abbott) und den Soziologen John Dewey um sich. Ziele waren direkte und tätige Nachbarschaftshilfe, die Mobilisierung der Selbsthilfekräfte durch geeignete kulturelle, freizeit-, bildungsbezogene Aktivitäten, politische Emanzipation der Nachbarschaft, Beibehaltung der Traditionen, der Kultur und der Herkunftssprache der Einwanderer (z. B. ein Arbeitsmuseum zu verschiedenen Arbeitsweisen der unterschiedlichen Herkunftsländer) und deren Teilhabe an der amerikanischen Kultur sowie die Verbesserung und Sicherung verbesserter Arbeitsbedingungen. Es entstand so eine Mischung aus Weiterbildung, Zusammenkommen, Erholung, Diskussionen und Lernen (z. B. ein wöchentlicher Lesekreis, Handarbeitskurse, Handwerksklassen, Tanzabende, Tanzkurse und Ausflüge). Zu Hull House gehörten schließlich eine Bibliothek mit Lesezimmer und ein Zeichensaal, Immigranten- und Jugendclubs, ein Kaffeehaus als Treffpunkt der Nachbarschaft, eine Kinderkrippe, eine Turnhalle und eine (später regelmäßige) Kunstausstellung.

Auch an anderer Stelle wurden frühe Formen der Gemeinwesenarbeit sichtbar: *Charity Organization Societies* (COS) organisierten (dem für das amerikanische Bürgertum seinerzeit kennzeichnenden Gedanken der Philantropie bzw. Wohltätigkeit verpflichtet) durch Spenden finanzierte Hilfeleistungen gegen Armut, in *Community Centers* wurden Begegnungsstätten (mit Kommunikations- und Volksbildungsangeboten, Nachbarschaftshilfe und frühen Formen von Konfliktberatung) geschaffen und *Community Chests* und *Community Welfare Councils* widmeten sich z. B. der Finanzierung sozialer Leistungen, der Planung im Quartier und der Qualifizierung von Fachkräften und Freiwilligen.

In den 1960er Jahren führten die Civil-Rights-Bewegung und die Vietnam-Friedensbewegung zu einer Politisierung der amerikanischen Ansätze der Gemeinwesenarbeit, die als Community Organization, Community Development bzw. Community Work neben dem Casework und der Social Groupwork zur (neben Einzelfallhile und Gruppenarbeit) dritten Methode der Sozialen Arbeit avancierte.

Von diesen amerikanischen Entwicklungen blieb die deutsche Soziale Arbeit zunächst weitgehend unbeeinflusst: 1901 gründete zwar Walter Claassen im Hamburger Volksheim das erste deutsche Settlement und 1911 gründete Friedrich Schulze mit der Sozialen Arbeitsgemeinschaft (SAG

Berlin Ost) den Vorläufer der deutschen Gemeinwesenarbeit (vgl. Oelschlägel 3103: 181), doch brachte sie auch nach 1945 zunächst kaum auf das Gemeinwesen bezogene Arbeitsansätze hervor. Erst die erste Wirtschaftskrise der Bundesrepublik Deutschland und die Proteste der Studierenden gegen eine auch zur sozialen Umgestaltung und Verbesserung unfähigen und repressiven „formierten Gesellschaft" führten Mitte der 1960er Jahre zur „Entdeckung" der Gemeinwesenarbeit als möglichem Beitrag der Sozialen Arbeit zur Überwindung der gesellschaftlichen Verwerfungen, wobei radikale Konzepte aus den Vereinigten Staaten (u.a. die offensiven Überlegungen Saul Alinskys zum Community Organizing) Pate standen. Bis in die 1970er Jahre wurde versucht, diese Konzepte (mit dem Ziel der Förderung der Selbstorganisation z.B. von sozialer Ausgrenzung Betroffener und dem Anspruch, parteilich in ihrem Sinne zu handeln) umzusetzen. Gemeinwesenarbeit bot „die Chance, das System individueller Hilfe zu überwinden und über Lern- und Organisationsprozesse Widerstand ‚von unten' zur Veränderung sozialer und ökonomischer Bedingungen zu entwickeln" (Hinte 2011: 340; vgl. auch Müller, W. 2009: 198–235).

Zwei Stoßrichtungen in der Entwicklung von Gemeinwesenarbeit standen dabei gegeneinander (vgl. Galuske 2013: 103ff.):

Bewahrende Konzepte, die Gemeinwesenarbeit als Mittel zur gesellschaftlichen Integration bestimmten: Im Zentrum von Konzepten der *wohlfahrtsstaatlichen Gemeinwesenarbeit* standen v.a. die bessere Ausstattung von Stadtteilen mit sozialen Dienstleistungsangeboten, ohne dabei die bestehenden gesellschaftlichen, sozialen und ökonomischen Verhältnisse infrage zu stellen, die für eine unzureichende Ausstattung mit sozialen Diensten hätten verantwortlich gemacht werden können. Die Kritik an diesen Konzepten betonte v.a., dass es dabei nur um eine sozialtechnologische Optimierung wohlfahrtsstaatlicher Leistungen gehe, nicht aber um eine Stärkung von Menschen, z.B. durch Förderung ihrer politischen Teilhabe (vgl. Galuske 2013: 206); eigentlich handele es sich nur um ein „Werkzeug der Anpassung an bestehende gesellschaftliche Bedingungen" (Karas/Hinte 1978: 33). Auch die *integrative Gemeinwesenarbeit* stellte auf Verbesserung der Lebenssituation in einer gerechteren Gesellschaft und die Identifikation der Bürgerinnen mit dem Gemeinwesen und ihre Beteiligung daran ab, wobei dieses Engagement nur als ein Aspekt bürgerschaftlicher Teilhabe in einer Gesellschaft zu verstehen sei, die durch ihre freiheitliche Ordnung auch sozial gerecht und daher nicht grundsätzlich veränderungs- oder überwindungsbedürftig sei. Auch hier überwog ganz eindeutig der Anspruch, dass Gemeinwesenarbeit zur Integration von Menschen in die vorhandene Gesellschaft beizutragen habe. Nach Murray G. Ross (1968: 58) bezeichnet Gemeinwesenarbeit

„einen Prozess, in dessen Verlauf ein Gemeinwesen seine Bedürfnisse und Ziele feststellt, sie ordnet oder in eine Rangfolge bringt, Vertrauen und den Willen entwickelt, etwas dafür zu tun, innere und äußere Quellen mobilisiert, um die Bedürfnisse zu befriedigen), dass es also in dieser Richtung aktiv wird und dadurch die Haltungen von Kooperation und Zusammenarbeit und ihr tätiges Produzieren fördert".

Gemeinwesenarbeit besteht danach aus Planung und Integration, zwei „untrennbare(n) Aspekte des gleichen Prozesses" (ebd.: 67): Das „Planen von Lösungen für Angelegenheiten, denen von den Menschen eine sehr große Bedeutung beigemessen wird", sei ein ebenso entscheidendes Element, wie die Gemeinwesenintegration, worunter ein Prozess zu verstehen sei, „in dessen Verlauf kooperative Haltung und Einübung in der Zusammenarbeit zu folgenden Ergebnissen führen: 1. vermehrte Identifizierung mit dem Gemeinwesen, 2. erhöhtes Interesse und Teilhabe an den gemeinschaftlichen Angelegenheiten, 3. gemeinsame Wertvorstellungen und Möglichkeiten, sie zu verwirklichen" (ebd.: 66). Er sieht dabei fünf Phasen der Gemeinwesenarbeit: die Klärung von Bedürfnissen und Zielen, deren Ordnung und Priorisierung, die Arbeit, Menschen anzuregen, selbst ans Werk zu gehen, die Suche nach in- und externen Hilfsquellen und die Einleitung der Aktion (ebd.: 114–134; vgl. auch Stövesand 2013b).

Verändernde Konzepte, die Gemeinwesenarbeit als alternatives (systemkritisches) Konzept Sozialer Arbeit definierten: Die *aggressive Gemeinwesenarbeit* verstand sich in radikaler Abgrenzung zu den bewahrenden Ansätzen als Konzept, die gegebenen gesellschaftlichen Verhältnisse und Machtstrukturen durch Gemeinwesenarbeit zu verändern. Durch die Solidarität der Betroffenen sollte diese Veränderung möglich werden; die gezielte Organisation von Betroffenen könne zur Bildung von Gegenmacht führen, Formen politischer Einmischung und Provokation seien Mittel der Interessenartikulation. Aufgabe Sozialer sei es, die Organisationen von Bürgerinnen lokal zu unterstützen und bei der Auseinandersetzung mit den gegebenen Machtverhältnissen zu beraten (vgl. Alinsky 1972/2010). Die insbesondere von Fritz Karas und Wolfgang Hinte konzipierte katalytische (aktivierende) Gemeinwesenarbeit formulierte „das Fernziel einer ‚herrschaftsfreien' Gesellschaft, in der es keine Unterdrückung mehr gibt", „in der Solidarität hoch geschätzt wird" (Karas/Hinte 1978: 47); Soziale sind (intermediäre) Katalysatoren, die v. a. Selbsthilfe und -organisation initiieren und fördern; ein Sozialer setzt Veränderung in Gang, „er ist Beobachter, Informator, Trainer, Kritiker, Provokateur, Vermittler; ja nach Notwendigkeit, wenn gar nichts anderes mehr hilft, muß er sich sogar als Sündenbock anbieten, um etwas zu erreichen" (ebd.: 92).

Wenigstens in den 1970er Jahren konnten auf gesellschaftliche Veränderung ausgerichtete Konzepte für sich in Anspruch nehmen, in der Gemeinwesenarbeit diskussionsleitend zu sein; dabei spielten vier Überlegungen eine besondere Rolle:

1. Arbeit bei den Betroffenen: Sie müssten selbst bestimmen, welche Aktionen oder welches Projekt für sie vorrangig seien. Soziale hätten hierbei eine zur Aktivität anregende (katalytische) Funktion; die Prioritäten zu setzen bleibe den Bürgerinnen vorbehalten: „Erst durch häufige und permanente Aktivierung kann man zu einer langfristigen Vitalisierung eines Gemeinwesens gelangen"; dabei bedürfe es „ständig einer ‚Stechmücke', die immer wieder neue Anstöße und Hilfen gibt" (Karas/Hinte 1978: 62 f.). Insbesondere die Arbeit mit Menschen aus Obdachlosen- bzw. Schlichtwohnsiedlungen bzw. Ansätze einer Gemeinwesenarbeit in Trabantensiedlungen an der Peripherie der großen Städte (z. B. das Märkische Viertel in Berlin oder Neu-Perlach in München) illustrierten diesen Zugang (vgl. Oelschlägel 2013: 183 ff.).

2. Stellenwert des Konflikts: Wenn Menschen immer wieder Konflikte gemieden oder sie mit Gewalt „gelöst" hätten, seien sie nicht ohne Weiteres in der Lage, länger dauernde Konflikte durchzustehen; es gelte, „lieber taktisch klug vor(zu)gehen. Das bedeutet beispielsweise, daß man mit Gruppen, die ähnliche kurzfristige Projekte ansteuern, obwohl sie langfristig andere Ziele haben, punktuelle Allianzen eingeht". Auch gehe es nicht darum, „daß man sich sehr schnell auf die Vertreter der Kommune einschießt und ihnen mit harten Forderungen und Demonstrationen zu Leibe rückt, ohne intensiv mit ihnen verhandelt zu haben." Konflikte seien „nur angebracht bei wirklichen Interessengegensätzen, nicht bei ... künstlich aufgebauten Feindbildern" (Karas/Hinte 1978: 66 f.).

3. Möglichkeiten zur Aktivierung: *Karas* und *Hinte* berichten von wenigstens zwölf verschiedenen Möglichkeiten, Menschen aktivieren zu können, z. B. *Zweifel und Neugierde* (d. h., „die Unumstößlichkeit der augenblicklichen Situation zu bezweifeln und über Alternativen nachzudenken"), *Anreiz durch Modell* (z. B. von anderen Gruppen zu berichten, die Vergleichbares bereits getan haben) oder die *Gruppe der Gleichen* (d. h., die Betroffenheit anderer ins Spiel zu bringen). Ohne den Begriff Empowerment schon zu benutzen, sprechen sie auch von *Ermutigung* durch Gemeinwesenarbeit: Viele Menschen seien immer wieder entmutigt und in ihrem Selbstbewußtsein geschwächt worden (z. B. „Aus dir wird ja doch nichts", „Das überlassen Sie mal lieber den Fachleuten"), dass sie sich selbst nichts mehr zutrauten („Es hat ja doch keinen Zweck"). „Auf sie kann es ungeheuer belebend wirken, wenn ihnen endlich mal jemand zutraut, daß sie ihre Situation selbst ändern können, daß sie es schon schaffen werden" (ebd.: 151 ff.).

4. Bedeutung der Peergroup: Da „die meisten Bürger nicht gewohnt sind, solidarisch als Gruppe zu handeln, da starke Sozialisationsdefizite bestehen, die jegliches Solidaritätsempfinden abtöten", sei es „zunächst wichtig, durch schnelle, kurzfristige Aktionen erfahrbar zu machen, wie erfolgreich man als Gruppe sein kann". Die Teilhabe am Erfolg der Gruppe (die Rede ist von „Bürgergruppen, die als Gleichbetroffene, als ‚peers', ein Problem angehen") führe zu persönlicher Stabilisierung: „Erst durch zunehmende Ich-Stärkung wird der einzelne Bürger fähig, auch risikoreichere Bereiche anzugehen. Der Prozeß der Ich-Stärkung ist jedoch sehr langwierig und erfordert ständig neue Lernerfahrungen. Gemeinschaftshandeln muß in kleinen Bereichen und an relativ begrenzten Konflikten eingeübt werden" (ebd.: 65 f.).

Eine kritische Zwischenbilanz zogen 1980 Jaak Boulet, Jürgen Krauss und Dieter Oelschlägel, die für eine Neubestimmung der Gemeinwesenarbeit als *Arbeitsprinzip Gemeinwesenarbeit* plädierten. Gemeinwesenarbeit als eigenständiges Arbeitsfeld (und als dritte Methode) zu bestimmen und einzuengen, sei falsch, da die Zugehörigkeit zu einem Gemeinwesen nur einen Faktor im gesamten Lebenszusammenhang des Menschen darstelle. Gemeinwesenarbeit als Arbeitsprinzip integriert (als eine Form reflektierter Eklektik) unterschiedliche Verfahren (in Form von Beispielen, Aktionsvorschlägen und Verhaltensregeln, auf die das Autorenkollektiv hinweist), verknüpft verschiedene wissenschaftliche Ansätze und betreibt Netzwerkarbeit. Formuliert wird ein Gültigkeitsanspruch für die *gesamte* Soziale Arbeit, denn Gemeinwesenarbeit als Arbeitsprinzip soll das professionelle Handeln in unterschiedlichen Handlungsfeldern leiten (vgl. Boulet/Krauss/Oelschlägel 1980; vgl. auch Troxler 2013b: 70 ff.). Dieser Zugang erlaubt, gemeinwesenbezogene Arbeitsansätze mit Einzelfallhilfe/-arbeit und Sozialer Gruppenarbeit zu verknüpfen, wozu im Übrigen auch Karas und Hinte (1980) aufriefen.

Trotz dieser Neubestimmung wurden die Ansätze und Projekte der Gemeinwesenarbeit in den späten 1970er und v. a. den 1980er Jahren Schritt um Schritt in den Hintergrund gedrängt (vgl. Noack 2011); die Finanzierung von GWA-Projekten wurde verringert, beschränkt oder ganz eingestellt, in der Gemeinwesenarbeit tätige Soziale wechselten in andere Handlungsfelder der Sozialen Arbeit, eine Weiterentwicklung der GWA-Theorie und die Forschung über die Lehre zur Gemeinwesenarbeit fand an den Hochschulen kaum noch statt, und die (fachlich gebotene) professionelle

Vernetzung z.B. mit der Kinder- und Jugendhilfe blieb auf Ansätze beschränkt (vgl. Hinte 2010a: 665f.; Hinweise zur Geschichte der GWA liefern Oelschlägel 2013, Troxler 2013a, Galuske/Müller 2010: 600ff., Galuske 2013: 103f.).

Definition

Gemeinwesenarbeit „ist eine sozialräumliche Strategie, die sich ganzheitlich auf den Stadtteil und nicht pädagogisch auf einzelne Individuen richtet. Sie arbeitet mit den Ressourcen des Stadtteils und seiner Bewohner, um seine Defizite aufzuheben. Damit verändert sie dann allerdings auch die Lebensverhältnisse seiner BewohnerInnen. (...) Die Gemeinwesenarbeit ist also nicht primär Sprachrohr der BürgerInnen ..., sondern vielmehr ein Unterstützungssystem für die Formulierung von Betroffeneninteressen. Sie ist nicht Ausführungsorgan der Verwaltung, sondern lediglich Hilfsinstrument, um die Planung, Entwicklung und Gestaltung von Maßnahmen transparenter, bürgernäher und effektiver zu gestalten und damit engagierte Auseinandersetzung zu ermöglichen" (Oelschlägel 2001a: 192f.; zu weiteren Definitionsansätzen vgl. Hinte 2011, Müller, W. 2013a).

Begrifflich firmierten die (noch) verbliebenen Projekte der Gemeinwesenarbeit ab Ende der 1970er Jahre überwiegend als *Stadtteilarbeit* oder *gemeinwesenorientierte Sozialarbeit.* Mit dem Beginn der 1990er Jahre wurden erste Konturen des *Quartiersmanagements* sichtbar: Wohnungsbaugesellschaften griffen gemeinwesenorientierte Verfahren der Sozialen Arbeit (z.B. erste Beteiligungs- und v.a. Konfliktschlichtungsverfahren) auf, um insbesondere in solchen Stadtteilen, die allmählich durch (wenig gepflegte) Mehrgeschossbauten aus den 1960er und 1970er Jahren und den Zuzug von ärmeren Bevölkerungsschichten und Familien „mit Migrationshintergrund" auffielen, zu einer Bewältigung der mehr und mehr durch soziale Spannungen gekennzeichneten Situation zu gelangen (zum Übergang von Gemeinwesenarbeit in ein Quartiersmanagement vgl. z.B. Hinte 2001/2010a, Marquard 2010, Stoik 2013c, Landhäußer 2013).

Gemeinwesen haben für Soziale Arbeit heute v.a. zwei Funktionen; sie gewährleisten

- *soziale Integration,* d.h. die Herausbildung spezifischer Milieus, Kulturen und Traditionen, die Entwicklung von Zugehörigkeit in Nachbarschaften und Mitgliedschaften (z.B. religiösen, politi-

schen oder soziokulturellen Organisationsformen), die Wahrnehmung sozialer Kontrolle, und
- *Infrastruktur,* d.h. die Bereitstellung von Dienstleistungen in Form v.a. von Versorgung (z.B. Einkaufsmöglichkeiten), Betreuung (z.B. Kindertagesstätten), Bildung (z.B. Schulen) und Beschäftigung (z.B. Betriebe, die Ausbildungs- und Arbeitsstellen aufweisen).

Kennzeichnend für die aktuelle Praxis der Gemeinwesenarbeit ist, dass sie an beide Funktionen anschließt: Sie knüpft lebensraumorientiert an den Wünschen der Wohnbevölkerung (z.B. nach bestimmten Dienstleistungen und Unterstützungen bei der Lebensbewältigung) an (vgl. zum Zusammenhang von Lebensraum-/Lebensweltorientierung und Gemeinwesenarbeit z.B. Bitzan 2013), stellt die Nutzung der Ressourcen der Menschen und des Sozialraums (z.B. in Form nachbarschaftlicher Netze) in den Mittelpunkt und unterstützt dabei die Selbstorganisation der Bewohnerinnen (z.B. in Vereinen oder Selbsthilfegruppen). Dabei können zielgruppenspezifische Aktionen (z.B. für alleinerziehende Mütter) notwendig *(zielgruppenübergreifender Ansatz)* und die Nutzung der Kompetenzen und Ressourcen anderer Bereiche (z.B. des Gesundheitswesens), die Kooperation und Koordination der sozialen Dienste (als professionelle Vernetzung) und die Entwicklung integrativer Vorhaben, z.B. zwischen Jugendhaus und Gesamtschule *(bereichsübergreifender Ansatz)* erforderlich werden (Beispiele für Ansätze der Gemeinwesenarbeit in Handlungsfeldern Sozialer Arbeit nennen z.B. Deinet/Krisch 2013 [Offene Kinder- und Jugendarbeit], Northoff 2012: 153f. [Stadtteilzentren, Nachbarschaftsheime, Bürgerbüros, Kulturarbeit, soziale Hilfe] oder Zychlinski 2013 [Netzwerkarbeit]).

Bilanzierend lässt sich feststellen, dass die ursprünglich in Deutschland über Konzepte aggressiver bzw. katalytischer Gemeinwesenarbeit bestimmte politische Funktion und Zielsetzung, gesellschaftsverändernd zu wirken, heute nahezu vollständig in den Hintergrund getreten ist. Seit einigen Jahren werden diese Ansätze wiederbelebt (z.B. im Rahmen der Bundesarbeitsgemeinschaft Stadtentwicklung und Gemeinwesenarbeit [vgl. Hintergrund] oder im Zusammenhang mit der „Wiederentdeckung" des Community Organizing [LE 13.3]).

Hintergrund: BAG Soziale Stadtentwicklung und Gemeinwesenarbeit

Die Bundesarbeitsgemeinschaft Soziale Stadtentwicklung und Gemeinwesenarbeit (BAG) ist ein bundesweites Netzwerk und versteht sich als Lobby für Gemeinwesenarbeit in einer sozialen Stadt-

und Stadtteilentwicklung. Sie sieht „Soziale Stadt" als neuen umfassenden Politikansatz für integrierte Handlungskonzepte und bringt die langjährigen Erfahrungen mit Bürgerbeteiligung und -aktivierung in Gemeinwesenprojekten ein.

Die BAG begreift das Bund-Länder-Programm „Soziale Stadt" als neue Chance für Stadtteile mit besonderem Entwicklungsbedarf. Sie leistet einen Beitrag zum Aufbau der „Gemeinschaftsinitiative Soziale Stadt", in der öffentliche, private und freie Träger kooperativ zusammenwirken sollen: Bürgergruppen, Träger der Sozial- und Jugendhilfe sowie der Beschäftigungsförderung, Stadtplanung, Wohnungswirtschaft und lokaler Ökonomie.

Zur Entwicklung von Kooperationen bedarf es der Profilierung der Rolle und der Aufgaben der Gemeinwesenarbeit in einem bürgerorientierten Quartiers- und Stadtteilmanagement. Vorhandene und bewährte Ansätze von Gemeinwesenarbeit, Nachbarschaftsentwicklung, stadtteilorientierter Sozialer Arbeit, lokaler Partnerschaften und lokaler Beschäftigung sind dafür geeignete Anknüpfungspunkte und sind im Sinne einer nachhaltigen Stadtteilentwicklung weiterzuentwickeln. Die BAG versteht sich als fachpolitische Lobby für Stadtteilinitiativen, sozialraumbezogene Netzwerke und Bürgerbeteiligung/-aktivierung. Besondere Bedeutung haben dabei Dritt-Sektor-Akteure. Sie sorgt dafür, dass die nachbarschaftliche und soziale Dimension in der Stadtteilentwicklung durch Bürgeraktivierung, Unterstützung von Interessenorganisation und -artikulation der Bürgerinnen und Bürger, Förderung interkulturellen Zusammenlebens, Vernetzung der Akteure und das Angebot von lokaler lebensweltorientierter Qualifikation und Beschäftigung ein starkes Gewicht erhält.

Die BAG entwickelt politische Durchsetzungskraft. Diese muss einhergehen mit Fachlichkeit für Partizipation, soziale Integration und gesellschaftliche Teilhabe in Stadtteilen mit besonderem Entwicklungsbedarf. Sie knüpft damit an den Erfahrungen und Erfolgen der Bundesarbeitsgemeinschaft Soziale Brennpunkte und regionalen Kooperationsstrukturen an.

Die weitere Profilierung von Gemeinwesenarbeit schafft die Voraussetzung für das partnerschaftliche Zusammenarbeiten mit anderen an der Stadtteilentwicklung beteiligten Fachdisziplinen. Die BAG beteiligt sich an der Fachdiskussion zur Konzeptentwicklung und macht Vorschläge für Aus-, Fort- und Weiterbildung (z. B. zur Erstellung von interdisziplinären Curricula). Sie tritt als kompetente fachpolitische Lobbyorganisation auf Bundesebene auf und nimmt Einfluss auf die Entwicklung der politischen Programmatik „Soziale Stadt“ (BAG SSE/GWA 2014)

10.2 Sozialraumorientierung und Quartiersarbeit

Den Wandel von der „klassischen“ Gemeinwesenarbeit zum Quartiersmanagement markiert das Konzept der Sozialraumorientierung (vgl. Merten 2002, Budde/Früchtel 2005, May 2008, Alisch 2010, Schöning 2011, Fehren 2011 sowie die Beiträge in Kessl/Reutlinger 2007). Konzeptionell geht es darum, Lebensräume so zu gestalten, dass Menschen auch in prekären Lebenssituationen zurechtkommen können (zum Zusammenhang von Gemeinwesenarbeit und Lebensbewältigung vgl. z.B. Böhnisch 2013). Leitende methodische Prinzipien der Sozialraumorientierung sind:

- Orientierung an den geäußerten *Interessen der Wohnbevölkerung*, also nicht an dem, was (Kommunal-)Verwaltungen denken, wünschen und fordern, sondern was die Quartiersbewohner vor dem Hintergrund ihrer Lebenslage benötigen;
- Unterstützung von *Selbsthilfe und Eigeninitiative*, d.h., Menschen sollen ermutigt und ermächtigt werden, sich aktiv zu beteiligen;
- *soziale Netzwerkarbeit*, d.h. Nachbarschaften, spezielle Fähigkeiten einzelner Bewohnerinnen oder lokaler Dienstleistungen werden identifiziert, auf- und ausgebaut, miteinander vernetzt und für bestimmte Vorhaben nutzbar gemacht und die Angebote sozialer Dienstleister koordiniert; und die
- Erweiterung des *bereichsübergreifenden Ansatzes*, d.h. „Adressat“ ist der soziale Raum, keine dort lebende Zielgruppe, wodurch die klassischen Grenzen Sozialer Arbeit überschritten werden müssen und viele neue Bereiche – beispielweise Wohnen (z.B. in Zusammenarbeit mit örtlichen Wohnungsbauunternehmen), Kultur (z.B. Kooperation mit dem Stadttheater) oder Verkehr (z.B. Mitwirkung an der lokalen Verkehrsinfrastrukturplanung) – zu Arbeitsfeldern Sozialer Arbeit werden (vgl. Hinte 2001: 85f., Franke 2004, Alisch 2010: 77f., Hinte 2010a: 673, Früchtel/Budde 2011c: 846, Hinte/Kreft 2013: 880, Becker 2014: 163f.).

Die Umsetzung dieser Überlegungen führte seit den 1990er Jahren z.B. in der Kinder- und Jugendhilfe zu sozialräumlichen Umbauprozessen, u.a. der Aufweichung zentraler und starrer Jugendamtsstrukturen durch Bildung dezentraler Stadtteilteams (vgl. Früchtel/Budde 2011c: 845f.; als weitere

Beispiele vgl. z.B. für die Behindertenhilfe Meins 2011, die Wohnungslosenhilfe Gillich 2010, die Gesundheitsförderung mit Jugendlichen Bestmann/Häseler/Mann 2008, den Übergang von der Schule in Ausbildung Thiele/Lodde 2009). Von Sozialen verlangt die Sozialraumorientierung (durchaus im Sinne des Arbeitsprinzips Gemeinwesenarbeit) ein Agieren in der Fallarbeit, im Stadtteil, in Organisationen, Verwaltung, Kommunalpolitik, Wirtschaft, Medien und intermediär zwischen diesen Feldern (vgl. Früchtel/Budde 2011b: 844f.).

Das 1999 gestartete Programm „Stadtteile mit besonderem Entwicklungsbedarf – die Soziale Stadt" mit dem Ziel des (wohnungswirtschaftlichen wie sozialen) Umbaus in Stadtteilen mit erhöhtem (sozialen) Entwicklungsbedarf stellt das Leitprogramm für eine integrierte soziale Stadtteilentwicklung und die Herausbildung des Quartiersmanagements dar.

Hintergrund: „Soziale Stadt"

„steht für den Politikansatz einer integrierten Stadt(teil)entwicklung, mit dem der wachsenden sozialräumlichen Polarisierung in den Städten begegnet werden soll (§ 171e Baugesetzbuch). Er wird durch das 1999 aufgelegte Bund-Länder-Programm ‚Stadtteile mit besonderem Entwicklungsbedarf – die Soziale Stadt' gefördert. Als Leitlinie gilt, dass die Verbesserung der Lebensverhältnisse in Quartieren mit sozialen, ökonomischen und städtebaulichen Problemen nur durch konzertiertes Vorgehen aller Fachressorts erreicht werden kann. Deshalb stehen bei dem Handlungsansatz Soziale Stadt die politikfelderübergreifende Koproduktion sowie die Aktivierung der Bevölkerung im Mittelpunkt (Stadtteilarbeit, Gemeinwesenarbeit). Zur Mobilisierung aller Ressourcen sollen neue Management- und Informationsstrukturen auf allen Ebenen (Quartier, Kommune, Land) etabliert werden. Dazu werden quartierbezogene Planungs- und Steuerungsverfahren (Quartiersmanagement) sowohl auf Gemeindeebene (Stadtrat, Verwaltung) als auch auf Quartiersebene (Gebietsforen, Trägerverbünde, Verfügungsfonds usw.) geschaffen" (Thies 2011: 813; vgl. auch Franke 2004, Zimmermann 2007, Eckert 2009, Rommelfanger/Sauter 2010).

Entwicklungsbedarf beschreibt in diesem Zusammenhang die Aufgabe, „Gebiete mit spezifischen (Multi-)Problemlagen, aber auch vielfältigen Potenzialen" zu entwickeln, indem „Ansätze zur Integration von Menschen unterschiedlicher Kulturen in ihrer Nachbarschaft, zur Beteiligung von Langzeitarbeitslosen am Erwerbsleben, zur Verbesserung der lokalen sozialen

Sicherung sowie zur Förderung eines umfassenden gesunden Lebens- und Wohnumfelds gefördert werden" (Thies 2010: 129). Dazu wurden verschiedene (in der Regel zeitlich befristete) Programme (z.B. „Stadtumbau West", „Lokales Kapital für Soziale Zwecke" [LOS], „Kompetenz & Qualifikation" [K&Q]) entwickelt. Der städtebauliche Schwerpunkt (Um- und/oder Rückbau bzw. Attraktivierung „grauer" Siedlungen, Schaffung von Infrastruktur) wurde mit dem Quartiersmanagement als lokaler Koordinierungsstelle für unterschiedliche Akteure (Kommune, Jobcenter, Schulen, zivilgesellschaftliche Akteure, Einzelpersonen) und weiteren Programmen staatlicher Aktivierungspolitik (z.B. den Jugendhilfeprogrammen „Zweite Chance" und „Kompetenzagenturen") und zivilgesellschaftlichen Aktivierungsansprüchen (stärkere Einbindung bzw. aktivere Beteiligung zivilgesellschaftlicher Akteure in den Stadtteil bzw. Orientierung auf dessen Entwicklungsaufgaben) verknüpft. Sogenannte „Integrierte Entwicklungskonzepte" und „Lokale Aktionspläne" (vgl. z.B. Behn u.a. 2013) sollten diese Konzepte mittel- bis langfristig planerisch absichern und konzeptionell entwickeln helfen.

Das Quartiersmanagement nimmt damit (stärker als die Gemeinwesenarbeit der 1970er Jahre) planerische, administrative und intermediäre Aufgaben wahr und ist zudem (aufgrund der Finanzierung in Projektform oder angeschlossen an bundesweite Programme) immer zeitlich befristet (dazu kritisch Hinte 2010b). In der Regel handelt es sich um interdisziplinär besetzte Stadtteilbüros, in denen Stadt- bzw. Regionalplanerinnen mit Sozialen zusammenarbeiten. Als gemeinsames Ziel des Quartiersmanagements gelten „stabile Nachbarschaftsstrukturen, die negative Folgen gesellschaftlicher Benachteiligung abmildern oder zumindest kompensieren" (Mühlberg 2011: 689; daran entzündet sich durchaus Kritik; so spricht z.B. Oliver Fehren [2006: 582ff.] davon, dass sich damit Gemeinwesenarbeit zur „Technologie neoliberaler Gouvernementalität" entwickle, da die Befriedung der Quartiere im Mittelpunkt stehe, nicht die Interesse der Bewohnerinnen).

Definition

Quartiersmanagement „ist eine kommunale Interventionsstrategie auf Stadtteilebene, die mit partizipativen Formen alle geeigneten Möglichkeiten (vom Regelangebot bis zu soziointegrativen oder baulichen Maßnahmen) nutzt, um neues Verantwortungsbewusstsein für das Zusammenleben im Stadtteil hervorzubringen, um den sozialen Zusammenhalt eines Quartiers zu stärken und darüber die Lebensperspektiven und -bedingungen zu verbessern. (...) Quartiersmanagement wird in Gebieten eingerichtet, in denen die kommunale Regelversorgung die gleichwertige Entwicklung eines Stadtteils und seiner Menschen in Bezug zur Gesamtstadt nicht mehr gewährleistet (Exklusionsgefahr) ist" (Mühlberg 2011: 689).

Daraus ergeben sich folgende Funktionen des Quartiersmanagements:

- die Entwicklung ressortübergreifender Handlungskonzepte und Entwicklungsstrategien zur ganzheitlichen Bewältigung sozialer Schwierigkeiten, z.B. der sozialen Segregation in Form der Herausbildung von „Armutsquartieren" (vgl. dazu Becker 2014: 114ff.);
- die Wahrnehmung einer ämterübergreifenden Regiefunktion, z.B. durch enge Kooperation mit der Stadtplanung, professionelle Vernetzung (vgl. LE 5.3; vgl. auch Simon 2004) oder Zusammenarbeit mit Wohnungsgesellschaften und Akteuren aus anderen Branchen, die neue Ressourcen einbringen können (vgl. Thies 2010: 130, vgl. auch LE 12.2.2);
- die Entwicklung von Aktionsplattformen für Initiativen aus der Bürgerschaft und Verbünden verschiedener Träger; solche Formen der Vernetzung sind dabei Mittel, um in Kooperation mit anderen Lösungen für das Quartier zu entwickeln: Es soll nicht nur geredet werden, sondern es soll „etwas herauskommen" (Lüttringhaus 2001: 266; Aufgaben des Quartiersmanagements in der Netzwerkarbeit beschreiben Früchtel/Budde/Cyprian 2007b: 142ff.);
- die Aktivierung und Einbindung der Quartiersbevölkerung sowie Beteiligung und Unterstützung der im Stadtteil tätigen zivilgesellschaftlichen Akteure (LE 13.1, 13.2.1). Stadtteilforen und -konferenzen, Beiräte oder Runde Tische, Zukunftswerkstätten und andere aktivierende Formen der Bildungsarbeit (LE 9.3) sollen einen Interessenausgleich unter den Bewohnerinnen ermöglichen und zugleich zur politischen Mitwirkung und Mitbestimmung einladen und anregen (vgl. Franke 2004: 150, Fehren 2013: 274f.);
- die Durchführung von Projekten, die der Stiftung von Identität und Kontakt unter den Bewohnern dienen (z.B. [Foto-]Wettbewerbe, Stadtteilfeste/-basare u.Ä.) und ein positives Image des Stadtteil befördern;
- die Vermittlung (als zivile Konfliktbearbeitung oder Gemeinwesenmeditation) zwischen den unterschiedlichen Interessen im Stadtteil (zu Beispielen für gemeinwesenbezogene Vermittlungsarbeit vgl. Weilharter 2013, Becker/Riedel 2013, Schophaus/Wallentin 2013); oder

- die Anregung von Aktivitäten im ökonomischen Sektor, z. B. örtliche Arbeitsprojekte (wozu verschiedene Programme [z. B. LOS] im Kontext der „Sozialen Stadt“ auch finanzielle Unterstützung bieten bzw. geboten haben oder Mittel der örtlichen Arbeitsagenturen bzw. Jobcenter genutzt werden), Projekte der Seniorenwirtschaft (vgl. z. B. Scharfenorth 2005).

Dieter Oelschlägel (2013c: 715) spricht vom „Prinzip der lokalen Richtigkeit“, nachdem das methodische Vorgehen jeweils von den örtlichen Bedingungen abhängen muss, also auch hier keine „Einheitslösungen“ möglich sind. Mit dem Verhalten des Leiters des Stadtentwicklungsamts wäre er zweifellos nicht einverstanden (vgl. Oelschlägel 2001a). Das Verhalten jedenfalls macht generelle Strukturprobleme deutlich, mit dem Quartiersmanagement u. U. noch zu tun hat: zum Beispiel die Dominanz alter Verwaltungskulturen (die auf eine umfassende Beteiligung von Quartiersbewohnern wenig Wert legen) oder die mangelhafte methodische Kompetenz (die sich auch darin äußert, geeignete Verfahren der Gemeinwesen- oder Bildungsarbeit einzusetzen, um Menschen zu aktivieren).

Hintergrund: Arbeitsprinzipien von Gemeinwesenarbeit (GWA) und Quartiersmanagement (QM)

- „GWA und QM sind auf ein Gemeinwesen gerichtet und machen Nachbarschaften, Stadtteile, Siedlungen und Gemeinden zum Gegenstand sozialpädagogischer bzw. managementbezogener Einflussnahme.
- Probleme werden in dialogischer Form, aber nicht nur individuell und gruppenbezogen, sondern aus einem weitergehenden Erklärungskontext heraus definiert.
- GWA integriert verschiedene Methoden wie Einzelfall- und Gruppenarbeit, Therapie, QM nur Beratung, politische Aktivierung, empirische Sozialforschung, Planung.
- GWA und QM sind trägerübergreifend und kooperativ ausgerichtet.
- GWA und QM arbeiten zielgruppenübergreifend.
- GWA wie auch QM zielen auf die Aktivierung der Eigenkräfte im GW.
- Ausgangspunkte der GWA sind meist soziale Konflikte, beim QM eher ‚Stadtteile mit besonderem Entwicklungsbedarf‘.
- Sie sind präventiv ausgerichtet.

- Sie setzen an den Alltagserfahrungen der BewohnerInnen an.
- GWA versteht sich als Bildungs- und Qualifizierungsarbeit, die Einsichten in die strukturelle Bedingtheit von Konflikten/Problemen vermittelt.
- GWA und QM sind professionell-berufliche (u.a. auch sozialarbeiterische) Tätigkeiten.
- GWA und QM sind intermediär auszurichten und verbinden die sozialen Themen mit der lokalen Ökonomie.
- QM ist immer zeitlich limitiert und kann nach Bedarf weitergeführt werden" (Hinte/Oelschlägel/Lüttringhaus 2001: 272).

Vor diesem Hintergrund lassen sich vier Ablaufphasen des Quartiersmanagements identifizieren:

- *Sozialraumanalyse,* d.h. Forschung im Gemeinwesen (insb. in Form aktivierender Befragungen [subjektive Landkarten, Stadtteilbegehungen, „Nadelmethode" u.a.], Einsatz eigener Frage- und Erhebungsbögen, Verwertung von Daten anderer Stellen, Suche nach Zusammenhängen mittels statistischer Verfahren sowie Darstellung und Interpretation [vgl. Northoff 2012: 166ff.] sowie Analyse der Potenziale der beteiligten Akteure) und Rückbindung der Ergebnisse an die Quartiersbewohnerinnen und Akteure im Sozialraum,
- *Zielklärung* (einschließlich der Gewichtung einzelner Ziele) sowie Konzeptentwicklung (LE 12.2.2),
- *Umsetzungs- bzw. Aktionsphase* (einschließlich begleitender Evaluation) und
- *Verselbstständigung* („take off"), d.h. durch Gemeinwesenarbeit bzw. Quartiersmanagement zunächst begleitete Projekte sollen sich schrittweise in der Selbstorganisation der Bewohner weiterentwickeln und schließlich unabhängig von der Beteiligung Sozialer fortgeführt werden (vgl. zur Selbstwahrnehmung in der Gemeinwesenarbeit tätiger Sozialer z.B. Spitzenberger 2011).

Beispiel: „Moschee-Neubau"

„Nachdem die ‚Hinterhof-Moschee' der islamischen Gemeinde im Essener Stadtteil Katernberg abgebrannt war, stellte diese den Antrag, einen Neubau mit Minarett zu errichten. Diese Absicht führte zu kontroversen Reaktionen: Die Palette reichte von begrüßenden Stellungnahmen bis hin zu wütenden Abwehrbekundungen. Der

geplante Moscheebau drohte zum Kristallisationspunkt unterschwelliger Ressentiments zu werden. Auf der einen Seite löste er problematische Irritationen des sozialen Friedens im Stadtteil aus. Gleichzeitig aber bot sich auch die Chance, am Thema ‚Moschee' oft tabuisierte, das Zusammenleben im Stadtteil belastende Haltungen zu bearbeiten.
Um diese konflikthafte Gemengelage produktiv zu gestalten, initiierten die GemeinwesenarbeiterInnen als Teil des Quartiermanagements einen mehrmonatigen Prozess, der die Diskussion sowohl auf der BürgerInnen- als auch auf der Institutionenebene öffentlich machte und im Ergebnis zu einer breiten, den Neubau stützenden Koalition im Stadtteil und der Gesamtstadt führte. Ein wichtiger Bestandteil dieses Prozesses bestand darin, Foren für eine breite Stadtteilöffentlichkeit zu entwickeln, unterschiedliche Gruppen bei der Artikulierung ihrer Position zu unterstützen und in diesem konflikthaften Prozess eine Beschädigung der Basis zukünftigen Zusammenlebens zu minimieren. Zu den Handlungsschritten gehörten im Einzelnen:

a) Entwicklung einer unterstützenden Koalition im Stadtteil aus politischen Parteien, Gewerkschaft, Kirchengemeinden, Vereinen etc.: Herbeiführung eines Grundkonsenses der HauptakteurInnen, die Frage des Moscheeneubaus nicht für konfessions- oder parteipolitische Kampagnen zu verwenden,
b) Einberufung von BewohnerInnenversammlungen und Stadtteilforen, bei denen mit dem Moscheeneubau zusammenhängende Bedenken und Befürchtungen vorgebracht und in ihrem bearbeitbaren Anteil (z.B. Park- und Verkehrsaufkommen) auch ausgeräumt werden konnten,
c) Exkursion mit BewohnerInnen und AkteurInnen des Stadtteils zu Moscheen in der Umgebung,
d) kontinuierliche Verknüpfung des Prozesses vor Ort mit lokaler und kommunaler Politik und Verwaltung (Runder Tisch ‚Moscheeneubau'),
e) Hausbesuche im unmittelbaren Umfeld der geplanten Moschee,
f) Unterstützung der islamischen Gemeinde bei der Präsentation ihres Anliegens in der Öffentlichkeit,
g) Nutzung unterschiedlicher Medien für eine wirkungsvolle Öffentlichkeitsarbeit einschließlich einer Theaterperformance zum Thema Moscheeneubau auf dem Wochenmarkt unter Einbeziehung von StadtteilbewohnerInnen und einer Schulklasse als SchauspielerInnen. Als choreografischer Höhepunkt marschier-

ten Kreuzritter und Dschihadkrieger gegeneinander auf, was zu äußerst lebendigen Diskussionen unter den WochenmarktbesucherInnen führte.

Im Ergebnis dieses umfassenden, gruppen- und bereichsübergreifenden Beteiligungsprozesses hat sich die neue Moschee mit Kuppel, Halbmond und 30 m hohem Minarett als Ort und Adresse des interkulturellen und interreligiösen Dialogs etabliert und ist mittlerweile fest integrierter Bestandteil des Stadtteils" (Fehren 2013: 277 f.).

10.3 Verfahren

Die nachfolgend beispielhaft dargestellten Verfahren werden hier zwar im Zusammenhang mit der Gemeinwesenarbeit und dem Quartiersmanagement genannt, kommen aber auch an anderen Stelle (z. B. in der aufsuchenden Sozialen Arbeit [LE 11.1] und im Community Organizing [LE 13.3]) zum Einsatz:

10.3.1 Kommunalpolitische Interessenvertretung

Ein Großteil der in Gemeinwesen relevanten Prozesse bündelt sich in politischen Entscheidungsverfahren, die auf Ebene der Kommune (d. h. Städte und Gemeinden) und des Landkreises in den sog. „Selbstverwaltungsgremien" (Stadt- und Gemeinderat oder -vertretung, Kreistag) durch gewählte Kommunalpolitikerinnen getroffen werden. Diese Prozesse (z. B. die Klärung, ob, wo und wie Beratungsstellen betrieben werden, ob ein Jugendhaus betrieben oder geschlossen wird, wer Träger einer neuen Kindertagesstätte wird) beeinflussen oft ganz nachhaltig die Lebensqualität im Gemeinwesen und auch die Rahmenbedingungen Sozialer Arbeit auf örtlicher Ebene. Eine Beeinflussung solcher Entscheidungen – z. B. durch Lobbyarbeit, Nutzung der Beteiligungsrechte für Bürger oder durch Öffentlichkeitsarbeit – liegt damit im Interesse der Zielgruppen Sozialer Arbeit als auch der in der Sozialen Arbeit tätigen Akteure und Träger selbst:

Lobbyarbeit: Als Lobbyarbeit werden alle Maßnahmen verstanden, die dazu dienen, durch informellen, persönlichen (nicht öffentlichen) Austausch von Informationen mit lokalen Akteuren aus Politik, Medien und Wirtschaft auf politische Entscheidungen Einfluss zu nehmen. Dabei werden zwei Ebenen unterschieden: einerseits die *punktuelle* bzw. die *kontinuierli-*

che Unterrichtung von Entscheidungsträgern zu einem bestimmten Thema (punktuell: wenn ein konkretes Thema bedeutsam wird; kontinuierlich: z.B. alles zum Thema Jugendarbeit und -politik, was vor Ort bedeutsam sein könnte) und andererseits das *informelle Vorgehen* jenseits der Öffentlichkeit (d.h. v.a. persönliche Gespräche, die mehr oder weniger regelmäßig mit einzelnen Entscheidungsträgerinnen geführt werden, sog. Hintergrundgespräche).

Lobbyarbeit basiert auf persönlichen (Beziehungs-)Netzwerken, in denen auch vertrauliche und sensible Informationen in beide Richtungen weitergegeben werden (also erfahren Soziale auch etwas früher, was noch nicht öffentlich verhandelt wird). Für Soziale heißt dies, im Gemeinwesen darüber Bescheid zu wissen, wer die wichtigen Entscheidungsträger sind (z.B. die Vorsitzenden der im Gemeinde- und Stadtrat tätigen Fraktionen, die Vorsitzenden der Fachausschüsse, die Vorstandsmitglieder der örtlichen Parteien) und eine persönliche Beziehung zu ihnen aufzubauen, um im Gespräch Informationen an den Mann oder an die Frau zu bringen. Dabei ist entscheidend, dass diese Informationen sorgfältig ermittelt sind (sich als fehlerfrei erweisen), schnell zur Verfügung gestellt werden können (wenn eine Entscheidung unvorhersehbar bzw. kurzfristig getroffen werden muss) und Betroffene zu Wort kommen können; dies verweist darauf, dass Lobbying keine spontane Verfahrensweise darstellt, sondern mit dem Sammeln und Verfügbarmachen von Informationen verbunden ist, die langfristig ermittelt und – sozusagen „auf Lager" – zur Verfügung stehen. Lobbying zeichnet auch aus, dass in diesem Zusammenhang geführte Gespräche gut dokumentiert werden (wer hat wann was mit wem besprochen?) und die Ergebnisse unter den Gesprächsteilnehmern auch (z.B. in einer Gesprächsnotiz) ausgetauscht werden, um die Verbindlichkeit zu verstärken.

Beteiligung: Die von den Landtagen der Bundesländer bestimmten gesetzlichen Rahmenbedingungen für die kommunale Selbstverwaltung (sog. Kommunalverfassungen) regeln (für jedes Land sehr unterschiedlich) die Rechte der Bürger, an der Selbstverwaltung direkt mitzuwirken. Dazu zählt das Recht, dass Bürgerinnen in den öffentlichen Sitzung der Stadt- und Gemeinderäte und Kreistage Fragen an die Stadt-, Gemeinde- oder Kreisverwaltung richten können, die noch in der Sitzung öffentlich beantwortet werden müssen (sog. Bürgerfragestunde). Einige Kommunalverfassungen sehen vor, dass dieses Fragerecht auch in den Ausschüssen besteht, die sich mit Fachfragen befassen (z.B. der Sozial- oder der Jugendausschuss). Durch das Fragen wird Öffentlichkeit für ein Thema hergestellt, das sonst u.U. nicht angesprochen werden würde. Unter Umständen ist auch gesetzlich geregelt, dass Bürger in Form von Anhörungen zu bestimmten Themen zu Wort kommen können, sich also zu einem Fachthema mit konkreten Anregungen äußern können. Gut vorbereitet, können solche Anhörungen genutzt werden, Aspekte eines Themas anzusprechen (z.B. bestimmte Nachteile, die für das Gemeinwesen entstehen, wenn ein Jugendhaus geschlossen wird), die sonst in dieser Form und Nachhaltigkeit nicht zur Sprache kämen. In den Kommunalverfassungen ist darüber hinaus geregelt, wie sich Bürgerinnen durch eigene Anträge (sog. Bürgerantrag und Bürgerbegehren) an der Entwicklung z.B. der eigenen Stadt beteiligen können; solche Anträge müssen in aller Regel von einer bestimmten Zahl von Bürgern unterstützt werden, führen allerdings oft nur dazu, dass sich der Gemeinde- oder Stadtrat mit dem im Antrag genannten Thema befassen, nicht aber einen bestimmten Beschluss fassen muss. In nahezu allen Kommunalverfassungen ist darüber hinaus auch geregelt, dass Kinder und Jugendliche an den sie betreffenden Entscheidungen einer Gemeinde oder Stadt zu beteiligen sind; allerdings ist auch mit diesem Instrument nicht verbunden, dass die Vorstellungen junger Menschen auch tatsächlich umgesetzt werden müssen.

Soziale können durch Beratung und Motivationsarbeit dazu beitragen, dass sich die Bürgerinnen dieser Möglichkeiten der Einflussnahme bewusst werden und sie auch häufiger nutzen. Sie können dies durch die Veranstaltung einer Podiumsdiskussion (LE 9.3.1) mit den relevanten politischen Akteuren, eine Zukunftswerkstatt (LE 9.3.3) oder eine Open Space-Konferenz (LE 9.3.6) unterstützen, um Zukunftsthemen des Gemeinwesens öffentlichkeitswirksam zu machen. Dabei können sie versuchen, starke Bündnispartner (z.B. Gewerkschaften, Umweltorganisationen, kritische Architekten, Gewerbetreibende, die örtliche Industrie- und Handelskammer) einzubeziehen, die ihrerseits auf die Medien (d.h. Tageszeitungen, Wochen- und Werbezeitungen, Hörfunk, Fernsehen) und die politischen Akteure Einfluss auszuüben in der Lage sind. Unterstützend wirken auch Demonstrationen und Aktionen der formellen und informellen Öffentlichkeitsarbeit (vgl. z.B. Wendt, P. 2012e). Das sorgt für politischen „Druck“, dem sich Kommunalpolitiker dann nur noch schwer entziehen können.

10.3.2 Arbeit in und an der Öffentlichkeitsarbeit

Systematischer Öffentlichkeitsarbeit kommt in der Gemeinwesenarbeit eine besondere Relevanz zu, weil auch hierdurch ihr Wert für die Bürgerinnen im Stadtteil sichtbar werden kann (und es sich insofern um Werbung für die Gemeinwesenarbeit handelt) und als Teil der Strategie zu sehen ist, sich für die eigenen Interessen erkennbar und unverwechselbar einzubringen: Sich zeigen, öffentlich präsent zu werden, stellt zugleich eine Ermutigung der Bewohner dar, sich und ihre Interessen (z.B. durch kreative Formen wie etwa Straßentheater, Aufführungen u. Ä.) zu artikulieren (vgl. z. B. Früchtel/Budde/Syprian 2007b: 271 ff.).

Zwar lässt sich feststellen, dass sich seit den 1980er Jahren in der Sozialen Arbeit ein Verständnis durchgesetzt hat, das die Bedeutung von Öffentlichkeitsarbeit betont; trotzdem gilt nach wie vor, dass die öffentliche Selbstdarstellung (z. B. am Tag der offenen Tür) und auch die sog. „Klimapflege" (Lobbyarbeit) im informellen Bereich in der Regel von Mitarbeitern nebenbei oder nur nachrangig erledigt wird. Die Information über Themen Sozialer Arbeit erreicht die relevanten Akteure, die z. B. über die Finanzierung Sozialer Arbeit (mit-)entscheiden, oft nur zufällig (vgl. Puhl 2010: 145, vgl. auch Pleiner/Heblich 2009, Flad 2013); der Tatsache, dass Medien Themen *machen* und sie auch wieder vernachlässigen, dass es ein Auf und Ab der Wahrnehmung sozialer Themen durch Medien gibt, muss Soziale Arbeit in weiten Teilen erst noch folgen.

Formelle Öffentlichkeitsarbeit hat die Aufgabe, die Allgemeinheit (d. h. über die zugänglichen Medien: Zeitungen, Radio, Fernsehen, Onlinemedien, soziale Netzwerke) zu informieren. Dazu sollte jede soziale Einrichtung sich „als ‚kleine PR-Agentur in eigener Sache' verstehen und Informationen im Sinne einer Bringschuld an die Öffentlichkeit liefern" (Puhl 2010: 144, 146). Anlässe (z. B. geplante bzw. gelungene Veranstaltungen, aktuelle Fallzahlentwicklungen, unsichere Finanzierungsgrundlagen, innovative Projekte, neue Verfahren, auftretende neue Schwierigkeiten in der Lebensbewältigung von Adressaten) sind (sofern dies aus Gründen des Sozialdatenschutzes nicht ausgeschlossen oder ethisch unverantwortlich ist) berichtenswert.

Es ist Aufgabe Sozialer, das Wesentliche des Anlasses zu transportieren, d. h.,

- festzuhalten, wann was warum mit wem als Beteiligten (sie werden mit Vor- und Nachnamen und dem Alter genannt) stattgefunden hat oder noch stattfinden wird. Fachausdrücke, die unter Sozialen, nicht aber den Journalistinnen geläufig sein müssen, sind zu vermeiden; dies gilt auch für Abkürzungen, wenn es sich nicht gerade um eine politische Partei handeln sollte.

Hintergrund: Textgestaltung bei Pressemitteilungen

- „Schreiben Sie kurz und prägnant: Je kürzer Ihre Pressemitteilung ist, desto größer ist die Chance, dass sie publiziert wird. Oft fehlt den Redakteuren nur noch ‚eine kleine Nachricht', um die Seite zu füllen. Schreiben Sie deshalb nicht mehr als 20–30 Zeilen. Wenn der Redakteur Ihre Pressemitteilung so interessant findet, dass er einen längeren Bericht darüber schreiben möchte, wird er sich bei Ihnen melden. Denken Sie für diesen Fall immer daran, Ihre E-Mail-Adresse und Telefonnummer auf der Meldung anzugeben.

- Trennen Sie Nachricht und Kommentar: Grundsätzlich dürfen Sie in einer Pressemitteilung Wertungen einbringen. Wichtig ist jedoch, dass Nachricht und Wertung nie vermischt werden! Kennzeichnen Sie deshalb Meinungsäußerungen als Zitat und schreiben Sie dazu, wer das Zitat geäußert oder geschrieben hat.
- Schreiben Sie aus der Sicht eines neutralen Beobachters: Begriffe wie ‚wir' und ‚uns' gehören nicht in eine Pressemitteilung.
- Machen Sie Informationsquellen transparent: Ihre Inhalte müssen für den Redakteur immer nachprüfbar sein. Schreiben Sie in Ihrer Pressemitteilung, woher Sie die Informationen haben.
- Verwenden Sie Zitate: Wörtliche Rede macht nicht nur eine Rede, sondern auch eine Pressemitteilung lebendig. Sparen können Sie sich jedoch, Floskeln zu zitieren oder Zitate, die nur den Inhalt der Pressemitteilung wiederholen.
- Formulieren Sie im Aktiv: statt Dörte Dribbling wurde von der Mitgliederversammlung gewählt besser: Die Mitgliederversammlung wählte Dörte Dribbling
- Geben Sie bei Personen den Vor- und Zunamen sowie die Funktion an, wenn Sie diese in der Pressemitteilung zum ersten Mal nennen: statt Altmann entgegnete besser Vereinsvorsitzender Anton Altmann entgegnete" (Kirberger 2013: 129f.).

- Kurze und überschaubare Sätze gelten als lesbar. Allzu häufig wiederkehrende Begriffe und Formulierungen sind ermüdend. Die Aussagen sollten aktiv und positiv formuliert sein und auf Verneinungen verzichten. Auch Fremdwörter sollten nur in Maßen gebraucht werden; sie sind nur dann sinnvoll, wenn eine deutsche Entsprechung fehlt. Sprachliche Buntheit fördert also eine Veröffentlichung.
- Beiträge werden so formuliert, dass das Wichtigste (die Kernaussage) an den Anfang und weniger Wichtiges an den Schluß gestellt wird. In der Regel werden Beiträge, die zu lang geworden sind und nicht mehr in die Zeitungsausgabe passen würden, durch Journalistinnen absatzweise von hinten gekürzt. Eine wichtige Information würde nie gedruckt werden, wenn sie an das Ende gestellt wurde. Wichtiges gehört an den Anfang, auch schon deshalb, weil Wichtiges die Leserinnen zum Weiterlesen einlädt.

- Bilder unterstützen die Bemühungen, Öffentlichkeit herzustellen. Gutes Bildmaterial ist kontrastreich und mit Begleittext versehen (was wird dargestellt, wer ist zu sehen, wer hat das Foto gemacht, wann ist das Bild entstanden?) und steht zur honorarfreien Verwendung zur Verfügung (vgl. a. Quilling u.a. 2013: 102)

Informelle Öffentlichkeitsarbeit dient dagegen der Beeinflussung der lokalen Öffentlichkeit: Wenn z.B. die Polizei vor dem örtlichen Jugendhaus geparkt hat und ein Beamter hineingegangen ist, dann verbreitet sich diese Nachricht (und ihre Interpretation) wie ein Lauffeuer. Im Gespräch unter den Bewohnerinnen des Stadtteils bzw. im „Dorftratsch" geht es um die Jugendlichen, die sich nicht anpassen wollen; es wird schon etwas dran sein an dem, was man so hört, wie es im Jugendhaus zugehen soll. Das Image eines Jugendhauses kann durch solchen Tratsch nachteilig beeinflusst werden. Gleiches gilt, wenn z.B. die Putzfrau, die dort reinigt, oder der Hausmeister, der die Schlüsselgewalt hat, über den Jugendraum berichten; beide haben Zutritt und werden die Meinung im Stadtteil und (mehr noch im Dorf) sowohl in die eine wie die andere Richtung gestalten durch die Art und Weise, wie sie über den Treff reden, wie es da aussieht oder wie es da so zugeht. Sie werden dann zu Akteuren, die Gegner wie Unterstützer des Jugendhauses sein können. Sie sind für die lokale Öffentlichkeit vertrauenswürdige Personen, die im Gemeinwesen zwar keine formelle Funktion ausüben (z.B. nicht Mitglied des Stadt- oder Gemeinderates sind), aber informell vor Ort wichtige Positionen einnehmen, im Gespräch sind, Informationen und Meinungen (mit-)prägen. Ihre Meinung zählt!

Akteure informeller Kommunikation üben damit eine *Drehpunkt- bzw. Gatekeeperfunktion* aus: Sie können als *Transporteure* in zwei Richtungen verstanden werden, indem sie die Sozialen im Jugendhaus darüber ins Bild setzen, was über sie und ihre Einrichtung gedacht wird, und das dort Gehörte und Gesehene ins Gemeinwesen zurückspielen (Drehpunkt), und sie entscheiden ganz maßgeblich mit, was (und mit welchem Unterton: wohlwollend oder abwertend) über das Jugendhaus berichtet wird (Gatekeeperfunktion). Im (aus der Sicht Sozialer) positiven Fall handelt es sich um Menschen (z.B. der Grundschulrektor, die Kita-Erzieherinnen, der Polizist, die Pfarrerin, Vereinsvertreter), die den Zwecken Sozialer Arbeit positiv gegenüberstehen (z.B. gelegentlich das Jugendhaus besuchen, sich die Sorgen der Jugendlichen anhören) und ihren „guten Stand" im Gemeinwesen nutzen, günstig auf die Meinungsbildung einzuwirken. Es ist Aufgabe Sozialer, sie direkt anzusprechen und für die Unterstützung (durch aktive Informationsarbeit, Erläuterung von Hintergründen u.Ä.) „aufzuschließen" (vgl. Wendt, P. 2005: 148ff.; vgl. auch Stoik 2013a).

Im weiteren Sinne gehören auch die Durchführung von Unterschriftenaktionen für einen sozialen Zweck und die Organisation von Aktionen im öffentlichen Raum (Flashmob, Straßentheater u.a.) zur informellen Beeinflussung der lokalen Öffentlichkeit (vgl. a. Früchtel/Budde/Cyprian 207b: 265–285).

Indirekte Öffentlichkeitsarbeit entwickelt sich daraus, dass z.B. durch Leserbriefe oder Storytelling Einfluss auf das Meinungsbild und die Entscheidungsprozesse im Gemeinwesen genommen wird:

Leserbriefe stellen eine Möglichkeit dar, die Meinung zu einem Thema zu beeinflussen, über das in der Zeitung bereits berichtet wurde, indem ergänzende Informationen und auch Meinungen dazu eingebracht werden. Leserbriefe sind kurze Statements (die zwanzig Zeilen nicht überschreiten sollten), die betont sachlich am besten von Personen verfasst werden, die selbst beruflich keine eigenen Interessen am Thema zum Ausdruck bringen (also Vorteile daraus ziehen, dass die öffentliche Meinung in eine bestimmte Richtung beeinflusst wird); daher empfiehlt es sich, nicht als Soziale einen Leserbrief zu verfassen, sondern am Thema Interessierte (die bei der Formulierung durchaus unterstützt werden können). Überzeugend ist es, wenn Betroffene (z.B. die von der beabsichtigten Schließung eines Jugendtreffs betroffenen Jugendlichen) sich über (womöglich auch mehrere) Leserbriefe zu Wort melden.

Als *Storytelling* wird ein Verfahren bezeichnet, systematisch Geschichten in Umlauf zu bringen, denn es gilt, dass „Menschen Inhalte, die in Geschichten präsentiert werden, lieber hören, sich besser merken und auch lieber weitererzählen“ (Früchtel/Budde/Cyprian 2007b: 280). Solche Geschichten müssen wahr, aber nicht belehrend sein; sie dürfen emotional sein und zur Identifikation einladen. Gegenstand werden Themen aus dem Gemeinwesen sein, die die Bewohner als ihr Thema benannt haben und die sich entwickeln sollen (weil ein Missstand beseitigt werden soll), für das es aber noch eine „Stimmung“ geben muss, die die notwendigen Entscheidungen (z.B. durch die Kommunalpolitik) voranbringt. Eine solche Geschichte wird zunächst entwickelt und aufgeschrieben, unter Vertrauten getestet, (ggf. überarbeitet) in einem ersten Gespräch in Umlauf gebracht und so unter Bekannten vielfach mitgeteilt und besprochen.

10.3.3 Zehn Minuten nach dem Beratungsgespräch

Bei den *Zehn Minuten* handelt es sich um ein Gesprächsführungsverfahren zur Ermittlung von Potenzialen und Ressourcen im Gemeinwesen aus der Sicht der Bewohnerinnen, was Sozialen hilft, „etwas anderes“ zu entdecken (vgl. Lüttringhaus/Streich 2004). Das Verfahren bietet sich an, z.B. mit Beratungsgesprächen verknüpft zu werden (nachdem eine Adressatin um Unterstützung gebeten hatte); das bereits abgeschlossene Gespräch kann um zehn bis 15 Minuten durch die *Bitte* verlängert werden, die Beratene selbst möge Hilfe und Rat geben. Fragestellungen sind z. B.: „Wie gefällt Ihnen Ihr Stadtteil? Was ist das Besondere?“ (um Themen und Wertungen zu ermitteln), „Ich suche für ein Straßenfest noch Helfer/innen; kennen Sie jemanden, der daran Spaß haben könnte?“ (zur Klärung der infrastrukturellen Situation), „Wie würde es hier aussehen, wenn Sie zufrieden wären? Welche Ideen haben Sie?“ (zur Bewältigung von Zuständen, die Unzufriedenheit hervorrufen), „Wären Sie bereit, dabei zu sein, wenn wir xy anpacken?“ (zur Klärung der Motivation, an Aktionen u. Ä. teilzunehmen).

Insofern kann das Verfahren auch als systematische Möglichkeit genutzt werden, sich als Sozialer durch Bewohnerinnen eines Stadtteils „auf den Stand bringen zu lassen, z. B. durch Fragen zu den Ressourcen im Gebiet, zu thematischen Einzelaspekten abgefragt (z. B. nach Angeboten von Sportvereinen, Ferien- und Freizeitmöglichkeiten); zu Themenschwerpunkten können auch gezielte Fragen gestellt werden (vgl. Lüttringhaus 2010: 84 f.). Im Vordergrund steht indes nicht, den Kontakt zu verbessern, sondern (wie schon bei der Aktivierenden Befragung) die Potenziale des Stadtteils zu erfassen, um diese für die eigene Arbeit nutzen oder an andere Akteure weitergeben zu können (z. B.: „Ich selbst wohne ja nicht hier. Da ist es schon hilfreich, wenn ich höre, was Sie hier schätzen, was Sie stört oder was Ihnen fehlt“), die Themen, die die Menschen beschäftigen, direkt von ihnen zu erfahren und Quartiersthemen aufzugreifen.

Hille Richers (2013) rät,

- mit einem „Mundöffner“, d. h., einer einfach zu beantwortenden Frage zu beginnen (z. B. nach der Wohndauer, Themenbereiche wie Kinder, Freizeit, Verkehr u. Ä.) und zunächst offene Fragen zu stellen (z. B.: „Wie gefällt es Ihnen hier im Stadtteil? Was ist hier gut, was ärgert Sie?“, „Welche Ideen, Ansatzpunkte, Lösungsmöglichkeiten sehen Sie?“), damit die Gesprächspartner sich selbst äußern können und nicht die Annahmen der Sozialen das Gespräch lenken; erst gegen Ende oder wenn das Gespräch stockt sollten die Themen der Fachkraft angesprochen werden.
- Werden Ansichten und Auffassungen ausgedrückt, mit denen die Sozialen nicht übereinstimmen (z. B. zu den angeblich regelmäßigen Ruhestörungen Jugendlicher), dann gilt es, zuzuhören und von einer Diskussion abzusehen, denn es geht auch hier nicht um eine richtige oder falsche Sichtweise.
- Bei eher abstrakten Beschreibungen sollte nachgefragt werden (z. B. was es heißt, wenn von einem „langweiligen Freizeitange-

bot“ gesprochen wird), ebenso dann, wenn Unzufriedenheiten geäußert werden (dann wird nach Wünschen und Ideen zur Veränderung gefragt, z.B.: „Wie würde es aussehen, wenn Sie zufrieden wären?“).

- Es führe zu nichts, so Richers, nach dem Motto zu verfahren: „Wenn Sie unzufrieden sind, dann müssen Sie doch auch gewillt sein, selbst aktiv zu werden!“ Eher sollte danach gefragt werden, ob in der Vergangenheit schon (von wem?) Lösungsmöglichkeiten ausprobiert wurden und wer nach Auffassung des Gesprächspartners aktiv werden könnte.
- Die Gefahr sollte mitgedacht werden, dass „die Befragten auf Grund der Befragung glauben, Professionelle würden nun allein dafür sorgen, dass die ausgesprochenen Veränderungswünsche verwirklicht werden“; hier sei es „wichtig, den Aufgabenbereich und den Handlungsspielraum der Professionellen im Gespräch transparent und nachvollziehbar darzustellen und die Funktion der Fachkraft zu klären“ (Richers 2013; vgl. auch Früchtel/Budde/Cyprian 2007b; 147ff.).

10.4 Schlussfolgerungen

Ziehen Sie bitte eine Bilanz dieses Kapitels! Welche Schlussfolgerungen ergeben sich für Sie? (Hinweise zur Einordnung ihrer Bilanzierung finden Sie auf meiner Website.)

10.4.1 Anregungen zur Weiterarbeit

In den von Maria Lüttringhaus (2001: 264ff.) zusammengetragenen *Leitstandards der Gemeinwesenarbeit* heißt es u.a.:

> *Förderung der Selbstorganisation und der Selbsthilfekräfte:* GWA ermutigt die Menschen, ihre Themen selbst anzupacken. Die BewohnerInnen werden aktiviert und unterstützt, ihre Angelegenheiten selbst in die Hand zu nehmen. Bei dieser Aufgabe der GWA, Menschen bei der Selbstorganisation zu unterstützen, ist die Schaffung von (Stadtteil-)Öffentlichkeit durch öffentliche Diskurse ein wichtiges Feld. GemeinwesenarbeiterInnen begleiten die Prozesse, anstatt zu leiten. (…) *Verbesserung der materiellen Situation und der infrastrukturellen Bedingungen:* Die Aktivitäten der GWA leisten einen Beitrag zu einer aktiven Stadt(teil)entwicklung. Orientiert am Bedarf des Sozialraums zielen sie auf die Schaffung neuer

Ressourcen durch den Ausbau der ökonomischen und baulichen Strukturen: adäquater Wohnraum, Arbeitsplätze, Verkehrsberuhigung, Spielplätze, Räume, günstiges Essen, Trödel, Second-Hand-Kleidung, usw.). GWA klinkt sich deshalb ein in lokale Politikprozesse.

1. Stellen Sie bitte zunächst durch eine Internetrecherche fest, ob und welche Projekte der Gemeinwesenarbeit oder des Quartiersmanagements sich in Ihrer Region (z.B. Ihrem Studienort, der Landeshauptstadt) finden lassen!
2. Klären Sie bitte, welchen Überlegungen, Leitstandards bzw. Grundideen diese Projekte verpflichtet sind! Worin besteht die „Philosophie" dieser Projekte?
3. Wägen Sie vor dem Hintergrund dieser Informationen bitte ab, inwieweit die zitierten beiden Leitstandards der Gemeinwesenarbeit noch aktuell sind!

10.4.2 Materialien

Eine aktuelle und grundlegende Sammlung von Aufsätzen zu nahezu allen Aspekten der Gemeinwesenarbeit enthält der von Sabine Stövesand, Christoph Stoik und Ueli Troxler herausgegebene Sammelband (Handbuch Gemeinwesenarbeit Opladen, Berlin und Toronto 2013).

Unterschiedliche Aktionsformen zur Arbeit im Gemeinwesen nennen Frank Früchtel, Wolfgang Budde und Gudrun Cyprian (Sozialer Raum und Soziale Arbeit. Fieldbook: Methoden und Techniken, Wiesbaden 2007: 259–325).

Ein von Maria Lüttringhaus und Hille Richers herausgegebenes Handbuch (Handbuch Aktivierende Befragung, Bonn 2003) zeigt in einer Reihe praxisnaher Beiträge, wie die Aktivierende Befragung vorbereitet, durchgeführt und ausgewertet wird; der darin von beiden verfasste Beitrag „Beispiel für einen Fragebogen" enthält einen Ablaufplan und eine Checkliste für die Aktivierende Befragung.

Der Bund der Katholischen Jugend in Deutschland (BDKJ) hat für seine Sozialaktion „Uns schickt der Himmel" (sog. „72-Stunden-Aktion", 13. bis 16. Juni 2003) einen Presseleitfaden herausgebracht, der praxisgerecht alle Aspekte einer projektbezogenen Presse- und Öffentlichkeitsarbeit enthält zum Download zur Verfügung steht; Link: http://www.72stunden.de/fileadmin/media/Bilder_Fotos_Dateien/Arbeitshilfen_und_Leitfaeden/Presseleitfaden/Presseleitfaden72h.pdf (10. November 2014).

Kapitel 11
Hingehen und aufsuchen: Aufsuchende Formen Sozialer Arbeit

Fallbeispiel

Karl lässt sich seit einigen Wochen schon nicht mehr im Jugendhaus blicken. Mia ist in Sorge. Sie wird die Kolleginnen von der Mobilen Jugendarbeit ansprechen, ob sie etwas in Erfahrung bringen können. Sie selbst hat ja keine Zeit rauszugehen, die Öffnung des Jugendhauses hat Vorrang. Das ist auch gar nicht ihre Aufgabe.

11.1 Einführung: Was ist Aufsuchende Arbeit?

Im Unterschied zur Sozialen Arbeit in Einrichtungen, die durch (erkennbare) Räume, festgelegte Sprechzeiten und Terminvereinbarungen sowie Wartezeiten gekennzeichnet sein kann (sog. *Komm-Strukturen:* die Drogenberatungsstelle z.B. ist als solche erkennbar, alle können sehen, *wer* sie in Anspruch nehmen muss, was die Schwelle hebt, sich dorthin zu begeben), handelt es sich bei *Geh-Strukturen* um Formen, die als „niedrigschwellig" eingeschätzt werden, weil Menschen durch Soziale in ihrem Lebensraum aufgesucht werden und das Verhältnis zwischen ihnen dort als weitgehend informell bezeichnet werden kann. So haben sich z.B. im Bereich der Familienbildung (im Gegensatz zu den klassischen, meist an Familienbildungsstätten gebundenen Elternkursen) aufsuchende Angebote etabliert (z.B. das Programm „Opstapje", bei dem semiprofessionelle Hausbesucherinnen tätig werden [vgl. Sann/Thrum 2005]), anstatt darauf zu warten, dass Eltern von sich aus in die Familienbildungsstätte kommen (vgl. Uhlendorff/Euteneuer/Sabla 2013: 189; ein Beispiel für aufsuchende Erziehungsberatung nennt Heekerens 2007). Als die „klassische Form", die als solche allerdings selten als aufsuchend beschrieben wird, gilt der *Hausbesuch.*

Als Straßensozialarbeit (bzw. *Streetwork*) hat sich die aufsuchende Soziale Arbeit in Deutschland in unterschiedlichen Praxisfeldern etabliert, z.B.

in der Arbeit mit informellen Jugendcliquen, aggressiven, gewaltbereiten bzw. rechtsorientierten Jugendlichen, Fußballfans und Hooligans, der Arbeit mit wohnungslosen Menschen, Suchtgefährdeten oder Drogenabhängigen sowie Prostituierten (vgl. Steffan 2013b: 938, Flick/Röhnisch 2009).

Definition

Streetwork „hat sich als spezifischer Ansatz für die Soziale Arbeit mit solchen Menschen entwickelt, deren zielgruppentypische Lebenswelten sich vorrangig im öffentlichen Raum finden und die mit einrichtungsgebundenen Angeboten üblicherweise nicht oder kaum zu erreichen sind. (…) Zielgruppen von Streetwork sind vor allem Menschen, die durch Verhalten und Lebensweisen besonders leicht und intensiv Anstoß erregen" (Krafeld 2012: 294).

Im Selbstverständnis von Streetwork und Mobiler Jugendarbeit heißt dies:

> „Streetwork und Mobile Jugendarbeit wenden sich (insbesondere jungen) Menschen zu, für die der öffentliche Raum, vor allem Straßen und Plätze, von zentraler Bedeutung sind. Da diese Personen in der Regel von anderen sozialen Dienstleistungen nicht mehr erreicht werden (wollen), begeben sich Streetwork und Mobile Jugendarbeit zu deren Treffpunkten. Streetwork und Mobile Jugendarbeit versuchen, die Lebenswelt ihrer AdressatInnen (wenn möglich mit ihnen gemeinsam) lebenswerter zu gestalten und/oder Alternativen aufzuzeigen, welche ein minder gefährdendes Zurechtkommen im öffentlichen Raum ermöglichen" (BAG SW/MJA 2007: 1).

Auf der Straße zu arbeiten schließt alle (halb-)öffentlichen und privaten Lebensräume der Zielgruppen und begleitende Tätigkeit in Hintergrundeinrichtungen (z.B. ein Jugendhaus oder eine Beratungsstelle) und auch Institutionen ein, die nicht freiwillig aufgesucht werden (z.B. Kliniken, Gefängnisse); dabei werden unterschiedliche Praxisansätze verfolgt, z.B. auf die Schwierigkeiten einer Zielgruppe bezogene Projekte (z.B. Straßensozialarbeit im Drogenmilieu) oder auf das Gemeinwesen bzw. den Sozialraum bezogene Formen (z.B. mobile Jugendarbeit). Streetwork verlangt damit die persönliche Bereitschaft,

> „sich auf Lebenseinstellungen der Zielgruppe einzulassen, die in aller Regel nicht den eigenen entsprechen, gewohntes Sozialarbeiterterrain zu verlassen, sich in das unmittelbare Lebensumfeld der Zielgruppe zu be-

geben, sich auf die dort herrschenden Spielregeln einzulassen, sich stärker als ‚Person' in den beruflichen Interaktionsprozeß ‚einzubringen' als in klassischen Feldern der Sozialarbeit, berufliches Handeln flexibel dem jeweiligen Bedarf anzupassen (Arbeitsinhalte, Arbeitszeiten) und sich mit häufig wechselnden Situationen zu arrangieren, sich mit einem Geflecht unterschiedlicher, oft diffuser Rollenerwartungen (durch Zielgruppe, Träger, Öffentlichkeit) auseinanderzusetzen, selbst seine berufliche Rolle – auch gegen Widerstände – zu definieren und klar zu agieren" (Gref 1995: 17 f.).

11.2 Aufsuchende Arbeit: der Hausbesuch

Auch Hausbesuche können als eine Form aufsuchender Arbeit bezeichnet werden; sie sind, mit Peter Pantuček, „ein traditionsreiches Instrument" und seit deren Frühphase (z. B. dem „Freundlichen Besuch", wie ihn Mary Richmond formulierte) unerlässlich, um die Lebenssituation der Besuchten realistisch einschätzen zu können. Das „klassische" Verständnis von Einzelfallhilfe maß dem Hausbesuch große Bedeutung zu. Schon in den 1920er Jahren etablierte sich in den frühen Formen Sozialer Arbeit ein Grundverständnis, dass die für die Soziale Diagnose erforderliche Ermittlung der Sachverhalte durch Besuch und Inaugenscheinnahme in den Wohnungen der Betroffenen erfolgen müsse, verbunden mit Möglichkeiten der Kontrolle, ob das angeratene (erwünschte) Verhalten auch tatsächlich erfolgte.

Dieses Grundverständnis hat sich über die Methodenkritik der 1960er und 1970er Jahre und die Etablierung lebensräumlicher Zugänge in der Sozialen Arbeit allmählich gewandelt. Heute haben Hausbesuche verschiedene Funktionen:

- Sie helfen, die Kontaktaufnahme zu erleichtern, denn es handelt sich um ein Barrieren vermeidendes (niedrigschwelliges) Angebot, dass Ratsuchende nicht mehr ein Amt oder das Büro der Sozialen aufsuchen müssen;
- der Hausbesuch erlaubt einen direkten Einblick in den Lebensalltag und die vor Ort gegebenen räumlichen und sozialen Bedingungen, was zu differenzierten Wahrnehmungen und Einschätzungen führen kann;
- darüber hinaus hat der Hausbesuch auch „eine gewisse Kontrollfunktion, die Glaubwürdigkeit vorgehender Informationen kann abgeschätzt werden, eine verlässliche Aufklärung wird einfacher. Er hat eine Präventivfunktion, denn die besseren Kenntnisse der

Situation vor Ort können wie ein Frühwarnsystem Hinweise über Problemlagen geben" (Northoff 2012: 93 f.).

Zugleich gelangt der Soziale durch den Hausbesuch unmittelbar in die private Welt der Betroffenen, was Verletzungen immer auch einschließt, denn der Hausbesuch berührt grundlegende Aspekte der menschlichen Begegnung: das Bedürfnis nach Intimsphäre, das Bedürfnis nach der Möglichkeit der Gestaltung des eigenen Bildes und zugleich auch die Sitte der Gastfreundschaft. Erst in diesem dreifachen Sinne angemessen vorbereitete Hausbesuche schließen die Chance zur Verbesserung der Vertrauensbasis und zur Verstärkung der Beziehung zu den Adressatinnen ein (vgl. Pantuček 2012: 133).

Zu Beginn des Hausbesuchs (nachdem die Soziale gebeten wurde, hereinzukommen, und sie sich – sofern noch persönlich unbekannt – vorgestellt und erklärt hat, warum sie hergekommen ist) gilt es daher, Respekt vor den Gastgeberinnen zu zeigen (die Zugang zur eigenen Wohnung, d. h. dem persönlichen Schutzraum, gewähren), was sich unter anderem darin zeigen kann, dass ein Interesse für die Wohnung gezeigt wird (z. B.: „Wohnen Sie gerne hier?" „Sind Sie zufrieden mit der Wohngegend?" „Haben Sie hier in der Nähe auch Freunde, Verwandte?"). Solche Fragen betonen ein Interesse an den Gastgebern und helfen zugleich, die Lebenssituation zu verstehen. Den Bewohnerinnen wird damit Gelegenheit gegeben, ihre Rolle als Gastgeber wahrzunehmen, was sich auch darin äußert, etwas zu sich selbst und damit zur eigenen Wohnung zu sagen. Erst dann sollte (etwa durch eine kleine Überleitung) auf das Thema des Hausbesuchs eingegangen werden (vgl. Pantuček 2012: 134 ff., Gehrmann/Müller 1998: 116 ff.), der inhaltlich nicht auf das Gesprächsthema beschränkt bleibt, sondern durch Beobachtungen (sinnvoller Weise durch einen Beobachtungsleitfaden strukturiert) ergänzt wird.

Beispiel: Beobachtungsleitfaden Hausbesuch

- *Umfeld (Stadtteil):* Soziale Charakteristik des topografischen Umfelds (soziale Zusammensetzung der Bewohnerschaft, Zahl und Qualität der Geschäfte und der Lokale, Treffpunkte, Lärm, Erholungsmöglichkeiten etc.)
- *Haus,* z. B. Miets-, Genossenschafts-, Eigentumswohnungen, soziale Zusammensetzung der Bewohnerschaft, Alter und Zustand (baulicher Zustand, Sauberkeit, intakte Infrastruktur?)
- *Wohnung,* z. B. Wohnungsgröße, Zahl und Größe der Zimmer und der Nebenräume bzw. Garten und Nebengebäuden, Helligkeit, Trockenheit, Ausstattung mit Böden, Heizung, Strom- und

Gasanschlüssen, Qualität der Fenster, Wärme- und Schallisolierung

- *Nutzung der Wohnung,* z.B. Belegung der Zimmer, Rückzugsmöglichkeiten für Bewohnerinnen, Möglichkeiten der Funktionstrennung (separierte Arbeits- und Schlafplätze), Gestaltung und Ausstattung der Wohnung als Ausdruck von finanziellen Möglichkeiten und Geschmack, Vollständigkeit, Stil und Zustand der Möblierung bzw. „Abgewohntheit" (Beschädigungen an Möbeln, Geräten, Böden, Verputz etc.)
- *Ausstattung,* z.B. Dekoration (Bilder, Poster, Ziergegenstände etc.)
- *Tiere*
- *Personen im Raum,* z.B.: Wer ist anwesend/abwesend und warum? Wie ordnen sich die Personen im Raum an, wer nimmt bevorzugte Plätze ein? Wer spricht vor allem, wer lässt wen (nicht) ausreden, wer spricht für andere? Ist die Kleidung nachlässig oder haben sich die BewohnerInnen aus Respekt vor dem Besuch „schön gemacht"? Laufen während des Gesprächs Fernsehapparat, Radio etc.? Gibt es andere Störungen? Wird häufig auf andere (nicht anwesende Personen) Bezug genommen? Auf welche? Sachlicher (Problem-)Zusammenhang oder deren Wichtigkeit für diese Wohnsituation? Wie ist der Kommunikationsstil zwischen den Bewohnern (laut/leise, Anordnungen oder Bitten etc.)? (vgl. Pantuček 2012: 134ff.).

Aufgrund solcher (strukturierter) Beobachtungen ergeben sich weitere Anknüpfungspunkte für Gesprächsthemen (z.B. nur eingeschränkt gegebenen Möglichkeiten für Karls Schwester, in der Zwei-Raum-Wohnung angemessen spielen zu können oder für den freiwilligen Rückzug Helmas, da Karl fast einen ganzen Raum für sich und seinen Computer hat).

Allerdings sind mit den Beobachtungen in aller Regel auch Bewertungen verbunden, die zur Beurteilung der Lebensführung der Besuchten und zu Einschätzungen führen können, ob überhaupt und wie gelingend der Alltag bewältigt werden kann, wenn die eigenen Wertmaßstäbe unreflektiert bleiben. Deshalb sind eine systematische Auswertung und Reflexion (z.B. die Überprüfung der Eindrücke auf Grundlage des Beobachtungsleitfadens) der gewonnenen Informationen eines Hausbesuchs notwendig (z.B. wie unterstützt bzw. behindert die Wohnsituation die Möglichkeiten Helmas, die schulische Entwicklung Karls zu begleiten). In die (Fall-)Akte (LE 2.2) werden die Beobachtungen zum Anlass des Hausbesuchs, dessen Vorbereitung, der Empfangssituation und anwesende Personen aufgenommen, die Vermutung geprüft, ob der Besuch seitens der Besuchten vorbereitet war (z. B. um einen bestimmtenn Eindruck zu hinterlassen), und Einschätzungen aufgrund des Beobachtungsleitfadens, analytische (Erst-)Einschätzungen (Auffälliges u. Ä.) vermerkt (vgl. Pantuček 2012: 137 f.).

Der Hausbesuch bleibt nicht auf den als *normal* einzuschätzenden Fall im Rahmen eines Klärungsprozesses beschränkt, bei dem der Hausbesuch aufgrund einer freiwilligen Vereinbarung erfolgt; mit Manfred Neuffer (2013: 207 ff.) lassen sich wenigstens vier weitere Formen des Hausbesuchs denken, die auch intervenierenden Charakter (im Sinne eines aktiven Krisenmanagements) haben können; ein Hausbesuch kann dann

- *kontakt- und kenntnisvertiefend* sein, d. h. der Hausbesuch sichert den Gesprächsfaden und kann zugleich als Möglichkeit genutzt werden, sich allgemein über die Situation der Beratenen (anlassunabhängig) zu informieren, sich über die Situation im Stadtteil unterrichten zu lassen oder soziale Netzwerkarbeit vorzubereiten;
- *präventiv* sein, d. h., der Besprechung bestimmter Anlässe dienen, die u. U. zu Krisen (Notlagen) führen können;
- *gefährdungsbezogen* sein, um z. B. (aufgrund einer Gefährdungsmeldung aus der Nachbarschaft) festzustellen, ob zur Sicherung des Kindeswohls Maßnahmen ergriffen werden müssen, eine drohende Obdachlosigkeit abgewendet werden kann oder eine die Gesundheit gefährdende Situation vorliegt;
- *intervenierend sein,* insbesondere um das Kindeswohl durch Inobhutnahme und Fremdunterbringung (Nothilfestelle, Pflegefamilie) zu sichern.

11.3 Aufsuchende Arbeit: Mobile Jugendarbeit

Soziale Arbeit (v. a. Jugendarbeit) wurde verstärkt seit den 1970er Jahren die Aufgabe zugewiesen, abweichendem Verhalten entgegenzuwirken bzw. Polizei und Justiz „pädagogisch" dabei zu unterstützen, Cliquen aus dem Blickfeld öffentlicher Wahrnehmung zu nehmen, nach Möglichkeit entweder zu zerschlagen oder sie wenigstens unter Kontrolle zu halten. Das auffällige Verhalten, das junge Menschen gegenüber ihrem sozialen Umfeld (z. B. im öffentlichen Raum oder der Nachbarschaft) zeigten (oder das als solches wahrgenommen wurde, z. B. als gewalttätige Ruhestörer) stand hier im Fokus, nicht aber die persönlichen Schwierigkeiten, die sie *hatten* (z. B. die Arbeitslosigkeit, Drogenabhängigkeit, persönliche Sinnkrisen, Obdachlosigkeit).

Sofern nicht durch Erwartungen, z. B. aus dem politischen Raum, dazu gezwungen, fühlten sich in der Jugendarbeit tätige Soziale ganz überwiegend *nicht zuständig*, mit diesen Jugendlichen zu arbeiten. Cliquen Jugendlicher wurden eher als Gegenentwurf zu sinnstiftenden, „positiven" Gruppenbildungen wahrgenommen, wie sie in Form (sozial-)pädagogisch inszenierter und gestalteter Gruppenarbeit in der Jugendarbeit entwickelt worden waren. Aus den Jugendhäusern hinausreichende Arbeit mit Cliquen fand nicht oder in der Regel nur zur Disziplinierung statt (vgl. z. B. Klose 2009).

Zugleich wehrten sich die betroffenen Jugendliche gegen pädagogische Versuche, ihre Cliquen als soziale, im öffentlichen Erscheinungsbild erkennbare Gesellungsform zerschlagen zu wollen: denn ihr Cliquenzusammenhang wird infrage gestellt und die pädagogischen Angebote Sozialer werden meist als Störung des Eigenlebens der Gruppe erlebt.

Die Kritik sowohl an der Zurückhaltung der Jugendarbeit, sich mit Cliquen befassen zu wollen (vgl. Brenner 1987, Wendt, P. 1993a/c), als auch die wiederkehrenden Versuche, Cliquen zu vertreiben, *und* die Anerkennung für die Art und Weise, wie Jugendliche im öffentlichen Raum (über-)lebten und sich auch gegenüber den Versuchen der Vertreibung zu behaupten verstanden, führte zu einer Reihe von Konzepten einer neuen, eigenständigen Jugendarbeit (vgl. z. B. Specht 1977, 1979 und 1987c, Miltner/Specht 1977, Schilling/Damm 1979), die zunächst als *mobil* (vgl. Specht 1987a), später auch als *aufsuchend* (vgl. Schröder 1994) bzw. als *(cliquen-)akzeptierend* (vgl. Krafeld 1992, 1996b und 1998) bezeichnet wurde. Walter Specht z. B. griff das Bild von der für unzuständig erklärten Jugendarbeit auf,

> „gefährdeten Jugendlichen gerecht zu werden. Ausgrenzungen von Jugendlichen mit bestimmten Problemen werden so legitimiert. Nichtbedürfnisorientierte Angebote, starre, verregelte Raumkonzepte und ein Festhalten an der ‚Komm'-Struktur begründen des weiteren nicht zustande gekommene Berührungen zwischen Pädagogen und zuwendungsbedürftigen Kindern und Jugendlichen" (Specht 1996: 305).

Mobile Jugendarbeit wurde stattdessen als Angebot an störende, marginalisierte, ausgegrenzte und aussortierte junge Menschen, z. B. alleingelassene oder suchtgefährdete Jugendliche, aggressiv oder delinquent auftretende Straßengruppen, konzipiert – und damit ausdrücklich (und *positiv* formuliert) an „Randgruppen" (Specht 1987b) gerichtet. Ihre zielgruppen- und lebensraumbezogenen Ansätze sollte ihren Alltag begleiten und sich an den Schwierigkeiten orientieren, die ihnen durch das Ausleben ihrer Entwürfe und Alltagsbewältigungsmuster erwachsen könnten, um gemeinsam mit denen, die das wünschten, durch eine parteiliche Unterstützung, Beratungs- und Hilfsangebote deren Lebenswelt lebenswerter zu gestalten und/oder Alternativen aufzuzeigen, welche ein weniger gefährdendes Zurechtkommen im öffentlichen Raum ermöglichen sollten (vgl. Specht 1987b: 86; vgl. auch Specht 1979a). Mobile Jugendarbeit sollte „nicht am Verhalten der Jugendlichen (anknüpfen), sondern am Strukturproblem ihrer sozialen Verdrängung und Ausgrenzung aus öffentlichen und halb-öffentlichen Räumen" (Keppler 1993: 168; vgl. auch Gref 1994, Krafeld 1998, Steffan/Krauß 1998).

Tatsächlich agiert mobile Soziale Arbeit (mobile Jugendarbeit) seitdem in den sozialen Bezügen junger Menschen und versteht dabei Cliquen (in ihrer Funktion als Unterstützungsgruppe, die jungen Menschen Stabilität, Rückhalt, Selbstwert und Entwicklungschancen bietet [vgl. Krafeld 2005]) als entscheidende Instanzen, die beim Erwerb von Kompetenzen zur Alltagsbewältigung helfen. Sie betont das Recht junger Menschen auf pädagogisch unbesetzten Raum und versucht, Cliquen Angebote für Räume zur selbstverantworteten Nutzung zu vermitteln (vgl. z.B. Arnold/Stüwe 1992, Krafeld 1995, Deinet/Mildner 2009).

Als *Arbeitsprinzipien* mobiler aufsuchender Arbeit gelten heute:

Niedrigschwelligkeit: Ihre Angebot müssen so gestaltet sein, dass sie den Bedürfnissen und den Möglichkeiten ihrer Adressaten (junge Menschen am Rand der Gesellschaft) entsprechend zeitlich und räumlich einfach zu erreichen sind und ohne Vorbedingungen in Anspruch genommen werden können (vgl. BAG SW/MJA 2007: 1).

Bedürfnis- und Lebensweltorientierung: Die Adressatinnen sollen mit ihren Stärken und Schwierigkeiten im Kontext ihrer Lebenswelten und sozialen Bezüge wahrgenommen werden; Soziale fungieren dabei als Ansprechpartnerinnen für die gesamte Breite dort auftretender Fragen (vgl. ebd.: 2).

Freiwilligkeit: Kontaktaufnahme, Dauer und Intensität des Kontaktes werden durch die Adressaten bestimmt (können also auch abgebrochen werden). In begründeten Einzelfällen kann auch durch Soziale der Kontakt beendet werden (ebd.). Zwar setzt mobile Soziale Arbeit auf Freiwilligkeit, Motivation und Aktivierung, unter Sozialen ist aber durchaus umstritten, ob sie in negative Verlaufsprozesse eingreifen sollen, um objektive Gefährdungen abzuwenden, Ausstiegshilfen anzubieten, also Krisenintervention zu betreiben (vgl. ebd.: 4, Northoff 2012: 157).

Akzeptanz: Einfühlungsvermögen gegenüber Einzelnen und Gruppen gilt auch hier als zentrale Kompetenz. Die Adressatinnen „werden als Personen in ihrer Gesamtheit ohne Wertungen, möglichst vorurteilsfrei angenommen" (BAG SW/MJA 2007: 2). Mobile Soziale Arbeit wirkt deshalb auch nicht vordergründig aufklärerisch (insbesondere nicht belehrend), sie ist vielmehr davon geleitet, zunächst einmal verstehen zu wollen, was den Jugendlichen ihre eigenen Orientierungs- und Handlungsmuster bedeuten:

> „Wer Straßensozialarbeit als sozialpädagogische Tätigkeit im Sinne von sozialerzieherisch, von Erziehung sieht, sie als verlängertes Modell eines ‚ich weiß was für dich gut ist und bring' dich auf den rechten Weg' versteht, wer die Arbeit mit diesem Verständnis betrachtet hat in der Regel übersehen, welche Lebensgeschichte und welche Lebenserfahrung die Klienten der Streetwork mit sich bringen. Hier ist es meist um Überleben in Extrembedingungen, oft über Jahre der Kindheit und Jugendzeit gegangen (Mißhandlungen, Mißbrauch, Demütigung etc.)" (Kahl 1995: 96).

Mobile Soziale Arbeit lässt sich ein auf die Lebensrealität und die Alltagsprobleme Jugendlicher, aus deren Verarbeitung Aggressionen und gewaltförmiges Verhalten folgen können, so widersprüchlich diese Verarbeitung auch sein mag: Sozial akzeptierte Formen der Interessenartikulation, Problemidentifikation und Konfliktlösung sind nicht Bedingung für die Arbeit mit jungen Menschen, sondern Ziel. Dieses Ziel lässt sich nur prozessual durch Nähe, Offenheit, Vertrautheit, Akzeptanz im Anderssein erreichen.

Soziale haben also zu akzeptieren, dass die Gruppe (Clique) bestimmt, was angesagt ist. Sie müssen ihre Auffassungen und Meinungen äußern. Versuche aber, die Jugendlichen von anderen, abweichenden politischen Auffassungen und Meinungen argumentativ zu überzeugen, haben in aller Regel eher eine Verschärfung von Provokation zur Folge. Wut und Unverständnis als Reaktionsformen hierauf werden sie wiederum eher zu weiteren provokativen Ausbrüchen animieren – und Kommunikationsbarrieren zur Folge haben. Es wird darauf ankommen, solche Diskussionen zunächst ganz fallen zu lassen und Nähe zu entwickeln, auf deren Basis auch kontroverse Gespräche möglich sind.

Im Sinne der Grenzziehung kann dies aber nicht bedeuten, dass Soziale offen zusehen müssen, wie sich Jugendliche in immer größere Schwierigkeiten (Straftaten, Drogenkonsum u.a.) verstricken. Je vertrauter die Beziehung, desto direkter und offensiver können die Jugendlichen mit den Konsequenzen ihres Tuns und ihrer Regelverletzungen konfrontiert werden.

Vertrauensschutz und Anonymität: „Ohne Mandat der AdressatInnen geben Streetwork und Mobile Jugendarbeit keine personenbezogenen Informationen an andere weiter. Sie führen keine personenbezogenen Akten und achten auch in ihren Tätigkeitsberichten darauf, keine personenbezogenen Fallverläufe zu dokumentieren" (ebd.: 2). Soziale können Kontakt nur bekommen und Vertrauen zu sich entwickeln, wenn sie mit ihrem Wissen vertraulich umgehen. Auch dies stellt einen schwierigen Balanceakt dar, denn sie müssen wissen, wann sie sich auch zu offenbaren haben (z. B. wenn gemäß § 138 StGB schwere Straftaten begangen werden sollen).

Parteilichkeit: Mobile Soziale Arbeit soll die Interessen der Adressatinnen vertreten, ohne deren Ansichten und Überzeugungen zwingend teilen zu müssen (ebd.: 2).

> „Straßensozialarbeit ist eine *Tätigkeit im öffentlichen Raum*. Sie ist da, wo sich junge Menschen aufhalten und sich ihren Lebensraum, ihre Nische geschaffen haben. Streetwork ist mit den Schwierigkeiten und Problemen der jungen Menschen beschäftigt, die in der Regel auch von öffentlichem Interesse sind (Bahnhofskinder, Drogengebraucher, Hooligans usw.) und somit im Blickpunkt von Politik, Justiz, Polizei, aber auch dem sozialen Umfeld" (Kahl 1995: 94, Herh. i. O.).

Parteilichkeit heißt deshalb beispielsweise gegenüber Öffentlichkeit (Gemeinwesen, Medien), Politik und Verwaltung, Polizei und Justiz für ein (größeres) Verstehen der Andersartigkeit der Lebensentwürfe Jugendlicher einzutreten (diese zu erläutern, Hintergründe darzustellen) und für Spielräume, diese Entwürfe auch realisieren zu können, zu werben (vgl. BAG SW/MJA 2007: 5). Dazu zählt auch die Erschließung und der Erhalt von öffentlichen Räumen (z. B. durch formelle und informelle Öffentlichkeitsarbeit [LE 10.3.2]), d. h. sowohl solche, die in der Öffentlichkeit gegeben sind (Plätze, Parkanlagen, Nischen als Treffpunkte), als solche, die dazu durch Soziale angeregt und in Zusammenarbeit mit Verwaltungen, Wohnungsunternehmen u. a. geschaffen werden.

Interkulturelle Dialogfähigkeit: Soziale müssen Handlungsweisen und Deutungsmuster ihrer Adressaten auch vor dem Hintergrund ihrer jeweiligen kulturellen Prägung verstehen (lernen), z. B. herkunftsbedingte Unterschiede in Einstellungen und Verhalten berücksichtigen können (vgl. ebd.: 2; vgl. auch Krafeld 1999, Dölker 2006). Die Wirksamkeit pädagogischen Handelns scheint immer wieder abhängig zu sein von Voraussetzungen und Bedingungen, die in einer Clique gerade *nicht* oder kaum vorzufinden sind – oder die zumindest für die Jugendlichen (im Unterschied zu den Sozialen) nicht wichtig und bedeutsam sind. Es kommt deshalb sehr darauf an, dass Soziale Signale, die Jugendliche durch ihr Verhalten, ihre Umgangsformen und Abgrenzungen artikulieren, *verstehend interpretieren* (LE 4.3.1).

Soziale müssen daher in der Lage sein, situationsangemessen Einzelgespräche zu führen (soweit diese von Jugendlichen gewünscht werden) und dabei umfassend zuzuhören (LE 3.1): Einfach da sein, ohne damit schon die

Erwartung zu verbinden, einbezogen oder in spezifischer Weise gefordert zu werden. Die Umgangsformen Jugendlicher in Cliquen untereinander und mit ihrer Umwelt sind stark dadurch geprägt, sich durchsetzen und behaupten zu müssen: Wer sich nicht ausgrenzen oder vertreiben lassen will, bedient sich verbaler wie instrumenteller Gegenwehr. Die Abwehr von Vertreibungs- und Sanktionierungsversuchen hat dabei oft sehr differenzierungsarme und pauschalierende Kommunikations- und soziale Umgangsmuster zur Folge (in der aufsuchenden Arbeit erfahrene Soziale nehmen wahr, wenn ihre Adressaten „schlecht drauf sind", weil sie gerade – wieder – Ausgrenzungen erlebt haben).

Zwingend ist daher, dass Soziale auch solche Verhaltensweisen ablegen, die Jugendliche aus langjährigen (Ausgrenzungs-)Erfahrungen gut abzuwehren gelernt haben (v.a. Belehrungen, Bewertungen, Ratschläge). Es geht darum, zu versuchen, an den vorgefundenen Verhaltens- und Kommunikationsmustern anzuknüpfen, selbst aber auf die Initiierung von Gesprächen oder Aktivitäten zu verzichten, z.B. an der bestehenden Situation des Nichtstuns („Langeweile") und Schweigens (LE 3.3.2.3) teilzuhaben, mit ihr umzugehen und v.a. auch *abwarten* zu können, ob und wie die Clique die Sozialen ganz allmählich überhaupt einbeziehen will.

Fallbeispiel

Bei ihren Kolleginnen von der Mobilen Jugendarbeit blitzt Mia mit ihrem Wunsch also ab, sie mögen nach Karl Ausschau halten und sie informieren, wenn sie etwas über ihn erfahren haben. Das ist nicht deren Aufgabe. Wenn sie an Karl interessiert ist, wird sie selbst schauen müssen, was mit ihm los ist. Die Mobile Jugendarbeit ist jedenfalls kein Suchdienst.

Aufsuchende Soziale Arbeit kennzeichnet eine besonders durch Offenheit und Fragilität gekennzeichnete Handlungssituation, in der Überraschungen die Regel sind und ein hohes Maß an Flexibilität verlangt ist, in der v.a. eine radikale Subjektorientierung und ein Blick für die (verborgenen) Ressourcen von Menschen erforderlich sind. Die von Hiltrud von Spiegel geforderte Haltung, die eigene Person als Werkzeug zu sehen, beschreibt hier den Balanceakt zwischen Zurückhaltung und Intervention, den Soziale generell vollführen müssen. Diese unmittelbare Vorgehensweise und Handlungspraxis kann im Anschluss an Werner Steffan (2013b: 939) durch folgende Aspekte näher gekennzeichnet werden:

Aufsuchende Arbeit ist zunächst *zurückhaltende Interaktion* zwischen Jugendlichen und Sozialen: das einfache Da-Sein als kompetente Bezugsperson, die sich v.a. *einlassen kann und Zeit hat,* mit der man *sprechen und sich austauschen kann* (über Alltägliches wie über persönliche Sichtweisen und Probleme), die *berät* (z.B. informelle Hilfestellung, Hinweise gibt) und *vermittelt* (z.B. bei Konfliktlagen, durch die Anregung und auch Vorleben anderer – gewaltfreier – sozialer Aktionsformen). In der zurückhaltenden Interaktion bringt sich die Soziale als ganze Person in die Beziehung zu Jugendlichen ein. Jugendliche sind an ihrer Reaktion auf Provokationen ihrerseits ebenso interessiert wie an der Art und Weise, wie sie lebt. Das setzt Authentizität in der Interaktion voraus, die personale Kompetenz, sich situativ (und methodisch offen, flexibel) als Person auf andere einzulassen und damit Zugang zu anderen und deren Alltagswahrnehmung zu finden (vgl. a. BAG SW/MJA 2007: 4).

Beispiel: VAJA (Bremen)

Der Verein zur Förderung akzeptierender Jugendarbeit e.V. (VAJA) aus Bremen wendet sich im Rahmen akzeptierender Jugendarbeit v.a. an Jugendliche und junge Menschen, die von anderen Angeboten der Jugendarbeit nicht ausreichend oder gar nicht mehr erreicht werden, die sich als Cliquen oder Szenen definieren und für die der *öffentliche Raum* zum zentralen Aktions- und Aufenthaltsort ihrer Freizeit geworden ist. VAJA stellt mit dem aufsuchenden Ansatz wieder *Kontakt zu ausgegrenzten Jugendlichen* her, unterstützt sie in ihrer Lebensbewältigung und bemüht sich gemeinsam mit den Jugendlichen, ihre Lebenswelt positiver zu gestalten. Mit der akzeptierenden Jugendarbeit werden Jugendliche aus unterschiedlichsten Milieus, Szenen und Cliquen erreicht: Link: http://www.vaja-bremen.de/index.htm (31. Oktober 2014).

Aus der Sicht der Jugendlichen wird es oft gar nicht um die Klärung dieses oder jenes Themas oder Problems gehen, sondern darum, dass sie sich mit ihren eigenen Verständnissen ihrer Lebenssituationen und Lebenserfahrungen darstellen und dabei vergewissern können, als Personen mit eigenen Erfahrungen ernst genommen zu werden. Sie bezeichnen solche Gespräche oft als erste Gelegenheiten, dass ihnen einmal jemand in Ruhe zuhört und auf sie eingeht. Dabei ist es ihnen wichtig, alleine zu entscheiden, ob und wann solche Gespräche stattfinden. Der Anschein, sie könnten Objekte sozialpädagogischer Betreuung oder Belehrung sein, löst Abwehr aus. Was sie mit wachsender Vertrautheit immer mehr suchen, ist das Gespräch, der personale Austausch zwischen Menschen. Hier hat denn auch die Konfrontation mit Erfahrungen, Meinungen, Haltungen und Überzeugungen des anderen ihren wichtigen Platz. Dabei geht es den Jugendlichen zunächst oft darum, zu prüfen, wie ernst sie eigentlich wirklich genommen werden, bevor sie es *wagen* können, auch von sich selbst und den ganz persönlichen Dingen zu sprechen.

Am Anfang von Prozessen der Annäherung an Cliquen steht die Soziale deshalb erst einmal am Rande; womöglich muss sie mit Provokationen umgehen, bevor die Clique erste Akzeptanzsignale aussendet oder im positiven Sinne nachfragt, ob sie wiederkommen wird. Die Anfangsphase ist durch *Distanz, Austesten* und allmähliches *Warmwerden* gekennzeichnet. Pädagogische Inszenierungen können dies nicht abbauen; sie werden eher als Versuche einer Beeinflussung oder Einengung ihrer Selbstentfaltung und -behauptung wahrgenommen.

Die Akzeptanz ihres Lebensstils und Verhaltens (wozu körperbetontes Auftreten und provokante Äußerungen zählen) trägt dagegen dazu bei, dass sie sich öffnen für ein Kommunizieren und handelndes Umgehen miteinander. Wo näherer Zugang zur Clique gefunden und ihre gruppendynamischen und sozialen Prozesse miterlebt werden können, wächst die Chance zielgerichteter Aktivitäten. Dabei wird es sehr stark darauf ankommen, inwieweit Ideen aus der Clique aufgegriffen und unterstützt werden, also Selbstorganisationsprozesse der Jugendlichen gefördert werden. Der Anspruch, ihre auffällige Alltagsdramaturgie durch alternative, zielgerichtete Aktivitäten abzubauen, kann nicht *Voraussetzung,* sondern allenfalls angestrebtes Ziel der Arbeit mit ihnen sein.

Da mobile Soziale Arbeit in das Kommunikationssystem der Zielgruppen und deren (v.a. informelles) Umfeld eingebunden ist, heißt dies auch, dass „der Nachrichtenfluß, im guten wie im schlechten, … in der Regel sehr schnell" (Kahl 1995: 94) funktioniert. Es spricht sich also sehr schnell herum, ob eine Soziale den Ansprüchen einer Clique entspricht, ob ihr vertraut werden kann, ob sie eine Unterstützung ist und ob mit ihr weitergearbeitet werden kann oder nicht (vgl. a. Willms 2006).

Aufsuchende Soziale Arbeit mit Cliquen Jugendlicher im öffentlichen Raum zu leisten heißt, junge Menschen als Personen zu stärken, wozu auch *Einzelfallarbeit, psychosoziale Beratung und Unterstützung* helfen sollen. Das schließt methodisch jede *isolierende* Einzelfallorientierung aus, um die Gruppe durch Zuwendung zu Einzelnen und deren allmähliche Herauslösung aus der Gruppe zu schwächen oder zu spalten. Es geht darum, den inneren Zusammenhalt der Clique und Gruppe als Prozess solidarischer Selbstorganisation zu fördern und äußeren Druck (Vertreibungen, Stigmatisierungen) bewältigbar zu machen. Nur so kann Platz für gemeinsame Anstrengungen, die kollektive Situation zu verbessern, und Raum für positive einzelfall-orientierte Hilfe sein.

Soziale stehen dabei „als Universalansprechpartner zur Verfügung", z. B. für psychosoziale Probleme, Hilfe in Notlagen und Krisensituationen, Durchsetzung von Rechtsansprüchen (etwa Unterstützung bei der Existenzsicherung), Schul-, Berufs-, Wohnungsprobleme. Ihre Aufgabe ist es daher auch, an andere Institutionen und Beratungsstellen zu vermitteln, dabei Schwellenängste abzubauen (gegenüber Ämtern, Institutionen und Behörden zu unterstützen) und die Akzeptanz von anderen Hilfsangeboten zu steigern (vgl. Gref 1995: 16, BAG SW/MJA 2007: 4).

Alle Maßnahmen Sozialer müssen (wo erforderlich und sinnvoll) mit einzelfallorientierten Beratungs- und Hilfeformen (z. B. Jugendwerkstätten und -wohndienste, Allgemeiner Sozialer Dienst, Beratungsstellen) *vernetzt* werden, um den jungen Menschen in sozial- oder ökonomisch krisenhaften Lebenslagen konkrete Hilfen (z. B. Ausbildungs- und Beschäftigungsmöglichkeiten) zu geben oder eine fall- bzw. gruppenbezogene Weitervermittlung an spezialisierte Dienste und Einrichtungen zu ermöglichen (vgl. ebd.: 5). Dazu sind im Vorfeld (fallunspezifisch, d. h. ohne Bezug zu einem konkreten Fall) Unterstützungsressourcen durch Aufbau eines institutionellen Netzes zu erschließen [LE 5.3]; ein Beispiel dafür nennt Britten 2009).

Soziale müssen *Grenzen deutlich machen* und die Androhung oder Umsetzung von Sanktionen an persönlichen Maßstäben festmachen; dies haben v. a. die Erfahrungen in der aufsuchenden Sozialen Arbeit mit rechten Jugendcliquen deutlich werden lassen (vgl. z. B. Schneider 1994, Krafeld 1994 und 1996a, Borrmann 2006; vgl. auch die Beiträge in Bundschuh/Drücker/Stolle 2012). Manches im Verhalten der Jugendlichen widerspricht ihren Vorstellungen, Maßstäben und Verhaltensweisen womöglich ganz grundlegend (z. B. Sexismus, Drogenkonsum, geschlechtsspezifische Dominanzmuster, Rassismus, ethnische Überheblichkeit). Immer wieder stellt sich daher die Frage, wo dabei die Grenze gesetzt werden soll, jenseits derer nicht mehr angehört, zugesehen und hingenommen werden kann (z. B. Nazisymbole, Gewaltverherrlichung): Grenzen müssen jeweils soweit wie eben möglich und v. a. subjektiv aushaltbar gezogen werden. Sie dürfen nicht so eng gefasst sein, dass sie gängige, wesentliche oder gar zentrale Lebensäußerungen, Verhaltensstile, Symbole oder Rituale der Cliquen ausgrenzen. Grenzziehungen dürfen erst um etliches jenseits des Wesenskerns einer Clique beginnen. Solche Grenzziehungen dürfen in aller Regel nicht durch eine Clique hindurch verlaufen; wer zur Clique gehört, definieren die Jugendlichen allein und Soziale haben sich für oder gegen die Arbeit mit einer Clique insgesamt zu entscheiden.

Grenzsituationen, in denen nicht mehr akzeptiert, hingenommen, mit angesehen oder geduldet werden kann, ergeben sich dort, wo konkret deutliche körperliche oder tief greifende psychische Verletzungen drohen, die Soziale subjektiv das Gefühl hat, etwas nicht mehr aushalten, mitmachen, mit ansehen zu können (ohne das unbedingt auch rational eindeutig fassen zu können), ein deutliches Risiko besteht, dass der Soziale als Deckung oder zur Mithilfe z. B. bei kriminellen Aktivitäten instrumentalisiert wird, kritikwürdige Handlungsweisen zu Wiederholungsritualen verkümmert sind und dadurch auf ein Senken der Akzeptanzgrenze drängen oder gezielt politisch-propagandistische Ziele in der Clique verfolgt und verbreitet werden.

Soziale leben immer wieder vor, dass sie andere Umgehensweisen und Konfliktregelungsmuster verwenden und diese auch für geeigneter halten. Ein zentrales Problem in der Arbeit mit (v. a. rechten) Jugendcliquen ist die große Gewaltbereitschaft in Konfliktsituationen. Auch innerhalb von Cliquen werden Auseinandersetzungen gewalttätig ausgetragen. Die Erfahrungen zeigen, wie wichtig es ist, dabei zu unterscheiden: einerseits den Umgang der Jugendlichen in der Clique untereinander, andererseits den Umgang der Jugendlichen mit Sozialen. Im Umgang mit ihnen kann es nur um Auseinandersetzungen auf verbaler Ebene gehen, körperliches Gewaltverhalten hat den Entzug des Vertrauens zur Folge – und damit schon bald einen Verlust für die Clique. Wichtig ist, dass die Jugendlichen persönlich erleben, welche Konfliktregelungsmuster Soziale anwenden und wie sie gewaltförmige Muster empfinden.

Aufsuchende Soziale Arbeit berücksichtigt durch eine *auf das Gemeinwesen bezogene Vorgehensweise,* dass junge Menschen bei der Suche nach eigenen Wegen der Lebensgestaltung immer weniger unbesetzte, uneingeschränkte und unverregelte Räume und Territorien (z. B. Freiflächen in der Stadt, Winkel, Ecken, Nischen, Brachen u. v. m.) vorfinden. Früher noch zugängliche Räume werden für andere Nutzungszwecke okkupiert (z. B. als Verkehrsfläche, Parkplatz, Landschaftsschutzgebiet, Gartenlandschaft) oder sozial reguliert (z. B. als Jugendhaus mit verbindlichen Strukturen und Regeln). Soziale müssen deshalb begreifen (lernen), dass für Jugendliche solche Räume für offene Interaktionen und Kommunikationen entscheidend sind und nicht so sehr die pädagogischen Arrangements, die in diesen Räumen stattfinden.

Beispiel: Gangway

Gangway ist Straßensozialarbeit mit jugendlichen und erwachsenen Menschen in Berlin: 14 Teams machen klassische Straßensozialarbeit mit Jugendlichen, 3 Teams arbeiten mit Erwachsenen im öffentlichen Raum und 6 Teams machen streetworkergänzende Angebote.
Gangway geht dorthin, wo sich die Adressatinnen treffen: auf öffentliche Plätze und Straßen. Gangway orientiert sich an den Inter-

essen und Bedürfnissen, macht Vorschläge zur Realisierung und fungiert als Partner und Sprachrohr.
Ziel ist es, die Menschen dabei zu unterstützen, ihr Leben eigenverantwortlich in die Hand zu nehmen. Gangway findet Lösungen für die Probleme der Jugendlichen und Erwachsenen, hilft ihnen bei Behörden und Ämtern, bei der Arbeitssuche und vermittelt bei Konflikten in der Schule, mit den Eltern oder anderen Angehörigen; Link: http://www.gangway.de/ (1. August 2014).

Es geht insbesondere darum, Jugendlichen zu helfen, sich Räume zu erobern, an denen sie sich ungefährdet und ungestört aufhalten und ausleben können, ohne Anstoß zu erregen, Ausgrenzung und Abwehr befürchten zu müssen, gefordert oder betreut zu sein. Es geht also um Räume, wo sie sich treffen können und wo sie nach ihren Vorstellungen soziale Kontakte und Aktivitäten entfalten können. Das gilt umso mehr, weil gerade Jugendliche Räume nicht nur erleben, sondern räumlich leben und dies in ihrer Biografie eine spezifische Bedeutung für die Auseinandersetzung mit ihrer Umwelt hat. Raumaneignung macht also ein besonders wesentliches und notwendiges Moment ihrer Kultur aus (vgl. z.B. Krause 1992, Keppler 1993, Krafeld 1995, Hafeneger u.a. 2009, Steckelberg/Homann 2011).

Aktivitäten stehen in der aufsuchenden Sozialen Arbeit eher im Hintergrund; das (auch zeitliche) Hauptaugenmerk Sozialer liegt auf Entwicklung der Beziehungen zu den Jugendlichen. Soziale lassen den Jugendlichen ihre eigene Dramaturgie; sie gehen damit um, dass Jugendliche gerade am Anfang v.a. unter sich etwas machen, ohne aktive Handlungsmöglichkeiten zu offerieren oder zuzugestehen. Bei Aktivitäten müssen Soziale davon ausgehen, dass die Jugendlichen darin ihre eigene Dramaturgie entfalten. Sie müssen auf die Vorgabe pädagogischer Arrangements verzichten und abwarten können, bis Wünsche nach Erlebnis formuliert werden, z.B. in Form von Musik, Jugendkultur, Erlebnispädagogik (LE 8.3.5) oder Sport (vgl. BAG SW/MJA 2007: 4).

Öffentlichkeits- und Lobbyarbeit: Der (auch hier parteilichen) Darstellung und Vermittlung der Lebenswelt der Adressaten in der Öffentlichkeit (vgl. BAG SW/MJA 2007: 5) kommt eine durchaus große Bedeutung zu. Die mediale Popularisierung von Streetwork durch die RTL-Serie „Die Ausreißer" (vgl. beispielhaft Sonnenburg/Winkelmann 2010: 27–39; vgl. auch auch Straub 2010) kann als beispielhaft gelten für das Muster, soziale Schwierigkeiten inszeniert einem breiten Publikum zur Abendunterhaltung und zur Mahnung gegen ein sozial auffälliges Verhalten zu vermitteln; auch andere „Dokusoaps" (z.B. „Super-Nanny", „Familien im Brennpunkt", „Die strengsten Eltern der Welt") folgen diesem Muster, das Hans Thiersch

(2009d) als „Sehnsucht nach dem Autoritären“ charakterisiert hat. Damit wird eine Öffentlichkeitsarbeit umso erforderlicher, die Lebensbedingungen Jugendlicher im öffentlichen Raum und auf der Straße anlassgerecht zu vermitteln und für eine subjektgerechte Wahrnehmung zu sorgen.

Mit Manfred Kahl (Kahl 1995: 97) lässt sich zusammenfassend sagen, dass die Rolle eines in der Aufsuchenden Arbeit tätigen Sozialen „vergleichbar mit der eines Spurensuchers (ist), einem in dem Erleben und in der Reflexion helfenden und unterstützenden Ressourcenfinders“ (vgl. insg. Wendt, P. 1993b). Aufsuchende Arbeit stellt in besonderem Maße ein durch Gespür für die Situation gekennzeichnetes Handeln dar, das jenseits methodischer Zuweisungen weder Einzelfallarbeit, Beratung noch Gemeinwesenarbeit allein ist, sondern die Handlungsformen kreativ, d.h. *kunstvoll* (vgl. Kap. 15) miteinander verknüpft.

11.4 Andere Verfahren

Die Ansätze aufsuchender Sozialer Arbeit haben sich in den zurückliegenden 20 Jahren unterschiedlich weiterentwickelt: Sie reichen z.B. vom „Jugendpflegeleasing“ in verschiedenen Gemeinden (vgl. Hörstmann u.a. 2000) über aufsuchende Arbeit an verschiedenen Standorten (vgl. z.B. Landkreis Göttingen 2000) und Selbstorganisationsförderung (vgl. Wendt, P. 2005) bis zu mobiler Beratung, etwa gegen Rechtsextremismus (vgl. Postel 2010, Klare/Sturm 2011).

Darüber hinaus stehen als Verfahren aufsuchender Arbeit insbesondere solche Ansätze zur Verfügung, die auf die Gewinnung aussagekräftiger Informationen über Sachverhalte in Gemeinwesen und mittelbar der anlassbezogenen Arbeit mit Adressatinnen dienen.

11.4.1 Aktivierende Befragung

Die Interessen von Bewohnerinnen eines Gemeinwesens ändern sich, oft sind sie auch unbekannt. Es hat sie vielleicht bislang noch niemand danach gefragt und sie ermuntert, sich (v.a. auch) öffentlich zu äußern. Beteiligungsversuche bleiben zudem oft auch symbolisch, weil erwartet wird, dass Menschen von sich aus tätig werden und z.B. Einladungen folgen, sich zu treffen, um die eigenen Bedürfnisse zu formulieren. Subjektorientierte Soziale Arbeit aber bedeutet, Menschen einzuladen, sich zu äußern, und dabei Zugangshürden (z.B. unbekannte Orte aufsuchen zu sollen) abzubauen. Die Aktivierende Befragung, die schon im Kontext aggressiver Gemeinwesenarbeit praktiziert wurde (vgl. Szynka 2003) und auch im Community Organizing (LE 13.3) eine Rolle spielen kann, stellt hierfür ein Verfahren dar. Im Mittelpunkt stehen wenige, offene Leitfragen, die den Bewohnern gestellt und deren Antworten protokolliert oder aufgezeichnet werden: „Wie finden Sie es hier in …? (Was gefällt Ihnen? Was stört Sie?)" „Haben Sie Ideen, wie sich hier etwas verändern könnte? (Wer sollte das tun?)" „Sind Sie bereit, dafür etwas zu tun? (Haben Sie Interesse, zur Bewohnerversammlung zu kommen?)"

Eine aktivierende Befragung erfolgt in acht Phasen:

1. Formulierung eines Vorhabens durch einen thematisch offenen Arbeitsauftrag; sinnvoll ist es, bereits jetzt zu klären, welche Unterstützung der im Stadtteil aktiven Einrichtungen möglich ist und zugesagt werden kann.
2. Voruntersuchung, Analyse und erste Auswertung: In Form eines Probelaufs (pretest) wird erprobt, wie die Befragung ankommt und welche Klippen zu umschiffen sind (z.B. zweisprachige Interviewer einzubinden, die Migrantinnen befragen können).
3. Die Bewertung der ersten Auswertung führt zu Konsequenzen, z.B. in Bezug auf den Zuschnitts des Quartiers; sinnvoll ist es, „zunächst ein Gebiet zu wählen, in dem die Aktivierungsbereitschaft vermutlich nicht allzu brach liegt".
4. Der eigentlichen Untersuchung gehen das Training und die Vorbereitung der Interviewer voraus.
5. Die Hauptuntersuchung wird vorher angemessen angekündigt, z.B. durch einen Handzettel oder ein persönliches Anschreiben einige Tage zuvor, und dauert, je nach den zeitlichen Möglichkeiten der Beteiligten, zwischen einer Woche und maximal sechs bis acht Wochen. Als besonders wichtig wird die abschließende Frage eingeschätzt, ob Bewohner eingeladen werden wollen, um über die Ergebnisse der Befragung informiert zu werden.
6. Zur Auswertung der Befragung sollte sich das Team vorher (bzw. nach den ersten Gesprächen) auf erste Schlüsselbegriffe und Kategorien einigen (die im Laufe der Auswertung ergänzt bzw. differenziert werden können), wodurch die angesprochenen Themen schnell erfasst bzw. zusammengeführt werden können und das Ergebnis transparent gemacht werden kann.
7. In einer Bewohnerinnenversammlung, zu der die für die Aktivierende Befragung Verantwortlichen einladen, werden die Ergebnisse dargestellt und die Bildung von Aktionsgruppen, die sich den Themen widmen, angeregt. Wichtig ist in dieser Phase, dass professionell im Stadtteil Tätige (gleich welcher Profession) die

Diskussion nicht dominieren; vorteilhaft ist es vielmehr, wenn *möglichst wenige* von ihnen an dieser Beratung teilnehmen.

8. Abschließend ist die Begleitung der entstandenen Gruppen durch Soziale sicherzustellen, die dabei unterstützen, dass eher kleine, überschaubare und auch Erfolg versprechende Ziele entwickelt werden, und dazu beizutragen, „dass möglichst bald deutlich wird: Hier geschieht etwas ... Gemeinsame Beschwerdebriefe, Einladungen an zentrale Personen aus Politik und Verwaltung, Ortstermine mit behördlichen VertreterInnen sind mögliche erste konkrete Aktionen, die zeigen, dass hier ,nicht nur geredet wird'" (Lüttringhaus/Richers 2013: 384, 386–389; vgl. auch Richers 2003a, Lüttringhaus/Streich 2004).

Mit Maria Lüttringhaus und Hille Richers (2013: 389) lässt sich sagen, dass eine Aktivierende Befragung allein einen Stadtteil nicht in Schwung bringt, sie aber „ein gutes Instrument für eine Grundmobilisierung in einem Quartier" ist, dafür aber in ein langfristiges Konzept der Quartiersentwicklung eingebunden sein muss (vgl. a. Lehnert 2003).

11.4.2 One-to-Ones und Doorknocking

Bei *One-to-Ones* handelt es sich um nichts anderes, als planvoll angelegte und systematisch ausgewertete Face-to-Face-Gespräche, die mit Menschen z. B. in einem Stadtteil bei jeder sich bietenden Gelegenheit (etwa bei einem Straßenfest, einer Veranstaltung) geführt werden können. Zentral ist die Vorstellung, dass Menschen, die von Sozialen so angesprochen werden, etwas über sich (z. B. die eigenen Vorstellungen, das eigene Wissen, besondere Fähigkeiten) zu berichten wissen und auch über Menschen Auskunft geben möchten, die ihrerseits etwas wissen oder können und wiederum gezielt angesprochen werden können. Das Kritierium des Planvollen bedeutet also, Gespräche zielgerichtet zu führen, um Menschen zu befragen und sie dabei zugleich einzuladen, ggf. auch später einmal, mitzumachen. Das Kriterium des Systematischen meint dabei, dass die so – auch beiläufig – erlangten Informationen über den Stadtteil und die Bewohnerinnen nicht verloren gehen, sondern durch die Sozialen gespeichert werden, z. B. in Stadtteilkarten, die Einträge enthalten, wer von sich aus ein Signal gesendet hat, eine handwerkliche Kompetenz einzubringen, wenn sie gebraucht wird. Es entsteht so ein Netz von Hinweisen und Anregungen, das im Bedarfsfall (einer geplanten Aktion u. Ä.) aktiviert werden kann. Die Bewohner des Stadtteils erfahren zugleich, dass es jemanden gibt, der sich melden wird, wenn sie gebraucht werden.

Beim *Doorknocking* wird das Sammeln von Hinweisen und Informationen fokussiert. In Form einer Pressemitteilung, besser noch aber durch Flugblätter oder Flyer in den Briefkästen, werden die Bewohnerinnen einige Tage zuvor darüber unterrichtet, dass zu einem enger bestimmten Zeitpunkt („am Mittwoch zwischen 15.00 und 19.30 Uhr") an ihre Tür geklopft werden wird, um zu hören, was „auf den Nägeln brennt". Die Interviewerin (es kann sich um Soziale handeln oder durch Soziale „ausgebildete" Freiwillige) stellen sich vor, erklären, wer sie sind und dass es darum geht, herauszubekommen, was im Stadtteil verbessert werden kann (sog. „Mundöffner", z. B.: „Wir sprechen mit den Bürgerinnen und Bürgern aus X, weil wir erfahren wollen, was sich ändern sollte, was sich verbessern könnte ..."). Die Statements wiederum werden gesammelt, kritische Aspekte (z. B. Störungen, auf die aufmerksam gemacht wird und die durch Nachfragen der Interviewerin konkretisiert werden müssen) werden notiert (sog. „fishing") und später ausgewertet (z. B. in Form einer öffentlichen Präsentation, zu der alle Bewohner eingeladen werden). Dort, wo sich in dem offenen Gespräch Signale zeigen, dass Menschen auch daran interessiert sind, selbst etwas in die Hand nehmen zu wollen, wird auch dies registriert (sog. „selling"). Wie in den One-to-One-Gesprächen geht es auch hier darum, die so gesammelten Informationen räumlich zuzuordnen, also in eine Karte zu übernehmen („Herr Z, X-Straße 7, 8. OG, 2. Wohnung links: verfügt über ein Auto mit Anhänger und würde helfen").

One-to-Ones und Doorknocking als einfache Verfahren aufsuchender Sozialer Arbeit helfen Sozialen bei der Orientierung auf ein Gemeinwesen, insbesondere dann, wenn ihnen persönliche Alltagserfahrungen fehlen, die z. B. durch ein Wohnen im Gemeinwesen auch persönlich erschlossen werden könnten; sie unterstützen Soziale Arbeit aber dadurch, dass Soziale als Personen im Stadtteil erkennbar und für die Bewohner später auch „auf der Straße" als Ansprechpartnerinnen verfügbar werden (vgl. dazu Richers 2003b, Früchtel/Budde/Cyprian 2007b: 175 ff., 309 ff.).

11.5 Schlussfolgerungen

Ziehen Sie bitte eine Bilanz dieses Kapitels! Welche Schlussfolgerungen ergeben sich für Sie? (Hinweise zur Einordnung ihrer Bilanzierung finden Sie auf meiner Website.)

11.5.1 Anregungen zur Weiterarbeit

Betrachten Sie bitte die beiden Einschätzungen, die ein ungefähres „Stellenprofil" dessen abbilden, was von Sozialen in der Aufsuchenden Arbeit (Straßensozialarbeit, Streetwork) erwartet wird:

> „Vom Straßensozialarbeiter wird erwartet, daß er Wohnungen beschafft, finanzielle Unterstützung organisiert, bei Gericht Strafminderung herbei redet, Umschuldungen verhandelt, Freizeit gestaltet, Therapien vermittelt, Arbeitsplätze findet, Partnerkonflikte bespricht, Erlebnisräume schafft, Schutzraum bietet, persönliche Unterstützung gibt, politisch was verändert, Freund und Kumpel ist …" (Kahl 1995: 95 f.).

> „Persönliche Kompetenzen. Im Arbeitsfeld Streetwork muß ein Profi mehr zu bieten haben als die klassischen sozialpädagogischen Kompetenzen und Fähigkeiten: Er muß als Person interessiert und damit für die Adressaten interessant sein. Persönliche Akzeptanz ist Voraussetzung für fachliche Akzeptanz! Es geht nichts ohne ‚streetcredibility' = Authentizität + Glaubwürdigkeit. Dies beweist sich in der Tat, nicht im Wort! Zu notwendigen personalen (sozialen) Kompetenzen gehören: Persönlichkeit – Stabilität – ‚Auftreten' – Sicherheit – Selbstbewusstsein – Vertrauenswürdigkeit – stringentes Verhalten – Konsequenz – Entscheidungs-/Konfliktfähigkeit – Durchsetzungsvermögen – Überzeugungskraft – Problemlösefähigkeit – Motivation – Engagement – Offenheit – Klarheit – Verbindlichkeit – Zuverlässigkeit – Initiative – Ideen – Kreativität – Kontaktfähigkeit – Sensibilität – Einfühlungsvermögen – Differenzierungsvermögen – Hohe Frustrationstoleranz – psychische Belastbarkeit – Streßresistenz und Flexibilität" (Gref 1995: 20).

Ihre Aufgaben:

1. Recherchieren Sie bitte, ob dieses „Stellenprofil" (das aus dem Jahr 1995 stammt) noch aktuell ist, ob sich also vergleichbare oder andere Profile finden lassen!
2. Klären Sie bitte für sich ganz persönlich, ob Sie diesem oder aktuelleren Anspruchsprofilen entsprechen können bzw. was Sie noch dazu beitragen müssen, ihnen künftig entsprechen zu können!

11.5.2 Materialien

Die *Bundesarbeitsgemeinschaft Streetwork/Mobile Jugendarbeit* ist ein bundesweiter Zusammenschluss von Landesarbeitsgemeinschaften, Landesarbeitskreisen und regionalen Arbeitsgruppen, in denen insbesondere Soziale aus den Arbeitsansätzen Streetwork und Mobiler Jugendarbeit zusammengeschlossen sind. Die Bundesarbeitsgemeinschaft vertritt rund 300 verschiedene Projekte der Streetwork/Mobilen Jugendarbeit; http://www.bundesarbeitsgemeinschaft-streetwork-mobile-jugendarbeit.de.

Der wachsenden Bedeutung virtueller Kommunikation und soziale Netzwerke soll auch die aufsuchende Arbeit Rechnung tragen; dazu haben die Bundesarbeitsgemeinschaft Streetwork/Mobile Jugendarbeit, Landesarbeitskreis Mobile Jugendarbeit Sachsen und Landesarbeitsgemeinschaft Mobile Jugendarbeit/Streetwork Baden-Württemberg ein Konzeptpapier zur Virtualisierung aufsuchender Arbeit vorgelegt: Mobile Jugendarbeit 2.0. Herausforderungen und Möglichkeiten Mobiler Jugendarbeit im virtuellen Raum des Internet – Positionen und Handlungsempfehlungen, Gelnhausen, Stuttgart und Chemnitz 2010; Link: http://www.mja-sachsen.de/mja-sachsen/material/handlungsempfehlungen_virtuell-aufsuchende-Arbeit.pdf (31. Oktober 2014).

Interessante (Kurz-)Beiträge aus der Praxis aufsuchender Sozialer Arbeit enthält der von Gangway e. V., Berlin, herausgebrachte Band (Down Town Berlin. Geschichten aus der Unterstadt – 20 Jahre Straßensozialarbeit in Berlin, Berlin 2010).

Ein Konzept für die Vernetzung von Streetwork in der Drogen- und Jugendhilfe („Tandemteam") haben für Pforzheim die dortige Mobile Jugendarbeit, der Stadtjugendring und die Aktionsgemeinschaft Drogen e. V. erarbeitet; Link: http://www.bundesarbeitsgemeinschaft-streetwork-mobile-jugendarbeit.de/homepage/material/tandem.pdf (31. Oktober 2014).

Teil IV
Handlungshilfen

Kapitel 12
Soziales managen: zur Ökonomisierung Sozialer Arbeit

Fallbeispiel

Das Jugendhaus, in dem Mia und ein Kollege arbeiten, wird von Mitgliedern des Stadtrates besucht. Eine Statistik, von der Jugendamtsleiterin im Jugendhilfeausschuss vorgestellt, hat die Politikerinnen alarmiert: Durchschnittlich 15 Jugendliche, unter ihnen auch Karl, besuchen den Treffpunkt regelmäßig, sie sind fast jeden Tag dort. 20 weitere Jugendliche, berichtet Mia, sind gelegentlich im Haus. Gut besucht ist das Jugendhaus in den Ferien. Die Statistik und ihre Schilderung sorgen für sichtbare Nachdenklichkeit bei einzelnen Politikern. Ihre Fragen lauten: Können wir uns so ein Jugendhaus überhaupt noch leisten? Was haben wir denn davon? Und was wäre eigentlich, wenn wir kein Jugendhaus hätten? Würde da überhaupt etwas fehlen?

12.1 Einführung: Soziale Arbeit und Ökonomisierung

Im Blick auf die Entwicklung der Sozialen Arbeit lassen sich drei Phasen identifizieren, die den Prozess ihrer schrittweisen Ökonomisierung andeuten:

Erste Phase: Mit der Bezeichnung Wohlfahrtsstaat wurde bis in die *1970er Jahre* ein System sozialer Leistungen und Dienste verbunden, das weitreichende Maßnahmen zur Steigerung des sozialen, materiellen und kulturellen Wohlergehens aller Bürger ergreift. Der *Sozialstaat* (als Teil des Wohlfahrtsstaates) verfolgte das Ziel, Menschen in (unverschuldeten) Notlagen zu unterstützen, wenn diese aus eigener Kraft nicht mehr zur Selbsthilfe fähig waren, bzw. solchen Notlagen vorzubeugen. In diese Phase fällt die Professionalisierung der Sozialen Arbeit (z. B. durch die Gründung der Fachhochschulen, die Ausdifferenzierung der Handlungsfelder, den Aufbau einer leistungsfähigen Jugendhilfe und die Schaffung von öffentlich finanzierten Stellen). In dieser Phase wurde auch die offene Jugendarbeit als Teil einer kommunalen Infrastruktur aufgebaut, in diese Zeit fällt in Westdeutschland die Einrichtung nahezu aller großen Jugendhäuser. Die Fragen, die seinerzeit nach einer Besichtigung eines Jugendhauses gestellt worden wären, hätten sich wahrscheinlich der Angepasstheit der Ausstattung (z. B. der Zahl und Größe der Räume für verschiedene Nutzungszwecke) gewidmet; vielleicht wäre auch das Programm des Hauses diskutiert und gefragt worden, ob nicht auch andere Jugendliche erreicht werden könnten, die das Jugendhaus (noch) nicht besuchten (aber, was meist unausgesprochen blieb, den einen oder anderen im Ort störten).

Zweite Phase: In den *1980er und 1990er Jahren* wurde allmählich die Frage nach der Finanzierbarkeit der Sozialen Arbeit gestellt. Die in den USA und Großbritannien seit den 1970er Jahren vorherrschende neoliberale Wirtschafts- und Gesellschaftstheorie wies dem Staat nur eng begrenzte Aufgaben zu, nämlich Recht und Ordnung aufrechtzuerhalten, für die Landesverteidigung zu sorgen, die Eigentumsrechte zu schützen, den Wettbewerb zu fördern, private Wohltätigkeit anzuregen und sich auf eine Unterstützung der wirklich Ärmsten zu konzentrieren (was immer das auch heißen mochte). Der „alte“ Sozialstaat galt den Befürwortern dieser Theorie (in Großbritannien Premierministerin Thatcher und in den USA Präsident Reagan) als zu teuer und ineffektiv. Dies führte zu einer Neubewertung des Sozialstaates, was zu einer Einschränkung seiner Aufgaben und v. a. seiner Finanzierung führte.

Als neue Maßstäbe wurden auch in Deutschland zwei Kriterien benannt: *Effizienz,* d. h. die Wirtschaftlichkeit einer Dienstleistung als ein zu optimierendes Verhältnis zwischen eingesetzten Ressourcen (Input) und dem erzielten Ergebnis (Output); und *Effektivität,* d. h., inwieweit Ziele erreicht werden; gefragt wird nach den Wirkungen im Verhältnis zu den Zielen (Outcome). Deutschland befinde sich, lautete die Argumentation, in einem internationalen Standortwettbewerb, den mit Erfolg zu bestehen, auch eine grundlegende Überprüfung des Sozialstaats verlange. Auch hier wurde das Argument aufgegriffen, der Sozialstaat sei bevormundend; er lähme die Selbstständigkeit, hemme die Leistungsbereitschaft der Gesellschaft und gefährde dadurch die Rentabilität der Volkswirtschaft. Es gehe nun mehr darum, die Ansprüche auf die Leistungen des Sozialstaates den Erfordernissen des Standortwettbewerbs unterzuordnen. Als zu teuer (bzw. unfinanzierbar) etikettierte Sozialleistungen seien dabei ein Hindernis.

Ziel müsse es sein, ein System zu entwickeln, das leistungsfähiger sei, weniger koste und dabei zugleich auch noch bürgernäher sei. Damit hat sich seit den 1990er Jahren die Idee eines „Effizienzstaates“ herausgebildet:

Im Kern gelten die Bedingungen internationaler Konkurrenzfähigkeit nun auch nach innen; folglich werden die betriebswirtschaftlich geprägten Mechanismen und Verfahren des Marktes (genereller Wettbewerb, Orientierung an den Kunden, Effizienz und Effektivität, Flexibilität, Qualität) auf alle Strukturen des Staates und auch des Sozialen übertragen. In der Logik dieser Argumentation sollte z. B. nachgedacht werden, wie sich die Qualität eines Jugendhauses bestimmen lasse und was es auszeichne, auch wenn nur ein kleiner Teil der Altersgruppe seine Dienste in Anspruch nehme; die in der offenen Jugendarbeit tätigen Sozialen sollten sich mit der Frage auseinandersetzen, ob sie die richtige Zielgruppe (z. B. Jugendliche mit Schwierigkeiten, in Ausbildung und Berufstätigkeit zu gelangen) mit den richtigen Angeboten (z. B. Hausaufgabenhilfe, Beratung in der Phase der beruflichen Orientierung, Bewerbungstrainings) unterstützten und wie sich Resultate ihrer Arbeit (z. B. die Zahl gelungener Prozesse in der beruflichen Orientierung) darstellen ließen.

Als Konsequenz dieser Neuausrichtung auch der Sozialen Arbeit sind zwei Konzepte zu sehen, die sich seitdem (z. T. als Versuch, die Entwicklung mitzugestalten) herausgebildet haben:

- *Sozialmanagement* als Methode der Sozialen Arbeit ist „zu fassen als der Versuch, die betriebswirtschaftliche Sicht, bei der ‚Aufgaben, Strukturen und Prozesse in Organisationen unter wirtschaftlichen Gesichtspunkten zu planen, zu organisieren, zu entwickeln und zu kontrollieren' … und dabei neben der Wirtschaftlichkeit auch Prinzipien der sozialen Gerechtigkeit und der Fachlichkeit als zentrale Bezugspunkte in das Management zu integrieren" sind (vgl. Merchel 2008: 851 f.). Resultat dieser Entwicklung sind z. B. Qualitätsmanagement (LE 12.2.2) und Case Management (LE 12.2.1).
- *Sozialwirtschaft* verfolgt den sozialen und zugleich ökonomischen Zweck, individuelle und kollektive Wohlfahrt (z. B. für Personen, die einen Bedarf an einer spezifischen Versorgung haben) in Formen gemeinschaftlicher (informeller) Selbstversorgung (in der und durch die Zivilgesellschaft, LE 13.1) bzw. in organisierter Versorgung zu bewerkstelligen. Soweit dies nicht informell erfolgt (was vorrangig ist), soll dies von Organisationen übernommen werden, die soziale Dienstleistungen anbieten. Dabei spielt die Frage keine Rolle mehr, ob diese Organisationen staatlich sind, es sich um freie (gemeinnützige) Träger handelt oder ob sie als gewerbliche (private) Anbieter auf dem Markt tätig sind. Zum Ausdruck kommt, dass sie „wirtschaften" müssen und gezwungen sind, die ihnen zur Verfügung stehenden Ressourcen effizient

einzusetzen (vgl. Wendt, W. 2003 und 2013c: 965, auch Halfar 2013).

Dritte Phase: Spätestens *seit der Jahrtausendwende* lässt sich auch öffentlich beobachten, wie das Kriterium der Effizienz weiter zugespitzt wird. Die Frage lautet nun nicht mehr ausschließlich, ob der Sozialstaat finanziell effizienter zu haben sei, sondern – genereller – welchen gesellschaftlichen Vorteil es der Gesellschaft bringt, in soziale Sicherung (und damit in Soziale Arbeit) überhaupt zu investieren und ob es eigentlich schadet, wenn es weniger Soziale Arbeit gibt. Die Frage politischer Akteure, welchen Nutzen ein Jugendhaus hat, wird auch an andere Leistungen Sozialer Arbeit gerichtet: Wofür brauchen wir diese Beratungsstelle, warum jenen Tagestreff für Menschen ohne Wohnsitz, und was wäre, wenn es diese Einrichtungen nicht gäbe?

Der generellen Umstrukturierung der Gesellschaft nach den Prinzipien des Marktes folgend sollen die Akteure des Sozialen nun nachweisen, welchen „social return on investment" sie erbringen, was also der wirtschaftliche Ertrag eines Angebots Sozialer Arbeit ist, welchen Effekt die Investition in eine Einrichtung der Sozialen Arbeit hat (Robert Lehmann und Thomas Ballweg [2012] beschreiben z.B., dass auch in der Wohnungslosenhilfe ein Social Return on Investment möglich sei).

Ansonsten gilt der Sozialstaat bestenfalls noch als „ein notwendiges Übel" (Butterwegge 2010: 51), auf das eigentlich zu verzichten wäre: Solidarität und soziale Gerechtigkeit als sozialstaatliche (Grund-)Konzeptionen werden durch *Eigenverantwortung* und *Aktivierung* ersetzt. Jetzt fällt dem Individuum die Hauptverantwortung für die Bewältigung defizitärer Lebenslagen (z.B. Arbeitslosigkeit) zu. Dieser neue *Aktivierungsstaat* stellt die Beschäftigungsfähigkeit seiner Bürger (sog. *Employability*) in den Mittelpunkt. Sein Programm ist nicht mehr an der Förderung einer gelingenden Alltags- bzw. Lebensbewältigung (LE 1.4) ausgerichtet, sondern lediglich an der Beschäftigungsfähigkeit der Hilfeempfänger interessiert. Sozialtransfers (die nun auch als Sozial- oder Bildungsinvestitionen bezeichnet werden) müssen der Aufrechterhaltung bzw. der Wiederherstellung der Beschäftigungsfähigkeit und der Eingliederung in den Arbeitsmarkt dienen.

Voraussetzung hierfür ist ein Subjekt, das sich selbst als eigenverantwortlicher und selbstorganisierter ökonomischer Akteur begreift, was es ihm erst erlaubt, ein selbstständiges Leben zu führen. Erleichtert wird dies, weil die sozialen Sicherungen, die vermeintlich Aktivität hemmen, gelockert bzw. aufgehoben werden. Wer aber als Resultat mangelnder Selbstständigkeit scheitert, der wird für die Konsequenzen selbst verantwortlich gemacht. Es zählt auch zu den erzieherischen Botschaften des Aktivierungsprogramms, dass Misserfolge und gesellschaftliche Marginalisierung als selbst verschuldet „privatisiert“ werden und als Folge unzureichender persönlicher Leistungsbereitschaft, Flexibilität und Anpassungsfähigkeit anzusehen sind, d.h. auch, mit Hans Thiersch, „dass soziale Probleme und Lebensprobleme dethematisiert und reprivatisiert werden“ (Thiersch 2009c: 141). Gefördert zu werden verdient nur noch derjenige, der unmittelbar zum Wachstum der Volkswirtschaft beiträgt oder künftig wieder beitragen kann.

Den *Aktivierungsstaat* kennzeichnet, dass er zwar an der umfassenden öffentlichen Verantwortung für gesellschaftliche Aufgaben festhält, jedoch nicht alle Leistungen selbst erbringen muss. Dazu rücken Markt und Konkurrenz in den Mittelpunkt und damit zugleich auch die Forderung nach und die Förderung von mehr Selbstverantwortung der Bürgerinnen. Sozialwirtschaftlich angestrebt wird, dass nun auch gewerbliche *Sozialunternehmen* Lösungen für soziale Probleme entwickeln und anbieten (vgl. z.B. Fedke 2010, Fuchs 2013), während die Akteure der Zivilgesellschaft (örtliche Vereine und Initiativen) oder einzelne Bürger aufgefordert werden, sich freiwillig an Stelle des Staates (auch unter Zuhilfenahme eigener Ressourcen) im Interesse eines im Aktivierungsstaat definierten Gemeinwohls zu engagieren (LE 13.1).

Zusammenfassend lässt sich dieser Prozess als *Ökonomisierung des Sozialen* beschreiben: Die Erbringer sozialer Leistungen stehen miteinander im Wettbewerb und müssen sich so konkurrenzfest erweisen wie die Hilfeempfänger, die sie darin zu fördern haben, sich diese Konkurrenzfähigkeit (wo immer erforderlich) anzueignen, einzusetzen und sich als wettbewerbshart zu erweisen. Damit justiert der aktivierende Staat das Verhältnis von Bürgern und Sozialstaat neu. Der fordernde und fördernde Sozialstaat stellt klar, dass Hilfeleistungen „ihre Selbstverständlichkeit verlieren und an Gegenleistungen geknüpft werden. Das Recht bzw. der Anspruch auf Hilfe setzt die Erfüllung von Pflichten voraus“ (Weyers 2006: 217), es wird keine Leistung ohne Gegenleistung gegeben; erst diese Bereitschaft zur Gegenleistung führt zur staatlichen Leistungspflicht. Der für die Gewinnung von sozialem Kapital gültige Grundsatz der Reziprozität (LE 3.2, 5.1) wird so neu bestimmt.

Soziale Arbeit wäre damit endgültig nicht länger als generelle Unterstützung der Lebensbewältigung zu verstehen. Vielmehr soll sie ihren Beitrag leisten, Hilfeempfänger zu *bestimmten* Verhaltensweisen anzuhalten (z.B. soziales Kapital aus dem persönlichen Umfeld verfügbar zu machen, ohne staatliche Unterstützung dafür in Anspruch zu nehmen). Auch Soziale Arbeit soll

> „im neuen Sozialstaat dazu beitragen, die Leistungs- und Hilfeempfänger zu einem sozialstaatlich korrekten Verhalten der Inanspruchnahme

von Leistungen bewegen und sich darüber hinaus die Ziele der Modernisierungsagenda zu eigen zu machen (Pflicht zur Arbeitsaufnahme, Pflicht zur Weiterbildung, Erhalt und Ausbau der Beschäftigungsfähigkeit, Prinzip der präventiven Inklusion)" (Dahme/Wohlfahrt 2009b: 49).

Wo auch dies nicht gelingt, werden Kontrolle, Sanktionen und Zwang zu Instrumenten der Aktivierung: Die (gesetzlich ausdrücklich vorgesehene) Kürzung bzw. Streichung des ALG-II-Regelsatzes bei mangelnder Mitwirkung junger Menschen unter 25 Jahren zeigt beispielhaft, wie der Aktivierungsstaat Pflichten und Sanktionen verkoppelt und Hilfe an konformes Verhalten bindet, das zu erzwingen auch die Soziale Arbeit angehalten ist (vgl. Galuske/Rietzke 2008).

Diese Neuausrichtung Sozialer Arbeit erfolgt als (unterschwellige, kaum offen erläuterte) „Modernisierung", die sich z.B. auch als Umdeutung der Fachsprache darstellt. Die dem Aktivierungsprogramm eigene Begriffswelt („Eigeninitiative", „Selbstvorsorge", „Eigenverantwortung" u.a.) deutet zentrale Begriffe der Sozialen Arbeit neu: So betont *Empowerment* nicht mehr den Aspekt der Aktivierung als Ermächtigung autonomer Individuen (LE 1.5), sondern wird als Aktivierung zur Beschäftigungsfähigkeit verstanden, die, wenn sie nicht freiwillig erfolgt, sanktioniert und erzwungen wird. Ähnlich verhält es sich mit dem Rekurs auf das Gemeinwesen, das als Ort der Aktivierung und als Ressourcenpool der vorhandenen Kräfte zur Aktivierung von Bewohnern, nicht als Lebenswelt handlungskompetenter Bürgerinnen verstanden wird: Quartiersorientierte Interventionsprogramme (LE 10.2) stellen zwar auch auf Vernetzung oder Selbstorganisation ab, aber in erster Linie soll es möglich werden, Ressourcen im Quartier oder Stadtteil bzw. im Sozialraum (z.B. als Mitwirkung und tätige Unterstützung örtlicher Vereine und Initiativen) im Prozess der individuellen Aktivierung verfügbar zu machen. Wenn Soziale Beratung (LE 6.3) geleistet wird, dann soll sie nur noch dem Zweck dienen, Schwierigkeiten wie Arbeitslosigkeit oder Armut und deren Folgen (z.B. Sucht, Gewalt, Misshandlung) durch persönlichen Einsatz, Selbststeuerung und Aktivierung individueller Ressourcen zu lösen (vgl. z.B. in der Jugendberufshilfe Heuer 2011/2012). Ziel ist es, Ressourcen zu bündeln und wirkungsvollere Formen der Bearbeitung von Schwierigkeiten zu entwickeln.

12.2 Verfahren

Beispielhaft lässt sich an drei Feldern zeigen, welche Konsequenzen sich aus der Ökonomisierung der Sozialen Arbeit für methodisches Handeln fall-, organisations- und programmbezogen ergeben:

12.2.1 Fallbezogen: Case Management

Eine Folge der Ökonomisierung des Sozialen ist die Durchsetzung von Verfahren des Case Managements (auch Unterstützungs- oder Fallmanagement). Für die Entwicklung von Überlegungen, die zum Case Management führten, waren (neben der Umgestaltung des Sozial- zum Aktivierungsstaat) zwei Entwicklungen bedeutsam:

Einerseits wurde die Kritik an der Organisation und Funktionsweise freier Träger immer lauter, die sich im Einvernehmen mit dem Staat den „Markt" sozialer Dienstleistungen aufgeteilt hätten (und dort nur für sich sorgten), ohne dabei zu einer angemessenen (wirtschaftlichen wie fachlichen) Lösung sozialer Schwierigkeiten beizutragen. Ihre Leistungen seien zu teuer und durch fehlende Flexibilität und Innovationsfähigkeit ausgezeichnet.

Parallel dazu wirkte sich andererseits die in den 1970er Jahren in den USA vorgebrachte Kritik an der stationären Unterbringung von Menschen mit sozialen Schwierigkeiten aus, die diese Hilfen als wenig anlassgerecht, freiheitsberaubend, schematisch, unzureichend aufeinander abgestimmt und damit kaum wirksam einschätzte. Diese Kritik führte in den USA zu einer weitgehenden Auflösung der stationären Unterbringung und zu Versuchen, die Versorgung der aus den Einrichtungen entlassenden Menschen durch weitgehende Dezentralisierung (d.h. kommunale Konzepte, Gesundheitsversorgung im Quartier, sog. Community-Care-Ansätze) sicherzustellen. In der Praxis zeigte sich freilich aber, dass die Dezentralisierung mit einer weiteren Zersplitterung der sozialen Dienste einherging, die Verbesserung der Koordination der Hilfen und die Erhöhung ihrer Wirksamkeit also weiter das Ziel blieb.

Case Management dagegen bot an, Hilfen flexibler und fallangemessener zu organisieren und das Angebot und die Nachfrage nach sozialen (wachsend differenzierteren) Dienstleistungen (für immer speziellere Schwierigkeiten der Lebensbewältigung) wirksam aufeinander abzustimmen. Nach amerikanischem Verständnis ist Case Management „ein kooperativer Prozess, in dem Versorgungsangebote und Dienstleistungen erhoben, geplant, implementiert, koordiniert, überwacht und evaluiert werden, um so den individuellen Versorgungsbedarf eines Klienten mittels Kommunikation und verfügbarer Ressourcen abzudecken" (Case Management Society of America [2004]). Es geht also darum, im Sinne von Effizienz und Effektivität einzelfallorientiert, subjektorientiert (durch Zusammenarbeit mit dem Unterstützten z.B. bei der Zielbestimmung) und ressourcenorientiert (d.h. mittels der Aufforderung zur Mitarbeit eigene Ressourcen zu erschließen und einzubringen) „ein optimales Unterstützungsnetzwerk" (Galuske 2013: 202) einzurichten. Soziale Arbeit wird damit manageriell ausgerichtet (vgl. Meinhold 2010: 642).

Definition

Case Management hebt „auf die Probleme ab, vor die ein Individuum oder eine Familie die vorhandenen Dienste stellt. Unter den verschiedenen genannten Gesichtspunkten können wir das Case Management in einer Zwischenposition betrachten, die es im Verhältnis zum Sozial- und Gesundheitsmanagement und dessen Versorgungsauftrag einerseits und der direkten Versorgung in Diensten und Einrichtungen sowie im Verhältnis zur Selbstsorge und zu informeller Unterstützung andererseits einnimmt" (Wendt, W. 2010: 67).

In Deutschland erfolgte eine Rezeption des Case Managements Mitte der 1980er Jahre, wobei zunächst noch ökosoziale Überlegungen zu einer subjektorientierten Neugestaltung der Einzelfallarbeit eine Rolle spielten (vgl. Germain/Gitterman 1999), die allerdings sehr bald schon durch die Einbindung von Case Management für Zwecke des Aktivierungsstaats in den Hintergrund gedrängt wurden. Bereits Anfang der 1990er Jahre wurde deshalb gefragt, ob Case Management überhaupt „in die sozialpolitische Landschaft Deutschlands passe" (Galuske 2013: 205; vgl. auch Scheuerl 2004, Biesel 2010). Allerdings hat sich Case Management zwischenzeitlich auch in Deutschland in weiten Teilen des Gesundheitswesens (z.B. als medizinisches Fallmanagement, Hausarztmodell, in Praxisnetzen, in der integrierten Versorgung) durchgesetzt (vgl. Ehlers/Müller 2013) und kommt in nahezu allen Bereichen (z.B. in der Jugendsozialarbeit, in den Erzieherischen Hilfen, in der Arbeit von Pflegestützpunkten, der Rehabilitation, in der Vermittlung durch Jobcenter bzw. Arbeitsagenturen) zum Einsatz (zum Case Management vgl. insg. Wendt, W. 2010, Neuffer 2013a sowie die Beiträge in Löcherbach u.a. 2009, Kleve u.a. 2011 und Ehlers/Broer 2013; zu einzelnen Handlungsfeldern vgl. z.B. im Allgemeinen Sozialen Dienst/ASD: Gissel-Palkovich 2013; in der Bewährungshilfe: Klug 2004; in der Beratung: Ziller 2008; in der Arbeit mit sog. „Multiproblemfamilien": Hampe-Grosser 2011).

Dem eigentlichen (im Kern fünfphasigen) Case Management geht eine Phase der Kontaktaufnahme *(Outreach)* voraus (Erstgespräch [LE 3.3.2.1]), der eine anlassgerechte Zuordnung zu einzelnen Case Managerinnen folgen soll, die dauerhaft für den Fall verantwortlich sein sollen und Ansprechpartner des Unterstützten sein werden; u.U. fallen Outreach und Assessement auch zusammen:

1. Assessement (auch Intake, Case Finding), d.h., die Case Managerin nimmt – gemeinsam mit dem Beratenen – eine Einschätzung des Anlasses, der Ressourcen, Stärken und Fähigkeiten der Hilfesuchenden (Ressourcenanalyse [LE 1.3.2, 5.2]), des Unterstützungsbedarfs und der ggf. dienlichen Netzwerke einschließlich der Institutionen, mit denen sie schon Kontakt hatte (Netzwerkanalyse [LE 5.2]), vor;

2. **Planning,** d.h., Ziele werden (meist nach dem *SMART-Modell* [LE 12.2.2]) vereinbart und der Weg bestimmt, die Ziele zu erreichen (Hilfeplanung); dazu wird ein Arbeitskonzept (Unterstützungs- oder Arbeitsplan) ausgearbeitet, der die anlassgerechte Nutzung geeigneter lokaler Dienste und Einrichtungen („passgenaue Hilfe") vorsieht, wobei (kennzeichnend für das Case Management) der Aufwand unter Beachtung der Wirtschaftlichkeit des Mitteleinsatzes abgeschätzt wird (vgl. Löcherbach/Mennemann/Hermsen 2009: 26–83; Haye/Kleve 2011);

3. **Intervention,** d.h. Umsetzung der getroffenen Vereinbarungen durch Vernetzung und Koordination von verschiedenen sozialen Diensten und Vermittlung an fachlich kompetente Einrichtungen (Abstimmung der Hilfeleistung im kommunalen Netzwerk [LE 5.3]); dabei unterliegen die so Unterstützten Nachweis- und Meldepflichten (z.B. zur tatsächlichen Inanspruchnahme der Hilfen, eingereichte Bewerbungsunterlagen, Abbrüche einzelner Maßnahmen);

4. **Linking/Monitoring,** d.h. Überwachung der Umsetzung, Aktivitäten werden beobachtet, Abweichungen geklärt und ggf. stärkeres Engagement bei der Erreichung der vereinbarten Ziele verlangt; Bestandteil des Monitorings sind die Dokumentation und Berichterstattung (z.B. gegenüber Kostenträgern) durch den Sozialen (für Manfred Neuffer [2013a: 128ff.] fallen Intervention und Linking/Monitoring zusammen): Dabei soll die Fallbearbeitung

> „wirtschaftlicher und damit effizienter werden. Der Case Manager verfügt zwar regelmäßig über ein fallübergreifendes finanzielles Budget, er hat aber dafür Sorge zu tragen, dass die Ausgaben über alle Fälle gesehen im Rahmen bleiben. Finanzieller und personeller Aufwand sind stets auch einer wirtschaftlichen Nutzenbetrachtung zu unterwerfen" (Northoff 2012: 105);

d.h. einerseits, dass es, so sachlich erforderlich, es zu einer Anpassung an veränderte Anlässe oder einen geänderten Bedarf kommen kann, und andererseits Prozesse, die wirtschaftlich nicht nützlich sind, an die wirtschaftlichen Ziele angeglichen werden müssen *(reassessement);* und schließlich

5. Evaluation, d.h. Klärung des Verlaufs und der Ergebnisse der Maßnahme, sowohl in Bezug auf den Grad der Zielerreichung (Effektivität), z.B. entlang der Kategorien „Ziel erreicht“, „Ziel zum Teil erreicht“ und „Ziel gar nicht erreicht“ (vgl. Müller 2011: 79), als auch der Wirtschaftlichkeit (Effektivität) unter Berücksichtigung der Perspektiven der an der Maßnahme beteiligten Akteure (Unterstützte, Dienstleister, Case Manager).

Als *Disengagement* wird der förmliche Abschluss eines Case Managements bezeichnet (vgl. insg. Wendt, W. 1991: 25f. [zu Modifikationen vgl. Wendt, W. 2005 und 2010], Müller 2011: 66–79, Neuffer 2013a: 70–140).

Hintergrund: Deutsche Gesellschaft für Care und Case Management (DGCC)

„Dienste am Menschen, die im Sozialwesen und im Gesundheitswesen geleistet werden, sollen individuell angepasst sein und zur Lösung oder Bewältigung von im Einzelfall oft komplexen und lang andauernden Problemen führen. Mit dem dazu nötigen Case Management befasst sich seit ihrer Gründung 2005 die Deutsche Gesellschaft für Care und Case Management e.V. (DGCC). Sie ist die Fachorganisation, die in Theorie, Praxis, Forschung, Aus- und Weiterbildung die Anwendungen des Handlungskonzepts Case Management in den verschiedenen Feldern humandienstlichen Handelns und der Organisation von Versorgung (Care) begleitet. Die Gesellschaft fördert die Verbreitung und Entwicklung von Case Management in Kontexten Sozialer Arbeit, medizinischer und pflegerischer Versorgung, der Rehabilitation, der Beschäftigungsförderung und Integration in Arbeit, bei den Sozialleistungsträgern und im Versicherungswesen, ... in der Erstellung von Standards des Handelns im Case Management ...
Die DGCC fördert die Anwendung und Entwicklung von Care und Case Management im Sozialwesen, im Gesundheitswesen, in der Pflege, im Versicherungswesen und in der Beschäftigungsförderung. Dies gilt insbesondere für die Ausbildung von Case ManagerInnen, die Zusammenarbeit der Ausbildungsstätten, die inhaltliche Weiterentwicklung von Care und Case Management, den regelmäßigen, fachspezifischen Erfahrungsaustausch durch Konferenzen, Kongresse und Symposien, die Entwicklung und Vertiefung von Evaluation, die Forschung zu Care und Case Management“ (Die DGCC stellt sich vor; Link: http://www.dgcc.de/ [31. Oktober 2014]).

Fallbeispiel

Im Falle von Karl hätte z. B. Mia den Kontakt zu einer Einrichtung der Jugendberufshilfe herstellen können, die nach dem Verfahren Case Management arbeitet, oder es wäre ein Kontakt dorthin durch die aufsuchende Jugendarbeit möglich gewesen, mit der Karl zu tun hat. Der dann für Karl zuständige Soziale würde ein Kompetenzfeststellungsverfahren (LE 4.2.1, 4.4.2) mit ihm durchführen und in Zusammenarbeit mit ihm auf der Grundlage seines individuellen Kompetenzprofils sowie den jeweiligen Anforderungen an ein mögliches Berufsfeld einen individuellen Integrationsplan erstellen (Assessment, Planning), die Umsetzung dieses Planes koordinieren und begleiten (Intervention), bei Bedarf die einzelnen Schritte modifizieren, alle notwendigen Unterstützungsangebote (z. B. eine individuelle Begleitung [Coaching], Arbeitserprobung in einer Jugendwerkstatt) einleiten (Re-assessment) und eine Erfolgskontrolle der Unterstützungsangebote mit allen Beteiligten durchführen (Linking/Monitoring, Evaluation) sowie (den angestrebten Erfolgsfall vorausgesetzt) das Case Management beenden (Disengagement).

Case Management führt zu einer Neubestimmung der beruflichen Aufgaben Sozialer: Als *Systemagent* sorgen sie dafür (und kontrollieren sie), dass die im Einzelfall vertraglich übernommenen Aufgaben zielwirksam ausgeführt werden. In der Funktion des *Kundenanwalts* stehen sie Ratsuchenden zur Verfügung, klären sie den Unterstützungs- oder Versorgungsbedarf und unterstützen sie (ähnlich der Sozialen Beratung [LE 6.3]) bei der Beantragung von Leistungen, da sie die Anspruchskriterien kennen und wissen, wie an Behörden oder Versicherungen heranzutreten ist. Als *Versorgungsmanager* sind sie für eine ordnungsgemäße und erfolgreiche Leistungserbringung zuständig; sie beobachten und kontrollieren die zweckmäßige und kostengünstige Erbringung der Dienstleistungen und gehen Beschwerden der Unterstützten nach. Die Rolle des *Dienstemaklers,* der selbstständig im Auftrag von Privatpersonen oder von Versicherern einen Bedarf abklärt, die Hilfeplanung übernimmt und die erforderlichen Dienste organisiert, ihren Einsatz abstimmt und Effektivität wie Effizienz gewährleistet, ist dagegen ein Fall, der in den Vereinigten Staaten eine Rolle spielt, (noch) nicht in Deutschland (vgl. Wendt, W. 2010: 185–190).

Das Verhältnis von Sozialer und Unterstütztem ist im Case Management klar bestimmt:

- Der Adressat ist *formal* „Herr des Verfahrens“, da er durch seinen Antrag z. B. beim Jobcenter den Beginn der Prozesses bestimmt; ob er dabei „respektvoll als Kunde behandelt“ wird (Northoff 2010: 109), kann angesichts der Praxis in deutschen Jobcentern bezweifelt werden (zur besonderen Form des Arbeitsbündnisses zwischen Case Manager und Kundin vgl. Klug 2004 und Broer 2013). Case Management appelliert ganz im Sinne des Aktivierungsstaats an die Eigenverantwortlichkeit der Adressaten, die beteiligt und mit denen Ziele ausgehandelt werden, die aber auf jeden Fall für „ihr Verhalten einzustehen und die Konsequenzen zu tragen haben“ (Northoff 2012: 106).
- Ein *Case Manager* nimmt den Anlass (vor dem Hintergrund der gesetzlichen Vorgaben und Rechtsansprüche einerseits und dem persönlichem Bedarf andererseits) in die Hand *(Implementer)*, fungiert als persönlicher Ansprechpartner und beratender Begleiter *(Guide)*, ist „ein Aktivierer, er soll ‚fördern und fordern‘“ (Northoff 2012: 105 f.), und motiviert den Unterstützten zur Mitarbeit und Selbsthilfe *(Supporter)*. Seine Aufgabe besteht weiter in der „Ermittlung, Konstruktion und Überwachung eines problemadäquaten Unterstützungsnetzwerkes, zu dem sowohl die informellen sozialräumlichen Ressourcen (Familie, Nachbarn, Freunde, vorhandene Infrastruktur etc.) gehören, wie auch die formellen Angebote des (sozialen) Dienstleistungssektors“ (Galuske 2013: 203). Er koordiniert Dienstleistungen, indem er (in genauer Kenntnis des örtlichen Dienstleistungssystems) Dienste und andere Ressourcen vermittelt, den Adressaten an fachlich zuständige Dienste und Einrichtungen weiterleitet oder beim Knüpfen sozialer Netze behilflich ist und damit eine Vermittlerrolle zwischen ihm und sozialen Dienstleistern wahrnimmt *(Brokering)*. Grundsätzlich kann ihm auch eine anwaltschaftliche Funktion *(Advocacy)* zukommen, die Interessen von Menschen dann im Case Management stellvertretend wahrzunehmen, wenn sie dazu (z. B. aufgrund einer unvorhergesehenen Notlage oder bei dauerhafter Hilfsbedürftigkeit) nicht selbst in der Lage sind. Zugleich übt er Kontrolle aus, indem er berechtigt und aufgefordert (bzw. verpflichtet) ist, bei mangelnder Zielerreichung (z. B. als unzureichend wahrgenommener Mitwirkung des Unterstützten am Hilfeprozess) Leistungen zu begrenzen oder Transfers zu kürzen.

Kontrolle und Sanktionierung spielen eine im Verhältnis zu anderen Verfahren erheblich größere Rolle, was den Subjekstatus infrage stellt. Ein augenfälliges Beispiel hierfür ist das Fallmanagement der Bundesagentur für

Arbeit: Fallmanagement wird dort verstanden als „ein systematischer Problemlöseprozess, der die Prozessschritte ‚Erstberatung', ‚Assessment', ‚Integrationsplanung/Eingliederungsvereinbarung' und ‚Leistungssteuerung' umfasst", d.h. eine einzelfallbezogene Koordinationsleistung, die zeitweise „ein bestehendes Angebot an Dienstleistungen aufeinander abstimmt". In der Zusammenarbeit mit den Kundinnen der Bundesagentur sollen Bedarfe erkannt, Ziele vereinbart und Hilfepläne (sog. Eingliederungsvereinbarungen) entwickelt werden. Dazu erforderlich ist „ein einzelfallübergreifender bedarfsorientierter Auf- und Ausbau von Netzwerken und Maßnahmen, damit die im Einzelfall benötigten Leistungen auch verfügbar sind; dies erfordert eine enge Zusammenarbeit v.a. mit den kommunalen Partnern". Ziel ist es, die Eigenverantwortung erwerbsfähiger Kunden zu stärken und Hilfe zur Selbsthilfe zu geben, damit sie ihren Unterhalt „aus der eigenen Erwerbsfähigkeit bestreiten können". Funktionen sind u.a. Zugangssteuerung, Gewährung materieller Hilfe und materieller Anreize, Beratung, Assessment, Eingliederungsmanagement sowie Verhängung von Sanktionen. Leitprinzipien der Hilfegewährung im Fallmanagement der Bundesagentur für Arbeit sind damit „1. keine Leistungen ohne Gegenleistung, 2. Sozialinvestitionen vor Sozialleistungen für die wirklich Bedürftigen, 3. Beschäftigungsfähigkeit als zentrales Ziel, 4. Misserfolge sind selbst verschuldet, 5. Sanktionen und Schuldzuweisungen sind Aktivierungsinstrumente, 6. Aktivierung und Eigenverantwortung als zentrales allgemeingesellschaftliches Konzept" (Seithe 2010a: 170f.). Die Förderung der Arbeitsmarktfähigkeit soll „durch Motivation, Training und Bildung sowie den gezielten Abbau von Integrationshemmnissen" und „zur Not mit Druck und Sanktionen" erreicht werden (vgl. Wyer 2011). Verweigert ein Kunde die Mitwirkung, hat dies der Fallmanager durch eine bis zu dreimonatige Kürzung der Grundsicherung gemäß SGB II um 15% bzw. 30% zu sanktionieren.

Dies macht deutlich, dass eine Case Managerin nicht unabhängig von spezifischen Interessen (hier z.B. den aktivierungsstaatlichen Vorgaben der Bundesagentur für Arbeit) handeln kann. Brokering und Advocacy erscheinen als eine (theoretische) Perspektive ohne Chance ihrer Verwirklichung. Das Individuum als „Herr des Verfahrens" ist, wie Wicher Broer (2013: 185) bilanziert, „weitestgehend illusorisch" und ein (interessen-)unabhängiges Case Management „kaum realisierbar".

12.2.2 Organisationsbezogen: Sozialmanagement

In der seit den 1980er Jahren unterschiedlich akzentuierten Kritik an der Sozialen Arbeit spielte auch der Aspekt eine Rolle, dass sich die Organisationen des Sozialen (z.B. die Wohlfahrtsverbände) den Kritierien der Effizienz und Effektivität kaum verpflichtet fühlen würden. Konzepte des Sozialmanagements nahmen hierauf auf fünf Ebenen Bezug:

Organisationsentwicklung nimmt die Organisationsstrukturen und -kulturen in den Blick, um diese (z. B. aufgrund neuer Zielgruppen, geänderter Finanzierungsgrundlagen oder anderer Rahmenbedingungen) systematisch (geplant) zu verändern. Organisationsentwicklung dient damit dem sozialen Wandel in Organisationen, um angemessene Handlungsstrukturen und -systeme zu entwickeln: Beziehungen, Verhalten und Einstellungen gegenüber dem Individuum, der Arbeitsgruppe und der Organisation stehen im Mittelpunkt. In der Regel durch eine außenstehende Organisationsentwicklerin (extern) moderiert, ist es das Ziel, unter möglichst umfassender Beteiligung der Mitarbeiter und unter Bezug und Rückgriff auf Erkenntnisse und Methoden z. B. der Gruppendynamik (LE 8.1) mittel- bis langfristig tragfähige Organisationsstrukturen zu entwickeln und umzusetzen, die der (zunächst noch zu bestimmenden) Vision der Organisation (einer wirklichkeitsnahen Vorstellung der gewünschten Zukunft) entsprechen soll. Im Ergebnis sollen das Leitbild (die Werte und Überzeugungen, denen die Organisation verpflichtet ist) und die daraus abgeleiteten Ziele *(Corporate Identity)*, das öffentliche Erscheinungsbild der Organisation *(Corporate Design)*, die Art und Weise der Zusammenarbeit in der Organisation und mit den Mitarbeiterinnen *(Corporate Behavior)* und mit der Umwelt *(Corporate Communication)* stimmig sein; die Konzept-, Qualitäts- und Projektentwicklung soll diesen grundlegenden Übereinkünften in der Organisation folgen. Organisations-, Konzept- und Qualitätsentwicklung bilden damit eine Einheit.

Konzeptionsentwicklung nimmt die Qualifizierung der konzeptionellen Grundlagen Sozialer Arbeit (z. B. durch die Ableitung und Bestimmung von Zielen auf der Basis der Organisationsentwicklung, aber auch der unterschiedlichen gesellschaftlichen und ökonomischen Rahmenbedingungen und Anforderungen, z. B. den Finanzierungsgrundlagen) in den Blick. Mit dem Begriff „Konzeption" ist 1. die Beschreibung von *Handlungsmodellen* verbunden, die bestimmte Formen professionellen Handelns begründen, indem z. B. Ziele, Voraussetzungen, Grundsätze (z. B. zur Planung und Koordination oder die Art und Weise der Selbstdarstellung einer Einrichtung), Spezialisierungen und Aufgabenbeschreibungen benannt werden und damit ein Orientierungsrahmen gegeben wird. Konzeptionen können 2. auch Darstellungen auf der *Grundsatzebene* zu speziellen Themen sein (z. B. zum Qualitätsmanagement einer Einrichtung), 3. als *Unternehmens-, Verbands- oder Einrichtungskonzeptionen* das Selbstverständnis (z. B. sozialpolitische Ziele) und 4. das Programm (z. B. Leistungen, Kooperationsbeziehungen) eines Trägers oder einzelner Einrichtungen darlegen oder *Entwürfe für noch* *zu realisierende Projekte* beschreiben. In jedem Fall klären Soziale im Wege der Konzeptionsentwicklung, was warum erreicht werden soll und welche Handlungsschritte/-elemente dafür erforderlich sind. Das erarbeitete Dokument stellt ein zielgerichtetes, systematisches und handlungsorientiertes Leitprogramm dar, das die Organisation und die Sozialen für einen mittelfristigen Zeitraum bindet und regelmäßig überprüft werden muss (vgl. Grunwald/Steinbacher 2013: 562ff.): Konzeptionen bringen damit Ziele, Inhalte und Verfahren in einen sinnhaften Zusammenhang (vgl. Geißler/Hege 2001: 23f. und 29).

Als Standard haben sich hierfür Verfahren durchgesetzt, die die Zielbestimmung vereinheitlichen, z.B. das SMART-Modell. *SMART* (*specific measurable achievable relevant timely* [bzw. auch *realistic* statt relevant]) dient zur eindeutigen Definition von Zielen durch Zielvereinbarung (in der deutschen Übersetzung sind die Bedeutungen von achievable [erreichbar, realistisch] und relevant/realistic [angemessen] vertauscht). Solche Zielschritte sind spezifisch (s) auf ein Verhalten bzw. Tun bezogen, messbar (m), womit deutlich wird, wie oder woran die Zielerreichung zu erkennen ist, attraktiv (a), d.h. positiv formuliert, realistisch (r), also erreichbar (z.B. klein genug, um sofort anfangen zu können), und terminiert (t), ein Zeitplan ist aufgestellt (vgl. Hintergrund: Zielbestimmung durch das SMART-Modell).

Hintergrund: Zielbestimmung durch das SMART-Modell

- „Spezifisch, d.h. klar und konkret formuliert: Was wollen Sie tun? Bitte beschreiben Sie das so, dass ich es mir genau vorstellen kann.
- Messbar, d.h. es wird klar, wie oder wann der Schritt erfolgreich war: Woran würde Ihre Freundin, Ihr Freund erkennen, dass Sie auf dem richtigen Weg sind, der Schritt für Schritt zum Ziel führt?
- Attraktiv, d.h. wichtig, mit Willen aufgeladen, positiv und in der Sprache der Lebenswelt formuliert: Wie wichtig ist dieser Schritt für Sie? Wie viel Kraft und Zeit wollen Sie darauf verwenden? Wenn es so, wie es zur Zeit ist, nicht bleiben soll, wie soll es stattdessen sein? Angenommen, Sie sind so richtig zufrieden, wie sieht es dann aus? Erzählen Sie, wie es aussehen wird, wenn alles so ist, wie Sie es sich vorstellen. (Zitate, den Original-Ton der Leute aufgreifen.)
- Realistisch, d.h. klein und erreichbar, weil die meisten Mittel in der Hand der Adressatin liegen. Bei mehreren Zielen: Welches Ziel soll zuerst erreicht werden? Wie realistisch schätzen Sie das Erreichen des Zieles ein? Wie würde die optimale Lösung aus-

sehen und wie würde die Lösung aussehen, die Sie zumindest erreichen wollen? Liegt die Erreichung des Zieles in Ihrer Hand? Wovon ist die Zielerreichung eventuell noch abhängig?
- Timeline, d.h. terminiert: In welchem Zeitraum können welche Veränderungen Ihrer Meinung nach sichtbar werden? Bis wann wollen Sie was erreicht, getan, umgesetzt haben?" (Früchtel/Budde/Cyprian 2007b: 82f.).

Qualitätsmanagement bringt Prüfkriterien ins Spiel, die v.a. beobachtbar bzw. messbar sein sollen, ob die mit Konzepten verbundenen Absichten und Ziele (z.B. bestimmte Effekte durch die Begleitung bestimmter Zielgruppen hervorzurufen) auch tatsächlich erreicht wurden. *Qualität* wird (betriebswirtschaftlich) als die Beschaffenheit, Art, Form, der Umfang und der Prozess der Herstellung eines Produktes bzw. – typischer für die Soziale Arbeit – einer Dienstleistung beschrieben, und zwar als *die Gesamtheit von Eigenschaften und Merkmalen, die sich auf deren Eignung zur Erfüllung festgelegter oder vorausgesetzter Erfordernisse beziehen* (ISO-Norm 9004/8402). Mit dem Begriff ist also die Beschreibung von Eigenschaften bzw. Besonderheiten gemeint, die einem Gegenstand (Produkt), einer Leistung, einem Vorgang, einem Ereignis zugewiesen werden. Avedis Donabedian definierte Qualität als den Grad der Übereinstimmung zwischen den Zielen und der wirklich geleisteten Versorgung. Differenziert wird die *Ergebnisqualität* (welches Ergebnis wird angestrebt?), z.B. Zustände, die bei Menschen hervorgerufen werden (sollen), die *Prozessqualität* (was ist wie zu tun, um das Ergebnis zu erreichen?), z.B. Art und Weise des Umgehens der Beteiligten miteinander, das „Wie" der Ausführung von Tätigkeiten, und die *Strukturqualität* (was braucht man dazu?), z.B. Organisationsform einer Einrichtung, Ausbildungsniveau der Mitarbeiter/innen, Personalschlüssel, Verfügbarkeit von Ressourcen (vgl. Donabedian 1966: 166–206).

Damit wird deutlicher, dass Qualität das Ergebnis einer *Konvention* ist, d.h. einer Übereinkunft darüber, was relevante Gruppen mit der Dienstleistung verbinden wollen (welche Ziele des Gesundheitswesens sie bestimmen, was erreicht werden *soll*), was ihr zugesprochen bzw. von ihr erwartet wird (was tatsächlich erreicht worden *ist*). Qualitätskriterien (Soll) sind somit nicht raum-zeitlich unabhängig wirkende (feststellbare) Merkmale, sondern sie können sich je ändern; dies bedeutet, dass es „die" Qualität nicht gibt, sondern nur eine mehr oder weniger gelingende Annäherung an die (zwischen verschiedenen Akteuren) vereinbarten fachlichen Ergebnisse. Die tatsächliche Qualität (Ist) verweist – im Falle von Abweichungen zwischen Soll und (im Verhältnis zum Soll nur teilweise erreichtem) Ist – darauf, dass

Prozesse der Qualitätsentwicklung erforderlich sind, die angestrebte Qualität durch geeignete Maßnahmen anzuheben.

Im Qualitätsmanagement einer Organisation bzw. Einrichtung werden zwei Fragen geklärt: einerseits aus der Perspektive der Adressatinnen die Frage, was *gute fachliche Arbeit* ausmacht, andererseits der Aspekt, welche *Verfahren* angemessen sind, die gegebene Praxis zu reflektieren und wie diese Reflexion der Güte in die Arbeitsabläufe sinnvoll integriert werden kann (vgl. Grunwald 2013: 817; vgl. insgesamt Merchel 2013a).

Verfahren des Qualitätsmanagement sind z.B.

- *Qualitätshandbücher/-leitfäden,* die insbesondere beschreiben, wie Dienstleistungen zu erbringen und zu dokumentieren sind (wozu in der Regel Checklisten entwickelt werden, um die Prozesse der Erbringung und Dokumentation zu vereinheitlichen), sog. *Kundinnenbefragungen,* die z.B. (in der Regel in Form von Fragebögen) die Zufriedenheit mit einer Beratung ermitteln oder *Qualitätszirkel* (d.h. Arbeitskreise zur systematischen Entwicklung einzelner Aspekte einer Dienstleistung).
- Mit einer *Balanced Scorecard* (engl.: ausgewogener Berichtsbogen) wurde ein Verfahren entwickelt, das die Messung, Dokumentation und Steuerung der Aktivitäten einer Organisation im Hinblick auf ihr Leitbild und ihre Strategie, die damit verbundenen Ziele und Leistungen umzusetzen, ermöglichen soll; die Messgrößen (z.B. Entwicklung der Personalausstattung, Verhältnis von Fallzahl und Kosten, Zufriedenheit der Kunden auf einer Skala von 1 bis 10) sollen Hinweise darauf geben, in welchem Umfang die Ziele der Organisation erfüllt werden. Mit der Balanced Scorecard werden folgende Aspekte verbunden (vgl. Quilling u.a. 2013: 169ff., hier S. 170):

Bereich	Inhalt	Mögliche Kennzahlen
Finanzen	klassische finanzielle Kennzahlen	Fördermittelanteil, Liquidität, Verbindlichkeiten
Markt und Kunden	Einstellungen und Beurteilungen der Zielgruppe	Reichweite einer Dienstleistung, Zufriedenheitsindex
Prozesse	Beschreibung der internen Abläufe in Bezug auf Zeit, Qualität und Kosten	Wartezeiten, Erreichbarkeit der Mitarbeiter, Prozessinnovationen
Innovation	Offenheit gegenüber zukünftigen Entwicklungen, Reaktionen auf neue Entwicklungen, Vorbereitung auf neue Herausforderungen	Mitarbeiterzufriedenheit, -qualifizierung

- *Evaluationsverfahren* stellen in der Regel sozialwissenschaftliche Analysen dar, insbesondere die formative Evaluation (z.B. die wissenschaftliche Begleitung eines Projekts über dessen gesamte Laufzeit, verbunden mit Beobachtungen und Anregungen im Projektprozess) und die summative Evaluation (d.h. eine abschließende Begutachtung). Aufgrund zuvor definierter Indikatoren (z.B. zur Quantität: Wie viel Beratung soll in welcher Zeit erfolgen? Zum Beispiel zur Qualität: In welchem Umfang sollen Beratene ein Beratungsangebot als hilfreich für die eigene Lebensführung einschätzen?) sollen Aussagen zur Zielerreichung möglich werden. Die Selbstevaluation ist als eine systematische Analyse und Interpretation gesammelter Informationen durch Soziale selbst zu verstehen, um selbst einschätzen zu können, ob sich bestimmte Qualitätsziele der beruflichen Praxis verwirklichen lassen und welche Konsequenzen sich daraus für eine Anpassung der beruflichen Praxis ergeben (vgl. König 2000).
- *Benchmarkings* bringen Dienstleistungen in einen direkten Vergleich, mit dem Ziel, ein Ranking zu erstellen, das erlaubt, das jeweils beste Beispiel zum Muster für andere zu machen (Best-Practice-Modelle). So sind z.B. in der Kinder- und Jugendhilfe „Vergleichsringe" dazu eingeführt worden, um zum einen den Umfang einzelner Hilfen zur Erziehung (z.B. Heimerziehung, Sozialpädagogische Familienhilfe) ins Verhältnis zur Bevölkerungszahl einer Stadt zu setzen und zum anderen das Angebot mit anderen Städten zu vergleichen; aus dem unterschiedlichen Umfang der Leistungen soll abgeleitet werden, welche Leistungserbringungen (im Blick v.a. auf den geringsten Finanzierungsaufwand) als *Best Practice* bewertet werden kann.

Projektmanagement kann als Verfahrensunterstützung zur Realisierung von Vorhaben verstanden werden. Projekte haben in vielen Bereichen der Sozialen Arbeit seit den 1980er Jahren eine wachsende Bedeutung erlangt. Vor allem sog. Modellprojekte dienen dazu, neue Verfahren im Umgang mit neuen Anlässen oder Zielgruppen zu erproben. Der Steuerung solcher befristeter Vorhaben kommt damit eine besondere Bedeutung zu, um z.B. abschätzen zu können, inwieweit sich solche Verfahren als praxistauglich erweisen. Auch in der Planung, Umsetzung und Auswertung von Projekten, die nicht auf Modellvorhaben gründen (angefangen von längerfristigen Leistungsangeboten bis zum hin zum einmaligen „Tag der Offenen Tür" einer Einrichtung), setzte sich das Projektmanagement als Hilfsmittel des Sozialmanagements Zug um Zug durch, und auch Hilfeplanung ist oft als Projektmanagementprozess zu verstehen (vgl. z.B. Heche 2004: 79–108).

Aus den in einer Konzeption bestimmten Zielen werden Maßnahmen abgeleitet, geplant und Projektstruktur- und Ablaufpläne zur sachlichen Abfolge bzw. zeitlichen Planung des Projektablaufs (einzelne Phasen und sog. Meilensteine, die wichtige Zwischenergebnisse darstellen) entwickelt, die vor allem Teilprojekte (einzelne Arbeitsschritte) bestimmen (wer hat welche Aufgaben zu erledigen, welche Mittel [insb. Geld bzw. Personal und Sachmittel, z.B. Fahrzeuge oder Räume] stehen dafür zur Verfügung?) und die Verantwortungs- und Entscheidungsstrukturen festgelegen.

In Form von Balkendiagrammen (Gantt-Diagrammen) oder Netzplänen (Flussdiagrammen) wird die zeitliche und inhaltliche Beziehung zwischen Ereignissen („Meilensteine") und Vorgängen („Arbeitspakete") dargestellt (vgl. Kolhoff 2013: 797 ff.). Meilensteine sind als wichtige Terminierungen zu verstehen, die als „Deadline" für die einzelnen Arbeitspakete dienen (z.B. der Abschluss der Herstellung von Werbematerialien, die Eröffnung einer Einrichtung, die erste Jahresbilanz, ein Tag der Offenen Tür). Arbeitspakete stellen in sich abgeschlossene Teilprojekte mit abgegrenzten Teilzielen und -aufgaben sowie einem Verantwortlichen dar; sie kennzeichnen eine genaue Ermittlung des Aufwands und der Kosten sowie der zur Umsetzung erforderlichen Zeit (d.h. einer Einschätzung des Arbeitsaufwands in Stunden bzw. Tagen).

Alternatives Finanzierungswissen: Der schrittweise Umbau des Sozial- in einen Aktivierungsstaat führte schon in den 1990er Jahren dazu, dass sich Soziale in zahlreichen Feldern der Sozialen Arbeit der Aufgabe zu stellen hatten, für ihre eigenen Anliegen Interesse zu erwecken, Gehör zu finden und (v.a. finanzielle) Unterstützung zu erschließen (vgl. insg. Wendt, P. 2013). Hierbei spielen zwei Perspektiven eine zentrale Rolle:

- *(Sozial-)Marketing* ist unerlässlich, wenn es darum geht, neue Zielgruppen zu erreichen, Sponsoren zu interessieren, die Politik auf das Vorhaben aufmerksam zu machen oder für ehrenamtliche bzw. freiwillige Mitarbeiterinnen (LE 13.1) attraktiv zu sein. Zum Teil noch bis in die 1990er Jahre hinein wurde es v.a. als Management von Programmen verstanden, gesellschaftliche Vorstellungen oder Verhaltensweisen zu beeinflussen (z.B. durch Kampagnen gegen den Gebrauch legaler wie illegaler Drogen). Seitdem hat es sich zur Analyse, Planung, Umsetzung und Kontrolle aller Aktivitäten entwickelt, um die Ziele von Non-Profit-Organisationen (NPO) durch eine Ausrichtung am Nutzen, den Erwartungen der Zielgruppen und den potenziellen Unterstützerinnen (z.B. Geld gebenden Unternehmen) zu erreichen (vgl. Haunert 2011: 831). Im engeren Sinne sind auch alle Maßnahmen im Rahmen von Öffentlichkeitsarbeit (LE 10.3.2) Bestandteil des (Sozial-) Marketings.

- *Fundraising* bedeutet die zusätzliche Beschaffung von Mitteln, die benötigt werden, um sinkende staatliche Finanzierungsanteile auszugleichen oder Vorhaben zu verwirklichen, für die staatliche Unterstützung nicht (mehr) zu erwarten ist. Damit sind die planmäßige Vorbereitung und Durchführung aller Aktivitäten einer Non-Profit-Organisation (NPO) gemeint, die der Akquirierung von Geld, aber eben auch Sachmitteln oder Dienstleistungen dienen (vgl. Urselmann 2007: 11)

Sponsoring meint dabei ein „Geschäft auf Gegenseitigkeit zwischen einer sozialen Organisation und einem Unternehmen, das nach dem Prinzip Leistung und Gegenleistung funktioniert: Die Arbeit der Organisation wird mit Geld, Sachmitteln, Know-how, den üblichen Unternehmensleistungen oder durch freiwilliges ehrenamtliches Engagement der Angestellten (in der Arbeitszeit) gefördert – und ist gleichzeitig in die Marketing- und die Kommunikationsstrategie des sponsernden Unternehmens eingebunden". Für Spenden jedweder Art werden dagegen keine Gegenleistungen abgesprochen; eine Spende wird (allenfalls) durch eine Spendenbescheinigung bestätigt. Stiftungen leben von den Erträgen ihrer Vermögensmasse (meist Geldeinlagen, u. U. auch ertragsfähige Immobilien oder Firmen), die durch die StifterInnen zweckbestimmt eingebracht wurden und nur im Sinne des Stiftungszwecks verausgabt werden dürfen (vgl. Lang 1999: 13 ff.).

Sponsoring als Geschäft auf Gegenseitigkeit (2010 wohl im Umfang von ca. 4,2 Milliarden Euro, insb. in den Bereichen Sport und Kultur) setzt vergleichbar starke Partner voraus. Zu dieser Position der Gleichrangigkeit aber ist die Soziale Arbeit nur selten in der Lage, ist sie doch gezwungen, Sponsoringkooperationen zu suchen. Dem langfristigen unternehmerischen Kalkül steht der i. d. R. kurzfristige (dringende) Mitfinanzierungsbedarf von Projekten Sozialer Arbeit, v. a. in der Kinder- und Jugendarbeit, gegenüber. Damit konstituieren sich Beziehungen faktischer Ungleichheit und -gewichtigkeit, und die Soziale Arbeit verbleibt in der Position einer Bittstellerin. Tatsächlich geht es um Geld – und zwar gegen das fragile Versprechen, das Unternehmen dabei zu unterstützen, an einem Ruf zu arbeiten, auf den es (warum auch immer) Wert legt. Sponsoring ist nur das Deckmäntelchen, es kooperieren (in dieser Fokussierung rein auf das Geldliche) tatsächlich Ungleiche. Beziehungen der Ungleichheit aber führen eher zu frustrierenden Erfahrungen, da sich Projekte der Sozialen Arbeit so direkt in die Rolle der Alimentierten begeben. Die Stärken der eigenen Arbeit, ihre Ressourcen, können so kaum gewinnbringend herausgestellt und entwickelt werden. Erschwerend kommt hinzu, dass die Konkurrenz auf dem alternativen

Geldmarkt beträchtlich ist. Auch deshalb gilt nach wie vor die lapidare Feststellung, dass die Hoffnung „gänzlich unrealistisch“ ist, sich „durch Sponsoring kurzfristig Ersatz aus den Kassen der Unternehmen beschaffen zu können“ (Lang 1999: 13).

Quellen könn(t)en stattdessen Spenden und Stiftungen sein: Spenden in der Tradition der gelebten Menschenliebe/Philanthropie (vgl. Schmitt 2007) stellen Formen tätiger Unterstützung leistungsstarker Einzelpersonen und v.a. gesellschaftlicher Gruppen dar (z.B. in Form der Rotarier, der Zonta oder Lions Clubs). 2009 wurden Spenden im Umfang von rund 2,1 Milliarden Euro bewegt. Hier ist das Missverhältnis von Geben und Nehmen offensichtlich und ehrlicher. Der Zweck der Zuwendung folgt primär den Vorstellungen der Spenderinnen und erwartet Anpassungsfähigkeit der Bespendeten. Ähnliches gilt für fast 18950 Stiftungen, die 2011 ein Einlagekapital von mehr als 100 Milliarden Euro (und damit wohl eine Ausschüttung von rund 5 Milliarden Euro) für z.T. sehr spezielle Stiftungszwecke bewegten (davon 30% für soziale Zwecke allgemein und 15% für Bildung und Erziehung).

Allerdings sind interessante „Öffnungen“ zu beobachten: So fördert z.B. Aktion Mensch e.V. wachsend mehr Projekte jenseits des ursprünglichen Zwecks, wodurch auch innovative Projekte z.B. der Kinder- und Jugendarbeit sich zusätzliche Mittel erschließen können, die freilich auf konzeptionell wie zeitlich eingegrenzte Vorhaben beschränkt bleiben müssen und die infrage stehende bzw. fehlende Regelfinanzierung ebenfalls nicht kompensieren können. Insoweit ist auch hier nur eine Verlagerung des grundsätzlichen Problems möglich, und die finanzielle Not wird lediglich neu verteilt.

Die Begrenzung der Perspektive auf den alternativen Geldmarkt greift folglich zu kurz. Dabei sind Sachspenden mindestens „genauso wichtig, wie das Spenden von Zeit, Wissen oder von Kontakten“ (Lang 1999: 15). Die damit verbundenen geldwerten Vorteile bestehen z.B. in praktischer Hilfe (etwa handwerkliche Unterstützung), in persönlichen Kompetenzen (Wissen, Können und Zeit anderer Fachmenschen), der kritischen Außensicht auf offene Kinder- und Jugendarbeit (als Unvoreingenommenheit Außenstehender und Hilfe, die pädagogische Praxis besser zu gestalten), in Logistik (z.B. Fahrzeugen), Räumen und Flächen einschließlich der Zugänge zu kostengünstigen Beschaffungsmöglichkeiten oder in (un-)mittelbarer Einflussnahme (Türöffnerfunktion), z.B. in Form öffentlicher Bekundungen zu Gunsten etwa der Kinder- und Jugendarbeit, d.h. „Profilierung gegenüber Unterstützern, Politik, Verwaltung, Adressaten, potenziellen Mitarbeitern, Öffentlichkeit; Zugänge zu wichtigen Austauschpartnern; Unterstützung der sozialpolitischen Botschaften der Organisation“ (Blanke/Lang 2010: 263; vgl. insg. Wendt, P. 2013).

12.2.3 Programmbezogen: Evidenzbasierung

Der Ansatz der Evidenzbasierung *(Evidence based Practice)* spitzt das Aktivierungsprogramm nun auch im Blick auf die Methoden der Sozialen Arbeit zu. Ursprünglich im Gesundheitswesen des angloamerikanischen Sprachraums (z.B. zur Effektivierung des Betriebs von Krankenhäusern) entwickelt, wird auch in Deutschland das Ziel verfolgt, Verfahren kenntlich zu machen, die sich in der Praxis als erfolgreich erwiesen haben, um sie als Muster für künftige Praxis generell zu etablieren. Normative (gesetzliche) Anstöße hierzu finden sich z.B. im Wirtschaftlichkeitsgebot, wonach nur diejenige personenbezogene Dienstleistung erbracht werden darf, die wirksam ist (vgl. Schmidt, R. 2013: 327).

Bei der Bewältigung professioneller Aufgaben und Handlungsanforderungen soll auf Best-Practice-Beispiele Bezug genommen und diese als nachahmenswerte Vorbilder begriffen werden: Eine Fragestellung der beruflichen Praxis (wie z.B. ein Instrument [Wildnispädagogik] in Bezug auf einen bestimmten Anlass [gewaltförmiges Verhalten Jugendlicher in einer Wohngruppe in der Heimerziehung] zum Einsatz kommen könnte) wird darauf hin untersucht, ob (und welche) Literatur (Forschungsergebnisse, Praxisreflexionen o.Ä.) dazu vorliegt. Das so gefundene Wissen wird im Bezug auf die Fragestellung bewertet und dann (als Handlungsempfehlung bzw. -vorschrift) in die Praxis übersetzt: „Ziel ist es, Praktiken und empirische Ergebnisse zu eruieren, die sich empirisch als Erfolg versprechend erwiesen haben“ (Seithe 2010: 151), die das soziale Handeln bei vergleichbaren Anlässen standardisieren.

Hintergrund: Phasen evidenzbasierter Praxisentwicklung

1. Bestimmung einer Aufgabenstellung, z.B. ein Verfahren zu verbessern;
2. Übersetzung des in der Praxis besser zu lösenden Problems in eine beantwortbare Fragestellung, wobei bei deren Formulierung die Situation des Subjekts, die interessierende Intervention (im Vergleich zu anderen denkbaren) und das angestrebte Ergebnis (Output) zu reflektieren ist;
3. Literaturrecherche zur Frage, d.h. Ermittlung des empirischen Wissensstandes, z.B. in Form von Studien;
4. kritische Beurteilung des Rechercheergebnisses;
5. Veränderung der Praxis, die durch die Anwendung der Evidence-based-Practice-Methode erreicht werden soll: „Der Erfolg einer Implementierung hängt von drei Faktoren ab: der

Güte der Evidenz, dem Organisationskontext, in den die Innovation eingeführt werden soll, und der Güte der Facilitatoren (Prozessbegleiter, die Fachkräfte dabei unterstützen, ihre Arbeitsgewohnheiten und -einstellungen zu ändern)"; und abschließend

6. Evaluation von Struktur-, Prozess-, Prozessergebnisqualität/*Output* und Zielerreichungsqualität/*Outcome* (vgl. Schmidt, R. 2013: 326).

Der Ansatz kehrt damit die gewohnte Praxis um, Angebote und Leistungen *nach* Erbringung darauf zu untersuchen, ob und was sie bewirkt haben. Schon vorab dienen vorliegende Ergebnisse insbesondere aus wissenschaftlichen Studien bei der Entscheidung über Programme als Entscheidungsgrundlage, ob diese Programme im Lichte vorliegender Befunde überhaupt als „wirksam" bzw. „evident" eingestuft werden und zum Zuge kommen können, d.h., finanziert und realisiert werden. Mit dem Rückgriff auf wissenschaftliche Analysen als dem wahrscheinlich *wirksamsten* Verfahren verbindet sich die Erwartung, den Mitteleinsatz ganz im Sinne des Aktivierungsstaates zu minimieren. Bezweifelt werden kann, dass dies bei personenenbezogenen Dienstleistungen, wie der Sozialen Arbeit, möglich sein wird: Wie sollen Unikate, die die Handlungen zwischen Sozialen und Adressatinnen darstellen, im Sinne der Evidenzannahme standardisiert werden können? Jedenfalls fehlt dafür bislang jeder Nachweis (vgl. dazu Wendt, P. 2012d).

Fallbeispiel

Im Falle des Jugendhauses, in dem Mia arbeitet, könnte die politische Diskussion im örtlichen Jugendhilfeausschuss über die dort wahrgenommene geringe Nutzung des Hauses durch Jugendliche darauf hinauslaufen, dass von ihr und den Sozialen in der Jugendarbeit verlangt wird, die Ziele der Einrichtung klarer zu bestimmen, die Programme für eine umfassendere Ausrichtung an neue Zielgruppen anzupassen (zur Konzeptentwicklung in der Kinder- und Jugendarbeit vgl. z.B. die Beiträge in von Spiegel 2000, Breede/von Spiegel/Sturzenhecker 2007) oder – mit dem Hinweis auf die angespannte Finanzlage der Stadt – durch Sponsoring zusätzliche Mittel zu erschließen, die die Stadt künftig zur Unterstützung des Hauses nicht mehr bereitstellen wird. Insgesamt könnte gefordert werden, dass das Jugendhaus in seiner jährlichen Berichterstattung die Effekte nachweist, die die Arbeit bei den Jugendlichen erzielt; außerdem sollte es sich dem Vergleich ähnlicher Einrichtungen anderer Städte stellen und von den positiveren Ergebnissen dort lernen (zum Nachweis von Wirkungen in der Kinder- und Jugendarbeit vgl. Wendt, P. 2010a/b, 2012c).

12.3 Schlussfolgerungen

Ziehen Sie bitte eine Bilanz dieses Kapitels! Welche Schlussfolgerungen ergeben sich für Sie? (Hinweise zur Einordnung ihrer Bilanzierung finden Sie auf meiner Website.)

12.3.1 Anregungen zur Weiterarbeit

In Bezug auf das Case Management gelangt Manfred Neuffer (2013b: 9) zu einer insgesamt positiven Einschätzung:

> Er betont die Möglichkeiten, die Case Management vor allem in mehrfachbelasteten Lebenssituationen bieten könnte, wenn der Einsatz mehrerer Unterstützungsleistungen koordiniert werden müsse. Er weist darauf hin, dass Case Management die Mitwirkung und -verantwortung der Adressatinnen fördere. Dazu bedürfe es in der Regel eines längeren Unterstützungsprozesses auf der Grundlage einer tragfähigen (Arbeits-)Beziehung, die „über entsprechende Gesprächsführung und fachliche Interventionen bewusst gestaltet wird“ und so „Vertrauen herstellt und erst den Boden dafür schafft, dass Hilfeleistungen koordiniert und vernetzt werden können“.

1. Klären Sie zunächst in einer Kleingruppe, was dies im Verhältnis zur Darstellung in LE 12.2.1 bedeutet!
2. Diskutieren Sie untereinander, wie Sie zum Case Management stehen? Sehen Sie eher Chancen und/oder Risiken für die professionelle Handlungsfreiheit?

12.3.2 Materialien

Kritisch setzt sich Ulrich Schneider mit der Ökonomisierung des Sozialen auseinander (Mehr Mensch! Gegen die Ökonomisierung des Sozialen, Frankfurt/M. 2014).

Joachim Merchel führt grundlegend in das Sozialmanagement ein (Sozialmanagement. Eine Einführung in Hintergründe, Anforderungen und Gestaltungsperspektiven des Managements in Einrichtungen der sozialen Arbeit, 3. Aufl. Weinheim 2009).

Eine grundlegende Einführung in das Case Management gibt Manfred Neuffer (Case Management. Soziale Arbeit mit Einzelnen und Familien, 5. Aufl. Weinheim und Basel 2013).

Matthias Müller (Verfahren [Techniken] und Struktur im Case-Management-Prozess. Theorie – Praxis – Handreichungen; in: Kleve, H., u.a., Systemisches Case Management. Falleinschätzung und Hilfeplanung in der Sozialen Arbeit, 3. Aufl. Heidelberg 2011: 58–90; hier S. 80–90) bietet Arbeitsmaterialien für das Case Management an, z.B. Protokoll Erstgespräch, Hilfsmittel zur Analyse des sozialen Umfelds, Formblatt und Beispiel eines Arbeitskonzepts; auch Manfred Neuffer (Case Management. Soziale Arbeit mit Einzelnen und Familien, 5. Aufl. Weinheim und Basel 2013) stellt solche Dokumente (z.B. Ressourcenanalyse, Protokollformular für eine Hilfekonferenz, Abschlussbericht und -dokumentation) zur Verfügung.

Der Deutsche Verein für öffentliche und private Fürsorge hat Qualitätsstandards für das Fallmanagement herausgegeben (Qualitätsstandards für das Fallmanagement, Berlin 2014), die zum download zur Verfügung stehen; Link: http://www.dgcc.de/wp-content/uploads/2013/02/dv_qs_cm.pdf (31. Oktober 2014).

Eine umfassende Einführung in das Qualitätsmanagement der Sozialen Arbeit gibt Joachim Merchel (Qualitätsmanagement in der Sozialen Arbeit. Eine Einführung, 4. Aufl. Weinheim und Basel 2013).

Wolfgang Antes (Projektarbeit für Profis. Praxishandbuch für die Projektarbeit, 3. Aufl. Weinheim und Basel 2014) führt in das Projektmanagement ein und stellt verschiedene Instrumente vor, wie Projekte erfolgreich geplant und umgesetzt werden können.

Elke Quilling, Hans J. Nicolini, Christine Graf und Dagmar Starke (Praxiswissen Netzwerkarbeit. Gemeinnützige Netzwerke erfolgreich gestalten, Wiesbaden 2013: 152–161) geben einen Überblick über mögliche Finanzierungsmöglichkeiten (z. B. vom Sponsoring über Stiftungen bis zu Bußgeldern).

Handreichungen für die Praxis des Fundraisings bieten der von der Fundraising Akademie herausgegebene Band (Fundraising: Handbuch für Grundlagen, Strategien und Methoden, 4. Aufl. Wiesbaden 2008) und die Veröffentlichungen von Manfred Bruhn (Sponsoring, 5. Aufl. Wiesbaden 2010) und Harald Christa (Grundwissen Sozio-Marketing, Wiesbaden 2010).

Kapitel 13
Kooperieren: Zivilgesellschaft und Soziale Arbeit

Fallbeispiel

Beim Einkauf ist Helma angesprochen worden: Ein junger Mann stellte sich vor, er sei vom Stadtteilmanagement, man sei daran interessiert, zu erfahren, wo den Bewohnerinnen der Schuh drückt. Kommende Woche finde ein Treffen statt. Eigentlich ist das ja ihre Sache nicht, irgendwo hinzugehen, wo sie auch niemanden kennt. Außerdem möchte sie am Wochenende auch mal ihre Ruhe haben. Aber beim Kaffeetrinken mit den beiden anderen Müttern, die sie neulich in der Familienbildungsstätte kennengelernt hatte, sind alle drei der Meinung gewesen, wie gut es doch wäre, wenn es für ihre Jungs eine ordentliche Hausaufgabenhilfe hier im Stadtteil gäbe.

13.1 Einführung: Was heißt Zivilgesellschaft?

Einerseits sind in Deutschland rund 36 % der Bevölkerung ab 18 Jahren (im Schnitt etwa zehn Jahre) *freiwillig* (bzw. *ehrenamtlich*) engagiert, darunter etwa 20 % in Bereichen, die im weiteren Sinne der Sozialen Arbeit zugerechnet werden können (z. B. als Jugendleiterinnen in der Kinder- und Jugendarbeit, als Mitarbeiter in der Seniorenbegleitung eines Wohlfahrtsverbandes oder als Vorstandsmitglied eines freien Trägers der Behindertenhilfe, als Helferin in der Hausaufgabenhilfe). Der 3. Freiwilligensurvey, eine alle fünf Jahre durchgeführte Untersuchung, zeigte 2010, dass sich noch mehr Menschen freiwillig engagieren würden, wenn ihnen die Zugangswege klarer wären. Andererseits beklagen viele Organisationen, Vereine und Verbände, wie schwierig es ist, Freiwillige zu finden. Zudem wird die Versorgung der Bevölkerung mit sozialen Dienstleistungen künftig (aufgrund der alternden Gesellschaft, einhergehend mit Fachkräftemangel auch in den sozialen Berufen) mit hauptamtlichen Fachkräften allein nicht zu bewältigen sein, was für zusätzlichen Druck auf das freiwillige Engagement sorgt (vgl. z.B. Wendt, P. 2011a).

Der Hintergrund des freiwilligen Engagements von Menschen, so Thomas Olk und Thomas Gensicke,

> „lässt sich zunächst mit den Stichworten Motivation, Ressourcen und Kompetenzen beschreiben. Unabdingbar ist ein Interesse an den öffentlichen Dingen, wozu sich prosoziale Werte gesellen, die eine Person dazu motivieren, sich freiwillig zu engagieren. Dann erfordern öffentliche Aktivitäten, vor allem solche in verbindlicher Form, eine gewisses Maß an Ressourcen, zum einen an freier Zeit, zum anderen auch an Geld, da im Engagement Kosten anfallen, besonders Fahrtkosten, die oft nicht oder nur teilweise erstattet werden. Außerdem müssen in Vereinen und anderen Organisationen Mitgliedsbeiträge gezahlt werden. Zwar werden bestimmte Kosten oder geringfügige Vergütungen durch die öffentliche Hand steuerlich begünstigt, aber es muss eine gewisse Einkommenshöhe vorhanden sein, damit diese Unterstützung wirklich greift. Darüber hinaus erfordert freiwilliges Engagement Kompetenzen. Viele Freiwillige geben an, dass ihnen Organisationstalent und hohe Einsatzbereitschaft abgefordert werden, dass sie ideenreich und kreativ sein müssen, dass Fähigkeiten zum Zeitmanagement nötig sind. Nicht wenige müssen auf Fachwissen zurückgreifen können. Das alles bedeutet, dass freiwilliges Engagement ein anspruchsvolles Konzept ist, das mehr als guten Willen erfordert, um auf Dauer sinnvoll und befriedigend ausgeübt werden zu können“ (Olk/Gensicke 2014: 18).

Solche Formen der nicht-beruflichen Mitarbeit werden als bürgerschaftliches (bzw. zivilgesellschaftliches) Engagement bezeichnet. In diesem Begriff „bündeln sich unterschiedliche Formen von freiwilligen, nicht auf materiellen Gewinn ausgerichteten, gemeinwohlorientierten Tätigkeiten“, z.B. in Vereinen, Verbänden und Kirchen, Freiwilligendiensten, in der Selbsthilfe in der politischen Beteiligung und Mitbestimmung wie Parteien, Gewerkschaften, Bürgerinitiativen (vgl. Hartnuß/Klein 2011: 144).

Definition

Bürgergesellschaft: „Das Leitbild der Bürgergesellschaft stützt sich auf bürgerschaftliches Engagement und eröffnet Bürgerinnen und Bürgern die Möglichkeit für selbstorganisierte Mitgestaltung und Beteiligung. (…) Die Wurzeln der Zivilgesellschaft als politisch-philosophischer Begriff gehen zurück bis in[s] 18. Jahrhundert, wichtig für den heutigen Stellenwert von Zivil- und Bürgergesellschaft in Europa waren aber vor allem die Freiheits- und Demokratiebewegungen in Osteuropa. Zivilgesellschaft wurde so zum Schlüsselbegriff für das anti-diktatorische Bemühen, die Entmündigung durch den Staat zu beenden und neue Freiräume für gesellschaftliche Selbstorganisation zu schaffen" (http://www.buergergesellschaft.de/glossar [31. Oktober 2014]).

Etwas weiter gefasst ist die Definition von *Olk*, wonach der Begriff des bürgerschaftlichen Engagements „ein breites Spektrum unterschiedlicher Formen des freiwilligen, überwiegend unentgeltlichen und gemeinwohlorientierten Engagements in prinzipiell allen Bereichen der modernen Gesellschaft" bezeichnet (z.B. Sport, Freizeit, Kultur, Gesundheit und Soziales, berufliche Interessenvertretung) und bisher genutzte Begriffe (z.B. Ehrenamt und Selbsthilfe) ersetzt. Darin bildet sich der *Strukturwandel des Engagements* ab, wonach im Verhältnis zu den traditionellen Formen Ehrenamt und Selbsthilfe weniger verbindlich organisierte und zeitlich befristete Formen des Engagements an Bedeutung gewonnen haben:

Ehrenamt meint formalisierte, an Regelwerke (z.B. Vereinssatzungen oder Geschäftsordnungen für Vorstände) gebundene und dauerhafte Formen des Engagements; *Selbsthilfe* stellt auf die wechselseitige Unterstützung und Hilfe in Gruppen auf der Grundlage einerseits von Selbstbetroffenheit („*mein* Thema") und andererseits von Gleichbetroffenheit („alle haben einen *gemeinsamen Anlass*") ab.

Dagegen hat sich das *freiwillige Engagement* seit den 1970er Jahren um Bürgerinitiativen (z.B. für ein selbstverwaltetes Jugendcafé oder gegen neue überirdische Hochspannungstrassen, als Initiative für einen Kinderladen oder als Elterninitiative für eine selbstverwaltete Kindertagesstätte), (neue) soziale Bewegungen (zunächst Ökologie- und Frauenbewegung, nun z.B. die globalisierungskritische Bewegung „Occupy Wall Street" oder das Bündnis „Umfairteilen") und Nichtregierungsorganisationen (NGOs, z.B. Greenpeace, amnesty jnternational) erweitert und ergänzt (vgl. Olk 2013: 195). Freiwilliges Engagement widmet sich v.a. *Themen,* findet meist in Form von (zeitlich befristeten) *Projekten* statt, und hat auch den Anspruch der politischen *Mitgestaltung* (was z.B. die Proteste gegen den Neubau des Stuttgarter Hauptbahnhofes [Stuttgart 21] oder gegen eine weitere Startbahn des Rhein-Main-Airports Frankfurt am Main zeigten).

Bürgerinitiativen, soziale Bewegungen und NGOs verstanden sich zunächst durchaus als Gegenbewegungen zu den als bevormundend empfundenen staatlichen Formen der „Beteiligung" (die sich in der regelmäßigen Teilnahme an Wahlen erschöpfen sollte). Sie kritisierten auch die Träger der Sozialen Arbeit, insbesondere die Wohlfahrtsverbände, als zu starr, langsam und wenig an den Themen interessiert, die sie selbst zum Gegenstand ihrer Arbeit machten (vgl. a. Dahme/Wohlfahrt 2011). Der Sozialen Arbeit wurde der Vorwurf gemacht, zu expertenhaft zu agieren (die Kritik an der Einzelfallhilfe mit ihrem expertokratischen Selbstverständnis findet hier ihr zivilgesellschaftliches Gegenstück). Während die Zahl Ehrenamtlicher in den Wohlfahrtsverbänden insgesamt abnahm, nahm das Engagement Freiwilliger in dem Selbstbewusstsein zu, durch ihren Einsatz über Gestaltungsmacht zu verfügen und sich auch fachlich einbringen zu können (vgl. a. Hintergrund: BBE); freiwilliges Engagement gilt als gute Möglichkeit, in der Nach-Familienphase (wenn die eigenen Kinder das Haus verlassen haben) oder in der Nach-Berufsphase beruflich erworbene Kompetenzen einzubringen bzw. als sinnvoll betrachtete Projekte umzusetzen (vgl. z.B. Albrecht/Blanckenburg 2008).

Hintergrund: BBE

Das Bundesnetzwerk Bürgerschaftliches Engagement versteht sich als „Zusammenschluss von Akteuren aus Bürgergesellschaft, Staat und Wirtschaft. Das übergeordnete Ziel des Netzwerks ist die nachhaltige Förderung von Bürgergesellschaft und bürgerschaftlichem Engagement in allen Gesellschafts- und Politikbereichen.

Die Mitglieder des BBE verfolgen die gemeinsame Aufgabe, in nachhaltiger Weise bestmögliche rechtliche, institutionelle und organisatorische Rahmenbedingungen für das bürgerschaftliche Engagement zu schaffen.

Das BBE sieht Engagementförderung als eine gesellschaftspolitische Aufgabe an, die sich nicht auf einzelne Engagementfelder beschränkt, sondern sämtliche Gesellschafts- und Politikbereiche umfasst. Dabei geht es sowohl darum, Eigenverantwortung, Partizipation und Selbstgestaltung der Bürgerinnen und Bürger zu stärken als auch neue Formen und Verfahren für gesellschaftliches Mitentscheiden und Mitgestalten zu entwickeln. Hierzu gehört der Abbau bürokratischer Hemmnisse ebenso wie die Fortentwicklung engagementfreundlicher Bedingungen in Organisationen und Institutionen. (…)

Das BBE zielt auf die Förderung des bürgerschaftlichen Engagements in allen seinen Formen und allen gesellschaftlichen Bereichen wie Soziales, Gesundheit, Sport, Kultur, Bildung und Wissenschaft, Umwelt, Hilfs- und Rettungsdienste, Selbsthilfe, gesellschaftspolitische Beteiligung, Stiftungsaktivitäten und unternehmerisches bürgerschaftliches Engagement. Dabei orientiert sich das BBE am

Leitbild einer aktiven Bürgergesellschaft, die durch ein hohes Maß an Teilhabe der Bürgerinnen und Bürger bei der Gestaltung des Gemeinwesens geprägt ist. (…)
Das BBE stellt Materialien für die Praxis der Engagementförderung zur Verfügung, veranstaltet Fachtagungen und nimmt im Rahmen seiner Zielsetzung öffentlich Stellung zu Fragen der Förderung von Engagement und Bürgergesellschaft. Dabei kann es die Interessenpolitik seiner Mitgliedsorganisationen nicht ersetzen oder begrenzen, wohl aber für Problemlagen sensibilisieren, für gute praktische Lösungswege werben und kooperative Problemlösungen fördern" (BBE: Über uns; http://www.b-b-e.de/netzwerk/bbe-ueber-uns/ [31. Oktober 2014]).

Soziale haben es in diesen Projekten in unterschiedlichen Formen mit Freiwilligen bzw. Ehrenamtlichen zu tun. Dabei lassen sich gegenwärtig zwei gegenläufige Entwicklungen wahrnehmen: *Einerseits* haben die „Gegenbewegungen" des neuen freiwilligen Engagements zu einer Verunsicherung ihrer beruflichen Identität beigetragen, die sich in den zurückliegenden drei Jahrzehnten auf die sich allmählich veränderten Bedingungen weg vom klassischen Ehrenamt hin zu den neuen Form des Engagements wandeln musste: „Freiwilliges soziales Engagement ist in gewisser Weise eine Infragestellung der beruflichen Sozialen Arbeit: Wie kann Soziale Arbeit als Profession und Erwerbstätigkeit in der Gesellschaft Anerkennung finden, wenn sie auch ungelernt und unbezahlt zu haben ist" (Steinbacher 2004: 320 f.). *Andererseits* muss sich das weitgehend durch den Aspekt der Eigentätigkeit und (Selbst-)Aktivierung gekennzeichnete zivilgesellschaftliche Engagement mit den Anforderungen des neoliberalen Aktivierungsstaates (LE 12.1) auseinandersetzen: Während im zivilgesellschaftlichen Verständnis *aktivierende Arbeit* mit Bürgerinnen eine Arbeitsform (sozialraumorientierter) Sozialer Arbeit darstellt und der „Stärkung der Themen von Bewohnern und Betroffenen durch Strategien (dient), auf Planung und Ressourcenverteilung Einfluss zu nehmen" (Früchtel/Cyprian/Budde 2007a: 179; vgl. auch Kotlenga/Müller 2012), beabsichtigt das Konzept des Aktivierenden Staats „Engagement", „Gemeinwohl" und „Ehrenamt" für seine eigenen Zwecke (d. h. der Aktivierung Einzelner im Sinne von Employability) zu nutzen und somit neu zu verorten (vgl. Oelschlägel 2011: 181, 190; kritisch z. B. Dahme/Wohlfahrt 2009a; vgl. auch Hintergrund: Stiftung Mitarbeit). Jedenfalls wird (politisch) eine Verlagerung professioneller (i. d. R. Sozialer) Arbeit auf freiwilliges Engagement angestrebt. Als Beispiele hierfür können die Konzepte für lokale/regionale Bildungslandschaften oder für Bildungspaten an der Schwelle bzw. im Übergang von Schule in Ausbildung und Beruf gesehen werden, die jeweils auf Engagement, Gemeinwohl und Ehrenamt abstellen; in beiden Fällen soll sich zivilgesellschaftliches Engagement fremdbestimmten Zwecken unterordnen und einem aktivierenden Bildungsverständnis anpassen: In Bildungsgemeinschaften geht es z.B. um die Gewährleistung eines breiten Bildungsangebotes (das z.B. örtliche Vereine, Verbände und Initiativen bzw. deren Ehrenamtliche bzw. freiwillige engagierte Mitglieder sicherstellen sollen), bei den Bildungspaten um die Begleitung der Bildungsbiografie Jugendlicher (durch einzelne Freiwillige). Das freiwillige Engagement dringt (auch hier) in Kernbereiche professionellen Handelns ein, was sich z.B. im Bereich der Ganztagsschule zeigen lässt: Vereine werden motiviert, sich mit eigenen Beiträgen (Angebote) im schulischen Kontext zu engagieren und in die Strukturen formalen Lernens einzufügen; träger-/vereinstypische Merkmale und Ansprüche sind hierbei zurückzustellen und den Erwartungen des Systems Schule anzupassen bzw. unterzuordnen. Dabei werden Erwartungen an Vereine/Träger formuliert, die auf Funktionen Sozialer Arbeit (z.B. Einzelfallunterstützung, Konfliktmoderation, Formen sozialer Gruppenarbeit) hinauslaufen.

Dagegen sind Überlegungen für die Aktivierung bürgerschaftlichen Engagements im Rahmen von Kommunalpolitik und -verwaltung entwickelt worden, das subjektorientiert ist (vgl. z.B. Oelschlägel 2001a; zu einer neuen [sozialräumlichen] kommunalen Sozialpolitik vgl. Marquard 2010, DV 2008, Becker 2014: 109–152). Oliver Fehren spricht von „BürgerInnenaktivierung", in deren Vordergrund die Entwicklung der Menschen zu Bürgerinnen stehen müsse, womit er „die Befähigung der benachteiligten Bevölkerungsgruppen zu mehr zivilgesellschaftlicher Teilhabe, sprich, eine zivilgesellschaftliche Stabilisierung der Situation in den Stadtteilen durch Erhöhung der Kommunikations- und Konfliktfähigkeit in den Quartieren nach innen und außen" meint (Fehren 2013: 276).

Hintergrund: Stiftung Mitarbeit – Demokratieentwicklung von unten

„Die Stiftung Mitarbeit will mit ihrer Arbeit die Demokratieentwicklung von unten unterstützen und die politische Teilhabe von allen Menschen, die in Deutschland leben, stärken. Wir möchten Menschen ermutigen, Eigeninitiative zu entwickeln und sich an der Lösung von Gemeinschaftsaufgaben zu beteiligen. Ziel der Arbeit ist es, Engagement und Beteiligung in unserer Gesellschaft umfassend zu ermöglichen und dazu beizutragen, eine alltagstaugliche Beteiligungskultur in allen gesellschaftlichen Bereichen zu etablieren.

Die Stiftung befähigt Menschen, sich in der Gesellschaft zu engagieren, sich einzubringen und zu beteiligen. Wir unterstützen und befördern das Engagement und die politische Teilhabe auch derjenigen Gruppen, die sich aufgrund ihrer Lebenssituation, ihrer Bildung und gesellschaftlichen Stellung nicht oder nur in geringem Maße artikulieren können.
Die Stiftung Mitarbeit unterstützt das bürgerschaftliche Engagement und die Bürgerbeteiligung durch Publikationen und Öffentlichkeitsarbeit, Fachtagungen und Methodenseminare, Projekte und Modellvorhaben, Konzeption und Realisierung von Beteiligungsangeboten, Beratungsangebote für Initiativen und politische Organisationen, das Internetportal Wegweiser Bürgergesellschaft, bundesweite Förderung von Vernetzungs- und Kooperationsprojekten wie das Netzwerk Bürgerbeteiligung, Starthilfezuschüsse an neue Initiativen, Projekte und Gruppen.
Gegründet wurde die Stiftung im Jahr 1963 von engagierten Persönlichkeiten aus Wissenschaft, Politik und Wirtschaft mit zum Teil sehr unterschiedlichen politischen Überzeugungen. Diese parteipolitische Unabhängigkeit ist bis heute ein Grundpfeiler unserer Arbeit" (Link http://www.mitarbeit.de/ideen_und_ziele.html [31. Oktober 2014]).

13.2 Zivilgesellschaft und Soziale Arbeit

13.2.1 Selbsthilfe und Selbstorganisation

Eine „Sonderform" des zivilgesellschaftlichen Engagements stellt die Selbsthilfe dar, die – noch stärker als zivilgesellschaftliches Engagement *für andere* – persönliche Betroffenheit und individuelle Themen der Lebensbewältigung in den Mittelpunkt des Engagements stellt (z. B. spezifische Erkrankungsformen, Mitbetroffenheit aufgrund der Drogenabhängigkeit von Familienangehörigen [Co-Abhängigkeit], lokal ausgeprägte Formen von Benachteiligung).

Definition

Selbsthilfe steht „für unterschiedliche sozialpolitische Strömungen, Bewegungen (und Gegenbewegungen), für Forderungen von Jugendlichen und Erwachsenen für neue, eigene, den Menschen nahe

Gestaltungs- und Selbstbestimmungsmöglichkeiten, gegen überkommene, einschränkende, unterdrückende, unzulängliche (öffentliche) Angebotsstrukturen" (Mielenz 2013: 744f.).

Selbsthilfeprojekte und Selbstorganisation (z.T. auch als Alternativprojekte, Selbsthilfe- oder Initiativgruppen bezeichnet, worunter in einem weiten Verständnis auch selbstorganisierte Jugendprojekte/-räume, Elterninitiativen zur Betreuung von Kindern oder Jugendorganisationen u.Ä. zu zählen sind) stellen Engagement dar, das (organisatorisch selbstbestimmt/-verwaltet, d.h. ohne professionelle Leitung) bestehende Angebote ergänzt (z.B. die lokalen Tafeln, die vereinzelt existierende Suppenküchen von Wohlfahrtsverbänden ergänzten [vgl. Selke 2011]). Es kann die Bearbeitung von *Anlässen* Betroffener durch neue Leistungen (z.B. die Bewältigung chronischer Erkrankungen [vgl. Borgetto 2011]) oder Organisationsformen (z.B. die Vernetzung isolierter Gesprächskreise) unterstützen oder eigenverantwortlich ein gemeinsames Thema (z.B. die unzureichende Berücksichtigung der Interessen von Menschen mit Behinderung) bearbeiten (vgl. Northoff 2012: 135, Mielenz 2013: 745).

Selbsthilfe zeichnet die Überzeugung aus, dass Menschen die befähigt sind, sich selbst zu helfen, die eigenverantwortliche Entscheidung über sich selbst zu treffen, sich aktiv an der Problembewältigung zu beteiligen und dafür die Kraft der Gemeinschaft zu nutzen. Allein in Sachsen-Anhalt gab es 2013/14 rund 1300 Selbsthilfegruppen, die durch landesweit 14 Selbsthilfekontaktstellen in Trägerschaft des Deutschen PARITÄTISCHEN Wohlfahrtsverbandes, der Caritas und einer Kommune betrieben wurden (vgl. Volksstimme [Magdeburg] vom 2. April 2014). *Selbsthilfekontaktstellen* sind eigenständige, örtlich oder regional arbeitende professionelle Beratungseinrichtungen, die über hauptamtliches Personal, Räume und Ressourcen verfügen und in aller Regel umfassende Informations-, Beratungs- und Unterstützungsangebote erbringen.

Beispiel: Selbsthilfe-Café Harz

- Das Selbsthilfe-Café lädt Ehrenamtliche, Engagierte, Interessierte, Betroffene, Angehörige, Professionelle, Menschen mit und ohne Behinderung zum Erfahrungsaustausch und Dialog ein.
- Wir bieten Beratung und niedrigschwellige Unterstützung für interessierte Bürgerinnen und Bürger.

- Wir klären in Fachveranstaltungen über Krankheitsbilder auf, damit Betroffene mit ihrer chronischen Erkrankung oder Behinderung besser umgehen können.
- Das Selbsthilfe-Café unterstützt mit praxisorientierten Angeboten ehrenamtlich engagierte Bürgerinnen und Bürger aus der Selbsthilfe.
- Mit unseren Angeboten erleichtern wir Betroffenen und Angehörigen den Weg in die Selbsthilfe.
- Wir organisieren für Sie ein breit gefächertes Angebot an Veranstaltungen, welche der Information, der Aufklärung und des gegenseitigen Austausches dienen. Wir geben Ihnen Impulse für Ihre Gruppenarbeit.

PARITÄTISCHE Selbsthilfekontaktstelle Harz (Puschkinstraße 1, 38820 Halberstadt)

Zu den zentralen (schon in den 1990er Jahren formulierten) Grundsätzen der Selbsthilfegruppenarbeit zählt, dass die Mitglieder von Selbsthilfegruppen aus Selbstbetroffenheit (Gleichbetroffene sind unter sich), freiwillig und gleichberechtigt die Gruppenarbeit gemeinsam bestimmen, um in erster Linie etwas für sich selbst und nicht für andere zu tun. Jedes Mitglied ist für sich und die Gruppe bzw. den Gruppenablauf verantwortlich (Sekis 1995 in Bullinger/Nowak 1998: 199). Dabei erfüllen Selbsthilfegruppen v. a. drei Funktionen (vgl. Grawe 2009: 175, Northoff 2012: 135 f.):

- *Gemeinschaft:* Die Gruppe eröffnet in schwierigen Phasen der Lebensbewältigung neue Kontaktmöglichkeiten, Beziehungen und Bindungen und vermittelt die Erfahrung, mit den eigenen Schwierigkeiten nicht allein zu sein.
- *Bewältigung:* Neben sachlicher Information erlaubt der Austausch zu den persönlichen Schwierigkeiten im Schutz von Vertraulichkeit und beschränkter Gruppenöffentlichkeit, die Schwierigkeit anzunehmen und zugleich auch Distanz dazu aufzubauen (um wieder Mut zu bekommen). Es können neue Gesichtspunkte wahrgenommen werden, und die Darstellungen der anderen können im Vergleich die Selbstwahrnehmung und -reflexion stärken; in der Gemeinschaft mit Gleichbetroffenen kann erfahren werden, wie andere die Schwierigkeiten bewältigen.
- *Veränderung:* Der Alltag wird durch regelmäßige Treffen strukturiert; zugleich ermöglicht die Selbsthilfegruppe auch öffentliches Handeln und gemeinsame Aktivitäten, um Bedingungen des All-

tags und der Bewältigung der Schwierigkeiten kollektiv zu verändern.

Allerdings zeigen sich in der Selbsthilfe auch eigene Entwicklungsaufgaben: Die Themen der Selbsthilfegruppen gelten oft als stark emotional besetzt, was deren Bearbeitung insbesondere dann erschwert, wenn aufgrund der fehlenden professionellen Begleitung gruppendynamische Effekte (z.B. die Fokussierung auf die ganz persönliche Notlage) die Gruppe erheblich unter Druck setzen.

Die Selbsthilfe hat sich zwar (auch durch die politisch motivierte Aktivierung zivilgesellschaftlichen Engagements) in den zurückliegenden Jahrzehnten weiter entfalten können. Mittlerweile stellen sich aber auch hier die für ehrenamtliches Engagement insgesamt typischen Schwierigkeiten (z.B. alternde Vorstände, erschwerte Nachwuchsgewinnung) ein; viele der stark Engagierten gelten als überlastet und erschöpft.

Die auch deshalb örtlich bzw. regional tätigen Selbsthilfekontaktstellen stellen professionelle Beratungseinrichtungen zur Stärkung der Eigenverantwortung und gegenseitigen freiwilligen Hilfe, indem sie z.B. die Infrastruktur für die Entstehung und Entwicklung von Selbsthilfegruppen verbessern und für die in Selbsthilfegruppen Tätigen eine Orientierungsfunktion im System auch der sozialen Dienstleistungsangebote wahrnehmen sollen. Dort tätige Soziale beraten deshalb auch weniger zum Thema der Gruppe, sondern sie verstehen sich eher als Unterstützerinnen für die Gründung und Stabilisierung von Gruppen und als „Katalysatoren“ für mehr Selbsthilfefreundlichkeit vor Ort (vgl. Grawe 2009: 183 ff.).

Beispiel: Selbstdarstellung einer Selbsthilfekontaktstelle

Leistungsangebote der Selbsthilfekontaktstelle:

- Themenübergreifende Kontakt- und Begegnungsstätte für Selbsthilfeakteure
- Zentrale Anlaufstelle für alle Selbsthilfeinteressenten
- Beratungs-/Unterstützungsstelle für Selbsthilfegruppen, Angehörige und professionelle Unterstützer
- Multiplikator und Koordinator von Selbsthilfeveranstaltungen, Weiterbildungen und der Öffentlichkeitsarbeit in der Selbsthilfe
- Unterstützung bei der Neugründung von Selbsthilfegruppen
- Beratung und Unterstützung bei der Beantragung von Fördermitteln

- Vernetzung von Aktivitäten zwischen Selbsthilfe und Professionellen

PARITÄTISCHE Selbsthilfekontaktstelle Halle-Saalekreis (Merseburger Str. 246, 06130 Halle/Saale)

Fallbeispiel

Helma hat das Treffen des Stadtteilmanagements nur kurz besucht, dort aber eine Frau an einem Infostand näher kennengelernt, die sie schon wiederholt beim Einkaufen gesehen hatte. Sie arbeitet in einer Gruppe mit, die sich mit den Sorgen und Nöten alleinerziehender Frauen befasst. Das kurze Gespräch hat Helma ermutigt, dort vorbeizuschauen, ob das etwas für sie ist. Das Treffen in der Selbsthilfegruppe fand Helma aufschlussreich. Dass so viele Mütter ähnliche Schwierigkeiten bewältigen und sich dabei gegenseitig helfen, das war ihr neu. Es sieht jetzt so aus, als könnten sie und drei weitere Frauen sich etwas entlasten, indem sie abwechselnd auf die Kinder aufpassen oder sich beim Einkaufen unterstützen. Dass sie auch mal spontan „einspringen" muss, ist dabei selbstverständlich. Von der Koordinatorin der Gruppen hat sie den Hinweis auf eine Beratung erhalten, die sich an Eltern wendet, deren Kinder in der Schule Schwierigkeiten haben. Über beides will sie auch mit Hanne von der SPFH sprechen. Darüber solle auch sie Bescheid wissen.

13.2.2 Intermediäres Handeln

In der Arbeit mit Selbsthilfegruppen steht deren Begleitung im Mittelpunkt. Soziale sorgen für organisatorische Entlastung, Beratung jenseits des Fachthemas der Gruppe und moderieren den Gruppenprozess (wozu z. B. Verfahren wie die Themenzentrierte Interaktion [LE 8.3.1] hilfreich sein können). Sie stellen die Vernetzung thematisch (z. B. durch die Vermittlung von Expertinnen für ein spezielles Thema) und strukturell (z. B. bei der Organisation von öffentlichkeitswirksamen Aktionen verschiedener Selbsthilfegruppen an einem „Tag der Selbsthilfe") sowie politisch (z. B. durch Interessenvertretung/Lobbying und die Zusammenarbeit mit Kommunalpolitik und -verwaltung) sicher. Damit stehen sie *zwischen* den einzelnen Selbsthilfegruppen (mit ihren unterschiedlichen Themen und z. T. auch gegenläufigen Interessen) und *zwischen* den Selbsthilfegruppen und der Öffentlichkeit, Verwaltung und Politik. Diese Intermediarität (intermediär: lat. intermedius, das Dazwischenliegende) kennzeichnet das Handeln Sozialer nicht nur hier, sondern auch in anderen Handlungsfeldern, insbesondere der Gemeinwesenarbeit (LE 10.1), dem Community Organizing (LE 13.3) und der Aufsuchenden Arbeit (LE 11.3).

Oliver Fehren (2006: 577) hat den Gedanken der Intermediarität für die Gemeinwesenarbeit diskutiert, doch lässt sich dies auch auf die Unterstützung zivilgesellschaftlichen Engagements übertragen: Im Sinne eines *Dialogmanagements* haben Soziale danach Übersetzungsleistungen zwischen Lebenswelt (den Menschen des Stadtteils und ihren Interessen, Themen und Vorschlägen) und System (Politik, Verwaltung und Wirtschaft) zu erbringen und für die Akzeptanz der Vorstellungen der Menschen (des Stadtteils oder einer Selbsthilfegruppe) einzutreten, indem sie den Klärungsprozess zwischen beiden organisieren. Sie tragen als „Bindeglied … zur Entwicklung spezifischer Einzelprojekte und zur systematischen Zusammenführung von Geld, Menschen, Bedarfen und Ideen“ bei (Hinte 2010a: 673; vgl. auch Bullinger/Nowak: 158 f.).

Im Spannungsfeld zwischen Freiwilligkeit und (politisch) gewünschter Aktivierung verändert sich die berufliche Rolle Sozialer weiter: Mehr und mehr steht eine Form fachlicher wie politischer Beratung und Vermittlung zwischen zivilgesellschaftlichen Gruppen und (v. a. kommunalen) Behörden und (lokaler) Politik im Mittelpunkt, womit Sozialen die Funktion intermediärer Akteure bzw. als Brückeninstanzen zukommt. Auch dies erfordert eine durch Subjekt- und Ressourcenorientierung, v. a. aber durch Empowerment (mit einem Schwerpunkt auf der Ebene der lokalen Gemeinschaft und auch der institutionellen Ebene [LE 1.5]) gekennzeichnete Grundhaltung (vgl. Oelschlägel 2011: 191 f.; vgl. auch Olk 2011, Hill 2013).

Es geht dabei immer auch um die Aushandlung des auch hier störungsanfälligen Arbeitsbündnisses im Status der Intermediarität. Joachim Burmeister und Dieter Brinkmann (2006: 19) z. B. beschreiben Soziale in Jugendverbänden im Verhältnis zu den dort tätigen Ehrenamtlichen: Soziale fungieren als Ansprechpartner, motivieren zur aktiven Beteiligung, moderieren Konflikte, koordinieren den Einsatz freiwilliger Helferinnen und springen ein, wenn Ehrenamtliche z. B. aufgrund beruflicher Belastung bestimmte Aufgaben nicht mehr bewältigen. Sie verstehen sich in der Regel als „ausführender Teil“ ihrer Organisation, während die Ziel- und Programmbestimmung in der Hand engagierter Ehrenamtlicher liegt.

Die Zuschreibungen Ehrenamtlicher aus Jugendverbänden an dort tätige Soziale reichen z. B. von der „dienenden Funktion“, über „alimentierte Ehrenamtliche“ bis hin zu „Manager des Unerfreulichen“. Unbestritten sind sie „schon wichtig“, ein „Dreh- und Angelpunkt“ und „Kommunikatorin“ (vgl. Wendt, P. 2014). In einer kritischen Sicht auf solche (in Experteninterviews gewonnenen) Statements kann das Wechselverhältnis von Haupt-

und Ehrenamt aber auch als Relativierung von Freiwilligkeit verstanden werden. Hier wird das Dilemma sichtbar, dass das Leben in grundsätzlich ehrenamtlich geprägten Organisationen (wie es Jugendverbände sind) immer auch mit der Dominanz beruflich tätiger Sozialer konfrontiert sein kann.

Der fachlichen Kompetenz Sozialer (die die Grundlagen der Gruppenpädagogik kennen und für die Moderation von Gruppenprozessen nutzen können, Managementkompetenzen besitzen u. Ä.) steht eine fachliche „Naivität" Freiwilliger gegenüber (die oft „nur" eine Betroffenheit oder ein Interesse spüren, einem Thema nachzugehen). Der von ihnen erlebte „Zeitreichtum" der Sozialen steht im Kontrast zu ihrer egenenen Zeitknappheit, stellt das Engagement doch meist eine zusätzliche Tätigkeit dar. Die Organisationslogik (z. B. die Begründung von Beschäftigungsverhältnissen, Geschäftsstellen und Projekten) bringt das Interesse der Sozialen an struktureller Verstetigung (z. B. Absicherung öffentlicher Förderung) und personaler Kontinuität (einerseits „sichere Ehrenamtliche", die zuverlässig und dauerhaft *mitarbeiten,* und andererseits sichere Arbeitsverhältnisse für sie selbst) in Beziehung zur Spontaneität der Ehrenamtlichen und deren Interesse am Experiment (z. B. ganz neue Wege zur Bewältigung ihres Anliegens gehen zu wollen, die so bislang noch nicht praktiziert wurden), was im Gegensatz zur Verstetigung des Gewohnten und Bewährten stehen kann (z. B. mit gewohnten Verfahren zu arbeiten, „sichere Wege" zu gehen, Risiken zu minimieren).

Dieser Aushandlungsprozess wird im Community Organizing deutlich zugespitzt: Hier haben Soziale (z. B. im Verhältnis zur Arbeit mit Selbsthilfegruppen) eine noch zurückgenommene intermediäre Rolle zu erfüllen und nahezu unsichtbar den mit ihren Interessen an Prozessen und Konflikten im Gemeinwesen beteiligten Menschen zu dienen.

13.3 Community Organizing

Community Organizing (CO) geht maßgeblich auf Saul Alinsky zurück, der das Verfahren ab 1939 in den Vereinigten Staaten (insbesondere in Chicago) entwickelt hat (vgl. Mohrlock 1996, Stövesand 2013a, Szynka 2011 und 2014) und das in Deutschland in den 1960er und 1970er Jahren als aggressive Gemeinwesenarbeit (LE 10.1) wahrgenommen wurde (vgl. Müller, C. 2010: 27, Rothschuh 2013; zur „Wiederentdeckung" von CO in Deutschland vgl. Stock 2014, Renner/Penta 2014).

Das Ziel von Community Organizing (CO) ist es, viele Menschen im zivilgesellschaftlichen Sinne zusammenzubringen, damit sie handlungsmächtig werden und gemeinsam Probleme in der Nachbarschaft und darüber hinaus lösen können. Insoweit kann Community Organizing auch unmittelbar als eine Form von verändernder Gemeinwesenarbeit verstanden werden, die im Diskurs um die Zivilgesellschaft neue Bedeutung erlangt hat. Bürgerinnen (so der Grundgedanke) schließen sich insbesondere aus zwei Gründen zusammen: Zum einen sind es *Eigeninteressen,* die in einem intensiven Prozess des Zuhörens ermittelt werden; zum anderen sind es *Beziehungen,* die auf Neugierde, echtem Interesse und erlebtem Vertrauen zwischen Menschen begründet sind. Beides macht (ergänzt um die Erfahrungen gemeinsam durchgestandener Konflikte) den „Spirit" von Community Organizing aus (vgl. Cromwell 2011).

Definition

Community Organizing „ist ein parteipolitisch und konfessionell unabhängiger Ansatz, um lösungsorientiertes, zivilgesellschaftliches Engagement auf breiter gesellschaftlicher Basis von unten aufzubauen. Organizing zielt darauf, Menschen zu befähigen, ihr eigenes Leben, das gesellschaftliche Zusammenleben und damit letztlich auch das öffentliche Leben (wieder) gemeinsam mit anderen zu gestalten, gegebenenfalls zu verändern und zu entwickeln, d.h. persönlich und öffentlich-politisch handlungsfähig zu werden" (Penta/Sander 2010: 60).

Dabei sind drei Grundprinzipien leitend: die Bemächtigung machtloser Menschen, der Aufbau von Bürgerorganisationen und die Veränderung benachteiligender Strukturen. Dabei betont Community Organizing die „Bedeutung organisierter zivilgesellschaftlicher Formationen nahe an der Lebenswelt der Menschen in ihren Stadtteilen für eine korrigierende Beeinflussung der Akteure in Staat und Wirtschaft" (Fehren 2014: 60, 61 f.). Community Organizing schließt also an Impulse an, die als Orientierung an der Mündigkeit von Menschen (LE 1.3.3) grundlegend für Soziale Arbeit sind. *Der* Schlüsselbegriff im Community Organizing ist daher *Macht,* die sich als Macht der Beziehungen (die durch Zuhören, Einfühlen, Mitdenken und Rituale [z.B. öffentliche Anerkennung vorbildlichen Engagements] Solidarität schafft) und als die Fähigkeit zu agieren (Aktionsmacht) darstellt.

Zwei Formen von Aktionsmacht werden unterschieden: Geld und organisierte Menschen; insoweit wird hier direkt das Verhältnis von Zivilgesellschaft zur politischen Macht thematisiert, denn das Ziel ist die „Kumulation von Macht, was durch klassische, angebotsorientierte Sozialarbeit nur selten gelingt" (Früchtel/Budde/Cyprian 2007a: 183). (Aktions-)Macht ist hier *positiv* besetzt, Macht ist die Fähigkeit, gemeinsam und öffentlich zu handeln:

„Durch öffentliches Handeln werden Menschen als Bürgerinnen kenntlich und anerkannt, was diese glücklich macht"; sie „erfahren sich, oft entgegen ihren alltäglichen Erfahrungen, als kompetent und mächtig in ihren eigenen Belangen" (Müller, C. 2010: 27).

Bürger und ihre Organisationen brauchen Macht, um etwas verändern zu können, damit eine positive Weiterentwicklung ihres Gemeinwesens möglich wird, d.h., es geht auch darum, Menschen, die keine Stärke haben, zu Macht zu verhelfen. Dazu bleibt oft nur die Entwicklung einer Bürgerorganisation, die den bestehenden Machtverhältnissen Gegenmacht entgegensetzen kann: „Insofern hat das Community Organizing eine systematisch kritische Perspektive. Man versucht, die Politik und Institutionen zu verändern, die nicht im Sinne der Bewohner funktionieren" (Früchtel/Budde/Cyprian 2007a: 184).

Community Organizing wird durch drei gleichberechtigte Schritte strukturiert (vgl. insgesamt Szynka 2011: 15–19):

Erster Schritt: Community Organizing beginnt mit Zuhören, einer „kleinteiligen gesellschaftlichen Webarbeit, die aufsuchend und kontaktschaffend face to face arbeitet" (Penta 2007a: 105): Viele *One-to-Ones* bzw. *Doorknockings* (LE 11.4.2) – Gespräche mit Menschen, die in der Nachbarschaft oder bei Stadtteilfesten getroffen oder bei Versammlungen gefragt werden, oder Gespräche in kleinen Gruppen und Organisationen, die es bereits gibt, oder Gespräche bei Treffen in der Nachbarschaft – dienen als Basis, Themen zu identifizieren. Gesprächsorte sind auch Bewohnerinnenversammlungen und Runde Tische zu bestimmten Themen; auch die aktivierende Befragung (vgl. Hinte/Karas 1989, Lüttringhaus/Richers 2003 [LE 11.4.1]) hilft, solche Themen herauszuarbeiten, wenn Menschen offen befragt werden (z.B.: „Wie erleben Sie Ihre Nachbarschaft?" „Welche Probleme und Ärgernisse sehen Sie?" „Was könnte Ihr Leben in diesem Stadtteil verbessern?" „Was würden Sie gerne ändern?"). Möglichst vielen Menschen soll zugehört werden, um herauszufinden, was ihre Anliegen sind und was sie wirklich bewegt, welche Schwierigkeiten sie sehen und welche Ideen und Visionen sie haben.

Persönliche Themen oder Schwierigkeiten werden dann zu *Issues* (öffentlichen Streitthemen), wenn sie Menschen bewegen (z.B. der schlechte Zustand eines Kinderspielplatzes oder einer bestimmten Grünanlage); es sind Themen, die erwarten lassen, dass sie Menschen so betreffen, dass sie etwas dafür tun werden, „die Dinge" zu verändern.

Nach der Phase des Zuhörens, d.h. nach etwa acht Wochen, werden allen Interessierten in einer Versammlung die Ergebnisse des Zuhörens (Issues) vorgestellt und beraten (demokratisch entschieden), welches die wichtigsten Themen sind. Die Information und die Einladung, sich an der Klärung der Themen bearbeitenden Gruppen einzubringen, lassen Bürgerinnen vielleicht aktiv werden, sofern es um Themen und Visionen geht, die sie persönlich teilen und für bedeutsam halten. Die zahlreichen persönlichen Gespräche, die in dieser Phase geführt werden, bilden die Grundlage für die weitere Zusammenarbeit (vgl. Früchtel/Budde/Cyprian 2007a: 185 f.; Rothschuh 2013: 375).

Zweiter Schritt: Solche Issues können z.B. bauliche Veränderungen im Wohnumfeld, die drohende Verdrängung von ärmeren Bewohnerinnen durch Luxussanierung von Straßenzügen (Gentrifizierung), die Sicherheit im Quartier, die Situation in Schulen und Kindertagesstätten oder laufende und künftige Verkehrsplanungen sein, aber auch die Teilnahme an Kampagnen, z.B. der Kampf gegen Wucherzinsen (vgl. Rothschuh 2013: 378). Sind sie identifiziert, schließt sich die Analyse der Machtstruktur in der Stadt an; recherchiert wird, wer im Stadtrat, in Vorständen oder in Aufsichtsräten ist, welche Namen häufig in den Zeitungen genannt werden. Zugleich werden Nachforschungen angestellt, um Ideen zu den Issues und Visionen für ihre Bearbeitung zu erschließen (z.B. Beispiele oder Lösungsvorschläge aus anderen Städten).

So werden Gruppen und Personen erkennbar, für die die Bearbeitung der Issues wichtig sind und die möglicherweise für eine Zusammenarbeit gewonnen werden können, und es werden weitere wichtige *Schlüsselpersonen* aus Politik, Verwaltung oder anderen wichtigen Institutionen/Organisationen entdeckt, die als Bündnispartner hilfreich sein können; sie haben „oft einen direkteren Draht zu ihren jeweiligen Bezugsgruppen" (Rothschuh 2013: 378; vgl. Früchtel/Budde/Cyprian 2007a: 186f., Müller, C. 2010).

Dritter Schritt: Wenn Lösungen in Selbsthilfe nicht möglich sind oder die eigenen (Macht-)Mittel (noch) nicht ausreichen, dann werden Politikerinnen, private Institutionen oder andere einflussreiche Führungskräfte *(Leader)* gebraucht, um Bewegung ins Thema zu bringen. Solchen Leadern folgen andere Menschen; sie sind in der Lage, ein Netz von Bekannten für Aktionen zu mobilisieren (vgl. dazu Straßburger/Wurtzbacher 2009, Möbius 2010b). Über Leader und Issues werden (Bürger-)*Plattformen* aufgebaut: Bürgerinnengruppen, Kirchengemeinden, Wohlfahrtsverbände und örtliche Gewerkschaftsgruppen können vor Ort Organisationen sein, die sich zur Verbesserung der Lebensbedingungen als Katalysatoren anbieten, CO zu betreiben, aber auch Familien und Nachbarschaften, Spielplatzinitiativen oder Jugendprojekte (vgl. Penta 2007b und die Beiträge in Baldas 2010). Plattformen sollen als „Apparate" das Handeln der Mitglieder ermöglichen. *Mitglieder* sind Einzelpersonen und/oder Organisationen, die von Schlüsselpersonen vertreten werden. Sie können damit eine Aktionsbasis über sozioökonomische und ethnische Trennlinien hinaus schaffen, um Macht zu bekommen bzw. Macht zu behalten. Voraussetzung ist, dass die eigene (Gegen-)Machtbasis (über den Aufbau der Plattform und die Gewinnung von Bündnispartnerinnen) entwickelt wird. Erst dann wird die Auseinandersetzung mit der vor Ort gegebenen (in der Regel durch Politik und Verwaltung repräsentierten) Machtstruktur begonnen, wenn diese unfähig oder unwillig ist, sich mit den Issues auseinanderzusetzen, die anderen Menschen wichtig sind (vgl. Früchtel/Budde/Cyprian 2007a: 184, 186, Penta 2007a: 104, 106). Nur dann können *Taktiken* entwickelt, d. h. Aktionen oder Versammlungen (z. B. mit den Akteuren der Gegenseite) vorbereitet und durchgeführt bzw. öffentlicher Druck (z. B. in den örtlichen Medien) ausgeübt werden.

Nach Saul Alinsky bedeutet Taktik, „das zu tun, was man kann, mit dem, was man hat. (...) In der Welt des Gebens und Nehmens ist Taktik die Kunst des richtigen Gebens und Nehmens. Wir wollen uns hier mit der Taktik des Nehmens beschäftigen" (Alinsky 2010: 158), wie Menschen ohne Macht und Einfluß Macht und Einfluss ausüben können (Alinsky nennt dies in der ihm eigenen Sprache, „wie die Ausgebeuteten den Herrschenden und Besitzenden Macht nehmen"). Typische Taktiken sind:

- *Mobilisierung*: Zum Beispiel greifen Kurznachrichten (SMS, Twitter u. Ä.) und Botschaften über die sozialen Medien (Soziale Netzwerke, Blogs, Apps u. A.) die Issues auf, skandalisieren Missstände und motivieren Menschen, sich zu öffentlichen Treffen einzufinden *(Flashmobs)*, da zu sein, zuzuhören und „(Laut-)Stärke" zu beweisen;
- *direkte Aktionsformen*, z. B. Surprise Actions (bekannt z. B. durch überfallartige Besetzungen von Atomkraftwerken durch Greenpeace, um auf die Gefahren der Atomenergienutzung aufmerksam zu machen), Camps der Occupy-Bewegung vor den Zentralen großer Banken und Investmentfonds, um die Geschäftspraktiken der internationalen Finanzwirtschaft anzuprangern, Demonstrationen u. a.;
- *Accountability Sessions*, d. h. präzise vorbereitete Veranstaltungen (in denen z. B. genau feststeht, wer wann, wie und mit welchem Inhalt das Wort ergreift), in denen Politikerinnen und Verwaltungschefs mit den Issues konfrontiert werden und nach konkreten Lösungen befragt werden;
- *Heimspiel*, d. h. durch die Wahl des Veranstaltungsortes (in der Lebenswelt von Menschen), des Zeitpunktes (nach der Arbeit, aber nicht zu spät), der Veranstaltungsform (keine Plattform für langatmige Erklärungen und vorbereitete Statements seitens Poli-

tik und Verwaltung), der Leitung und Moderation der Veranstaltung (die erforderlichenfalls konfrontativ Antworten auf spezifische Fragen erzwingt) wird die Veranstaltung zu einer Veranstaltung der Bürger: Politik und Verwaltung sind meist weitaus eher bereit, die Issues wahrzunehmen, „wenn sie die Stärke, die Einigkeit und die ‚Macht' der Betroffenen persönlich in einer großen Versammlung erfahren, als wenn nur ein paar VertreterInnen sich mit ihnen in einer kleinen Gesprächsrunde treffen" (Müller, C. 2010);

- *Personalisieren von „Gegnern"* (13. Regel der Machttaktik, wie sie Saul Alinsky definiert), d.h. konkrete Akteure der Gegenseite werden als Verantwortliche identifiziert, benannt und (z.B. bei öffentlichen Veranstaltungen) direkt und unter Verzicht auf „Höflichkeiten" (verbal) angegriffen;

Hintergrund: Machttaktiken

Saul Alinsky formulierte 13 Regeln der Machttaktik:

1. „Erinnere dich immer an die erste Regel der Machttaktiken: Macht ist nicht nur das, was du besitzt, sondern das, von dem der Gegner meint, dass du es hast."
2. „Verlasse niemals den Erfahrungsbereich der eigenen Leute. Wenn eine Aktion oder eine Taktik außerhalb des Erfahrungsbereichs der Leute liegt, dann führt das zu Verwirrung, Angst und Zurückhaltung. Darüber hinaus hat es einen Zusammenbruch der Kommunikation zur Folge, wie wir bereits festgestellt haben."
3. „Wo immer es möglich ist, verlasse den Erfahrungsbereich des Gegners. Hier will man ja gerade Verwirrung, Angst und Zurückhaltung erreichen."
4. „Zwinge den Gegner dazu, nach seinen eigenen Gesetzen zu leben. Damit kannst du ihn umbringen – weil er nie seinen eigenen Gesetzen gehorchen wird, wie die Kirche nie dem christlichen Glauben gerecht werden kann."
5. „Spott ist die stärkste Waffe des Menschen. Es ist fast unmöglich, gegen Spott anzukämpfen. Außerdem macht er den Gegner wütend, welcher dann zu deinem Vorteil reagiert."
6. „Eine gute Taktik macht deinen Leuten Spaß. Wenn sich die Leute nicht gut amüsieren, stimmt irgendetwas nicht mit deiner Taktik."

7. „Eine zu schleppende Taktik wird schlapp. Der Mensch kann nur für eine begrenzte Zeit für eine bestimmte Sache ein kämpferisches Interesse entwickeln. Danach wird alles zu einer rituellen Verpflichtung wie der Kirchgang am Sonntagmorgen."
8. „Der Druck darf niemals nachlassen. Er muss durch verschiedene Taktiken und Aktionen aufrechterhalten werden, und alle Ereignisse, die sich für diesen Zweck bieten, müssen genutzt werden."
9. „Die Drohung hat in der Regel mehr abschreckende Wirkung als die Sache selbst."
10. „Die wichtigste Voraussetzung für jede Taktik ist das Entwickeln einer Strategie, mit der ein konstanter Druck auf den Gegner ausgeübt wird. Nur der nie nachlassende Druck führt zu Fehlreaktionen des Gegners, die letztlich ausschlaggebend für den Erfolg der Kampagne sind. Man darf nie vergessen, dass nicht nur die Aktion eine Reaktion hervorbringt, sondern dass auch die Aktion selbst eine Konsequenz der Reaktion ist und eine Reaktion auf die Reaktion, und so geht das endlos weiter. Der Druck erzeugt die Reaktion, und konstanter Druck hält die Aktion in Gang."
11. „Wenn man etwas Negatives hart und lange genug vorantreibt, wird sein Gegenteil durchbrechen. Dies beruht auf dem Prinzip, dass jedes Positiv ein Negativ besitzt. Wir haben bereits die Umkehrung des Negativen ins Positive bei Mahatma Gandhis Strategie des passiven Widerstandes gesehen."
12. „Der Preis für einen erfolgreichen Angriff muss eine konstruktive Alternative sein. Wir dürfen nicht riskieren, uns durch plötzliche Zugeständnisse des Gegners in eine Falle locken zu lassen …"
13. „Wähle eine Zielscheibe, nagle sie fest, personalisiere sie und schieße dich auf sie ein" (Alinsky 1972/2010: 158ff.).

- *Broad-Based-Organizing,* d.h., Plattformen werden nicht mehr nur isoliert für einen kleineren Sozialraum oder ein spezielles Thema entwickelt, sondern in größere Zusammenhänge gestellt und z.B. auf ganze Städte oder Regionen bezogen, da sich bestimmte Issues (z.B. Gentrifizierung, Armutsentwicklung) oft nicht mehr im kleinen Rahmen bearbeiten lassen und größere Kampagnen notwendig werden (vgl. Fehren 2014: 63);
- *Fundraising,* d.h. die Akquise insbesondere von Geld (LE 12.2.2), dient zur Finanzierung von Trainings, Seminaren und Veranstal-

tungen, wobei der Grundsatz gilt, Geld vom Staat nur dann zu nehmen, wenn es unvermeidbar ist (um sich vom Staat so weit wie möglich unabhängig zu machen); daher kommen v.a. Stiftungen, aber auch lokale Unternehmen, als Fördergeldgeberinnen in Betracht; und:

- im CO (beruflich) tätige *Organizer handeln daher immer im Hintergrund,* d.h., sie bereiten z.B. Veranstaltungen vor und werten sie aus, treten aber nie öffentlich auf (vgl. Früchtel/Budde/Cyprian 2007a: 188, Stoik 2013a: 442). Organizer können ausgebildete Soziale sein, die mit einer gewissen thematischen Neutralität den Prozess begleiten, die Beteiligten beraten, trainieren und unterstützen, den organisatorisch-finanziellen Rahmen sichern und Aktionen anleiten, wobei der Grundsatz gilt, den Leo Penta (2007a: 103, 107) formulierte: „Nichts für andere tun, was sie für sich selbst tun können – stattdessen das solidarische Tun vieler ermöglichen! (...) Sie sollen sich organisieren, nicht organisiert werden." Ihre Aufgabe ist das Organisieren von Plattformen, insbesondere bei der Entwicklung effektiver Strategien zur Durchsetzung ihrer Issues, und die Förderung der Kommunikation und solidarischer Beziehungen zwischen den Mitgliedern der Plattform (vgl. Früchtel/Budde/Cyprian 2007a: 183, Jamoul 2007, Dilk/Tuchan 2007, McNeil 2007). Die Einsicht, dass Soziale Arbeit und Community Organizing keinen Gegensatz darstellen, hat sich erst in der jüngeren Zeit herausgebildet: Saul Alinsky sah die amerikanische Sozialarbeit noch als Teil des Problems, da sie als Teil des sozialstaatlichen Arrangements der USA mit dazu beigetragen habe, Menschen zu entmündigen und ihnen Macht vorzuenthalten; diese speziell die amerikanischen Verhältnisse bewertende Einschätzung hat sich in Deutschland (noch) nicht durchgesetzt (vgl. Fehren 2014: 64f., Stock 2014: 34).

Praktisch hat Community Organizing in Deutschland bislang v.a. in größeren Städten eine Rolle gespielt (vgl. Szynka 2011: 20ff.). Dass CO auch in ländlichen Räumen bedeutsam sein kann, zeigt ein Beispiel aus dem südlichen Niedersachsen: Der Raum um die Stadt Uslar (Landkreis Northeim) mit rund 15000 Einwohnern ist ländlich strukturiert; dem strukturschwachen Gebiet wird nur noch eine geringe Entwicklungsperspektive eingeräumt. Dort lebt etwa jeder siebte junge Mensch unter 18 Jahren in einer Familie, die mit Transferleistungen nach dem SGB II (Grundsicherung) auskommen muss.

Die Anfänge: Das Forum Kinderarmut wurde 2007 auf Initiative des Diakonischen Werkes in Uslar gegründet. Ziel war und ist es weiterhin, Missstände in den Lebensverhältnissen armer junger Menschen vor Ort aufzuzeigen und Lösungsansätze zu finden. Möglichst viele Personen aus verschiedenen gesellschaftlichen Gruppen und Institutionen sollten sich an der Arbeit des Forums beteiligen, um gemeinsam Strategien zu entwickeln, wie das Problem Kinderarmut strukturell und nachhaltig gelöst werden kann.

Arbeitsweise: Das Forum Kinderarmut bildete drei Arbeitsgruppen, die sich mit folgenden Themenbereichen beschäftigten: Bildung, Freizeit und Frauen- und Familienberatung. Dort wurden Ideen entwickelt, die in zahlreichen Projekten und Aktionen umgesetzt wurden, z. B. Projekt „Schüler helfen Schülern" (Hausaufgabenbetreuung verbunden mit einem gemeinsamen Mittagessen), Kochkurs „Kinder kochen für ihre Eltern", Projektplanung „Frühe Hilfen" – Soziale Gruppenarbeit mit jungen Müttern)

Einführung: Um allerdings noch zielgenauer als bisher Projekte zur Bekämpfung von Kinderarmut planen und durchführen zu können, entschieden sich die Freiwilligen des Forums Kinderarmut, einen neuen Weg zu gehen. Nach einem Workshop zum Community Organizing sprachen sie sich dafür aus, Community Organizing im weiteren Prozess auszuprobieren.

Community Organizing: Es folgten einige weitere Workshops und Seminare für die Teilnehmerinnen, bis es dann endlich losgehen konnte. Im Zuhörprozess wurden v. a. Familien befragt, die von Armut betroffen waren. Insgesamt führten neun Freiwillige zwischen Ende April bis Anfang Juni 2010 etwa 40 Gespräche durch. Anschließend wurde zu einem ersten Kennenlerntreffen eingeladen, um den Befragten die Ergebnisse des Zuhörprozesses zu präsentieren und um Absprachen über das weitere Vorgehen zu treffen. Es wurden verschiedene Bildungs- und Freizeitprojekte gemeinsam umgesetzt (z. B. „Kartoffeln pflanzen", Kochkurse). Seit Oktober 2010 setzte sich das Forum Kinderarmut mit dem Bildungs- und Teilhabepaket der Bundesregierung für Kinder, Jugendliche und junge Erwachsene auseinander. Im Dezember 2011 lud das Forum Kinderarmut zu einer Informationsveranstaltung ein. Ehrenamtliche des Forums Kinderarmut haben im Vorfeld 50 Gespräche mit Vertretern von Schulen, Kindertagesstätten und Vereinen sowie mit betroffenen Eltern durchgeführt, um Hürden und Hemmnisse bei der Inanspruchnahme des Bildungs- und Teilhabepakets zu identifizieren. Das Forum Kinderarmut konzentriert sich nun auf einen Leistungsbereich und recherchiert übertragbare Praxisbeispiele, um daraus Vorschläge für die Umsetzung des Bildungs- und Teilhabepakets abzuleiten und am Abbau von Hürden mitzuwirken.

Finanzierung: Aufgrund des jahrelangen erfolgreichen Engagements des Forums Kinderarmut konnte im November 2010 eine Stelle für die Koordination des Projektes Community Organizing für drei Jahre geschaffen werden. Die Finanzierung des Projektes setzt sich aus Mitteln des Diakonischen Werkes, Sondermitteln der Evangelischen Landeskirche Hannover sowie aus Fördergeldern der Sozial- und Sportstiftung des Landkreises Northeim zusammen (vgl. CO Uslar 2013).

Hintergrund Forum für Community Organizing (FoCo)

„Das Forum für Community Organizing FOCO e.V fördert Community Organizing (CO) durch:

- den Aufbau von Organisationen und deren Vernetzung
- Trainings, Coaching und Ausbildung
- Zuhörprozesse in Nachbarschaften und Gemeinwesen, Aktivierung, Versammlungen zur Festlegung von Forderungen und Zielsetzung, Aktionen und Verhandlung
- Öffentlichkeitsarbeit und Skandalisierung
- die Verbindung von Forschung und Lehre, insbesondere in der Gemeinwesenarbeit und Sozialen Arbeit
- die Kooperation mit gesellschaftlichen Organisationen.

FOCO ist den Prinzipien von Selbstbestimmung, Selbstverantwortung, sozialer Gerechtigkeit und Solidarität verpflichtet. Im Kräftespiel gegenüber der scheinbaren Allmacht von Staat und Wirtschaft setzt CO auf die demokratische Macht der BürgerInnen, die sich organisieren und so handlungs- und durchsetzungsfähig werden. CO ist politische Bildung und politisches Handeln zugleich.
Mitglieder von FOCO können einzelne Personen und Organisationen bzw. Projekte sein“ (Forum für Community Organizing: Warum FOCO? Link: http://www.fo-co.info/foco.html [31. Oktober 2014]).

Carsten Müller schlussfolgert, Community Organizing sei, da Betroffene ermächtigt werden, ihre (auch sozialen) Rechte selbst zu vertreten, „eine konsequente Form der Selbsthilfe“; es knüpft an demokratiestarke politische Traditionen Sozialer Arbeit an (z.B. der Settlement-Bewegung), „mit den Betroffenen solidarisch zunächst auf lokaler Ebene zu handeln, anstatt diese fürsorglich zu versorgen“ (Müller, C. 2010: 28).

Fallbeispiel

Auch Helma macht mit dem Community Organizing ihre ersten Erfahrungen: Eine junge Frau hat bei ihr geklingelt und gefragt, ob sie ein paar Fragen stellen dürfte, was ihr am Stadtteil gut gefällt, was sie gerne ändern möchte zum Beispiel. Das hat ihr zeitlich überhaupt nicht gepasst; es eilte wieder einmal. Besser wäre es sicher gewesen, wenn sie sich vorher mal gemeldet hätte und Helma gewusst hätte, was auf sie zukommt. Dann hätte sie es wohl einrichten können.

13.4 Schlussfolgerungen

Ziehen Sie bitte eine Bilanz dieses Kapitels! Welche Schlussfolgerungen ergeben sich für Sie? (Hinweise zur Einordnung ihrer Bilanzierung finden Sie auf meiner Website.)

13.4.1 Anregungen zur Weiterarbeit

In einem Thesenpapier zum zivilgesellschaftlichen Engagement heißt es u. a.:

> „Es kann nicht davon ausgegangen werden, dass auch die vorhandenen (personellen) Strukturen Sozialer Arbeit in der Lage wären, der Vielfalt durch den gesellschaftlichen Wandel hervorgerufener Problemstellungen gerecht werden zu können. Erstrebenswert ist vielmehr eine emanzipierte Zivilgesellschaft, die sich ihrer Ressourcen (z. B. Engagement im nachberuflichen Lebensalter) bewusst wird und in Ergänzung unverzichtbarer professioneller Strukturen einbringt. Hierfür ist eine (v. a. kommunale) Engagementpolitik und -förderung erforderlich, die auf die Ansprüche Freiwilliger (Engagementinhalte, -formen, -dauer, -unterstützung) abstellt. Fraglich ist, ob die Soziale Arbeit auf diese Form der Kooperation vorbereitet ist. Studien zeigen, dass Engagement früh (14 bis 18 Jahre) und Eigensinn akzeptierend (z. B. Nutzen der Potenziale aus anders gelebter Erfahrung, Zulassen von Kritik und In-Frage-Stellen des Professionellen, Ansprüche an eine Kultur der Wertschätzung) gefördert werden muss, um eine Verstetigung zu begünstigen."

Ihre Aufgaben:

1. Diskutieren Sie in einer Kleingruppe (drei bis fünf Personen) zunächst Ihre persönlichen Erfahrungen mit zivilgesellschaftlichem Engagement!
2. Beraten Sie in der Gruppe, worin heute die Möglichkeiten und die Schwierigkeiten bestehen, Menschen zu zivilgesellschaftlichem Engagement zu bewegen! Wie kann Ihrer Meinung nach Soziale Arbeit dabei helfen, ggf. vorhandene Engagementbarrieren abzubauen?

13.4.2 Materialien

Der Wegweiser *Bürgergesellschaft* ist ein Projekt der Stiftung Mitarbeit und vermittelt Informationen und Praxishilfen zum bürgerschaftlichen Engagement; Link: http://www.buergergesellschaft.de/praxishilfen/103674/.

Die Nationale Kontakt- und Informationsstelle zur Anregung und Unterstützung von Selbsthilfegruppen (NAKOS) ist die bundesweite Aufklärungs-, Service- und Netzwerkeinrichtung im Feld der Selbsthilfe; Link: http://www.nakos.de/site/ (10. November 2014).

Der Fachverband zur Unterstützung von Selbsthilfegruppen und von Menschen, die sich für Selbsthilfegruppen interessieren, ist die Deutsche Arbeitsgemeinschaft Selbsthilfegruppen e. V. (DAG SHG); Link: http://www.dag-shg.de/ (31. Oktober 2014).

Aufgabe der Datenbank „Rote Adressen" ist es, interessierten Einzelpersonen und Selbsthilfegruppen sowie professionellen Versorgungseinrichtungen und Multiplikatorinnen und Multiplikatoren Selbsthilfeunterstützungsangebote auf örtlicher und regionaler Ebene sowie auf der Ebene eines Bundeslandes zu benennen und Kontakte zu ermöglichen. In der Datenbank finden sich Selbsthilfeunterstützungsangebote in über 300 Orten; dort werden fach-, themen- und trägerübergreifend Informationen und Kontakte zu örtlichen Selbsthilfegruppen geboten; Link: http://www.nakos.de/site/adressen/rot/ (31. Oktober 2014).

Lesenswerte Beispiele für Community Organizing in Berlin (Schöneweide und Karlshorst) und Hamburg-Mitte enthalten die Beiträge von Marcus Vossel (beide in: Penta, L. [Hg.], Community Organizing – Menschen verändern ihre Stadt, Hamburg 2007: 133–145, 146–154) und Anita Hüsemann

(Die Bürgerplattform ‚Impuls-Mitte' Hamburg. Nicht mehr am Anfang, aber auch noch lange nicht am Ende! Community Organizing in Hamburg; in: Baldas, E. [Hg.], Community Organizing. Menschen gestalten ihren Sozialraum, Freiburg/Brsg. 2010: 141–148).

Das Deutsche Institut für Community Organizing (DICO) fungiert seit 2006 als Kristallisationspunkt für die Entwicklung von unabhängigen Bürgerplattformen auf breiter gesellschaftlicher Basis nach dem Modell von Community Organizing und als Schnittstelle zwischen Theorie und Praxis. Das Institut unterstützt dabei sowohl die Stärkung der demokratisch agierenden Akteure der Zivilgesellschaft als auch die Ausbildung von Professionellen – reflektierten und reflektierenden Praktikern, die im Auftrag dieser organisierten Zivilgesellschaft handeln. Das Institut ist ein Kompetenzzentrum für Community Organizing in Deutschland; Link: https://www.dico-berlin.org/index.php (31. Oktober 2014).

Für das Community Organizing ist kennzeichnend, dass die Finanzierung von Projekten möglichst staatsfern erfolgen soll: Die Initiative Bürgerstiftungen (IBS) bildet dafür das unabhängige Kompetenzzentrum; angesiedelt beim Bundesverband Deutscher Stiftungen, informiert und berät sie Bürgerstiftungen, Gründungsinitiativen und Einzelpersonen; Link: http://www.buergerstiftungen.org/de/start.html (31. Oktober 2014).

Kapitel 14
Achtsam sein: Selbstsorge in der Sozialen Arbeit

Fallbeispiel

Anonym schreibt ein/e Soziale/r aus einem Regionalen (Allgemeinen) Sozialen Dienst: „[W]as heute so läuft, das ist einfach nur falsch, das läuft gegen die Wand. Das ist in meinen Augen keine Sozialarbeit mehr. Das geht schon seit 2005 so, denn damals ereilte uns unter dem Stichwort ‚Sozialraumorientierung' eine neue, als absolut verbindlich zu sehende Verfahrensstruktur"; dabei handele es sich „letztlich eigentlich nur um eine weitere Verschärfung der schon 1990 eingeführten Neuen Steuerung, die der Ökonomisierung und der Verbetriebswirtschaftlichung direkt in die Hand arbeitete". Was das mit Sozialraumorientierung zu tun haben solle, „das kann ich nicht nachvollziehen", denn „hier muss ich stur einem festgelegten Ablaufschema folgen. Man versucht den sozialpädagogischen Prozess durchschaubar, planbar und damit steuerbar zu machen, und kontrolliert ihn entsprechend" (Seithe/Wiesner-Rau 2013: 19ff.). In anderen Stellungnahmen ist die Rede davon, dass Soziale auf wachsende Fallzahlen, komplexere Fallstrukturen, unbesetzte Planstellen, Fehlzeiten u.a. mit Krankheit reagieren (ebd.: 92) und auch „langjährige Kollegen, die den Dauerstress nicht aushalten" und in andere Aufgabenfelder wechseln (ebd.: 105).

14.1 Einführung: Was ist Achtsamkeit?

57 % der erwachsenden deutschen Bevölkerung bezeichneten sich 2013 im Rahmen einer repräsentativen Studie des Forsa-Instituts „manchmal" bzw. „häufig" als gestresst, zwei Drittel fühlt sich gegenwärtig mehr Stress ausgesetzt, als noch vor drei Jahren. Insbesondere die Altersgruppe der 25- bis 55-jährigen nimmt sich als stressbelastet wahr. Als wichtigster Stressfaktor gilt dabei das Berufsleben bzw. Studium und Berufsausbildung, insbesonde-

re die Merkmale „zu viel Arbeit“ (65%, zum Vergleich 2009: 28%) und „Termindruck, Hetze“ (62%, 2009: 52%). Mit persönlich als wachsend erlebtem Stress nimmt die Arbeitszufriedenheit ab. 61% sind der Überzeugung, dass das Leben heute stressiger sei als vor 15 oder 20 Jahren; allerdings ist ein gutes Drittel der Auffassung, dass heute nur mehr über Stress gesprochen werde. Dort, wo der Stress intensiv erlebt wird, klagen 73% über Rückenschmerzen oder Muskelverspannungen, 52% über Schlafstörungen, 41% über Nervosität und Gereiztheit und 65% über Erschöpfung und Ausgebranntsein (vgl. Forsa 2013).

Die Daten einer Studie zur Arbeitssituation von in der Kinder- und Jugendarbeit in Sachsen-Anhalt tätigen Sozialen (vgl. Wendt, P. 2012b) korrespondieren damit und machen zwei Entwicklungen deutlich:

- *objektive* Begrenzungen durch Rahmungen der Arbeitssituation: Es zeigt sich, dass die Hälfte der dort tätigen Sozialen nur über ein befristetes Beschäftigungsverhältnis verfügt, ein Drittel auf Basis einer Teilzeitbeschäftigung tätig ist. In ihrer Selbsteinschätzung des täglichen Arbeitszeitvolumens steht gerade noch die Hälfte der Arbeitszeit für pädagogische Aufgaben zur Verfügung, den Rest nehmen v.a. Verwaltungstätigkeiten (z.B. Nachweise führen, Anträge stellen), Öffentlichkeits- und Lobbyarbeit und andere Aufgaben in Anspruch. Ähnliche Beobachtungen zeigen alltägliche Gespräche in der Praxisberatung: Die Arbeitsverhältnisse Sozialer scheinen immer unsicherer zu werden (v.a. aufgrund von Befristungen), und die Aufgaben werden durch wachsende Verwaltungsanteile gekennzeichnet, während die „eigentliche“ Arbeit bei vielen Sozialen zu kurz kommt.
- *subjektive* Einschränkungen, die sich aus der individuellen Verarbeitung der objektiven Begrenzungen ergeben: Drei Viertel der Sozialen sehen zunehmende Erwartungen, die an die Kinder- und Jugendarbeit adressiert werden, und die zudem im selben Umfang auch als (inhaltlich) anspruchsvoller erlebt werden. Neun von zehn spüren das Gefühl mehr oder weniger stark, die so an sie herangetragenen Aufgaben persönlich nicht mehr bewältigen zu können, und mehr als die Hälfte kann nicht sicher sagen, ob diese Aufgaben überhaupt zu erfüllen sind (ein Fünftel verneint dies bereits). Unterstützung durch Politik und Verwaltung nehmen sie dabei kaum wahr. Nahezu alle spüren Zeitdruck und Anspannung in beruflichen Situationen, zwei Drittel hin und wieder oder häufig Unkonzentriertheit oder Unaufmerksamkeit, vier von fünf Müdigkeit. Auch diese Befunde decken sich mit Erfahrungen in der Praxisberatung. Der subjektiv erfahrene Druck (zuneh-

> mend komplexere Fälle mit immer eingeschränkteren Mitteln bewältigen zu sollen) nimmt kontinuierlich zu; zugleich werden bestimmte Techniken, konkrete Ziele, Programme und Zielgruppenaufträge vorgegeben, die Soziale mit ihren fachlichen Kompetenzen in den Hintergrund drängen: „Der fachlich-ethische Kern der Sozialen Arbeit, ihr Charakter als kommunikativer, interaktiver Prozess, der Menschen bei der Bewältigung ihres Alltags unterstützen soll, verschwindet so immer mehr" (Seithe 2010b: 23; zu Folgen der Arbeitssituation in der Sozialen Arbeit vgl. Poulsen 2009, Rudow 2010, Dern 2011).

Zeitlich befristete Projekte, Unsicherheiten in der Finanzierung Sozialer Arbeit und Stellenabbau (im Zuge von „Haushaltskonsolidierungsprogrammen" u. Ä.), Diskontinuität und Austauschbarkeit am Arbeitsplatz (wodurch Teams sich nicht mehr bilden und kollegiale Verlässlichkeit ausbilden können) sowie Absenkung der beruflichen Qualifikationsniveaus (die Arbeit Sozialer wird durch Berufsfremde oder geringer Qualifizierte erledigt) lassen sich als *Prekarisierung* Sozialer Arbeit beschreiben, die auf die „berufliche Moral" Sozialer durchschlägt: Zwei Drittel der befragten Sozialen aus Sachsen-Anhalt erleben ihre berufliche Zukunft als unsicher, die Hälfte nimmt sich heute weniger engagiert als früher wahr. Zwei Drittel von ihnen haben daher einen Wechsel des Arbeitsfeldes schon einmal erwogen (vgl. dazu auch Dern 1991: 362, 364).

Mechthild Seithe deutet dies als eine Situation, die viele Soziale als starke Belastung und als kaum auflösbare Zwangslage erleben und in der es nicht einfach sei, sich diesen Entwicklungen entgegenzustellen:

> „Unter solchen Bedingungen ist es nicht verwunderlich, dass die Betroffenen alle möglichen Formen und Wege der Bewältigung dieser Belastungen und Diskrepanzen wählen: angefangen bei der bloßen ängstlichen oder pragmatischen Anpassung zur Verleugnung der eigenen Wahrnehmung, über Versuche des passiven Widerstandes durch subversive Tricks, die die neuen Bedingungen unterlaufen und aushebeln sollen, bis hin zu Reaktionen wie Burn out oder dem radikalen, ethischen Umschwung zu einem Berufsverständnis, das die Klientel für Nichterfolge Sozialer Arbeit schuldig spricht und sich von jeder Parteilichkeit für sozial Benachteiligte kalt verabschiedet" (Seithe 2013: 27 f.).

Die besondere Art und Weise, wie sich viele Soziale zu ihrer Arbeit positionieren, scheint solche Prozesse innerer Distanz noch zu verstärken. Michael Galuske hat darauf hingewiesen, dass der Hilfeprozess eben nicht nur ein rationaler Austauschprozess zwischen Sozialen und Adressatinnen ist. Soziale sind oft auch mit ihrer Biografie beteiligt; in ihrer Helferpersönlichkeit liegen zahlreiche Hinderungen, die ein Gelingen von Interventionen erschweren und behindern können (vgl. Galuske 2013: 56). Wolfgang Schmidbauer (1992a/b) fragte, welche Hoffnungen und Wünsche Soziale (z.B. nach Nähe, Anerkennung, Dank, auch Unterwerfung) mit ihrer Hilfe verbinden und durch ihre „Klienten" erfüllt sehen wollen (vgl. auch Schleiffer 2014); er kam zu dem Ergebnis, dass Soziale (als scheinbar allzuständige, alle Probleme lösende, ständig hilfsbereite Beraterinnen) einen Weg finden, in der Beziehung zu Beratenen ihre in ihrer Biografie (insbesondere der Kindheit) zu kurz gekommenen emotionalen Bedürfnisse nach Nähe, Bestätigung und Zuwendung (ersatzweise) zu befriedigen. Helfen sei dann „als Suche nach narzißstischer Befriedigung – nach Geltung; Macht, Ansehen, nach emotionaler Nähe bei gleichzeitig erhaltener Kontrollmöglichkeit" (Schmidbauer 1992: 40) – zu deuten.

Hintergrund: Helfersyndrom

„Die Ursachen der Entwicklung eines Helfersyndroms werden allgemein in der Persönlichkeitsentwicklung von HelferInnen verortet: Bereits als Kind wurde die Einstellung erworben, dass die eigene Schwäche unangenehm und mit einem Gefühl der Wertlosigkeit verknüpft ist. Um diese Mangelerlebnisse auszugleichen, meiden HelferInnen alle sozialen Beziehungen, in denen sie nicht die Gebenden, die Stärkeren oder die Versorgenden sind. Sie suchen Sicherheit und Selbstbestätigung darin, sich in der helfenden Interaktion aufopfernd um die HilfeempfängerInnen zu kümmern" (Lieber/Maischatz 2012: 118).

Schon Siegfried Bernfeld hat 1915 dieses Motiv als das des „guten Onkels" beschrieben (vgl. Bernfeld 1915/2010: 134–138), wenn die Erziehung von Kindern „Situationen tiefster Befriedigung" schaffe, die als solche zutiefst gewünscht und gebraucht werde (ebd.: 137). Schwierig wird es, wenn diese aufopfernde Hilfe eben nicht anerkannt wird, wenn sich Gefühle mangelnder Anerkennung, schließlich der Zurückweisung oder der Erschöpfung (psychosomatische Reaktionen, Burnout) einstellen (vgl. Weigand 2009: 225, Stimmer/Weinhardt 2010a: 84; zu den Phasen von Burnout vgl. Belardi 2002: 63). Die eingangs geschilderten Beispiele aus dem Allgemeinen Sozialen Dienst verweisen darauf.

Achtsamkeit ist in diesem Zusammenhang einerseits als ein sensibles Schauen auf sich selbst zu begreifen, mit dem Soziale die eigenen Bedürfnisse prüfen und in Bezug zu ihrer professionellen Rolle und Aufgabe setzen;

hierbei können Verfahren der *Fremd- und Selbsthilfe* hilfreich sein. Andererseits gilt es die (alltäglichen) Bedingungen, unter denen Soziale Arbeit zu leisten ist, in Kollektiven und unter Gleichen als Kolleginnen und Kollegen zu reflektieren und daraus (fachliche, politische) Schlussfolgerungen einer gemeinsamen Mitgestaltung dieser Bedingungen zu ziehen, d.h.: *solidarisch zu handeln.*

14.2 Formen achtsamer Fremdhilfe

Fremdhilfe dient (auch) in Situationen beruflicher Anspannung dazu, durch den Blick nicht beteiligter Dritter einen Wechsel in der Perspektive zu ermöglichen (und dadurch situativ zu entlasten), der helfen kann, die eigene Wahrnehmung (neben der Klärung von Fachfragen) sowohl in Bezug auf das Distanz-Nähe-Verhältnis als auch die Rahmungen Sozialer Arbeit zu schulen und zu differenzieren.

Supervision hat Vorläufer u.a. im wöchentlichen Beratungsgespräch in Townbee Hall oder in den Besprechungen mit den friendly visitors in der frühen amerikanischen Sozialen Arbeit. Die Münchner Soziale Frauenschule führte z.B. um 1920 eine „Besprechung der sozialen Praxis" ein. In Deutschland ist seit etwa den 1950er Jahren von Supervision die Rede, wobei sich in den 1960er und frühen 1970er Jahren durch den Einzug der Gruppendynamik die Gruppensupervision neben der Einzelsupervision durchzusetzen begann und Selbsterfahrungselemente, selbstreflexives und aktives Lernen zu Leitlinien für die Gestaltung der Supervisoren-Supervisandinnen-Beziehung wurden (vgl. Belardi 2010a: 98ff., Weigand 2009: 213f.).

Unter Supervision (Praxisberatung) wird heute die Beratung und Weiterbildung von Fachkräften (insbesondere des Sozial- und Gesundheitswesens und der Pädagogik) verstanden, wobei die Reflexion und Bearbeitung von Schwierigkeiten des beruflichen Alltags, die sich aus Kommunikations- und Beziehungsprozessen ergeben haben, im Zentrum stehen (vgl. Belardi 2010a: 98). Supervision wird „verstanden als ein praxisorientiertes und wissenschaftlich fundiertes Konzept für personen- und organisationsbezogene Beratungstätigkeiten in der Arbeitswelt". Das Konzept ist u.a. gekennzeichnet durch

> „eine Fokussierung auf Beratungsthemen aus Beruf und Arbeit, eine Fokussierung auf die Ermöglichung des vertieften Verstehens beruflicher Handlungen neben Hinweisen zu deren Veränderung" sowie „eine besondere Werthaltigkeit der Beratung, die nachhaltigen Nutzen bevor-

zugt erzielen will, eine besondere Kennzeichnung der Rolle des/der Berater/in durch ein adäquates, kritisch-loyales Arbeitsbündnis, das auf eine Verbesserung beruflicher Arbeit zielt sowie durch eine Qualitätsentwicklung und -sicherung im Rahmen einer Profession und deren Organisation" (DGSv 2009: 7).

Nando Belardi (2002: 49ff.) nennt über 20 Funktionen von Supervision, darunter z.B. *Kommunikations- und Beziehungsprobleme meistern:* Wahrnehmungs- und Handlungsfehler ergeben sich, weil die *Beziehungs-* und *Inhaltsebene* der Kommunikation nicht auseinandergehalten werden können; zudem fehlt im Arbeitsalltag die Zeit für diese Klärungen. Es gehe darum, *Selbstvergewisserung zu ermöglichen* (wenn z.B. berufliche Situationen als unangenehm und emotional angespannt erlebt werden, Alternativen zwar gegeben sind, die Entscheidung dazu aber schwerfällt und ein Bedürfnis nach Kommunikation besteht). Funktion sei es, dabei zu helfen, (akute) *Krisen zu bewältigen,* z.B. *kritische Lebensereignisse,* die sich im beruflichen Alltag auswirken (z.B. Strukturverlust im Alltag wie Vergessen oder Chaos, psychosomatische Beschwerden, Suchtverhalten) und ggf. dort auch entstanden sind. Supervision diene der *Burnout-Vorbeugung* und solle auch dazu beitragen, das *Helfersyndrom abzubauen,* wenn sich Soziale für andere über einen langen Zeitraum „aufopfern" und die *Grenze* zwischen Privatem und Beruflichem nicht mehr eingehalten wird (vgl. Belardi 2002: 55, 60, 63f.).

Eine Gruppen- bzw. Teamsupervision bietet einzelnen Gruppenmitgliedern im Schutz der Gruppe Raum zu Aufklärung und Verstehen des eingebrachten Falles: Zunächst wird zwischen den Teilnehmerinnen der Gruppensupervision eine Entscheidung für einen Fall getroffen, der anschließend von der „Falleinbringerin" vorgestellt und durch kurze Verständnisfragen der anderen Gruppenmitglieder erhellt werden kann, ohne dass es zu einer intensiveren Erörterung (etwa durch vergleichbare Fälle) kommt: Während sich in der Schilderung des Ursprungsgeschehens die Situation, die Dynamik, die Prozesse und auch mögliche Handlungsfehler abbilden, äußern die übrigen Teilnehmer spontan Ideen, Phantasien, Affekte, Emotionen und Widerstände, womit es zur „Freisetzung unbewussten Materials" (Belardi) kommt. Verlangt sind Empathie, Aufmerksamkeit und Authentizität sowie fachliche Kompetenz: Der Fall kann mehrperspektivisch beleuchtet werden, ein Perspektivwechsel wird für die Falleinbringerin durch die Kommentare der übrigen Gruppenmitglieder möglich. Die Gruppe wird so zum „Resonanzraum des Falles" (Weigand). Zugleich wird die Gruppe zum Lernraum für alle, die die Beratung auf vergleichbare Situationen beziehen können; insoweit ist die Gruppensupervision immer auch ein Mittel zur Klärung der eigenen Professionalität. Die eigene Wahrnehmung wird geschult, das Wissen angereichert, die Interventionskompetenzen können entwickelt werden. Abschließend reflektiert die Falleinbringerin, was die Kommentare und Hinweise gebracht haben. Die Supervisorin sieht von Stellungnahmen weitgehend ab; sie ist eher am Prozess und dessen Anregung orientiert, weniger an den Inhalten der Beratung (vgl. Weigand 2009: 224f., 253, Belardi 2010a: 100f., Belardi 2013a; zu den Eckpunkten eines idealtypischen Supervisionsprozesses vgl. Belardi 2002: 77ff.).

Belardi weist darauf hin, dass eine Gruppensupervision nicht sinnvoll ist, „wenn die Probleme des Teams eigentlich von anderen Instanzen (z.B. durch Leitungsfehler) verursacht sind“; dann wäre eher eine Organisationsberatung (Gespräche mit allen) oder Organisationsentwicklung (interne Umstrukturierung) sinnvoll (Belardi 2010a: 100).

Coaching bezeichnet einerseits eine Sonderform der Einzelfallarbeit (bzw. auch des Case Managements; LE 12.2.1) und anderseits eine *individuelle Beratung in beruflichen Fragen;* meist wird darunter eine spezielle Supervision für Führungskräfte verstanden, d.h. eine berufliche Reflexion bzw. eine Dialogform über Themen aus Beruf und der beruflichen Rolle als Leitungskraft (vgl. Birgmeier 2011). „Eine klare theoretische und methodische Orientierung existiert nicht“ (Belardi 2010a: 103). Gegenstand ist stets eine aktuelle, konkrete Situation im professionellen Handlungsvollzug, die Sozialen kurzfristige Veränderungen ermöglichen soll; es geht immer auch um die Mobilisierung der Energien und Ressourcen der Sozialen selbst, die sie in die Lage versetzen, solche Veränderungen zu erreichen. Anlässe können aber auch Themen sein, die der Coach wahrnimmt (z.B. die Verfangenheit der Sozialen in Konflikten); insoweit reagiert der Coach nicht auf Vorgebrachtes (wie in der Supervision bzw. der Balintgruppe), sondern ihm kommt auch die Aufgabe zu, Themen von sich aus anzusprechen (vgl. Vogel 2013: 33–51). Ansätze lösungsorientierter Beratung (LE 6.2.3) sind auch auf die Arbeit an beruflichen Fragestellungen anwendbar und deshalb im Coaching sinnvoll.

Balintgruppenarbeit entwickelte sich ursprünglich aus einer psychoanalytisch orientierten Beratung zum besseren Verstehen der Arzt-Patientinnen-Beziehung: Der Psychoanalytiker Michael Balint erarbeitete mit einer Gruppe von Hausärzten einen neuen Zugang zu den Patienten und ihren Leiden, um über die rein somatische Betrachtungsweise hinaus die Bedingungen von Entstehung, Verarbeitung und Heilung von Krankheiten mit einzubeziehen. Später kam das Verfahren auch in der Pädagogik zur Anwendung (vgl. Weigand 2009: 229ff.). Ziel der Beratung ist es, die unbewusste Dynamik zwischenmenschlicher Beziehungen und Übertragungen erfahr- und bearbeitbar zu machen.

Definition

Übertragung, d.h. „die Aktualisierung der ins Unbewusste verdrängten Erfahrungen problematischer und konflikthafter Kommunikations- und Beziehungskonstellationen der Vergangenheit in der Gegenwart; Personen und Situationen der Gegenwart werden affektiv-emotional mit den unbewussten Erfahrungen der Vergangenheit besetzt und somit kommt es in der realen Kommunikation und Interaktion zu unangemessenen Reaktionen, die vom Ausblenden spezifischer Wirklichkeiten durch eine eingeschränkte Wahrnehmung bis zu starken affektiv-emotionalen Reaktionen in unbewusster Erinnerung früherer nicht verarbeiteter Konflikte reichen können" (Weigand 2009: 231).

Der Gruppenleiter ist als professioneller Berater dafür verantwortlich, den Gesprächsprozess zu fördern und durch angemessene Interventionen das bewusste und unbewusste Geschehen im eingebrachten Fall sichtbar zu machen und so das Verstehen und Verändern sowohl des einen Fall schildernden Falleinbringers als auch der gesamten Gruppe zu unterstützen.

Während des Fallvortrages eines Gruppenmitglieds ist es die Aufgabe des Gruppenleiters, die Gruppe anzuregen, auf die eigenen gefühlsmäßigen Reaktionen und Gedanken zu achten, die anschließend in das freie Assoziieren und Erforschen des Falles eingebracht werden sollen. Die Spiegelung des Falles in der Dynamik der Gruppe dient dazu, dass die unbewussten Anteile des Fallgeschehens deutlich werden, was die Aufklärung und das Verstehen des Falles fördert. Die Fähigkeit zur umfassenden Wahrnehmung (z.B. der Anfälligkeit für Übertragungen) soll so gesteigert werden und der Gruppe insgesamt ein Lernen am Fall und dessen Bearbeitung möglich sein. Die (erläuternde) Deutung ist die Aufgabe der Gruppenleiterin; sie reflektiert (abschließend) den Klärungsprozess in der Gruppe und bietet Interpretationen an (vgl. Weigand 2009: 231ff., 253). Dadurch rückt das Verfahren in die Nähe der Therapie.

14.3 Formen achtsamer Selbsthilfe

Um sich z.B. biografisch bedingter Verstrickungen in die Dynamik eines Falles bzw. einer Situation im beruflichen Alltag bewusst zu werden und damit achtsam (d.h. reflektiert und zugleich sich selbst schützend) umgehen zu können, stellen selbstreflexive Fähigkeiten eine Kompetenz Sozialer zur kritischen Beurteilung des eigenen Handelns dar. Der Stärkung dieser

Kompetenz dienen auch Formen kollegialer Unterstützung unter Professionellen (die z. B. als „kooperative Beratung“, „kollegiale Supervision“, „Peer-group/Peer-Supervision“ oder „kollegiales Coaching“, in der Regel aber doch als kollegiale Beratung und in der Summe der Verfahren als *Intervision* bezeichnet werden [vgl. Linderkamp 2011: 45]). Die Intervisionsgruppe bietet einer Gruppe den „Raum für kollegialen Erfahrungsaustausch, Solidarraum für das Erleben ähnlicher Rollen, Feedbackraum, Raum für das Fallverstehen als Ergebnis kollegialer Leistung sowie Lernraum für alle Gruppenteilnehmer (Qualifizierung)“ (Weigand 2009: 243; zu Ansätzen der Intervision vgl. grundsätzlich auch Hendriksen 2011, Linderkamp 2011).

Definition

Intervision „zählt mittlerweile zum verbreiteten Standardrepertoire der ‚professionsbezogenen‘ Methoden Sozialer Arbeit neben Praxisberatung, Supervision und Selbstevaluation. Übernommen wurde der Begriff aus den Niederlanden und England als Fachterminus zur Bezeichnung eines reflexionsorientierten Beratungsverfahrens ... All diese Verfahren basieren auf dem Prinzip der stützenden Wirkung eines selbstorganisierten Austauschs unter gleichrangigen Fachkräften eines Teams oder eines Arbeitsfeldes“ (Steffan 2013a: 459 f.).

Eine (allgemeine Gültigkeit beanspruchende) theoretische Begründung des Verfahrens, die zu einer größeren Einheitlichkeit im Ablauf beitragen könnte, ist nicht erkennbar; als unbestritten gelten am ehesten die allgemeinen Rahmungen einer kollegialen Beratung:

- Nach Werner Steffan stellen z. B. vier bis zehn (jeweils freiwillig teilnehmende) Soziale eine günstige Gruppengröße dar; Kim-Oliver Tietze nennt „mindestens fünf, besser aber sieben Teilnehmer“ (und er rät dazu, eine Gruppe mit mehr als zehn Mitgliedern ggf. in zwei Gruppen aufzuteilen);
- potenzielle Teilnehmende sollten nach Möglichkeit keine direkten Arbeitsbeziehungen zueinander und keinen hierarchischen Bezug (Mitarbeiterin/Vorgesetzter) haben und aus verschiedenen Fachbereichen bzw. Arbeitsfeldern stammen, aber vergleichbare Erfahrungen hinsichtlich ihres beruflichen Hintergrundes mitbringen (Tietze nennt die Teilnahme von Kollegen, die im selben Arbeitsfeld direkt miteinander arbeiten, „schwierig“, weil nicht ausgeschlossen werden kann, dass dort eine berufliche Praxis be-

handelt wird, in der sich die Teilnehmenden ggf. auch als Konfliktpartner begegnen);

- die „soziale Chemie" (d.h. ein vertrauensvoller, offener Umgang) unter Kolleginnen und Kollegen gilt als unverzichtbar (Konflikte sind absehbar, wenn bereits im Vorfeld persönliche Abneigungen bestehen, weil Teilnehmende miteinander schlechte Erfahrungen gemacht haben oder meinen, solche gemacht zu haben);
- es sollten regelmäßig Beratungen (wenn möglich im Abstand von zwei Wochen) stattfinden können;
- alle Gespräche sind von allen Beteiligten umfassend vertraulich und verschwiegen zu behandeln;
- nach Steffan muss die Gruppe darauf achten, dass Widerstand bzw. eine Blockade provozierende, konfliktbesetzte, Angst fördernde oder persönlich zu nahe gehende Themen nicht Gegenstand der Beratung werden (verdichten sich solche Beratungsthemen, dann sollte ein externer Coach hinzugezogen werden);
- die Einflussnahme durch Vorgesetzte (auf Inhalte wie Rahmungen) wird als kontraproduktiv bewertet (vgl. Tietze 2007: 217–224, Linderkamp 2011: 62–65, Steffan 2013a: 461).

Die fehlende theoretische Begründung der Verfahrens äußert sich auch in den uneinheitlich ausgearbeiteten Arbeitsschritten: Heinrich Fallner und Hans-Martin Gräßlin (die das Verfahren schon früh populär machten) haben z.B. sechs Prozessschritte definiert: *Eröffnen und Beginnen:* Wer bringt ein Thema ein? *Darstellen und Orientieren:* Was ist das Thema, was ist noch unverständlich? *Betrachten und Erweitern:* Kontakt zur Situation aufnehmen, Assoziationen einbringen. *Differenzieren und Beurteilen:* Statements und Hypothesen, Ideen einbringen und abwägen. *Entscheiden und Übersetzen:* Vorschlag annehmen und Umsetzung angehen. *Abschließen und Beenden:* Feedback/Blitzlicht (vgl. Fallner/Gräßlin 1989: 33–53; zum Schema vgl. S. 52f.). Andere sechsschrittige Vorgehensweisen wählen einen anderen Ablauf (vgl. z.B. Liebig 2009); daneben kommen sieben- bzw. achtschrittige Vorgehensweisen (vgl. z.B. Poller/Brune 2004 bzw. Universität Koblenz-Landau 2006: 19–29) zum Einsatz. Diese Vorschläge unterscheiden sich überwiegend im Grad der Differenziertheit einzelner Schritte, nicht im grundsätzlichen Zugang (vgl. a. Linderkamp 2011: 65). Übereinstimmend wird ein Zeitrahmen von etwa 45 bis 60 Minuten je Beratungsgang angenommen. Wolfgang Weigand (2009: 241f.) regt ein neunschrittiges *Ablaufschema für die kollegiale Beratung* an, das den Differenzierungen auch der übrigen Vorschläge Rechnung trägt:

Arbeitsschritte	Leitfragen für alle	Leitfragen für die Falleinbringer	Leitungsaufgaben
1. Sammlung der Fälle	Was beschäftigt mich zurzeit in der Arbeit? Zu welchem Fall möchte ich beraten werden?	Die Situation in Stichpunkten zusammenfassen: Welche (erste) Frage möchte ich klären? Wie wichtig ist es mir, jetzt dranzukommen?	Darstellung in Stichworten, kein Einstieg!
2. Entscheidung in der Gruppe	Was interessiert mich am meisten? Wo kann ich mich am intensivsten beteiligen?		Herbeiführung einer Entscheidung. Leitfrage: Welcher Fall findet am meisten Interesse/Resonanz?
3. Erzählen (ca. 10 Min.)	Zuhören	Was fällt mir zu meinem Fall ein? Was habe ich vorbereitet?	(Möglichst) keine Unterbrechungen. Fragestellung der Einbringenden klären.
4. Rückfragen (ca. 10 Min.)	Was fehlt mir an der Erzählung? Warum? Was habe ich nicht verstanden? (Keine Hypothesen und Tipps in Frageform!)	Antworten – nicht rechtfertigen!	Hintergründe für die Frage beachten und, wenn nötig, klären!
5. Phantasien, Einfälle, Assoziationen, Bilder, Theorien, Hypothesen (Protokoll!) (ca. 20 Min.)	Welche Bilder, Vergleiche fallen mir ein zur Situation, zu einzelnen Personen? Wie ginge es mir an der Stelle von …? (Identifikationen) Wie ging es mir bei der Erzählung?	Zuhören!	Sammeln der Ideen, keine Diskussion und Bewertung
6. Ordnen (ca. 10 Min.)	Um was geht es wirklich? Was ist das Kernproblem? Wie ist der/die Einbringerin beteiligt? Welche Herausforderung steckt darin?	Zuhören und/oder eigene Formulierung des Kernthemas	Zusammenfassung auch der Widersprüche! Es muss keine Gruppenmeinung entstehen!
7. (Handlungs-) Perspektiven Die nächsten Schritte (ca. 10 Min.)	Was würde ich machen? Eigene Erfahrungen	Zuhören! Meine ersten Schritte	Zusammenfassung, auch der Unterschiede!
8. „Sharing“	Was teile ich mit den Einbringern? Wo erging es mir ähnlich? Was habe ich für mich gelernt?		Keine (weiteren) Tipps, eigene Erlebnisse sind gefragt!
9. Auswertung der Beratung	Was hat meine Mitarbeit gefördert, behindert?	Rückmeldung an die Leitung und die Gruppe	

Schwierigkeiten bei der Durchführung können sich aus der Gruppendynamik ergeben, nicht nur, weil die Gruppenmitglieder ihre Vorerfahrungen (beruflich und persönlich bedingte Gefühle wie Sympathie, Vertrautheit, Neid oder Ängstlichkeit) mitbringen, die die Beratung belasten können: „Wenn sich Mitglieder bereits aus Arbeitszusammenhängen kennen, werden häufig auch gruppendynamische Belastungen eingeschleppt" (Tietze 2007: 236). Auch das Fehlen eines externen Leiters kann bei gruppeninternen Konflikten eine Schwierigkeit darstellen. Dazu brauchen Kollegiale Beratungsgruppen Struktur, die sich in der kontinuierlichen Arbeitsweise, der dauerhaften Zusammensetzung der Gruppe, den definierten Arbeitsphasen und den Rollenklärungen zu Beginn jeder Beratung zeigen. Dies lässt erwarten, dass sich mit der Zeit für die Beratungsgruppe Regeln ergeben und sich ein gemeinsamer Arbeitsstil herausbildet, der auch den Umgang mit Störungen klärt (vgl. Tietze: 334 ff.).

Das Verfahren lässt sich in leicht modifizierter Form als Kollegiale Fallberatung z. B. auch im Rahmen der Fallarbeit eines Allgemeinen Sozialdienstes (ASD) einsetzen (vgl. Lüttringhaus 2010: 83 f.). Die Beratung kann dabei in sechs Schritten erfolgen: 1. die Klärung der Beratungsfrage zum vorgestellten Fall bzw. zur Fallsituation („Was ist der Fall/die Situation? Was soll beraten werden?"), 2. werden Rückfragen geklärt („Welche Informationen sind noch wichtig?"), 3. erfolgt eine Fallinszenierung („Wer denkt, empfindet, wünscht, befürchtet was? Welche Bilder und Assoziationen zum Fall und zur Szene entstehen?"); 4. werden mögliche Handlungsorientierungen geprüft (z. B.: „Welche Ressourcen stehen zur Verfügung?"), 5. werden der/die nächste/n Schritt/e vereinbart und 6. die zurückliegende Fallberatung reflektiert (vgl. Ader 2010: 165 ff.).

Beispiel: Fragen in der Kollegialen Beratung

- „Fragen nicht zu bohrend"; sie können „unangemessen scharf konfrontieren oder sogar verletzen".
- Geschlossene Fragen „eignen sich, um Details auf den Punkt zu bringen oder gezielt gewisse Nuancen in Erfahrung zu bringen".
- Alternativfragen „bilden eine Variante der geschlossenen Fragen. Sie eignen sich für das Erfragen von Details", die Antwortalternativen werden gleich mit genannt.
- Offene Fragen; hier „formuliert der Gefragte eigenständige Antworten"; sie werden durch W-Wörter eingeleitet (Wie? Was? Welche? Wer? usw.).
- Verständnisfragen verfolgen die Absicht, „dass der Fragende mehr von dem Gefragten erfährt. Es geht darum, ein besseres

Verstehen zu ermöglichen. Verständnisfragen können offen oder geschlossen sein".

- Konstruktive Fragen („Was würde passieren, wenn Sie nichts weiter unternehmen?"): Was-wäre-wenn-Gedankenspiele „zielen darauf ab, dem Gefragten neue Verknüpfungen anzubieten, indem eine veränderte Situation konstruiert wird".
- Zirkuläre Fragen („Wie erklärt sich wohl Ihr Mitarbeiter Ihr Verhalten?"): Hier „wird der Gefragte bewusst eingeladen, die möglichen Positionen anderer in seine Überlegungen einzubeziehen und neue Blickwinkel zu erkunden" (Tietze 2007: 237 f.).

Eine (zugleich auch einfache) Variante stellt die *Tandem-Intervision* dar, bei der sich zwei gleichrangige Intervisions-Partner zusammenfinden und sich gegenseitig beraten. Die Arbeitsprinzipien und der Ablauf orientieren sich an der Kollegialen Beratung: Nach einer Fallschilderung wird zunächst durch Nachfragen des Tandem-Partners die Möglichkeit gegeben, weitere Aspekte der Fallsituation auszuführen. Schritt um Schritt wird durch Hypothesenbildung und Assoziationen (unter Verzicht auf Ratschläge) eine erweiterte Sichtweise herausgearbeitet. Abschließend werden Lösungsmöglichkeiten erörtert, die dann eigenverantwortlich vom Falleinbringer bewertet werden und zu möglichen Handlungsalternativen führen können. Das Verfahren kann auch telefonisch oder über E-Mail angewandt werden (vgl. Linderkamp 2011: 72).

14.4 Solidarität in der Sozialen Arbeit

Fremd- und systematisierte Selbsthilfe (in Form kollegialer Beratung) allein können die mit den Rahmenbedingungen Sozialer Arbeit verbundenen Schwierigkeiten nicht aufarbeiten, die zur Verdichtung (z. B. Verschlechterung der Betreuungsrelation [Fälle je Soziale]) oder Beschleunigung in den Arbeitsprozessen (z. B. geringere Betreuungszeiten, schnellere Abwicklung von Beratungen) und Belastungen der Sozialen (z. B. durch Einschränkung der Mittel und Nichtbesetzung frei gewordener Stellen) führen. Verfahren der Intervision können fallspezifische Aspekte aufdecken helfen und bearbeitbar machen; die grundsätzlichen Probleme, die sich aus dem neoliberalen Umbau des Sozialstaates ergeben und die Marie-Luise Conen angedeutet hat, sind damit nicht zu bewältigen. Albert Scherr (2012) rät z. B. vielmehr den in der Sozialen Arbeit Tätigen, „professionelle Widerständigkeit" zu entwickeln. Ähnlich argumentieren auch Klaus Grunwald und Hans Thiersch (2004b: 37), denn für das Konzept der lebensweltorientierten Sozialen Arbeit sei es „eine zentrale Aufgabe, gegen die so massiven Tendenzen zur Fremdbestimmung und Instrumentalisierung der Sozialen Arbeit auf ihren eigenständigen Prinzipien zu insistieren". Mechthild Seithe schließlich nennt

> „das Zusammenschließen mit Kolleg/innen die beste Bewältigungsstrategie. (…) Wenn wir *nicht* anfangen, zu begreifen, dass diese von uns angestrebte ‚gute Soziale Arbeit' heute weder gewollt noch unterstützt wird … (,) dann wird sich nichts mehr ändern und unsere Profession wird sich Schritt für Schritt in eine Dienstleistung für die Zwecke des aktivierenden Staates verwandeln" (Seithe 2010b: 30).

Damit wird für eine aktive Bewältigung auf der Grundlage gemeinsamer Interessen und gegenseitiger Solidarität plädiert.

Definition

Solidarität „ist ein emotional getöntes Handlungsmuster, dessen Motivation altruistisch ist und das die Idee von Gerechtigkeit zugrunde legt, der sich die handelnde Person verpflichtet fühlt" (Bierhoff/Schülken 2004: 173).

Solidarität muss – wie im Community Organizing – erarbeitet werden und setzt die gemeinsame Erfahrung voraus; sie ist aber – als reflektierte „Parteilichkeit" – in der Praxis Sozialer ethisch tief verankert: *Parteilichkeit* bedeutet „das Partei-Ergreifen für Schwächere, und zwar aus der ethischen Überzeugung heraus, dass diesen Schwächeren Unrecht geschehen ist oder geschieht" (Seithe 2010b: 23).

Methodisches Handeln heißt an dieser Stelle auch, die Widersprüche zwischen fachlich guter Sozialer Arbeit und der aktuellen Praxis aufgrund der neoliberalen Um- und Überformung durch Verdichtungen, Beschleunigungen und persönliche Belastungen zu reflektieren und die berufliche Praxis als *kritische Soziale Arbeit* zu bestimmen. Mechthild Seithe verweist darauf, die Praxis „mehr Mut und mehr Durchsetzungskraft in der alltäglichen Auseinandersetzung gewinnen" zu lassen; es seien Hochschulen, Gewerkschaften, Berufsverbände und Fortbildungsträger gefordert, ihnen falle die Aufgabe zu, „Unterstützung, Schutz und Ressourcen" für das Engagement der Praxis zu geben *(Fremdsolidarisierung)*. Vor allem aber sieht sie die Praxis selbst gefordert, die sich sonst „Schritt für Schritt in eine Dienstleistung für die Zwecke des aktivierenden Staates verwandeln" werde (vgl. ebd.: 28 ff.). Zum Merkmal dieser *Selbstsolidarisierung* wird der offensive

Widerspruch, „die andere Seite mit den eigenen Vorstellungen, mit Kritik und Forderungen zu konfrontieren": Widerstand zu leisten gegen neoliberale Zumutungen zeige sich z.B. darin, dass gesellschaftliche Rahmenbedingungen in Hilfeplänen, Beratungsgesprächen und Berichten (die in Kenntnis der Vorgesetzten zur Akte genommen werden) nicht mehr ausgeklammert, sondern bewusst und ausdrücklich thematisiert und problematisiert werden. Es gehe darum, „die Verantwortung für unzureichende Bedingungen oder fachlich nicht zu vertretende Entscheidungen an die ‚Auftraggeber' (Träger, Verwaltung) zurückzugeben" und die Folgen „unangemessener Anweisungen oder Rahmenbedingungen" zu veröffentlichen (vgl. Köhn/Seithe 2012: 19).

Hintergrund: Solidarität

Das Unabhängige Forum Kritische Soziale Arbeit (UFo) formuliert in einem „Appell an die Kolleg/inn/en der Sozialen Arbeit:

- Fordert Respekt und Anerkennung für eure Arbeit! Wirkt der Entwertung der Sozialen Arbeit entgegen!
- Vertretet selbstbewusst, dass die angemessene fachliche Begleitung und Unterstützung eurer Klientel nicht allein dem beruflichen Ethos, sondern ebenso geltendem Recht verpflichtet ist (z.B. Grundgesetz, UN-Kinder- und Menschenrechtskonvention, KJHG/SGB VIII).
- Diskutiert und veröffentlicht problematische Entwicklungen eurer Arbeit!
- Benennt Ursachen und Hintergründe, stellt euch gegen Forderungen und Oktroyierung von ökonomischen Effizienzkriterien und absurden Sparbestrebungen!
- Informiert Politik und Öffentlichkeit über gegenwärtige Entwicklungen in unserer Gesellschaft, mischt euch offensiv in die politische Auseinandersetzung ein!
- Tut euch zusammen, vernetzt und organisiert euch: zu eurem Schutz und zum wirksamen Agieren!
- Engagiert, organisiert und vernetzt euch in Projekten und Bündnissen für eine kritische Soziale Arbeit!" (Berliner Arbeitstagung 2012: 134f.)

Conen (2011: 152ff.) rät dazu, die „Möglichkeiten wahrzunehmen und Fähigkeiten auszubauen, respektlos gegenüber dem bisher Gedachten und respektvoll gegenüber den Menschen zu sein. Nicht so zu denken, wie bisher gedacht wurde". Ihr ist bewusst, dass viele Soziale dazu „derzeit nicht in der Lage oder auch willens (sind), die ‚öffentlichen' Wege zu gehen. Sie haben meist sehr nachvollziehbare Gründe – und sollten dennoch ermutigt werden, sich zu wehren und Einfluss zu nehmen auf ihre Situation: und zwar auch subtil, verdeckt und subversiv".

Das *Forum Kritische Sozialarbeit* ruft u.a. dazu auf, Ursachen und Hintergründe für die Entwicklungen, mit denen Soziale Arbeit konfrontiert ist, zu benennen und Politik und Öffentlichkeit darüber aktiv zu informieren; die Rede ist von einer offensiven (organisierten, vernetzten) Einmischung „in die politische Auseinandersetzung", und die Träger der Sozialen Arbeit sollen sich als fachliche und sozialpolitische Interessenvertretung profilieren (vgl. Berliner Arbeitstagung 2012: 135). Damit kommen z.B. in der Kinder- und Jugendhilfe der Jugendhilfeausschuss/JHA und die Jugendhilfeplanung ins Gespräch. Hier könnten sich kritische Zugänge neu (bzw. stärker) erschließen lassen, z.B. in der solidarisierenden Zusammenarbeit Sozialer mit den in den Jugendhilfeausschuss hinzu gewählten Mitgliedern (z.B. den in der Kinder- und Jugendhilfe erfahrenen Männern und Frauen) und den Vertreterinnen freier Träger. Auch Formen medialer Thematisierung (und auch Skandalisierung), angefangen von Leserbriefen an die örtlichen Zeitungen bis zu Hintergrundberichten über unhaltbare Zustände in deutschen Jugendheimen gehören zum Aktionsspektrum einer achtsamen Sozialen Arbeit (vgl. Seithe/Wiesner-Rau 2013: 22). Dazu zählt auch die Zusammenarbeit mit Berufs- und Fachverbänden, dem globalisierungskritischen Netzwerk ATTAC oder der Kampagnen- und Projektplattform Campact, deren Aktionen „zeigen, mit welcher Kreativität Widerstand gegen neoliberale Veränderungsbestrebungen" möglich ist (vgl. Conen 2011: 134–140).

14.5 Schlussfolgerungen

Ziehen Sie bitte eine Bilanz dieses Kapitels! Welche Schlussfolgerungen ergeben sich für Sie? (Hinweise zur Einordnung ihrer Bilanzierung finden Sie auf meiner Website.)

14.5.1 Anregungen zur Weiterarbeit

Mechthild Seithe schreibt:

> „Wenn man aber sagt: ‚Ich bin eigentlich kein politischer Mensch. Darum kann ich mich nicht auch noch kümmern. Ich mache meine Arbeit halt immer so gut es geht' – dann ist man faktisch genauso politisch –

nur unterstützt man durch das Wegschauen eine politische Richtung und eine politische Ausrichtung der eigenen Arbeit, die man möglicherweise eigentlich gar nicht unterstützen will"; wer schweigt und „sich einfach anpasst ..., der handelt eben auch politisch" (Seithe 2013: 31).

1. Diskutieren Sie bitte in einer Kleingruppe, was Sie von der Aussage halten!
2. Welchen Zusammenhang von Sozialer Arbeit und politischem Engagement sehen Sie?

14.5.2 Materialien

Eine Übersicht zu kollegialen Beratungsformen findet sich bei Rita Linderkamp (Kollegiale Beratungsformen. Genese, Konzepte und Entwicklung, Bielefeld 2011).

Kim-Oliver Tietze (Kollegiale Beratung. Problemlösungen gemeinsam entwickeln, 2. Aufl. Reinbek 2007) stellt die maßgeblichen Konzepte der Kollegialen Beratung vor.

Vielfältige Hinweise für ein Selbstcoaching gibt Georg Vogel (Selbstcoaching konkret. Ein Praxisbuch für soziale, pädagogische und pflegerische Berufe, München und Basel 2013).

Eine kritische Auseinandersetzung mit den Bedingungen, unter denen Soziale Arbeit erfolgt und Soziale ihre Arbeit leisten müssen, nehmen Marie-Luise Conen (Ungehorsam – eine Überlebensstrategie. Professionelle Helfer zwischen Realität und Qualität, Heidelberg 2011) und Mechthild Seithe (Schwarzbuch Soziale Arbeit, Wiesbaden 2010) vor.

Die relevanten Materialien zur Zukunftswerkstatt des Unabhängigen Forums kritische Soziale Arbeit (UFo) sind in der vom Unabhängigen Forum herausgegebenen Dokumentation (Zukunftswerkstatt Soziale Arbeit, Berlin 2012) enthalten.

Für die fachliche Interessenvertretung setzen sich neben einer großer Vielzahl von praxisfeldtypischen Organisationen (z.B. Bundes- oder Landesarbeitsgemeinschaften) v.a. zwei Vereinigungen ein:

- Die Deutsche Gesellschaft für Soziale Arbeit (DGSA) wurde im Jahre 1989 gegründet. Sie widmet sich der Förderung der Diszi-

plin und Profession Sozialer Arbeit und entfaltet dafür eine Reihe von Aktivitäten in Forschung, Theorie und Lehre. Neben dem Fachdiskurs innerhalb der Sektionen und Fachgruppen gehören dazu auch die Veröffentlichung und Verbreitung wissenschaftlicher Erkenntnisse sowie curriculare Weiterentwicklungen und die Förderung des wissenschaftlichen und professionellen Nachwuchses. Ebenso begreift die DGSA es als ihre Aufgabe, sich mit fachlichen Beiträgen aktiv in gesellschaftspolitische Debatten einzubringen; Link: http://www.dgsainfo.de/ (31. Oktober 2014).
- In der gilde soziale arbeit e. V. (gisa) arbeiten Frauen und Männer aus der Praxis, Lehre und Wissenschaft zusammen, um die Soziale Arbeit zu fördern und Erkenntnisse über fortschrittliche, zeitgemäße Wege und Formen Sozialer Arbeit zu sammeln und zu verbreiten. Grundprinzipien sind dabei eine generationsübergreifende, parteiunabhängige, meinungsoffene und gesellschaftskritische Zusammenarbeit und Auseinandersetzung, die von gegenseitigem Respekt getragen wird; Link: http://www.gilde-sozialearbeit.de/ (31. Oktober 2014).

Für die politische Interessenvertretung stehen zwei weitere Zusammenschlüsse:

- Das Unabhängige Forum kritische Soziale Arbeit (UFo) steht für Information, Kritik, Vernetzung und Diskussion und will der gegenwärtigen kritischen Bewegung in der Sozialen Arbeit ein Forum bieten, das es ermöglicht, sich auszutauschen, zusammen Strategien zu entwickeln und gemeinsam zu handeln. Ziel ist in keinem Fall, den Gewerkschaften, Berufsverbänden, Fachverbänden, Arbeitskreisen kritische Sozialarbeit u. a. Gruppierungen Konkurrenz zu machen, sondern sie zu vernetzen und mit ihnen ein Dach aufzubauen, unter dem sich die Profession als Ganze wiederfinden kann; Link: http://www.einmischen.com/ (31. Oktober 2014).
- Mit der Konstituierung des Arbeitskreises Kritische Soziale Arbeit (AKS) 2005 wurde ein gemeinsames Forum für die (Weiter-) Entwicklung einer kritischen Theorie und Praxis Sozialer Arbeit geschaffen, um die individuellen Anstrengungen um eine kritische Theorie und Praxis Sozialer Arbeit in einem gemeinsamen Projekt zu bündeln für eine kritische Praxis und Gegenöffentlichkeit zum Mainstream Sozialer Arbeit und Sozialpolitik sowie zum neoliberalen Diskurs weiter zu stärken. Der AKS arbeitet bundes-

weit in verschiedenen lokalen und regionalen Arbeitskreisen; Link: http://www.kritischesozialearbeit.de/ (31. Oktober 2014).

Die berufliche (gewerkschaftliche) Interessenvertretung Sozialer nehmen v. a. drei Organisationen wahr:

- Die Gewerkschaft Erziehung und Wissenschaft (GEW) ist ein starkes Team von über 270 000 Frauen und Männern, die in pädagogischen und wissenschaftlichen Berufen arbeiten: In Schulen, Kindertagesstätten, Hochschulen und anderen pädagogischen Einrichtungen; Link: http://www.gew.de/Die_GEW.html (31. Oktober 2014).
- Die Vereinigte Dienstleistungsgewerkschaft ver.di vertritt und fördert die wirtschaftlichen und ökologischen, die sozialen, beruflichen und kulturellen Interessen ihrer Mitglieder, darunter auch in der Sozialen Arbeit Tätige; Link: http://www.verdi.de/ (31. Oktober 2014).
- Der Deutsche Berufsverband für Soziale Arbeit e. V. (DBSH) versteht sich als der größte deutsche Berufs- und Fachverband für Soziale Arbeit und damit als die berufsständische Vertretung der Sozialarbeiter und Sozialpädagogen; Link: http://www.dbsh.de/ (31. Oktober 2014).

Das globalisierungskritische Netzwerk attac (frz. association pour une taxation des transactions financières pour l'aide aux citoyens, dt.: Vereinigung zur Besteuerung von Finanztransaktionen im Interesse der BürgerInnen) setzt sich für eine ökologische, solidarische und friedliche Weltwirtschaftsordnung ein; Link: http://www.attac.de/startseite/ (31. Oktober 2014).

Campact organisiert Kampagnen, bei denen sich Menschen via Internet an gesellschaftlichen Debatten beteiligen können, verbindet schnelles Handeln mit phantasievollen Aktionen, die Öffentlichkeit für eine sozial gerechte, ökologisch nachhaltige und friedliche Gesellschaft herstellen, und ermutigt Menschen, Politik auch jenseits von Wahlen selbst mitzudenken und engagiert mitzugestalten; Link: https://www.campact.de/ (31. Oktober 2014).

Teil V
Handlungsgestaltung

Kapitel 15
Soziale Arbeit als Kunst

Fallbeispiel

Karl hat Anschluss gefunden: Die Gruppe der „Russen", die ihm bislang so fremd und auch bedrohlich vorkam, hat er jetzt kennengelernt – sie sind gar nicht so übel. Mehr zufällig ist er mit einem von ihnen ins Gespräch gekommen und hat mitbekommen, dass die auch gelegentlich im Netz unterwegs sind. Mia, auf der Suche nach ihm, hatte so eine „Ahnung", dass er irgendwann Kontakt zu ihnen bekommen würde, und hat ihn bei der Gruppe wiedergefunden.
Die Gruppe sucht einen Treffpunkt, erfährt sie. Es gab Stress mit den Nachbarn der Bushaltestelle, wo sie sich bisher traf. Die Polizei ist auch schon dagewesen und hat sie weggeschickt. In das Jugendhaus können sie nicht gehen: „Die Russen" und einige der Jugendlichen, die dort regelmäßig ein- und ausgehen und das Jugendhaus „unseren Treff" nennen, vertragen sich nicht. Das passt gar nicht zusammen.

Von Alice Salomon stammt die geradezu programmatische Aussage von 1928, dass die Soziale Arbeit

> „nicht nur auf das Erkennen, sondern auf Handeln gerichtet (ist). Sie soll Änderungen herbeiführen, für einzelne Menschen, ganze Gruppen und Völker, für die Menschen. Sie soll die äußeren Umstände gestalten helfen, in denen die Menschen leben und die innere Entwicklung der Menschen beeinflussen. Sie beruht daher nicht nur auf Wissenschaft, sondern auf Kunst" (zit. n. Eggemann 1999: 174).

Dieses Verständnis könnte Michael Galuske (2008: 42) vor Augen gehabt haben, wonach die „Fähigkeit, eine Situation in ihrer Komplexität ‚lesen' zu können, sich durch gezielte Beobachtung schnell und adäquat in Bezüge reflexiv ‚eindenken' zu können", den „Kern methodischer Kompetenz" ausmacht. Die abschließende Annahme ist, dass das zuvor hier in diesem Band

Vermittelte noch nicht ausreicht, eine für Soziale relevante Situation (als die Summe aller relevanten Sachverhalte: den Anlass, den Fall selbst, die Rahmenbedingungen und das Arbeitsbündnis) „lesen" und *kunstfertig* bewältigen zu können.

Es ist Ruth Cohn (1983b: 134), die dazu den wohl entscheidenden Hinweis gibt, wenn sie drei Arten der Einsicht in die Realität nennt, die sie an einem Beispiel erläutert:

> „Ich beobachte einen Mann. Er hat einen Pinsel in der Hand und malt ein Bild. Ich stelle fest: ‚Dieser Mann ist Maler.' In diesem Fall berufen wir uns auf unsre Sinne und unsre Vorkenntnisse, in die wir die neue Wahrnehmung integrieren. Ich nehme mit Hilfe meiner Sinne wahr, daß der Maler malt. Ich bringe das, was ich sehe (oder fühle, höre, rieche), mit meiner Begriffswelt in Verbindung: ‚Dieser Mann ist Maler.'"

Dies kann als sinnlich-geistige *Wahrnehmung* bezeichnet werden *(Fall 1).*

> „Durch das Schaufenster einer Kunsthandlung beobachte ich einen Mann. Er gibt dem Besitzer des Ladens ein Gemälde und erhält eine Quittung. Der Mann hat Farbe an Händen und Hosen. Er spricht mit dem Ladenbesitzer und deutet auf Einzelheiten des Bildes. Ich stelle fest: ‚Dieser Mann ist Maler.' Hierbei bauen wir auf Sinneswahrnehmung und Vorkenntnissen auf. Ich habe Wahrnehmungen und Erinnerungen gespeichert und verbinde sie nun Schritt für Schritt zu einer Schlußfolgerung. Wenn meine Prämissen stimmen und ich systematisch und logisch vorgehe, komme ich richtig zu dem Schluß: ‚Dieser Mann ist Maler.'"

Es handelt sich um *Deduktion,* d.h. die Ableitung von etwas Allgemeinen auf das Besondere *(Fall 2).*

> „Ein Mann sitzt mir im Bus gegenüber. Ich lese Zeitung. Ich schaue auf – plötzlich kommt mir in den Sinn: ‚Dieser Mann ist Maler.' Hier sind die Schritte von der Frage zur Erkenntnis unbewußt (… vorbewußt). Der Weg von der Frage zur Antwort ist bei der Intuition ein Abkürzungsweg. Orientierungspunkte auf diesem Wege sind Sinneswahrnehmungen, Emotionen (einschließlich der Triebe), Erinnerungen und Schlußfolgerungen. Diese Orientierungspunkte werden jedoch nicht bewußt. Die intuitive Erkenntnis ‚dieser Mann ist Maler' kann auf dem Wege über die Sinne zustande gekommen sein (er riecht nach Farbe); oder durch emotionale Signale (ich habe ihm gegenüber Gefühle wie gegenüber den Malern A und B; ich würde gern Maler C treffen); oder durch

Erinnerungen (seine Erscheinung, seine Kleidung, seine Bewegungen und sein Gesichtsausdruck erinnern mich an Maler, die ich kenne); oder auf deduktivem Wege (die Endstation des Busses liegt nahe beim Künstlerviertel der Stadt, und um diese Zeit fahren oft Maler zu den Kunstgalerien)“ (Cohn 1983b: 135).

Dies ist der Fall der *Intuition* (Fall 3). Bezogen auf die Situation Sozialer heißt dies:

Fall 1: Wahrnehmung – das Muster reflektierter Subjekivität: Soziale Deutungsmuster stellen Handlungswissen dar, die auf praktischen Situationen beruhen. Es handelt sich dabei um (subjektive) Theorien, die die Bewältigung des beruflichen Alltags erleichtern. Sie können unter Sozialen generell, z.T. aber auch nur unter den Kolleginnen des jeweiligen Handlungsfeldes oder den Kollegen des gleichen Trägers, der jeweiligen Einrichtung oder des Teams geteilt sein und untereinander kommuniziert werden (z.B. in Fallberatungen, professionellen Netzwerken, Trägerkonferenzen oder Fachtagungen bzw. in der informellen Kommunikation, etwa dem Gespräch zwischen Tür und Angel). So kann sich z.B. in berufsorientierenden Maßnahmen für junge Menschen das Deutungsmuster herausbilden, „dass einige Jugendliche Beratungsangebote ablehnen oder dass sich verschiedene Anforderungen widersprechen“. Dabei erfolgt eine Reduzierung der (vielfältigen, wachsend komplexen) Wissensgrundlagen auf ein in der praktischen (Handlungs-)Situation (noch) überschaubares Maß. Es geht deshalb darum, sich „zumindest reflexiv [zu] vergewissern, dass wir auf Deutungsmuster zurückgreifen und auf welche“ (Franz 2014: 56).

Sich reflexiv der eigenen Deutungsmuster bewusst zu sein, heißt, dass Soziale, die sich auf die Darstellungen Jugendlicher einlassen, rekonstruktiv denken und handeln, wenn sie den einzelnen Fall jeweils im Wissen um die eigenen Deutungsmuster neu sehen und ordnen bzw. dafür Regeln entwickeln, um die Verallgemeinerungen der erlebten Praxis zu kontrollieren (vgl. ebd.: 54ff., Maykus 2010: 47). Zur reflektierten Subjektivität zählt, „den eigenen Stereotypen der Klientelisierung (‚wenn ich in diese Familie nur hineinschaue, weiß ich gleich was los ist‘) zu widerstehen“, d.h., den eigenen Deutungsmustern nicht zu erliegen: Jeder Fall muss als neuer Fall gesehen werden und neue Neugier hervorrufen. Um z.B. Zugang zu Jugendlichen in der Jugendberufshilfe zu finden, gilt es, „einen Beobachtungsrahmen zurechtrücken“, in dem auch ihre Stärken und nicht ihre Schwächen hervortreten (vgl. Böhnisch 2008: 315f.).

Fall 2: Deduktion – die Gewinnung von Erkenntnissen: Die relevante *Grundlage* für die Bewältigung des beruflichen Alltags in der Sozialen Arbeit ist zunächst das Wissen, das die Soziale Arbeit (z. T. unter Nutzung der Erkenntnisse anderer Wissenschaften) selbst entwickelt hat, z. B. ihre Methoden und Verfahren. Aber: Mit Mathias Schwabe (2010b: 65) kann gesagt werden, dass das Gelingen Sozialer Arbeit „immer auch von ungeplanten bzw. nicht zu planenden Faktoren ab(hängt), von begünstigenden Umständen bzw. von Zufällen, subtilen und häufig auch unbewussten Prozessen". Ähnlich sieht das auch Hans Thiersch (2009a: 159f.): Trotz aller Kriterien für gelingende und misslingende Möglichkeiten, für Ressourcen und Risiken" sei Soziale Arbeit, „wie das Leben überhaupt, unübersichtlich, unplanbar, zufallsbestimmt".

Soziale bewegen sich in einem Raum professioneller Offenheit bzw. Unsicherheit, einem Feld unklarer Folgen einmaliger Interaktion (Unikate); ihre Professionalität kennzeichnet deshalb auch, das Unvorhersehbare, Multidimensionale und Einmalige im einzelnen Fall (im Widerspruch zu den Erwartungen der Hilfe nachsuchenden Menschen und den eigenen, durch Biografie und Sozialisation bedingten Ansprüchen an eine gute Praxis) auszuhalten und zugleich umzudeuten als Chance, kunstfertig damit umzugehen: Thomas Klatezki (2005: 279) nennt diese „Kunst des Urteilens angesichts von Mehrdeutigkeit" die „eigentliche professionelle Kernkompetenz". Die Professionalität Soziale Arbeit stellt sich damit immer als „eine subjektive, handlungsorientierte, reflexive und flexible Konstruktionsleistung" (Harmsen 2009: 256) dar – in jedem Fall neu und anders und frei von Technologien, die diese Konstruktion überflüssig machen. Dieses Spezifikum, frei von Technologie zu sein, grenzt Soziale Arbeit positiv ab von den („technischen") Naturwissenschaften und auch der Therapie.

Fall 3: Intuition – Intelligenz des Unbewussten: Bezogen auf die spontane Erkenntnis, es handele sich in dem von Cohn angeführten Beispiel um einen Maler, berichten auch Soziale von Vergleichbarem; sie sprechen von der „Eingabe", in einer gegebenen Situation gehandelt zu haben: unbewusst, aber erfolgreich, werden Hilfen angebahnt, ohne dass dabei einer Routine gefolgt wird, in ähnlich gelagerten Anlässen schon immer *so* gehandelt zu haben. Ähnliches erlebe ich in meiner Rolle als Hochschullehrer, und ich habe es in den mehr als 20 Jahren in der Kinder- und Jugendhilfe immer wieder wahrgenommen: *anlassangemessen* gehandelt zu haben, ohne dabei jeden Schritt bewusst und jede Handlung geplant zu haben, ohne dass dabei bloße Routine eine Rolle spielte (was bedeutet hätte, stets nach gleichem Muster zu handeln, einem Schema zu folgen, das auf vergleichbare Fälle angewendet werden kann, oder – deutlicher noch – den Anlass in eine Schublade zu packen, in der die übliche Handlungsanleitung schon liegt, also unabhängig vom gegebenen Anlass). Mich persönlich erinnert Intuition immer wieder neu an Rennradfahren (ein Rennen zu „lesen" und „wissen", dass in dieser Situation ein Sturz der vor mir fahrenden Sportler geschehen wird), an eine Höhenwanderung (wo die Jugendleiterin weiß, dass ein Wettersturz bevorsteht, obgleich nichts davon zu sehen ist) oder ans Autofahren (bei dem das „Vorwegsehen" eine Grundeigenschaft ist).

15.1 Soziale Arbeit, methodisches Handeln und Intuition

Ruth Cohn nennt Intuition ein „Hauptinstrument bei allen kreativen Bemühungen". Es handele sich nicht um eine Fähigkeit, die geschult werden könne, sondern eher um „eine Art Zauberstab oder als angeborenes, unveränderliches Persönlichkeitsmerkmal", *„ein menschliches Talent"*. Intuition sei *„gekennzeichnet durch Plötzlichkeit und Gewißheit, ohne bewußtes Wissen um ihre Herkunft"* (Cohn 1983b: 134 f.; Herv. i. O.).

Beispiel: Freitagmittag

An einem Freitagmittag, gegen 13.00 Uhr, befinde ich mich im Auto auf dem Weg von der Hochschule nach Hause; nach bald zwei Stunden bin ich froh, dass ich nur noch wenige Kilometer zu fahren habe. Ich nutze einen Schleichweg, den ich fast 20 Jahre lang wenigstens einmal in der Woche gefahren bin, also sehr gut kenne. Auch heute fahre ich wieder durch die kleine Stadt, deren Ampelphasen ich auswendig kenne, genauso die Ausfahrten, aus denen um diese Zeit andere Autofahrer nach Arbeitsende mehr oder weniger unkontrolliert auf die Durchgangsstraße einbiegen. Hier gibt es keine Überraschungen mehr. Zunächst noch knapp unter 50 km/h schnell (über die langjährige Praxis als Idealgeschwindigkeit bestimmt) nähere ich mich dem Stadtkern. Ich verlangsame dann unbewusst die Geschwindigkeit, schließlich sogar deutlich, und bin dann nicht einmal mehr 20 km/h schnell.
Erst in diesem Moment sehe ich drei Schülerinnen, die sich (die Schule ist „aus") der Durchgangsstraße nähern. Zwei von ihnen sind in ein Gespräch vertieft, die Dritte hat ihren Blick auf ihr Smartphone gerichtet. Während die beiden Sprechenden auf dem Bürgersteig anhalten und sich am Verkehr orientieren, läuft die Dritte (ohne jeden Blick nach links oder rechts und damit ohne jede Einschätzung des fließenden Verkehrs) auf die Straße. Ohne die Herabsetzung der Geschwindigkeit hätte ich die junge Frau wenigstens angefahren, wenn nicht (wahrscheinlicher) überfahren.

Für uns vier hatte das kleine Ereignis keine Folgen; keine der drei jungen Frauen wird die Riskanz der Situation wahrgenommen haben, denn auch die Dritte hat ja die Straße unbeschadet überquert. Ich selbst glaube, mich *richtig* verhalten ohne *bewusst* gehandelt zu haben.

Intuitive Erkenntnis setzt sich aus unterschiedlichen Elementen zusammen, die ihren Ursprung in Sinneswahrnehmungen, Erinnerungen, Deduktionen und Empfindungen haben (ebd.: 136). Sie ist für Cohn

> „ein stiller Wanderer" und „wandert von unseren augenblicklichen bewußten Fragen zu unserem inneren Speicherraum, wo vergessene oder schlummernde Erinnerungen und Triebe lagern. Sie greift sie auf, ordnet sie neu und wandert still und schweigend wieder in unser Bewußtsein zurück, wo sie urplötzlich die Antwort bringt, die wir gesucht haben. *Die Intuition benützt vorbewußte Wege und sensorische, logische und emotionale Mittel, um bewußte mit unbewußten psychologischen Daten zu verbinden und sie sinnvoll zusammenzufügen.* Danach bietet sie uns ‚offenbar zutreffende' Lösungen an" (ebd.: 144; Herv. i. O.).

Intuition basiere „sowohl auf Erfahrung, d.h. gespeichertem Wissen, als auch auf Spontaneität" (ebd.; 142). Sie ist für sie zentral in zwischenmenschlichen Beziehungen: den *„offenen Umgang mit Menschen, Empathie und emotionale Freiheit, uns von neuen Einsichten überraschen zu lassen"* bezeichnet sie als „Grundelemente der Intuition" (ebd.: 143; Herv. i. O.).

Der geschilderte Vorfall verweist 1. auf Wahrnehmung als reflektierte Subjektivität (d.h. als Ausdruck einer persönlichen [subjektiven] Theorie des günstigsten Durchfahrens der Stadt) und 2. auf Deduktion (als Anwendung von Kenntnissen, z.B. der Straßenverkehrsregeln, oder Wissen um die Fahrzeugphysik, etwa den Bremsweg). Zugleich ist er 3. auch Beispiel für die zentrale Bedeutung von *Intuition:* Die Herabsetzung der Geschwindigkeit erfolgte (unbewusst) situationsangemessen, um eine Gefährdung der Schülerinnen auszuschließen. Erst im anschließenden reflexiven Prozess wurde die Gefahr offensichtlich, die ohne Tempoverringerung sicher für alle Beteiligten gegeben war. Hier wurde unbewusstes Wissen angewendet.

Gerd Gigerenzer argumentiert in eine vergleichbare Richtung: Er verwendet die Begriffe *Bauchgefühl, Intuition* oder *Ahnung* „austauschbar, um ein Urteil zu bezeichnen, 1. das rasch im Bewusstsein auftaucht, 2. dessen tiefere Gründe uns nicht ganz bewusst sind und 3. das stark genug ist, um danach zu handeln" (Gigerenzer 2008: 25). Diese Handlungen beruhen also auf intuitiven Urteilen.

Definition

Intuition ist „eine Form unbewusster Intelligenz“ (Gigerenzer 2013a: 46 f., Gigerenzer 2009: 58); sie ist „gefühltes Wissen, das schnell im Bewußtsein auftaucht, aber das wir nicht begründen können. Wir wissen mehr, als wir sagen können“ (Gigerenzer 2013b: 77).

Die Annahme, Intelligenz sei notwendigerweise bewusst und überlegt, betrachtet Gigerenzer als einen „Riesenirrtum. Die meisten Regionen unseres Gehirns sind unbewusst, und wir wären wohl verloren ohne den dort gespeicherten immensen Bestand an Erfahrung“ (Gigerenzer 2013a: 46 f.). Intuition gründet danach auf „einfache(n) Faustregeln, die sich evolvierte Fähigkeiten des Gehirns zunutze machen“. Faustregeln (Heuristiken) greifen die wichtigste Information auf und lassen den „Rest“ unbeachtet (vgl. ebd.: 77).

Eine Faustregel kann z. B. lauten: „Wenn du eine Stereoanlage kaufst, wähle eine Marke, die du wiedererkennst, und das zweitbilligste Gerät“ (Gigerenzer 2009: 122). Intuitionen sind Produkte von Faustregeln, die einer komplexen Umwelt nur wenige Informationen entnehmen (Gigerenzer 2008: 48). Faustregeln wiederum sind in evolvierten Fähigkeiten verankert (vgl. ebd.: 56), die durch natürliche Selektion, kulturelle Vermittlung und andere Mechanismen erworben (vgl. ebd.: 69) werden. Intuitionen „mögen ziemlich simpel erscheinen, doch ihre tiefere Intelligenz äußert sich in der Auswahl der richtigen Faustregel für die richtige Situation“ (ebd.: 58). Faustregeln sind damit Folge evolvierter Fähigkeiten, d. h. erfahrener, d. h. reflektierter und darin schon methodisch abgestützter Praxis.

Evolvierte Fähigkeiten des Gehirns stellen menschliche Möglichkeiten dar, die durch längere Übung zu einer Fähigkeit werde (z. B. Sprache, Wiedererkennungsgedächtnis, Verfolgen von Objekten mit den Augen, Nachahmung); sie ermöglichen schnelle und einfache Lösungen für komplexe Aufgaben; d. h., die „Intelligenz des Unbewussten liegt darin, dass es, ohne zu denken, weiß, welche Regel in welcher Situation vermutlich funktioniert“ (Gigerenzer 2008: 26 f.). Intuitionen „tauchen rasch im Bewusstsein auf, wir verstehen nicht ganz, warum wir sie haben, aber wir sind bereit, nach ihnen zu handeln“ (Gigerenzer 2013a: 57).

Die „Entdeckung“ der Intuition steht freilich im Konflikt mit dem vorherrschenden Erkenntnismodell, das Gigerenzer das „Dogma der rationalen Entscheidungsfindung“ nennt: Logik und ähnliche Denksysteme hätten die „westliche Philosophie des Geistes einfach zu lange beherrscht“ und ließen „Bauchgefühle“ als legitime Grundlagen menschlicher Erkenntnis nicht zu (Gigerenzer 2009: 28, weiter S. 242); mehr noch: Intuition werde als weibliche Eigenschaft abgetan, Rationalität als männliche emporgehoben (vgl.

ebd.: 80f.; vgl. auch Gigerenzer 2013a: 144ff. und 167)[1]. Das der Intuition eigene Prinzip, dass weniger Information mehr sein könne (weil damit Entscheidungen schneller oder überhaupt möglich würden), stehe „im Widerspruch zu zwei zentralen Überzeugungen unserer Kultur: 1. Mehr Information ist immer besser. 2. Mehr Auswahl ist immer besser" (Gigerenzer 2008: 46f.), ohne dass sich beide Überzeugungen überhaupt als erfolgreich bestätigt hätten, aber gute Intuitionen „ignorieren Informationen" (ebd.: 48). Gigerenzer betont allerdings auch, dass es wichtig sei, der Intuition „nur in Bereichen zu vertrauen, in denen man Erfahrung hat und aus Fehlern lernen kann" (Gigerenzer 2007), also die Möglichkeit zur Reflexion hat.

15.2 Soziale Arbeit, methodisches Handeln und die Person der Sozialen

Im Anschluss an Marianne Hege (1974: 139ff.) wird auch hier die Auffassung vertreten, dass die Person Sozialer als „Mittel" in die Prozesse Sozialer Arbeit eingeht: Im Rahmen des Arbeitsbündnisses werden die „seelischen Kräfte", die Empfindungsfähigkeit Sozialer, ihre Gebärden, ihre Sprache zu diesem Mittel (vgl. a. von Spiegel 2002: 597). Der Erwerb und die (Weiter-)Entwicklung der hierfür notwendigen Kompetenzen gilt als ein von manchen Rückschritten und Konflikten begleiteter lebenslanger Prozess, der die Notwendigkeit einschließt, achtsam (an jedem Fall) „immer wieder (neu) zu lernen, einen verständigungsorientierten Umgang mit anderen Menschen … und mit sich selbst zu praktizieren" (Stimmer 2006: 226), z.B. durch Formen anlassangemessener Gesprächsführung oder mittels Supervision bzw. Intervision.

Drei Aspekte solcher (professioneller) personaler Kompetenzen sind von Bedeutung:

1. *Authentizität, Akzeptanz* und *einfühlendes Verstehen* bilden Kompetenzen, die insbesondere im Blick auf die Herstellung eines Arbeitsbündnisses, das Fallverstehen oder die Gesprächsführung von zentraler Bedeutung sind. Sie sind immer auch als eine selbstreflexive Prüfung zu verstehen, „was in der Situation und in gegebenen Aufgaben angemessen ist", womit zugleich die Kompetenz gemeint ist, „sich in den eigenen Möglichkeiten zurückzu-

---

1 Dieses Dogma findet sich auch in all den Überlegungen zur Disziplinierung des Sozialen, insb. zur Evidenzbasierung (LE 12.2.3), aber auch z.T. in disziplinären Vorschlägen, z.B. Einführung von Techniken diagnostischer Klassifizierung (LE 4.2.1, 4.2.3).

halten, andere Möglichkeiten zu sehen und in ihrem Eigensinn zu respektieren" (Thiersch 2002d: 216).

2. Dies führt zum *Respekt vor dem Eigensinn* der Adressatinnen (vgl. ebd.: 206). An der Lebensführung und Lebenswelt orientierte Soziale Arbeit ist mit Hans Thiersch durch die Fähigkeit gekennzeichnet, „sich den Verhältnissen auszusetzen" (unter denen Menschen leben), diese und die Eigensinnigkeit der Subjekte zu verstehen, Vertrauen zu stiften und aufrechtzuerhalten, Konflikte zu moderieren, in Schwierigkeiten zu vermitteln. Es handelt sich um die „Phantasie, in gegebenen Schwierigkeiten Alternativen und freie Optionen zu entwickeln", Verhältnisse zu strukturieren, längerfristige Arbeitskonzepte durchzuhalten und zu planen, zu organisieren und zu „managen" (Thiersch 2002d: 215f.). Dazu ist es notwendig, dass Soziale Vertrauen in sich selbst und ihre eigene Arbeit gewinnen; dazu müssen sie „oft auch in harten Proben und Herausforderungen ihre Belastbarkeit und Zuverlässigkeit plausibel machen". Sie brauchen dazu auch ein „wünschelrutengängerhaftes Talent", um „Ansatzpunkte für Veränderungen, Korrekturen, Bewegungen finden" und „Chancen sehen und nutzen" zu können (Thiersch 2002c: 195–198). Diese *Idee vom anderen Leben* (wonach Menschen ganz eigensinnig ihre Vorstellungen vom eigenen Leben leben können, sofern nicht die Rechte anderer verletzt werden) professionell zu akzeptieren, heißt zugleich auch, diesen Eigensinn auf sich selbst als *Selbstsorge* und *Einmischung in die eigenen Verhältnisse* (als Solidarisierung mit anderen) zu verstehen (vgl. Grunwald/Thiersch 2004: 23).
3. *Kunstfertig handeln:* Grundlage der Professionalität ist, wie Hiltrud von Spiegel es nennt, die „Differenz zwischen dem Anspruch ‚professionellen Wissens', das rationale Problemlösungen anstrebt, und dem faktischen ‚Arbeitswissen'", das sich in der Aushandlung zwischen Sozialen und ihren Adressaten entwickelt (vgl. von Spiegel 2013: 254). Mit anderen Worten: Es liegt eine Differenz zwischen dem (in der Regel wissenschaftlich begründeten) *Wissen* und dem personalen *Können* vor, in den Zwängen des beruflichen Alltags methodisch abgestützte Wege zur Bearbeitung von *Anlässen* zu suchen und zu finden, ohne sich dabei in den Fallen subjektiver Theorien und Routinen zu verstricken.

Erforderlich sind dafür neben dem herausgebildeten beruflichen Selbstverständnis (das sich insb. in Subjekt- und Ressourcenorientierung zeigt und Empowerment verpflichtet ist) v. a.

- *Sach- und Systemkompetenz,* d.h. Wissen über gesellschaftliche bzw. rechtliche Rahmenbedingungen, arbeitsfeldspezifisches Fachwissen (z.B. über die Bedingungen des Aufwachsen, die Entwicklungsaufgaben im Erwachsenenalter, Gruppendynamik), Organisationswissen (z.B. sicherer Umgang mit Verwaltungen, Anträgen und Formularen) u.Ä., und
- *Methoden- und Verfahrenskompetenz* (z.B. über Netzwerkarbeit, Gemeinwesenarbeit, intermediäres Handeln, Verfahren der Bildungsarbeit mit Gruppen).

Diese Wissensressourcen werden durch die Aspekte des Könnens ergänzt, insbesondere

- *soziale Kompetenz,* d.h. Kontaktfähigkeit und Authentizität (z.B. zuhören können, fokussiert und konzentriert sein, aufmerksam/achtsam sein, differenziert wahrnehmen können, neugierig und respektvoll sein), verständigungsorientiert handeln zu können (z.B. von eigenen Wert- und Normvorstellungen Abstand nehmen und andere Lebensvorstellungen akzeptieren zu können), (aktive wie passive) Kritik- und Konfliktfähigkeit (z.B. in der Auseinandersetzung mit Behörden und dort tätigen Sachbearbeiterinnen, um Rechte von Ratsuchenden durchzusetzen). Hierzu sind Empathie (d.h. die Fähigkeit, sich in neue Beziehungen einfühlen zu können) und Rollendistanz (die Fähigkeit, sich nicht völlig von einer Rollenzuschreibung festlegen zu lassen) notwendig. Soziale Kompetenz bedeutet auch die Reflexion der eigenen beruflichen Praxis als Bestandteil gesellschaftlicher Strukturen und Prozesse, da z.B. die berufliche Praxis „maßgeblich durch die sozialen Folgen politischer und ökonomischer Entscheidungen gesteuert“ werde (vgl. Geißler/Hege 2001: 232ff.); und
- *Selbstkompetenz,* d.h. die Fähigkeit, eigene Motive, Kapazitäten und Deutungsmuster, aber auch die eigene Belastbarkeit analysieren und reflektieren zu können.

Definition

Kunstfertigkeit in der Sozialen Arbeit stellt eine durch die Person der/des Sozialen konstruierte (komplexe) Verschränkung von Wissensanwendung und personalem Können dar, das dazu führt, dass die/der Soziale (unter Integration ihrer legitimem Intuition) in unwiederherstellbaren Situationen (Unikate) im Arbeitsbündnis mit

Adressatinnen und Adressaten anlassangemessen und methodisch abgestützt *(strategisch)* handeln können.

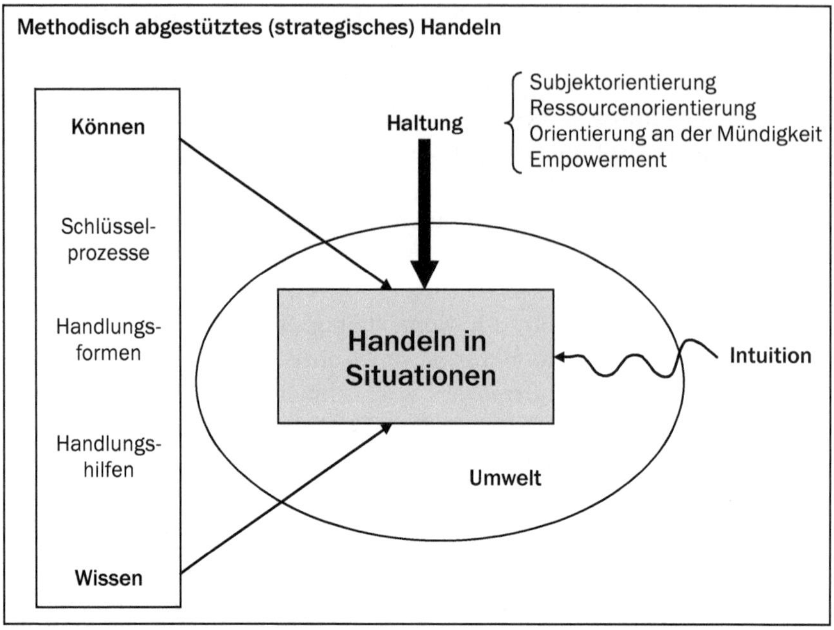

15.3 Soziale Arbeit als Kunst: methodisches Handeln als Navigation

Fallbeispiel

Karl und seine russischen Freunde haben sich an Mia gewandt. Sie hat mit ihrem Kollegen im Jugendhaus vereinbart, die Clique eine Zeit vom Jugendhaus aus der Distanz zu begleiten und dabei zu unterstützen, mit den Nachbarn besser auszukommen. Sie bieten ihnen am Wochenende den „Außenraum" an, der beim Bau des Jugendhauses in den 1990er Jahren eingerichtet wurde, um Jugendlichen einen selbstverwalteten Raum zur Verfügung stellen zu können, über den sie selbst entscheiden sollten. Das ging ein knappes Jahr ganz gut, dann aber gab es eigentlich immer wieder Ärger, weil es zu laut wurde. Seitdem wird der Raum gelegentlich am Wochenende für eine Party genutzt, weil das Jugendhaus dann geschlossen ist. Nutzen dürfen den Außenraum eigentlich nur Jugendliche, die als zuverlässig bekannt sind. Mia ahnt, dass sie ein Risiko eingeht, doch sie glaubt auch daran, dass die Jugendlichen viel lernen können.

In §§ 1 und 8 SGB VIII wird als Aufgabe der Kinder- und Jugendhilfe auch formuliert, die wachsende Fähigkeit junger Menschen zur Selbstorganisation zu fördern. Selbstorganisation – als Form der Jugendarbeit – stellt ein zentrales Sozialisationsfeld dar, vermittelt es doch jungen Menschen wichtige Kompetenzen zur gelingenden Lebensbewältigung (vgl. Wendt, P. 2005: 18 ff.). Beobachtet werden kann aber, dass dieses Ziel im Alltag oft von Vorstellungen eingeschränkt wird, Jugendarbeit als Instrument der Herstellung von Ruhe und Ordnung im Gemeinwesen anzusehen, während das fachliche Selbstverständnis meist durch Haltungen gekennzeichnet wird, die subjektiven Theorien Sozialer von Teilhabe (Mitwirkung und Mitverantwortung), Ressourcenorientierung (Jugendliche entdecken Talente und Fähigkeiten) und Empowerment (Jugendliche bewältigen auch Schwierigkeiten, die sich aus Konflikten mit der Umwelt ergeben) folgen.

Fallbeispiel

Mia nimmt dazu eine über die Jahre im Beruf entwickelte Haltung ein, dass das Experiment einer selbst organisierten Party gut für Jugendliche sei und (auch negative) Erfahrungen in der Selbstorganisation sie stärken werden.

Konzepte eines autonomen Jugendraums sind verbreitet; sie knüpfen an Konzepte kleinräumlicher oder akzeptierender Jugendarbeit an und setzen auf die Kompetenzen junger Menschen, sich (gerade unter Druck, z. B. unter intensiver öffentlicher Beobachtung) selbstorganisieren und behaupten zu können (vgl. ebd.: 20 ff.). Dabei sollen Soziale distanziert (d. h. gelegentlich als Ansprechpartner fungierend) unterstützen[2].

---

2 Zunehmend häufiger kommt es zur Einrichtung selbstverwalteter Jugendräume auch deshalb, weil die Mittel zur Finanzierung beruflich tätiger Sozialer angeblich fehlen, um eine professionell begleitete Jugendarbeit zu ermöglichen. Mit den Argumenten des aktivierenden Staates (LE 12.1) wird dies nicht selten als Förderung des „ehrenamtlichen Engagements“ und als „Empowerment“ präsentiert.

Fallbeispiel

Die Party der Clique ist eskaliert; es ist laut geworden, ein paar Flaschen sind noch spät in der Nacht zu Bruch gegangen. Das Gelände vor dem Raum war anschließend stark verdreckt. Am Montagmorgen hat gleich das Telefon bei Mias Chefin, der Jugendamtsleiterin, geklingelt. Mia hat das schon kommen sehen, als sie es in den mitgebrachten Rucksäcken klirren hörte. Ihre Bedenken hat sie zurückgestellt, auch wenn sie die Ahnung nicht loswerden konnte, dass es Probleme geben würde. Jedenfalls würden die Jugendlichen viel lernen können; deshalb hat sie, ganz gegen ihre Gewohnheit, der Gruppe auch angeboten, telefonisch erreichbar zu sein, „falls was passieren sollte". Das werde es aber nicht, hat ihr die Clique versichert. Dass sie auch nicht angerufen worden war, hatte, so ihre Gefühl noch in der Nacht, überhaupt nichts zu bedeuten. Mia analysiert die Lage angesichts des vorausgegangenen Ereignisses, denkt sich in die Position der Beteiligten hinein und prüft, was zu tun ist.

Zwischenfälle in selbstverwalteten Jugendräumen oder selbstorganisierten Projekten sind nicht die Regel, aber auch keine Seltenheit, wie Soziale berichten (vgl. ebd.: 46–56). Gelegentlich führt das zu Einsätzen der alarmierten Polizei, häufiger zu Interventionen von Anliegern bei Kommunalpolitikerinnen oder Mitarbeitern der Gemeinde- und Stadtverwaltung.

Fallbeispiel

Die Clique ist nach der rauschenden Party erst einmal abgetaucht; wahrscheinlich wird es ein paar Tage dauern, bis die Jugendlichen – voraussichtlich wird es Karl sein, vermutet Mia – sich bei ihr melden werden. Mia analysiert die Situation, mit der sie nun als Soziale konfrontiert ist.

Soziale gehen mit ihrem Hinterkopfwissen um, z. B. dass junge Menschen auch einmal „wild Party feiern" *müssen,* um sich wirkmächtig gegenüber der Umwelt erleben (und abgrenzen) zu können. Soziale verfügen über das notwendige Wissen zu den Entwicklungsaufgaben im Jugendalter, über integenerative Konfliktlagen und die Ablöseprozesse Jugendlicher gegenüber ihren Eltern und deren Generation. Insoweit sind solche Erfahrungen – mit allen Konsequenzen – bedeutsam für die Entwicklung ihrer Persönlichkeit. Soziale wissen, dass Jugendliche sich selbstorganisieren, als Clique entwickeln oder ihre Interessen und Konflikte mit dem Umfeld aushandeln lernen müssen.

Die Situationsanalyse Sozialer wird in ähnlich gelagerten Fällen zu vergleichbaren Einschätzungen führen, ohne die Bedingungen der Situation außer Acht zu lassen:

- Das situative Interesse von Cliquen, unter Zurückstellung aller Vereinbarungen spontan zu handeln, überlagert oft das generelle Interesse, den Raum auch künftig nutzen zu können (Mia wird einschätzen, dass an diesem Abend viel Gruppendynamik im Spiel war). Das Verhalten Jugendlicher steht oft im Widerspruch zu den Erwartungen der Anlieger (die auf ihre ungestörte Nachtruhe bestehen) und den Vereinbarungen, die sie eingegangen sind, z. B. den Regeln, die auch sonst von anderen Gruppen einzuhalten sind (bzw. die – aufgrund früherer Schwierigkeiten im nachbarschaftlichen Verhältnis – mit Mia getroffen wurden).
- Nachbarn wollen, dass sich Störungen nicht wiederholen (sie haben sich deshalb direkt bei der Jugendamtsleiterin beschwert und sie aufgefordert, durch – jedenfalls zeitweilige – Schließung des Raumes das Verhalten zu sanktionieren).
- Für Entscheider *(die Jugendamtsleiterin)* bedeuten solche Vorfälle nicht nur die Verletzung allgemeiner Regeln (die Verwaltungen für die Nutzung von Räumen, Veranstaltungen u. Ä. üblicherweise erlassen), sondern sie stellen (womöglich) auch die Zuverlässigkeit des (pädagogischen) Arrangements *(einen Jugendraum zur selbstorganisierten Nutzung zu überlassen)* infrage (Mia könnte hier einer Fehleinschätzung unterlegen sein), was zu sanktionieren ist (die Jugendamtsleiterin reagiert mit der Schließung des Jugendraumes für drei Monate; „die Russen“ sollen den Raum (wenn überhaupt) erst nach sechs Monaten wieder nutzen können). Eine einheitliche Praxis der Bewältigung von Störungen lässt sich zwar nicht ausmachen, die (meist zeitweise) Schließung eines Jugendraums gilt aber als „Standardmodell“ einer Sanktion.

Fallbeispiel

Mia weiß: Die Lage ist für die Clique nun mehrfach schwer geworden: An der Bushaltestelle können sie sich nicht treffen, im Jugendhaus würde es nur „Stress“ mit anderen Gruppen geben, der Partyraum ist ihnen nun auch versperrt. Solche Vertreibungen sind immer wieder ein Problem in der Jugendarbeit.

Jugendarbeit vollzieht sich öffentlich: alle bekommen mit, was passiert. Dies erleichtert es z. B. Nachbarn (d. h. der Umwelt, dem Gemeinwesen), wirkungsvoll ihre Beschwerden vorzubringen, ihren Interessen (Ruhe und Ordnung) Geltung zu verleihen und Entscheider zu einer Handlung (Sanktion) zu veranlassen, wodurch ihren Interessen entsprochen wird. Soziale könnten darüber den Kontakt zu den Jugendlichen verlieren; ihr professionelles Hinterkopfwissen über jugendliche Gruppenstrukturen und -dynamiken lässt sie aber eher annehmen, dass die Jugendlichen ihre Unterstützung suchen werden.

Fallbeispiel

Mia deutet die Lage, indem sie v. a. die Alternativen der Jugendlichen und ihre eigenen Alternativen abwägt; sie bestimmt daraus Ziele und Strategien, wie sie vorgehen kann. Dabei teilt sie das Interesse der Jugendlichen (bzw. unterstützt sie darin), den ursprünglichen Zustand vor der Eskalation anzustreben.

Alternativen von Sozialen könnten in dieser Situation z. B. sein, stärkeren Einfluss auf die Jugendlichen zu nehmen, indem sie direkter mit ihnen arbeiten, also erkennbar nach dem Rechten sehen *(Intervention)*. Sie könnten ihre pädagogischen Bemühungen gegenüber den Jugendlichen einstellen und nur auf der Verwirklichung der erlassenen Verbote bestehen *(Aufgabe)*. Oder sie suchen den Kontakt, beraten die Jugendlichen, lassen sie ihre Verhaltensweisen überprüfen und über andere nachdenken; sie reflektieren die Lage gemeinsam mit den Jugendlichen, stellen Außenkontakte her, arrangieren und führen Gespräche mit den Anliegern u. Ä. Sie prüfen also ihre Möglichkeiten und entwickeln eine methodische Vorgehensweise, mit den Jugendlichen umzugehen (*Selbstorganisationsförderung* als methodisches Vorgehen).

Fallbeispiel

Nach einigen Tagen kommt Karl ins Jugendhaus; Mia hat also recht behalten. Er und seine neuen Freunde wissen nicht recht, was sie tun sollen. Ob Mia helfen kann?

Empirisch (vgl. Wendt, P. 2005: 35–41) werden vier methodische abgestützte Vorgehensweisen (Strategien) erkennbar, mit denen Soziale (die sich für den Weg der *Selbstorganisationsförderung* entschieden haben) ihr Handeln konzipieren (wobei diese Strategien auch in anderen Handlungsfeldern erkennbar werden [vgl. z. B. Wendt, P. 2008, 2011b]). Diese Strategien lassen sich nach den Themen (was wird angesprochen?), der Zielrichtung (was steht im Mittelpunkt des Handelns?), dem Handlungsprimat (was ist zuerst zu tun, was nachrangig?) und der Handlungsorientierung (was ist mit wem oder für wen zu tun?) differenzieren:

- Mittels der Strategie *Ermöglichen* lässt sich eine Absicherung des Prozesses der Selbstorganisation verfolgen. Insgesamt geht es darum, Jugendlichen die Chance zur Selbstorganisation einzuräumen bzw. offenzuhalten. Die Zielrichtung des Handelns ist am ehesten an der Umwelt orientiert (und richtet sich z. B. an Kommunalpolitiker oder Nachbarn). Das Handlungsprimat besteht darin, Jugendliche erst (lernen) zu lassen (also Erfahrungen mit ihrer Selbstorganisation, auch im Konflikt, machen zu lassen), dann das Übrige zu erledigen. Die Handlungsorientierung zielt auf Jugendliche, die von sich aus tätig werden. Soziale sichern den Rahmen ab, damit die Jugendlichen Erfahrungen der Selbstorganisation sammeln können.
- Die Beziehung zu einzelnen in Selbstorganisationsprozesse eingebundenen Jugendlichen steht im Mittelpunkt der Strategie *Entwickeln*. Wiederkehrende Themen sind z. B. die Persönlichkeit der Jugendlichen und die Notwendigkeit, als Sozialer Vorbild zu sein und Orientierung zu geben. Die Handlungsorientierung zielt auf den Jugendlichen als Einzelnen und dessen Förderung durch die Soziale, wobei Selbstorganisationsprozesse Mittel zum Zweck sind. Erst die Beziehung zu entwickeln, dann das Übrige zu tun, lautet das Handlungsprimat.
- Durch die Strategie *Fördern* wird die Erschließung und Bereitstellung von Ressourcen für die Selbstorganisation verfolgt. Es geht den Sozialen dabei um Unterstützung und Begleitung der Jugendlichen, das Angebot von Mitteln bzw. die Wahrnehmung einer Anwaltsfunktion. Ihr Handeln zielt zuerst auf die Gruppe Jugendlicher. Das Handlungsprimat lautet: Erst helfen, dann das Übrige tun.
- Die Strategie *Lenken* schließlich verfolgt die Konstruktion einer steuernd-regelnden Struktur. Die Notwendigkeit von Regeln, Kontrolle und Steuerung ermöglichenden Rahmenbedingungen bzw. Schwierigkeiten oder Problemen bei Prozessen jugendlicher Selbstorganisation sind wiederkehrende Themen. Regeln steuern und Prozesse lenken durch Soziale stehen im Mittelpunkt der Handlungsorientierung.

Nur in wenigen Fällen verfolgen Soziale diese Strategien in „reiner" Form; sie arbeiten stattdessen mit strategischen Verknüpfungen, indem sie situativ abschätzen, welche Strategien fallangemessen sind.

Fallbeispiel

Mia schätzt nun u.a. ab, dass ihre Möglichkeiten insbesondere gegenüber ihrer Vorgesetzten beschränkt sind, v.a. auch schon deshalb, weil sie derzeit nicht bereit ist, sich auf ein Gespräch über die „Russen" einzulassen (sie hat entschieden, und das bleibt so!); hier kann sie nur wenig bewirken. Sie wägt auch ab, wo sie die Chancen offenhalten kann, dass die Clique auch in Zukunft ihre Partys selbst organisieren kann, wo sie künftig eingreifen muss, wo die Clique noch Hilfe braucht. „Vom Gefühl her" (intuitiv), sagt sie, scheint für sie doch viel dafür zu sprechen, dass die Clique trotz des Vorfalls in der Lage ist, sich gelingend zu organisieren. Womöglich hat sie Karl vor Augen, der seine Wochenendaktionen im Internet so gut organisieren kann. Das will sie weiter unterstützen.

Soziale kann die Situation (mit ihren eingeschränkten Alternativen) veranlassen, z.B. über die Einbindung Dritter als *Schlüsselpersonen* nachzudenken. Sie könnten eine Vorgehensweise auf der Grundlage der Strategie „Ermöglichen" entwickeln, und zwar gegenüber den *Jugendlichen* zunächst als Versuch einer Klärung der Interessen der Nachbarn (und deren Berechtigung) und als Versuch, sie mit ihren Stärken „abzuholen", gegenüber dem *Gemeinwesen (den Nachbarn)* als Versuch einer Klärung der Bereitschaft (durch Gespräche, Konfliktmoderation, Mediation), die Selbstorganisationsbemühungen Jugendlicher anzuerkennen *(ob ein neuer Versuch zu den alten Regeln überhaupt möglich ist),* und gegenüber *Entscheidern* als Versuch der Klärung möglicher Optionen *(ob die Aufhebung des Verbotes noch vor Ablauf der sechs Monate möglich ist).*

Im Einzelnen heißt das: Soziale

- können Kontakt zu den Jugendlichen suchen, ihnen ihre Sicht der Dinge schildern, sie beraten und ermuntern, selbst eine Lösung zu suchen (indem Mia u.a. fragt, wann eine Party für alle Beteiligten – sie selbst, die Anlieger, die Jugendamtsleiterin, die Sozialen – gelungen wäre). Gegebenenfalls geben sie auch Denkanstöße, was jetzt getan werden kann und was die Jugendlichen selbst dazu gut beitragen können (z.B. die Fähigkeiten Karls, gut organisieren zu können); sie werden versuchen, die Reflexion des eigenen Verhaltens anzuregen (Mia wird das mit der situativen Abwägung verbinden, ob die Jugendlichen auf den Vorschlag eingehen können, Kontakt zu den Nachbarn und zu ihrer Vorgesetzten zu suchen, um dort für eine Änderung des Verbots bzw. Aufhebung der Schließung argumentieren zu können – wobei sie sich auf ihr „Bauchgefühl" verlässt, darin eine Erfolgschance zu sehen).

- berücksichtigen, dass sie Umwege gehen müssen (im Falle Mias, weil sich ihre Vorgesetzte festgelegt hat): Im Gemeinwesen können sie auf die Nachbarn einwirken (indem Mia die Situation erläutert, die Eskalation auch als Chance für neues Lernen darstellt und Möglichkeiten prüft, unter welchen Voraussetzungen sie künftig bereit wären, wieder eine Nutzung zu akzeptieren). Sie können Schlüsselpersonen und Fürsprecher einbeziehen (Mia spricht mit dem Rektor und regt an, sich für „seine" Schüler einzusetzen), die wiederum auf Entscheider Einfluss nehmen können (z.B. direkt mit der Jugendamtsleiterin zu sprechen oder im Stadtgespräch zu vermitteln, dass die Jugendlichen Einsicht zeigten). Im Fall des Gelingens führt diese indirekte Einflussnahme durch Schlüsselpersonen womöglich dazu, dass Entscheider ihre Haltung und die mit ihr verbundenen Entscheidungen überdenken.
- können (je nach Verlauf der Kontaktaufnahme) auf die Nachbarn einwirken, einen erneuten Versuch mit den Jugendlichen zu wagen. Es kann sich im Verlauf der Kontaktaufnahme mit den Anliegern anbieten, zwischen ihnen und den Jugendlichen ein weiteres Gespräch anzubahnen. Auch mag es möglich sein, dass sich die Sozialen (jedenfalls phasenweise) bereit erklären, mögliche Partys mit den Jugendlichen gemeinsam vorzubereiten bzw. durchzuführen (eine solche Bereitschaft vorausgesetzt, könnte sie der Jugendamtsleiterin selbst eine erneute Öffnung „auf Probe" vorschlagen bzw. im günstigsten Fall schlagen die Nachbarn dies sogar selbst vor).

Fallbeispiel

Mia beschreitet alle drei Wege, weil ihr deutlich ist, dass nur die Mitwirkung aller eine Chance für eine solide Lösung bietet. Sie spricht in aller Ruhe, frei von Vorwürfen, mit den Jugendlichen. Das ist zu Beginn recht schwer, denn sie wollen in erster Linie, dass Mia etwas für sie tut; sie müssen sich erst daran gewöhnen, dass sie selbst Ideen entwickeln und deren Verwirklichung planen müssen.

Auch die Nachbarn sind zunächst überhaupt nicht begeistert, diskutieren zu sollen. Sie kommen ins Nachdenken, als Mia sie bittet, zu überlegen, wo die Jugendlichen denn bleiben sollen, wenn sie überall weggeschickt werden. Auf jeden Fall wollen sie Zusagen und verbindliche Regeln. Sehr gelegen kommt ihr, dass sie seit Jahren einen „guten Draht" zum Rektor der Schule hat und er auch weiß, dass ihr die Jugendlichen nicht egal sind. Er spricht mit der Jugendamtsleiterin. Es gelingt Mia sogar, einige Nachbarn und drei Sprecher der Gruppe zum Kaffee ins Jugendhaus einzuladen. Das Gespräch ist streckenweise etwas laut, aber das Ergebnis ist viel versprechend. Auch die Nachbarn sind mit einem neuen Versuch einverstanden; das darf sie ihrer Chefin mitteilen.

Soziale handeln intermediär; sie moderieren das (Konflikt-)Gespräch, und sie transportieren die Lösung an die Adresse der Entscheider in Form eines Handlungsvorschlags (z. B. in Form eines Vermerks).

Fallbeispiel

Die Amtsleiterin trägt dieser Sachverhaltsdarstellung, v. a. aber dem Gespräch mit dem Rektor und dem Votum der Nachbarn Rechnung und lockert das Verbot phasenweise und mit Auflagen (d. h. Gestattung einer Party im Monat unter der Voraussetzung, dass die Nachbarn einverstanden sind – ein Vorschlag, der so im Gespräch zwischen Jugendlichen und Anliegern entwickelt wurde).

Soziale können feststellen, dass die Clique nun unter besonderer Beobachtung des Gemeinwesens steht *(Kontrolle der Anlieger)*, ob der neue Versuch sich als tragfähig erweisen wird. Auch Schlüsselpersonen sehen sich im Wort *(der Rektor gegenüber der Jugendamtsleiterin)* und werden versuchen, ihren Beitrag zum Gelingen zu leisten *(sodass der Rektor bei einem erneuten Rückfall der Schüler nicht diskreditiert wird)*. Entscheidungsträger werden die weitere Entwicklung genau beobachten; das wird die Sozialen veranlassen, mit erhöhter Aufmerksamkeit den Prozess *(das weitere Verhalten der Jugendlichen)* zu begleiten und erforderlichenfalls darauf Einfluss zu nehmen *(zu lenken, z. B. Grenzen zu setzen)*.

Dieses (alltägliche praktische Erfahrungen aufgreifende) Fallbeispiel[3] sollte exemplarisch deutlich machen, dass es *eine* übereinstimmende methodische Handlungsweise offenkundig nicht gibt. Ähnlich wird sich die methodisch-abgestützte Handlungsweise Sozialer auch in der Einzelfallarbeit, der Sozialen Gruppenarbeit oder in der aufsuchenden Arbeit darstellen. Es zeigt sich *kein* explizites Schema, das als *State of the Art* bezeichnet werden könnte (als Ausdruck methodischen Handelns, das stets in vergleichbaren Situationen als *gültig* anzusehen wäre). Es gibt keine eindeutige methodisch abgestützte Handlungsweise (Strategie), wie Soziale mit *Anlässen (Anliegen* und *Notlagen)* umgehen und diese bewältigen. Es lässt sich nicht *eine* Vorgehensweise identifizieren, die Soziale zur Anwendung bringen können. Sichtbar wird vielmehr die Erfahrungsgestütztheit, der deduktive *und* der *intuitive Zugang,* wie Soziale jeweils im Einzelfall eine Situation „lesen", dazu eine differenzierte Einschätzung vornehmen, eine Haltung einnehmen und ein flexibles Verfolgen, Ausprobieren und Nutzen unterschiedlicher methodisch abgestützter Handlungsweisen (im Rahmen des in der Situation Möglichen) ableiten.

Dieses *Navigieren*[4] kann als die (auf Wissen, Können und Intuition basierte) Leistung von Sozialen beschrieben werden, z.B. die Lebensführung und -bewältigung von Menschen durch methodisch abgestütztes Handeln zu unterstützen. *Darin* besteht ihre eigentliche *Kunst,* in einer spezifischen Situation eine (Vermittlungs-)Leistung in Prozessen zu erbringen, die durch das Spannungsverhältnis unterschiedlicher Interessen der Adressatinnen und ihrer Umwelt (des Gemeinwesens), rechtliche Vorgaben und Rahmungen sowie politische Erwartungen und Ansprüche der Sozialen selbst (mit ihren persönlichen Überzeugungen und fachlichen Vorstellungen) gekennzeichnet sind. Entscheidend ist dabei die in ihrer Person (als Werkzeug) integrierte berufliche Kundigkeit der Sozialen: Nicht ihr Wissen oder Können alleine erweist sich als relevant für das Gelingen des metho-

3 Die Vielzahl der empirisch ausgewerteten Einschätzungen Sozialer und die Rekonstruktion der durch sie begleiteten Prozesse (Fallbeispiele) zeigt, dass diese Vorgehensweise als die Regel anzusehen ist (vgl. Wendt, P. 2005: 35–65, 94–163).

4 Der Begriff „Navigation" ist der (vorneuzeitlichen) Seefahrt entlehnt, da methodisch abgestütztes Handeln in der Sozialen Arbeit viele Analogien mit dem Bild eines mittelalterlichen Bootes in bewegter, rauer See aufweist, dessen Schiffer – unter Anwendung seiner komplexen nautischen Kenntnisse und seiner seemännischen Intuition – sicher zum richtigen Hafen navigiert. Sein Erfahrungswissen, der Rückgriff auf den im Alltag gelernten Umgang mit Gezeiten, Wind und Wetter (woher der Wind weht), die Kenntnis Orientierung stiftender Landmarken garantierten zwar keineswegs die sichere Reise zum gewünschten Ziel, machten den Erfolg der Fahrt aber um vieles wahrscheinlicher.

disch abgestützten Handelns, sondern auch ihre legitime Intuition, die Nutzung unbewussten Wissens – oder mit Alice Salomon (1926: 67):

> „Nicht vergessen darf man, dass die bessere Technik, die durchdachtere Methode nur ein Werkzeug ist; als solches nützlich und unentbehrlich. Aber recht handhaben kann es nur ein Mensch, dessen Tun aus einem wachen Geist quillt".

Literaturverzeichnis

Ackermann, T.: Wie kommt man ins Heim? Oder: Wie Sozialarbeiterinnen in Falldarstellungen Plausibilität für/gegen Fremdunterbringungen herstellen; in: Sozial Extra 7-8/2012: 32–36

Ackermann, F., und Seeck, D.: Der steinige Weg zur Fachlichkeit, Hildesheim 1999

Ader, S.: Was leitet den Blick? Wahrnehmung, Deutung und Intervention in der Jugendhilfe, Weinheim 2006

Ader, S.: Fallverstehen und Kollegiale Beratung in schulischen Zusammenhängen: Es könnte so sein, aber auch ganz anders! In: Baier, F., und Deinet, U. (Hg.), Praxisbuch Schulsozialarbeit, Opladen und Farmington Hills 2011: 159–177

Arbeitsgemeinschaft für Kinder- und Jugendhilfe/AGJ (Hg.): Abschlussbericht des Runden Tisches „Heimerziehung in den 50er und 60er Jahren", Berlin 2010

Arbeitsgemeinschaft Kinder- und Jugendhilfe/AGJ: Ombudschaften, Beteiligungs- und Beschwerdeverfahren in Einrichtungen und Institutionen der Kinder- und Jugendhilfe, Berlin 2013

Alinsky, S. D.: Call Me A Radical, Organizing und Empowerment - Politische Schriften, Berlin 2010 (Auszug urspr. aus: „Rules for Radicals - A Pragmatic Primer for Realistic Radicals", New York 1972, dt: „Die Stunde der Radikalen", Gelnhausen 1974)

Alisch, M.: Wissensbaustein Sozialraumorientierung; in: Gromann, P.: Koordinierende Prozessbegleitung in der Sozialen Arbeit, München und Basel 2010: 76–78

Ameln, F. von, Gerstmann, R., und Kramer, J.: Psychodrama, Heidelberg 2004 (Nachdruck 2005)

Amthor, R.-C.: Einführung in die Berufsgeschichte der Sozialen Arbeit, Weinheim und Basel 2012

Anhorn, R.: Warum sozialer Ausschluss für Theorie und Praxis Sozialer Arbeit zum Thema werden muss; in: Anhorn, R., Bettinger, F., und Stehr, J. (Hg.), Sozialer Ausschluss und Soziale Arbeit, Wiesbaden 2008: 14–28

Ansen, H.: Soziale Beratung in prekären Lebenslagen; in: Grunwald, K., und Thiersch, H. (Hg.), Praxis Lebensweltorientierter Sozialer Arbeit. Handlungszugänge und Methoden in unterschiedlichen Arbeitsfeldern, Weinheim und München 2004: 55–68

Ansen, H.: Soziale Beratung bei Armut, München und Basel 2006

Antes, W.: Projektarbeit für Profis. Praxishandbuch für die Projektarbeit, 3. Aufl. Weinheim und Basel 2014

Antonovsky, A.: Health, stress, and coping: New perspectives on mental and physical well-being, San Francisco 1979

Antonovsky, A.: Salutogenese: zur Entmystifizierung der Gesundheit, Tübingen 1997

Antons, K.: Praxis der Gruppendynamik. Übungen und Techniken, 6. Aufl. Göttingen, Toronto und Zürich 1996

Arnold, T., und Stüwe, G.: Die Aneignung von öffentlichem Raum durch Jugendliche. Handlungsmöglichkeiten der Jugendarbeit; in: deutsche jugend 3/1992: 123–128

Auhagen, A. E. (Hg.): Positive Psychologie, Basel 2004a: 190–195

Auhagen, A. E.: Das Positive mehren. Herausforderungen für die Positive Psychologie; in: dies. (Hg.), Positive Psychologie, Basel 2004b: 1–15

Auhagen, A. E.: Zentrale Lebensthemen als Schlüssel zu einem positiven Leben; in: dies. (Hg.), Positive Psychologie, Basel 2004c: 190–195

Backhaus, O., und Hampel, P.: Anti-Stress-Training: Geschlechtsspezifische Präventionsarbeit an Lüneburger Schulen; in: TuP 3/2010: 199–201

BAG FiM/Bundesarbeitsgemeinschaft FiM: Familie im Mittelpunkt; http://bag-fim.de/cms/ (1. Mai 2014)

BAG SSE/GWA/Bundesarbeitsgemeinschaft Soziale Stadtentwicklung und Gemeinwesenarbeit: Was machen wir? Link: http:/www.bagsozialestadtentwicklung.de/index.php?id=53 (31. Oktober 2014)

BAG SW/MJA/Bundesarbeitsgemeinschaft Streetwork/Mobile Jugendarbeit e. V. (Hg.): Fachliche Standards. Beschluss der Mitgliederversammlung vom 14. Dezember 2007, Gelnhausen 2007; Link: http://www.bundesarbeitsgemeinschaft-streetwork-mobile-jugendarbeit.de/bag-material/bag standards2007.pdf (31. Oktober 2014)

BAG SW/MJA (Bundesarbeitsgemeinschaft Streetwork/Mobile Jugendarbeit, Landesarbeitskreis Mobile Jugendarbeit Sachsen und Landesarbeitsgemeinschaft Mobile Jugendarbeit/Streetwork Baden-Württemberg): Mobile Jugendarbeit 2.0. Herausforderungen und Möglichkeiten Mobiler Jugendarbeit im virtuellen Raum des Internet – Positionen und Handlungsempfehlungen, Gelnhausen, Stuttgart und Chemnitz 2010; Link: http://www.mja-sachsen.de/mja-sachsen/material/handlungsempfehlungen_virtuell-aufsuchende-Arbeit.pdf (31. Oktober 2014)

Baier, F.: Der sozialpädagogische Blick in der Schulsozialarbeit; in: Sozialmagazin 11-12/2013: 88–95

Baldas, E. (Hg.): Community Organizing. Menschen gestalten ihren Sozialraum, Freiburg/Brsg. 2010

Bamberger, G. G.: Beratung unter lösungsorientierter Perspektive: in: Nestmann, F., Engel, F., und Sickendiek, U. (Hg.), Das Handbuch der Beratung. Band 2, Tübingen 2004: 737–748
Bamberger, G. G.: Lösungsorientierte Beratung, 2. Aufl. Basel 2005
Bandemer, S., und Hilbert, J.: Vom expandierenden zum aktivierenden Staat; in: Bandemer, S., u. a. (Hg.), Handbuch zur Verwaltungsreform, 2. Aufl. Opladen 2001: 25–32
Bange, D.: Unter Generalverdacht. Die Eltern der missbrauchten Kinder; in: Sozialmagazin 2/2009a: 10
Bange, D.: Die Person des Helfers im Hilfeprozess. Kindheitserfahrungen der Helfer und ihr Umgang mit Kindeswohlgefährdungen – Untersuchungsergebnisse; in: Sozialmagazin 10/2009b: 26–32
Barnes, J. A.: Class and Comittees in a Norwegian Island Parish; in: Human Relations 7/1954: 39–58
Barth, S.: Tendenzen neuerer Methodenentwicklung in der Sozialen Arbeit. Konzeptionelle und praxisorientierte Überlegungen; in: TuP 2/2011: 136–140
Basu, A., und Faust, L.: Gewaltfreie Kommunikation, 2. Aufl. Freiburg/Brsg. 2013
Baumgarten, B.: Wildnisbildung in Großschutzgebieten – ein konstruktivistisches Lernangebot auf Basis von Schülervorstellungen, Univ. Göttingen 2006
Baumgarten, B.: Wildnisbildung in Großschutzgebieten. Ein konstruktivistisches Lernangebot auf Basis von Schülervorstellungen; in: Nationalparkhaus Altenau-Torfhaus (Hg.): Wildnisforum Nationalpark Harz 2007, Köln 2007: 21
Bausum, J., u. a.: Traumapädagogik. Grundlagen, Arbeitsfelder und Methoden für die pädagogische Praxis, 3. Aufl. Weinheim und Basel 2013
Belardi, N.: Supervision. Grundlagen, Techniken, Perspektiven, München 2002
Becker, M.: Soziale Stadtentwicklung und Gemeinwesenarbeit in der Sozialen Arbeit, Stuttgart 2014
Becker, P., u. a./Verein zur Förderung bewegungs- und sportorientierter Jugendsozialarbeit – bsj (Hg.): Abenteuer – ein Weg zur Jugend? Weiterentwicklungen der Erlebnispädagogik in den alten und den neuen Bundesländern (Dokumentation zur 3. Bundesweiten Fachtagung zur Erlebnispädagogik), o. O. (Marburg, Neubrandenburg) 1996
Becker, F., und Riedel, S.: Gemeinwesenmediation; in: Stövesand, S., Stoik, C. und Troxler, U. (Hg.), Handbuch Gemeinwesenarbeit Opladen, Berlin und Toronto 2013: 425–430
Becker, G., und Simon, T.: (Hg.): Handbuch Aufsuchende Jugend- und Sozialarbeit. Theoretische Grundlagen, Arbeitsfelder, Praxishilfen, Weinheim und München 1995
Behn, S., u. a.: Lokale Aktionspläne für Demokratie. Zivilgesellschaft und Kommune in der Auseinandersetzung mit Rechtsextremismus, Weinheim und Basel 2013
Behnisch, M., Lotz, W., und Maierhof, G.: Soziale Gruppenarbeit mit Kindern und Jugendlichen. Theoretische Grundlage – methodische Konzeption – empirische Analyse, Weinheim und Basel 2013
Belardi, N.: Supervision. Grundlagen, Techniken, Perspektiven, München 2002
Belardi, N.: Supervision – Coaching – Mediation; in: Kreft, D., und Müller, C. W. (Hg.), Methodenlehre in der Sozialen Arbeit, München und Basel 2010: 98–107
Belardi, N.: Genogrammarbeit; in: Kreft, D., und Müller, C. W. (Hg.), Methodenlehre in der Sozialen Arbeit, München und Basel 2010: 153–155
Belardi, N.: Beratung; in: Kreft, D., und Mielenz, I. (Hg.), Wörterbuch Soziale Arbeit, Weinheim und Basel 2013a: 162–165
Belardi, N.: Supervision; in: Kreft, D., und Mielenz, I. (Hg.), Wörterbuch Soziale Arbeit, Weinheim und Basel 2013b: 950–954
Belardi, N., u. a.: Beratung. Eine sozialpädagogische Einführung, Weinheim und München 2007
Bellermann, M.: Sozialpolitik. Eine Einführung für soziale Berufe, 6. Aufl. Freiburg/Brsg. 2011
Benbrahim, K. (Hg.): Diversität bewusst wahrnehmen und mitdenken, aber wie? Benien, K.: Schwierige Gespräche führen. Modelle für Beratungs-, Kritik- und Konfliktgespräche im Berufsalltag, Reinbek 2003
Berg, I. K.: Familien-Zusammenhalt(en). Ein kurz-therapeutisches und lösungsorientiertes Arbeitsbuch, 9. Aufl. Dortmund 2010
Berliner Arbeitstagung Kritische Soziale Arbeit – Resolution; in: Unabhängiges Forum kritische Soziale Arbeit (Hg.), Zukunftswerkstatt Soziale Arbeit, Berlin 2012: 133–137
Bernfeld, S.: Sisyphos oder die Grenzen der Erziehung, Original 1915, 11. Aufl. Frankfurt/M. 2010
Bernstein, L., und Lowy, S.: Untersuchungen zur sozialen Gruppenarbeit, 2. Aufl. Freiburg/Brsg. 1971
Bertram, H.: Reiche, kluge, glückliche Kinder? Der UNICEF-Bericht zur Lage der Kinder in Deutschland, Weinheim und Basel 2013
Besemer, C.: Mediation. Vermittlung in Konflikten, Freiburg/Brsg. 1993
Bestmann, S., Häseler, S., und Mann, R.: Jugendaktion GUT DRAUF. Verbindung von Sozialraumorientierung mit der Gesundheitsförderung Jugendlicher; in: Sozial Extra 3-4/2008: 14–19
Beushausen, J.: Ressourcenfokussierung in psycho-sozialen Arbeitsfeldern; in: TuP 3/2012a: 183–191
Beushausen, J.: Genogramm- und Netzwerkanalyse. Die Visualisierung familiärer und sozialer Strukturen, Göttingen 2012b
Beyer, M.: Brainland – Mind-Mapping in Aktion, 3. Aufl. Bielefeld 2002
Bien, W., und Weidbacher, A. (Hg.): Leben neben der Wohlstandsgesellschaft. Familien in prekären Lebenslagen, Wiesbaden 2004
Bierhoff, H. W., und Herner, M. J.: Begriffswörterbuch Sozialpsychologie, Stuttgart 2002
Bierhoff, H.-W., und Schülken, T.: Solidarität; in: Auhagen, A. E. (Hg.), Positive Psychologie, Basel 2004: 171–189

Biesel, K.: Case Management – Zwischen Befürwortung und Ablehnung. Versuch einer (Er-)Klärung; in: Sozialmagazin 1/2010: 12–17
Biestek, F.: Wesen und Grundsätze der helfenden Beziehung in der sozialen Einzelhilfe, Freiburg/Brsg. 1968
Bimschas, B., und Schröder, A.: Beziehungen in der Jugendarbeit, Opladen 2003
Bingler, K., und Kotthaus, J.: Soziale Arbeit unter dem Diktat der Ökonomie. Standortbestimmung in rauen Zeiten; in: Huxoll, M., und Kotthaus, J. (Hg.), Macht und Zwang in der Kinder- und Jugendhilfe, Weinheim und Basel 2012: 233–244
Birgmeier, B.: Sozialpädagogisches Coaching; in: Soziale Arbeit 5/2011: 162–169
Bitzan, M.: „... damit Menschen Kontrolle über ihre Lebensverhältnisse bekommen ..." Lebensweltorientierung und Gemeinwesenarbeit; in: Stövesand, S., Stoik, C. und Troxler, U. (Hg.), Handbuch Gemeinwesenarbeit Opladen, Berlin und Toronto 2013: 110–121
Blanke, M., und Lang, R.: Soziales Engagement von Unternehmen als strategische Investition in das Gemeinwesen; in: Hardtke, A., und Kleinfeld, A. (Hg.), Gesellschaftliche Verantwortung von Unternehmen,Wiesbaden 2010: 242–272
BMFSFJ/Internetredaktion des Bundesministeriums für Familie, Senioren, Frauen und Jugend: Bundesfamilienministerin Manuela Schwesig – „Lokale Bündnisse für Familie orientieren sich an der Lebenswirklichkeit von Familien", Pressemitteilung Nr. 43/2014 vom 24. Juni 2014, Berlin 2014a
Internetredaktion des Bundesministeriums für Familie, Senioren, Frauen und Jugend: „1. Halbzeit gut geschafft: Bundesjugendministerin Manuela Schwesig ist zufrieden mit 1. Förderphase der Bundesinitiative Frühe Hilfen", Pressemitteilung Nr. 45/2014 vom 26. Juni 2014, Berlin 2014b
Bock, K.: Lebenswelt; in: Thole, W., Höblich, D., und Ahmed, S. (Hg.), Taschenwörterbuch Soziale Arbeit, Bad Heilbrunn 2012: 183–185
Boeltner, J.: Sozialraumanalyse – soziale Räume vermessen, erkunden, verstehen; in: Michel-Schwartze, B. (Hg.), Methodenbuch Soziale Arbeit, Wiesbaden 2007: 259–292
Böhm, W.: Maria Montessori; in: Tenorth, H.-E. (Hg.), Klassiker der Pädagogik. Band 2, München 2003
Bohn, C.: Zur Bedeutung der Scham im professionellen Kontext sozialer Arbeit; in: TuP 4/2007: 51–53
Böhnisch, L.: Pädagogische Soziologie, 2. Aufl. Weinheim und München 2003
Böhnisch, L.: Sozialpädagogik der Lebensalter. Eine Einführung, 5. Aufl. Weinheim und München 2008
Böhnisch, L.: Lebensbewältigung. Ein sozialpolitisch inspiriertes Paradigma für die Soziale Arbeit; in: Thole, W. (Hg.); Grundriss Soziale Arbeit, 3. Aufl. Wiesbaden 2010: 219–233 (1. Aufl. Opladen 2002: 199–213)
Böhnisch, L.: Lebensbewältigung und Bewältigungslage als Kategorien der Gemeinwesenarbeit; in: Stövesand, S., Stoik, C. und Troxler, U. (Hg.), Handbuch Gemeinwesenarbeit, Opladen, Berlin und Toronto 2013: 122–126
Böhnisch, L., und Funk, H.: Soziologie. Eine Einführung für die Soziale Arbeit, Weinheim und Basel 2013
Böhnisch, L., und Lösch, H.: Das Handlungsverständnis des Sozialarbeiters und seine institutionelle Determination; in: Otto, H. U., und Schneider, S. (Hg.), Gesellschaftliche Perspektiven der Sozialarbeit, Bd. 2, Neuwied und Berlin 1973: 21–40
Böhnisch, L., und Schefold, W.: Lebensbewältigung, Weinheim 1985
Bolay, E.: Überlegungen zu einer lebensweltorientierten Schulsozialarbeit; in: Grunwald, K., und Thiersch, H. (Hg.), Praxis Lebensweltorientierter Sozialer Arbeit. Handlungszugänge und Methoden in unterschiedlichen Arbeitsfeldern, Weinheim und München 2004: 147–163
Borgetto, B.: Selbsthilfeunterstützung von Menschen mit gesundheitlichen Beeinträchtigungen; in: Bieker, R., und Floerecke, P. (Hg.), Träger, Arbeitsfelder und Zielgruppen der Sozialen Arbeit, Stuttgart 2011: 288–303
Borrmann, S.: Soziale Arbeit mit rechten Jugendlichen, Wiesbaden 2006
Boulet, J., Krauss, J. E., und Oelschlägel, D.: Gemeinwesenarbeit, eine Grundlegung, Bielefeld 1980
Braches-Chyrek, R.: Jane Addams, Mary Richmond und Alice Salomon. Professionalisierung und Disziplinbildung Sozialer Arbeit, Opladen, Berlin und Toronto 2013
Braun, S., und Backhaus-Maul, H.: Gesellschaftliches Engagement von Unternehmen in Deutschland, Wiesbaden 2010
Breede, C., von Spiegel, H., Sturzenhecker, B.: Warum Konzeptentwicklung in der Kinder- und Jugendarbeit? In: Sturzenhecker, B., und Deinet, U. (Hg.), Konzeptentwicklung in der Kinder- und Jugendarbeit – Reflexionen und Arbeitshilfen für die Praxis, Juventa Verlag Weinheim und München 2007: 34–48
Bremen, K., und Greiwe, A.: Solidarität organisieren. Vom sozialen Zusammenhalt und künftigen Aufgaben freier Wohlfahrtspflege in der Zivilgesellschaft; in: Blätter der Wohlfahrtspflege 3/2005: 83–85
Brem-Gräser, L.: Handbuch der Beratung für helfende Berufe, Band 1, München und Basel 1993
Brenner, G.: Besetzt Euren Platz! Über die Vernachlässigung des Territorialen in der Jugendarbeit (Teil I und II); in: deutsche jugend 2/1987: 62–70 und 3/1987: 123–130
Britten, U.: Bündnis für Straßenkinder statt kommunaler Vereinzelung. Notschlafstellen und Jugend-Streetwork schließen sich zusammen; in: Sozialmagazin 1/2009: 53–57
Broer, W.: Das Arbeitsbündnis im Case Management. Vereinbarungen bzw. Arbeitsbündnisse, welche unter Druck zustande kommen, verfehlen oft ihre beabsichtigte Wirkung; in: Broer, W. (Hg.), Case Management in der Sozialen Arbeit, Opladen, Berlin und Toronto 2013: 179–200
Bronfenbrenner, U.: Ökologische Sozialisationsforschung, Stuttgart 1976

Brosius, K.: Soziales Lernen in Gruppen; in: Edding, C., und Schattenhofer, K. (Hg.), Handbuch Alles über Gruppen: Theorie, Anwendung, Praxis, Weinheim und Basel 2009: 260–285
Brown, J., und Isaacs, D.: Das World Café. Kreative Zukunftsgestaltung in Organisationen und Gesellschaft, Heidelberg 2007
Brumlik, M.: Advokatorische Ethik. Zur Legitimation pädagogischer Eingriffe, Bielefeld 1992
Brunner, E. J.: Systemische Beratung; in: Nestmann, F., Engel, F., und Sickendick, U. (Hg.), Das Handbuch der Beratung. Bd. 2, Tübingen 2004: 655–661
bsj/Verein zur Förderung bewegungs- und sportorientierter Jugendsozialarbeit (bsj): City Bound – Erfahrungsorientierte Bildungsangebote in städtischen Räumen, Marburg, Link: http://www.bsj-marburg.de/city-bound.html (31. Oktober 2014)
Budde, W., und Früchtel, F.: Sozialraumorientierte soziale Arbeit – ein Modell zwischen Lebenswelt und Steuerung (I und II); in: NDV 7/2005: 238–242, und 8/2005: 287–292
Budde, W., und Früchtel, F.: Familienrat: Bürger statt Klienten in der sozialräumlich inspirierten Hilfeplanung; Link: http://www.sozialraum.de/familienrat.php (31. Oktober 2014; der Artikel wurde zuerst veröffentlicht in: Jugendhilfe 3/2008: 121–130)
Budde, W. und Früchtel, F.: Eco-Maps und Genogramme als Netzwerkperspektive; in: sozialraum.de 2/2009; Link: http://www.sozialraum.de/eco-maps-und-genogramme-als-netzwerkperspektive.php (31. Oktober 2014)
Budde, W., und Früchtel, F.: Eco-Maps und Genogramme als Netzwerkperspektive; Link: http://www.sozialraum.de/eco-maps-und-genogramme-als-netzwerkperspektive.php (31. Oktober 2014)
Bullinger, H., und Nowak, J.: Soziale Netzwerkarbeit, Freiburg/Brsg. 1998
BUND: Wildnisbildung – ein Beitrag zur Bildungsarbeit in Nationalparken, Altenau-Torfhaus 2002; Link: http://www.gfn-harz.de/sites/wildnisbildung.pdf (31. Oktober 2014)
Bundschuh, S., Drücker, A., und Stolle, T. (Hg.): Wegweiser Jugendarbeit gegen Rechtsextremismus, Schwalbach 2012
Bunge, M.: Finding Philosophy in Social Science, New Haven und London 1996
Bürgi, A., und Eberhart, E.: Beratung als strukturierter und kreativer Prozess. Ein Lehrbuch für die ressourcenorientierte Praxis, Göttingen 2004
Burmeister, J., und Brinkmann, D.: Freiwilliges Engagement in der Jugendarbeit in Mecklenburg-Vorpommern. 2. Teil: Qualitative Teilstudie zur Förderung des freiwilligen Engagements aus der Sicht hauptamtlicher Mitarbeiter in Jugendverbänden, Neubrandenburg 2006
Buzan, T.: Das kleine Mind-Map-Buch, 5. Aufl. München 2004
Bylinksi, P.: Kompetenzen feststellen – Kompetenzen entwickeln: Verfahren und Qualitätsstandards; in: BiBB – BWP 3/2008: 44–47
Cassée, K., u. a.: Kompetenzorientierte Familienarbeit (KOFA). Entwicklung, Implementierung und Evaluation eines manualisierten Programms für die Arbeit mit belasteten Familien. Schlussbericht, Hochschule Zürich 2010
Christa, H.: Erfolgreiche Netzwerkarbeit. Ein integriertes Modell von Basis- und Erfolgsfaktoren; in: TuP 6/2008: 411–418
CO Uslar (Community Organizing Uslar)/Diakonisches Werk Ev. Kirchenkreis Leine-Solling: Community Organizing im Forum Kinderarmut Uslar; http://www.fo-co.info/praxis/uslar.html (31. Oktober 2014)
Coelen, T., und Gusinde, F. (Hg.): Was ist Jugendbildung? Positionen – Definitionen – Perspektiven, Weinheim und München 2011
Cohn, R. C.: Zur Grundlage des themenzentrierten interaktionellen Systems. Axiome, Postulate, Hilfsregeln; in: diess., Von der Psychoanalyse zur themenzentrierten Interaktion, 6. Aufl. Stuttgart 1983a: 120–128
Cohn, R. C.: Training der Intuition; in: diess., Von der Psychoanalyse zur Themenzentrierten Aktion, 6. Aufl. Stuttgart 1983b: 134–144
Cohn, R. C.: Das Thema als Mittelpunkt interaktioneller Gruppen; in: diess., Von der Psychoanalyse zur themenzentrierten Interaktion, 6. Aufl. Stuttgart 1983c: 111–119
Conen, M.-L.: Ungehorsam – eine Überlebensstrategie. Professionelle Helfer zwischen Realität und Qualität, Heidelberg 2011
Cromwell, P. A.: Was ist Community Organizing? Link: http://www.stadtteilarbeit.de/handlungsfelder-gwa/gwa-co/321-was-ist-co.html (31. Oktober 2014)
Crowther, C.: City Bound – Erlebnispädagogik in der Stadt; in: Abenteuer – Ein Weg zur Jugend, Dokumentation zur 3. Fachtagung zur Erlebnispädagogik, Neubrandenburg 1996: 75–82
Dahme, H.-J., Schütter, S., und Wohlfahrt, N.: Lehrbuch Kommunale Sozialverwaltung und Soziale Dienste. Grundlagen, aktuelle Praxis und Entwicklungsperspektiven, Weinheim und München 2008
Dahme, H.-J., und Wohlfahrt, N.: „Enabling Communities“. Die Rettung der kommunalen Daseinsvorsorge durch bürgerschaftliche Sozialpolitik? In: Sozialmagazin 5/2009a: 40–47
Dahme, H.-J., und Wohlfahrt, N.: Die Kontrolle der Überflüssigen; in: Widersprüche 113/Sept. 2009b: 45–62
Dahme, H.-J., und Wohlfahrt, N.: Freie Wohlfahrtspflege und Bürgerschaftliches Engagement – eine Zwischenbilanz; in: TuP 2/2011: 115–124

de Boer, B., Stumpf, S., und Wagner, K.: Das Integrierte Potenzial-Assessment. Vorschlag für ein nachhaltig wirksames Diagnose- und Förderkonzept im Übergangsmanagement Schule – Beruf; in: TuP 6/2009: 421–429
de Jong, Peter/Berg, Insoo Kim: Lösungen (er)finden. Das Werkstattbuch der lösungsorientierten Kurztherapie, 6. Aufl. Dortmund 2008
de Philipp, W. (Hg.): Systemaufstellungen im Einzelsetting, 2. Aufl. Heidelberg 2008
de Shazer, S., u. a.: Kurztherapie. Zielgerichtete Entwicklung von Lösungen; in: Familiendynamik 11/1986: 182–205
de Shazer, S.: Wege der erfolgreichen Kurzzeittherapie, Stuttgart 1989
de Shazer, S.: Das Spiel mit Unterschieden. Wie therapeutische Lösungen lösen, Heidelberg 1992
de Shazer, S.: Der Dreh. Überraschende Wendungen und Lösungen in der Kurzzeittherapie, 12. Aufl. Heidelberg 2012
de Shazer, S., und Dolan, Y.: Mehr als ein Wunder. Lösungsfokussierte Kurztherapie heute, 3. Aufl. Heidelberg 2013
Deinet, U.: Lebensweltanalyse – ein Beispiel raumbezogener Methoden aus der offenen Kinder- und Jugendarbeit; in: Kessl, F., und Reutlinger, C., Sozialraum. Eine Einführung, Wiesbaden 2007: 57–71
Deinet, U. (Hg.): Methodenbuch Sozialraum, Wiesbaden 2009a: 65–86
Deinet, U.: Sozialräumliche Haltungen und Arbeitsprinzipien; in: ders. (Hg.), Methodenbuch Sozialraum, Wiesbaden 2009b: 45–62
Deinet, U.: Analyse- und Beteiligungsmethoden; in: ders. (Hg.), Methodenbuch Sozialraum, Wiesbaden 2009c: 65–86
Deinet, U., und Krisch, R.: Offene Kinder- und Jugendarbeit als Nachbarfeld der Gemeinwesenarbeit; in: Stövesand, S., Stoik, C. und Troxler, U. (Hg.), Handbuch Gemeinwesenarbeit Opladen, Berlin und Toronto 2013: 353–359
Deinet, U., und Mildner, M.: Projekte der Mobilen Jugendarbeit gegen die Verdrängung Jugendlicher aus dem öffentlichen Raum; in: deutsche jugend 7-8/2009: 312–318
Dern, W.: ... bis die Sicherung durchbrennt – Ausbrennen als Folge grenzloser Ansprüche am Arbeitsplatz – Teil 1; in: NDV 7/2011: 322–366
Dewe, B.: Reflexive Sozialarbeit im Spannungsfeld von evidenzbasierter Praxis und demokratischer Rationalität. Plädoyer für die handlungslogische Entfaltung reflexiver Professionalität; in: ders. (Hg.), Professionalität in der Sozialen Arbeit, Wiesbaden 2009: 89–109
DGSv/Deutsche Gesellschaft für Supervision: Supervision und Ehrenamt, Köln 2009
Dietrich, G.: Allgemeine Beratungspsychologie, Göttingen 1983
Dietz, K.: Eine teure Truppe; in: Zeit-Geschichte 2/2014: 46–50
Diewald, M.: Soziale Beziehungen: Verlust oder Liberalisierung, Berlin 1991
Dilk, A., und Tuchan, S.: „Wir sind vor allem Vermittler"; in: Penta, L. (Hg.), Community Organizing – Menschen verändern ihre Stadt, Hamburg 2007: 199–206
Dölker, F.: Russisch – deutsch – deutschrussisch. Kulturelle Identität als Grundlage subjektorientierter und partizipativer Streetwork-Projekte; in: deutsche jugend 9/2006: 383–389
Dollinger, B.: Deutungsstrukturen sozialpädagogischen Wissens; in: Reflexive Sozialpädagogik, Struktur und Wandel sozialpädagogischen Wissens, Wiesbaden 2008: 75–103
Donabedian, A.: Evaluating the Quality of Medical Care; in: The Milbank Memorial Fund Quarterly 3-2/1966; 166–206
Dörr, M., und Müller, B.: Nähe und Distanz. Ein Spannungsfeld pädagogischer Professionalität, 3. Aufl. Weinheim und Basel 2012
DPWV/Deutscher Paritätischer Wohlfahrtsverband: Positive Trends gestoppt, negative Trends beschleunigt. Bericht zur regionalen Armutsentwicklung in Deutschland 2012, Berlin 2012
Dryen, T., Lauterbach, W., und Grundmann M. (Hg.): Vermögen in Deutschland: Heterogenität und Verantwortung, Wiesbaden 2011
Düx, W.: Lernen im Engagement; in DJI Impulse 4/2012: 30–32
DV/Deutscher Verein für Öffentliche und Private Fürsorge (Hg.): Eckpunkte des Deutschen Vereins zur sozialräumlichen Ausgestaltung kommunalen Handelns, Positionspapier vom 18. Juni 2008, Berlin 2008
DV/Deutscher Verein für öffentliche und Private Fürsorge (Hg.): Fachlexikon der sozialen Arbeit, 7. Aufl. Baden-Baden 2011
Eckert, D.: „Soziale Stadt": Schlagwort oder Gebot der Stunde? Rückblick auf eine zehnjährige Erfolgsgeschichte; in: TuP 5/2009: 333–341
Edding, C., und Schattenhofer, K. (Hg.): Handbuch Alles über Gruppen: Theorie, Anwendung, Praxis, Weinheim und Basel 2009
Eger, F., und Hensen, G.: Das Jugendamt. Eine pädagogische Institution in der Zivilgesellschaft; in: Eger, F., und Hansen, G. (Hg.), Das Jugendamt in der Zivilgesellschaft, Weinheim und Basel 2013: 242–264
Eggemann, M.: Alice Salomon; in: ders. und Hering, S. (Hg.), Wegbereiterinnen der modernen Sozialarbeit, Weinheim und München 1999: 159–182
Ehlers, C., und Broer, W. (Hg.): Case Management in der Sozialen Arbeit, Opladen, Berlin und Toronto 2013
Ehlers, C., und Müller, M.: Implementierung von Case Management (CM) in Organisationen des Sozial- und Gesundheitswesens; in: Broer, W. (Hg.), Case Management in der Sozialen Arbeit, Opladen, Berlin und Toronto 2013: 107–126

Eipper, M.: Sehen, Erkennen, Wissen, Renningen-Malmsheim 1998
Ellinger, S.: Kontradiktorische Beratung, Stuttgart 2010
Engelke, E., Bormann, S., und Spatscheck, C.: Theorien der Sozialen Arbeit. Eine Einführung, 5. Aufl. Freiburg/Brsg. 2009a
Engelke, E., Bormann, S., und Spatscheck, C.: Engagierter Dialog – Marianne Hege; in: dies., C., Theorien der Sozialen Arbeit. Eine Einführung, 5. Aufl. Freiburg/Brsg. 2009b: 381–396
Engelke, E., Borrmann, S., und Spatscheck, C.: Menschen in ihrer sozialen Umwelt entdecken und unterstützen – Carel Bailey Germain und Alex Gitterman; in: dies., C., Theorien der Sozialen Arbeit. Eine Einführung, 5. Aufl. Freiburg/Brsg. 2009c: 349–364
Erler, M.: Systemische Familienarbeit. Eine Einführung, Weinheim und München 2003
Erpenbeck, J., u. a.: Handbuch Kompetenzmessung. Erkennen, verstehen und bewerten von Kompetenzen in der betrieblichen, pädagogischen und psychologischen Praxis, Stuttgart 2007
Fallner, H., und Gräßlin, H.-M.: Kollegiale Beratung, Hille 1989
Fedke, C.: Zwischen (Neo-)Korporatismus und Markt. Soziale Dienste auf ihrem Weg in den Wettbewerbsmarkt; in: Sozialmagazin 2/2010: 44–51
Fehren, O.: Gemeinwesenarbeit als intermediäre Instanz: emanzipatorisch oder herrschaftsstabilisierend; in: neue praxis 6/2006: 575–595
Fehren, O.: Gemeinwesenarbeit als Akteurin der integrierten Stadtteilentwicklung seit 1993; in: Stövesand, S., Stoik, C., und Troxler, U. (Hg.), Handbuch Gemeinwesenarbeit, Opladen, Berlin und Toronto 2013: 273–279
Fehren, O.: Community Organizing und Soziale Arbeit – eine Annäherung an ein ambivalentes Verhältnis; in: Forum Community Organizing (Hg.), Handbuch Community Organizing, Bonn 2014: 59–68
Feldhaus, N., u. a.: Lebensführungsprobleme und Soziale Arbeit; in: neue praxis 2/2009: 191–200
Fischer, T.: Erlebnispädagogik; in: Jordan, S., und Schlüter, M. (Hg.), Lexikon Pädagogik, Stuttgart 2010: 84–86
Fischer, J., und Kosellek, T.: Netzwerke und Soziale Arbeit. Theorien, Methoden, Anwendungen, Weinheim und Basel 2013
Fischer, T., und Ziegenspeck, J.: Erlebnispädagogik – Grundlagen des Erfahrungslernens, 2. Aufl. Bad Heilbrunn 2008a
Fischer, T., und Ziegenspeck, J.: Handbuch Erlebnispädagogik. Von den Ursprüngen bis zur Gegenwart, Bad Heilbrunn 2008b
Fischer, T., und Ziegenspeck, J.: Erlebnispädagogik – Experiential Learning; in: Kilb, R., und Peter. J. (Hg.), Methoden der Sozialen Arbeit in der Schule, München und Basel 2009: 196–208
Fisher, R., Ury, W., und Patton, B. M.: Das Harvard-Konzept, Frankfurt/M. und New York 2006
Flachmeyer, M., u. a. (Hg.): Wissen, was ich kann. Verfahren und Instrumente der Erfassung und Bewertung informell erworbener Kompetenzen, Münster u. a. 2010
Flad, C.: Medienkompetenz als integraler Bestandteil der Fachlichkeit; in: Rundbrief der Gilde Soziale Arbeit 2/2013: 31–44
Flick, U., und Röhnisch, G.: Jugendobdachlosigkeit. Straßenleben von Jugendlichen und jungen Erwachsenen in Deutschland; in: Sozial Extra 5-6/2009: 49–52
Foco/Forum Community Organizing (Hg.): Forward to the roots … Community Organizing in den USA – eine Perspektive für Deutschland? Bonn 1996
Forum Community Organizing (Hg.): Handbuch Community Organizing, Bonn 2014
Forsa-Institut: Bleib locker Deutschland. Studie zur Stresslage der Nation, hg. durch die Techniker-Krankenkasse, Hamburg 2013
Franck, G.: Lebenswelt; in: Deutscher Verein für öffentliche und Private Fürsorge (Hg.), Fachlexikon der sozialen Arbeit, 7. Aufl. Baden-Baden 2011: 561–562
Franke, T.: Quartiersmanagement etabliert sich. Ein Schlüsselinstrument für integrierte Stadtteilentwicklung; in: Blätter der Wohlfahrtspflege 4/2004: 149–152
Franz, J.: Deutungsmuster überwinden durch Erfahrungswissen? Zum rekonstruktiven Paradigma in der Sozialen Arbeit; in: Köttig, M., u. a. (Hg.) Soziale Wirklichkeiten in der Sozialen Arbeit. Wahrnehmen – analysieren – intervenieren, Opladen, Berlin und Toronto 2014: 51–60
Freigang, W.: Kinder und Jugendliche in der Öffentlichen Erziehung. Erlebnis und Abenteuer im Heimalltag und bei Langzeitmaßnahmen; in: Abenteuer – Ein Weg zur Jugend, Dokumentation zur 3. Fachtagung zur Erlebnispädagogik, Neubrandenburg 1996: 260–271
Freigang, W.: Hilfeplanung; in: Michel-Schwartze, B. (Hg.), Methodenbuch Soziale Arbeit. Basiswissen für die Praxis, Wiesbaden 2007: 101–118
Freitag, H. O.: Beratung in der Sozialen Arbeit. Eine ordnende Darstellung der sozialrechtlichen Beratungsvorschriften; in: TuP 1/2012: 28–33
Friedrich, S.: Entwicklung einer ressourcenorientierten Haltung; in: ders. und Friedrich: (Hg.), Ressourcenorientiert Arbeiten. Anleitung zu einem gelingenden Praxistransfer im Sozialbereich, Wiesbaden 2010a: 39–49
Friedrich, S.: Arbeit mit Netzwerken; in: Möbius, T, und Friedrich, S. (Hg.), Ressourcenorientiert Arbeiten. Anleitung zu einem gelingenden Praxistransfer im Sozialbereich, Wiesbaden 2010b: 63–105
Friedrich, S.: Ressourcenorientierte Netzwerkmoderation. Ein Empowermentwerkzeug in der Sozialen Arbeit, Wiesbaden 2013
Frindt, A.: Impulse der Resilienzforschung für ambulante Hilfen zur Erziehung in Familien; in: Zeitschrift für Sozialpädagogik 3/2009a: 244–263

Frindt, A.: Resilienzförderung in der SPFH. Soziale Ressourcen außerhalb der Familie nutzen; in: Sozial Extra 11-12/2009b: 22–25
Fröhlich, W. D.: Wörterbuch zur Psychologie, 20. Auflage München 1994
Fröhlich-Gildhoff, K.: § 31 SGB VIII: Sozialpädagogische Familienhilfe; in: Macsenaere, M., u. a. (Hg.), Handbuch der Hilfen zur Erziehung, Freiburg/Brsg. 2014: 110–115
Fröhlich-Gildhoff, K., und Rönnau-Bäse, M.: Resilienz, München und Basel 2009
Frommann, A.: Was geschieht eigentlich in Beratungen? In: Brunner, E. J., und Schönig, W. (Hg.), Theorie und Praxis von Beratung, Freiburg/Brsg. 1990: 28–40
Früchtel, F., und Budde, W.: Soziales Kapital; in: Deutscher Verein für öffentliche und Private Fürsorge (Hg.), Fachlexikon der sozialen Arbeit, 7. Aufl. Baden-Baden 2011a: 810–811
Früchtel, F., und Budde, W.: Sozialraum; in: Deutscher Verein für öffentliche und Private Fürsorge (Hg.), Fachlexikon der sozialen Arbeit, 7. Aufl. Baden-Baden 2011b: 844–845
Früchtel, F., und Budde, W.: Sozialraumorientierung; in: Deutscher Verein für öffentliche und Private Fürsorge (Hg.), Fachlexikon der sozialen Arbeit, 7. Aufl. Baden-Baden 2011c: 845–847
Früchtel, F., Cyprian, G., und Budde, W.: Sozialer Raum und Soziale Arbeit. Textbook: Theoretische Grundlagen, Wiesbaden 2007a
Früchtel, F., Budde, W., und Cyprian, G.: Sozialer Raum und Soziale Arbeit. Fieldbook: Methoden und Techniken, Wiesbaden 2007b
Früchtel, F. und Hampe-Grosser, A.: Was leisten Familienräte? Eine quantitative Auswertung von 39 Familienräten im Bezirk Berlin-Mitte; in: NDV 11/2010: 484–490
Früchtel, F. und Hinte, W.: Betroffene sind Experten. Wie der Familienrat Sozialraumorientierung umsetzt und was der ASD davon hat; in: NDV 10/2012: 490–494
Früchtel, F., und Straub, U.: Standards des Familienrates, Hilfeplan oder Entscheidungsverfahren – zwischen Normierung und Diversity; in: Sozialmagazin 2/2011a: 53–57
Früchtel, F. und Straub, U.: Fachliche Prinzipien und Standards des Familienrates; in: NDV 2/2011b: 91–93
Fuchs, P.: „Soziale Innovation“ durch „Sozialunternehmen“: Schlüssel zur Lösung gesellschaftlicher Probleme? In: NDV 10/2013: 468–473
Fuchs-Heinritz, W. (Hg., div. Autoren): Lexikon zur Soziologie, Wiesbaden 2007
Fydrich T., Sommer G., und Brähler, E.: Fragebogen zur Sozialen Unterstützung (F-SozU), Göttingen 2003
Gahleitner, S.: Personzentriert beraten: alles Rogers? Theoretische und praktische Weiterentwicklung, Weinheim und Basel 2013
Gahleitner, S., u. a. (Hg.): Personzentriert beraten: alles Rogers? Theoretische und praktische Weiterentwicklungen, Weinheim und Basel 2013
Gahleitner, S., Hahn, G., und Glemser, R. (Hg.): Psychosoziale Diagnostik, Köln 2013
Galuske, M.: Empowerment; in: ders., Methoden der Sozialen Arbeit. Eine Einführung, 3. Aufl. Weinheim und München 2001: 263–269 (in 10. Aufl. Weinheim und München 2013 nicht mehr enthalten)
Galuske, M.: Lebensweltorientierte Jugendsozialarbeit; in: Grunwald, K., und Thiersch, H. (Hg.), Praxis Lebensweltorientierter Sozialer Arbeit. Handlungszugänge und Methoden in unterschiedlichen Arbeitsfeldern, Weinheim und München 2004: 233–246
Galuske, M.: Methoden der Sozialen Arbeit. Eine Einführung, 11. Aufl. Weinheim und München 2013
Galuske, M., und Müller, C. W.: Handlungsformen in der Sozialen Arbeit. Geschichte und Entwicklung; in: Thole, W. (Hg.), Grundriss Soziale Arbeit. Ein einführendes Handbuch, 3. Aufl. Wiesbaden 2010: 587–610 (1. Aufl. Opladen 2002: 485–508)
Galuske, M., und Rietzke, T.: Aktivierung und Ausgrenzung – Aktivierender Sozialstaat, Hartz-Reformen und die Folgen für Soziale Arbeit und Jugendberufshilfe; in: Anhorn, R., Bettinger, F., und Stehr, J. (Hg.), Sozialer Ausschluss und Soziale Arbeit, Wiesbaden 2008: 399–416
Gängler, H.: Jugendverbände; in: Schröer, W., Struck, N., und Wolff, M. (Hg.), Handbuch der Kinder- und Jugendhilfe, Weinheim 2002: 581–594
Gansmüller, C.: Die Erbgesundheitspolitik des Dritten Reichs. Planung, Durchführung und Durchsetzung, Köln und Wien 1987
Gedik, K.: Verstehensblindheit. Zur Gefahr willkürlicher und schädigender Deutungswut Professioneller; in: Sozial Extra 9-10/2011: 49–51
Gehrmann, G., und Müller, K. D.: Familie im Brennpunkt. Effektives Krisenmanagement für Familien, Regensburg und Berlin 1998, 2. erw. Aufl. Regensburg und Berlin 2001
Gehrmann, G., und Müller, K. D.: Management in sozialen Organisationen, Regensburg 2006
Gehrmann, G., und Müller, K. D.: Aktivierende Soziale Arbeit mit nicht-motivierten Klienten, 2. Aufl. Regensburg und Berlin 2007
Gehrmann, G., und Müller, K. D.: Praxis Sozialer Arbeit: Familie im Mittelpunkt. Handbuch effektives Krisenmanagement für Familien, Regensburg 2013
Gehrmann, G., Müller, K. D., und Säuberlich, U.: Familie im Stadtteil. Methodenhandbuch, Regensburg 2008
Geiser, K.: Klientbezogene Aktenführung und Dokumentation in der Sozialarbeit; in: Brack, R., und ders. (Hg.), Aktenführung in der Sozialarbeit, Bern, Stuttgart und Wien 1996: 21–43
Geißler, G.: § 32 SGB VIII: Hilfe zur Erziehung in einer Tagesgruppe; in: Macsenaere, M., u. a. (Hg.), Handbuch der Hilfen zur Erziehung, Freiburg/Brsg. 2014: 116–121

Geißler, K. A., und Hege, M.: Konzepte sozialpädagogischen Handelns. Ein Leitfaden für soziale Berufe, 10. Aufl. Weinheim und Basel 2001
Gerbis, E.: Das klientenzentrierte Konzept und seine Integration in die soziale Einzelhilfe; in: Hoffmann, N. (Hg.), Therapeutische Methoden in der Sozialarbeit, Salzburg 1977: 15–73
Germain, C. B., und Gitterman, A.: Praktische Sozialarbeit. Das „Life Model" der Sozialen Arbeit Fortschritte in Theorie und Praxis, 3. Aufl. Stuttgart 1999
Giese, D.: Die Beratung in der Sozialen Arbeit, Frankfurt/M. 1978
Giesecke, H.: Jugendarbeit und Emanzipation; in: Neue Sammlung 3/1971: 216–230
Giesecke, H.: Die pädagogische Beziehung, Weinheim und München 1997
Gigerenzer, G.: Aus dem Bauch; in: ZEIT Campus, 03/2007;
Link: http://www.zeit.de/campus/2007/03/interview-gigerenzer/komplettansicht (31. Oktober 2014)
Gigerenzer, G.: Bauchentscheidungen. Die Intelligenz des Unbewussten und die Macht der Intuition, 9. Aufl. München 2009
Gigerenzer, G.: Risk Shavvy. How to Make Good Decision; dt.: Risiko. Wie man die richtigen Entscheidungen trifft, New York 2013, dt.: 2. Auflage München 2013a
Gigerenzer, G.: „Nutzen Sie die Intuition"; in: Die ZEIT, 31. Oktober 2013b: 77
Gillich, S.: Wohnungslosenhilfe im Sozialraum – wo sonst? Handlungsleitende Grundsätze einer am Sozialraum orientierten Wohnungslosenhilfe; in: Sozialmagazin 11/2010: 17–22
Gissel-Palkovich, I.: ASD – die falsche verstandene Dienstleistungsorientierung? Unfreiwilligkeit im Rahmen einer Verständigungs-/dienstleistungsorientierter Kinder- und Jugendhilfe; in: Sozialmagazin 2/2009: 30–34
Gissel-Palkovich, I.: Case Management in der Sozialen Arbeit mit Blick auf den Allgemeinen Sozialen Dienst: Aspekte seiner Konzeptionierung und Realisierung; in: Broer, W. (Hg.), Case Management in der Sozialen Arbeit, Opladen, Berlin und Toronto 2013: 127–156
Glinka, H.-J.: Sozialpädagogische Kasuistik; in: Thole, W., Höblich, D., und Ahmed, S. (Hg.), Taschenwörterbuch Soziale Arbeit, Bad Heilbrunn 2012: 283 f.
Gordon, T.: Familienkonferenz. Die Lösung von Konflikten zwischen Eltern und Kind, München 1989
Grawe, B.: Selbsthilfegruppen; in: Edding, C., und Schattenhofer, K. (Hg.), Handbuch Alles über Gruppen: Theorie, Anwendung, Praxis, Weinheim und Basel 2009: 162–185
Gref, K.: Straßensozialarbeit; in: ders. und Menzke, D. (Hg.), Grenzgänger. Straßensozialarbeit und Offene Jugendarbeit, Nürnberg 1994: 11–17
Gref, K.: Was macht Streetwork aus? Inhalte – Methoden – Kompetenzen; in: Becker, G., und Simon. T.: (Hg.), Handbuch Aufsuchende Jugend- und Sozialarbeit. Theoretische Grundlagen, Arbeitsfelder, Praxishilfen, Weinheim und München 1995: 13–20
Griese, H. M.: Rolle; in: Jordan, S., und Schlüter, M. (Hg.), Lexikon Pädagogik, Stuttgart 2010: 242–245
Griese, B., und Griesehop, H. R.: Biographische Fallarbeit. Theorie, Methode und Praxisrelevanz, Wiesbaden 2007
Griese, B., und Griesehop, H. R.: Vom Nutzen eines rekonstruktiven Fallansatzes für das sozialarbeiterische Handeln. Diskussion von biographietheoretischen und -analytischen Perspektiven am Beispiel von Drogenabhängigkeit; in: Sozialmagazin 12/2009: 48–59
Griesehop, H. R., Rätz, R., und Völter, B. (Hg.): Biografische Einzelfallhilfe. Methoden und Arbeitstechniken, Weinheim und Basel 2012
Griesehop, H. R., Rätz, R., und Völter, B.: Grundlagen, Arbeitsschritte und Praxisrelevanz; in: dies. (Hg.), Biografische Einzelfallhilfe. Methoden und Arbeitstechniken, Weinheim und Basel 2012: 46–82
Groddeck, N.: Carl Rogers. Wegbereiter der modernen Psychotherapie, 2. Aufl. Darmstadt 2006
Gromann, P.: Koordinierende Prozessbegleitung in der Sozialen Arbeit, München und Basel 2010
Gröning, K.: Pädagogische Beratung. Konzepte und Positionen, Wiesbaden 2006
Gröning, K.: Entwicklungslinien pädagogischer Beratung. Eine kritische Reflexion über Beratungsformen und Beratungsverständnis; in: neue Praxis 2/2009: 103–116
Grundmann, M., und Kunze, I.: Systematische Sozialraumforschung: Urie Bronfenbrenners Ökologie der menschlichen Entwicklung und die Modellierung mikrosozialer Raumgestaltung; Kessl, F., und Reutlinger, C. (Hg.), Schlüsselwerke der Sozialraumforschung. Traditionslinien in Text und Kontexten, Wiesbaden 2008: 172–188
Grunwald, K.: Qualität – Qualitätsmanagement; in: ders., Horcher, G., und Maelicke, B. (Hg.), Lexikon der Sozialwirtschaft, 2. Aufl. Baden-Baden 2013: 814–823
Grunwald, K., und Steinbacher, E.: Konzeption; in: Grunwald, K., Horcher, G., und Maelicke, B. (Hg.), Lexikon der Sozialwirtschaft, 2. Aufl. Baden-Baden 2013: 562–566
Grunwald, K., und Thiersch, H.: Lebenswelt und Dienstleistung; in: Olk, T. und Otto, H.-U. (Hg.), Soziale Arbeit als Dienstleistung, München 2003: 67–89
Grunwald, K., und Thiersch, H. (Hg.): Praxis Lebensweltorientierter Sozialer Arbeit, Weinheim und München 2004a
Grunwald, K., und Thiersch, H.: Das Konzept Lebensweltorientierte Soziale Arbeit – einleitende Bemerkungen; in: dies. (Hg.), Praxis Lebensweltorientierter Sozialer Arbeit, Weinheim und München 2004b: 13–39
Habermas, J.: Faktizität und Geltung, Frankfurt/M. 1997
Habisch, A., Schmidpeter, R., und Neureiter, M.: Handbuch Corporate Citizenship, Heidelberg 2007
Habura, P.: Elternbildung ist eine Aufgabe Sozialer Arbeit. Hilfen zur Rückgewinnung der Erziehungskompetenz; in: Blätter der Wohlfahrtspflege 2/2005: 65–68

Hafeneger, B., u. a.: Jugendliche im öffentlichen Raum. Eine Marburger Milieustudie; in: Sozial Extra 11-12/2009: 6–9
Halfar, B.: Sozialwirtschaft; in: Kreft, D., und Mielenz, I. (Hg.), Wörterbuch Soziale Arbeit, Weinheim und Basel 2013: 900–902
Halves, J.: Projektskizze „Wildnis macht stark". Wildniserfahrung und Persönlichkeitsentwicklung für Kinder und Jugendliche - ein Qualifizierungsprojekt für Jugendleiter, Erzieher, Sozialpädagogen und Lehrer im Nationalpark Harz, Torfhaus 2010
Halves, J.: Wildnis macht stark. Wildnisbildung im Nationalpark Harz; in: erleben & lernen, 1/2013: 21 f.
Hampe-Grosser, A.: Systemisches Case Management mit Multiproblemfamilien; in: Kleve, H., u. a. (Hg.), Systemisches Case Management, 3. Aufl. Heidelberg 2011: 127–182
Hansbauer, P.: Neue Formen der Gestaltung von Hilfeplanverfahren - am Beispiel des Familienrates; in: Eger, F., und Hansen, G. (Hg.), Das Jugendamt in der Zivilgesellschaft, Weinheim und Basel 2013: 96–112
Harmsen, T.: Konstruktionsprinzipien gelingender Professionalität in der Sozialen Arbeit; in: Becker, R., u. a. (Hg.), Professionalität in der Sozialen Arbeit, Wiesbaden 2009: 255–264
Hartnuß, B., und Klein, A.: Bürgerschaftliches Engagement; in: Deutscher Verein für öffentliche und Private Fürsorge (Hg.), Fachlexikon der sozialen Arbeit, 7. Aufl. Baden-Baden 2011: 144–145
Haselmann, S.: Systemische Beratung und der systemische Ansatz in der Sozialen Arbeit; in: Michel-Schwartze, B. (Hg.), Methodenbuch Soziale Arbeit. Basiswissen für die Praxis, Wiesbaden 2007: 153–206
Haunert, F.: Sozialmarketing; in: Deutscher Verein für öffentliche und Private Fürsorge (Hg.), Fachlexikon der sozialen Arbeit, 7. Aufl. Baden-Baden 2011: 831–832
Haye, B., und Kleve, H.: Systemische Schritte helfender Kommunikation. Sechs-Phasen-Modell für die Falleinschätzung und die Hilfeplanung; in: Kleve, H., u. a. (Hg.), Systemisches Case Management, 3. Aufl. Heidelberg 2011: 104–126
Heche, D.: Praxis des Projektmanagements, Berlin, Heidelberg und New York 2004
Hechler, O.: Pädagogische Beratung, Stuttgart 2010
Heckmair, B., und Michl, W.: Erleben und Lernen. Einstieg in die Erlebnispädagogik, 7. Aufl. München 2012
Hedtke-Becker, A.: Themenzentrierte Interaktion nach Ruth C. Cohn; in: Kilb, R., und Peter. J. (Hg.), Methoden der Sozialen Arbeit in der Schule, München und Basel 2009: 182–188
Heekerens, H.-P.: Aufsuchende Familientherapie von der Erziehungsberatungsstelle aus; in: TuP 4/2007: 19–23
Hege, M.: Engagierter Dialog. Ein Beitrag zur sozialen Einzelhilfe, München und Basel 1974
Hege, M.: Die Bedeutung der Methoden in der Sozialarbeit, in: Projektgruppe Soziale Berufe (Hg.), Sozialarbeit: Ausbildung und Qualifikation, Expertisen 1, München 1981: 145–161
Heiner, M. (Hg.): Diagnostik und Diagnosen in der Sozialen Arbeit. Ein Handbuch, Berlin 2004
Heiner, M.: Performanz und Professionalität. Handlungsmodelle und Performanzkonzepte der Praxis Sozialer Arbeit: zwischen Dominanz und Passung; in: Blätter der Wohlfahrtspflege 6/2005: 219–222
Heiner, M.: Soziale Arbeit als Beruf. Fälle – Felder – Fähigkeiten, München und Basel 2007
Heiner, M.: Handlungskompetenz und Handlungstypen. Überlegungen zu den Grundlagen methodischen Handelns; in: Thole, W. (Hg.), Grundriss Soziale Arbeit. Ein einführendes Handbuch, 3. Aufl. Wiesbaden 2010a: 611–624
Heiner, M.: Diagnostisches Fallverstehen; in: diess. (Hg.), Wissensbausteine (Handlungskompetenzen in der Sozialen Arbeit), München 2010b: 46–49
Heiner, M.: Beziehungen und Beziehungsgestaltung; in: dies. (Hg.), Wissensbausteine (Handlungskompetenzen in der Sozialen Arbeit), München 2010c: 32–36
Heiner, M.: Bausteine einer diagnostischen Grundausstattung für die Soziale Arbeit; in: Gahleitner, B., Hahn, G., und Glemser, R. (Hg.): Psychosoziale Diagnostik, Köln 2013a: 135–151
Heiner, M.: Wege zu einer integrativen Grundlagendiagnostik in der Sozialen Arbeit; in: Gahleitner, B., Hahn, G., und Glemser, R. (Hg.): Psychosoziale Diagnostik, Köln 2013b: 18–34
Helming, E., Schattner, H., und Blüml, H.: Handbuch Sozialpädagogische Familienhilfe, 4. Aufl. Baden-Baden 2005
Hendriksen, J.: Intervision. Kollegiale Beratung in Sozialer Arbeit und Schule, 3. Aufl. Weinheim 2011
Hensen, G.: Risikofamilien. Wie Probleme fachlichen Handelns einzelnen Familien als Eigenschaft zugeschrieben werden; in: Sozial Extra 3-4/2010: 16–19
Hering, S., und Münchmeier, R.: Geschichte der Sozialen Arbeit. Eine Einführung, 2. Aufl. Weinheim und München 2003
Herriger, N.: Empowerment in der Sozialen Arbeit. Eine Einführung, 4. Aufl. Stuttgart 2010
Herriger, N., und Kähler, H. D.: Erfolg in der Sozialen Arbeit. Gelingendes berufliches Handeln in der sozialen Praxis. Ein Forschungsbericht, Bonn 2003; in: socialnet Materialien vom 1. März 2009: http://www.socialnet.de/materialien/62.php (31. Oktober 2014)
Herrmann, F.: Konfliktkompetenz in der Sozialen Arbeit. Neun Bausteine für die Praxis, München und Basel 2013
Herten, A., und Monshausen, P.: Erstkontakte und Erstgespräche; in: Gastiger, S., und Stark, M. (Hg.), Schuldnerberatung. Eine ganzheitliche Aufgabe für methodische Sozialarbeit, Freiburg/Brsg. 2012: 23–31

Herwig-Lempp, J.: Ressourcen im Umfeld: Die VIP-Karte; in: Michel-Schwartze, B. (Hg.), Methodenbuch Soziale Arbeit. Basiswissen für die Praxis, Wiesbaden 2007: 207–226
Herwig-Lempp, J.: Die Macht der Sozialarbeiter. Von der Macht, das Mögliche Wirklichkeit werden zu lassen; in: Sozialmagazin 5/2009: 32–39
Herz, B.: Verhalten; in: Jordan, S., und Schlüter, M. (Hg.), Lexikon Pädagogik, Stuttgart 2010: 291–294
Herz, A.: Ego-zentrierte Netzwerkanalysen zur Erforschung von Sozialräumen; in: sozialraum.de 2/2012; Link: http://www.sozialraum.de/ego-zentrierte-netzwerkanalysen-zur-erforschung-von-sozialraeumen.php (31. Oktober 2014)
Hess, G., Ilg, W., und Weingardt, M.: Kompetenzprofile – Was Professionelle in der Jugendarbeit können sollen und wie sie es lernen, Weinheim und München 2004
Heuer, S.: Jugendberufshilfe im Aktivierungsstaat. Jugendberufshilfe im Übergang von Benachteiligtenförderung in ein Dienstleistungssystem? In: TuP 5/2011: 351–359
Heuer, S.: Die Entpädagogisierung der Jugendberufshilfe. Standardisierung des Förderbedarfs unter aktivierungspolitischen Bedingungen; in: Sozial Extra 3-4/2012: 19–22
Hill, B., u. a.: Selbsthilfe und Soziale Arbeit. Das Feld neu vermessen, Weinheim und Basel 2013
Hinte, W.: Von der Stadtteilarbeit zum Stadtteilmanagement; in: Hinte, W., Lüttringhaus, M., und Oelschlägel, D., Grundlagen und Standards der Gemeinwesenarbeit. Ein Reader für Studium, Lehre und Praxis, Münster 2001: 83–89
Hinte, W.: Von der Gemeinwesenarbeit über die Sozialraumorientierung zur Initiierung von bürgerschaftlichem Engagement; in: Thole, W. (Hg.), Grundriss Soziale Arbeit. Ein einführendes Handbuch, 3. Aufl. Wiesbaden 2010a: 663–676 (Von der Gemeinwesenarbeit über die Stadtteilarbeit zum Quartiermanagement, 1. Aufl. Opladen 2002: 535–548)
Hinte, W.: Projekte, Programme, Politik und Publikum … Sinnvolle Förderung braucht eine langfristige Perspektive; in: Sozial Extra 7-8/2010b: 12–13
Hinte, W.: Gemeinwesenarbeit; in: Deutscher Verein für öffentliche und Private Fürsorge (Hg.), Fachlexikon der sozialen Arbeit, 7. Aufl. Baden-Baden 2011: 340
Hinte, W., und Karas, F.: Studienbuch Gruppen- und Gemeinwesenarbeit. Eine Einführung für Ausbildung und Praxis, Frankfurt/M. 1989
Hinte, W., und Kreft, D.: Sozialraumorientierung; in: Kreft, D., und Mielenz, I. (Hg.), Wörterbuch Soziale Arbeit, 7. Aufl. Weinheim und Basel 2013: 879–883
Hinte, W., Lüttringhaus, M., und Oelschlägel, D.: Grundlagen und Standards der Gemeinwesenarbeit. Ein Reader für Studium, Lehre und Praxis, Münster 2001
Hoffmann, B.: Medienpädagogische Kompetenz in der Sozialen Arbeit; in: Cleppien, G., und Lerche, U. (Hg.), Soziale Arbeit und Medien, Wiesbaden 2010: 55–70
Hoffmann, B.: Digitale Medien im Kontext Sozialer Arbeit – dargestellt am Bereich offene Jugendarbeit; in: Meis, M.-S., und Mies, G.-A. (Hg.), Künstlerisch-ästhetische Methoden in der Sozialen Arbeit, Stuttgart 2012: 119–144
Hohage, C.: Systemische Ansätze der Sozialen Arbeit mit Familien in der Beratung in: Uhlendorff, U., Euteneuer, M., und Sabla, K.-P., Soziale Arbeit mit Familien, München und Basel 2013: 164–174
Hölzle, C.: Bedeutung von Ressourcen und Kreativität für die Bewältigung biografischer Herausforderungen; in: Hölzle, C., und Janssen, I. (Hg.), Ressourcenorientierte Biografiearbeit, 2. Aufl. Wiesbaden 2011: 71–86
Hölzle, C., und Jansen, I. (Hg.): Ressourcenorientierte Biografiearbeit, 2. Aufl. Wiesbaden 2011
Homes, A. M. (Hg.): Heimerziehung – Lebenshilfe oder Beugehaft? Frankfurt/Main 1984
Hörster, R.: Sozialpädagogische Kasuistik; in: Thole, W. (Hg.), Grundriss Soziale Arbeit. Ein einführendes Handbuch, 3. Aufl. Wiesbaden 2010: 677–686 (1. Aufl. Opladen 2002: 549–558)
Hörstmann, J., u. a. Jugendpflegeleasing im Enzkreis; in: Wendt, P.-U., u. a. (Hg.), Managementkonzepte in der modernen Jugendarbeit. Theorie – Praxis – Perspektiven, Marburg 2000: 58–76
Huber, M.: Früher Stress – späte Folgen. Zur Bedeutung von Bindungspersonen für die seelische Entwicklung von Kindern; in: Sozial Extra 11-12/2011: 20–22
Hübsch, F.: Die Bedeutung informeller Kommunikation im Allgemeinen Sozialen Dienst; in: Thole, W., Retkowski, A., und Schäuble, B. (Hg.), Sorgende Arrangements – Kinderschutz zwischen Organisation und Familie, Wiesbaden 2012: 175–186
Hüseman, A.: Die Bürgerplattform ‚Impuls-Mitte' Hamburg. Nicht mehr am Anfang, aber auch noch lange nicht am Ende! Community Organizing in Hamburg; in: Baldas, E. (Hg.), Community Organizing. Menschen gestalten ihren Sozialraum, Freiburg/Brsg. 2010: 141–148
Hutsch, S.: Qualitätsmerkmale Hilfeplanung, unveröff. Ms. zur Beratung des Jugendamtes der Landeshauptstadt Magdeburg, Juni 2004 (mit Dank vom Autor überlassen)
Huxoll, M., und Kotthaus, J. (Hg.): Macht und Zwang in der Kinder- und Jugendhilfe, Weinheim und Basel 2012
Idel, T.-S.: Self-fulfilling-prophecy; in: Thole, W., Höblich, D., und Ahmed, S. (Hg.), Taschenwörterbuch Soziale Arbeit, Bad Heilbrunn 2012: 240
ISS/Institut für Sozialarbeit und Sozialpädagogik e.V: Ergebnis der Studie ‚Zur Förderung von Resilienzfaktoren'. Handlungsempfehlungen für die pädagogische Praxis; in: Sozialmagazin 6/2010: 18–22
Jahn, T.: Sozialökologie; in: Deutscher Verein für öffentliche und Private Fürsorge (Hg.), Fachlexikon der sozialen Arbeit, 7. Aufl. Baden-Baden 2011: 833
Jamoul, L.: Handwerkszeug für Community Organizer; in: Penta, L. (Hg.), Community Organizing – Menschen verändern ihre Stadt, Hamburg 2007: 224–230

Jann, N., und Urban-Stahl, U.: Die Renaissance der Machtfrage: Beschwerdeverfahren in Einrichtungen der Kinder- und Jugendhilfe; in: Zeitschrift für Sozialpädagogik 1/2014: 32–47
Jansen, I.:Biografie im Kontext sozialwissenschaftlicher Forschung und im Handlungsfeld pädagogischer Biografiearbeit; in: Hölzle, C., und dies. (Hg.), Ressourcenorientierte Biografiearbeit, 2. Aufl. Wiesbaden 2011a: 17–30
Jansen, I.: Biografiearbeit im Hilfeprozess der Sozialen Arbeit; in: Hölzle, C., und dies. (Hg.), Ressourcenorientierte Biografiearbeit, 2. Aufl. Wiesbaden 2011b: 55–70
Jordan, S.: Biographie; in: ders. und Schlüter, M. (Hg.), Lexikon Pädagogik, Stuttgart 2010: 62–65
Jude, N., Hartig, J., und Klieme, E.: Kompetenzerfassung in pädagogischen Handlungsfeldern, Bonn und Berlin 2008
Jungk, R., und Müllert, N. R.: Zukunftswerkstätten. Mit Phantasie gegen Routine und Resignation, 6. Aufl. München 1989
Kahl, M.: Die Rolle des Streetworkers. Zwischen Kumpanei und Kontrolle? In: Becker, G., und Simon. T.: (Hg.), Handbuch Aufsuchende Jugend- und Sozialarbeit. Theoretische Grundlagen, Arbeitsfelder, Praxishilfen, Weinheim und München 1995: 87–97
Kähler, H. D.: Erstgespräche in der sozialen Einzelhilfe, 3. Aufl. Freiburg/Brsg. 1997
Kähler, H. D.: Erstgespräche in der sozialen Einzelhilfe, 4. Aufl. Freiburg/Brsg. 2001
Kähler, H. D.: Selbstevaluation – erstes Verständnis – Voraussetzungen – Chancen; http://www.selbstevaluation.de/fachbeitraege/erstesverstaendnis01.html (15. April 2011)
Kähler, H. D.: Erstgespräch (modifizierte Fassung Stimmer, F. (Hg.), Lexikon der Sozialpädagogik und der Sozialarbeit, 4. Aufl. München 2000); http://www.erstgespraeche.de/stichwort.html (31. Oktober 2014)
Kähler, D. D., und Zobrist, P.: Soziale Arbeit in Zwangskontexten. Wie unerwünschte Hilfe erfolgreich sein kann, 2. Aufl. München 2013
Kaiser, K.: Reisen und Abenteuer im Rahmen von Kriseninterventionen; in: Abenteuer – Ein Weg zur Jugend, Dokumentation zur 3. Fachtagung zur Erlebnispädagogik, Neubrandenburg 1996: 304–309
Kamphuis, M.: Die persönliche Hilfe in der Sozialarbeit unserer Zeit, Stuttgart 1973
Karas, F., und Hinte, W.: Grundprogramm Gemeinwesenarbeit. Praxis des sozialen Lernens in offenen pädagogischen Feldern, Wuppertal 1978
Karas, F., und Hinte, W.: Grundprogramm Gruppenarbeit: Arbeits- und Aktionshilfen für Bürgergruppen, Wuppertal Jugenddienst 1980
Karls, J. M., und Wandrei, K. E. (Hg.): Person-in-Environment System, Washington 1994
Kastner-Koller, U., und Deimann, P.: Beratung; in: Schorr, A. (Hg.), Handwörterbuch der angewandten Psychologie, Bonn 1993: 74–80
Kelber, M.: Zur Begriffsklärung; in: Haus Schwalbach, Wiesbaden 1959: 19–22
Kleber, M.: Meine Gruppe: Kleine Gruppenpädagogik insbesondere für junge Gruppenleiter, Wiesbaden 1977
Kelber, M.: Gruppenpädagogische Grundlegungen (Schwalbacher Blätter/Auswahl Vier, 2 Bde.), Wiesbaden 1978
Keppler, S.: Mobile Jugendarbeit als sozialräumlicher Prozeß; in: Böhnisch, L., und Münchmeier, R., Pädagogik des Jugendraums. Zur Begründung Praxis einer sozialräumlichen Jugendpädagogik, 2. Aufl. Weinheim und München 1993: 168–179
Kessl, F., und Reutlinger, C.: Sozialraum. Eine Einführung, Wiesbaden 2007
Keupp, H.: Empowerment; in: Kreft, D., und Mielenz, I. (Hg.), Wörterbuch Soziale Arbeit, 7. Aufl. Weinheim und Basel 2013: 248–251
Kilb, R.: Gemeinwesenarbeit und Quartiermanagement; in: ders. und Peter. J. (Hg.), Methoden der Sozialen Arbeit in der Schule, München und Basel 2009: 263–275
Kilb, R., und Peter, J.: (Hg.): Methoden der Sozialen Arbeit in der Schule, München und Basel 2009
Kilb, R., und Peter, J.: Methoden der Sozialen Arbeit für die Schule; in: dies. (Hg.), Methoden der Sozialen Arbeit in der Schule, München und Basel 2009: 20–68
Kindler, H.: Fachlich gestaltete Gespräche mit Kindern im Kinderschutz: Ein Forschungsüberblick; in: Thole, W., Retkowski, A., und Schäuble, B. (Hg.), Sorgende Arrangements – Kinderschutz zwischen Organisation und Familie, Wiesbaden 2012: 203–216
Kinney, J., Haapala, D., und Booth, C.: Keeping families together: The Homebuilders model, New York 1991
Kirberger, A.: Öffentlich mitreden – sicher und selbstbewusst. Rhetorik für gesellschaftlich Engagierte, München und Basel 2013
Klare, H., und Sturm, M.: Anwälte für Veränderung, Mobile Beratung gegen Rechtsextremismus – Hilfe im Umgang mit rassistischen Vorfällen; in: Sozialmagazin 10/2011: 34–38
Klatetzki, T.: Professionelle Arbeit und kollegiale Organisation; in: ders. und Tacke, V. (Hg.), Organisation und Profession, Wiesbaden 2005: 253–283
Klawe, W.: Randale und Gewalt auf der Straße. Erlebnispädagogische Maßnahmen im AgAG-Programm; in: Abenteuer – Ein Weg zur Jugend, Dokumentation zur 3. Fachtagung zur Erlebnispädagogik, Neubrandenburg 1996: 95–105
Klawe, W., und Bräuer, W.: Erlebnispädagogik zwischen Alltag und Alaska. Praxis und Perspektiven der Erlebnispädagogik in den Hilfen zur Erziehung. 2. Aufl. Weinheim u. a. 2001
Klee, E.: Euthanasie. Vernichtung lebensunwerten Lebens, Frankfurt/M. 1983

Klein, E., und Römisch, K.: Familienaktivierungsmanagement FAM. Erste praktische Erfahrungen der Umsetzung in Deutschland durch die Stiftung Hospital St. Wendel; in: Unsere Jugend 4/1997: 148–155
Kleve, H., u. a. (Hg.), Systemisches Case Management, 3. Aufl. Heidelberg 2011
Klose, A.: Streetwork/Mobile Jugendarbeit. Handeln zwischen Kriminalisierung und Prävention; in: deutsche jugend 6/2009: 259–267
Klug, W.: Case Management und Beziehungsarbeit. Einsichten aus einem Modell der Bewährungshilfe; in: Blätter der Wohlfahrtspflege 2/2004: 53–56
Klug, W., und Zobrist, P.: Motivierte Klienten trotz Zwangskontext. Tools für die Soziale Arbeit, München und Basel 2013
Knabe, J., u. a.: Resilienz Jugendlicher beim Umgang von der Schule in den Beruf. Kann das Resilienzkonzept als Orientierung für Konzepte der Jugendberufshilfe dienen? Ergebnisse einer sozialräumlichen Netzwerkuntersuchung; in: deutsche jugend 7-8/2010: 318–326
Knecht, A., u. a.: Mit Ressourcenansätzen soziale Welten verstehen und Veränderungen aktivieren; in: Köttig, M., u. a. (Hg.) Soziale Wirklichkeiten in der Sozialen Arbeit. Wahrnehmen – analysieren – intervenieren, Opladen, Berlin und Toronto 2014: 107–117
Knopp, R.: Sozialraumerkundung mit Älteren: in: Deinet, U. (Hg.), Methodenbuch Sozialraum, Wiesbaden 2009: 155–164
Knorr, M.: Der weite Blick; in: ders. (Hg.), Aufstellungsarbeit in sozialen und pädagogischen Berufsfeldern, Heidelberg 2004: 12–23
Kobasa, S.: Stressful Life Events, Personality, and Heath; in: Journal of Personality and Social Psychology 1979: 1–11
Koch, G.: Die Methode „Zukunftswerkstatt" in der Sozialpädagogik, Milow und Berlin 1994
Koch, J., und Vieth, J.: Bewegungs- und Erlebnispädagogik in der Berufshinführung und Ausbildung; in: Abenteuer – Ein Weg zur Jugend, Dokumentation zur 3. Fachtagung zur Erlebnispädagogik, Neubrandenburg 1996: 247–259
Köhn, B., und Seithe, M.: „aufstehen … widersprechen … einmischen!" In: Unabhängiges Forum kritische Soziale Arbeit (Hg.), Zukunftswerkstatt Soziale Arbeit, Berlin 2012: 12–20
Kolhoff, L.: Projektmanagement; in: Grunwald, K., Horcher, G., und Maelicke, B. (Hg.), Lexikon der Sozialwirtschaft, 2. Aufl. Baden-Baden 2013: 798–805
König, J.: Einführung in die Selbstevaluation. Ein Leitfaden zur Bewertung der Praxis Sozialer Arbeit, Freiburg/Brsg. 2000
Konopka, G.: Soziale Gruppenarbeit: ein helfender Prozess, Weinheim, Berlin und Basel 1971
Kotlenga, S., und Müller, D.: Engagement von Bewohnerinnen und Bewohnern in benachteiligten Stadtteilen; in: TuP 3/2012: 215–224
Krafeld, F. J.: Theorie Cliquen-orientierter Jugendarbeit. Konzeptionelle Grundlagen zu Perspektiven-Diskussion; in: deutsche jugend 7-8/1992: 310 ff.
Krafeld, F. J.: Grundlagen und praktische Erfahrungen akzeptierender Jugendarbeit mit rechten Jugendcliquen; in Behn, S., und Heitmann, H. (Hg.), Jugendarbeit mit Skinheads, Berlin 1994: 37–69
Krafeld, F. J.: Die Praxis akzeptierender Jugendarbeit, Opladen 1996a
Krafeld, F. J.: Konzeptionelle Überlegungen für die Arbeit mit Cliquen; in: Deinet, U., und Sturzenhecker, B. (Hg.), Konzepte entwickeln. Anregungen und Arbeitshilfen zur Klärung und Legitimation, Weinheim und München 1996b: 35–42
Krafeld, F. J.: Cliquenorientiertes/akzeptierendes Muster; in: Deinet, U., und Sturzenhecker, B. (Hg.), Handbuch Offene Jugendarbeit, Münster 1998: 180–188
Krafeld, F. J.: Cliquenorientierte Jugendarbeit mit zugewanderten Jugendlichen – unter besonderer Berücksichtigung von Aussiedlerjugendlichen; in: deutsche jugend 1/1999: 13–20
Krafeld, F. J.: Jungen und Mädchen in Cliquen; in: Deinet, U., und Sturzenhecker, B. (Hg.), Handbuch Offene Jugendarbeit, Wiesbaden 3. Aufl.Wiesbaden 2005: 71–77
Krafeld, F.-J.: Streetwork; in: Thole, W., Höblich, D., und Ahmed, S. (Hg.), Taschenwörterbuch Soziale Arbeit, Bad Heilbrunn 2012: 294 f.
Krafeld, F. J., u. a.: Akzeptierende Jugendarbeit mit rechten Jugendlichen? Konzeptionelle Grundlinien praktischer Erfahrungen; in: Heil, H., Perik, P., und Wendt, P.-U. (Hg.), Jugend und Gewalt. Über den Umgang mit gewaltbereiten Jugendlichen, Marburg 1993: 91–100
Krafeld, F. J., u. a.: Kleinräumliche Jugendarbeit; in: deutsche jugend 9/1995: 381–393
Kraimer, P.: Lösungsfokussierte Therapie; in: Psychotherapie Forum 1/1999: 8–20
Kraus, M. H.: Mediation – wie geht denn das? Ein Handbuch für außergerichtliche Streitbeilegung, Paderborn 2005
Krause, F.: Streetwork in Cliquen, Szenen und Jugend(sub)kulturen; in: Jugendhilfe 3/1992: 98–107 (Teil I) und 4/1992: 146–158 (Teil II)
Krause, C., u. a.: Pädagogische Beratung. Grundlagen und Praxisanwendung, Paderborn 2003
Krauß, E. J.: Methoden in der Sozialen Arbeit – Stellenwert, Überblick und Entwicklungstendenzen; in: Galuske, M., und Thole, W. (Hg.): Vom Fall zum Management, Wiesbaden 2006: 119–132
Krauß, E. J.: Methoden Sozialer Arbeit; in: Kreft, D., und Mielenz, I. (Hg.), Wörterbuch Soziale Arbeit, Weinheim und Basel 2013: 603–608
Kreft, D.: Handlungskompetenz; in: Kreft, D., und Mielenz, I. (Hg.), Wörterbuch Soziale Arbeit, 7. Aufl. Weinheim und Basel 2013: 423–427
Kreft, D., und Mielenz, I. (Hg.): Wörterbuch Soziale Arbeit, 7. Aufl. Weinheim und Basel 2013

Kreft, D. und Müller, C. W.: Konzepte, Methoden, Verfahren und Techniken in der Sozialen Arbeit. Ein praxisorientierter Ordnungsversuch für das Handeln nach den Regeln der Kunst; in: TuP 2/2008: 134–143
Kreft, D., und Müller, C. W. (Hg.): Methodenlehre in der Sozialen Arbeit, München und Basel 2010
Kreidenweis, H.: IT-Nutzung in der Erziehungshilfe; in: Macsenaere, M., u. a. (Hg.), Handbuch der Hilfen zur Erziehung, Freiburg/Brsg. 2014: 482–486
Kreyenberg, J.: Wirkungsvolles Konfliktmanagement, Berlin 2012
Krisch, R.: Sozialräumliche Perspektiven von Jugendarbeit; in: Braun, K.-H., u. a. (Hg.), Handbuch Methoden der Kinder- und Jugendarbeit. Studien zur pädagogischen Entwicklungsforschung und Qualitätssicherung, Wien 2005: 336–351
Krisch, R.: Sozialräumliche Methodik der Jugendarbeit. Aktivierende Zugänge und praxisleitende Verfahren, Weinheim und München 2009
Krüger, R. (Hg.): Sozialberatung. Werkbuch für Studium und Berufspraxis, Wiesbaden 2011
Krüger, D. C., Herma, H., und Schierbaum, A.: Familie(n) heute. Entwicklungen, Kontroversen, Prognosen, Weinheim und Basel 2013
Kühling, L., und Richter, K.: Genogrammarbeit; in: Michel-Schwartze, B. (Hg.), Methodenbuch Soziale Arbeit. Basiswissen für die Praxis, Wiesbaden 2007: 227–256
Kuhlmann, C.: Erbkrank oder erziehbar? Jugendhilfe als Vorsorge und Aussonderung in der Fürsorgeerziehung in Westfalen von 1933–1945, Weinheim und München 1989
Kuhlmann, C.: „So erzieht man keinen Menschen!" Lebens- und Berufserinnerungen aus der Heimerziehung der 50er und 60er Jahre, Wiesbaden 2008
Landhäußer, S.: Gemeinwesenarbeit und die Aktivierung von sozialem Kapital; in: Stövesand, S., Stoik, C. und Troxler, U. (Hg.), Handbuch Gemeinwesenarbeit Opladen, Berlin und Toronto 2013: 154–160
Landkreis Göttingen (Hg.): Modellversuch „Aufsuchende Jugendarbeit zur Integration von Rand- und Risikogruppen" im Landkreis Göttingen – Abschlußbericht, Göttingen 2000
Lang, R.: Fundraising für die Jugendarbeit; in: Jugendpolitik 3/1999: 13–17
Langenhorst, B.: Wildnisbildung und Nachhaltige Entwicklung; in: Nationalparkhaus Altenau-Torfhaus (Hg.): Wildnisforum Nationalpark Harz 2007, Köln 2007: 8 f.
Langer, I. und Langer, S.: Jugendliche beraten und begleiten, 2. Aufl. München und Basel 2011
Langhorst, K., und Schwill, M.: Grundlagen; in: Krüger, R. (Hg.), Sozialberatung. Werkbuch für Studium und Berufspraxis, Wiesbaden 2011: 14–84
Langmaack, B.: Einführung in die Themenzentrierte Interaktion TZI: Leben rund ums Dreieck, 4. Aufl. Weinheim 2009
Lattke, H.: Sozialpädagogische Gruppenarbeit, Freiburg/Brsg. 1962
Lawner, W., Greving, H., und Niehoff, D. (Hg.) : Methoden in Heilpädagogik und Heilerziehungspflege, Diagnostik, Troisdorf 2008
Lazarus, R. S., und Folkman, S.: Stress, appraisal and coping, New York 1974
Lehmann, R., und Ballweg, T.: Soziale Arbeit zahlt sich aus: der Social Return on Investment einer stationären Einrichtung der Wohnungslosenhilfe; in: NDV 10/2012: 474–478
Lehnert, M.: „Wo drückt der Hut? Wo sitzt er gut?" Eine Aktivierende Befragung im Plattenbaugebiet Chemnitz Hutholz; in: Lüttringhaus, M., und Richers, H. (Hg.), Handbuch Aktivierende Befragung, Bonn 2003: 104–108
Lehning, K. (Hg.): Aus der Geschichte lernen – die Heimerziehung in den 50er und 60er Jahren, die Heimkampagne und die Heimreform, Kassel 2006
Lewin, K.: Die Feldtheorie in den Sozialwissenschaften, Bern 1963
Lewin, K.: Grundzüge der topologischen Psychologie, Berlin 1969
Lieber, K., und Maischatz, K.: Helfersyndrom; in: Thole, W., Höblich, D., und Ahmed, S. (Hg.), Taschenwörterbuch Soziale Arbeit, Bad Heilbrunn 2012: 118
Liebig, J.: Kollegiale Beratung für Schule und Sozialarbeit (Themenblatt 1 des Projekts „Schulerfolg sichern"), Magdeburg 2009
Lindemann, H.: Systemisch beobachten – lösungsorientiert handeln, Münster 2008
Linderkamp, R.: Kollegiale Beratungsformen. Genese, Konzepte und Entwicklung, Bielefeld 2011
Linz, M. H., McAnaly, P., und Wieck, C. (Hg.): Case Management. Historical, Current and Future Perspectives, Cambridge/Mass. 1989
Loch, U.: Sexuelle Gewalt im Kontext der Lebens- und Familiengeschichte erinnern. Fallbeispiel eines narrativen Interviews; in: Sozial Extra 5-6/2012: 17–21
Loch, U., und Schulze, H.: Biografische Fallrekonstruktion im handlungstheoretischen Kontext der Sozialen Arbeit; in: Thole, W. (Hg.), Grundriss Soziale Arbeit, Opladen 2002: 559–576
Löcherbach, P.: Qualifizierung im Case-Management; in: ders., u. a. (Hg.), Case Management, Neuwied 2002: 201–226
Löcherbach, P., u. a. (Hg.): Case Management. Fall- und Systemsteuerung in der Sozialen Arbeit, 4. Aufl. München und Basel 2009
Löcherbach, P., Mennemann, H., und Hermsen, T. (Hg.): Case Management in der Jugendhilfe, München und Basel 2009
Lösel, F., und Bender, D.: Von generellen Schutzfaktoren zu spezifischen protektiven Prozessen. Konzeptuelle Grundlagen und Ergebnisse der Resilienzforschung; in: Opp, G., und Fingerle, M. (Hg.), Was Kinder stärkt. Erziehung zwischen Risiko und Resilienz, München 2007: 57–78

Löw, M.: Einführung in die Soziologie der Bildung und Erziehung; in: 3. überarbeitete und erweiterte Aufl. Opladen und Farmington Hills 2014
Ludewig, K., und Wilken, U. (Hg.): Das Familienbrett. Ein Verfahren für die Forschung und Praxis mit Familien und anderen sozialen Systemen, Göttingen 2000
Lukas, H.: Aktenführung; in: Kreft, D., und Mielenz, I. (Hg.), Wörterbuch Soziale Arbeit, Weinheim und Basel 2013: 48–50
Lüttringhaus, M.: Zusammenfassender Überblick: Leitstandards der Gemeinwesenarbeit; in: Hinte, W., Lüttringhaus, M., und Oelschlägel, D., Grundlagen und Standards der Gemeinwesenarbeit. Ein Reader für Studium, Lehre und Praxis, Münster 2001: 263–267
Lüttringhaus, M.: Handeln im Gemeinwesen oder ‚Der Fall im Feld'; in: Institut für Sozialarbeit und Sozialpädagogik e. V. (Hg.), Der Allgemeine Soziale Dienst. Aufgaben, Zielgruppen, Standards, München 2010: 80–91
Lüttringhaus, M., und Richers, H. (Hg.): Handbuch Aktivierende Befragung, Bonn 2003
Lüttringhaus, M., und Richers, H.: Die Methode der Aktivierenden Befragung; in: Stövesand, S., Stoik, C. und Troxler, U. (Hg.), Handbuch Gemeinwesenarbeit Opladen, Berlin und Toronto 2013: 384–390
Lüttringhaus, M., und Streich, A.: Das aktivierende Gespräch im Beratungskontext – eine unaufdringliche Methode der Sozial- und Ressourcenerkundung; in: Gillich: (Hg.), Gemeinwesenarbeit: Die Saat geht auf, Gelnhausen 2004: 102–108
Lüttringhaus, M., und Streich, A.: Kinderschutz durch den Allgemeinen Sozialen Dienst; in: Institut für Sozialarbeit und Sozialpädagogik e. V. (Hg.), Der Allgemeine Soziale Dienst. Aufgaben, Zielgruppen, Standards, München 2010: 123–138
Lutz, R.: Soziale Erschöpfung. Kulturelle Kontexte sozialer Ungleichheit, Weinheim und Basel 2014
Mahlmann, R.: Konflikte managen. Psychologische Grundlagen, Modelle und Fallstudien, 2. Aufl. Weinheim und Basel 2001
Maleh, C.: Open Space: Effektiv arbeiten mit großen Gruppen. Ein Handbuch für Anwender, Entscheider und Berater, Weinheim und Basel 2001
Markowetz, R., und Schwab, J. E. (Hg.): Die Zusammenarbeit von Jugendhilfe und Schule. Inklusion und Chancengerechtigkeit zwischen Anspruch und Wirklichkeit, Bad Heilbrunn 2012
Marquard, P.: Auf den Nutzer kommt es an – und natürlich die Nutzerin: Konzeptionelle Grundlagen, Handlungslogiken und Arbeitsprinzipien für eine Sozialräumlich strukturierte Soziale Kommunalpolitik; Link: http://sozialraum.de/auf-den-nutzer-kommt-es-an.php (16. 03. 2010)
Marthaler, T.: Anamnese; in: Deutscher Verein für öffentliche und Private Fürsorge (Hg.), Fachlexikon der sozialen Arbeit, 7. Aufl. Baden-Baden 2011: 31–32
Mausbach, H., und Bromberger, B. Feinde des Lebens. NS-Verbrechen an Kindern, Köln 1987
May, M.: Sozialraumbezüge Sozialer Arbeit; in: Alisch, M., und May, M. (Hg.), Kompetenzen im Sozialraum. Sozialraumentwicklung und -organisation als transdisziplinäres Projekt, Opladen und Farmington Hills 2008: 61–84
Maykus, S.: Beobachten, Beurteilen, Handeln: Handlungsbezogene Reflexion und Wissensanwendung als Merkmale professioneller Sozialer Arbeit; in: Kreft, D., und Müller, C. W. (Hg.), Methodenlehre in der Sozialen Arbeit, München und Basel 2010: 26–48
McGoldriek, M., Gerson R., und Erckenbrecht, I.: Genogramme in der Familienberatung, Bern 2009
McNeil, L. B.: Beziehungsarbeit – eine sanfte Kunst; in: Penta, L. (Hg.), Community Organizing – Menschen verändern ihre Stadt, Hamburg 2007: 231–238
Meinhold, M.: Ein Rahmenmodell zum methodischen Handeln; in: Heiner, M., u. a.: Methodisches Handeln in der Sozialen Arbeit, Freiburg/Brsg. 1998: 220–253
Meinhold, M.: Über Einzelfallhilfe und Case Management; in: Thole, W. (Hg.), Grundriss Soziale Arbeit. Ein einführendes Handbuch, 3. Aufl. Wiesbaden 2010: 635–647 (1. Aufl. Opladen 2002: 509–521)
Meins, A.: Systematisierung und begriffliche Bestimmungen von Inklusion. Sozialraumorientierung und Community Care als aktuelle Entwürfe der Behindertenhilfe; in: TuP 6/2011: 456–463
Meis, M.-S.: Allgemeine Grundlagen der künstlerisch-ästhetischen Praxis in der Sozialen Arbeit; in: dies. und Mies, G.-A. (Hg.): Künstlerisch-ästhetische Methoden in der Sozialen Arbeit. Kunst, Musik, Theater, Tanz und Neue Medien, Stuttgart 2012: 17–79
Merchel, J.: Sozialmanagement, Weinheim 2006
Merchel, J.: Qualitätsmanagement in der Sozialen Arbeit. Eine Einführung, 4. Aufl. Weinheim und Basel 2013a
Merchel, J.: Sozialmanagement; in: Kreft, D., und Mielenz, I. (Hg.), Wörterbuch Soziale Arbeit, Weinheim und Basel 2013b: 850–857
Merten, R.: Sozialraumorientierung im Widerstreit zwischen fachlicher Innovation und rechtlicher Machbarkeit; in: ders. (Hg.), Sozialraumorientierung. Zwischen fachlicher Innovation und rechtlicher Machbarkeit, Weinheim und München 2002: 9–17
Michel-Schwartze, B. (Hg.): Methodenbuch Soziale Arbeit. Basiswissen für die Praxis, Wiesbaden 2007a
Michel-Schwartze, B.: Methodenverständnis und Handlungsrationalitäten; in: dies. (Hg.) Methodenbuch Soziale Arbeit, Wiesbaden 2007b: 7–21
Michel-Schwartze, B.: Fallarbeit: ein theoretischer und methodischer Zugang; in: dies. (Hg.), Methodenbuch Soziale Arbeit. Basiswissen für die Praxis, Wiesbaden 2007c: 119–154
Michel-Schwartze, B. (Hg.): „Modernisierungen" methodischen Handelns in der Sozialen Arbeit, Wiesbaden 2010

Mielenz, I.: Selbsthilfe/Selbstorganisation; in: Kreft, D., und Mielenz, I. (Hg.), Wörterbuch Soziale Arbeit, 7. Aufl. Weinheim und Basel 2013: 744–747
Miethe, I.: Traditionen der „Chicagoer Schule"; in: Bock, K., und Miethe, I. (Hg.), Handbuch Qualitative Methoden in der Sozialen Arbeit, Opladen und Farmington Hills 2010: 65–74
Miethe, I.: Biografiearbeit. Lehr- und Handbuch für Studium und Praxis, Weinheim und München 2011
Miller, W. R., und Rollnick, S.: Motivierende Gesprächsführung, 2. Aufl. Freiburg/Brsg. 2005
Miltner, W. und Specht, W.: Definition mobiler Jugendarbeit, Forschungsbericht der Universität Tübingen 1977
Möbius, T.: Ressourcenorientierung in der Sozialen Arbeit; in: ders. und Friedrich: (Hg.), Ressourcenorientiert Arbeiten. Anleitung zu einem gelingenden Praxistransfer im Sozialbereich, Wiesbaden 2010a: 13–30
Möbius, T.: Das Multiplikatorenkonzept; in: Möbius, T., und Friedrich: (Hg.), Ressourcenorientiert Arbeiten. Anleitung zu einem gelingenden Praxistransfer im Sozialbereich, Wiesbaden 2010b: 141–147
Möbius, T., und Friedrich: (Hg.): Ressourcenorientiert Arbeiten. Anleitung zu einem gelingenden Praxistransfer im Sozialbereich, Wiesbaden 2010
Moch, M.: Familienergänzende Erziehungshilfen; in: Grunwald, K., und Thiersch, H. (Hg.), Praxis Lebensweltorientierter Sozialer Arbeit, Weinheim und München 2004: 123–136
Mogel, H.: Geborgenheit; in: Auhagen, A. E. (Hg.), Positive Psychologie, Basel 2004: 52–66
Mohrlok, M.: Organizing im Stile der Industrial Areas Foundation; in: Foco/Forum Community Organizing (Hg.), Forward to the roots … Community Organizing in den USA – eine Perspektive für Deutschland? Bonn 1996: 67–91
Mollenhauer, K.: Erziehung und Emanzipation, 6. Aufl. München 1973
Mollenhauer, K.: Theorien zum Erziehungsprozeß, 2. Aufl. München 1974
Montada, L., und Kals, E.: Mediation. Ein Lehrbuch auf psychologischer Grundlage, Weinheim 2001
Moreno, J. L.: Gruppenpsychotherapie und Psychodrama. Einleitung in die Theorie, 4. Aufl. 1993
Moreno, J. L.: Die Grundlagen der Soziometrie, 3. Aufl. Opladen 1996
Mühlberg, P.: Quartiersmanagement; in: Deutscher Verein für öffentliche und Private Fürsorge (Hg.), Fachlexikon der sozialen Arbeit, 7. Aufl. Baden-Baden 2011: 689
Müller, B. K.: Die Last der großen Hoffnungen, Weinheim und München 1991
Müller, B. K.: Alltagsnahe Diagnose und der „Allgemeine Soziale Dienst" (ASD); in: Grunwald, K., und Thiersch, H. (Hg.), Praxis Lebensweltorientierter Sozialer Arbeit. Handlungszugänge und Methoden in unterschiedlichen Arbeitsfeldern, Weinheim und München 2004a: 41–53
Müller, B. K.: Sozialpädagogische Diagnose und der „Allgemeine Soziale Dienst" (ASD); in: Krumenacker, F.-J. (Hg.), Sozialpädagogische Diagnosen in der Praxis, Weinheim und München 2004b: 63–76
Müller, B. K.: Sozialpädagogisches Können. Ein Lehrbuch zur multiperspektivischen Fallbearbeitung, 7. Aufl. Freiburg/Brsg. 2012
Müller, C.: Community Organizing – ein Mittel zur Re-Politisierung der Sozialen Arbeit im aktivierenden Sozialstaat?! In: Forum Sozial 4/2010: 26–29
Müller, C. W.: Wie Helfen zum Beruf wurde. Eine Methodengeschichte der Sozialen Arbeit, 5. Aufl. Weinheim und München 2009
Müller, C. W.: Rollenspiel; in: Kreft, D., und Müller, C. W. (Hg.), Methodenlehre in der Sozialen Arbeit, München und Basel 2010: 157–158
Müller, C. W.: Gemeinwesenarbeit; in: Kreft, D., und Mielenz, I. (Hg.), Wörterbuch Soziale Arbeit, Weinheim und Basel 2013a: 355–357
Müller, C. W.: Gruppenarbeit, soziale; in: Kreft, D., und Mielenz, I. (Hg.), Wörterbuch Soziale Arbeit, Weinheim und Basel 2013b: 419–420
Müller, C. W.: Die Herausforderung sozialpädagogischer Bildung zum Bürger. Eine Aufgabe des Jugendamtes in der Zivilgesellschaft?! In: Eger, F., und Hansen, G. (Hg.), Das Jugendamt in der Zivilgesellschaft, Weinheim und Basel 2013c: 227–239
Müller, C. W.: Sozialpädagogische Diagnostik und Fallverstehen; in: Kreft, D., und Mielenz, I. (Hg.), Wörterbuch Soziale Arbeit, 7. Aufl. Weinheim und Basel 2013d: 205–213
Mund, P.: „Kommunikation"; in: Deutscher Verein (Hg.), Fachlexikon der Sozialen Arbeit, 7. Aufl. Baden-Baden 2011: 525
Murgatroyd, S.: Beratung als Hilfe. Eine Einführung für helfende Berufe, Weinheim und Basel 1994
Mutzeck, W.: Kooperative Beratung; in: Nestmann, F., Engel, F., und Sickendiek, U. (Hg.), Das Handbuch der Beratung. Bd. 2, Tübingen 2004: 691–698
Mutzeck, W.: Kooperative Beratung. Grundlagen und Methoden der Beratung und Supervision im Berufsalltag, 5. Aufl. Weinheim und Basel 2005
Mutzeck, W.: Kooperative Beratung. Grundlagen, Methoden, Training, Effektivität, 6. Aufl. Weinheim und Basel 2008
Myers, W.: Die Grundlagen der Gewaltfreien Kommunikation, Paderborn 2006
Natho, F.: Die Lösung liegt im Team. Handbuch zur Arbeit mit der Skalierungsscheibe im Rahmen von Problemlösung und Teamentwicklung, Dessau 2005
Nestmann, F.: Soziale Netzwerke und Soziale Unterstützung; in: Dewe, B., und Wohlfahrt, N. (Hg.), Netzwerkförderung und soziale Arbeit, Bielefeld 1991: 31–61
Nestmann, F.: Psychosoziale Beratung – ein ressourcentheoretischer Entwurf; in: Verhaltenstherapie/Psychosoziale Praxis 28/1996: 359–376

Nestmann, F.: Ressourcenorientierte Beratung: in: ders., Engel, F., und Sickendiek, U. (Hg.), Das Handbuch der Beratung. Bd. 2, Tübingen 2004a: 725–734
Nestmann, F.: Beratungsmethoden und Beratungsbeziehung; in: ders., Engel, F., und Sickendiek, U. (Hg.), Das Handbuch der Beratung. Band 2, Tübingen 2004b: 783–796
Nestmann, F.: Ressourcenarbeit; in: Grunwald, K., und Thiersch, H.: (Hg.), Praxis Lebensweltorientierter Sozialer Arbeit, Weinheim und München 2004c: 69–85
Nestmann, F., Engel, F., und Sickendiek, U. (Hg.): Das Handbuch der Beratung. Band 2: Ansätze, Methoden und Felder, Tübingen 2004
Nestmann, F., und Sickendiek, U.: Beratung; in: Otto, H.-U., und Thiersch, H. (Hg.), Handbuch Sozialarbeit/Sozialpädagogik, 2. Aufl. Neuwied 2001: 140–152
Neuffer, M.: Die Kunst des Helfens. Geschichte der Sozialen Einzelhilfe in Deutschland, Weinheim und Basel 1990
Neuffer, M.: Soziale Diagnose – ein langer Weg von Ungereimtheiten in der Sozialen Arbeit; in: Forum Sozial 4/2012: 24–27
Neuffer, M.: Case Management. Soziale Arbeit mit Einzelnen und Familien, 5. Aufl. Weinheim und Basel 2013a
Neuffer, M.: Case Management – ein Konzept für die Soziale Arbeit?! In: Sozialmagazin 1-2/2013b: 6–13
Noack, W.: Gemeinwesenarbeit – eine (fast) vergessene Grundform sozialen Handelns. Darstellung innovativer sozialer Projekte; in: TuP 4/2011: 278–284
Noack, W.: Beratung als zentrale Kategorie der Sozialen Arbeit in ihrem Verhältnis zur Macht; in: Huxoll, M., und Kotthaus, J. (Hg.), Macht und Zwang in der Kinder- und Jugendhilfe, Weinheim und Basel 2012a: 89–95
Noack, W.: Macht und Zwang als konstitutive Bestandteile Sozialer Arbeit; in: Huxoll, M., und Kotthaus, J. (Hg.), Macht und Zwang in der Kinder- und Jugendhilfe, Weinheim und Basel 2012b: 33–45
Northoff, R.: Methodisches Arbeiten und therapeutisches Intervenieren. Eine Einführung in die Bewältigung sozialer Aufgabenstellungen, Weinheim und Basel 2012
Nowak, J.: Soziale Netzwerke; in: Kreft, D., und Mielenz, I. (Hg.), Wörterbuch Soziale Arbeit, 7. Aufl. Weinheim und Basel 2013: 629–632
Oelerich, G., und Schaarschuch, A.: Vom Nutzen Sozialer Arbeit. Die Perspektive der Klienten muss in den Mittelpunkt gerückt werden; in: Blätter der Wohlfahrtspflege 6/2005: 211–214
Oelschlägel, D.: Zur Aktivierung bürgerschaftlichen Engagements im Rahmen von Kommunalpolitik und Kommunalverwaltung. Einige Anmerkungen aus dem Blickwinkel der Gemeinwesenarbeit; in: Hinte, W., Lüttringhaus, M., und Oelschlägel, D., Grundlagen und Standards der Gemeinwesenarbeit. Ein Reader für Studium, Lehre und Praxis, Münster 2001a: 181–197
Oelschlägel, D.: Lebenswelt oder Gemeinwesen? Anstöße zur Weiterentwicklung der Theorie-Diskussion in der Gemeinwesenarbeit; in: Hinte, W., Lüttringhaus, M., und Oelschlägel, D., Grundlagen und Standards der Gemeinwesenarbeit. Ein Reader für Studium, Lehre und Praxis, Münster 2001b: 38–43
Oelschlägel, D.: Zum politischen Selbstverständnis von Gemeinwesenarbeit; in: Gillich: (Hg.), Nachbarschaften und Stadtteile im Umbruch, 2. Aufl. Gelnhausen 2007: 30–39
Oelschlägel, D.: Geschichte der Gemeinwesenarbeit in der Bundesrepublik Deutschland; in: Stövesand, S., Stoik, C. und Troxler, U. (Hg.), Handbuch Gemeinwesenarbeit Opladen, Berlin und Toronto 2013a: 181–202
Oelschlägel, D.: Emanzipation; in: Kreft, D., und Mielenz, I. (Hg.), Wörterbuch Soziale Arbeit, Weinheim und Basel 2013b: 239–241
Oelschlägel, D.: Quartiersmanagement; in: Kreft, D., und Mielenz, I. (Hg.), Wörterbuch Soziale Arbeit, 7. Aufl. Weinheim und Basel 2013c: 713–717
Olk, T.: Arbeit mit Ehrenamtlichen; in: Bieker, R., und Floerecke, P. (Hg.), Träger, Arbeitsfelder und Zielgruppen der Sozialen Arbeit, Stuttgart 2011: 419–433
Olk, T.: Bürgerschaftliches Engagement; in: Kreft, D., und Mielenz, I. (Hg.), Wörterbuch Soziale Arbeit, 7. Aufl. Weinheim und Basel 2013: 195–199
Olk, T., und Gensicke, T.: Bürgerschaftliches Engagement in Ostdeutschland. Stand und Perspektiven, Wiesbaden 2014
Olk, T., und Klein, A.: Eine nationale Plattform für die Zivilgesellschaft. Das Bundesnetzwerk Bürgerschaftliches Engagement; in: Blätter der Wohlfahrtspflege 3/2005: 89–90
Opp, G. und Brosch, A.: Kinder stärken – Positive Peerkultur in der Schule; http://www.kreis-offenbach.de/loadDocument.phtml?ObjSvrID=1856&ObjID=495&ObjLa=1&Ext=DOC (31. Oktober 2014)
Opp, G., und Teichmann, J.; Positive Peerkultur. Best Practices in Deutschland, Bad Heilbrunn 2008
Opp, G., und Unger, N.: Kinder stärken Kinder. Positive Peer Culture in der Praxis, Hamburg 2006
Outward Bound Deutschland e. V.: Leitbild; Link: http://www.outwardbound.de/leitbild/ (10. November 2014)
Owen, H.: Open Space Technology. Ein Leitfaden für die Praxis, Stuttgart 2001
Palmowski, W.: Systemische Beratung. Systemisch denken und systemisch beraten, Stuttgart 2011
Pantuček, P.: Lebensweltorientierte Individualhilfe, Freiburg/Brsg. 1998
Pantuček, P.: Soziale Diagnostik. Verfahren für die Praxis Sozialer Arbeit, 3. Aufl. Wien, Köln und Weimar 2012
Pantuček, P.: Der Fall, das Soziale und die Komplexität – Überlegungen zur Diagnostik des Sozialen; in: Gahleitner, B., Hahn, G., und Glemser, R. (Hg.), Psychosoziale Diagnostik, Köln 2013: 94–106

Penta, L.: Die Macht der Solidarität; in: Penta, L. (Hg.), Community Organizing – Menschen verändern ihre Stadt, Hamburg 2007a: 99–108
Penta, L.: Wie entsteht eine funktionierende Bürgerplattform? In: Penta, L. (Hg.), Community Organizing – Menschen verändern ihre Stadt, Hamburg 2007b: 219–223
Penta, L. J., und Sander, S.: Community Organizing und Bürgergesellschaft. Modellprojekt im Deutschen Caritasverband; in: Baldas, E. (Hg.), Community Organizing. Menschen gestalten ihren Sozialraum, Freiburg/Brsg. 2010: 58–63
Petermann, U., Petermann, F., und Franz, M.: Erziehungskompetenz und Elterntraining; in: Kindheit und Erziehung 2/2010: 67–71
Peterßen, W. H.: Kleines Methoden-Lexikon, 3. Aufl. München 2009
Peukert, R.: Rassismus als Bildungs- und Sozialpolitik; in: Cogoy, R, Kluge, I., und Meckler, B. (Hg.), Erinnerung einer Profession, Münster 1989: 111–123
Pfaffenberger, H.: Gruppenarbeit, soziale; in: Deutscher Verein (Hg.), Fachlexikon der Sozialen Arbeit, Frankfurt/M. 1993: 432 f.
Piewa, M. und Picker, D.: Familienrat. Deutschland entdeckt ein neues Verfahren, in: NDV 8/2010, 355–358
Pinhard, I.: Jane Addams: Pragmatismus und Sozialreform. Pädagogische Theorie und Praxis der Progessive Era, Opladen und Farmington Hills 2009
Plate, S./AG Wildnisbildung des Nationalparks Harz: Wildnisbildung im Nationalpark Harz, Manuskript Torfhaus o. J. (ca. 2012)
Pleiner, G., und Heblich, B.: Lehrbuch der Pressearbeit. Grundlagen und Praxismethoden für die Soziale Arbeit, Weinheim und München 2009
Plewa, M., und Picker, D.: Familienrat – Deutschland entdeckt ein neues Verfahren; in: NDV 8/2010: 355–358
Pluto, L., und von Santen, E.: § 29 SGB VIII: Soziale Gruppenarbeit; in: Macsenaere, M., u. a. (Hg.), Handbuch der Hilfen zur Erziehung, Freiburg/Brsg. 2014: 97–102
Poguntke-Rauer, M., Mennemann, H. und Löcherbach, P.: Hilfeplanprozess und Assessment im Allgemeinen Sozialen Dienst durch EDV-Unterstützung; in: NDV 3/2007: 75–84
Pollak, G.: Jugendliche in der Jugendberufshilfe in Deutschland. Anschluß- und Entwicklungsmöglichkeiten von abenteuer- und erlebnisangereicherten Programmen im Kontext aktueller Diskussionen; in: Abenteuer – Ein Weg zur Jugend, Dokumentation zur 3. Fachtagung zur Erlebnispädagogik, Neubrandenburg 1996: 204–235
Postel, F.: Gedanken zum Arbeitskonzept des mobilen Berataungsteams Brandenburg; in: Wilking, D., und Kohlstruck, M. (Hg.), Brandenburgerisches Institiut für Gemeinwesen. Einblicke III. Ein Werkstattbuch, Potsdam 2010: 9–17
Poulsen, I.: Energietankstellen zur Gesundhaltung für Soziale Fachkräfte. Ressourcen und Handlungsstrategien; in: TuP 4/2009: 244–252
Proksch, R., und Hopfengärtner, G.: Mediation; in: Kreft, D., und Mielenz, I. (Hg.), Wörterbuch Soziale Arbeit, 7. Aufl. Weinheim und Basel 2013: 595–59
Puhl, R.: Öffentlichkeitsarbeit; in: Kreft, D., und Müller, C. W. (Hg.), Methodenlehre in der Sozialen Arbeit, München und Basel 2010: 144–147
Quilling, E., u. a.: Praxiswissen Netzwerkarbeit. Gemeinnützige Netzwerke erfolgreich gestalten, Wiesbaden 2013
Raabe, W.: Biografiearbeit in der Benachteiligtenförderung, Darmstadt 2004
Raithel, J., Dollinger, B., und Hörmann, G.: Einführung Pädagogik. Begriffe – Strömungen – Klassiker – Fachrichtungen, Wiesbaden 2005
Rätz, R.: Lehr-/Lernfall Kinder und Jugendliche in schwierigen familiären Lebenslagen; in: Griesehop, H. R., Rätz, R., und Völter, B. (Hg.), Biografische Einzelfallhilfe. Methoden und Arbeitstechniken, Weinheim und Basel 2012: 84–116
Rätz-Heinisch, R.: Soziales Lernen; in: Deutscher Verein für öffentliche und Private Fürsorge (Hg.), Fachlexikon der sozialen Arbeit, 7. Aufl. Baden-Baden 2011: 811–812
Rauh, B.: Durchblicken und verstehen. Sozialpädagogische Diagnostik im Handlungsfeld Kinder- und Jugendhilfe; in: neue Praxis 6/2010: 580–592
Reich, S.: DROBS: Drogenberatung in Ostdeutschland. Ein Praxisbericht aus Magdeburg; in: Sozial Extra 11-12/2009: 46–49
Reiner, R. C.: Bisherige Ergebnisse einer Gemeinschaftsarbeit zwischen Psychotherapeuten und Sozialarbeitern; in: Deutsche Zeitschrift für Wohlfahrtspflege 10/1933: 314
Reischach, G., und Straub, U.: Vielfalt der Familien, Vielfalt der Unterstützungsformen: Familienbildung, Familienberatung und Familienhilfe; in: Sozialmagazin 7-8/2007: 12–30
Renner, G., und Penta, L. J.: Community Organizing in Deutschland; in: Forum Community Organizing (Hg.), Handbuch Community Organizing, Bonn 2014: 43–50
Rens, C.: Erlebnispädagogik in der Erziehungshilfe; in: Macsenaere, M., u. a. (Hg.), Handbuch der Hilfen zur Erziehung, Freiburg/Brsg. 2014: 384–390
Retkowski, A., Schäuble, B. und Thole, W.: Diese Familie braucht mehr Druck … Praxismuster im Allgemeinen Sozialen Dienst – Rekonstruktion der Bearbeitung eines Kinderschutzfalls; in: neue Praxis 5/2011: 485–504
Richers, H.: Aktivierende Befragungen – Ziele, kritische Punkte und ihre Mindeststandards; in: Lüttringhaus, M., und Richers, H. (Hg.), Handbuch Aktivierende Befragung, Bonn 2003a: 57–65

Richers, H.: „Doorknocking“ – Aktivierende Gespräche an der Haustür; in: Lüttringhaus, M., und Richers, H. (Hg.), Handbuch Aktivierende Befragung, Bonn 2003b: 153–155
Richers, H.: 10 Minuten nach dem Beratungsgespräch. Aktivierende Elemente im Alltag professioneller Beratungstätigkeit; Link: http://www.buergergesellschaft.de/praxishilfen/aktivierende-befragung/aktivierende-befragung-im-alltag/10-minuten-nach-dem-beratungsgespraech/104088/ (31. Oktober 2014)
Richter, M.: Barcamp: Wissen durch Teilung. Die Zeit Nr. 48 vom 26. November 2008; http://www.zeit.de/online/2008/48/barcamp/komplettansicht (31. Oktober 2014)
Ricken, N.: Identität; in: Jordan, S., und Schlüter, M. (Hg.), Lexikon Pädagogik, Stuttgart 2010: 130–133
Rieger-Ladich, M.: Mündigkeit; in: Jordan, S., und Schlüter, M. (Hg.), Lexikon Pädagogik, Stuttgart 2010: 199–200
Riess, W.: Der schöne Schein der Republik; in: Zeit-Geschichte 2/2014: 36–42
Roberts, R. W., und Nee. R. H. (Hg.): Konzepte der Sozialen Einzelhilfe. Stand der Entwicklung. Neue Anwendungsformen, Freiburg/Brsg. 1977
Roer, C. D.: Biografiearbeit; in: Bock, K., und Miethe, I. (/Hg.), Handbuch Qualitative Methoden in der Sozialen Arbeit, Opladen und Farmington Hills 2010: 405–413
Rogers, C. R.: Eine Theorie der Psychotherapie, der Persönlichkeit und der zwischenmenschlichen Beziehungen, 3. Aufl. Köln 1991
Rogers, C. R.: Die nicht-direktive Beratung (Orig.: Counseling und Psychotherapy, Boston 1942), 13. Aufl. Frankfurt/M. 2010
Rogers, C. R.: Die klientenzentrierte Gesprächspsychotherapie (Orig.: Client-centered Therapy, Boston 1951), 19. Aufl. Frankfurt/M. 2012
Rogge, K. I.: Open-Space-Konferenz oder die strukturierte Kaffeepause; in: Witthaus, U., und Wittwer, W. (Hg.), Open Space. Eine Methode zur Selbststeuerung von Lernprozessen in Großgruppen, Bielefeld 2000: 40–50
Röh, D.: Überlegungen zu Paradoxien des Empowerment. Möglichkeiten und Grenzen der Praktikabilität von Empowermentmodellen am Beispiel sozialpsychiatrischer Arbeit; in: Dungs, S., u. a. (Hg.), Soziale Arbeit und Ethik im 21. Jahrhundert. Ein Handbuch, Leipzig 2006: 359–371
Röh, D.: Längst überfällig: Unsere Profession entdeckt ihre Diagnostik (neu)! In: Forum Sozial 4/2012: 10–14
Röh, D.: Klassifikationen in der Sozialen Arbeit – Vorschlag eines gegenstands- und funktionsbasierten Rahmens; in: Gahleitner, B., Hahn, G., und Glemser, R. (Hg.), Psychosoziale Diagnostik, Köln 2013: 80–93
Röll, F. J.: Aufwachsen in der (Medien-)Gesellschaft; in: Cleppien, G., und Lerche, U. (Hg.), Soziale Arbeit und Medien, Wiesbaden 2010: 23–36
Rommelfanger, S., und Sauter, M.: Integrierte Stadt(-teil-)entwicklungspolitik. Vom Sonderprojekt zur Regelaufgabe – Das Beispiel Gelsenkirchen; in: Sozial Extra 7-8/2010: 25–29
Rönnau-Böse, M., und Fröhlich-Gildhoff, K.: Kinder stärken! Resilienzförderung in der Kindertageseinrichtungen; in: Sozial Extra 11-12/2009: 14–16
Rosenbaum, M., und Kroneck, U.: Das Psychodrama. Eine praktische Orientierungshilfe, Stuttgart 2007
Rosenberg, M. B.: Gewaltfreie Kommunikation mit Kindern und Jugendlichen. Vortrag München 2005 (DVD-Dokumentation auditorium-Netzwerk), Müllheim/Baden 2012
Rosenberg, M. B.: Gewaltfreie Kommunikation. Eine Sprache des Lebens, Paderborn 2012
Ross, M. G.: Gemeinwesenarbeit. Theorie – Prinzipien – Praxis, Freiburg/Brsg. 1968
Rothschuh, M.: Community Organizing – Macht gewinnen statt beteiligt werden; in: Stövesand, S., Stoik, C. und Troxler, U. (Hg.), Handbuch Gemeinwesenarbeit Opladen, Berlin und Toronto 2013: 375–383
Rudow, B.: Überlastung im Amt. Macht Soziale Arbeit krank? Arbeitsschutz und Gefährdungsbeurteilung in der Sozialarbeit (Allgemeiner Sozialer Dienst) der Stadt Mannheim; in: Sozialmagazin 4/2010: 10–22
Ruhe, H. G.: Praxishandbuch Biografiearbeit. Methoden, Themen und Felder, Weinheim und Basel 2014
Runge, M.: Arbeit mit kleineren Gruppen in der Gemeinwesenarbeit; in: Stövesand, S., Stoik, C. und Troxler, U. (Hg.), Handbuch Gemeinwesenarbeit Opladen, Berlin und Toronto 2013: 398–404
Salgo, L.: Aus Fehlern lernen. Stellungnahme für den Sonderausschuss „Zum Tode des Mädchens Chantal“; in: Zeitschrift für Kindschaftsrecht und Jugendhilfe (ZKJ) 3/2013: 150–156
Salomon, A.: Soziale Diagnose, Berlin 1926
Sander, K.: Personenzentrierte Beratung. Ein Arbeitsbuch für Ausbildung und Praxis, Weinheim 1999
Sander, K.: Personzentrierte Beratung; in: Nestmann, F., Engel, F., und Sickendiek, U. (Hg.), Das Handbuch der Beratung. Bd. 1, Tübingen 2004: 331–343
Sann, A., und Thrum, S.: Opstapje – Schritt für Schritt. Ein präventives Spiel- und Lernprogramm für Kleinkinder aus sozial benachteiligten Familien und ihre Eltern. Praxisleitfaden, München 2005
Schäfer, K.: Jugendverbände; in: Kreft, D., und Mielenz, I. (Hg.), Wörterbuch Soziale Arbeit, 7. Aufl. Weinheim und Basel 2013: 515–517
Scharfenorth, K.: Die Seniorenwirtschaft als Hoffnung des 21. Jahrhunderts. Chancen des demografischen Wandels für die Dienstleistungsgesellschaft; in: Blätter der Wohlfahrtspflege 1/2005: 19–24
Scherer, K.: „Asozial“ im Dritten Reich. Die vergessenen Verfolgten, Münster 1990
Schermer, F. J.: Grundlagen der Psychologie, 3. Aufl. Stuttgart 2011
Scherpner, H.: Formen persönlicher Fürsorge in den Vereinigten Staaten (Social Case Work). Sonderdruck des Fürsorgeseminars der Universität Frankfurt/M. 1927

Scherr, A.: Zeitgeist in der Sozialen Arbeit. Warum es der Sozialen Arbeit anzuraten ist, professionelle Widerständigkeit gegen zeitgeistige Tendenzen zu entwickeln; in: Sozial Extra 5-6/2012: 6–10
Scheuerl, A.: Das Leben als Lehrer. Case Management und starre Jugendhilfestrukturen; in: Blätter der Wohlfahrtspflege 2/2004: 62–64
Schiller, H.: Gruppenpädagogik (social group work) als Methode der Sozialarbeit. Darstellung und Analyse ihrer Theorie und Praxis, Wiesbaden-Dotzheim 1966
Schilling, J., und Damm, D.: Mobile Jugendarbeit. Konzept eines Modells „Cliquentreff"; in: deutsche jugend 6/1979: 268–276
Schleiffer, R.: Der heimliche Wunsch nach Nähe, 5. Aufl. Weinheim und Basel 2014
Schmauch, U.: „Mit Reden statt Kloppen erfolgreicher durchs Leben" – Meditation und mediative Elemente in der Offenen Kinder- und Jugendarbeit (I und II); in: deutsche jugend 5/2001: 221–228, und 6/2001: 266–273
Schmidbauer, W.: Hilflose Helfer. Über die seelische Problematik der helfenden Berufe, Reinbek 1992a (18. Aufl. Reinbek 2011)
Schmidbauer, W.: Helfen als Beruf. Die Ware Nächstenliebe, Hamburg 1992b
Schmidt, F.: Strukturen pädagogischer Wahrnehmung; in: Sozialmagazin 11-12/2013: 7–13
Schmidt, R.: Evidenzbasierung; in: Grunwald, K., Horcher, G., und Maelicke, B. (Hg.), Lexikon der Sozialwirtschaft, 2. Aufl. Baden-Baden 2013: 327 f.
Schmidt-Grunert, M.: Soziale Arbeit mit Gruppen. Eine Einführung, 3. Aufl. Freiburg/Brsg. 2009
Schmitt, H.: Vernunft und Menschlichkeit. Studien zur philanthropischen Erziehungsbewegung, Bad Heilbrunn 2007
Schneider, T.: Skinheads in der Jugendarbeit – eine Bilanz nach zehn Jahren; in: Behn, S., und Heitmann, H. (Hg.), Jugendarbeit mit Skinheads, Berlin 1994: 83–91
Schnura, T.: Lösungsorientierte Gesprächsführung (Film von Werner Sandrowski [www.loadmedical.com]), München 2013
Scholz, H., Vesper, R., und Haussmann, H.: Lernlandkarte Nr. 2 – World Café, Eichenzell 2007
Schönig, W.: Aktivierungspolitik. Eine sozialpolitische Strategie und ihre Ambivalenz für soziale Dienste und praxisorientierte Forschung; in: Dollinger, B., und Raithel, J. (Hg.), Aktivierende Sozialpädagogik, Wiesbaden 2006: 23–39
Schönig, W.: Sozialraumorientierte Soziale Arbeit; in: Bieker, R., und Floerecke, P. (Hg.), Träger, Arbeitsfelder und Zielgruppen der Sozialen Arbeit, Stuttgart 2011: 405–418
Schönknecht, C.: Onlineberatung in der Altenhilfe – eine neue Alternative zu bisherigen Beratungsformen; in: TuP 3/2011: 200–205
Schophaus, M., und Wallentin, A.: Die Kanten des Runden Tisches – Verhandeln zwischen Konsens und Dissens; in: Stövesand, S., Stoik, C. und Troxler, U. (Hg.), Handbuch Gemeinwesenarbeit, Opladen, Berlin und Toronto 2013: 391–397
Schrader, F.: Diagnostische Kompetenz; in: Rost, D. (Hg.), Handwörterbuch Pädagogische Psychologie, Weinheim 2006: 95–100
Schrapper, C.: Voraussetzungen, Verlauf und Wirkungen der „Heimkampagne"; in: neue praxis 4/1990: 417–428
Schrapper, C.: Hans Muthenius. Ein deutscher Fürsorgejurist und Sozialpolitiker zwischen Kaiserreich und Bundesrepublik, Münster1993
Schrapper, C. (Hg.): Sozialpädagogische Diagnostik und Fallverstehen in der Jugendhilfe. Anforderungen, Konzepte, Perspektiven, Weinheim 2004
Schrapper, C.: Sozialpädagogische Diagnostik und Fallverstehen; in: Kreft, D., und Mielenz, I. (Hg.), Wörterbuch Soziale Arbeit, 6. Aufl. Weinheim und München 2008: 197–205
Schrapper, C.: Die Gruppe als Mittel zur Erziehung – Gruppenpädagogik; in: Edding, C., und Schattenhofer, K. (Hg.), Handbuch Alles über Gruppen: Theorie, Anwendung, Praxis, Weinheim und Basel 2009: 186–208
Schrapper, C.: Diagnostik, sozialpädagogische und Fallverstehen; in: Kreft, D., und Mielenz, I. (Hg.), Wörterbuch Soziale Arbeit, Weinheim und Basel 2013: 205–212
Schröder, A.: Aufsuchende Jugendarbeit – ein methodisches Prinzip mit wachsender Bedeutung für viele Praxisfelder; in: deutsche jugend 1/1994: 16–23
Schruth, P., u. a.: Schuldnerberatung in der Sozialen Arbeit. Sozialpädagogische, juristische und gesellschaftspolitische Grundkenntnisse für Theorie und Praxis, Weinheim und Basel 2011
Schubert, H. (Hg.): Netzwerkmanagement. Koordination von professionellen Vernetzungen – Grundlagen und Beispiele, Wiesbaden 2008a
Schubert, H.: Netzwerkkooperation – Organisation und Koordination von professionellen Vernetzungen; in: ders. (Hg.), Netzwerkmanagement. Koordination von professionellen Vernetzungen – Grundlagen und Beispiele, Wiesbaden 2008b: 7–105
Schulz von Thun, F.: Praxisberatung in Gruppen. Erlebnisaktivierende Methoden mit 20 Fallbeispielen zum Selbsttraining für Trainerinnen und Trainer, Supervisoren und Coachs, Weinheim und Basel 1996
Schulz von Thun, F.: Miteinander reden, 3 Bde., 48. Aufl. Reinbek bei Hamburg 2010
Schumm, W.: Soziales Umfeld; in: Deutscher Verein für öffentliche und Private Fürsorge (Hg.), Fachlexikon der sozialen Arbeit, 7. Aufl. Baden-Baden 2011: 813–814
Schwabe, M.: Methoden der Hilfeplanung. Zielentwicklung, Moderation und Aushandlung, Frankfurt/M. 2005

Schwabe, M.: Begleitende Unterstützung, München und Basel 2010a
Schwabe, M.: Hilfeplanung; in: Heiner, M. (Hg.), Wissensbausteine (Handlungskompetenzen in der Sozialen Arbeit), München 2010b: 61–65
Schwabe, M.: Ressourcenorientierung; in: Heiner, M. (Hg.), Wissensbausteine (Handlungskompetenzen in der Sozialen Arbeit), München 2010c: 137–141
Schwarzer, C., und Posse, N.: Beratung; in: Weidenmann, B., und Krapp, A. (Hg.), Pädagogische Psychologie, München 1986: 631–666
Schweer, M. K. W., und Thies, B.: Vertrauen; in: Auhagen, A. E. (Hg.), Positive Psychologie, Basel 2004: 125–138
Schwinger, T.: Psychodrama in der Sozialarbeit; in: von Ameln, F., und Kramer, J. (Hg.), Praxis Psychodrama, Heidelberg 2014; 204–217
Seifert, J. W.: Meetings moderieren, Offenbach 1999
Seithe, M.: Engaging. Möglichkeiten Klientenzentrierter Beratung in der Sozialen Arbeit, Wiesbaden 2008
Seithe, M.: Schwarzbuch Soziale Arbeit, Wiesbaden 2010a
Seithe, M.: Jeder kämpft für sich allein? Gedanken zur Notwendigkeit der (Wieder-)Entdeckung der Solidarität in der Sozialen Arbeit; in: Forum Sozial 3/2010b: 22–26
Seithe, M.: Zur Notwendigkeit der Politisierung der Sozialarbeitenden; in: Sozialmagazin 1-2/2013: 24–31
Seithe, M., und Wiesner-Rau, C. (Hg.): „Das kann ich nicht mehr verantworten!" Stimmen zur Lage der Sozialen Arbeit, Neumünster 2013
Seligman, M. E. P.: Erlernte Hilflosigkeit, München u. a. 1979
Selke, S.: Tafeln als Spiegel der Gesellschaft. Freiwilligentätigkeit zwischen Euphorie und Paradoxie; in: TuP 4/2011: 250–258
Sickendiek, U., Engel, F., und Nestmann, F.: Beratung. Eine Einführung in sozialpädagogische und psychosoziale Beratungsansätze, Weinheim und München 2002a
Sickendiek, U., Engel, F., und Nestmann, F.: Beratungsbeziehung und Beratungsmethode; in: dies., Beratung. Einführung in sozialpädagogische und psychosoziale Beratungsansätze, 2. Aufl. Weinheim und München 2002b: 129–153
Simon, T.: Der Vernetzungsgedanke. Grundlage für Einmischungsstrategien im kommunalen Bereich; in: Becker, G., und Simon. T.: (Hg.), Handbuch Aufsuchende Jugend- und Sozialarbeit. Theoretische Grundlagen, Arbeitsfelder, Praxishilfen, Weinheim und München 1995: 70–86
Simon, T.: Kommunale Netzwerke. Voraussetzung zur Förderung der Entwicklungschancen junger Menschen in sozialen Brennpunkten; in: neue praxis 2/2004: 196–201
Slevogt, V.: Das Mo.Ki Netzwerk – Verbesserung der Bildungs- und Entwicklungschancen des Kindes; in: Schubert, H. (Hg.), Netzwerkmanagement. Koordination von professionellen Vernetzungen – Grundlagen und Beispiele, Wiesbaden 2008: 229–240
Solomon, B.: Black Empowerment. Social Work in Oppressed Communities, New York 1976
Sonnenburg, T., und Winkelmann, S.: Die Ausreißer. Der Weg zurück. Krisen erkennen – Strategien entwickeln – Handeln, München 2010
Soppa, P. Psychodrama. Ein Leitfaden, 3. Aufl. Wiesbaden 2009
Spatscheck, C.: Methoden der Sozialraum- und Lebensweltanalyse im Kontext der Theorie- und Methodendiskussion der Sozialen Arbeit; in: Deinet, U. (Hg.), Methodenbuch Sozialraum, Wiesbaden 2009: 33–43
Specht, W.: Konzept und Praxis einer mobilen Jugendarbeit; in: deutsche jugend 10/1977: 458–462
Specht, W.: Jugendkriminalität und mobile Jugendarbeit. Ein stadtteilbezogenes Konzept von Street Work, Neuwied 1979
Specht, W: Mobile Jugendarbeit; in: Eyferth, H., Otto, H. U., und Thiersch, H. (Hg.), Handbuch zur Sozialarbeit/Sozialpädagogik, Neuwied 1987a: 549–557
Specht, W.: „Randgruppen" als Herausforderung für die offene Jugendarbeit; in: neue praxis 1/1987b: 86–88
Specht, W (Hg.): Die Gefährliche Straße. Jugendkonflikte und Stadtteilarbeit, Bielefeld 1987c
Sperling, J. B., Stapelfeldt, U., und Wasselveld, J.: Moderation, Planegg 2007
Spitzenberger, E.: Handlungskonzepte in der Gemeinwesenarbeit. Wie Praktikerinnen und Praktiker ihre Arbeit im Gemeinwesen sehen; in: Sozial Extra 5-6/2011: 6–10
Stadler, C., und Kern, S.: Psychodrama. Eine Einführung, Wiesbaden 2010
Stahl, E.: Dynamik in Gruppen. Handbuch der Gruppenleitung, Weinheim, Berlin und Basel 2002
Stamm, M., u. a.: Schulabsentismus. Ein Phänomen, seine Bedingungen und Folgen, Wiesbaden 2009
Stark, W.: Empowerment. Neue Handlungskompetenzen in der psychosozialen Praxis, Freiburg/Brsg. 1996
Stark, W.: Empowerment; in: Bundeszentrale für gesundheitliche Aufklärung (Hg.), Leitbegriffe der Gesundheitsförderung. Glossar zu Konzepten, Strategien und Methoden in der Gesundheitsförderung. 4. Aufl. Schwabenheim/Selz 2003: 28–31
Staub-Bernasconi, S.: Systemtheorie und Soziale Arbeit (Sozialarbeit/Sozialpädagogik) – Grundlagen einer wissenschaftsbasierten Sozialen Arbeit; in: dies., Systemtheorie, soziale Probleme und Soziale Arbeit, Berlin, Stuttgart und Wien 1995: 117–140
Staub-Bernasconi, S.: Soziale Probleme – Soziale Berufe – Soziale Praxis; in: Heiner, M. (Hg.), Methodisches Handeln in der Sozialen Arbeit, 4. Aufl. Freiburg/Brsg. 1998: 11–137
Staub-Bernasconi, S.: Soziale Arbeit und soziale Probleme. Eine disziplin- und professionsbezogene Bestimmung; in: Thole, W. (Hg.), Grundriss Soziale Arbeit, Opladen 2002: 245-258

Staub-Bernasconi, S.: Soziale Arbeit als Handlungswissenschaft. Systemtheoretische Grundlagen und professionelle Praxis - Ein Lehrbuch, Bern, Stuttgart und Wien 2007
Staub-Bernasconi, S.: Integrale soziale Demokratie als gemeinwesenbezogener Lernprozess und soziale Vision: Jane Addams; in: Stövesand, S., Stoik, C. und Troxler, U. (Hg.), Handbuch Gemeinwesenarbeit Opladen, Berlin und Toronto 2013: 37–43
Staub-Bernasconi, S.: Soziale Arbeit und Menschenrechte. Vom beruflichen Doppelmandat zum professionellen Triplemandat; in: Opladen und Farmington Hills 2014
Steckelberg, C., und Homann, K.: Jenseits pädagogischer Aufsicht: Jugendarbeit, und öffentlicher Raum. Das Berliner Projekt „Platzmanagement Alexanderplatz"; in: TuP 3/2011: 186–191
Steffan, W.: Intervision; in: Kreft, D., und Mielenz, I. (Hg.), Wörterbuch Soziale Arbeit, Weinheim und Basel 2013a: 459–462
Steffan, W.: Straßensozialarbeit/Streetwork; in: Kreft, D., und Mielenz, I. (Hg.), Wörterbuch Soziale Arbeit, 7. Aufl. Weinheim und Basel 2013b: 938–940
Steffan, W., und Krauß, G.: Qualitätsmerkmale und Standards von Streetwork/Mobile Jugendarbeit; in: Merchel, J. (Hg.), Qualität in der Jugendhilfe, Münster 1998: 116–132
Steinbacher, E.: Lebensweltorientierte Fachlichkeit in der Förderung bürgerschaftlichen Engagements; in: Grunwald, K., und Thiersch, H. (Hg.), Praxis Lebensweltorientierter Sozialer Arbeit. Handlungszugänge und Methoden in unterschiedlichen Arbeitsfeldern, Weinheim und München 2004: 217–331
Steiner, T., und Berg, I. K.: Handbuch lösungsorientiertes Arbeiten mit Kindern, 5. Aufl. Heidelberg 2011
Stimmer, F.: Grundlagen des Methodischen Handelns in der Sozialen Arbeit, 2. Aufl. Stuttgart 2006
Stimmer, F., und Weinhardt, M.: Mobbing und Burnout; in: Heiner, M. (Hg.), Wissensbausteine (Handlungskompetenzen in der Sozialen Arbeit), München 2010a: 82–84
Stimmer, F., und Weinhardt, M.: Fokussierte Beratung in der Sozialen Arbeit, München und Basel 2010b
Stimmer, F., und Weinhardt, M.: Visualisierende Situationsanalysen; in: Heiner, M. (Hg.), Wissensbausteine (Handlungskompetenzen in der Sozialen Arbeit), München 2010c: 166–173
Stimmer, F., und Weinhardt, M.: Motivierende Gesprächsführung; in: Heiner, M. (Hg.), Wissensbausteine (Handlungskompetenzen in der Sozialen Arbeit), München 2010d: 96–100
Stimmer, F., und Weinhardt, M.: Beratungsmethoden; in: Heiner, M. (Hg.), Wissensbausteine (Handlungskompetenzen in der Sozialen Arbeit), München 2010e: 22–27
Stock, L.: Die Sozialraumanalyse als Handlungsinstrument der Gemeinwesenarbeit; in: Stövesand, S., Stoik, C. und Troxler, U. (Hg.), Handbuch Gemeinwesenarbeit Opladen, Berlin und Toronto 2013: 369–374
Stock, L.: Zur Geschichte des Community Organizing in Deutschland; in: Forum Community Organizing (Hg.), Handbuch Community Organizing, Bonn 2014: 32–42
Stockhausen, A.: Gesprächsführung und Verhandlungen, Berlin 2010
Stoik, C.: Arbeiten in der Öffentlichkeit; in: Stövesand, S., Stoik, C. und Troxler, U. (Hg.), Handbuch Gemeinwesenarbeit Opladen, Berlin und Toronto 2013a: 439–44
Stoik, C.: Emanzipatorische GWA unter den Bedingungen neoliberaler Gouvernementalität: Sabine Stövesand; in: Stövesand, S., Stoik, C. und Troxler, U. (Hg.), Handbuch Gemeinwesenarbeit, Opladen, Berlin und Toronto 2013b: 100–104
Stoik, C.: Von der Gemeinwesenarbeit zur „sozialraumorientierten Verwaltungsmodernisierung": Wolfgang Hinte; in: Stövesand, S., Stoik, C. und Troxler, U. (Hg.), Handbuch Gemeinwesenarbeit, Opladen, Berlin und Toronto 2013b: 79–84
Stövesand, S.: Community Organization als Soziale Aktion: Saul D. Alinsky und Co.; in: Stövesand, S., Stoik, C. und Troxler, U. (Hg.), Handbuch Gemeinwesenarbeit, Opladen, Berlin und Toronto 2013a: 48–52
Stövesand, S.: Sozial konservative, integrative Gemeinwesenarbeit: Murray G. Ross; in: Stövesand, S., Stoik, C. und Troxler, U. (Hg.), Handbuch Gemeinwesenarbeit, Opladen, Berlin und Toronto 2013b: 53–57
Stövesand, S., Stoik, C., und Troxler, U. (Hg.): Handbuch Gemeinwesenarbeit. Traditionen und Positionen, Konzepte und Methoden. Deutschland - Schweiz - Österreich, Berlin und Toronto 2013
Stracke-Baumann, C.: Zukunftswerkstatt; in: Buchkremer, H. (Hg.), Handbuch Sozialpädagogik. Ein Leitfaden in der Sozialen Arbeit 2009: 425–428
Stracke-Baumann, C.: Zukunftswerkstatt als Methode der Gemeinwesenarbeit; in: Stövesand, S., Stoik, C. und Troxler, U. (Hg.), Handbuch Gemeinwesenarbeit, Opladen, Berlin und Toronto 2013: 419–424
Straßburger, G., und Wurtzbacher, J.: Von der Notwendigkeit eines Brückenschlages. „Beauftragte Bürger" als Verbindungsglied zwischen professioneller Intervention und Bewohnerengagement in städtischen Nachbarschaften; in: Sozial Extra 5-6/2009: 6–8
Straub, U.: Family Group Conference in Europa. Neue Entwicklungen in der Familienhilfe: Erfahrungen, Schwierigkeiten, Fortschritte; in: Sozialmagazin 7-8/2009: 36–47
Straub, U.: Social Soaps - Der Streetworker als Serienheld. Hilfe vor laufender Kamera; in: Sozialmagazin 7-8/2010: 26–32
Straumann, U. E.: Klientenzentrierte Beratung; in: Nestmann, F., Engel, F., und Sickendiek, U. (Hg.), Das Handbuch der Beratung. Bd. 2, Tübingen 2004: 641–653
Strohschneider, T., u. a.: Neues Deutschland Dossier Reichtum, Berlin 2014
Struck, N., und Hemker, B.: Ombudschaften als Normalfall der Partizipation; in: Forum Erziehungshilfen 2/2011: 310–313
Stürmer, S., und Siem, B.: Sozialpsychologie der Gruppe, München und Basel 2013

Sturzbecher, D., und Dietrich, P.: Risiko- und Schutzfaktoren in der Entwicklung von Kindern und Jugendlichen; in: Interdisziplinäre Fachzeitschrift der DGgKV 1/2007: 3–30

Stüwe, G.: Erlebnispädagogik; in: Kreft, D., und Mielenz, I. (Hg.), Wörterbuch Soziale Arbeit, Weinheim und Basel 2013: 257–260

Szynka, P.: Aktivierende Gespräche bei Saul David Alinsky; in: Lüttringhaus, M., und Richers, H. (Hg.), Handbuch Aktivierende Befragung, Bonn 2003: 11–17

Szynka, P.: Community Organizing. Ein Weg zu mehr Beteiligung, Berlin 2011 (Fachforum der Friedrich-Ebert-Stiftung, Nr. 8/2011)

Szynka, P.: Wurzeln des Community Organizing bei Saul D. Alinsky; in: Forum Community Organizing (Hg.), Handbuch Community Organizing, Bonn 2014: 11–15

Tausch, R.: Sinn in unserem Leben; in: Auhagen, A. E. (Hg.), Positive Psychologie, Basel 2004: 86–102

Tausch, A.-M., und Tausch, R.: Gesprächspsychotherapie, 9. erg. Aufl. Göttingen, Toronto und Zürich 1990

Textor, M. R.: Der ASD – zwischen Einzelhilfe und politischer Arbeit; in: ders. (Hg.), Allgemeiner Sozialdienst. Ein Handbuch für Soziale Berufe, Weinheim und Basel 1994: 52–66

Thiele, J., und Lohde, U.: Plan B: Wir stellen was auf die Beine! Aus dem Stadtteil für den Stadtteil – eine sozialraumorientierte Produktionsschule in der Dortmunder Nordstadt; in: Sozial Extra 9-10/2009: 51–53

Thiersch, H.: Verstehen oder Kolonialisieren? Verstehen als Widerstand; in: Müller, S., und Otto, H. U. (Hg.), Verstehen oder Kolonialisieren? 2. Aufl. Bielefeld 1986a: 19–40

Thiersch, H.: Die Erfahrung der Wirklichkeit, Weinheim 1986b

Thiersch, H.: Lebensweltorientierte Soziale Arbeit. Aufgaben und Praxis im sozialen Wandel, Weinheim und München 1992

Thiersch, H.: Strukturierte Offenheit. Zur Methodenfrage einer lebensweltorientierten Sozialen Arbeit; in: Rauschenbach, T., u. a. (Hg.): Der sozialpädagogische Blick, Weinheim und München 1993: 11–28

Thiersch, H.: Lebenswelt und Moral. Beiträge zur moralischen Orientierung Sozialer Arbeit, Weinheim und München 1995

Thiersch, H.: Lebensweltorientierung in der Sozialen Arbeit – als radikalisiertes Programm; in: ders., Positionsbestimmungen der Sozialen Arbeit, Weinheim und München 2002a: 29–51

Thiersch, H.: Der Beitrag der Sozialen Arbeit für die Gestaltung des Sozialen. Ein Resümee; in: Lange, D., und Karsten, F. (Hg.): Soziale Fragen – Soziale Antworten, Neuwied 2002b: 12–21

Thiersch, H.: Profession und Person. Zur Berufsidentität der Sozialpädagog/innen; in: ders., Positionsbestimmungen der Sozialen Arbeit, Weinheim und München 2002c: 191–201

Thiersch, H.: Strukturierte Offenheit. Zur Methodenfrage einer lebensweltorientierten Sozialen Arbeit; in: ders., Positionsbestimmungen der Sozialen Arbeit. Gesellschaftspolitik, Theorie und Ausbildung, Weinheim und München 2002d: 203–220

Thiersch, H.: Authentizität; in: ders., Schwierige Balance, Weinheim und München 2009a: 143–160

Thiersch, H.: Scham; in: ders., Schwierige Balance, Weinheim und München 2009b: 161–180

Thiersch, H.: Nähe und Distanz in der Sozialen Arbeit; in: ders., Schwierige Balance. Über Grenzen, Gefühle und berufsbiografische Erfahrungen, Weinheim und München 2009c: 121–141

Thiersch, H.: Erziehungschaos und die Sehnsucht nach dem Autoritären. Das Beispiel der Serie „Die Super Nanny"; in: ders., Schwierige Balance. Über Grenzen, Gefühle und berufsbiografische Erfahrungen; Weinheim und München 2009d: 47–65

Thiersch, H, Grunwald, K, und Köngeter, S: Lebensweltorientierte Soziale Arbeit; in: Thole, W. (Hg.), Grundriss Soziale Arbeit, Opladen 2002: 161–178

Thies, R.: Quartiermanagement – Strategischer Ansatz zur Kooperation in der Sozialen Stadt; in: Kreft, D., und Müller, C. W. (Hg.), Methodenlehre in der Sozialen Arbeit, München und Basel 2010: 129–132

Thies, R.: Soziale Stadt; in: Deutscher Verein für öffentliche und Private Fürsorge (Hg.), Fachlexikon der sozialen Arbeit, 7. Aufl. Baden-Baden 2011: 813

Thole, W., und Küster-Schapfl, U.: Sozialpädagogische Profis, Opladen 1997

Thole, W., Retkowski, A., und Schäuble, B. (Hg.), Sorgende Arrangements – Kinderschutz zwischen Organisation und Familie, Wiesbaden 2012

Thomas, W. I. und D. S.: The Child in America: Behavior Problems und Programs, New York 1928

Tietze, K.-O.: Kollegiale Beratung. Problemlösungen gemeinsam entwickeln, 2. Aufl. Reinbek 2007

Tillmetz, E.: Familienaufstellungen. Sich selbst verstehen – die eigenen Wurzeln entdecken, Stuttgart 2005

Trommer, G.: Psychotop Wildnis – Wildnis und Verwilderung – Begriffsdefinitionen und Hintergründe; in: Politische Ökologie, 59/1999: 10–12

Trommer, G.: Wildnispädagogik. Eine wichtige Aufgabe für Großschutzgebiete; in: Nationalpark, 4/2001: 8–11

Trommer, G.: Schön Wild! Warum wir und unsere Kinder Natur und Wildnis brauchen, München 2012

Trommer, G.: Wildnis erleben durch einfaches, bekräftigendes Unterwegssein. Ein Plädoyer für das Wandern in wilder Natur; in: erleben & lernen, 1/2013: 4–7

Troxler, U.: Konfliktorientierte und systemkritische GWA: Hans-Eckehard Bahr, Reimer Gronemeyer, C. Wolfgang Müller, Peter Nimmermann; in: Stövesand, S., Stoik, C. und Troxler, U. (Hg.), Handbuch Gemeinwesenarbeit Opladen, Berlin und Toronto 2013a: 61–64

Troxler, U.: Gemeinwesen als Arbeitsprinzip: Jaak Boulet, Jürgen Krauss, Dieter Oelschlägel; in: Stövesand, S., Stoik, C. und Troxler, U. (Hg.), Handbuch Gemeinwesenarbeit, Opladen, Berlin und Toronto 2013b: 70–72

Troxler, U.: Methoden der Großgruppenarbeit in der GWA; in: Stövesand, S., Stoik, C. und Troxler, U. (Hg.), Handbuch Gemeinwesenarbeit, Opladen, Berlin und Toronto 2013c: 405–412
Tschöpe-Scheffler, S.: Elternkurse auf dem Prüfstand. Wie Erziehung wieder Freude macht, Opladen 2003
Tschöpe-Scheffler, S. (Hg.): Konzepte der Elternbildung – eine kritische Übersicht, Opladen 2005
Uhlendorff, U.: Hilfeplanung; in: Schroer, W., Struck, N., und Wolff, M. (Hg.), Handbuch Kinder- und Jugendhilfe, Weinheim und München 2002: 857–868
Uhlendorff, U., Euteneuer, M., und Sabla, K.-P.: Soziale Arbeit mit Familien, München und Basel 2013
Unabhängiges Forum kritische Soziale Arbeit (Hg.): Zukunftswerkstatt Soziale Arbeit, Berlin 2012
Urban-Stahl, U.: Der Status der Profession als Machtquelle in der Hilfeplanung; in: Huxoll, M., und Kotthaus, J. (Hg.), Macht und Zwang in der Kinder- und Jugendhilfe, Weinheim und Basel 2012: 140–152
Urban-Stahl, U.: Unabhängige Ombudsstellen. Neuland in der Kinder- und Jugendhilfe; in: Zeitschrift für Sozialpädagogik 1/2014: 11–31
Urselmann, U.: Fundraising: Professionelle Mittelbeschaffung für Nonprofit-Organisationen, 4. Aufl. Bern, Stuttgart und Wien 2007
Vogel, G.: Selbstcoaching konkret. Ein Praxisbuch für soziale, pädagogische und pflegerische Berufe, München und Basel 2013
von Ameln, F., Gerstmann, R., und Kramer, J.: Psychodrama, Heidelberg 2004 (Nachdruck 2005)
von Spiegel, H. (Hg.): Jugendarbeit mit Erfolg. Arbeitshilfen und Erfahrungsberichte, Münster 2000
von Spiegel, H.: Methodisches Handeln und professionelle Handlungskompetenz im Spannungsfeld von Fallarbeit und Management; in: Thole, W. (Hg.), Grundriss Soziale Arbeit. Ein einführendes Handbuch, Opladen 2002: 589–602
von Spiegel, H.: Methodisches Handeln in der Sozialen Arbeit. Grundlagen und Arbeitshilfen für die Praxis, 5. Aufl. München und Basel 2013a
von Spiegel, H. von: Methodisches Handeln in der Sozialen Arbeit; in: Kreft, D., und Mielenz, I. (Hg.), Wörterbuch Soziale Arbeit, 7. Aufl. Weinheim und Basel 2013b: 609–614
Voß, G.-G.: Lebensführung als Arbeit. Über die Autonomie der Person im Alltag der Gesellschaft, Stuttgart 1991
Vossel, M.: „Organizing Schönweide" in Berlin; in: Penta, L. (Hg.), Community Organizing – Menschen verändern ihre Stadt, Hamburg 2007a: 133–145
Vossel, M.: Das Berliner WerkNetz Karlshorst; in: Penta, L. (Hg.), Community Organizing – Menschen verändern ihre Stadt, Hamburg 2007b: 146–154
Wabnitz, R. J.: Grundkurs Recht für die Soziale Arbeit, 2. Aufl. München 2014
Wagenblass, S.: Herausforderungen für den Kinderschutz in psychisch belasteten Familien; in: Thole, W., Retkowski, A., und Schäuble, B. (Hg.), Sorgende Arrangements – Kinderschutz zwischen Organisation und Familie, Wiesbaden 2012: 71–82
Warras, J.: Soziale Arbeit im Internet, Ein Medium etabliert sich als neues Handlungsfeld; in: Sozial Extra 1-2/2009: 25–27
Watzlawick, P., Beavin, J. H., und Jackson, D. D.: Menschliche Kommunikation. Formen, Störungen, Paradoxien, 4. Aufl. Bern, Stuttgart und Wien 1974
Weber, M.: Gesammelte Aufsätze zur Religionssoziologie 1, Tübingen 1920
Weber, E.: Beratungsmethodik in der Sozialen Arbeit, 3. Aufl. Luzern 2012
Weigand, W.: Die Gruppe als Resonanzraum und Mittel zur Beratung; in: Edding, C., und Schattenhofer, K. (Hg.), Handbuch Alles über Gruppen: Theorie, Anwendung, Praxis, Weinheim und Basel 2009: 209–257
Weilharter, W.: Zivile Konfliktbearbeitung und Gemeinwesenarbeit; in: Stövesand, S., Stoik, C. und Troxler, U. (Hg.), Handbuch Gemeinwesenarbeit Opladen, Berlin und Toronto 2013: 264–272
Weinberger, S.: Klientenzentrierte Gesprächsführung. Lern- und Praxisanleitung für psychosoziale Berufe, 13. Aufl. Weinheim und München 2011
Weinberger, S., und Lindner, H.: Personzentrierte Beratung, Stuttgart 2011
Wendt, P.-U.: Professionalität, Marktkompetenz und soziales know how. Modernisierungsbedarf für Jugendarbeit im Kontext der Kommunalfinanzkrise und der aktuellen Gewaltdebatte; in: neue praxis 5/1993a: 414–424
Wendt, P.-U.: Unaufdringliche Jugendarbeit. Eine Konzeptionsskizze; in: Jugendhilfe 3/1993b: 170–179
Wendt, P.-U.: Den Spagat wagen – und können. Thesen zur Perspektive der Jugendarbeit im Kontext der Gewaltdiskussion; in: Jugendhilfe 5/1993c: 213–222
Wendt, P.-U.: Selbstorganisation Jugendlicher und ihre Förderung durch kommunale Jugendarbeit, Hamburg 2005
Wendt, P.-U.: „… dass die Kuh nicht lila ist" – Wildnisbildung als Element einer präventiven Kinder- und Jugendförderung; in: Nationalparkhaus Altenau-Torfhaus (Hg.): Wildnisforum Nationalpark Harz 2007, Köln 2007: 10
Wendt, P.-U.: Navigation im Übergang. Zum Übergangsmanagement in der Jugendsozialarbeit; in: Kammerer, B. (Hg.), Übergangsmanagement – Wege zur beruflichen und sozialen Integration Jugendlicher, Nürnberg 2008: 91–116
Wendt, P.-U.: Pädagogik wirkt – oder: Was macht Wirkung aus; in: ders. (Hg.), mit Wirkung, Marburg 2010a: 163–182

Wendt, P.-U.: „Es muss erstens den Problemlagen der Jugendlichen angepasst sein und zweitens von ihnen angenommen werden." Ergebnisse eines Projekts zur Erforschung von Wirkungen der Kinder- und Jugendarbeit; in: deutsche jugend 11/2010b: 475–484
Wendt, P.-U.: „Es brennt": Demographie, ländlicher Raum und Jugendfeuerwehr; in: deutsche jugend 5/2011a: 218–223
Wendt, P.-U.: „Ein Prozess wurde nicht in Gang gesetzt". Aktualisierte Hinweise zur Hoffnung, Budo könnte seinen Platz in der Jugendarbeit finden; in: von Saldern, M. (Hg.), Meisterung des Ich. Budo zur Gewaltprävention? Norderstedt 2011b: 103–116
Wendt, P.-U.: Unter den Bedingungen des Prekariums; in: deutsche jugend 1/2012a: 27–35
Wendt, P.-U.: Sapere aude! In: Rundbrief der Gilde Soziale Arbeit 2/2012b: 45–57
Wendt, P.-U.: „mit Wirkung!" – Die Bilanz eines Projekts; in Bassarak, H., und Schneider, A. (Hg.): Forschung und Entwicklung im Management sozialer Organisationen, Augsburg 2012c: 230–252
Wendt, P.-U.: „Na klar, Jugendarbeit wirkt, aber warum darüber reden?"; in: Kammerer, B. (Hg.), Zahlen, Daten, Fakten – Wissen und Wirkungen (in) der Kinder- und Jugendarbeit, Nürnberg 2012d: 85–106
Wendt, P.-U.: „80 bei der Demo, damit hat der nicht gerechnet!"; in: Lindner, W. (Hg.), Political (Re-) Turn? Impulse zu einem neuen Verhältnis von Jugendarbeit und Jugendpolitik, Wiesbaden 2012e: 305–319
Wendt, P.-U.: Fundraising : Der „alternative Geldmarkt" als Chance der offenen Kinder- und Jugendarbeit? In: Deinet, U., und Sturzenhecker, B. (Hg.), Handbuch Offene Kinder- und Jugendarbeit, 4. Auflage Wiesbaden 2013: 685–692
Wendt, P.-U.: „... aber komm' mir nicht mit Papierkram" – Fachkräfte in Jugendverbänden zwischen Beziehung und Organisation; in: Oechler, M., und Schmidt, H.: Empirie der Kinder- und Jugendverbandsarbeit, Wiesbaden 2014
Wendt, W. R.: Unterstützung fallweise. Case Management in der Sozialarbeit, Freiburg/Brsg. 1991
Wendt, W. R.: Von der Defizitorientierung zur Ressourcenorientierung; in: Blätter der Wohlfahrtpflege 5/1992: 115–128
Wendt, W. R.: Sozialwirtschaft – eine Systematik, Baden-Baden 203
Wendt, W. R.: Case Management: ein Konzept, viele Anwendungen; in: Managed Care 2/2005a: 1–9
Wendt, W. R.: Maßgabe für eine gute Praxis. Die Evidenzbasierung Sozialer Arbeit; in: Blätter der Wohlfahrtspflege 5/2005b: 168–173
Wendt, W. R.: Wissen was man tut, und zeigen, was man leistet. Performanz oder die Frage: Was bringt Soziale Arbeit zustande und welche Rolle spielt sie? In: Blätter der Wohlfahrtspflege 6/2005b: 203–208
Wendt, W. R.: Case Management im Sozial- und Gesundheitswesen. Eine Einführung, 5. Aufl. Freiburg/Brsg. 2010
Wendt, W. R.: Einzelfallhilfe; in: Kreft, D., und Mielenz, I. (Hg.), Wörterbuch Soziale Arbeit, Weinheim und Basel 2013a: 227–230
Wendt, W. R.: Sozialökologie; in: Kreft, D., und Mielenz, I. (Hg.), Wörterbuch Soziale Arbeit, Weinheim und Basel 2013b: 861–863
Wendt, W. R.: Sozialwirtschaft; in: Grunwald, K., Horcher, G., und Maelicke, B. (Hg.), Lexikon der Sozialwirtschaft, 2. Aufl. Baden-Baden 2013b: 965–968
Wensierski, P.: Schläge im Namen des Herrn. Die verdrängte Geschichte der Heimkinder in der Bundesrepublik, München 2006
Wenzl, U.: Planspiele in der Jugendarbeit, Östringen 1995
Werner, E.: The children of Kauai: a longitudinal study from the prenatal period to age ten, Honolulu 1971
Werner, S.: Trainingshandbuch Konfliktmanagement. Konflikte in Schule und sozialer Arbeit angemessen lösen, Weinheim und Basel 2013
Weyrich, K.-H.: Diagnose; in: Deutscher Verein für öffentliche und Private Fürsorge (Hg.), Fachlexikon der sozialen Arbeit, 7. Aufl. Baden-Baden 2011: 188–189
Widulle, W.: Gesprächsführung in der Sozialen Arbeit. Grundlagen und Gestaltungshilfen, 2. Aufl. Wiesbaden 2012
Wiegerling, K.: Wissen; in: Jordan, S., und Schlüter, M. (Hg.), Lexikon Pädagogik, Stuttgart 2010: 303–307
Willms, B.: Streetworker im Kontakt mit Jugendlichen in Wochenendszenen. Eine Analyse sozialpädagogischer Handlungsmöglichkeiten; in: deutsche jugend 9/2006: 373–382
Wittinger, T. (Hg.): Handbuch Soziodrama. Die ganze Welt auf der Bühne, Wiesbaden 2005
Wolf, M.: Partizipation und Beteiligung in den Erziehungshilfen; in: Macsenaere, M., u. a. (Hg.), Handbuch der Hilfen zur Erziehung, Freiburg/Brsg. 2014: 437–443
Wolff, M., und Hartig, S.: Gelingende Beteiligung in der Heimerziehung. Ein Werkbuch für Jugendliche und ihre BetreuerInnen, Weinheim und Basel 2013
Woog, A.: Lebensweltorientierte Soziale Arbeit in Familien; in: Grunwald, K., und Thiersch, H. (Hg.), Praxis lebensweltorientierter Sozialer Arbeit, Weinheim und München 2004: 87–108
Woog, A.: Soziale Arbeit in Familien. Theoretische und empirische Ansätze zur Entwicklung einer pädagogischen Handlungslehre, 4. Aufl. Weinheim und München 2010
Wronsky, S.: Methoden der Fürsorge; in: Deutsche Zeitschrift für Wohlfahrtspflege 5/1929: 273–280, 7/1929: 430–436, 8/1929: 504–510 und 9/1929: 575–580, hier: 275
Wronsky, S., und Kronfeld., A.: Sozialtherapie und Psychotherapie in den Methoden der Fürsorge, Berlin 1932

Wyer, B.: Die normative Kraft der Aktivierungspolitik. Zur Situation von Klienten und Klientinnen in Beschäftigungsprogrammen; in: Sozial Extra 7-8/2011: 29–32
Ziegenspeck, J. W. (Hg.): Erlebnispädagogik, 4. Aufl. Lüneburg 1992
Ziller, H.: Beratungsstrukturen und Case Management; in: NDV 6/2008: 267–270
Zimmermann, I.: Was sagen denn die Bewohner zum Programm „Soziale Stadt"? Evaluation eines Programmgebiets aus Sicht der Bewohner; in: Sozialmagazin 3/2007: 26–33
Zinnecker, J.: Die Straße als Lebensraum. Erlebnis und Abenteuer für Kinder und Jugendliche; in: Abenteuer - Ein Weg zur Jugend, Dokumentation zur 3. Fachtagung zur Erlebnispädagogik, Neubrandenburg 1996: 45–74
Zwicker-Pelzer, R.: Beratung in der Sozialen Arbeit, Bad Heilbrunn 2010
Zychlinski, J.: Netzwerkarbeit in der GWA; in: Stövesand, S., Stoik, C. und Troxler, U. (Hg.), Handbuch Gemeinwesenarbeit Opladen, Berlin und Toronto 2013: 431–438